검찰 | 법원 | 교정 | 경찰 시험대비

박문각 공무원

기출문제

기출로 합격까지!

기본서 체계를 반영한 단원별 문제 구성

최신 출제경향 및 개정법령 완벽 반영

상세한 해설 및 완벽한 오답 정리

최정훈 편저

최정훈 형법총론
단원별 기출문제집

동영상 강의 www.pmg.co.kr

PREFACE 이 책의 머리말

본서는 기존의 기출문제집을 공무원 수험서에 맞게 개편하여 출간하였다. 막상 마음먹은 개정 작업을 하려 보니 상당한 시간과 정성을 가지고 작업을 하지 않으면 안 될 것 같았고, 기왕 개정을 할 바에는 기존 기출문제집의 단점을 보완하여 공무원 수험서의 틀에 맞추어 수험생들이 효과적으로 대응할 수 있도록 군더더기 없이 전면적인 개정을 하기로 하였다.

공무원 시험에 있어서 형법은 분명 수험생들에게 부담이 되는 과목일 것이다.
그것은 그 양의 방대함과 지난한 이론들의 정리에 연유함이다.

그러나 기출문제를 통하여 중요한 부분을 파악하고, 기본서를 읽으면서 강약을 조절한다면 재미를 느낄 수 있고 또한 고득점을 담보하는 과목임을 부인할 수 없다.

각종 국가고시, 자격시험의 기출문제를 정리함으로써 장래에 출제될 문제를 예상하고, 집중적으로 공부해야 할 포인트를 파악하는 것은 고득점의 비결이고 첩경이라고 저자는 믿는다.

기출지문 하나하나의 내용을 분석하고 이해하여 기본기를 착실하게 닦아 나가는 것은 고득점에 접근하는 최선의 방법이다. 기본이 탄탄할 때 신경향 문제의 적응력도 높아지기 때문이다.

본서는 2025년까지의 각종 국가고시(변호사 시험, 법원행시, 7급·9급 국가직, 법원직, 경찰간부, 경찰승진, 일반순경 채용시험)과 자격시험(법무사)의 기출문제를 가급적 총 망라하여 정리하였다.

본서는 다음과 같은 점에 유의하여 구성하였다.
첫째 – 수험생들에게 익숙한 기본서 편제에 따라 문제를 편성하여 전체적인 체계가 낯설지 않도록 배려하였다.

둘째 – 2025년까지의 각종 국가고시 문제와 자격시험의 기출문제를 자세한 해설과 정확한 정답을 명쾌히 정리하였다.

셋째 - 기본서 순서대로 문제를 배열하였고 함정에 빠지기 쉬운 비교 문제를 순차적으로 나열함으로써 한 페이지에서 이를 비교·정리할 수 있도록 하였다.

넷째 - 기존 기출문제집의 단점이었던 중복된 기출 지문을 공무원 수험서의 틀에 맞게 중복되지 않게 4지선다로 편집·응용하여 효율적이고 알차게 정리하였다.

본서가 생명을 얻기까지 많은 분들의 도움이 있었다.
바쁘신 와중에도 본서의 출간에 힘이 되어 주신 박문각 편집부 김미리님, 춥거나 덥거나 연구실 골방에서 물심양면으로 애써준 도규민, 최수현 조교에게 지면을 통해 진심으로 감사드린다.

아울러 본서를 믿고 아껴주시고 자신과의 외로운 싸움을 하고 있는 수험생 여러분들의 격려와 질책에 감사드리고 조속히 수험생 여러분 앞날에 승전보가 전해지기를 간절히 기원한다.

최정훈

Part 1 형법서론

Chapter 1 형법의 기본개념 ... 8
Chapter 2 형법의 적용범위 ... 34

Part 2 범죄론

Chapter 1 범죄의 기본개념 ... 50
제1절 범죄의 의의 및 종류 ... 50

Chapter 2 구성요건론 ... 61
제1절 구성요건 일반이론 / 결과반가치·행위반가치 / 행위의 주체 ... 61
제2절 부작위범 ... 67
제3절 인과관계 ... 82
제4절 고의범 ... 95
제5절 사실의 착오(구성요건착오) ... 109
제6절 과실범 ... 121
제7절 결과적 가중범 ... 138

Chapter 3 위법성론 ... 151
제1절 위법성 일반이론 ... 151
제2절 정당방위 ... 156
제3절 긴급피난 ... 164
제4절 자구행위 ... 167
제5절 피해자의 승낙 ... 168
제6절 정당행위 ... 174
제7절 위법성 종합문제 ... 191

| Chapter 4 | 책임론 | 206 |

제1절 책임이론 … 206

제2절 책임능력 … 215

제3절 위법성의 인식과 금지착오 … 227

제4절 기대가능성 … 252

| Chapter 5 | 미수론 | 257 |

제1절 예비·음모죄 … 257

제2절 장애미수 … 266

제3절 중지미수 … 280

제4절 불능미수 … 283

제5절 미수론 종합문제 … 289

| Chapter 6 | 공범론 | 292 |

제1절 공범의 일반이론 … 292

제2절 간접정범 … 305

제3절 공동정범 … 313

제4절 교사범 … 327

제5절 방조범 … 336

제6절 공범과 신분 … 346

| Chapter 7 | 죄수론 | 351 |

Part 3 형벌론

| Chapter 1 | 형벌론 | 394 |

제1절 형벌의 종류 … 394

제2절 형의 양정 … 410

제3절 누범 … 420

제4절 집행유예·선고유예·가석방 … 423

최정훈 형법총론
단원별 기출문제집

해설

① 【 O 】 보호관찰은 형벌이 아니라 보안처분의 성격을 갖는 것으로서, 과거의 불법에 대한 책임에 기초하고 있는 제재가 아니라 장래의 위험성으로부터 행위자를 보호하고 사회를 방위하기 위한 합목적인 조치이므로, 그에 관하여 반드시 행위 이전에 규정되어 있어야 하는 것은 아니며, 재판시의 규정에 의하여 보호관찰을 받을 것을 명할 수 있다고 보아야 할 것이고, 이와 같은 해석이 형벌불소급의 원칙 내지 죄형법정주의에 위배되는 것이라고 볼 수 없다(대판 1997.6.13. 97도703). 24. 경찰

② 【 X 】 도로교통법 위반(무면허운전)죄는 도로교통법 제43조를 위반하여 운전면허를 받지 아니하고 자동차를 운전하는 경우에 성립하는 범죄로, 유효한 운전면허가 없음을 알면서도 자동차를 운전하는 경우에만 성립하는 고의범이다. 「교통사고처리 특례법」 제3조 제2항 단서 제7호는 도로교통법 위반(무면허운전)죄와 동일하게 도로교통법 제43조를 위반하여 운전면허를 받지 아니하고 자동차를 운전하는 행위를 대상으로 교통사고 처벌 특례를 적용하지 않도록 하고 있다. 따라서 위 단서 제7호에서 말하는 '도로교통법 제43조를 위반'한 행위는 도로교통법 위반(무면허운전)죄와 마찬가지로 유효한 운전면허가 없음을 알면서도 자동차를 운전하는 경우만을 의미한다(대판 2023.6.29. 2021도17733). 24. 경찰

③ 【 O 】 가정폭력범죄의 처벌 등에 관한 특례법이 정한 보호처분 중의 하나인 사회봉사명령은 가정폭력범죄를 범한 자에 대하여 환경의 조정과 성행의 교정을 목적으로 하는 것으로서 형벌 그 자체가 아니라 보안처분의 성격을 가지는 것이 사실이다. 그러나 한편으로 이는 가정폭력범죄행위에 대하여 형사처벌 대신 부과되는 것으로서, 가정폭력범죄를 범한 자에게 의무적 노동을 부과하고 여가시간을 박탈하여 실질적으로는 신체적 자유를 제한하게 되므로, 이에 대하여는 원칙적으로 형벌불소급의 원칙에 따라 행위시법을 적용함이 상당하다(대판 2008.7.24. 2008어4). 24. 경찰

④ 【 O 】 군형법은 제64조 제3항에서 '공연히 사실을 적시하여 상관의 명예를 훼손한 경우'에 대해 형법 제307조 제1항의 사실적시에 의한 명예훼손죄보다 형을 높여 처벌하도록 하면서 이에 대해 형법 제310조와 같이 공공의 이익에 관한 때에는 처벌하지 아니한다는 규정을 별도로 두지 않았다. 그러나 입법에도 불구하고 입법자가 의도하지 않았던 규율의 공백이 있는 사안에 대하여 법규범의 체계, 입법 의도와 목적 등에 비추어 정당하다고 평가되는 한도 내에서 그와 유사한 사안에 관한 법규범을 적용할 수 있다고 할 것인바, 형법 제307조 제1항의 행위에 대한 위법성조각사유를 규정한 형법 제310조는 군형법 제64조 제3항의 행위에 대해 유추 적용된다(대판 2024.4.16. 2023도13333). 24. 경찰

정답 ②

04 죄형법정주의에 관한 설명으로 가장 적절하지 않은 것은?

① 「형법」 제349조(부당이득)에서 정하는 '현저하게 부당한 이익'은 그 비교기준이 되는 정당한 이익 내지는 원래의 급부가치는 무엇인지에 대한 규정이 없어 일반 국민들로서는 해당 법률조항으로는 어느 정도가 정당한 이익인지를 예측하기 어렵고, 수사기관으로서도 객관적이고 구속적인 해석 및 집행의 기준을 제공받지 못하므로 자의적·선별적인 법집행에 이끌리기 쉬워 해당 법률조항은 죄형법정주의의 명확성의 원칙에 반한다.

② 「형법」 제207조(통화의 위조 등) 제3항에 규정된 '외국에서 통용된다'고 함은 그 외국에서 강제통용력을 가지는 것을 의미하는 것이므로, 일반인의 관점에서 통용할 것이라고 오인할 가능성이 있다고 하여 외국에서 통용되지 아니하는, 즉 강제통용력을 가지지 아니하는 지폐까지 「형법」 제207조 제3항의 외국에서 통용하는 지폐에 포함시키면 이는 유추해석 내지 확장 해석하여 적용하는 것이 되어 죄형법정주의의 원칙에 위배된다.

③ 형사처벌에 관한 위임입법은 특히 긴급한 필요가 있거나 미리 법률로써 자세히 정할 수 없는 부득이한 사정이 있는 경우에 한하여 수권법률(위임법률)이 구성요건의 점에서는 처벌대상인 행위가 어떠한 것인지 이를 예측할 수 있을 정도로 구체적으로 정하고, 형벌의 점에서는 형벌의 종류 및 그 상한과 폭을 명확히 규정하는 것을 전제로 허용된다.

④ 「가정폭력범죄의 처벌 등에 관한 특례법」이 정한 보호처분 중의 하나인 사회봉사명령은 가정폭력범죄행위에 대하여 형사처벌 대신 부과되는 것으로서, 가정폭력범죄를 범한 자에게 의무적 노동을 부과하고 여가시간을 박탈하여 실질적으로는 신체적 자유를 제한하게 되므로, 이에 대하여는 원칙적으로 형벌불소급의 원칙에 따라 행위시법을 적용함이 상당하다.

해설

① 【 X 】 '궁박'이나 '현저하게 부당한 이익'이라는 개념도 형법상의 '지려천박', '기망', '임무에 위배' 등과 같이 범죄구성요건을 형성하는 개념 중 구체적 사안에 있어서 일정한 해석을 통하여 적용할 수 있는 일반적, 규범적 개념의 하나로서, '궁박한 상태를 이용하여 현저하게 부당한 이익을 취득'하였는지 여부는 사회통념 또는 건전한 상식에 따라 거래당사자의 신분과 상호 간의 관계, 피해자가 처한 상황의 절박성의 정도, 계약의 체결을 둘러싼 협상과정 및 피해자의 이익, 피해자가 그 거래를 통해 추구하고자 한 목적을 달성하기 위한 다른 적절한 대안의 존재 여부 등 제반 상황을 종합한다면 합리적으로 판단할 수 있다고 할 것이므로 이 사건 법률조항이 지니는 약간의 불명확성은 법관의 통상적인 해석 작용에 의하여 충분히 보완될 수 있고 건전한 상식과 통상적인 법감정을 가진 일반인이라면 금지되는 행위가 무엇인지를 예측할 수 있으므로 이 사건 법률조항은 죄형법정주의에서 요구되는 명확성의 원칙에 위배되지 아니한다(헌재 2006.7.27. 2005헌바19). 23. 경찰

② 【 O 】 대판 2004.5.14. 2003도3487 23. 경찰

③ 【 O 】 대판 2013.3.28. 2012도16383 23. 경찰

④ 【 O 】 대판 2008.7.24. 2008어4 23. 경찰

정답 ①

05 죄형법정주의에 대한 설명으로 옳지 않은 것은?

① 노역장유치는 그 실질이 신체의 자유를 박탈하는 것으로서 징역형과 유사한 형벌적 성격을 가지고 있으므로 형벌불소급의 원칙의 적용대상이 된다.
② 「아동·청소년의 성보호에 관한 법률」에 정한 공개명령 제도는 형벌과 구별되어 그 본질을 달리하는 것으로서 형벌에 관한 소급입법금지의 원칙이 그대로 적용되지 않는다.
③ 집행유예 시에 명할 수 있는 보호관찰(「형법」 제62조의2 제1항)이 범죄행위 이전에 규정되어 있지 않았으나 재판시에 신설되어 있어 이를 근거로 보호관찰을 받을 것을 명한 것은 형벌불소급의 원칙에 위반된다.
④ 「가정폭력범죄의 처벌 등에 관한 특례법」상 사회봉사명령에 대하여는 원칙적으로 형벌불소급의 원칙에 따라 행위시법을 적용함이 상당하다.

해설

① 【 O 】 헌재 2017.10.26. 2015헌바239, 2016헌바177 22. 국가직 7급
② 【 O 】 대판 2011.3.24. 2010도14393 22. 국가직 7급
③ 【 X 】 보호관찰은 형벌이 아니라 보안처분의 성격을 갖는 것으로서, 과거의 불법에 대한 책임에 기초하고 있는 제재가 아니라 장래의 위험성으로부터 행위자를 보호하고 사회를 방위하기 위한 합목적적인 조치이므로, 그에 관하여 반드시 행위 이전에 규정되어 있어야 하는 것은 아니며, 재판시의 규정에 의하여 보호관찰을 받을 것을 명할 수 있다고 보아야 할 것이고, 이와 같은 해석이 형벌불소급의 원칙 내지 죄형법정주의에 위배되는 것이라고 볼 수 없다(대판 1997.6.13. 97도703). 22. 국가직 7급
④ 【 O 】 대판 2008.7.24. 2008어4 22. 국가직 7급

정답 ③

06 유추해석(적용) 금지의 원칙에 관한 설명 중 가장 적절하지 않은 것은?

① 위법성조각사유처럼 피고인에게 유리한 규정의 범위를 제한적으로 유추적용하게 되면 행위자의 가벌성의 범위가 확대되므로 이는 가능한 문언의 의미를 넘어 범죄구성요건을 유추적용하는 것과 같은 결과가 초래되어 허용될 수 없다.
② 형벌법규의 적용대상이 행정법규가 규정한 사항을 내용으로 하는 경우, 그 행정법규를 해석함에 있어서는 유추해석 금지의 원칙이 적용되지 아니한다.
③ 유추해석은 피고인에게 유리한 경우에는 가능한 것이나, 문리를 넘어서는 이러한 해석은 그렇게 해석하지 아니하면 그 결과가 현저히 형평과 정의에 반하거나 심각한 불합리가 초래되는 경우에 한하여 가능하다.
④ 공직선거법 제262조의 '자수'를 통상 관용적으로 사용되는 용례에서 갖는 개념 외에 '범행발각 전'이라는 또 다른 개념을 추가하는 것은 형 면제 사유에 대한 제한적 유추를 통해 처벌 범위를 실정법 이상으로 확대하게 되어 유추해석 금지의 원칙에 반한다.

해설

① 【 O 】 대판 1997.3.20. 96도1167 22. 경찰
② 【 X 】 형벌법규의 해석은 엄격하여야 하고 명문규정의 의미를 피고인에게 불리한 방향으로 지나치게 확장 해석하거나 유추 해석하는 것은 죄형법정주의의 원칙에 어긋나는 것으로서 허용되지 않으며, 이러한 법해석의 원리는 형벌법규의 적용대상이 행정법규가 규정한 사항을 내용으로 하고 있는 경우에 그 행정법규의 규정을 해석하는 데에도 마찬가지로 적용된다(대판 1990.11.27. 90도1516) 22. 경찰
③ 【 O 】 대판 2004.11.11. 2004도4049 22. 경찰
④ 【 O 】 대판 1997.3.20. 96도1167 22. 경찰

정답 ②

07 죄형법정주의에 대한 설명으로 옳은 것은?

① 헌법재판소의 헌법재판은 법정이 아닌 심판정에서 이루어지므로 법정소동죄 등을 규정한 형법 제138조에서의 '법원의 재판'에 헌법재판소의 심판이 포함된다고 해석하는 것은 피고인에게 불리한 확장해석임과 동시에 유추해석이다.
② 행위시에 없던 보호관찰 규정이 재판시에 신설되어 법원이 이를 근거로 보호관찰을 명할 경우, 형벌불소급의 원칙 또는 죄형법정주의에 위배된다.
③ 처벌법규의 구성요건은 명확하여야 하므로 처벌법규의 구성요건이 다소 광범위하여 어떤 범위에서는 법관의 보충적인 해석을 필요로 하는 개념을 사용한다면, 이는 헌법이 요구하는 처벌법규의 명확성 원칙에 배치된다.
④ 형을 종전보다 가볍게 형벌법규를 개정을 하면서 개정된 법의 시행 전의 범죄에 대하여 전의 형벌법규를 적용하도록 부칙에 정하는 것은 형벌불소급의 원칙이나 신법우선주의에 반하지 아니한다.

해설

① 【 X 】 법정소동죄 등을 규정한 형법 제138조에서의 '법원의 재판'에 '헌법재판소의 심판'을 포함시키는 해석이 피고인에게 불리한 확장해석이나 유추해석에 해당하지 않는다(대판 2021.8.26. 2020도12017). 23. 경찰간부

② 【 X 】 보호관찰은 형벌이 아니라 보안처분의 성격을 갖는 것으로서, 과거의 불법에 대한 책임에 기초하고 있는 제재가 아니라 장래의 위험성으로부터 행위자를 보호하고 사회를 방위하기 위한 합목적적인 조치이므로, 그에 관하여 반드시 행위 이전에 규정되어 있어야 하는 것은 아니며, 재판시의 규정에 의하여 보호관찰을 받을 것을 명할 수 있다고 보아야 할 것이고, 이와 같은 해석이 형벌불소급의 원칙 내지 죄형법정주의에 위배되는 것이라고 볼 수 없다(대판 1997.6.13. 97도703). 23. 경찰간부

③ 【 X 】 처벌법규의 구성요건이 명확하여야 한다고 하여 모든 구성요건을 단순한 서술적 개념으로 규정하여야 하는 것은 아니고, 다소 광범위하여 법관의 보충적인 해석을 필요로 하는 개념을 사용하였다고 하더라도 통상의 해석방법에 의하여 건전한 상식과 통상적인 법감정을 가진 사람이면 당해 처벌법규의 보호법익과 금지된 행위 및 처벌의 종류와 정도를 알 수 있도록 규정하였다면 처벌법규의 명확성에 배치되는 것이 아니다(대판 2011.3.24. 2010도14393). 23. 경찰간부

④ 【 O 】 형벌법규의 형을 종전보다 가볍게 개정하면서 그 부칙에서 개정된 법의 시행 전의 범죄에 대하여는 종전의 형벌법규를 적용하도록 규정한다 하여 형벌불소급의 원칙이나 신법 우선의 원칙에 반한다고 할 수 없다(대판 2013.7.11. 2011도15056). 23. 경찰간부

정답 ④

08 죄형법정주의에 관한 설명 중 가장 적절하지 않은 것은?

① 구 「정보통신망 이용촉진 및 정보보호 등에 관한 법률」에서 규정하는 '불안감'은 평가적·정서적 판단을 요하는 규범적 구성요건요소이고, '불안감'이란 개념이 사전적으로 '마음이 편하지 아니하고 조마조마한 느낌'이라고 풀이되고 있어 이를 불명확하다고 볼 수는 없으므로, 위 규정 자체가 죄형법정주의에 반한다고 볼 수 없다.

② 형벌법규의 위임은 특히 긴급한 필요가 있거나 미리 법률로써 자세히 정할 수 없는 부득이한 사정이 있는 경우로 한정되어야 하며, 이러한 경우에도 위임법률에서 범죄의 구성요건은 처벌대상 행위가 어떠한 것일 것이라고 예측할 수 있을 정도로 구체적으로 정하여야 하며, 형벌의 종류 및 그 상한과 폭을 명백히 규정하여야 한다.

③ 구 「근로기준법」에서 임금·퇴직금 청산 기일의 연장 합의의 한도에 관하여 아무런 제한을 두고 있지 아니함에도 불구하고, 같은 법 시행령에서 기일 연장을 3월 이내로 제한한 것은 죄형법정주의의 원칙에 위배된다.

④ 「게임산업진흥에 관한 법률」 제32조 제1항 제7호의 '환전'의 의미를 '게임 결과물을 수령하고 돈을 교부하는 행위'뿐만 아니라 '게임 결과물을 교부하고 돈을 수령하는 행위'도 포함되는 것으로 해석하는 것은 죄형법정주의에 위배된다.

해설

① 【O】대판 2008.12.24. 2008도9581 23. 경찰
② 【O】대판 2013.3.28. 2012도16383 23. 경찰
③ 【O】근로기준법 제30조 단서에서 임금·퇴직금 청산기일의 연장 합의의 한도에 관하여 아무런 제한을 두고 있지 아니함에도 불구하고, 시행령 제12조에 의하여 법 제30조 단서에 따른 기일연장을 3월 이내로 제한한 것은 시행령 제12조가 법 제30조 단서의 내용을 변경하고 법 제109조와 결합하여 형사처벌의 대상을 확장하는 결과가 된다 할 것인바, 이와 같이 법률이 정한 형사처벌의 대상을 확장하는 내용의 법규는 법률이나 법률의 구체적 위임에 의한 명령 등에 의하지 않으면 아니 된다고 할 것이므로, 결국 모법의 위임에 의하지 아니한 시행령 제12조는 죄형법정주의의 원칙에 위배되고 위임입법의 한계를 벗어난 것으로서 무효라고 할 것이다(대판 1998.10.15. 98도1759). 23. 경찰
④ 【X】'게임산업진흥에 관한 법률' 제32조 제1항의 제7호의 '환전'에는 '게임 결과물을 수령하고 돈을 교부하는 행위'뿐만 아니라 '게임 결과물을 교부하고 돈을 수령하는 행위'도 포함되는 것으로 해석함이 상당하고, 이를 지나친 확장해석이나 유추해석이라고 할 수 없다(대판 2012.12.13. 2012도11505). 23. 경찰

정답 ④

09 죄형법정주의와 관련하여 위임입법에 대한 설명으로 옳은 것은?

① 조례의 제정권자인 지방의회는 선거를 통해서 그 지역적인 민주적 정당성을 지니고 있는 주민의 대표기관이므로 지방의회가 조례로써 주민의 권리 또는 의무에 관한 사항이나 벌칙을 정할 때에 법률의 위임을 받지 않아도 된다.
② 지방자치법에 따르면, 지방자치단체는 조례를 위반한 행위에 대하여 조례로써 1천만 원 이하의 벌금을 정하여 부과할 수 있다.
③ 구 결혼중개업의 관리에 관한 법률이 형사처벌의 대상인 신상정보 제공의무와 관련하여 단지 "신상정보의 제공 시기 및 절차, 입증방법 등에 필요한 사항은 대통령령으로 정한다."라고만 규정하고 있는데, 동법 시행령이 '이용자와 상대방의 만남 이전'에 신상정보를 제공할 의무를 부과하고 있다면 이는 위임입법의 한계를 일탈한 것이다.
④ 구 전기통신사업법이 형사처벌 대상인 금지의 대상을 '공공의 안녕질서 또는 미풍양속을 해하는 내용의 통신'으로 규정하면서 "공공의 안녕질서 또는 미풍양속을 해하는 것으로 인정되는 통신의 대상은 대통령령으로 정한다."라고 규정한 것은 포괄위임 입법 금지원칙에 위배된다.

[해설]
① 【X】 지방자치단체는 법령의 범위에서 그 사무에 관하여 조례를 제정할 수 있다. 다만, 주민의 권리 제한 또는 의무 부과에 관한 사항이나 벌칙을 정할 때에는 법률의 위임이 있어야 한다(지방자치법 제28조 제1항). 23. 국가직 9급
② 【X】 지방자치단체는 조례를 위반한 행위에 대하여 조례로써 1천만원 이하의 과태료를 정할 수 있다(지방자치법제34조 제1항). 벌금은 형벌이므로 법률이 아닌 지방자치 단체 조례로 부과할 수는 없다. 23. 국가직 9급
③ 【X】 결혼중개업법과 같은 법 시행령의 규정 내용과 체계에다가 국제결혼중개업자를 통한 국제결혼의 특수성과 실태 등을 관련 법리에 비추어 살펴보면, 결혼중개업법 제10조의2 제4항에 의하여 대통령령에 규정하도록 위임된 '신상정보의 제공 시기'는 적어도 이용자와 상대방의 만남 이전이 될 것임을 충분히 예측할 수 있으므로, 결혼중개업법 시행령 제3조의2 제3항이 결혼중개업법 제10조의2 제4항에서 위임한 범위를 일탈하여 위임입법의 한계를 벗어났다고 볼 수 없다(대판 2019.7.25. 2018도7989). 23. 국가직 9급
④ 【O】 헌재 2002.6.27. 99헌마480 23. 국가직 9급

정답 ④

10 죄형법정주의에 대한 설명으로 옳지 않은 것은?   24. 국가직

① 의료법인 명의로 개설된 의료기관의 개설 자격 위반 여부를 판단할 때, 비의료인의 주도적 자금 출연 내지 주도적 관여 사정만을 근거로 비의료인이 실질적으로 의료기관을 개설·운영하였다고 판단하였다면, 이는 허용되는 행위와 허용되지 않는 행위를 구별할 수 있는 기준에 따라 판단한 것으로서 죄형법정주의 원칙에 반하지 않는다.
② 범죄의 성립과 처벌에 관하여 규정한 형벌법규 자체 또는 그로부터 수권 내지 위임을 받은 법령의 변경에 따라 범죄를 구성하지 아니하게 되거나 형이 가벼워진 경우에는, 종전 법령이 범죄로 정하여 처벌한 것이 부당하였다거나 과형이 과중하였다는 반성적 고려에 따라 변경된 것인지 여부를 따지지 않고 원칙적으로 형법 제1조 제2항이 적용된다.
③ 가정폭력범죄의 처벌 등에 관한 특례법이 정한 보호처분 중 하나인 사회봉사명령은 가정폭력 범죄행위에 대하여 형사처벌 대신 부과되는 것으로서, 가정폭력범죄를 범한 자에게 의무적 노동을 부과하고 여가시간을 박탈하여 실질적으로는 신체적 자유를 제한하게 되므로, 이에 대하여는 원칙적으로 형벌불소급의 원칙에 따라 행위시법을 적용함이 상당하다.

④ 유기징역형에 대한 법률상 감경을 하면서 형법 제55조 제1항 제3호에서 정한 것과 같이 장기와 단기를 모두 2분의 1로 감경하는 것이 아닌 장기 또는 단기 중 어느 하나만을 2분의 1로 감경하는 방식이나 2분의 1보다 넓은 범위의 감경을 하는 방식 등은 죄형법정주의 원칙상 허용될 수 없다.

해설

① 【 X 】 의료법인 명의로 개설된 의료기관의 경우, 의료인의 자격이 없는 일반인(이하 '비의료인'이라 한다)의 주도적 출연 내지 주도적 관여만을 근거로 비의료인이 의료기관을 개설·운영한 것으로 평가하기 어렵다. 비의료인이 의료기관의 개설·운영 등에 필요한 자금 전부 또는 대부분을 의료법인에 출연하거나 의료법인 임원의 지위에서 의료기관의 개설·운영에 주도적으로 관여하는 것은 의료법인의 본질적 특성에 기초한 것으로서 의료법인의 의료기관 개설·운영을 허용한 의료법에 근거하여 비의료인에게 허용된 행위이다. 비의료인의 주도적 자금 출연 내지 주도적 관여 사정만을 근거로 비의료인이 실질적으로 의료기관을 개설·운영하였다고 판단할 경우, 허용되는 행위와 허용되지 않는 행위의 구별이 불명확해져 죄형법정주의 원칙에 반할 수 있다. 의료법인 명의로 개설된 의료기관을 실질적으로 비의료인이 개설·운영하였다고 판단하려면, 비의료인이 의료법인 명의 의료기관의 개설·운영에 주도적으로 관여하였다는 점을 기본으로 하여, 비의료인이 외형상 형태만을 갖추고 있는 의료법인을 탈법적인 수단으로 악용하여 적법한 의료기관 개설·운영으로 가장하였다는 사정이 인정되어야 한다(대판 2023.7.17. 2017도1807).

② 【 O 】 범죄 후 법률이 변경되어 그 행위가 범죄를 구성하지 아니하게 되거나 형이 구법보다 가벼워진 경우에는 신법에 따라야 하고(형법 제1조 제2항), 범죄 후의 법령 개폐로 형이 폐지되었을 때는 판결로써 면소의 선고를 하여야 한다(형사소송법 제326조 제4호). 이러한 형법 제1조 제2항과 형사소송법 제326조 제4호의 규정은 입법자가 법령의 변경 이후에도 종전 법령 위반행위에 대한 형사처벌을 유지한다는 내용의 경과규정을 따로 두지 않는 한 그대로 적용되어야 한다.

따라서 범죄의 성립과 처벌에 관하여 규정한 형벌법규 자체 또는 그로부터 수권 내지 위임을 받은 법령의 변경에 따라 범죄를 구성하지 아니하게 되거나 형이 가벼워진 경우에는, 종전 법령이 범죄로 정하여 처벌한 것이 부당하였다거나 과형이 과중하였다는 반성적 고려에 따라 변경된 것인지 여부를 따지지 않고 원칙적으로 형법 제1조 제2항과 형사소송법 제326조 제4호가 적용된다. 형벌법규가 대통령령, 총리령, 부령과 같은 법규명령이 아닌 고시 등 행정규칙·행정명령, 조례 등(이하 '고시 등 규정'이라고 한다)에 구성요건의 일부를 수권 내지 위임한 경우에도 이러한 고시 등 규정이 위임입법의 한계를 벗어나지 않는 한 형벌법규와 결합하여 법령을 보충하는 기능을 하는 것이므로, 그 변경에 따라 범죄를 구성하지 아니하게 되거나 형이 가벼워졌다면 마찬가지로 형법 제1조 제2항과 형사소송법 제326조 제4호가 적용된다.

그러나 해당 형벌법규 자체 또는 그로부터 수권 내지 위임을 받은 법령이 아닌 다른 법령이 변경된 경우 형법 제1조 제2항과 형사소송법 제326조 제4호를 적용하려면, 해당 형벌법규에 따른 범죄의 성립 및 처벌과 직접적으로 관련된 형사법적 관점의 변화를 주된 근거로 하는 법령의 변경에 해당하여야 하므로, 이와 관련이 없는 법령의 변경으로 인하여 해당 형벌법규의 가벌성에 영향을 미치게 되는 경우에는 형법 제1조 제2항과 형사소송법 제326조 제4호가 적용되지 않는다.

한편 법령이 개정 내지 폐지된 경우가 아니라, 스스로 유효기간을 구체적인 일자나 기간으로 특정하여 효력의 상실을 예정하고 있던 법령이 그 유효기간을 경과함으로써 더 이상 효력을 갖지 않게 된 경우도 형법 제1조 제2항과 형사소송법 제326조 제4호에서 말하는 법령의 변경에 해당한다고 볼 수 있다(대판 2022.12.22. 2020도16420).

③ 【 O 】 가정폭력범죄의 처벌 등에 관한 특례법이 정한 보호처분 중의 하나인 사회봉사명령은 가정폭력범죄를 범한 자에 대하여 환경의 조정과 성행의 교정을 목적으로 하는 것으로서 형벌 그 자체가 아니라 보안처분의 성격을 가지는 것이 사실이다. 그러나 한편으로 이는 가정폭력범죄행위에 대하여 형사처벌 대신 부과되는 것으로서, 가정폭력범죄를 범한 자에게 의무적 노동을 부과하고 여가시간을 박탈하여 실질적으로는 신체적 자유를 제한하게 되므로, 이에 대하여는 원칙적으로 형벌불소급의 원칙에 따라 행위시법을 적용함이 상당하다. 따라서 가정폭력범죄의 처벌 등에 관한 특례법상 사회봉사명령을 부과하면서, 행위시법상 사회봉사명령 부과시간의 상한인 100시간을 초과하여 상한을 200시간으로 올린 신법을 적용한 것은 위법하다(대판 2008.7.24. 2008어4)

④ 【 O 】 유기징역형에 대한 법률상 감경을 하면서 형법 제55조 제1항 제3호에서 정한 것과 같이 장기와 단기를 모두 2분의 1로 감경하는 것이 아닌 장기 또는 단기 중 어느 하나만을 2분의 1로 감경하는 방식이나 2분의 1보다 넓은 범위의 감경을 하는 방식 등은 죄형법정주의 원칙상 허용될 수 없다(대판 2006.12.21. 2006도6627).

정답 ①

11 죄형법정주의에 대한 설명으로 옳은 것만을 모두 고른 것은?

㉠ 「항공보안법」 제42조의 '항로'를 '항공기가 통행하는 공로'보다 넓게 해석하여 '항공기가 지상에서 이동하는 경로'도 '항로'에 포함하는 것은 문언의 가능한 의미를 벗어난다.
㉡ 피고인에게 불리한 유추해석금지의 원칙은 그 형벌법규의 적용대상이 행정법규가 규정한 사항을 내용으로 하고 있는 경우에 그 행정법규의 규정을 해석하는 데에도 마찬가지로 적용된다.
㉢ 국가형벌권의 자의적인 행사로부터 개인의 자유와 권리를 보호하기 위하여 원칙적으로 법률로 범죄와 형벌을 정하여야 한다.
㉣ 행위 당시의 판례에 의하면 처벌대상이 되지 아니하는 것으로 해석되었던 행위를 판례의 변경에 따라 확인된 내용의 형법 조항에 근거하여 처벌한다고 하여 형벌불소급의 원칙에 반한다고 할 수 없다.

① ㉠, ㉡ ② ㉠, ㉢, ㉣ ③ ㉡, ㉢, ㉣ ④ ㉠, ㉡, ㉢, ㉣

해설
㉠ 【 O 】 대판 2017.12.21. 95도8335 19. 경찰간부, 18. 국가직, 18. 경찰채용 1차
㉡ 【 O 】 대판 2017.3.15. 16도17691 18. 국가직
㉢ 【 O 】 대판 2013.11.28. 12도4230 18. 국가직
㉣ 【 O 】 대판 1999.9.7. 97도3349 18. 경찰채용 1차, 18. 국가직

정답 ④

12 죄형법정주의에 대한 설명으로 가장 적절하지 않은 것은?

① '약국개설자가 아니면 의약품을 판매하거나 판매 목적으로 취득할 수 없다'고 규정한 구 「약사법」 제44조 제1항의 '판매'에 무상으로 의약품을 양도하는 '수여'를 포함시키는 해석은 죄형법정주의에 위배되지 아니한다.
② 「공공기관의 운영에 관한 법률」 제53조가 공기업의 임직원으로서 공무원이 아닌 사람은 「형법」 제129조의 적용에 있어서는 이를 공무원으로 본다고 규정하고 있을 뿐 구체적인 공기업의 지정에 관하여는 그 하위규범인 기획재정부장관의 고시에 의하도록 규정하였더라도 죄형법정주의에 위배되지 아니한다.
③ '블로그', '미니 홈페이지', '카페' 등의 이름으로 개설된 사적 인터넷 게시공간의 운영자가 게시공간에 게시된 타인의 글을 삭제할 권한이 있는데도 이를 삭제하지 아니하고 그대로 둔 경우를 「국가보안법」 제7조 제5항의 '소지' 행위로 보는 것은 죄형법정주의에 위배되지 아니한다.
④ 의사가 환자와 대면하지 아니하고 전화나 화상 등을 이용하여 환자의 용태를 스스로 듣고 판단하여 처방전 등을 발급한 행위를 구 「의료법」상 '직접 진찰한 의사'가 아닌 자가 처방전 등을 발급한 경우에 해당한다고 해석하는 것은 죄형법정주의에 위배된다.

해설
① 【 O 】 대판 2011.10.13. 2011도6287 19. 경찰승진, 18. 경찰채용 1차, 17. 경찰승진
② 【 O 】 대판 2013.6.13. 2013도1685 19. 경찰승진
③ 【 X 】 죄형법정주의로부터 파생된 유추해석금지 원칙과 국가보안법 제1조 제2항, 제7조 제1항, 제5항에 비추어 볼 때, '블로그', '미니 홈페이지', '카페' 등의 이름으로 개설된 사적(私的) 인터넷 게시공간의 운영자가 사적 인터넷 게시공간에 게시된 타인의 글을 삭제할 권한이 있는데도 이를 삭제하지 아니하고 그대로 두었다는 사정만으로 사적 인터넷 게시공간의 운영자가 타인의 글을 국가보안법 제7조 제5항에서 규정하는 바와 같이 '소지'하였다고 볼 수는 없다(대판 2012.1.27. 2010도8336). 19. 경찰승진, 17. 변호사
④ 【 O 】 대판 2013.4.11. 2010도1388 19. 경찰승진, 16. 경찰채용 2차

정답 ③

13 죄형법정주의에 대한 설명 중 가장 적절한 것은?

① 위법성 및 책임의 조각사유나 소추조건, 또는 처벌조각사유인 형면제 사유에 관하여 그 범위를 제한적으로 유추적용하게 되면 행위자의 가벌성의 범위는 확대되어 행위자에게 불리하게 되므로 유추해석금지의 원칙에 반한다.
② 대법원 양형위원회가 설정한 양형기준이 발효하기 전에 공소가 제기된 범죄에 대하여 위 양형기준을 참고하여 형을 양정한 경우 피고인에게 불리한 법률을 소급하여 적용하였으므로 소급효 금지의 원칙에 반한다.
③ 가정폭력범죄의 처벌 등에 관한 특례법이 정한 보호처분 중의 하나인 사회봉사명령은 형벌 그 자체가 아니라 보안처분의 성격을 가지는 것이므로 형벌불소급의 원칙이 적용되지 않고 재판시법을 적용함이 상당하다.
④ 헌법재판소가 형벌조항에 대해 헌법불합치결정을 선고하면서 개정시한을 정하여 입법개선을 촉구하였는데도 위 시한까지 법률 개정이 이루어지지 않은 경우 공소가 제기된 피고사건에 대하여 형사소송법 제326조 제4호에 따라 면소를 선고하여야 한다.

[해설]

① 【 O 】 대판 1997.3.20. 96도1167 22. 경찰승진
주의 형벌법규의 해석에서 위법성 및 책임의 조각사유나 소추조건 또는 처벌조각사유인 형면제 사유에 관하여 그 범위를 제한적으로 유추적용하게 되면 행위자의 가벌성의 범위는 축소된다. (×)
② 【 X 】 대법원 양형위원회가 설정한 '양형기준'이 발효하기 전에 공소가 제기된 범죄에 대하여 위 '양형기준'을 참고하여 형을 양정한 사안에서, 피고인에게 불리한 법률을 소급하여 적용한 위법이 있다고 할 수 없다(대판 2009.12.10. 2009도11448). 22. 경찰승진, 16. 경찰채용 1차
③ 【 X 】 가정폭력범죄의 처벌 등에 관한 특례법이 정한 보호처분 중의 하나인 사회봉사명령은 가정폭력범죄를 범한 자에 대하여 환경의 조정과 성행의 교정을 목적으로 하는 것으로서 형벌 그 자체가 아니라 보안처분의 성격을 가지는 것이 사실이다. 그러나 한편으로 이는 가정폭력범죄행위에 대하여 형사처벌 대신 부과되는 것으로서, 가정폭력범죄를 범한 자에게 의무적 노동을 부과하고 여가시간을 박탈하여 실질적으로는 신체적 자유를 제한하게 되므로, 이에 대하여는 원칙적으로 형벌불소급의 원칙에 따라 행위시법을 적용함이 상당하다(대판 2008.7.24. 2008어4). 22. 경찰승진
④ 【 X 】 원심판결 선고 후 헌법재판소가 위 법률조항에 대해 헌법불합치결정을 선고하면서 개정시한을 정하여 입법개선을 촉구하였는데도 위 시한까지 법률 개정이 이루어지지 않은 사안에서, 위 법률조항은 소급하여 효력을 상실하므로 이를 적용하여 공소가 제기된 위 피고사건에 대하여 무죄를 선고하여야 한다(대판 2011.6.23. 2008도7562 전원합의체). 22. 경찰승진

정답 ①

14 형벌법규의 해석에 대한 설명으로 옳지 않은 것은?

① 정보통신망에 의하여 처리·보관 또는 전송되는 타인의 정보를 훼손하거나 타인의 비밀을 침해·도용 또는 누설하는 행위를 처벌하는 「정보통신망 이용촉진 및 정보보호 등에 관한 법률」 제71조 제1항 제11호의 '타인'에는 이미 사망한 자도 포함된다.

② '주간에' 사람의 주거 등에 침입하여 '야간에' 타인의 재물을 절취한 경우에는 야간주거침입절도죄(「형법」 제330조)로 처벌할 수 없다.

③ 형벌법규의 해석에서도 법률문언의 통상적인 의미를 벗어나지 않는 한 그 법률의 입법취지와 목적, 입법 연혁 등을 고려한 목적론적 해석이 배제되는 것은 아니다.

④ 상관모욕죄(「군형법」 제64조 제1항)에서 '상관'에는 명령복종 관계가 없는 상위 계급자와 상위 서열자는 포함되지 않으며, 상관은 직무수행 중일 것을 요한다.

해설

① 【O】 대판 2007.6.14. 2007도2162 19. 국가직
② 【O】 형법은 제329조에서 절도죄를 규정하고 곧바로 제330조에서 야간주거침입절도죄를 규정하고 있을 뿐, 야간절도죄에 관하여는 처벌규정을 별도로 두고 있지 아니하다. 이러한 형법 제330조의 규정형식과 그 구성요건의 문언에 비추어 보면, 형법은 **야간에 이루어지는 주거침입행위의 위험성**에 주목하여 그러한 행위를 수반한 절도를 야간주거침입절도죄로 중하게 처벌하고 있는 것으로 보아야 하고, 따라서 주거침입이 주간에 이루어진 경우에는 야간주거침입절도죄가 성립하지 않는다고 해석하는 것이 타당하다(대판 2011.4.14. 2011도300). 19. 국가직
③ 【O】 대판 2018.7.24. 2018도3443 19. 국가직
④ 【X】 군형법 제48조, 제52조의2에서 규정한 상관에 대한 폭행·협박·상해의 죄와 제64조 제1항에서 규정한 상관모욕죄는 모두 상관의 신체, 명예 등의 개인적 법익뿐만 아니라 **군 조직의 위계질서** 및 통수체계 유지도 보호법익으로 하는 점 등에 비추어 보면, 이들 죄에서의 상관에는 명령복종 관계가 없는 경우의 상위 계급자와 상위 서열자도 포함되고, 상관이 반드시 직무수행 중일 것을 요하지 아니한다(대판 2015.9.24. 2015도11286). 19. 국가직

정답 ④

15 죄형법정주의에 대한 설명으로 옳지 않은 것은?

① 법률의 시행령이 형사처벌에 관한 사항을 규정하면서 법률의 명시적인 위임 범위를 벗어나 그 처벌 대상을 확장하는 것은 죄형법정주의의 원칙에 어긋난다.

② 가정폭력범죄의 처벌 등에 관한 특례법상 사회봉사명령을 부과하면서, 행위시법상 사회봉사명령 부과시간의 상한인 100시간을 초과하여 상한을 200시간으로 올린 신법을 적용한 것은 위법하다.

③ 반의사불벌죄에서 처벌을 희망하지 않는다는 의사표시 또는 처벌희망 의사표시의 철회는 이른바 소극적 소송조건에 해당하고, 소송조건에는 유추해석금지의 원칙이 적용되지 않는다.

④ 「성폭력범죄의 처벌 등에 관한 특례법」 제13조의 통신매체이용음란죄에서 통신매체를 이용하지 아니한 채 '직접' 상대방에게 물건 등을 도달하게 하는 행위까지 포함하여 위 규정으로 처벌할 수 있다고 보는 것은 유추해석금지의 원칙에 위반된다.

해설
① 【 O 】 대판 1999.2.11. 98도2816 18. 국가직
② 【 O 】 대판 2008.7.24. 08어4 18. 국가직, 16. 경찰채용 1차
③ 【 X 】 처벌을 희망하지 않는다는 의사표시 또는 처벌희망 의사표시의 철회는 이른바 소극적 소송조건에 해당하고, 소송조건에는 죄형법정주의의 파생원칙인 유추해석금지의 원칙이 적용된다고 할 것인데, 명문의 근거 없이 그 의사표시에 법정대리인의 동의가 필요하다고 보는 것은 유추해석에 의하여 소극적 소송조건의 요건을 제한하고 피고인 또는 피의자에 대한 처벌가능성의 범위를 확대하는 결과가 되어 죄형법정주의 내지 거기에서 파생된 유추해석금지의 원칙에도 반한다(대판 2009.11.19. 09도6058). 18. 국가직
④ 【 O 】 대판 2016.3.10. 15도17847 18. 국가직

정답 ③

16 죄형법정주의에 관한 설명 중 가장 옳은 것은?

① 성문법률주의란 범죄와 형벌은 성문의 법률로 규정되어야 한다는 원칙을 말하며 여기서의 법률은 형식적 의미의 법률을 의미한다.
② '기업구매전용카드'를 이용하여 물품의 판매 등 방법으로 자금을 융통한 경우에 여신전문금융업법상 '신용카드'의 이용에 해당한다.
③ 구 식품위생법 제11조 제2항이 과대광고 등의 범위 및 기타 필요한 사항을 보건복지부령에 위임하고 있는 것은 과대광고 등으로 인한 형사처벌에 관한 내용을 법률이 아닌 시행령에 규정하고 있다고 판단되므로 위임입법의 한계를 벗어난 것으로 죄형법정주의에 반한다.
④ 구 「특정 범죄자에 대한 위치추적 전자장치 부착 등에 관한 법률」 제5조 제1항 제3호에서 부착명령청구 요건으로 정한 '성폭력범죄를 2회 이상 범하여(유죄의 확정판결을 받은 경우를 포함한다)'에 「소년법」에 의한 보호처분을 받은 전력'이 포함된다고 보는 것은 유추해석금지원칙에 반하지 않는다.

해설
① 【 O 】 대판 2003.11.14. 2003도3600 18. 경찰간부
② 【 X 】 구매기업이 카드회사에 인터넷 등을 통하여 구매 사실을 통보하면 카드회사가 판매기업에 물품대금을 지급하여 결제가 이루어지게 하는 온라인거래 수단을 지칭하는 데 지나지 않는 점 등을 종합할 때, 기업구매전용카드는 여신전문금융업법상 '신용카드'에 해당하지 않는다(대판 2013.7.25. 2011도14687). 18. 경찰간부
③ 【 X 】 같은 법 시행규칙 제6조 제1항은 처벌대상인 행위가 어떠한 것인지 예측할 수 있노록 구체직으로 규정되어 있다고 할 것이므로 식품위생법 제11조 등의 규정은 위임입법의 한계나 죄형법정주의에 위반되지 않는다(대판 2002.11.26. 2002도2998). 18. 경찰간부
④ 【 X 】 피부착명령청구자가 소년법에 의한 보호처분을 받은 전력이 있다고 하더라도, 이는 **유죄의 확정판결을 받은 경우에 해당하지 아니함**이 명백하므로, "성폭력범죄를 2회 이상 범한 경우"에 포함시키는 것은 죄형법정주의에 위배된다(대판 2012.3.22. 2011도15057 전원합의체). 18. 경찰간부, 17. 변호사, 16. 경찰채용 2차

정답 ①

17 죄형법정주의에 대한 설명으로 옳은 것만을 모두 고른 것은?

> ㉠ 위치추적 전자장치의 부착명령은 보안처분적 성격을 가지므로 구 「특정 범죄자에 대한 위치추적 전자장치 부착 등에 관한 법률」을 개정하여 부착명령 기간을 연장하면서 개정법 시행 전에 저지른 범죄에 대하여도 적용하도록 한 것은 소급입법금지의 원칙에 위반되지 아니한다.
> ㉡ 「공공기관의 운영에 관한 법률」 제53조가 공공기관의 임직원으로서 공무원이 아닌 사람은 「형법」 제129조의 적용에서는 이를 공무원으로 본다고 규정하고, 동법 제4조 제1항에서 구체적인 공공기관은 기획재정부장관이 지정할 수 있도록 규정한 것은 죄형법정주의에 위반되지 아니한다.
> ㉢ 「국가공무원법」 제66조(집단 행위의 금지) 제1항에서 '공무 외의 일을 위한 집단행위'로 포괄적이고 광범위하게 규정하고 있는 것은 명확성의 원칙에 반한다.
> ㉣ 「형법」이나 「국가보안법」의 '자수'에는 범행이 발각되고 지명수배된 후의 자진출두도 포함되는 것으로 해석하고 있으므로 「공직선거법」의 '자수'를 '범행발각 전에 자수한 경우'로 한정하는 해석은 유추해석금지의 원칙에 위반된다.

① ㉠, ㉣   ② ㉡, ㉢   ③ ㉠, ㉡, ㉣   ④ ㉠, ㉡, ㉢, ㉣

해설

㉠ 【 O 】 대판 2010.12.23. 10도11996 17. 국가직 7급
㉡ 【 O 】 대판 2013.6.13. 13도1685 17. 국가직 7급
㉢ 【 X 】 '노동운동'과 '공무 이외의 일을 위한 집단행위'는 그 적용대상자들이 누구이며 구체적으로 어떠한 행위들이 금지되고 있는가를 미리 알려주고 그들이 불이익처분을 받는 일을 하지 않도록 상당한 주의·경고를 하고 있는 것으로 볼 수 있으므로 명확성의 원칙에 의한 판단기준에도 위배된다고 할 수 없다(헌재 2007.8.30. 2003헌바51). 17. 국가직 7급
㉣ 【 O 】 대판 1997.3.20. 96도1167 18. 경찰채용 1차, 17. 국가직 7급

정답 ③

18 죄형법정주의에 대한 설명으로 옳지 않은 것은?

① 범죄와 형벌은 국회가 제정한 법률에 의해 정해져야 하나, 위임입법이 불가피한 경우 구성요건의 점에서는 처벌대상인 행위가 어떠한 것인지를 예측할 수 있을 정도로 구체적으로 정하고, 형벌의 점에서는 형벌의 종류 및 그 상한과 폭을 명확히 규정하는 것을 전제로 위임입법이 허용된다.
② 구 전기통신사업법 제53조 제2항에서 "제1항의 규정에 의한 공공의 안녕질서 또는 미풍양속을 해하는 것으로 인정되는 통신의 대상 등은 대통령령으로 정한다."라고 규정한 것은 포괄위임입법금지원칙에 위배된다.
③ 노역장유치는 그 실질이 신체의 자유를 박탈하는 것으로서 징역형과 유사한 형벌적 성격을 가지므로 형벌불소급원칙의 적용대상이 된다.
④ 약사법 제5조 제3항에서 면허증의 대여를 금지한 취지는 약사자격이 없는 자가 타인의 면허증을 빌려 영업을 하게 될 경우 국민의 건강에 위험이 초래된다는데 있다 할 것이므로, 약사자격이 있는 자에게 빌려주는 행위까지 금지되는 것으로 보는 것은 유추해석에 해당한다.

해설

① 【 O 】 대판 2013.3.28. 2012도16383 16. 국가직 7급
② 【 O 】 헌재 2002.6.27. 99헌마480 16. 국가직 7급
③ 【 O 】 헌재 2017.10.26. 2015헌바239, 2016헌마77 19. 경찰간부
④ 【 X 】 면허증 대여의 상대방 즉 차용인이 무자격자인 경우는 물론, 자격 있는 약사인 경우에도 그 대여 이후 면허증 차용인에 의하여 대여인 명의로 개설된 약국 등 업소에서 대여인이 직접 약사로서의 업무를 행하지 아니한 채 차용인에게 약국의 운영을 일임하였다면 약사면허증을 대여한 데 해당한다(대판 2003.6.24. 2002도6829). 19. 경찰간부

정답 ④

19 죄형법정주의에 대한 설명으로 옳지 않은 것은?

① 보호관찰은 형벌이 아니라 보안처분의 성격을 갖는 것으로서, 과거의 불법에 대한 책임에 기초하고 있는 제재가 아니라 장래의 위험성으로부터 행위자를 보호하고 사회를 방위하기 위한 합목적적인 조치이므로, 소급효금지원칙이 적용되지 아니한다.

② 형벌법규에 대한 체계적·논리적 해석방법은 그 규정의 본질적 내용에 가장 접근한 해석을 위한 것으로서 죄형법정주의의 원칙에 부합한다.

③ 의료법 제41조는 "각종 병원에는 응급환자와 입원환자의 진료 등에 필요한 당직의료인을 두어야 한다."라고 규정하고 있을 뿐인데도 시행령에 당직의료인의 수와 자격 등 배치기준을 규정하고 이를 위반하면 의료법 제90조에 의한 처벌의 대상이 되도록 한 것은 위임입법의 한계를 벗어난 것으로 죄형법정주의에 반한다.

④ 군사기밀 보호법 제11조가 군사기밀 탐지·수집행위의 법정형을 10년 이하의 징역으로 규정하고 있는 것과 달리 국가보안법 제4조 제1항 제2호 (나)목의 법정형이 사형·무기 또는 7년 이상의 징역으로 규정되어 있다면 위 조항이 지나치게 무거운 형벌을 규정하여 책임주의 원칙에 반하고 법정형이 형벌체계상 균형을 상실하여 평등원칙에 위배되는 조항이라고 할 수 있으므로, 법관의 양형 판단 및 결정권을 중대하게 침해하는 것이라고 볼 수 있다.

해설

① 【 O 】 대판 1997.6.13. 97도703 19. 경찰간부
② 【 O 】 대판 2018.10.25. 2016도11429 19. 경찰간부
③ 【 O 】 대판 2017.2.16. 2015도16014 19. 경찰간부
④ 【 X 】 위 조항이 지나치게 무거운 형벌을 규정하여 책임주의 원칙에 반한다거나 법정형이 형벌체계상 균형을 상실하여 평등원칙에 위배되는 조항이라고 할 수 없으며, 법관의 양형 판단 및 결정권을 중대하게 침해하는 것이라고 볼 수도 없다(대판 2013.7.26. 2013도2511). 16. 경찰채용 1차

정답 ④

20 죄형법정주의에 관한 설명 중 옳고 그름의 표시(○, ×)가 바르게 된 것은?

㉠ '아동의 덕성을 심히 해할 우려가 있는 도서, 간행물, 광고물, 기타의 내용물의 제작 등의 행위'를 금지하고 이를 위반하는 자를 처벌하는 구 아동복지법 제18조 제11호, 제34조 제4호는 명확성의 원칙에 반한다.

㉡ 2011. 1. 1. 이전에 아동·청소년 대상 성폭력범죄를 범하고 아직 유죄판결이 확정되지 아니한 자에 대하여는 판결과 동시에 고지명령을 선고할 수 있는 근거를 따로 두고 있지 아니하므로, 2011. 1. 1. 이후 '아동·청소년 대상 성폭력범죄를 저지른 자'에 대하여만 판결과 동시에 고지명령을 선고할 수 있다고 보아야 한다.

㉢ 도로교통법 제43조 '운전면허를 받지 아니하고'라는 법률문언의 의미에 '운전면허를 받았으나 그 후 운전면허의 효력이 정지된 경우'가 당연히 포함된다고 해석할 수 없다.

㉣ 국내 특정 지역의 수삼과 다른 지역의 수삼으로 만든 홍삼을 주원료로 하여 특정 지역에서 제조한 홍삼 절편의 제품명이나 제조·판매자명에 특정 지역의 명칭을 사용한 행위를 '원산지를 혼동하게 할 우려가 있는 표시를 하는 행위'라고 해석하는 것은 죄형법정주의에 위배된다.

① ㉠ (○) ㉡ (○) ㉢ (○) ㉣ (○)
② ㉠ (○) ㉡ (×) ㉢ (○) ㉣ (×)
③ ㉠ (○) ㉡ (×) ㉢ (×) ㉣ (○)
④ ㉠ (×) ㉡ (○) ㉢ (○) ㉣ (×)

[해설]
㉠【○】헌재 2002.2.28. 99헌가8 16. 경찰채용 2차
㉡【○】대판 2014.2.13. 2013도14349 17. 경찰승진
㉢【○】대판 2011.8.25. 2011도7725 17. 경찰승진, 17. 변호사
㉣【○】대판 2015.4.9. 2014도14191 17. 경찰승진

정답 ①

21 다음 중 판례의 태도로 틀린 것은?

① 보건범죄단속에 관한 특별조치법 제3조 제1항 제2호, 제2항에 정한 '소매가격'이라 함은, 위 법 규정에 해당하는 의약품 그 자체의 소매가격을 가리키는 것으로 보아야 할 것이지 그 의약품에 대응하는 허가된 의약품 또는 위·변조의 대상이 된 제품의 소매가격을 의미하는 것으로 볼 것은 아니다.

② 구 전자금융거래법에서 말하는 양도에는 단순히 접근매체를 빌려 주거나 일시적으로 사용하게 하는 행위는 포함되지 아니한다.

③ 형법 제125조(폭행, 가혹행위) 중 '경찰에 관한 직무를 행하는 자 또는 이를 보조하는 자가 그 직무를 행함에 당하여 형사피의자 또는 기타 사람에 대하여 폭행을 가한 때'와 관련된 부분은 죄형법정주의의 명확성의 원칙에 위반된다.

④ 재심이 개시된 사건에서 형벌에 관한 법령이 재심판결 당시 폐지되었고 그 폐지가 당초부터 헌법에 위반되어 효력이 없는 법령에 대한 것이었다면 무죄를 선고하여야 한다.

해설
① 【 O 】 대판 2007.2.9. 2006도8797
② 【 O 】 대판 2012.7.5. 2011도16167 16. 경찰간부
③ 【 X 】 '그 직무를 행함에 당하여'라 함은 '경찰 등이 그 직무를 행하는 기회'라는 뜻으로 해석되는바, 이런 해석이 다소 포괄적이라도 경찰 등의 직무와 폭행 사이에 객관적 관련성을 요구하는 것으로 해석되므로 그 내용이 불명확하여 처벌범위를 자의적으로 확장시킨다고 볼 수도 없다. 따라서 형법 제125조는 죄형법정주의의 명확성원칙에 위반되지 않는다(헌재 2015.3.26. 2013헌바140). 16. 경찰채용 2차
④ 【 O 】 대판 2013.5.16. 2011도2631

정답 ③

22 죄형법정주의에 관한 다음 설명 중 옳지 않은 것은?

① 피해자의 나체가 나오는 컴퓨터 모니터 채팅 화면을 촬영한 것은 성폭력특별법상 '다른 사람의 신체'를 촬영한 행위에 해당하지 아니한다.
② 구 형법(2005. 7. 29. 개정되기 전의 것) 시행 중 범한 범죄에 대하여 형을 선고함에 있어, 종전의 형법을 적용하면 형의 집행을 종료한 후 이미 5년이 경과되어 집행유예 결격사유에 해당하지 않지만, 현행 형법을 적용하면 형의 집행을 종료한 후 3년까지의 기간 중에 범한 죄이어서 집행유예 결격사유에 해당하는 경우 피고인에게는 종전 형법을 적용하는 것이 유리하므로 그 법률을 적용하여야 한다.
③ 사고피해자를 유기한 도주차량 운전자에게 살인죄보다 무거운 법정형을 규정하였다 하여 그것만으로 적정성의 원칙에 반한다고 할 수 없다.
④ 초병이 타인의 기망에 의하여 총기를 편취당한 경우도 군형법상 군용물분실죄 소정의 '분실'에 해당한다는 해석은 죄형법정주의의 파생원칙인 유추해석금지의 원칙에 위반된다.

해설
① 【 O 】 대판 2013.6.27. 2013도4279
② 【 O 】 대판 2008.3.27. 2007도7874
③ 【 X 】 본 법률조항에서 과실로 사람을 치상하게 한 자가 구호행위를 하지 아니하고 도주하거나 고의로 유기함으로써 치사의 결과에 이르게 한 경우에 살인죄와 비교하여 그 법정형을 더 무겁게 한 것은 형벌체계상의 정당성과 균형을 상실한 것으로서 헌법 제10조의 인간으로서의 존엄과 가치를 보장한 국가의 의무와 헌법 제11조의 평등의 원칙 및 헌법 제37조 제2항의 과잉입법금지의 원칙에 반한다(헌재 1992.4.28. 90헌바24).
④ 【 O 】 대판 1999.7.9. 98도1719

정답 ③

23 죄형법정주의에 관한 설명 중 옳지 않은 것은?

① 형의 장·단기가 전혀 정해지지 않는 절대적 부정기형은 명확성의 원칙에 반하여 허용되지 않지만, 장·단기 또는 장기가 규정되는 상대적 부정기형은 현행 법률에서 허용되고 있다.
② 자신의 인터넷사이트에 음란사이트로 접속할 수 있도록 링크해 놓은 것이 음란정보의 전시에 해당한다고 해석하는 것은 죄형법정주의에 위배된다.
③ 명확성의 원칙이란 최대한이 아닌 최소한의 명확성을 요구하는 것으로서, 그 문언이 법관의 보충적인 가치판단을 통해서 그 의미내용을 확인할 수 있고, 그러한 보충적 해석이 해석자의 개인적인 취향에 따라 좌우될 가능성이 없다면 죄형법정주의에 반하지 않는다.
④ 관습법에 의해서 위법성조각사유를 인정하는 것은 죄형법정주의에 위배되지 않는다.

해설

① 【O】 형의 장기와 단기 또는 장기만을 정한 상대적 부정기형은 형기를 수형자의 개선·갱생의 진도에 따르게 하여 교정교육의 효과를 기대하는 것으로서 허용되기 때문이며, 소년법 제60조도 소년범에 대하여 상대적 부정기형을 인정하고 있다. 12. 경찰승진
② 【X】 음란한 부호 등이 불특정·다수인에 의하여 인식될 수 있는 상태에 놓여 있는 다른 웹사이트를 링크의 수법으로 사실상 지배·이용함으로써 그 실질에 있어서 음란한 부호 등을 직접 전시하는 것과 다를 바 없다고 평가되고, 이에 따라 불특정·다수인이 이러한 링크를 이용하여 별다른 제한 없이 음란한 부호 등에 바로 접할 수 있는 상태가 실제로 조성되었다면, 그러한 행위는 전체로 보아 음란한 부호 등을 공연히 전시한다는 구성요건을 충족한다고 봄이 상당하다(대판 2008.2.1. 2007도8286). 12. 경찰승진
③ 【O】 대판 2008.10.23. 2008초기264 12. 경찰승진
④ 【O】 죄형법정주의에서 요구하는 관습형법금지의 원칙이란 성문의 법률이 아닌 관습법을 직접 형벌법규의 법원으로 하여 처벌할 수 없다는 원칙이다. 그런데 관습법에 의해서 위법성 조각사유를 인정하는 것은 당사자에게 유리하므로 관습형법금지의 원칙에 반하지 않는다. 12. 경찰승진

정답 ②

24 다음 설명 중 옳은 것은?

① 소급효금지의 원칙은 실체법뿐만 아니라 절차법에 대하여도 적용되므로 형사소송법상의 규정이 행위 후에 행위자에게 불리하게 변경되어 소급적용된다면 이 원칙에 반한다.
② 형벌에 관한 법률 또는 법률조항은 헌법재판소의 위헌결정으로 소급하여 그 효력을 상실하지만, 해당 법률 또는 법률의 조항에 대하여 종전에 합헌으로 결정한 사건이 있는 경우에는 그 합헌결정이 있는 날의 다음 날로 소급하여 효력을 상실한다.
③ 「유해화학물질관리법」 제35조 제1항에서 금지하는 환각물질을 구체적으로 명확하게 규정하지 아니하고 다만 그 성질에 관하여 '흥분·환각 또는 마취의 작용을 일으키는 유해화학물질로서 대통령령이 정하는 물질'로 그 한계를 설정하여 놓고 같은 법 시행령 제22조에서 이를 구체적으로 규정하게 하고, 같은 법 제35조 제1항의 '섭취 또는 흡입'이라고만 규정하고 그 섭취 기준을 따로 정하지 않은 것은 죄형법정주의에 반한다.
④ 형벌에 관한 법령이 헌법재판소의 위헌결정으로 인하여 소급하여 그 효력을 상실하였거나 법원에서 위헌·무효로 선언되었다면, 이는 범죄 후 형이 폐지된 경우에 해당하므로 당해 법령을 적용하여 공소가 제기된 사건에 대하여는 면소를 선고하여야 한다.

해설

① 【 X 】 형사소송법 규정은 범죄의 성립과 처벌을 규정하는 것이 아니므로 소급효금지의 원칙은 적용되지 않는다(통설).
② 【 O 】 헌법재판소법 제47조 제2항, 제3항
③ 【 X 】 '섭취 또는 흡입'의 개념이 추상적이고 불명확하다거나 지나치게 광범위하다고 볼 수도 없다(대판 2000.10.27. 2000도4187). 18. 경찰승진
④ 【 X 】 헌법재판소의 위헌결정으로 인하여 형벌에 관한 법률 또는 법률조항이 소급하여 그 효력을 상실한 경우에는 당해 법조를 적용하여 기소한 피고 사건은 범죄로 되지 아니하는 때에 해당하므로, 결국 이 부분 공소사실은 무죄라 할 것이다(대판 1999.12.24. 99도3003).

정답 ②

25 다음은 죄형법정주의를 설명한 것이다. 옳은 것은 모두 몇 개인가?

㉠ 군형법 제64조 제1항의 상관면전모욕죄의 구성요건의 해석에 있어 '전화통화'를 면전에서의 대화라고 해석하여 처벌하는 것은 유추해석에 해당되어 죄형법정주의에 반한다.
㉡ 구 국가공무원복무규정 제27조 제2항 제4호(명목 여하를 불문하고 금전 또는 물질로 특정 정당 또는 정치 단체를 지지 또는 반대하는 것)는 명확성의 원칙에 위배되었거나 모법인 국가공무원법 제65조 제4항의 위임범위를 벗어났다고 할 수 없다.
㉢ 공개명령 제도가 시행된 2010. 1. 1. 이전에 범한 범죄에도 공개명령 제도를 적용하도록 「아동·청소년의 성보호에 관한 법률」이 2010. 7. 23. 개정되었다면 소급입법금지의 원칙에 반한다.
㉣ 자신의 뇌물수수 혐의에 대한 결백을 주장하기 위하여 제3자로부터 사건 관련자들이 주고받은 이메일 출력물을 교부받아 징계위원회에 제출한 행위를 '정보통신망에 의하여 처리·보관 또는 전송되는 타인의 비밀'인 이메일의 내용을 '누설하는 행위'에 해당한다고 보는 것은 죄형법정주의 원칙에 반하는 확장해석이라고 할 수 없다.

① 1개 ② 2개 ③ 3개 ④ 4개

해설

㉠ 【 O 】 대판 2002.12.27. 2002도2539 14. 경찰채용 1차
㉡ 【 O 】 대판 2014.5.16. 2012도12867 16. 경찰간부
㉢ 【 X 】 공개명령 제도는 범죄행위를 한 자에 대한 응보 등을 목적으로 그 책임을 추궁하는 사후적 처분인 형벌과 구별되어 그 본질을 달리하는 것으로서 형벌에 관한 소급입법금지의 원칙이 그대로 적용되지 않으므로, 공개명령 제도가 시행된 2010. 1. 1. 이전에 범한 범죄에도 공개명령 제도를 적용하도록 아동·청소년의 성보호에 관한 법률이 2010. 7. 23. 법률 제10391호로 개정되었다고 하더라도 그것이 소급입법금지의 원칙에 반한다고 볼 수 없다(대판 2011.3.24. 2010도14393).
㉣ 【 O 】 대판 2008.4.24. 2006도8644

정답 ③

26 죄형법정주의에 관한 다음 설명 중 옳지 않은 것은?

① 소급효 금지의 원칙은 실체법에 대해서만 적용되고 절차법에 대해서는 적용되지 않으므로 형사소송법상의 규정이 행위 후에 행위자에게 불리하게 변경된 경우 소급적용해도 원칙상 소급효금지원칙에 반하지 않는다.
② 구성요건이 신설된 상습강제추행죄가 시행되기 이전의 범행을 상습강제추행죄로는 처벌할 수 없고 행위시 법에 기초하여 강제추행죄로 처벌할 수 있을 뿐이다.
③ 기존의 법을 변경해야 할 공익적 필요는 심히 중대한 반면에 그 법적 지위에 대한 개인적 신뢰를 보호해야 할 필요가 상대적으로 적어 개인의 신뢰이익을 관철하는 것이 객관적으로 정당화될 수 없는 경우에는 예외적으로 공소시효에 대한 진정소급입법이 허용될 수 있다.
④ 처벌을 희망하지 않는다는 의사표시 또는 처벌희망 의사표시의 철회는 이른바 소극적 소송조건에 해당하고, 이러한 소송조건에는 죄형법정주의의 파생원칙인 유추해석금지의 원칙이 적용되지 않는다.

[해설]
① 【 O 】 소급효금지의 원칙은 실체법인 형법에 대해서만 적용되고, 기술적·정책적 성격이 강한 절차법인 형사소송법에는 적용되지 않는다(통설).
② 【 O 】 대판 2016.1.28. 2015도15669
③ 【 O 】 헌재1999.7.22. 97헌가76
④ 【 X 】 처벌을 희망하지 않는다는 의사표시 또는 처벌희망 의사표시의 철회는 이른바 소극적 소송조건에 해당하고, 소송조건에는 죄형법정주의의 파생원칙인 유추해석금지의 원칙이 적용된다고 할 것인데, 명문의 근거 없이 그 의사표시에 법정대리인의 동의가 필요하다고 보는 것은 유추해석에 의하여 소극적 소송조건의 요건을 제한하고 피고인 또는 피의자에 대한 처벌가능성의 범위를 확대하는 결과가 되어 죄형법정주의 내지 거기에서 파생된 유추해석금지의 원칙에도 반한다(대판 2009.11.19. 2009도6058).

정답 ④

27 죄형법정주의에 관한 다음 설명 중 옳지 않은 것은?

① 「게임산업진흥에 관한 법률 시행령」 제18조의3의 시행일 이전에 위 시행령 조항 각 호에 규정된 게임머니를 환전, 환전 알선, 재매입한 영업행위를 처벌하는 것은 형벌법규의 소급효금지의 원칙에 위배된다.
② 처벌법규가 다소 광범위하여 법관의 보충적 해석을 필요로 하는 개념을 사용하였다고 하더라도 통상의 해석방법에 의하여 건전한 상식과 통상적인 법감정을 가진 사람이라면 당해 처벌법규의 보호법익과 금지된 행위 및 처벌의 종류와 정도를 알 수 있도록 규정하였다면 명확성 원칙에 반하는 것은 아니다.
③ 유추해석금지의 원칙은 모든 형벌법규의 구성요건과 가벌성에 관한 규정에 준용된다.
④ 「도로교통법」 제148조의2 제1항 제1호에서 정하고 있는 '「도로교통법」 제44조 제1항을 2회 이상 위반한' 것에 개정된 「도로교통법」이 시행된 2011. 12. 9. 이전에 구 「도로교통법」 제44조 제1항을 위반한 음주운전 전과까지 포함되는 것으로 해석하는 것이 형벌불소급의 원칙에 위배된다.

[해설]
① 【 O 】 대판 2009.4.23. 2008도11017
② 【 O 】 대판 2006.5.11. 2006도920
③ 【 O 】 유추해석금지의 원칙은 모든 형벌법규의 구성요건과 가벌성에 관한 규정에 준용되는데, 위법성 및 책임의 조각사유나 소추조건, 또는 처벌조각사유인 형면제 사유에 관하여 그 범위를 제한적으로 유추적용하게 되면 행위자의 가벌성의 범위는 확대되어 행위자에게 불리하게 되는바, 이는 가능한 문언의 의미를 넘어 범죄구성요건을 유추적용하는 것과 같은 결과가 초래되므로 죄형법정주의의 파생원칙인 유추해석금지의 원칙에 위반하여 허용될 수 없다(대판 1997.3.20. 96도1167).
④ 【 X 】 형벌불소급의 원칙에 위배된다고 할 수 없다(대판 2012.11.29. 2012도10269).

정답 ④

28. 죄형법정주의에 관한 다음 설명 중 옳지 않은 것은?

① 형사처벌에 관한 위임입법은 특히 긴급한 필요가 있거나 미리 법률로써 자세히 정할 수 없는 부득이한 사정이 있는 경우에 한하여 수권법률(위임법률)이 구성요건의 점에서는 처벌대상인 행위가 어떠한 것인지 이를 예측할 수 있을 정도로 구체적으로 정하고, 형벌의 점에서는 형벌의 종류 및 그 상한과 폭을 명확히 규정하는 것을 전제로 허용된다.

② 헌법재판소의 헌법재판은 법정이 아닌 심판정에서 이루어지므로 법정소동죄 등을 규정한 형법 제138조에서의 '법원의 재판'에 헌법재판소의 심판이 포함된다고 해석하는 것은 피고인에게 불리한 확장해석임과 동시에 유추해석이다.

③ 형사처벌에 관련된 모든 법규를 예외 없이 형식적 의미의 법률에 의하여 규정한다는 것은 사실상 불가능할 뿐만 아니라 실제에 적합하지도 않다.

④ 법률을 해석할 때 체계적·논리적 해석방법을 사용할 수 있으나, 문언 자체가 비교적 명확한 개념으로 구성되어 있다면 원칙적으로 이러한 해석방법은 활용할 필요가 없거나 제한될 수밖에 없다.

【해설】
① 【O】 대판 2013.3.28. 2012도16383 23. 경찰채용
② 【X】 법정·국회회의장모욕죄에 관한 형법 제138조에서의 '법원의 재판'에 헌법재판소의 심판이 포함된다고 보는 해석론은 문언이 가지는 가능한 의미의 범위 안에서 그 입법 취지와 목적 등을 고려하여 문언의 논리적 의미를 분명히 밝히는 체계적 해석에 해당할 뿐 피고인에게 불리한 확장해석이나 유추해석이 아니다(대판 2021.8.26. 2020도12017). 23. 경찰간부
③ 【O】 대판 2019.7.25. 2018도7989 21. 국가직 9급
④ 【O】 대판 2021.1.21. 2018도도5475 21. 해경간부

【정답】②

29. 죄형법정주의에 대한 설명으로 가장 적절하지 않은 것은?

① 「게임산업진흥에 관한 법률」 제28조 제3호에서 게임물 관련 사업자에 대하여 '경품 등의 제공을 통한 사행성 조장'을 원칙적으로 금지하면서 제공이 허용되는 경품의 종류·지급 기준·제공방법 등에 관한 구체적인 내용을 하위법령에 위임한 것은 경품의 환전이나 재매입 등의 우려가 없는 등 사행성을 제거할 수 있는 방법이 될 것이라는 예측이 불가능하여 포괄위임금지의 원칙에 반한다.

② 「폭력행위등 처벌에 관한 법률」 제4조 제1항에서 규정하고 있는 범죄단체 구성원으로서의 '활동'은 명확성의 원칙에 반하지 아니한다.

③ 어떤 단체가 특정 후보자를 지지·추천하는지 여부를 「공직선거법」 제250조 제1항에서 규정한 허위사실공표죄의 '경력 등'에 관한 사실에 해당한다고 해석하는 것은 죄형법정주의에 반한다.

④ 「도로교통법」(2018. 12. 24. 법률 제16037호로 개정되어 2019. 6. 25. 시행된 것) 제148조의2 제1항에서 정한 '제44조 제1항 또는 제2항을 2회 이상 위반한 사람'에 개정된 도로교통법이 시행된 2019. 6. 25. 이전에 구 「도로교통법」 제44조 제1항 또는 제2항을 위반한 전과가 포함된다고 해석하는 것은 형벌불소급의 원칙에 반하지 아니한다.

【해설】
① 【X】 '경품의 제공방법'은 경품의 환전이나 재매입 등의 우려가 없는 등 사행성을 제거할 수 있는 방법이 될 것이라는 점에 대한 대강의 예측이 가능하므로 죄형법정주의 내지 포괄위임 금지원칙에 위배되지 아니한다(헌재 2020.12.23. 2017헌바463). 21. 경찰채용 2차
② 【O】 대판 2008.5.29. 2008도1857 21. 경찰채용 2차
③ 【O】 대판 2011.3.10. 2010도16942 21. 경찰채용 2차
④ 【O】 대판 2020.8.20. 2020도7154 21. 경찰채용 2차

【정답】①

30 다음은 죄형법정주의를 설명한 것이다. 옳은 것은 모두 몇 개인가?

㉠ 위임명령에 규정될 내용 및 범위의 기본사항은 구체적이고 분명하게 규정되어 있어야 하므로, 법률이나 상위명령으로부터 위임명령에 규정될 내용의 대강만을 예측할 수 있는 경우에는 죄형법정주의 원칙에 반한다.
㉡ 형법 제258조의2 특수상해죄의 신설로 형법 제262조, 제261조의 특수폭행치상죄에 대하여 그 문언상 특수상해죄의 예에 의하여 처벌하는 것이 가능하게 되었다는 이유만으로 형법 제258조의2 제1항의 예에 따라 처벌하는 것은 죄형법정주의 원칙에 반한다.
㉢ 소급효금지의 원칙은 죄형법정주의의 파생원칙으로서 행위자에게 유리한 사후법의 소급효도 인정되지 않는다.
㉣ 공소시효가 이미 완성된 경우 그 공소시효를 연장하는 법률은 진정소급입법으로서 예외없이 소급효금지의 원칙이 적용된다.

① 1개　　② 2개　　③ 3개　　④ 4개

[해설]

㉠ **[X]** 법규명령의 내용이 위와 같이 확정된 법률의 위임 범위 내에 있다고 인정되거나 법률이 예정하고 있는 바를 구체적으로 명확하게 한 것으로 인정되면 법규명령은 무효로 되지 않는다. 나아가 어느 시행령 규정이 모법의 위임 범위를 벗어난 것인지를 판단할 때 중요한 기준 중 하나는 예측 가능성이다. 이는 해당 시행령의 내용이 이미 모법에서 구체적으로 위임되어 있는 사항을 규정한 것으로서 누구라도 모법 자체로부터 위임된 내용의 대강을 예측할 수 있는 범위에 속한다는 것을 뜻한다. 이러한 예측 가능성의 유무는 해당 조항 하나만을 가지고 판단할 것은 아니고 법률의 입법 취지 등을 고려하여 관련 법조항 전체를 유기적·체계적으로 종합하여 판단하여야 한다(대판 2021.7.29. 2020두39655). 21. 국가직 9급

㉡ **[O]** 2016. 1. 6. 형법 개정으로 특수상해죄가 형법 제258조의 2로 신설됨에 따라 문언상으로 형법 제262조의 '제257조 내지 제259조의 예에 의한다'는 규정에 형법 제258조의2가 포함되어 특수폭행치상의 경우 특수상해인 형법 제258조의2 제1항의 예에 의하여 처벌하여야 하는 것으로 해석될 여지가 생기게 되었다. 이러한 해석을 따를 경우 특수폭행치상죄의 법정형이 형법 제258조의2 제1항이 정한 '1년 이상 10년 이하의 징역'이 되어 종래와 같이 형법 제257조 제1항의 예에 의하는 것보다 상향되는 결과가 발생하게 된다. 그러나 형벌규정 해석에 관한 법리와 폭력행위 등 처벌에 관한 법률의 개정 경과 및 형법 제258조의2의 신설 경위와 내용, 그 목적, 형법 제262조의 연혁, 문언과 체계 등을 고려할 때, 특수폭행치상의 경우 형법 제258조의2의 신설에도 불구하고 종전과 같이 형법 제257조 제1항의 예에 의하여 처벌하는 것으로 해석함이 타당하다(대판 2018.7.24. 2018도3443). 21. 해경간부

㉢ **[X]** 행위자에 유리한 소급입법은 허용된다. 21. 경찰승진

㉣ **[X]** 진정소급입법(공소시효가 이미 완성된 경우)이라 하더라도 기존의 법을 변경하여할 공익적 필요는 심히 중대한 반면에 그 법적 지위에 대한 개인의 신뢰를 보호하여야 할 필요가 상대적으로 적어 개인의 신뢰이익을 관철하는 것이 객관적으로 정당화 될 수 없는 경우에는 예외적으로 허용될 수 있다. 즉 매우 중대한 공익이 존재하는 예외적인 경우에만 그러한 진정소급입법은 정당화 될 수 있다. 따라서 특별법이 공소시효가 완성된 뒤에 시행된 사후적 소급입법이라고 하더라도 죄형법정주의에 반하지 않는다(헌재 1996.2.16. 96헌가2). 21. 경찰승진

정답 ①

31 다음은 죄형법정주의를 설명한 것이다. 옳은 것은 모두 몇 개인가?

○ 일반적으로 법률의 위임에 의하여 효력을 갖는 법규명령의 경우 구법에 위임의 근거가 없어 무효였더라도 사후에 법 개정으로 위임의 근거가 부여되면 그때부터는 유효한 법규명령이 된다.
○ 특정범죄 가중처벌 등에 관한 법률의 위임을 받은 동법 시행령에서 농업협동조합중앙회를 '정부관리기업체'의 하나로 규정한 경우 위임입법의 한계를 벗어난 것이다.
○ 구 의료법 제87조 제1항 제2호, 제27조 제1항은 대한민국 영역 외에서 의료행위를 하려는 사람에게까지 보건복지부장관의 면허를 받을 의무를 부과하고 나아가 이를 위반한 자를 처벌하는 규정이라고 보기 어려우므로 내국인이 대한민국 영역 외에서 의료행위를 하는 경우에는 구 의료법 제87조 제1항 제2호, 제27조 제1항의 구성요건해당성이 없다.
○ 한국환경공단법 등이 한국환경공단 임직원을 형법 제129조(수뢰·사전수뢰) 내지 제132조(알선수뢰)의 적용에 있어 공무원으로 본다고 규정하고 있으므로 그들 또는 그들이 직무를 행하는 한국환경공단을 형법 제227조의2(공전자기록위작·변작)에 정한 공무원 또는 공무소에 해당한다고 보는 것은 죄형법정주의의 원칙에 반하지 않는다.

① 1개 ② 2개 ③ 3개 ④ 4개

해설

○ 【 O 】 대판 2007.11.30. 2007도6556 14. 경찰
○ 【 X 】 위임입법의 한계를 벗어난 것으로 위헌, 위법이라 할 수 없다(대판 2008.4.11. 2007도8373). 14. 경찰
○ 【 O 】 대판 2020.4.29. 2019도19130 21. 국가직 7급
○ 【 X 】 한국환경공단법 등이 한국환경공단 임직원을 형법 제129조 내지 제132조의 적용에 있어 공무원으로 본다고 규정한다고 하여 그들 또는 그들이 직무를 행하는 한국환경공단을 형법 제227조의2에 정한 공무원 또는 공무소에 해당한다고 보는 것은 형벌법규를 피고인에게 불리하게 확장해석하거나 유추해석하는 것이어서 죄형법정주의 원칙에 반한다(대판 2020.3.12. 2016도19170).

정답 ②

32 죄형법정주의에 관한 다음 설명 중 옳지 않은 것은?

① 도로교통법상 도로가 아닌 곳에서 운전면허 없이 운전한 행위를 무면허운전으로 처벌하는 것은 유추해석금지원칙에 반하지 않는다.
② 대통령기록물 관리에 관한 법률 제30조 제2항 제1호, 제14조에 의해 유출이 금지되는 대통령기록물에 원본 문서나 전자파일 이외에 그 사본이나 추가 출력물까지 포함된다고 해석하는 것은 죄형법정주의의 원칙에 반한다.
③ 형법 제55조 제1항은 형벌의 종류에 따라 법률상 감경의 방법을 규정하고 있는데, 유기징역형에 대한 법률상 감경을 하면서 형법 제55조 제1항 제3호에서 정한 것과 같이 장기와 단기를 모두 2분의 1로 감경하는 것이 아닌 장기 또는 단기 중 어느 하나만을 2분의 1로 감경하는 방식이나 2분의 1보다 넓은 범위의 감경을 하는 방식은 죄형법정주의 원칙에 반한다.
④ 허위로 신고한 사실이 무고행위 당시 형사처분의 대상이 될 수 있었던 경우에는 무고죄는 기수에 이르고, 이후 그러한 사실이 형사범죄가 되지 않는 것으로 판례가 변경되었더라도 특별한 사정이 없는 한 이미 성립한 무고죄에는 영향을 미치지 않는다.

해설

① 【 X 】 운전면허 없이 자동차 등을 운전한 곳이 위와 같이 일반교통경찰권이 미치는 공공성이 있는 장소가 아니라 특정인이나 그와 관련된 용건이 있는 사람만 사용할 수 있고 자체적으로 관리되는 곳이라면 도로교통법에서 정한 '도로에서 운전'한 것이 아니므로 무면허운전으로 처벌할 수 없다(대판 2017.12.28. 2017도17762). 19. 경찰채용
② 【 O 】 대판 2021.1.14. 2016도7104 21. 경찰채용
③ 【 O 】 대판 2021.1.21. 2018도5475 21. 경찰채용
④ 【 O 】 대판 2017.5.30. 2015도15398 17. 경찰채용

정답 ①

33 다음 설명 중 적절하지 않은 것을 모두 고른 것은?

㉠ 결혼중개업법 제10조의2 제4항에 의하여 대통령령에 규정하도록 위임된 '신상정보의 제공 시기'를 이용자와 상대방의 만남 이전으로 규정한 결혼중개업법 시행령 제3조의2 제3항은 위임입법의 한계를 벗어나 죄형법정주의 원칙에 반한다.
㉡ 고농도 니코틴 용액에 프로필렌글리콜과 식물성 글리세린과 같은 희석액, 소비자의 기호에 맞는 향료를 일정한 비율로 첨가하여 전자장치를 이용해 흡입할 수 있는 니코틴 용액을 만든 것을 담배의 제조행위라고 보는 것은 유추해석금지원칙에 반하지 않는다.
㉢ 외국환거래법 제30조가 규정하는 몰수·추징의 대상은 범인이 해당 행위로 인하여 취득한 외국환 기타 지급수단 등을 뜻하고, 이는 범인이 외국환거래법에서 규제하는 행위로 인하여 취득한 외국환 등이 있을 때 이를 몰수하거나 추징한다는 취지이나, 여기서 취득이란 해당 범죄행위로 인하여 결과적으로 이를 취득한 때를 말한다고 제한적으로 해석할 필요는 없다.
㉣ 게임산업진흥에 관한 법률 제32조 제1항 제7호는 '누구든지 게임물의 이용을 통하여 획득한 유무형의 결과물을 환전 또는 환전알선하거나 재매입을 업으로 하는 행위를 하여서는 아니된다'고 정하고 있는데, 여기에서의 '환전'을 '게임 결과물을 수령하고 돈을 교부하는 행위'뿐만 아니라 '게임 결과물을 교부하고 돈을 수령하는 행위'도 포함되는 것으로 해석하는 것은 유추해석금지의 원칙에 반하지 않는다.

① 1개   ② 2개   ③ 3개   ④ 4개

해설

㉠ 【 X 】 '신상정보의 제공 시기'는 적어도 이용자와 상대방의 만남 이전이 될 것임을 충분히 예측할 수 있으므로, 위임입법의 한계를 벗어났다고 볼 수 없다(대판 2019.7.25. 2018도7989). 21. 경찰채용
㉡ 【 O 】 대판 2018.9.28. 2018도9828 21. 경찰채용
㉢ 【 X 】 …취득이란 해당 범죄행위로 인하여 결과적으로 이를 취득한 때를 말한다고 제한적으로 해석함이 타당하다(대판 2017.5.31. 2013도8389). 17. 경찰채용
㉣ 【 O 】 대판 2012.12.13. 2012도11505 20. 경찰채용

정답 ②

34 유추해석금지원칙에 위반되는 경우는 모두 몇 개인가?

㉠ 타인에 의해 이미 생성된 주민등록번호를 단순히 사용한 것을 허위의 주민등록번호를 생성하여 자기 또는 다른 사람의 재물이나 재산상의 이익을 위해 사용한 것으로 보는 경우
㉡ 구 음반·비디오물 및 게임물에 관한 법률이 금지하는 '문화관광부장관이 정하여 고시하는 방법에 의하지 아니하고 경품을 제공하는 행위'에 게임제공업자가 제공된 경품을 재매입하는 행위가 해당한다고 보는 경우
㉢ 구 형법 제347조의2의 컴퓨터사용사기죄의 '부정한 명령을 입력하는 행위'에 타인의 인적 사항을 도용하여 타인 명의로 발급받은 신용카드의 번호와 그 비밀번호를 인터넷 사이트에 입력함으로써 재산상 이익을 취득한 행위가 해당한다고 보는 경우
㉣ 공직선거법 제262조의 '자수'를 '범행 발각 전'으로 한정하여 해석하는 경우

① 1개 ② 2개 ③ 3개 ④ 4개

[해설]

㉠ 【위반 됨】 대판 2004.2.27. 2003도6535 17. 경찰간부
㉡ 【위반 됨】 대판 2007.6.28. 2007도873 16. 국가직 9급
㉢ 【위반되지 않음】 대판 2003.1.10. 2002도2363 16. 국가직 9급
㉣ 【위반 됨】 대판 1997.3.20. 96도1167 16. 국가직 9급

정답 ③

35 죄형법정주의에 관한 다음 설명 중 옳지 않은 것은?

① 형벌법규의 적용대상이 행정법규가 규정한 사항을 내용으로 하는 경우 그 행정법규를 해석함에 있어서는 유추해석 금지의 원칙이 적용되지 않는다.
② 유추해석은 피고인에게 유리한 경우에는 가능한 것이나 문리를 넘어서는 이러한 해석은 그렇게 해석하지 아니하면 그 결과가 현저히 형평과 정의에 반하거나 심각한 불합리가 초래되는 경우에 한하여 가능하다.
③ 구 정보통신망 이용촉진 및 정보보호 등에 관한 법률에서 규정하는 '불안감'은 평가적·정서적 판단을 요하는 규범적 구성요건요소이고, '불안감'이란 개념이 사전적으로 '마음이 편하지 아니하고 조마조마한 느낌'이라고 풀이되고 있어 이를 불명확하다고 볼 수는 없다.
④ 구 근로기준법에서 임금·퇴직금 청산기일의 연장합의의 한도에 관하여 아무런 제한을 두고 있지 아니함에도 불구하고, 같은 법 시행령에서 기일연장을 3월 이내로 제한한 것은 죄형법정주의의 원칙에 위배된다.

[해설]

① 【X】 형벌법규의 해석은 엄격하여야 하고 명문규정의 의미를 피고인에게 불리한 방향으로 지나치게 확장 해석하거나 유추 해석하는 것은 죄형법정주의의 원칙에 어긋나는 것으로서 허용되지 않으며, 이러한 법해석의 원리는 형벌법규의 적용대상이 행정법규가 규정한 사항을 내용으로 하고 있는 경우에 그 행정법규의 규정을 해석하는 데에도 마찬가지로 적용된다(대판 2021.11.25. 2021도10981). 22. 경찰채용
② 【O】 대판 2004.11.11. 2004도4049 22. 경찰채용
③ 【O】 대판 2008.12.24. 2008도9581 23. 경찰채용
④ 【O】 대판 1998.10.15. 98도1759 23. 경찰채용

정답 ①

Chapter 02 형법의 적용범위

출제방향

시간적 적용범위에 관하여 형법 제1조에 규정된 행위시법주의의 원칙(제1항), 범죄 후 재판확정 전에 법률이 변경된 경우(제2항), 재판확정 후 법률이 변경된 경우(제3항)의 구조를 파악한 후, 행위시법·재판시법에 관한 판례를 학습하도록 한다.

● 지문의 내용에 대해 학설의 대립 등 다툼이 있는 경우 판례에 의함

01 형법의 적용범위에 관한 설명으로 가장 적절한 것은?

① 범죄에 의하여 외국에서 형의 전부 또는 일부의 집행을 받은 자에 대하여는 형을 감경 또는 면제할 수 있다.
② 법령 제정 당시부터 또는 폐지 이전에 스스로 유효기간을 구체적인 일자나 기간으로 특정하여 효력의 상실을 예정하고 있던 법령이 그 유효기간을 경과함으로써 더 이상 효력을 갖지 않게 된 경우, 그 유효기간 경과 전에 행해진 법령위반 행위의 가벌성은 소멸하므로 더 이상 행위자를 처벌할 수 없게 된다.
③ 재판이 확정된 후 법률이 변경되어 그 행위가 범죄를 구성하지 아니하게 되거나 형이 구법보다 가벼워진 경우, 형의 집행을 면제한다.
④ 캐나다 시민권자인 甲이 투자금을 교부 받더라도 선물시장에 투자하여 운용할 의사나 능력이 없음에도 캐나다에서 그곳에 거주하는 대한민국 국민 A를 기망하여 직접 투자금을 수령한 경우, 甲의 행위가 캐나다 법률에 의해 범죄를 구성하고 그에 대한 소추나 형의 집행이 면제되지 않는 경우에만 우리 형법이 적용된다.

해설

① 【 X 】 죄를 지어 외국에서 형의 전부 또는 일부가 집행된 사람에 대해서는 그 집행된 형의 전부 또는 일부를 선고하는 형에 산입한다(제7조). 24. 경찰
② 【 X 】 법령이 개정 내지 폐지된 경우가 아니라, 스스로 유효기간을 구체적인 일자나 기간으로 특정하여 효력의 상실을 예정하고 있던 법령이 그 유효기간을 경과함으로써 더 이상 효력을 갖지 않게 된 경우도 형법 제1조 제2항과 형사소송법 제326조 제4호에서 말하는 법령의 변경에 해당한다고 볼 수 없다(대판 2022.12.22. 2020도16420). 24. 경찰
③ 【 X 】 재판이 확정된 후 법률이 변경되어 그 행위가 범죄를 구성하지 아니하게 된 경우에는 형의 집행을 면제한다(제1조 제3항). 24. 경찰
④ 【 O 】 캐나다 시민권자인 피고인이 캐나다에서 위조사문서를 행사하였다는 내용으로 기소된 사안에서, 형법 제234조의 위조사문서행사죄는 형법 제5조 제1호 내지 제7호에 열거된 죄에 해당하지 않고, 위조사문서행사를 형법 제6조의 대한민국 또는 대한민국 국민의 법익을 직접적으로 침해하는 행위라고 볼 수도 없으므로 피고인의 행위에 대하여는 우리나라에 재판권이 없는데도, 위 행위가 외국인의 국외범으로서 우리나라에 재판권이 있다(대판 2011.8.25. 2011도6507). 24. 경찰

정답 ④

02 형법의 적용범위에 관한 설명으로 가장 적절하지 않은 것은?

① 법무사 등록증 대여를 처벌하는 「법무사법」 제72조 제1항에 더하여 2017. 12. 12. 동법 제72조 제2항의 몰수·추징 조항이 뒤늦게 신설되었다면, 2014. 1. 경부터 2018. 4. 9. 경까지 법무사등록증 대여 금지를 위반하여 취득한 이익 전부를 추징하더라도 형벌법규의 소급효 금지원칙에 반하지 않는다.

② 유사수신약정체결 및 출자금 수수행위가 대한민국 영역 내에서 이루어진 이상, 비록 인터넷 홈페이지를 개설한 장소나 출자금을 최종적으로 수령한 장소가 대한민국 영역 외라 하더라도 성명·국적 불상의 회사 운영자들에게 「형법」 제2조(국내범), 제8조(총칙의 적용)에 따라 대한민국의 형벌법규인 「유사수신행위법」이 적용된다.

③ 미합중국 군대의 군속 중 통상적으로 대한민국에 거주하고 있는 자는 SOFA 협정이 적용되는 군속의 개념에서 배제되므로, 10년 넘게 대한민국에 머물면서 한국인 아내와 결혼하여 가정을 마련하고 직장 생활을 하는 등 생활근거지를 대한민국에 두고 있었던 미합중국 국적의 甲이 저지른 범죄에 대해 대한민국의 형사재판권을 행사할 수 있다.

④ 대한민국 영역 밖에서 「형법」 제287조의 미성년자 약취·유인죄를 범한 외국인에게도 대한민국 「형법」이 적용된다.

해설

① 【 X 】 2017. 12. 12. 법률 제15151호로 개정된 법무사법(이하 '개정된 법무사법'이라 한다)에는 제72조 제2항이 신설되어 등록증을 다른 사람에게 빌려준 법무사, 법무사의 등록증을 빌린 사람 등이 취득한 금품이나 그 밖의 이익은 몰수하고 이를 몰수할 수 없을 때에는 그 가액을 추징한다고 규정하고 있고, 부칙 제2조는 "제72조 제2항의 개정규정은 이 법 시행 후 최초로 법무사 등록증을 다른 사람에게 빌려준 경우부터 적용한다."라고 규정하고 있다.
위와 같이 개정된 법무사법 제72조 제2항, 부칙 제2조, 헌법 제13조 제1항 전단과 형법 제1조 제1항에서 정한 형벌법규의 소급효 금지 원칙에 비추어 보면, 법무사가 등록증을 다른 사람에게 빌려주거나 법무사의 등록증을 빌린 행위가 개정된 법무사법 시행 이전부터 계속되어 온 경우에는 개정된 법무사법이 시행된 이후의 행위로 취득한 금품 그 밖의 이익만이 개정된 법무사법 제72조 제2항에 따른 몰수나 추징의 대상이 된다고 보아야 한다(대판 2020.10.15. 2020도7307). 24. 경찰

② 【 O 】 유사수신행위의 일부인 유사수신약정 체결 및 위 약정에 따른 출자금을 수수하는 행위가 대한민국 영역 내에서 이루어진 이상, 비록 인터넷 홈페이지를 개설한 장소나 출자금을 최종적으로 수령한 장소가 대한민국 영역 외라 하더라도 대한민국 영역 내에서 죄를 범한 것이므로(대법원 2000.4.21. 선고 99도3403 판결, 대법원 2012.4.26. 선고 2012도2626 판결 등 참조), 공소외 회사의 불상의 운영자들에 대하여도 형법 제2조, 제8조에 따라 대한민국의 형벌법규인 유사수신행위법 제3조, 제2조 제1호가 적용된다(대판 2020.7.9. 2018도5519). 24. 경찰

③ 【 O 】 한반도의 평시상태에서 미합중국 군 당국은 미합중국 군대의 군속에 대하여 형사재판권을 가지지 않으므로 미합중국 군대의 군속이 범한 범죄에 대하여 대한민국의 형사재판권과 미합중국 군 당국의 형사재판권이 경합하는 문제는 발생할 여지가 없고, 대한민국은 협정 제22조 제1항에 따라 미합중국 군대의 군속이 대한민국 영역 안에서 저지른 범죄로서 대한민국 법령에 의하여 처벌할 수 있는 범죄에 대한 형사재판권을 바로 행사할 수 있는 것이다(대판 2006.5.11. 2005도798). 24. 경찰

④ 【 O 】 제287조부터 제292조까지 및 제294조는 대한민국 영역 밖에서 죄를 범한 외국인에게도 적용한다(제296조의2). 24. 경찰

정답 ①

03 형법 제1조 제2항에 대한 설명으로 옳지 않은 것은?

① 범죄 후 법률의 변경이 있더라도 형의 변경이 없는 경우에는 형법 제1조 제1항에 따라 행위시법을 적용해야 한다.
② 형의 경중의 비교는 원칙적으로 법정형을 표준으로 하고, 처단형이나 선고형에 의할 것은 아니다.
③ 범죄 후 형벌법규의 위임을 받은 법령의 변경에 따라 범죄를 구성하지 아니하게 된 경우, 종전 법령이 범죄로 정하여 처벌한 것이 부당하였다는 반성적 고려에 따라 변경된 경우에 한하여 형법 제1조 제2항이 적용된다.
④ 행위 시 양벌규정에는 법인에 대한 면책규정이 없었으나 법률개정으로 면책규정이 추가된 경우, 법원은 형법 제1조 제2항에 따라 피고인에게 개정된 양벌규정을 적용해야 한다.

해설

① 【 O 】 범죄 후 법률의 변경이 있더라도 형이 중하게 변경되는 경우나 형의 변경이 없는 경우에는 형법 제1조 제1항에 따라 행위시법을 적용하여야 한다(대판 2016.3.24. 2015도19137). 23. 국가직 9급
② 【 O 】 형의 경중의 비교는 원칙적으로 법정형을 표준으로 할 것이고 처단형이나 선고 형에 의할 것이 아니며, 법정형의 경중을 비교함에 있어서 법정형 중 병과형 또는 선택형이 있을 때에는 이 중 가장 중한 형을 기준으로 하여 다른 형과 경중을 정하는 것이 원칙이다(대판 1992.11.13. 92도2194). 23. 국가직 9급
③ 【 X 】 범죄 후 법률이 변경되어 그 행위가 범죄를 구성하지 아니하게 되거나 형이 구 법보다 가벼워진 경우에는 신법에 따라야 하고(형법 제1조 제2항), 범죄 후의 법령 개폐로 형이 폐지되었을 때는 판결로써 면소의 선고를 하여야 한다(형사소송법 제326조 제4호). 이러한 형법 제1조 제2항과 형사소송법 제326조 제4호의 규정은 입법자가 법령의 변경 이후에도 종전 법령 위반행위에 대한 형사처벌을 유지한다는 내용의 경과규정을 따로 두지 않는 한 그대로 적용되어야 한다. 따라서 범죄의 성립과 처벌에 관하여 규정한 형벌법규 자체 또는 그로부터 수권 내지 위임을 받은 법령의 변경에 따라 범죄를 구성하지 아니하게 되거나 형이 가벼워진 경우에는, 종전 법령이 범죄로 정하여 처벌한 것이 부당하였다거나 과형이 과중하였다는 반성적 고려에 따라 변경된 것인지 여부를 따지지 않고 원칙적으로 형법 제1조 제2항과 형사소송법 제326조 제4호가 적용된다(대판 2022.12.22. 2022도16420). 23. 국가직 9급
④ 【 O 】 구 국토이용법 제143조의 양벌규정은 2009. 2. 6. 법률 제9442호로 개정되면서 사업주인 법인이 직원의 업무에 관한 관리감독의무를 준수한 경우에는 양벌규정에 의하여 처벌하지 않는다는 내용의 단서 규정이 추가되었는바, 이는 범죄 후 법률의 변경에 의하여 그 행위가 범죄를 구성하지 아니하거나 형이 구법보다 경한 경우에 해당한다고 할 것이어서 형법 제1조 제2항에 따라 피고인에게는 위와 같이 개정된 국토이용법의 양벌규정이 적용되었어야 할 것이다(대판 2010.12.9. 2010도12069). 23. 국가직 9급

정답 ③

04 형법의 시간적 적용 범위에 관한 설명 중 옳은 것은?

① 「형법」 제1조 제1항 "범죄의 성립과 처벌은 행위 시의 법률에 따른다."라고 할 때의 '행위시'라 함은 범죄행위 종료시를 의미하므로 구법 시행 시 행위가 종료하였으나 결과는 신법 시행 시에 발생한 경우에는 신법이 적용된다.
② 상습강제추행죄가 시행되기 이전에 범해진 강제추행행위는 습벽에 의한 것이라도 상습강제추행죄로 처벌할 수 없고 강제추행죄로 처벌할 수 있을 뿐이다.
③ 범죄 후 법률의 변경이 있더라도 형이 중하게 변경되는 경우나 형의 변경이 없는 경우에는 행위시법을 적용하여서는 안 된다.
④ 헌법재판소가 형벌법규에 대해 위헌결정을 한 경우, 당해 법조를 적용하여 기소한 피고 사건은 범죄 후의 법령개폐로 형이 폐지되었을 때에 해당하므로 면소의 선고를 하여야 한다.
⑤ 형을 종전보다 가볍게 형벌법규를 개정하면서 그 부칙으로 개정된 법의 시행 전의 범죄에 대하여 종전의 형벌법규를 적용하도록 개정하는 경우 신법우선주의에 반한다.

해설

① 【 X 】 범죄의 성립과 처벌은 행위시의 법률에 의한다고 할 때의 '행위시'라 함은 '범죄행위의 종료시'를 의미한다(대판 1994.5.10. 94도563). 23. 변호사

② 【 O 】 포괄일죄에 관한 기존 처벌법규에 대하여 그 표현이나 형량과 관련한 개정을 하는 경우가 아니라 애초에 죄가 되지 아니하던 행위를 구성요건의 신설로 포괄일죄의 처벌대상으로 삼는 경우에는 신설된 포괄일죄 처벌법규가 시행되기 이전의 행위에 대하여는 신설된 법규를 적용하여 처벌할 수 없다(형법 제1조 제1항). 이는 신설된 처벌법규가 상습범을 처벌하는 구성요건인 경우에도 마찬가지라고 할 것이므로, 구성요건이 신설된 상습강제추행죄가 시행되기 이전의 범행은 상습강제추행죄로는 처벌할 수 없고 행위시법에 기초하여 강제추행죄로 처벌할 수 있을 뿐이며, 이 경우 그 소추요건도 상습강제추행죄에 관한 것이 아니라 강제추행죄에 관한 것이 구비되어야 한다(대판 2016.1.28. 2015도15669). 23. 변호사

③ 【 X 】 범죄 후 법률의 변경이 있더라도 형이 중하게 변경되는 경우나 형의 변경이 없는 경우에는 형법 제1조 제1항에 따라 행위시법을 적용하여야 한다(대판 2016.3.24. 2015도19137). 23. 변호사

④ 【 X 】 위헌결정으로 인하여 형벌에 관한 법률 또는 법률조항이 소급하여 그 효력을 상실한 경우에는 당해 조항을 적용하여 공소가 제기된 피고사건은 범죄로 되지 아니한 때에 해당한다고 할 것이어서 법원은 그 피고사건에 대하여 형사소송법 제325조 전단에 따라 무죄를 선고하여야 한다(대판 2011.9.29. 2009도12515). 23. 변호사

⑤ 【 X 】 형법 제1조 제2항 및 제8조에 의하면 범죄 후 법률의 변경에 의하여 형이 구법보다 경한 때에는 신법에 의한다고 규정하고 있으나 신법에 경과규정을 두어 이러한 신법의 적용을 배제하는 것도 허용되는 것으로서, 형을 종전보다 가볍게 형벌법규를 개정하면서 그 부칙으로 개정된 법의 시행 전의 범죄에 대하여 종전의 형벌법규를 적용하도록 규정한다 하여 헌법상의 형벌불소급의 원칙이나 신법우선주의에 반한다고 할 수 없다(대판 1999.7.9. 99도1695). 23. 변호사

정답 ②

05 형법의 시간적 적용 범위에 관한 설명으로 가장 적절하지 않은 것은?

① 범죄의 성립과 처벌에 관하여 규정한 형벌법규 자체 또는 그로부터 수권 내지 위임을 받은 법령의 변경에 따라 범죄를 구성하지 아니하게 되거나 형이 가벼워진 경우에는 종전 법령이 범죄로 정하여 처벌한 것이 부당하였다거나 과형이 과중하였다는 반성적 고려에 따라 변경된 것인지 여부를 따지지 않고 원칙적으로 「형법」 제1조 제2항이 적용된다.

② 형벌법규가 대통령령, 총리령, 부령과 같은 법규명령이 아닌 고시 등 행정규칙·행정명령, 조례 등에 구성요건의 일부를 수권 내지 위임한 경우에도 이러한 고시 등 규정이 위임입법의 한계를 벗어나지 않는 한 형벌법규와 결합하여 법령을 보충하는 기능을 하는 것이므로, 그 변경에 따라 범죄를 구성하지 아니하게 되거나 형이 가벼워졌다면 「형법」 제1조 제2항이 적용된다.

③ 형벌법규 자체 또는 그로부터 수권 내지 위임을 받은 법령이 아닌 다른 법령이 변경된 경우 「형법」 제1조 제2항을 적용하려면, 해당 형벌법규에 따른 범죄의 성립 및 처벌과 직접적으로 관련된 형사법적 관점의 변화를 주된 근거로 하는 법령의 변경에 해당하여야 한다.

④ 법령이 개정 내지 폐지된 경우가 아니라, 스스로 유효기간을 구체적인 일자나 기간으로 특정하여 효력의 상실을 예정하고 있던 법령이 그 유효기간을 경과함으로써 더 이상 효력을 갖지 않게 된 경우도 「형법」 제1조 제2항에서 말하는 법령의 변경에 해당한다.

해설

① 【 O 】 대판 2022.12.22. 2022도16420 23. 경찰
② 【 O 】 대판 2022.12.22. 2022도16420 23. 경찰
③ 【 O 】 대판 2022.12.22. 2016도16420 23. 경찰
④ 【 X 】 법령이 개정 내지 폐지된 경우가 아니라 스스로 유효기간을 구체적인 일자나 기간으로 특정하여 효력의 상실을 예정하고 있던 법령이 그 유효기간을 경과함으로써 더 이상 효력을 갖지 않게 된 경우도 형법 제1조 제2항과 형사소송법 제326조 제4호에서 말하는 법령의 변경에 해당한다고 볼 수 없다(대판 2022.12.22. 2016도16420). 23. 경찰

정답 ④

06 다음 사례에 대한 설명으로 옳지 않은 것은?

한국인 유학생 甲은 일본 지하철에서 일본인 여성의 치마 속 신체를 휴대전화로 몰래 촬영하여 보관하고 있던 중 「성폭력범죄의 처벌 등에 관한 특례법」이 개정되었다. 개정된 법률은 구법보다 법정형이 가벼워진 대신 신상정보 공개명령과 공소시효를 10년으로 연장하는 특례조항이 신설되었고, 부칙에서는 법 시행 전 행위에 대해서도 신법을 적용하도록 하였다.

① 甲에 대해서는 「형법」 제3조에 의하여 우리 형법이 적용된다.
② 법정형과 관련하여 구법이 반성적 고려에 따라 법정형이 변경되었다면 甲에게는 개정 후 법정형이 적용되지만, 반성적 고려에 따라 변경된 것이 아니라면 개정 전 법정형이 적용된다.
③ 甲의 범죄행위에 대한 공소시효가 완료되지 않은 상태에서 신법이 시행된 경우 甲에게 신법을 적용하더라도 죄형법정주의에 위반되지 않는다.
④ 신상정보 공개명령제도는 일종의 보안처분이기 때문에 甲에게 개정된 법률을 소급적용하더라도 소급효금지의 원칙에 반하지 않는다.

해설

① 【O】 본법은 대한민국영역 외에서 죄를 범한 내국인에게 적용한다(제3조). 25. 경찰간부
② 【X】 범죄 후 법률이 변경되어 그 행위가 범죄를 구성하지 아니하게 되거나 형이 구법보다 가벼워진 경우에는 신법에 따라야 하고(형법 제1조 제2항), 범죄 후의 법령 개폐로 형이 폐지되었을 때는 판결로써 면소의 선고를 하여야 한다(형사소송법 제326조 제4호). 이러한 형법 제1조 제2항과 형사소송법 제326조 제4호의 규정은 입법자가 법령의 변경 이후에도 종전 법령 위반행위에 대한 형사처벌을 유지한다는 내용의 경과규정을 따로 두지 않는 한 그대로 적용되어야 한다. 따라서 범죄의 성립과 처벌에 관하여 규정한 형벌법규 자체 또는 그로부터 수권 내지 위임을 받은 법령의 변경에 따라 범죄를 구성하지 아니하게 되거나 형이 가벼워진 경우에는, 종전 법령이 범죄로 정하여 처벌한 것이 부당하였다거나 과형이 과중하였다는 반성적 고려에 따라 변경된 것인지 여부를 따지지 않고 원칙적으로 형법 제1조 제2항과 형사소송법 제326조 제4호가 적용된다(대판 2022.12.22. 2022도16420). 25. 경찰간부
③ 【O】 공소시효가 아직 완성되지 않은 경우 위 법률조항은 단지 진행 중인 공소시효를 연장하는 법률로서 이른바 부진정소급효를 갖게 되나, 공소시효제도에 근거한 개인의 신뢰와 공소시효의 연장을 통하여 달성하려는 공익을 비교형량하여 공익이 개인의 신뢰보호이익에 우선하는 경우에는 소급효를 갖는 법률도 헌법상 정당화될 수 있다(헌재 1996.2.16. 96헌가2). 25. 경찰간부
④ 【O】 신상정보 공개·고지명령의 근본적인 목적은 재범방지와 사회방위이고, 법원은 '신상정보를 공개하여서는 아니 될 특별한 사정'이 있는지 여부에 관하여 재범의 위험성을 고려하여 공개·고지명령을 선고하고 있으므로, 신상정보 공개·고지명령의 법적 성격은 형벌이 아니라 보안처분이다. 신상정보 공개·고지명령은 형벌과는 구분되는 비형벌적 보안처분으로서 어떠한 형벌적 효과나 신체의 자유를 박탈하는 효과를 가져오지 아니하므로 소급처벌금지원칙이 적용되지 아니한다. 따라서 심판대상조항은 소급처벌금지원칙에 위배되지 않는다(헌재 2016.12.29. 2015헌바196). 25. 경찰간부

정답 ②

07 재판시법주의에 관한 다음 설명 중 옳은 것은 모두 몇 개인가?

23. 법원행시

㉠ 대법원은 종래 형벌법규 제정의 이유가 된 법률이념의 변경에 따라 종래의 처벌 자체가 부당하였다거나 또는 과형이 과중하였다는 반성적 고려에서 법령을 변경하였을 경우가 아니라, 그때그때의 특수한 필요에 대처하기 위하여 법령을 변경한 것에 불과한 때에는 재판시법주의에 관한 형법 제1조 제2항을 적용하지 않는다는 태도를 취한 바 있다.

㉡ 스스로 유효기간을 구체적인 일자나 기간으로 특정하여 효력의 상실을 예정하고 있던 법령이 그 유효기간을 경과함으로써 더 이상 효력을 갖지 않게 된 경우나 형사처벌에 관한 규범적 가치판단의 요소가 배제된 극히 기술적인 규율의 변경 등에 따라 간접적인 영향을 받는 것에 불과한 경우에는 형법 제1조 제2항이나 형사소송법 제326조 제4호에서 말하는 법령의 변경에 해당한다고 볼 수 없다.

㉢ 피고인에게 유리하게 형벌법규를 개정하면서 부칙에서 신법 시행 전의 범죄에 대하여는 종전 형벌법규를 적용하도록 규정한다고 하여 헌법상의 형벌불소급의 원칙이나 신법우선주의에 반한다고 할 수 없으므로, 범죄 후 피고인에게 유리하게 법령이 변경된 경우라도 입법자는 경과규정을 둠으로써 재판시법의 적용을 배제하고 행위시법을 적용하도록 할 수 있다.

㉣ 형법 제1조 제2항과 형사소송법 제326조 제4호에서 말하는 법령의 변경은 해당 형벌법규에 따른 범죄의 성립 및 처벌과 직접 관련된 것이어야 하고, 이는 결국 해당 형벌법규의 가벌성에 관한 형사법적 관점의 변화를 전제로 한 법령의 변경을 의미한다.

① 없음 ② 1개 ③ 2개 ④ 3개 ⑤ 4개

해설
㉠ 【 O 】 대판 2022.12.22. 2016도16420 23. 법원행시
㉡ 【 O 】 대판 2022.12.22. 2016도16420 23. 법원행시
㉢ 【 O 】 대판 2022.12.22. 2016도16420 23. 법원행시
㉣ 【 O 】 대판 2022.12.22. 2016도16420 23. 법원행시

정답 ⑤

08 형법의 적용범위에 관한 설명이다. 아래 설명 중 옳은 것은 모두 몇 개인가? (다툼이 있는 경우 판례에 의함)

22. 경찰간부

㉠ 형법 제7조 '외국에서 형의 전부 또는 일부가 집행된 사람'의 규정은 무죄판결을 받기 이전 미결구금된 경우도 포함하여 해석하여야 하고, 그 미결구금의 기간은 형법 제7조에 의한 산입의 대상이 된다.

㉡ 외국인이 대한민국 공무원에게 알선한다는 명목으로 금품을 수수한 행위가 대한민국 영역 내에서 이루어졌으나, 금품수수의 명목이 된 알선행위의 장소가 대한민국 영역 외인 경우에는 대한민국의 형벌법규를 적용할 수 없다.

㉢ 내국 법인의 대표자인 외국인이 내국 법인이 외국에 설립한 특수목적법인에 위탁해 둔 자금을 정해진 목적과 용도 외에 임의로 사용한 데 따른 횡령행위에는 행위지의 법률에 의하여 범죄를 구성하지 아니하거나 소추 또는 형의 집행을 면제할 경우가 아니라면 우리 형법이 적용된다.

㉣ 외국인이 중국 북경시 소재 대한민국 영사관 내에서 여권발급신청서를 위조한 경우, 외국인의 국외범에 해당하기 때문에 대한민국 형법을 적용할 수 없다.

㉤ 범죄행위 시와 재판 시 사이에 여러 차례 법령이 개정되어 형의 변경이 있는 때에는 당사자가 신청하는 경우에 한하여 그 전부의 법령을 비교하여 가장 형이 가벼운 법령을 적용한다.

① 1개   ② 2개   ③ 3개   ④ 4개

[해설]

㉠ 【 X 】 형사사건으로 외국 법원에 기소되었다가 무죄판결을 받은 사람은, 설령 그가 무죄판결을 받기까지 상당 기간 미결구금되었더라도 이를 유죄판결에 의하여 형이 실제로 집행된 것으로 볼 수는 없으므로, '외국에서 형의 전부 또는 일부가 집행된 사람'에 해당한다고 볼 수 없고, 그 미결구금 기간은 형법 제7조에 의한 산입의 대상이 될 수 없다(대판 2017.8.24. 2017도5977). 22. 경찰간부

㉡ 【 X 】 외국인이 대한민국 공무원에게 알선한다는 명목으로 금품을 수수하는 행위가 대한민국 영역 내에서 이루어진 이상, 비록 금품수수의 명목이 된 알선행위를 하는 장소가 대한민국 영역 외라 하더라도 대한민국 영역 내에서 죄를 범한 것이라고 하여야 할 것이므로, 형법 제2조에 의하여 대한민국의 형벌법규인 구 변호사법 제90조 제1호가 적용되어야 한다(대판 2000.4.21. 99도3403). 22. 경찰간부

㉢ 【 O 】 내국 법인의 대표자인 외국인이 내국 법인이 외국에 설립한 특수목적법인에 위탁해 둔 자금을 정해진 목적과 용도 외에 임의로 사용한 데 따른 횡령죄의 피해자는 당해 금전을 위탁한 내국 법인이다. 따라서 그 행위가 외국에서 이루어진 경우에도 행위지의 법률에 의하여 범죄를 구성하지 아니하거나 소추 또는 형의 집행을 면제할 경우가 아니라면 그 외국인에 대해서도 우리 형법이 적용되어(형법 제6조), 우리 법원에 재판권이 있다(대판 2017.3.22. 2016도17465). 22. 경찰간부

㉣ 【 O 】 형법의 적용에 관하여 같은 법 제2조는 대한민국 영역 내에서 죄를 범한 내국인과 외국인에게 적용한다고 규정하고 있으며, 같은 법 제6조 본문은 대한민국 영역 외에서 대한민국 또는 대한민국 국민에 대하여 같은 법 제5조에 기재한 이외의 죄를 범한 외국인에게 적용한다고 규정하고 있는바, 중국 북경시에 소재한 대한민국 영사관 내부는 여전히 중국의 영토에 속할 뿐 이를 대한민국의 영토로서 그 영역에 해당한다고 볼 수 없을 뿐 아니라, 사문서위조죄가 형법 제6조의 대한민국 또는 대한민국 국민에 대하여 범한 죄에 해당하지 아니함은 명백하다(대판 2006.9.22. 2006도5010). 22. 경찰간부

㉤ 【 X 】 범죄행위 시와 재판 시 사이에 여러 차례 법령이 개정되어 형의 변경이 있는 경우에는 이 점에 관한 당사자의 주장이 없더라도 형법 제1조 제2항에 의하여 직권으로 그 전부의 법령을 비교하여 그 중 가장 형이 가벼운 법령을 적용하여야 한다(대판 2012.9.13. 2012도7760). 22. 경찰간부

정답 ②

09 형법의 적용범위에 대한 설명으로 가장 적절하지 않은 것은?

① 한국인이 외국에서 죄를 지어 현지 법률에 따라 형의 전부 또는 일부의 집행을 받은 때에는 대한민국 법원은 그 집행된 형의 전부 또는 일부를 선고하는 형에 반드시 산입하여야 한다.
② 범죄행위시와 재판시 사이에 여러 차례 법령이 개정되어 형의 변경이 있는 경우에는 그 전부의 법령을 비교하여 그 중 가장 형이 가벼운 법령을 적용하여야 한다.
③ 범죄행위는 범죄의사가 외부적으로 표현된 상태로서 주관적·내부적인 의사와 객관적·외부적인 표현(동작)을 그 요소로 하는 것이므로, 공모공동정범의 공모지는 「형법」제2조(국내범)가 적용되는 범죄지로 볼 수 없다.
④ 형법총칙은 다른 법령에 정한 죄에 적용되지만, 그 법령에 특별한 규정이 있는 때에는 예외로 한다.

[해설]
① 【O】 제7조 21. 경찰승진
② 【O】 대판 2012.9.13. 2012도7760 21. 경찰승진
③ 【X】 형법 제2조를 적용함에 있어서 공모공동정범의 경우 공모지도 범죄지로 보아야 한다(대판 1998.11.27. 98도2734). 21. 경찰승진
④ 【O】 제8조 21. 경찰승진

정답 ③

10 형법의 적용범위에 대한 설명으로 가장 적절하지 않은 것은?

① 외국인이 대한민국 공무원에게 알선한다는 명목으로 금품을 수수하는 행위가 대한민국 영역 내에서 이루어진 이상, 비록 금품수수의 명목이 된 알선행위를 하는 장소가 대한민국 영역 외라 하더라도 대한민국 영역 내에서 죄를 범한 것이라고 하여야 한다.
② 대한민국 영역 외에서 외국인이 우리나라의 공문서를 위조한 경우, 그 행위가 행위지의 법률에 의하여 범죄를 구성하지 않는다면 우리나라 「형법」을 적용할 수 없다.
③ 내국 법인의 대표자인 외국인이 내국 법인이 외국에 설립한 특수목적법인에 위탁해 둔 자금을 정해진 목적과 용도 외에 임의로 사용하여 횡령한 경우, 그 행위가 외국에서 이루어졌다고 하더라도 행위지의 법률에 의하여 범죄를 구성하지 아니하거나 소추 또는 형의 집행을 면제할 경우가 아니라면 그 외국인에 대해서도 우리나라 「형법」이 적용된다.
④ 형사사건으로 외국 법원에 기소되었다가 무죄판결을 받은 사람은, 설령 그가 무죄판결을 받기까지 상당 기간 미결구금되었더라도 이를 유죄판결에 의하여 형이 실제로 집행된 것으로 볼 수는 없으므로, '외국에서 형의 전부 또는 일부가 집행된 사람'에 해당한다고 볼 수 없고, 그 미결구금 기간은 「형법」제7조에 의한 산입의 대상이 될 수 없다.

[해설]
① 【O】 대판 2000.4.21. 99도3403 21. 경찰
② 【X】 대한민국 영역 외에서 외국인이 우리나라의 공문서를 위조한 경우에는 형법 제5조에 따라 우리나라 형법을 적용할 수 있다(제5조 제6호). 21. 경찰
③ 【O】 대판 2017.3.22. 2016도17465 21. 경찰
④ 【O】 대판 2017.8.24. 2017도5977 21. 경찰

정답 ②

11 형법의 적용범위에 대한 설명 중 가장 적절하지 않은 것은?

① 형법 제1조 제1항에서 범죄의 성립과 처벌은 행위시의 법률에 의한다고 할 때의 '행위시'라 함은 범죄행위의 종료시를 의미한다.
② 외국인이 대한민국 영역 외에서 대한민국 국민의 법익이 직접적으로 침해되는 결과를 야기하는 범죄를 범한 경우에도 대한민국 「형법」을 적용할 수 있다.
③ 형을 종전보다 가볍게 형벌법규를 개정하면서 그 부칙에서 개정된 법의 시행 전의 범죄에 대하여는 종전의 형벌법규를 적용하도록 규정한 경우 형벌불소급의 원칙이나 신법우선의 원칙에 반한다.
④ 외국인이 외국에서 서울지방경찰청장 명의의 운전면허증을 위조한 경우에도 대한민국 「형법」을 적용할 수 있다.

해설

① 【 O 】 대판 1994.5.10. 94도563 20. 경찰승진
② 【 O 】 형법 제6조 본문 19. 경찰승진
③ 【 X 】 형법 제1조 제2항 및 제8조에 의하면 범죄 후 법률의 변경에 의하여 형이 구법보다 경한 때에는 신법에 의한다고 규정하고 있으나 신법에 경과규정을 두어 이러한 신법의 적용을 배제하는 것도 허용되는 것으로서, 형을 종전보다 가볍게 형벌법규를 개정하면서 그 부칙으로 개정된 법의 시행 전의 범죄에 대하여 종전의 형벌법규를 적용하도록 규정한다 하여 헌법상의 형벌불소급의 원칙이나 신법우선주의에 반한다고 할 수 없다(대판 1999.7.9. 99도1695). 20. 경찰승진
④ 【 O 】 형법 제5조 6호 19. 경찰승진

정답 ③

12 형법의 시간적 적용범위에 대한 설명으로 옳지 않은 것은?

① 한국인이 도박죄를 처벌하지 않는 외국 카지노에서 도박을 한 경우에도 대한민국 「형법」을 적용할 수 있다.
② 피해자의 의사에 상관없이 처벌할 수 있었던 근로기준법위반죄가 반의사불벌죄로 개정되었으나 부칙에는 그 적용과 관련한 경과규정이 없다면, 개정 전의 행위에 대해서는 「형법」 제1조 제1항에 의하여 행위시의 법률이 적용되어야 한다.
③ 포괄일죄로 되는 개개의 범죄행위가 법 개정의 전후에 걸쳐서 행하여진 경우에는 신·구법의 법정형에 대한 경중을 비교하여 볼 필요도 없이 범죄 실행 종료시의 법인 신법을 적용하여 포괄일죄로 처단하여야 한다.
④ 형의 경중의 비교는 원칙적으로 법정형을 표준으로 하고, 병과형 또는 선택형이 있을 때에는 그 중 가장 중한 형을 기준으로 하여 다른 형과 경중을 정하는 것이 원칙이다.

해설

① 【 O 】 대판 2004. 4.23. 2002도2518 19. 경찰승진
② 【 X 】 종전에는 피해자의 의사에 상관없이 처벌할 수 있었던 근로기준법 제112조 제1항, 제36조 위반죄가 **반의사불벌죄로 개정**되었고, 부칙에는 그 적용과 관련한 경과규정이 없지만 개정법률이 **피고인에게 더 유리할** 것이므로 형법 제1조 제2항에 의하여 피고인에 대하여는 개정법률이 적용되어야 한다(대판 2005.10.28. 2005도4462). 19. 국가직
③ 【 O 】 대판 2009.4.9. 2009도321 19. 국가직
④ 【 O 】 대판 1992.11.13. 92도2194 19. 국가직

정답 ②

13 형법의 적용범위에 관한 설명 중 가장 적절하지 않은 것은?

① 범죄가 성립하는지 여부는 행위가 종료되었을 때의 법률에 의한다.
② 외국인이 외국에서 형법상 약취·유인죄나 인신매매죄 또는 그 미수범과 예비·음모죄를 범한 경우에는 우리나라 형법이 적용된다.
③ 외국인이 공해상을 운항 중인 우리나라 배에서 다른 외국인 선원의 지갑을 훔친 경우 우리나라 형법을 적용할 수 있다.
④ 한국인 甲이 외국에서 외국인 乙을 살해한 경우, 甲에게 행위지의 형법과 우리나라 형법이 모두 적용될 수 있고, 이는 이중처벌 금지의 원칙에 위반되지 아니한다.

해설

① 【 O 】 형법 제1조 제1항 "범죄의 성립과 처벌은 행위시의 법률에 의한다"에 있어서 행위시라 함은 범죄행위의 종료시를 의미한다(대판 1994.5.10. 94도563). 19. 국가직
② 【 X 】 외국인이 외국에서 형법상 약취·유인죄나 인신매매죄 또는 그 미수를 범한 경우에는 우리나라 형법이 적용되지만(형법 제296조의2), 동 범죄들에 대한 예비·음모죄를 범한 경우에는 형법 제296조의2가 적용되지 않아 우리나라 형법이 적용되지 않는다. 17. 경찰승진
③ 【 O 】 형법 제4조 기국주의에 근거해 공해상의 우리나라 국적 선박에서 절도를 범한바 우리 형법이 적용된다. 17. 경찰간부
④ 【 O 】 형법 제3조 속인주의에 근거해 한국인의 외국에서의 살인도 우리 형법이 적용되며 물론 행위지의 형법도 적용이 된다. 이는 이중처벌 금지의 원칙에 해당되지 않는다(1983.10.25. 83도2366).
참고로 甲이 외국에서 형의 집행을 받게 된다면 우리나라 법원은 형의 전부 또는 일부를 선고하는 형에 산입해야 한다(개정 형법 제7조). 17. 경찰간부

정답 ②

14 다음 설명 중 가장 옳지 않은 것은?

① 외국인 甲은 노동력 착취를 위해 자신의 나라에서 외국인 乙을 약취·유인하였다. 그 후 甲이 한국으로 들어와 여행을 하던 중 이 사실이 발각된 경우 우리나라 형법이 적용된다.
② 포괄일죄 범행이 계속되는 사이 법률이 개정된 경우 행위가 종료된 때의 신법을 적용해야 하나, 신법 부칙에서 '이 법 시행 전의 행위에 대한 벌칙의 적용에 있어서는 종전의 규정에 따른다.'는 규정을 두었다면 구법을 적용해야 한다.
③ 외국인이 외국에서 대한민국 국적 주식회사의 인장을 위조한 경우 대한민국의 재판권이 없다.
④ 공모공동정범의 경우 공모지도 범죄지로 보아야 한다.

해설

① 【 O 】 형법 296조의2 세계주의에 근거해 외국에서 외국인이 "약취·유인 및 인신매매"에 관한 죄를 범한 경우는 우리 형법이 적용된다.
② 【 X 】 일반적으로 계속범의 경우 실행행위가 종료되는 시점에서의 법률이 적용되어야 할 것이나, 법률이 개정되면서 그 부칙에서 '개정된 법 시행 전의 행위에 대한 벌칙의 적용에 있어서는 종전의 규정에 의한다'는 경과규정을 두고 있는 경우 개정된 법이 시행되기 전의 행위에 대해서는 개정 전의 법을, 그 이후의 행위에 대해서는 개정된 법을 각각 적용하여야 한다(대판 2001.9.25. 2001도3990).
③ 【 O 】 중국국적의 甲이 중국에서 대한민국 국적 주식회사의 인장을 위조한 경우, 사인위조죄(제239조 제1항)는 형법 제6조의 대한민국 또는 대한민국 국민에 대하여 범한 죄에 해당하지 않으므로 국외범으로서 그에 대하여 재판권이 없다(대판 2002.11.26. 02도4929). 18. 국가직
④ 【 O 】 홍콩에서 로뽕을 구입하여 괌에서 판매하기로 서울에서 공모하고 홍콩에서 히로뽕을 밀수입한 경우, 공모공동정범에 있어서 공모지도 범죄지에 해당하므로 우리 형법이 적용된다(대판 1998.11.27. 98도2734).

정답 ②

15 형법의 적용범위에 대한 설명으로 가장 적절하지 않은 것은?

① 외국인 甲이 외국에서 장기적출을 목적으로 외국인 A를 매매한 경우 대한민국「형법」이 적용될 수 있다.
② 헌법재판소의 위헌결정으로 인하여 형벌에 관한 법률 또는 법률조항이 소급하여 그 효력을 상실한 경우에는 당해 법조를 적용하여 기소한 피고사건에 대해서는 면소판결이 아닌 무죄판결을 선고하여야 한다.
③ 미국인이 행사할 목적으로 미국에서 일본화폐인 엔화를 위조한 경우에는 대한민국「형법」을 적용하여 처벌할 수 없다.
④ 무단반출한 물품 중 칼라인화지에 대한 세율이 범행 당시는 100퍼센트였으나 그 후 관세법의 개정으로 40퍼센트로 변경된 경우, 포탈세액을 종전의 세율에 따라 산정한 것은 위법하지 않다.

해설
① 【 O 】 형법 제289조 제3항, 제296조의2 18. 국가직
② 【 O 】 헌법재판소의 위헌결정으로 인하여 형벌에 관한 법률 또는 법률조항이 소급하여 그 효력을 상실한 경우에는 당해 법조를 적용하여 기소한 피고 사건은 처음부터 범죄로 되지 아니하는 때에 해당하므로, 면소판결이 아니라 무죄판결을 선고하여야 한다(대판 1999.12.24. 99도3003 참고). 18. 경찰
③ 【 X 】 외국인의 국외범에 해당하고 형법 제5조 제4호에 의하여 우리나라 형법이 적용된다. 외국통용외국통화 위조죄에 해당한다(제207조 제3항). 18. 경찰
④ 【 O 】 조세채권의 성립요건이 충족된 후에 조세법이 개정되더라도 그 구 조세법의 규정에 의하여 발생한 조세채권의 내용에는 아무 영향이 없고, 세율의 변경은 형의 변경이라고 할 수도 없어 포탈세액을 종전의 세율에 따라 산정한 것은 적법하다(대판 1984.12.26. 83도1988). 16. 경찰간부

정답 ③

16 형벌규정의 적용에 관한 다음 설명 중 가장 적절하지 않은 것은?

① 형벌불소급의 원칙은 "행위의 가벌성" 즉 형사소추가 "언제부터 어떠한 조건하에서" 가능한가의 문제에 관한 것이고, "얼마동안" 가능한가의 문제에 관한 것은 아니다.
② 형을 가볍게 개정하면서 그 부칙으로 개정법 시행 전의 범죄에 대하여 종전의 법을 적용하도록 규정하는 것은 신법우선주의에 반하지 않는다.
③ 범죄 후 법률의 변경에 의하여 신법의 형이 구법보다 경한 경우에도 공소시효기간의 기준은 행위시법인 구법의 법정형이 된다.
④ 대법원 양형위원회가 설정한 '양형기준'이 발효하기 전에 공소가 제기된 범죄에 대하여 위 양형기준을 참고하여 형을 양정한 경우에도 피고인에게 불리한 법률을 소급적용한 위법이 있는 것은 아니다.

해설
① 【 O 】 헌재 1996.2.16. 96헌가2 15. 법원행시
② 【 O 】 대판 2013.7.11. 2011도15056 15. 법원행시
③ 【 X 】 범죄 후 법률의 개정에 의하여 법정형이 가벼워진 경우에는 형법 제1조 제2항에 의하여 당해 범죄사실에 적용될 가벼운 법정형(신법의 법정형)이 공소시효기간의 기준이 된다(대판 2008.12.11. 2008도4376). 15. 법원행시
④ 【 O 】 대판 2009.12.10. 2009도11448 15. 법원행시

정답 ③

17 형법의 시간적 적용범위에 대한 설명으로 옳지 않은 것은?

① 가정폭력범죄의 처벌 등에 관한 특례법상의 사회봉사명령을 부과하면서 행위시법상 사회봉사명령 부과시간의 상한인 100시간을 초과하여 상한을 200시간으로 올린 신법을 적용하더라도 형법불소급의 원칙에 반하지 않는다.
② 특수폭행치상죄의 경우 「형법」 제258조의2의 특수상해죄의 신설에도 불구하고 종전과 같이 「형법」 제257조 제1항의 상해죄의 예에 의하여 처벌하는 것으로 해석하여야 한다.
③ 개정 전후를 통하여 형의 경중에 차이가 없는 경우에는 행위시법을 적용하여야 한다.
④ 형법 제62조의2 제1항의 개정으로 도입된 보호관찰은 형벌이 아니라 보안처분의 성격을 가지므로 개정 형법 시행 이전에 죄를 범한 자에 대하여도 보호관찰을 명할 수 있다.

[해설]
① 【X】 가정폭력범죄의 처벌 등에 관한 특례법상 사회봉사명령을 부과하면서, 행위시법상 사회봉사명령 부과시간의 상한인 100시간을 초과하여 상한을 200시간으로 올린 신법을 적용한 것은 형벌불소급의 원칙에 반한다(대결 2008.7.24. 2008어4).
② 【O】 대판 2018.7.24. 2018도3443.
  ✓ 특수폭행치상의 범죄사실과 관련하여, 종래에 형법 제262조, 제261조, 제257조 제1항의 예(7년 이하의 징역, 10년 이하의 자격정지 또는 1천만원 이하의 벌금)에 의하면 벌금형이 가능하나, 2016. 1. 6. 형법개정으로 신설된 형법 제258조의2 제1항의 예(1년 이상 10년 이하의 징역)에 의하여 처벌하면 벌금형의 처벌이 불가능해지는 차이! 19. 경찰채용 1차
③ 【O】 대판 2010.6.10. 2010도4416
④ 【O】 대판 1997.6.13. 97도703

정답 ①

18 형법의 적용범위에 대한 설명으로 옳은 것만을 모두 고른 것은?

㉠ 속지주의 원칙에서 범죄지의 결정기준은 범죄 결과 발생지뿐만 아니라 구성요건적 실행행위가 이루어진 곳도 포함된다.
㉡ 외국인이 독일에서 북한의 지령을 받아 베를린 주재 북한이익대표부를 방문하여 북한공작원을 만나 반국가단체를 이롭게 한 행위에 대하여 우리나라 형법이 적용된다.
㉢ 한반도의 평시상태에서 미군의 군속 중 '통상적으로 대한민국에 거주하고 있는 자'는 '대한민국과 아메리카합중국 간의 상호방위조약 제4조에 의한 시설과 구역 및 대한민국에서의 합중국 군대의 지위에 관한 협정'(SOFA)이 적용되는 군속의 개념에서 배제되므로 우리나라 법원에 재판권이 있다.
㉣ 대한민국 영역 외에서 형법 제289조 제1항의 구성요건인 사람을 매매한 행위를 한 외국인에 대해서는 우리나라 형법이 적용된다.

① ㉠, ㉢ ② ㉡, ㉢ ③ ㉠, ㉡, ㉣ ④ ㉠, ㉢, ㉣

[해설]
㉠ 【O】 행위지, 결과지 모두 대한민국 영역에서 이루어지면 속지주의가 적용된다(통설). 16. 국가직
㉡ 【X】 독일인이 독일 내에서 북한의 지령을 받아 베를린 주재 북한이익대표부를 방문하고 그곳에서 북한공작원을 만났다면 각 구성요건상 범죄지는 모두 독일이므로 이는 외국인의 국외범에 해당하여, 형법 제5조와 제6조에서 정한 요건에 해당하지 않는 이상 국가보안법 제6조 제2항, 제8조 제1을 적용하여 처벌할 수 없다. 16. 국가직
㉢ 【O】 대판 2006.5.11. 2005도798. 16. 국가직
㉣ 【O】 형법 제296조의2 16. 국가직

정답 ④

19 형법의 적용범위에 대한 설명으로 가장 옳지 않은 것은?

① 구 형법의 같은 조항의 법정형이 "5년 이하의 징역"이었던 것이 "5년 이하의 징역 또는 1천만원 이하의 벌금"이 되어 벌금형이 추가된 것은 형이 무겁게 변경되었음이 분명하다.
② 포괄일죄인 뇌물수수범행이 특정범죄가중처벌 등에 관한 법률(이하 '특가법') 제2조 제2항의 시행 전후에 걸쳐 행하여진 경우 특가법 제2조 제2항에 규정된 벌금형 산정 기준이 되는 수뢰액은 위 규정이 신설된 이후에 수수한 금액으로 한정된다.
③ 캐나다 시민권자가 캐나다에서 위조사문서를 행사하였다는 내용으로 기소된 경우 대한민국 법원은 그에 대해 재판권이 없다.
④ 한국인이 한국 내에 있는 미국 문화원에서 방화죄를 범한 경우, 미국 문화원이 국제협정이나 관행에 의하여 치외법권 지역이고 미국 본토의 연장으로 본다고 하더라고 대한민국의 형법이 적용된다.

해설

① 【 X 】 형이 가볍게 변경된 것이다(대판 1996.7.26. 96도1158). 18. 경찰간부
② 【 O 】 특정범죄 가중처벌 등에 관한 법률은 제2조 제2항에서 "형법 제129조, 제130조 또는 제132조에 규정된 죄를 범한 자는 그 죄에 대하여 정한 형에 수뢰액의 2배 이상 5배 이하의 벌금을 병과한다."라고 규정하여 뇌물수수죄 등에 대하여 종전에 없던 **벌금형을 필요적으로 병과하도록** 하고 있는데, 헌법 제13조 제1항의 형벌법규 불소급 원칙과 형법 제1조 제1항의 "범죄의 성립과 처벌은 행위시의 법률에 의한다."는 규정에 비추어 보면, 포괄일죄인 뇌물수수 범행이 위 신설 규정의 시행 전후에 걸쳐 행하여진 경우 특가법 제2조 제2항에 규정된 벌금형 산정 기준이 되는 수뢰액은 **위 규정이 신설된 이후에 수수한 금액으로 한정된다**(대판 2011.6.10. 2011도4260). 18. 경찰간부
③ 【 O 】 대판 2011.8.25. 2011도6507
④ 【 O 】 대판 1986.6.24. 86도403. 18. 경찰간부

정답 ①

20 형법의 적용범위에 대한 설명으로 옳은 것만을 모두 몇 개인가?

㉠ 「형법」의 총칙은 다른 법령에 정한 죄에 적용되지만, 그 법령에 특별한 규정이 있는 때에는 예외로 한다.
㉡ 형법 부칙 제4조 제1항은 범죄의 실행행위가 신·구 양법에 걸쳐서 행하여진 범죄의 행위시를 정한 것으로 형법의 적용범위, 범죄와 형벌 등에 관한 것이어서 비록 그것이 부칙에 규정되어 있다고 하여 형법만의 경과규정에 불과한 것이 아니라 형법총칙 규정 내지는 그 보완규정이라고 풀이할 것이어서 이는 형법과 다른 법률과의 사이 또는 다른 법률의 개정과정에서 그 양법에 걸쳐서 행하여진 범죄에 대하여 그 행위시를 정함에 있어 다 같이 적용되는 조문이다.
㉢ 포괄일죄에 관한 기존 처벌법규에 대하여 그 표현이나 형량과 관련한 개정을 하는 경우가 아니라 애초에 죄가 되지 아니하던 행위를 구성요건의 신설로 포괄일죄의 처벌대상으로 삼는 경우에는 신설된 포괄일죄 처벌법규가 시행되기 이전의 행위에 대하여는 신설된 법규를 적용하여 처벌할 수 없다.

① 1개 ② 2개 ③ 3개 ④ 없다

해설

㉠ 【 O 】 제8조 19. 경찰
㉡ 【 X 】 형법 부칙 제4조 제1항은 "1개의 죄가 본법시행 전후에 걸쳐서 행하여진 때에는 본법 시행 전에 범한 것으로 간주한다"고 규정하고 있으나 위 부칙은 형법시행에 즈음하여 구형법과의 관계에서 그 적용범위를 규정한 경과법으로서 형법 제8조에서 규정하는 총칙규정이 아닐 뿐 아니라 범죄의 성립과 처벌은 행위시의 법률에 의한다고 규정한 형법 제1조 제1항의 해석으로서도 행위종료시의 법률의 적용을 배제한 점에서 타당한 것이 아니므로 신·구형법과의 관계가 아닌 다른 법과의 관계에서는 위 부칙을 적용 내지 유추적용할 것이 아니다(대판 1986.7.22. 86도1012 전원합의체).
㉢ 【 O 】 대판 2016.1.28. 2015도15669 19. 변호사

정답 ②

최정훈 형법총론
단원별 기출문제집

PART 02

범죄론

- Chapter 1 | 범죄의 기본개념
- Chapter 2 | 구성요건론
- Chapter 3 | 위법성론
- Chapter 4 | 책임론
- Chapter 5 | 미수론
- Chapter 6 | 공범론
- Chapter 7 | 죄수론

Chapter 01 범죄의 기본개념

출제 방향

범죄의 성립요건·처벌조건·소추조건의 개념을 정리하고, 소추조건 중 친고죄와 반의사불벌죄에 해당하는 범죄를 두문자로 암기하여야 한다. 또한 범죄의 종류 중 신분범·위험범·자수범·목적범에 해당하는 범죄를 학습하여야 하고, 법인의 범죄능력과 형사책임, 양벌규정에 관한 정확한 이해와 숙지가 필요하다.

● 지문의 내용에 대해 학설의 대립 등 다툼이 있는 경우 판례에 의함

제1절 범죄의 의의 및 종류

01 다음 중 형법상 친고죄인 것을 모두 고른 것은?

㉠ 사자명예훼손죄　　　　　　　㉡ 외국원수에 대한 폭행죄
㉢ 출판물 등에 의한 명예훼손죄　㉣ 존속협박죄
㉤ 업무상비밀누설죄　　　　　　㉥ 과실치상죄
㉦ 비밀침해죄　　　　　　　　　㉧ 강간죄

① ㉠, ㉢, ㉥, ㉦　　② ㉡, ㉣, ㉤, ㉧　　③ ㉠, ㉤, ㉦　　④ ㉠, ㉢, ㉤, ㉦, ㉧

해설
③ 사자명예훼손죄, 업무상비밀누설죄, 비밀침해죄가 친고죄이다.

정답 ③

02 다음 중 고소가 있어야만 처벌할 수 있는 경우는? (다툼이 있으면 판례에 의함)

㉠ 甲과 乙이 따로 사는 甲의 숙부 A의 집에서 고려청자를 절취한 경우(甲의 죄책)
㉡ 甲이 자신과 싸운 형 A의 커피에 분뇨를 넣어 그 효용을 해한 경우
㉢ 甲이 A의 사망한 부친이 "일제시대 친일경찰이었다."라고 허위사실을 공표한 경우
㉣ 甲이 옆방에서 성행위 중인 A·B의 알몸을 카메라로 몰래 촬영한 경우

① ㉠, ㉢　　② ㉡, ㉢　　③ ㉢, ㉣　　④ ㉣

해설
친고죄인 것은 ㉠㉢이다.
㉠ 제328조 제2항에 따라 동거친족 이외의 친족은 고소가 있어야 벌할 수 있다(상대적 친고죄). A는 甲과 따로 살고 있는 숙부이므로 甲의 절도죄는 친고죄이다.
㉡ 손괴죄는 친족상도례규정이 적용되지 않는다.
㉢ 사자명예훼손죄는 친고죄이다.
㉣ 카메라 등 이용촬영죄는 친고죄가 아니다(대판 2004.8.30. 2004도4020).

정답 ①

03 고소가 없어도 갑이 처벌될 수 있는 경우로 옳은 것은?

① 동생 갑이 누나 을의 책상에서 연애편지를 발견하고는 이를 훔쳐보려고 봉투를 뜯었으나 마침 누나가 들어오는 바람에 그 내용을 읽지 못한 경우
② 이웃에 사는 형의 집에 놀러갔던 친동생 갑이 형과 다툰 후 홧김에 형이 아끼는 도자기를 바닥에 내리쳐 깨뜨린 경우
③ 평소 을에게 원한을 가지고 있던 갑이, 을의 사망한 부친이 일제강점기에 친일행위에 앞장섰다는 허위사실을 불특정 다수인에게 말한 경우
④ 갑이 이웃 사람들이 있는 자리에서 피해자가 듣는 가운데 구청직원에게 피해자에게 피해자를 가리키면서 "저 망할 년 저기 오네"라고 경멸하는 욕설 섞인 표현을 한 경우

해설 14. 국가직 7급

① 【 X 】 비밀침해죄는 친고죄로 을의 고소가 있어야 갑을 처벌할 수 있다.
② 【 O 】 손괴죄는 친족상도례규정이 적용되지 않는다. 을의 고소가 없더라도 갑을 처벌할 수 있다.
③ 【 X 】 사자명예훼손죄는 친고죄로 을의 고소가 있어야 갑을 처벌할 수 있다.
④ 【 X 】 모욕죄는 친고죄로 을의 고소가 있어야 갑을 처벌할 수 있다.

정답 ②

04 다음 범죄 중 현행법상 반의사불벌죄로 규정되어 있는 것은 모두 몇 개인가?

㉠ 업무상과실치상죄	㉡ 과실치상죄
㉢ 출판물 등에 의한 명예훼손죄	㉣ 존속폭행죄
㉤ 비밀침해죄	㉥ 사자명예훼손죄
㉦ 존속협박죄	㉧ 업무상비밀누설죄
㉨ 업무방해죄	

① 1개　　② 2개　　③ 3개　　④ 4개

해설

반의사불벌죄는 ㉡㉢㉣㉦ 4개이다.
㉤㉥㉧은 친고죄이다.
㉠㉨은 친고죄도 반의사불벌죄도 아니다.

정답 ④

05 반의사불벌죄에 대한 다음 설명 중 옳지 않은 것은?

① 폭행죄의 피해자가 의사능력 있는 미성년자인 경우, 그 미성년자가 가해자에 대한 처벌을 원하지 않는다는 의사표시를 명백히 하면 공소를 제기할 수 없다.
② 의사능력 있는 미성년자가 폭행죄의 피해자인 경우 그 미성년자가 처벌을 원하는 의사표시를 철회할 때에는 법정대리인의 동의가 있어야 한다.
③ 친고죄에 있어서 고소불가분의 원칙을 규정한 형사소송법 제233조의 규정은 반의사불벌죄에 준용되지 않는다.
④ 2인 이상이 공동으로 폭행죄를 범하여 폭력행위등처벌에관한법률위반(공동폭행)죄로 처벌되는 경우 피해자의 명시한 의사에 반하여 공소를 제기할 수 없다는 형법 제260조 제3항은 적용되지 않는다.

[해설]
① 【O】 대판 2010.5.27. 2010도2680 13. 변호사
② 【X】 반의사불벌죄에 있어서 피해자의 피고인 또는 피의자에 대한 처벌을 희망하지 않는다는 의사표시 또는 처벌을 희망하는 의사표시의 철회는, 위와 같은 형사소송절차에 있어서의 소송능력에 관한 일반원칙에 따라, 의사능력이 있는 피해자가 단독으로 이를 할 수 있고, 거기에 법정대리인의 동의가 있어야 한다거나 법정대리인에 의해 대리되어야만 한다고 볼 것은 아니다(대판 2009.11.19. 2009도6058(全)). 13. 변호사
③ 【O】 대판 1994.4.26. 93도1689 13. 변호사
④ 【O】 폭행죄는 반의사불벌죄이다. 그러나 특수폭행죄, 상습폭행죄 및 폭력행위 등 처벌에 관한 법률위반죄의 경우 반의사불벌죄에 해당하지 않는다. 13. 변호사

[정답] ②

06 ㈎와 ㈏에 관한 다음 설명 중 옳고 그름의 표시(○, ×)가 바르게 된 것은?

㈎ 구성요건적 실행행위에 의해 법익의 침해가 발생하여 범죄가 기수에 이르고 범죄행위도 종료되지만 법익침해 상태는 기수 이후에도 존속되는 범죄
㈏ 범죄가 기수에 이른 후에도 범죄행위와 법익침해 상태가 범죄 종료시까지 계속되는 범죄

㉠ ㈎의 경우 기수 이후 법익침해 상태가 계속되는 시점에도 공범성립이 가능하다.
㉡ ㈏의 공소시효는 기수시부터가 아니라 범죄 종료시로부터 진행하므로 범죄가 종료한 때로부터 공소시효가 진행된다.
㉢ ㈎와 ㈏의 경우 정당방위는 기수시까지 가능하다.
㉣ ㈎는 범죄의 기수시기와 종료시기가 일치하지만, ㈏는 범죄의 기수시기와 종료시기가 일치하지 않고 분리된다.

① ㉠ ○ ㉡ × ㉢ ○ ㉣ ○
② ㉠ ○ ㉡ × ㉢ ○ ㉣ ×
③ ㉠ × ㉡ ○ ㉢ × ㉣ ○
④ ㉠ × ㉡ ○ ㉢ × ㉣ ×

[해설] 23. 경찰채용
㈎는 상태범 또는 즉시범, ㈏는 계속범을 말한다.
㉠ 【X】 ㈎의 경우 기수에 이른 후에는 공범이 성립할 수 없다.
㉡ 【O】 ㈏의 경우 공소시효는 범죄행위 종료시부터 기산한다.
㉢ 【X】 ㈎의 경우 정당방위는 현재의 부당한 침해가 인정되어야 하므로 기수시까지 가능하다. ㈏의 경우 종료시까지 가능하다.
㉣ 【O】 ㈎의 경우 범죄의 기수시기와 종료시기가 일치하지만, ㈏의 경우 범죄의 기수시기와 종료시기가 일치하지 않는다.

[정답] ③

07 범죄형태에 관한 설명 중 옳지 않은 것은?

① 「형법」의 중손괴죄는 구성요건의 충족을 위해 구체적 위험의 발생을 요구하는 범죄이다.
② 「형법」의 중감금죄는 구성요건의 충족을 위해 구체적 위험의 발생을 요구하는 범죄이다.
③ 「형법」의 체포죄는 계속범으로서 체포행위에 시간적 계속이 있어야 한다.
④ 「형법」의 일반교통방해죄는 계속범의 성질을 갖는다.

해설

① 【 O 】 중손괴죄는 "생명 또는 신체에 대한 위험발생"을 구성요건으로 하는 구체적 위험범이다(제368조). 19. 경찰
② 【 X 】 중감금죄는 생명에 대한 위험발생을 요건으로 하는 구체적 위험범이 아니라, "**감금행위+가혹한 행위**"를 구성요건으로 하는 결합범이다(제277조). 19. 경찰
③ 【 O 】 체포죄는 **계속범**으로서 체포의 행위에 확실히 사람의 신체의 자유를 구속한다고 인정할 수 있을 정도의 시간적 계속이 있어야 한다(대판 2018.2.28. 2017도21249). 19. 경찰
④ 【 O 】 일반교통방해죄에서 교통방해 행위는 **계속범**의 성질을 가지는 것이어서 교통방해의 상태가 계속되는 한 가벌적인 위법상태는 계속 존재한다(대판 2018.1.24. 2017도11408). 19. 경찰

정답 ②

08 범죄의 성격에 대한 설명으로 옳은 것만을 모두 고르면?

㉠ 일반교통방해죄는 침해범으로서 교통방해의 결과가 현실적으로 발생할 것을 요한다.
㉡ 공무집행방해죄는 추상적 위험범으로서 구체적으로 직무집행의 방해라는 결과발생을 요하지 아니한다.
㉢ 체포죄는 계속범으로서 체포행위에 확실히 사람의 신체의 자유를 구속한다고 인정할 수 있을 정도의 시간적 계속을 요한다.
㉣ 범인도피죄는 범인을 도피하게 함으로써 기수에 이름과 동시에 범죄행위도 종료되는 즉시범이다.

① ㉠, ㉡   ② ㉠, ㉣   ③ ㉡, ㉢   ④ ㉢, ㉣

해설

㉠ 【 X 】 일반교통방해죄는 이른바 **추상적 위험범**으로서 교통이 불가능하거나 또는 현저히 곤란한 상태가 발생하면 바로 기수가 되고 교통방해의 결과가 현실적으로 발생하여야 하는 것은 아니다. 또한 일반교통방해죄에서 교통방해 행위는 **계속범**의 성질을 가지는 것이어서 교통방해의 상태가 계속되는 한 가벌적인 위법상태는 계속 존재한다(대판 2018.1.24. 2017도11408). 19. 국가직
㉡ 【 O 】 대판 2018.3.29. 2017도21537. 19. 국가직
㉢ 【 O 】 **체포죄**는 **계속범**으로서 체포의 행위에 확실히 사람의 신체의 자유를 구속한다고 인정할 수 있을 정도의 시간적 계속이 있어야 하나, 체포의 고의로써 타인의 신체적 활동의 자유를 현실적으로 침해하는 행위를 개시한 때 체포죄의 실행에 착수하였다고 볼 것이다(대판 2018.2.28. 2017도21249). 19. 국가직
㉣ 【 X 】 범인도피죄는 범인을 도피하게 함으로써 기수에 이르지만, **범인도피행위가 계속되는 동안에는** 범죄행위도 계속되고 행위가 끝날 때 비로소 범죄행위가 종료된다. 따라서 공범자의 범인도피행위 도중에 그 범행을 인식하면서 그와 공동의 범의를 가지고 기왕의 범인도피상태를 이용하여 스스로 범인도피행위를 계속한 경우에는 범인도피죄의 공동정범이 성립하고, 이는 공범자의 범행을 방조한 종범의 경우도 마찬가지이다(대판 2012.8.30. 2012도6027). ⇨ 계속범이다. 19. 국가직

정답 ③

09 계속범에 대한 설명으로 가장 적절한 것은? (다툼이 있는 경우 판례에 의함)

① 「형법」 제276조 제1항의 체포죄는 일시적으로 신체의 자유를 박탈하는 것으로서 계속범이 아니다.
② 계속범에 있어 공소시효의 기산점은 범행의 종료시점이 아니라 기수시점이다.
③ 일반적으로 계속범의 경우 실행행위가 종료되는 시점에서의 법률이 적용되어야 할 것이나, 법률이 개정되면서 그 부칙에서 '개정된 법 시행 전의 행위에 대한 벌칙의 적용에 있어서는 종전의 규정에 의한다'는 경과규정을 두고 있는 경우 개정된 법이 시행되기 전의 행위에 대해서는 개정 전의 법을, 그 이후의 행위에 대해서는 개정된 법을 각각 적용하여야 한다.
④ 「형법」 제185조의 일반교통방해죄에 있어 교통방해 행위는 계속범이 아닌 즉시범의 성질을 가진다.

해설

① 【 X 】 체포죄는 계속범으로서 체포의 행위에 확실히 사람의 신체의 자유를 구속한다고 인정할 수 있을 정도의 시간적 계속이 있어야 기수에 이르고, 신체의 자유에 대한 구속이 그와 같은 정도에 이르지 못하고 일시적인 것으로 그친 경우에는 체포죄의 미수범이 성립할 뿐이다(대판 2020.3.27. 2016도18713). 21. 경찰승진
② 【 X 】 공소시효의 기산점은 종료시이다(형사소송법 제253조 제1항). 즉시범·상태범의 공소시효의 기산점은 기수시(기수시가 곧 종료시이다)이나, 계속범은 종료시가 공소시효의 기산점이다. 21. 경찰승진
③ 【 O 】 대판 2001.9.25. 2001도3990 21. 경찰승진
④ 【 X 】 일반교통방해죄에서 교통방해 행위는 계속범의 성질을 가지는 것이어서 교통방해의 상태가 계속되는 한 위법상태는 계속 존재한다(대판 2018.5.11. 2017도9146). 21. 경찰승진

정답 ③

10 계속범에 관한 다음 설명 중 옳지 않은 것은?

① 내란죄는 국토를 참절하거나 국헌을 문란할 목적으로 폭동한 행위로서, 다수인이 결합하여 위와 같은 목적으로 한 지방의 평온을 해할 정도의 폭행·협박행위를 하면 기수가 되고, 그 목적의 달성 여부는 이와 무관한 것으로 해석되므로, 다수인이 한 지방의 평온을 해할 정도의 폭동을 하였을 때 이미 내란의 구성요건은 완전히 충족된다고 할 것이어서 계속범이 아니라 상태범에 해당한다.
② 부설주차장을 주차장 외의 용도로 사용하여 주차장법을 위반한 죄는 계속범이므로, 종전의 용도 외 사용행위에 대하여 처벌받은 일이 있다고 하더라도, 그 후에도 계속하여 용도 외로 사용하고 있는 이상 종전 재판 후의 사용에 대하여 다시 처벌할 수 있다.
③ 계속범의 경우 실행행위가 종료되는 시점의 법률이 적용되어야 하므로, 법률이 개정되면서 그 부칙에 '개정된 법 시행 전의 행위에 대한 벌칙의 적용에 있어서는 종전의 규정에 의한다'는 경과규정을 두고 있는 경우에도 행위 전체에 대해 개정된 법을 적용하여야 한다.
④ 공익법인이 주무관청의 승인을 받지 않은 채 수익사업을 하는 행위는 시간적 계속성이 구성요건적 행위의 요소로 되어 있다는 점에서 계속범에 해당한다고 보아야 할 것이므로, 승인을 받지 않은 수익사업이 계속되고 있는 동안에는 아직 공소시효가 진행하지 않는다.
⑤ 허가받지 아니한 업체와 건설폐기물의 처리를 위한 도급계약을 체결한 자가 무허가 건설폐기물 처리업체에 위탁하여 건설폐기물을 처리하는 행위를 처벌하는 법률이 신설된 후에도 그 도급계약에 따른 건설폐기물의 처리행위를 계속하였다면, 처벌규정 신설 후에 이루어진 무허가 처리업체에 의한 건설 폐기물의 위탁처리에 대하여 위 법률 조항이 적용된다.

해설
① 【 O 】 대판 1997.4.17. 96도3376(全) 14. 변호사
② 【 O 】 대판 2006.1.26. 2005도7283
   ▶ 부설주차장을 주차장 외의 용도로 사용한 행위에는 직접 부설주차장을 주차장 외의 용도로 변경하여 사용하는 행위뿐만 아니라 이미 유형적으로 주차장 외의 용도로 변경된 부설주차장의 관리책임을 승계한 자가 그 변경된 용도로 계속 사용하는 경우도 포함된다. 14. 변호사
③ 【 X 】 일반적으로 계속범의 경우 실행행위가 종료되는 시점에서의 법률이 적용되어야 할 것이나, 법률이 개정되면서 그 부칙에서 '개정된 법 시행 전의 행위에 대한 벌칙의 적용에 있어서는 종전의 규정에 의한다'는 경과규정을 두고 있는 경우 개정된 법이 시행되기 전의 행위에 대해서는 개정 전의 법을, 그 이후의 행위에 대해서는 개정된 법을 각각 적용하여야 한다(대판 2001.9.25. 2001도3990). 14. 변호사
④ 【 O 】 대판 2006.9.22. 2004도4751 14. 변호사
⑤ 【 O 】 대판 2009.1.30. 2008도8607
   ▶ 구 건설폐기물의 재활용촉진에 관한 법률에서 금지하는 행위는 건설폐기물을 허가받지 아니한 업체에 위탁하여 처리하는 행위인데, 이는 위탁처리를 위한 도급계약의 성립과 함께 범죄가 기수에 이르러 범죄행위가 종료되는 이른바 즉시범이 아니고 그 도급계약에 따른 건설폐기물의 처리행위를 계속함으로써 위법상태가 지속되는 동안 범죄행위도 종료되지 않고 계속되는 계속범의 성격을 갖기 때문이다. 14. 변호사

정답 ③

11. 위험범에 관한 다음 설명 중 가장 적절하지 않은 것은?

① 구체적 위험범에서의 위험은 구성요건표지이며 객관적 구성요건은 그 위험이 발생하였을 때 비로소 충족된다.
② 구체적 위험범에서의 위험은 고의의 인식대상이다.
③ 중상해죄, 중유기죄, 중손괴죄, 중감금죄는 구성요건의 충족을 위해 구체적 위험의 발생을 요구하는 범죄이다.
④ 형법상 구체적 위험범은 고의범뿐만 아니라 과실범의 형태로도 존재한다.

해설
① 【 O 】 구체적 위험범은 결과범이므로, '구체적 위험의 결과'가 발생하여야만 구성요건이 충족된다.
② 【 O 】 구체적 위험범에서 '위험'은 구성요건적 고의의 인식 대상이지만, 추상적 위험범의 '위험'은 구성요건적 고의의 인식대상이 아니다.
③ 【 X 】 중감금죄는 위험범이 아니라 침해범이다.
④ 【 O 】 자기소유물건실화죄(제170조 제2항), 일반건조물과실일수죄(제181조 후단)는 구체적 위험범이다.

정답 ③

12 위험범에 관한 설명으로 옳지 않은 것을 모두 고른 것은?

> ⊙ 「형법」 제230조의 공문서부정행사죄는 공무원 또는 공무소의 문서 또는 도화를 부정행사함으로써 성립하는 죄로 추상적 위험범에 해당한다.
> ⓒ 「형법」 제185조의 일반교통방해죄는 육로, 수로 또는 교량을 손괴 또는 불통하게 하거나 기타 방법으로 교통을 방해함으로써 성립하는 죄로 구체적 위험범에 해당한다.
> ⓒ 「형법」 제158조의 장례식방해죄는 장례식을 방해함으로써 성립하는 죄로 구체적 위험범에 해당한다.
> ⓔ 「형법」 제307조의 명예훼손죄는 공연히 사실 또는 허위의 사실을 적시하여 사람의 명예를 훼손함으로써 성립하는 죄로 추상적 위험범에 해당한다.

① ⊙, ⓒ   ② ⊙, ⓔ   ③ ⓒ, ⓒ   ④ ⓒ, ⓔ

해설

⊙ 【 O 】 형법 제230조의 공문서부정행사죄는 공문서의 사용에 대한 공공의 신용을 보호법익으로 하는 범죄로서 추상적 위험범이다(대판 2022.10.14. 2020도13344). 24. 경찰간부

ⓒ 【 X 】 일반교통방해죄에서 교통방해 행위는 계속범의 성질을 가지는 것이어서 교통방해의 상태가 계속되는 한 위법상태는 계속 존재한다(대판 2018.5.11. 2017도9146). 24. 경찰간부

ⓒ 【 X 】 장례식 방해죄는 이른바 추상적 위험범으로서 범인의 행위로 인하여 장례식이 현실적으로 저지 내지 방해되었다고 하는 결과의 발생까지 요하지 않는다(대판 2013.2.14. 2014도13450). 24. 경찰간부

ⓔ 【 O 】 명예훼손죄는 추상적 위험범으로 불특정 또는 다수인이 적시된 사실을 실제 인식하지 못하였다고 하더라도 인식할 수 있는 상태에 놓인 것으로도 명예가 훼손된 것으로 보아야 한다(대판 2020.11.19. 2020도5813) 24. 경찰간부

정답 ③

---

13 다음 중 목적범인 것은 모두 몇 개인가?

> ⊙ 통화위조죄   ⓒ 사문서부정행사죄
> ⓒ 모해위증죄   ⓔ 공정증서원본등 부실기재죄
> ⓜ 허위진단서등의 작성죄   ⓑ 무고죄

① 1개   ② 2개   ③ 3개   ④ 4개

해설

목적범은 ⊙ⓒⓑ 3개이다.

⊙ 【 O 】 통화위조죄, 문서위조죄 등 각종 위조죄는 '행사할 목적'을 필요로 하는 목적범이다.

ⓒ 【 X 】 사문서의 부정행사죄는 권리·의무 또는 사실증명에 관한 타인의 문서 또는 도화를 부정행사하면 성립하며 별도의 목적을 필요로 하지 않는다.

  ✔ 문서위조죄 등 각종 위조죄, 변조죄와, 작성죄(허위진단서등 작성죄와 공정증서원본등 부실기재죄는 제외)는 목적범이지만, 위조문서행사죄 등 각종 행사죄는 목적범이 아님을 주의해야 한다.

ⓒ 【 O 】 모해위증죄는 형사사건 또는 징계사건에 관하여 피고인, 피의자 또는 징계혐의자를 모해할 목적을 필요로 하는 목적범이다.

ⓔ 【 X 】 공정증서원본등의 부실기재죄는 공무원에 대하여 허위신고를 하여 공정증서원본 또는 이와 동일한 전자기록등 특수매체기록에 부실의 사실을 기재 또는 기록하게 함으로써 성립하며 별도의 목적을 필요로 하지 않는다.

ⓜ 【 X 】 허위진단서등의 작성죄는 의사, 한의사, 치과의사 또는 조산사가 진단서, 검안서 또는 생사에 관한 증명서를 허위로 작성하면 성립하며 별도의 목적을 필요로 하지 않는다.

ⓑ 【 O 】 타인으로 하여금 형사처분 또는 징계처분을 받게 할 목적을 필요로 하는 목적범이다.

정답 ③

14 '목적'에 관한 다음 설명 중 옳은 것은 모두 몇 개인가?

㉠ 출판물에 의한 명예훼손죄에 있어서의 '비방할 목적'이란 가해의 의사 내지 목적을 요하는 것으로서 공공의 이익을 위한 것과는 행위자의 주관적 의도의 방향에 있어 서로 상반되는 관계에 있다고 할 것이므로, 적시한 사실이 공공의 이익에 관한 것인 경우에는 특별한 사정이 없는 한 비방할 목적은 부인된다고 봄이 상당하다.
㉡ 형법 제152조 제2항의 모해위증죄에 있어서 '모해할 목적'은 허위의 진술을 함으로써 피고인에게 불리하게 될 것이라는 인식과 아울러 그 결과의 발생을 희망하여야 한다.
㉢ 준강도죄에 있어서의 '재물의 탈환을 항거할 목적'이라 함은 일단 절도가 재물을 자기의 배타적 지배하에 옮긴 뒤 탈취한 재물을 피해자측으로부터 탈환당하지 않기 위하여 대항하는 것을 말하는 것이므로, 강제력의 행사가 피해자의 반항 억압을 목적으로 함이 없이 점유탈취의 과정에서 우연히 가해진 경우라면 이는 절도에 불과한 것으로 보아야 할 것이다.
㉣ 강도예비·음모죄가 성립하기 위해서는 예비·음모 행위자에게 미필적으로라도 '강도'를 할 목적이 있음이 인정되어야 하고 그에 이르지 않고 단순히 '준강도'할 목적이 있음에 그치는 경우에는 강도예비·음모죄로 처벌할 수 없다.

① 1개　　② 2개　　③ 3개　　④ 4개

해설

㉠ 【O】 대판 2003.12.26. 2003도6036 12. 법원행시
㉡ 【X】 형법 제152조 제2항의 모해위증죄에 있어서 '모해할 목적'이란 피고인·피의자 또는 징계혐의자를 불리하게 할 목적을 말하고 (중략) 이러한 모해의 목적은 허위의 진술을 함으로써 피고인에게 불리하게 될 것이라는 인식이 있으면 충분하고 그 결과의 발생까지 희망할 필요는 없다(대판 2007.12.27. 2006도3575). 12. 법원행시
㉢ 【O】 대판 2003.7.25. 2003도2316 12. 법원행시
㉣ 【O】 대판 2006.9.14. 2004도6432 12. 법원행시

정답 ③

15 다음 중 목적범에 해당하지 않는 것은 모두 몇 개인가?

㉠ 위조통화취득죄　　㉡ 자격모용에 의한 유가증권작성죄
㉢ 허위진단서 등의 작성죄　　㉣ 사전자기록위작·변작죄
㉤ 사문서위조죄　　㉥ 명예훼손죄
㉦ 강제집행면탈죄

① 1개　　② 2개　　③ 3개　　④ 4개

해설

위조통화취득죄, 자격모용에 의한 유가증권작성죄, 사문서위조죄는 '행사할 목적', 사전자기록위작·변작죄는 '사무처리를 그르치게 할 목적' 강제집행면탈죄는 '강제집행을 면할 목적'을 요하는 목적범이지만 허위진단서 등의 작성죄와 명예훼손죄는 목적범이 아니다.
◉ 통화, 유가증권, 문서 등의 죄에서 위조, 변조, 위작, 변작, 작성죄는 목적범이지만 각종 행사죄 및 부정행사죄와 허위진단서작성죄, 공정증서원본부실기재죄는 목적범이 아님을 주의해야 한다.

정답 ②

16 다음 설명 중 가장 옳지 않은 것은?

① 구체적 위험범에서의 위험은 구성요건요소이므로 고의의 인식대상이 된다.
② 출판물에 의한 명예훼손죄는 진정목적범이다.
③ 甲이 乙을 모해할 목적으로 丙에게 위증을 교사한 경우, 정범인 丙에게 모해의 목적이 없었다고 하더라도, 甲에게는 모해 위증죄의 교사범이 성립한다.
④ 존속협박죄는 반의사불벌죄에 해당한다.

해설

① 【 O 】 구체적 위험범에 있어서 위험은 객관적 구성요건요소로서 고의의 인식대상이다. 17. 경찰간부
② 【 X 】 진정목적범이란 목적의 존재가 범죄의 성립요건인 범죄이고, 부진정목적범이란 목적의 존재가 형의 가중·감경사유가 되는 범죄이다. 형법 제309조의 출판물에 의한 명예훼손죄는 비방의 목적이 필요하지만, 비방의 목적이 없는 경우 형법 제307조의 명예훼손죄가 성립하는 것이므로 출판물에 의한 명예훼손죄는 부진정목적범이다. 17. 경찰간부
③ 【 O 】 대판 1994.12.23. 93도1002 17. 경찰간부
④ 【 O 】 형법 제293조 제3항 17. 경찰간부

정답 ②

17 범죄의 종류에 대한 설명 중 가장 적절한 것은?

① 협박죄는 사람의 의사결정의 자유를 침해하는 침해범으로서 해악의 고지가 상대방에게 도달하여 상대방이 그 의미를 인식하고 나아가 현실적으로 공포심을 일으켰을 때에 비로소 기수가 된다.
② 배임죄의 '손해를 가한 때'란 그 문언상 '손해를 현실적으로 발생하게 한 때'만을 의미하고 실해발생의 위험은 이에 해당하지 않으므로 침해범으로 보아야 한다.
③ 일반교통방해죄는 추상적 위험범으로서 교통이 불가능하거나 또는 현저히 곤란한 상태가 발생하면 바로 기수가 되고 교통 방해의 결과가 현실적으로 발생하여야 하는 것은 아니다.
④ 일정한 신분을 가진 자만이 행위주체가 되는 신분범으로 허위 공문서작성죄, 공문서위조죄 등이 있다.

해설

① 【 X 】 협박죄는 상대방이 그에 의하여 현실적으로 공포심을 일으킬 것까지 요구하는 것은 아니며, 그와 같은 정도의 해악을 고지함으로써 상대방이 그 의미를 인식한 이상, 상대방이 현실적으로 공포심을 일으켰는지 여부와 관계없이 그로써 구성요건은 충족되어 협박죄의 기수에 이르는 것으로 해석하여야 한다(대판 2007.9.28. 2007도606 전원합의체). 20. 경찰승진
② 【 X 】 업무상배임죄는 업무상 타인의 사무를 처리하는 자가 임무에 위배하는 행위를 하고 그러한 임무위배행위로 인하여 재산상의 이익을 취득하거나 제3자로 하여금 이를 취득하게 하여 본인에게 재산상의 손해를 가한 때 성립하는데, 여기서 재산상의 손해에는 현실적인 손해가 발생한 경우뿐만 아니라 재산상 실해 발생의 위험을 초래한 경우도 포함된다(대판 2017.10.12. 2017도6151). 20. 경찰승진
③ 【 O 】 대판 2018.1.24. 2017도11408 20. 경찰승진
④ 【 X 】 허위공문서작성죄는 직무에 관하여 문서 또는 도화를 작성할 권한 있는 공무원으로, 진정신분범이지만, 공문서위조죄는 신분이 없어도 성립이 가능하다. 20. 경찰승진

정답 ③

18 범죄의 종류에 대한 설명 중 가장 적절한 것은?

① 명예훼손죄의 구성요건이 결과발생을 요구하는 침해범의 형태로 규정되어 있기 때문에 적시된 사실로 인하여 특정인의 사회적 평가를 침해할 위험만으로는 부족하고 침해의 결과 발생이 필요하다.
② 형법 제158조의 장례식방해죄는 장례식을 방해함으로써 성립하는 죄로 구체적 위험범에 해당한다.
③ 구 국가공무원법 제84조, 제65조 제1항에서 규정하는 공무원이 정당 그 밖의 정치단체에 가입한 죄는 공무원이나 사립학교의 교원 등이 정당 등에 가입함으로써 즉시 성립하고 그와 동시에 완성되는 즉시범이므로 그 범죄성립과 동시에 공소시효가 진행한다.
④ 군형법 제79조에 규정된 무단이탈죄는 허가 없이 근무장소 또는 지정장소를 일시 이탈한 기간 동안 행위가 지속된다는 점에서 계속범에 해당한다.

해설
① 【 X 】 추상적 위험범으로서 명예훼손죄는 개인의 명예에 대한 사회적 평가를 진위에 관계없이 보호함을 목적으로 하고, 적시된 사실이 특정인의 사회적 평가를 침해할 가능성이 있을 정도로 구체성을 띠어야 하나, 위와 같이 침해할 위험이 발생한 것으로 족하고 침해의 결과를 요구하지 않으므로, 다수의 사람에게 사실을 적시한 경우뿐만 아니라 소수의 사람에게 발언하였다고 하더라도 그로 인해 불특정 또는 다수인이 인식할 수 있는 상태를 초래한 경우에도 공연히 발언한 것으로 해석할 수 있다(대판 2020.11.19. 2020도5813 전합).23. 경찰승진
② 【 X 】 장례식 방해죄는 이른바 추상적 위험범으로서 범인의 행위로 인하여 장례식이 현실적으로 저지 내지 방해되었다고 하는 결과의 발생까지 요하지 않는다(대판 2013.2.14. 2014도13450). 24. 경찰간부
③ 【 O 】 대판 2014.5.16. 2012도12867 23. 경찰승진
④ 【 X 】 군형법 제79조에 규정된 무단이탈죄는 즉시범으로서 허가없이 근무장소 또는 지정장소를 일시 이탈함과 동시에 완성되고 그 후의 사정인 이탈 기간의 장단 등은 무단이탈죄의 성립에 아무런 영향이 없다(대판 1983.11.8. 83도2450). 20. 경찰승진

정답 ③

19 범죄의 종류에 관한 설명으로 가장 적절한 것은?

① 신분범 중 진정신분범이란 신분자만 범죄 주체가 될 수 있는 범죄를 말하며, 횡령죄, 유기죄, 수뢰죄, 존속살해죄 등이 있다.
② 경향범이란 범죄성립에 고의 이외에 행위자의 일정한 내심의 경향이 필요한 범죄를 말하며, 경향범인 강제추행죄의 성립을 위해서는 고의 이외에 성욕을 자극, 흥분, 만족시키려는 주관적 동기나 목적이 필요하다.
③ 결과범과 거동범은 범죄성립에 있어서 구성요건적 결과발생 여부를 기준으로 구분되므로 결과범은 행위와 결과 사이에 인과관계가 요구되나 거동범은 범죄행위 외에 결과발생을 요하지 않으므로 인과관계는 문제되지 않는다.
④ 구체적 위험범은 법익침해의 위험이 일반적으로 존재함으로써 범죄의 성립을 인정하는 경우이고, 추상적 위험범은 법익침해의 현실적 위험이 발생할 것을 요건으로 하여 범죄의 성립을 인정하는 경우이다.

[해설]
① 【 X 】 횡령죄, 유기죄, 수뢰죄는 진정신분범이나 존속살해죄는 부진정신분범이다. 25. 경찰
② 【 X 】 경향범이란 범죄성립에 고의 이외에 행위자의 일정한 내심의 경향이 필요한 범죄로서 공연음란죄, 학대죄 등이 이에 해당한다. 한편, 강제추행죄는 고의 이외에 특별한 주관적 불법요소로서 행위자에게 성적 추행의 경향을 요하는 경향범이 아니다(다수설·판례). '추행'이란 객관적으로 일반인에게 성적 수치심이나 혐오감을 일으키게 하고 선량한 성적 도덕관념에 반하는 행위로서 피해자의 성적 자유를 침해하는 것이고, 이에 해당하는지는 피해자의 의사, 성별, 연령, 행위자와 피해자의 이전부터의 관계, 행위에 이르게 된 경위, 구체적 행위태양, 주위의 객관적 상황과 그 시대의 성적 도덕관념 등을 종합적으로 고려하여 신중히 결정되어야 한다. 그리고 강제추행죄의 성립에 필요한 주관적 구성요건으로 성욕을 자극·흥분·만족시키려는 주관적 동기나 목적이 있어야 하는 것은 아니다(대판 2013.9.26. 2013도5856). 25. 경찰
③ 【 O 】 옳은 설명이다. 25. 경찰
④ 【 X 】 추상적 위험범은 법익침해의 위험이 일반적으로 존재함으로써 범죄의 성립을 인정하는 경우이고, 구체적 위험범은 법익침해의 현실적 위험이 발생할 것을 요건으로 하여 범죄의 성립을 인정하는 경우이다. 25. 경찰

정답 ③

20 형법각칙에 상습범에 대하여 처벌규정을 두고 있지 않은 것은?

① 도박죄　　② 체포·감금죄　　③ 협박죄　　④ 횡령죄

[해설]
④ 【 X 】 횡령죄는 상습범의 처벌규정이 없다. 04. 법원행시

정답 ④

21 형법각칙에서 상습범에 대하여 2분의 1 가중처벌하는 것이 아니라 별도의 가중처벌규정을 정하고 있는 것은 모두 몇 개인가?

| ㉠ 강도죄 | ㉡ 장물죄 |
| ㉢ 도박죄 | ㉣ 아편에 관한 죄 |

① 1개　　② 2개　　③ 3개　　④ 4개

[해설]
③ 별도의 상습범 가중처벌규정을 정하고 있는 것은 ㉠㉡㉢ 3개이다.

정답 ③

22 상습범을 가중처벌하는 경우가 아닌 것은?

① 약취·유인죄　　② 상해죄　　③ 사기죄　　④ 강제추행죄

[해설]
① 【 X 】 약취·유인죄는 상습범을 가중 처벌하지 않는다.

정답 ①

Chapter 02 구성요건론

출제방향

구성요건 일반이론 중 소극적 구성요건표지이론을 정확히 이해하여야 하고, 부작위범의 종류, 성립요건, 미수와 공범의 관계를 이해하고 관련 판례를 숙지하여야 한다. 또한 인과관계의 인정 여부를 인정·부정으로 이분화하여 암기하여야 하고, 구성요건적 고의에 관한 판례, 사실의 착오에 관한 각 학설에 따른 사례 해결방법, 과실범에 관한 판례, 결과적 가중범의 구조에 관한 판례를 숙지하여야 한다.

제1절 구성요건 일반이론 / 결과반가치·행위반가치 / 행위의 주체

구성요건 일반이론

01 다음 중 소극적 구성요건표지이론에 의할 때 인정되는 내용만을 모두 고른 것은?

> ㉠ 2단계 범죄체계
> ㉡ 총체적 불법구성요건
> ㉢ 구성요건은 위법성의 인식근거
> ㉣ 위법성조각사유의 객관적 전제사실에 대한 착오 사례의 해결시 악의의 가담자에 대한 교사범이 성립

① ㉠, ㉡ ② ㉡, ㉢ ③ ㉡, ㉣ ④ ㉠, ㉡, ㉢

해설
인정되는 것은 ㉠㉡이다.

소극적 구성요건표이론

① **의의** : 구성요건과 위법성을 합하여 총체적 불법구성요건을 구성한다고 하는 입장이다. 형법 각 본조의 구성요건을 적극적 구성요건표지로, 위법성조각사유를 소극적 구성요건표지로 이해하여 위법성 조각사유가 존재하면 처음부터 구성요건해당성이 없다고 하는 견해이다. 이 견해에 따르면 구성요건에 해당하면 반드시 위법성은 그 안에 존재하고, 구성요건은 위법성의 존재근거가 된다. 구성요건해당성과 위법성은 전체구성요건으로 결합되어 하나의 판단과정으로 흡수되고, 범죄론은 전체구성요건과 책임이라는 2단계의 구조를 가진다.
② **공헌** : 사실의 착오와 법률의 착오의 중간에 위치하는 위법성조각사유의 전제된 사실의 착오를 사실의 착오(금지착오 ×)로 취급할 수 있는 명쾌한 이론적 근거를 마련하였다.
③ **비판** : 위법성조각사유의 독자성을 간과하고 있고, 구성요건에 해당하지 않는 행위(파리를 죽이는 행위)와 구성요건에 해당하지만 위법성이 조각되는 행위(정당방위로 사람을 살해하는 행위)의 차이를 무시한다는 비판을 받는다. 따라서 구성요건의 범죄경고 기능이 약화된다.

㉢ 【X】 구성요건은 위법성의 존재근거이다.
㉣ 【X】 위법성조각사유의 객관적 전제사실에 대한 착오는 과실범으로 처벌되므로 이에 악의로 가담한 자는 간접정범이 성립한다.

정답 ①

02 소극적 구성요건표지이론에 관한 다음 설명 중 틀린 것은?

① 구성요건은 위법성의 존재근거이다.
② 구성요건에 해당하는 행위는 언제나 위법하다.
③ 위법성조각사유는 구성요건의 소극적 표지이다.
④ 위법성조각사유의 전제조건의 착오는 금지의 착오로 본다.

해설
④ 【 X 】 위법성조각사유의 전제조건의 착오는 사실의 착오(구성요건적 착오)로 해결한다.

정답 ④

행위반가치와 결과반가치

01 행위반가치와 결과반가치에 관한 설명으로 옳지 않은 것은?

① 평가규범으로서의 형법을 중시하는 견해에 의하면 불법의 실체는 법익침해 또는 침해위험성에 있다.
② 일원적·주관적 인적 불법론에 의하면 살인죄와 과실치사죄의 법정형이 다르게 되는 이유를 설명할 수 없다.
③ 법익의 침해 혹은 침해위험은 결과반가치의 내용에 해당한다.
④ 신분범에서의 신분이라는 요소는 행위반가치의 내용에 속한다.
⑤ 과실범에서의 주의의무위반도 행위반가치에 포함된다.

해설
② 【 X 】 일원적 주관적 불법론은 행위반가치만이 불법의 실체이고, 결과반가치는 불법과 무관한 객관적 처벌조건에 불과하다고 보는 견해이다. 따라서 살인죄와 과실치사죄의 법정형이 다르게 되는 이유를 설명할 수 있다. 04. 행시

정답 ②

행위의 주체

⊘ 지문의 내용에 대해 학설의 대립 등 다툼이 있는 경우 판례에 의함

01 법인의 범죄능력과 양벌규정에 대한 설명으로 가장 적절하지 않은 것은?

① 법인이 처리할 의무를 지는 타인의 사무에 관하여는 법인이 배임죄의 주체가 될 수는 없고 그 법인을 대표하여 사무를 처리하는 자연인인 대표기관이 바로 타인의 사무를 처리하는 자 즉 배임죄의 주체가 된다.
② 형벌의 자기책임원칙에 비추어 볼 때 양벌규정은 법인이 사용인 등에 의하여 위반행위가 발생한 그 업무와 관련하여 상당한 주의 또는 관리감독 의무를 게을리한 때에 한하여 적용된다.
③ 양벌규정이 있는 경우에도 당해 양벌규정에 법인격 없는 사단이 명시되어 있지 않은 경우라면 법인격 없는 사단에 양벌규정을 적용할 수 없다.
④ 지방자치단체라도 국가로부터 위임받은 기관위임사무가 아니라 그 고유의 자치사무를 처리하는 경우에는 국가기관의 일부가 아니라 국가기관과는 별도로 독립한 공법인으로서 양벌규정에 의한 처벌대상이 되는 법인에 해당하지 않는다.

[해설]
① 【O】 대판 1984.10.10. 82도2595 전합 19. 경찰승진
② 【O】 대판 2010. 2. 25. 2009도5824 19. 경찰승진
③ 【O】 대판 1995.7.28. 94도3325 19. 경찰승진
④ 【X】 국가가 본래 그의 사무의 일부를 지방자치단체의 장에게 위임하여 그 사무를 처리하게 하는 기관위임사무의 경우에는 지방자치단체는 국가기관의 일부로 볼 수 있는 것이지만, 지방자치단체가 그 고유의 자치사무를 처리하는 경우에는 지방자치단체는 국가기관의 일부가 아니라 국가기관과는 별도의 독립한 공법인이므로, 지방자치단체는 양벌규정에 따라 처벌대상이 되는 법인에 해당한다(대판 2005.11.10. 2004도2657). 19. 경찰승진

정답 ④

02 법인의 형사책임에 관한 설명 중 가장 적절하지 않은 것은? (다툼이 있는 경우 판례에 의함)

① 법인격 없는 사단과 같은 단체는 법인과 마찬가지로 사법상의 권리의무의 주체가 될 수 있음은 별론으로 하더라도 법률에 명문의 규정이 없는 한 그 범죄능력은 없다.
② 양벌규정에 의해 법인이 처벌되는 경우, 공모한 수인의 사용인 가운데 A, B법인의 사용인은 직접 실행행위에 가담하지 않고 C법인의 사용인만 실행행위를 분담한 경우에도 A, B법인은 C법인과 공동정범이 될 수 있다.
③ 양벌규정에 따라 사용자인 법인 또는 개인을 처벌하기 위해서는 형벌의 자기책임 원칙에 비추어 위반행위가 발생한 그 업무와 관련하여 사용자인 법인 또는 개인이 상당한 주의 또는 감독의무를 게을리한 과실이 있어야 한다.
④ 판례는 양벌규정의 적용대상자를 업무주가 아니면서 당해 업무를 실제 집행하는 자에게까지 확장하고 있어, 법인격 없는 공공기관도 개인정보보호법상 양벌규정에 의해 처벌될 수 있고, 해당 업무를 실제로 담당하는 소속 공무원도 양벌규정에 의해 처벌받을 수 있다.

해설

① 【 O 】 대판 2017.4.7. 2016도21283 22. 경찰
② 【 O 】 대판 1983.3.22. 81도2545 22. 경찰
③ 【 O 】 대판 2021.9.30. 2019도3595 22. 경찰
④ 【 X 】 구 개인정보 보호법은 제2조 제5호, 제6호에서 공공기관 중 법인격이 없는 '중앙행정기관 및 그 소속 기관' 등을 개인정보처리자 중 하나로 규정하고 있으면서도, 양벌규정에 의하여 처벌되는 개인정보처리자로는 같은 법 제74조 제2항에서 '법인 또는 개인'만을 규정하고 있을 뿐이고, 법인격 없는 공공기관에 대하여도 위 양벌규정을 적용할 것인지 여부에 대하여는 명문의 규정을 두고 있지 않으므로, 죄형법정주의의 원칙상 '법인격 없는 공공기관'을 위 양벌규정에 의하여 처벌할 수 없고, 그 경우 행위자 역시 위 양벌규정으로 처벌할 수 없다고 봄이 타당하다(대판 2021.10.28. 2020도1942). 22. 경찰

정답 ④

03 행위주체에 대한 설명으로 가장 적절하지 않은 것은?

① 합병으로 인하여 소멸한 법인이 그 종업원 등의 위법행위에 대해 양벌규정에 따라 부담하던 형사책임은 합병으로 인하여 존속하는 법인에 승계되지 않는다.
② 법인격 없는 사단과 같은 단체는 법인과 마찬가지로 사법상의 권리의무의 주체가 될 수 있음은 별론으로 하더라도 법률에 명문의 규정이 없는 한 그 범죄능력은 없다.
③ 판례는 양벌규정의 적용대상자를 업무주가 아니면서 당해 업무를 실제 집행하는 자에게까지 확장하고 있어, 법인격 없는 공공기관도 개인정보보호법상 양벌규정에 의해 처벌될 수 있고, 해당 업무를 실제로 담당하는 소속 공무원도 양벌규정에 의해 처벌받을 수 있다.
④ 조세범처벌법에 따른 고발의 구비여부는 양벌규정에 의하여 처벌받는 자연인인 행위자와 법인에 대하여 개별적으로 논하여야 한다.

해설

① 【 O 】 대판 2007.8.23. 2005도4471 18. 경찰
② 【 O 】 대판 1997.1.24. 96도524 18. 경찰
③ 【 X 】 구 개인정보 보호법은 제2조 제5호, 제6호에서 공공기관 중 법인격이 없는 '중앙행정기관 및 그 소속 기관' 등을 개인정보처리자 중 하나로 규정하고 있으면서도, 양벌규정에 의하여 처벌되는 개인정보처리자로는 같은 법 제74조 제2항에서 '법인 또는 개인'만을 규정하고 있을 뿐이고, 법인격 없는 공공기관에 대하여도 위 양벌규정을 적용할 것인지 여부에 대하여는 명문의 규정을 두고 있지 않으므로, '법인격 없는 공공기관'을 위 양벌규정에 의하여 처벌할 수 없고, 그 경우 행위자 역시 위 양벌규정으로 처벌할 수 없다고 봄이 타당하다(대판 2021.10.28. 2020도1942). 22. 경찰
④ 【 O 】 조세범처벌법 제6조는 조세에 관한 범칙행위에 대하여는 원칙적으로 국세청장 등의 고발을 기다려 논하도록 규정하고 있는 바, 같은 법에 의하여 하는 고발에 있어서는 이른바 고소·고발 불가분의 원칙이 적용되지 아니하므로, 고발의 구비 여부는 양벌규정에 의하여 처벌받는 자연인인 행위자와 법인에 대하여 개별적으로 논하여야 한다(대판 2004.9.24. 2004도4066). 21. 법원행시

정답 ③

04 양벌규정에 대한 다음 설명 중 가장 적절하지 않은 것은?

① 법인이 아닌 약국을 실질적으로 경영하는 약사가 다른 약사를 고용하여 그 고용된 약사를 명의상의 개설약사로 등록하게 해두고 약사 아닌 종업원을 직접 고용하여 영업하던 중 그 종업원이 약사법위반 행위를 한 경우에 형사책임은 그 실질적 경영자가 진다.
② 회사 대표자의 위반행위에 대하여 징역형의 형량을 작량감경하고 병과하는 벌금형에 대하여 선고유예를 한 이상 양벌규정에 따라 그 회사를 처단함에 있어서도 같은 조치를 취하여야 한다.
③ 특별한 근거규정이 없는 한 법인이 설립되기 이전에 자연인이 한 행위에 대해서는 양벌규정을 적용하여 법인을 처벌할 수 없다.
④ 양벌규정에 의하여 법인이 처벌받는 경우, 법인에게 자수감경에 관한 형법 제52조 제1항의 규정을 적용하기 위해서는 법인의 이사 기타 대표자가 수사책임이 있는 관서에 자수한 경우에 한하고, 그 위반행위를 한 직원 또는 사용인이 자수한 것만으로는 위 규정에 의하여 형을 감경할 수 없다.

해설

① 【 O 】 대판 2000.10.27. 2000도3570
② 【 X 】 회사 대표자의 위반행위에 대하여 징역형의 형량을 작량감경하고 병과하는 벌금형에 대하여 선고유예를 한 이상 양벌규정에 따라 그 회사를 처단함에 있어서도 같은 조치를 취하여야 한다는 논지는 독자적인 견해에 지나지 아니하여 받아들일 수 없다(대판 1995.12.12. 95도1893).
③ 【 O 】 법인이 설립되기 이전의 행위에 대하여는 법인에게 어떠한 **선임감독상의 과실이** 있다고 할 수 없으므로, 특별한 근거규정이 없는 한 법인이 설립되기 이전에 자연인이 한 행위에 대하여 양벌규정을 적용하여 법인을 처벌할 수는 없다고 봄이 타당하다(대판 2018.8.1. 2015도10388).
④ 【 O 】 대판 1995.7.25. 95도391

정답 ②

05 법인의 범죄능력과 양벌규정에 대한 설명 중 가장 적절한 것은?

① 영업주의 과실을 별도로 규정하지 않은 양벌규정을 합헌적 법률해석을 통해 선임감독상의 과실 있는 영업주만을 처벌하는 규정으로 보게 되면, 영업주를 종업원과 동일한 법정형으로 처벌하는 것은 책임주의에 반하지 않는다.
② 양벌규정에 의해서 법인 또는 영업주를 처벌하는 경우 그 처벌은 직접 법률을 위반한 행위자에 대한 처벌에 종속하므로 행위자에 대한 처벌은 법인 또는 개인에 대한 처벌의 전제조건이 된다.
③ 회사 대표자의 위반행위에 대하여 징역형의 형량을 작량감경하고 병과하는 벌금형에 대하여 선고유예를 하였다면 양벌규정에 따라 그 회사를 처단함에 있어서도 같은 조치를 취하여야 한다.
④ 지입차주가 세무관서에 독립된 사업자등록을 하고 지입된 차량을 직접 운행 관리하면서 그 명의로 운송계약을 체결하였다고 하더라도, 지입차주는 객관적으로나 외형상으로나 그 차량의 소유자인 지입회사와의 위탁계약에 의하여 그 위임을 받아 운행·관리를 대행하는 지위에 있는 자로서 구 도로법 제100조 제1항에서 정한 대리인 사용인 그 밖의 종업원에 해당한다.

해설

① 【 X 】 단순히 법인이 고용한 종업원 등이 업무에 관하여 범죄행위를 하였다는 이유만으로 법인(영업주)에 대하여 형사처벌을 과하는 것은 책임주의원칙에 반한다(헌재 2012.4.24. 2011헌가37). 15. 경찰간부
② 【 X 】 종업원의 범죄성립이나 처벌이 영업주 처벌의 전제조건이 될 필요는 없다(대판 2006.2.24. 2005도7673). 20. 경찰승진
③ 【 X 】 같은 조치를 취하여야 한다는 논지는 독자적인 견해에 지나지 아니하여 받아들일 수 없다(대판 1995.12.12. 95도1893). 20. 경찰승진
④ 【 O 】 대판 2009.9.24. 2009도5302 20. 경찰승진

정답 ④

06 행위의 주체에 관한 설명으로 가장 적절한 것은?

① 주식회사의 주식이 사실상 1인의 주주에 귀속하는 1인회사의 경우에는 회사와 주주를 동일한 인격체라고 볼 수 있으므로 1인회사는 양벌규정에 따른 책임을 부담하지 않는다.
② 양벌규정에 의하여 법인이 처벌받는 경우라도 법인의 사용인들이 범죄행위를 공모한 후 일방법인의 사용인이 그 실행행위에 직접 가담하지 아니하고 다른 공모자인 타법인의 사용인만이 분담 실행한 경우라면 그 법인은 공동정범의 죄책을 면한다.
③ 양벌규정 중 법인의 대표자 관련 부분은 대표자의 책임을 요건으로 하여 법인을 처벌하는 것이지 그 대표자의 처벌까지 전제조건이 되는 것은 아니므로 법인의 대표이사가 선행사건 확정판결로 면소판결을 선고받았더라도 해당 법인을 양벌규정으로 처벌할 수 있다.
④ 회사 대표자의 위반행위에 대하여 징역형의 형량을 정상참작 감경하고 병과하는 벌금형에 대하여 선고유예를 한 이상 양벌규정에 따라 그 회사를 처단함에 있어서도 같은 조치를 취하여야 한다.

해설

① 【 X 】 주식회사의 주식이 사실상 1인의 주주에 귀속하는 1인회사의 경우에도 회사와 주주는 별개의 인격체로서, 1인회사의 재산이 곧바로 1인주주의 소유라고 할 수 없기 때문에, 양벌규정에 따른 책임에 관하여 달리 볼 수 없다(대판 2018.4.12. 2013도6962). 24. 경찰승진
② 【 X 】 양벌규정에 의하여 법인이 처벌받는 경우에 법인의 사용인들이 범죄행위를 공모한 후 일방법인의 사용인이 그 실행행위에 직접 가담하지 아니하고 다른 공모자인 타법인의 사용인만이 분담실행한 경우에도 그 법인은 공동정범의 죄책을 면할 수 없다(대판 1983.3.22. 81도2545). 24. 경찰승진
③ 【 O 】 대표자의 고의에 의한 위반행위에 대하여는 법인 자신의 고의에 의한 책임을, 대표자의 과실에 의한 위반행위에 대하여는 법인 자신의 과실에 의한 책임을 져야 한다. 이처럼 양벌규정 중 법인의 대표자 관련 부분은 대표자의 책임을 요건으로 하여 법인을 처벌하는 것이지 그 대표자의 처벌까지 전제조건이 되는 것은 아니다(대판 2022.11.17. 2021도701). 24. 경찰승진
④ 【 X 】 회사 대표자의 위반행위에 대하여 징역형의 형량을 작량감경하고 병과하는 벌금형에 대하여 선고유예를 한 이상 양벌규정에 따라 그 회사를 처단함에 있어서도 같은 조치를 취하여야 한다는 논지는 독자적인 견해에 지나지 아니하여 받아들일 수 없다(대판 1995.12.12. 95도1893). 24. 경찰승진

정답 ③

제2절 부작위범

⊙ 지문의 내용에 대해 학설의 대립 등 다툼이 있는 경우 판례에 의함

01 ㈎와 ㈏에 관한 설명으로 가장 적절하지 않은 것은? (다툼이 있는 경우 판례에 의함)

> ㈎ 일정한 기간 내에 잘못된 상태를 바로 잡으라는 행정청의 지시를 이행하지 않았다는 것을 구성요건으로 하는 범죄
> ㈏ 형법 제250조 제1항의 살인죄와 같이 그 규정 형식으로 보아 작위를 내용으로 하는 범죄를 부작위에 의하여 범하는 범죄

① ㈎와 ㈏의 구별에 있어 형식설에 의할 경우, 형법 제103조 제1항의 전시군수계약불이행죄와 형법 제116조의 다중불해산죄는 ㈎의 경우에 해당한다.
② 유기죄에서의 보호 의무를 법률상 계약상 보호 의무로 국한하는 입장에 따르면 ㈏에서의 보호 의무는 유기죄의 보호 의무보다 넓게 된다.
③ ㈏는 고의에 의해서는 물론 과실범 처벌 규정이 있는 한 과실에 의해서도 성립 가능하다.
④ ㈏의 요건으로 행위 정형의 동가치성을 요구하는 것은 형사처벌을 확장하는 기능을 한다.

[해설] 22. 경찰
㈎는 명령규범을 부작위로 실현하는 진정부작위범의 설명이고, ㈏는 금지규범을 부작위로 실현하는 부진정부작위범의 설명이다.
① 【O】 형식설은 법률에 명문으로 부작위에 의해서만 실현될 수 있도록 규정된 범죄가 진정부작위범이고(명령규범을 부작위로 실현), 법률상 규정형식은 작위범이지만 부작위에 의해서도 실현될 수 있는 범죄를 부진정부작위범(부작위로 작위범을 실현)이라고 한다. 형식설에 의할 경우 전시군수계약불이행죄와 다중불해산죄는 명령규범이므로 진정부작위범에 해당한다.
② 【O】 살인죄를 부작위로 실현하는 부진정 부작위범의 경우 작위의무는 법령, 법률행위, 선행행위로 인한 경우는 물론, 신의성실의 원칙이나 사회상규 혹은 조리상 작위의무가 기대되는 경우에도 인정되나(대판 2015.11.12. 2015도6809), 유기죄는 법률상 또는 계약상의 보호 의무가 있는 자만을 그 주체로 규정하고 있으므로 유기죄의 죄책을 인정된다(대판 1977.1.11. 76도3419).
③ 【O】 과실범 처벌규정이 있는 경우에는 과실에 의한 부작위범이 성립할 수 있다. 예컨대, 모친이 잊어버리고(과실로) 유아에게 모유를 수유하지 않아 유아가 사망한 경우이다.
④ 【X】 부진정부작위범이 성립하기 위해서는 부작위를 실행행위로서의 작위와 동일시할 수 있는 부작위의 동가치성이 인정되어야 한다.

[정답] ④

02 부작위범에 대한 설명으로 가장 적절하지 않은 것은?

① 형법상 방조행위는 정범의 실행을 용이하게 하는 직접적 행위만을 가리키는 것으로서 작위에 의한 방조만이 가능하고 부작위에 의해서는 성립할 수 없다.
② 부작위범에 있어 작위의무는 법적인 의무이어야 하므로 단순한 도덕상 또는 종교상의 의무는 포함되지 않으나 작위의무가 법적인 의무인 한 성문법이건 불문법이건 상관이 없고 또 공법이건 사법이건 불문하므로, 법령, 법률행위, 선행행위로 인한 경우는 물론이고 기타 신의성실의 원칙이나 사회상규 혹은 조리상 작위의무가 기대되는 경우에도 법적인 작위의무는 있다.
③ 부작위범 사이의 공동정범은 다수의 부작위범에게 공통된 의무가 부여되어 있고 그 의무를 공통으로 이행할 수 있을 때에만 성립한다.
④ 하나의 행위가 부작위범인 직무유기죄와 작위범인 허위공문서작성·행사죄의 구성요건을 동시에 충족하는 경우, 공소제기권자는 재량에 의하여 작위범인 허위공문서작성·행사죄로 공소를 제기하지 않고 부작위범인 직무유기죄로만 공소를 제기할 수 있다.

[해설]
① 【 X 】 형법상 방조행위는 정범의 실행을 용이하게 하는 직접, 간접의 모든 행위를 가리키는 것으로서 작위에 의한 경우뿐만 아니라 부작위에 의하여도 성립되는 것이다(대판 2006.4.28. 2003도4128). 21. 경찰승진
② 【 O 】 대판 2015.11.12. 2015도6809 21. 경찰승진
③ 【 O 】 대판 2008.3.27. 2008도89 21. 경찰승진
④ 【 O 】 대판 2008.2.14. 2005도4202 21. 경찰승진

정답 ①

03 부작위범에 대한 다음 설명 중 적절한 것만을 모두 고른 것은?

㉠ 작위는 물론 부작위에 의하여도 실현될 수 있는 범죄의 경우, 행위자가 자신의 신체적 활동이나 물리적·화학적 작용을 통하여 적극적으로 타인의 법익 상황을 악화시킴으로써 결국 그 타인의 법익을 침해하기에 이르렀다면 이는 작위에 의한 범죄로 봄이 원칙이다.
㉡ 부진정부작위범의 작위의무는 법령, 법률행위, 선행행위로 인한 경우에 발생하고 사회상규 혹은 조리로부터는 법적 작위의무가 발생하지 않는다.
㉢ 부진정부작위범에서의 고의는 자신의 부작위가 작위와 동가치하다는 점에 대한 인식을 필요로 하므로, 작위의무자의 예견 또는 인식 등이 불확정적인 미필적 고의로는 부진정부작위범의 고의가 인정되지 않는다.
㉣ 「형법」상 방조는 작위에 의하여 정범의 실행을 용이하게 하는 경우는 물론, 직무상의 의무가 있는 자가 정범의 범죄행위를 인식하면서도 그것을 방지하여야 할 제반 조치를 취하지 아니하는 부작위로 인하여 정범의 실행행위를 용이하게 하는 경우에도 성립된다.

① ㉠, ㉡   ② ㉠, ㉣   ③ ㉡, ㉢   ④ ㉢, ㉣

[해설]
㉠ 【 O 】 대판 2004.6.24. 2002도995 21. 경찰
㉡ 【 X 】 부진정 부작위범의 작위의무는 법령, 법률행위, 선행행위로 인한 경우는 물론, 신의성실의 원칙이나 사회상규 혹은 조리상 작위의무가 기대되는 경우에도 인정된다(대판 2015.11.12. 2015도6809). 21. 경찰
㉢ 【 X 】 부진정 부작위범의 고의는 반드시 구성요건적 결과발생에 대한 목적이나 계획적인 범행 의도가 있어야 하는 것은 아니고 작위의무자의 예견 또는 인식 등은 확정적인 경우는 물론 불확정적인 경우이더라도 미필적 고의로 인정될 수 있다(대판 2015.11.12. 2015도6809). 21. 경찰
㉣ 【 O 】 대판 1996.9.6. 95도2551 21. 경찰

정답 ②

04 부작위범에 관한 설명 중 옳은 것은?

① 부작위에 의한 교사와 방조 모두 불가능하다.
② 「형법」 제319조 제2항의 퇴거불응죄는 부진정부작위범이다.
③ 파업은 그 자체로 부작위가 아니라 작위적 행위이다.
④ 작위의무는 법적 의무로서 사회상규 혹은 조리상 작위의무가 기대되는 경우에는 부정된다.

해설

① 【 X 】 부작위에 의하여는 범행의 결의을 발생시킬 수 없으므로 부작위에 의한 교사는 불가능하나, 보증인지위 있는자 즉 작위의무 있는 자의 부작위에 의한 방조는 가능하다. 19. 경찰채용 1차
② 【 X 】 퇴거불응죄는 구성요건이 부작위형식으로 규정되어 있으므로 진정부작위범이다. 19. 경찰채용 1차
③ 【 O 】 업무방해죄는 위계 또는 위력으로써 사람의 업무를 방해한 경우에 성립하며(형법 제314조 제1항), '위력'이란 사람의 자유의사를 제압·혼란케 할 만한 일체의 세력을 말한다. **쟁의행위로서 파업**(노동조합 및 노동관계조정법 제2조 제6호)도, 단순히 근로계약에 따른 노무의 제공을 거부하는 부작위에 그치지 아니하고 이를 넘어서 사용자에게 압력을 가하여 근로자의 주장을 관철하고자 집단적으로 노무제공을 중단하는 실력행사이므로, 업무방해죄에서 말하는 위력에 해당하는 요소를 포함하고 있다(대판 2011.3.17, 2007도482 전원합의체). 19. 경찰채용 1차
④ 【 X 】 작위의무는 법적인 의무이어야 하므로 단순한 도덕상 또는 종교상의 의무는 포함되지 않으나 작위의무가 법적인 의무인 한 성문법이건 불문법이건 상관이 없고 또 공법이건 사법이건 불문하므로, 법령, 법률행위, 선행행위로 인한 경우는 물론이고 기타 신의성실의 원칙이나 사회 상규 혹은 조리상 작위의무가 기대되는 경우에도 법적인 작위의무는 있다(대판 1996.9.6, 95도2551). 19. 경찰채용 1차

정답 ③

05 부작위범에 대한 설명 중 가장 적절하지 않은 것은?

① 부작위범에 대한 교사는 가능하지만, 부작위에 의한 교사는 불가능하다.
② 부진정부작위범은 작위범에 비해 불법의 정도가 가벼우므로 형법 제18조에 의하여 형을 감경할 수 있도록 규정하고 있다.
③ 일반거래의 경험칙상 상대방이 그 사실을 알았다면 당해 법률행위를 하지 않았을 것이 명백한 경우에는 신의칙에 비추어 그 사실을 고지할 법률상 의무가 인정된다.
④ 의사 甲이 특정시술을 받으면 아들을 낳을 수 있을 것이라는 착오에 빠져있는 피해자들에게 그 시술의 효과와 원리에 관하여 사실대로 고지하지 아니한 채 아들을 낳을 수 있는 시술인 것처럼 가장하여 일련의 시술과 처방을 한 경우 부작위에 의한 사기죄가 성립한다.

해설

① 【 O 】 부작위범에 대한 교사는 가능하지만, 부작위에 의한 교사는 불가능하다. 20. 경찰승진
② 【 X 】 부진정부작위범은 작위범에 비해 불법의 정도가 가벼우므로 형법 제18조에 의하여 형을 감경할 수 있도록 규정은 없다. 따라서 형법에 별도의 처벌규정이 없어 작위범과 동일한 법정형으로 처벌된다. 20. 경찰승진
③ 【 O 】 대판 1985.3.26, 84도301 20. 경찰승진
④ 【 O 】 대판 2000.1.28, 99도2884 20. 경찰승진

정답 ②

06 부작위범에 관한 설명으로 가장 적절하지 않은 것은?

① 선행행위로 인한 부진정부작위범의 작위의무와 관련하여 객관적으로 의무에 위반한 위법한 선행행위만이 부진정부작위범의 작위의무의 근거가 된다.
② 「형법」이 금지하고 있는 법익침해의 결과발생을 방지할 법적인 작위의무를 지고 있는 자가 그 의무를 이행함으로써 결과발생을 쉽게 방지할 수 있는데도 결과발생을 용인하고 방관한 채 의무를 이행하지 아니한 것이 범죄의 실행행위로 평가될 만한 것이라면 부작위범으로 처벌할 수 있다.
③ 부작위범 사이의 공동정범은 다수의 부작위범에게 공통된 의무가 부여되어 있고, 그 의무를 공통으로 이행할 수 있을 때에만 성립한다.
④ 부진정부작위범에 있어서 부작위를 실행의 착수로 볼 수 있기 위해서는 구성요건적 결과 발생의 위험이 구체화한 상황에서 부작위가 이루어져야 한다.

[해설]

① 【 X 】 도로교통법 제50조 제1항, 제2항이 규정한 교통사고발생시의 구호조치의무 및 신고의무는 차의 교통으로 인하여 사람을 사상하거나 물건을 손괴한 때에 운전자 등으로 하여금 교통사고로 인한 사상자를 구호하는 등 필요한 조치를 신속히 취하게 하고, 또 속히 경찰관에게 교통사고의 발생을 알려서 피해자의 구호, 교통질서의 회복 등에 관하여 적절한 조치를 취하게 하기 위한 방법으로 부과된 것이므로 교통사고의 결과가 피해자의 구호 및 교통질서의 회복을 위한 조치가 필요한 상황인 이상 그 의무는 교통사고를 발생시킨 당해 차량의 운전자에게 그 사고발생에 있어서 고의·과실 혹은 유책·위법의 유무에 관계없이 부과된 의무라고 해석함이 상당할 것이므로, 당해 사고에 있어 귀책사유가 없는 경우에도 위 의무가 없다 할 수 없고, 또 위 의무는 신고의무에만 한정되는 것이 아니므로 타인에게 신고를 부탁하고 현장을 이탈하였다고 하여 위 의무를 다한 것이라고 말할 수는 없다(대판 2002.5.24. 2000도1731). 25. 경찰
② 【 O 】 살인죄와 같이 일반적으로 작위를 내용으로 하는 범죄를 부작위에 의하여 범하는 이른바 부진정 부작위범의 경우에는 보호법익의 주체가 법익에 대한 침해위협에 대처할 보호 능력이 없고, 부작위행위자에게 침해위협으로부터 법익을 보호해 주어야 할 법적 작위의무가 있을 뿐 아니라, 부작위행위자가 그러한 보호적 지위에서 법익침해를 일으키는 사태를 지배하고 있어 작위의무의 이행으로 결과 발생을 쉽게 방지할 수 있어야 부작위로 인한 법익침해가 작위에 의한 법익침해와 동등한 형법적 가치가 있는 것으로서 범죄의 실행행위로 평가될 수 있다. 다만 여기서의 작위의무는 법령, 법률행위, 선행행위로 인한 경우는 물론, 신의성실의 원칙이나 사회상규 혹은 조리상 작위의무가 기대되는 경우에도 인정된다(대판 2015.11.12. 2015도6809). 25. 경찰
③ 【 O 】 대판 2008.3.27. 2008도89 25. 경찰
④ 【 O 】 업무상배임죄는 부작위에 의해서도 성립할 수 있는데, 그러한 부작위를 실행의 착수로 볼 수 있기 위해서는 작위의무가 이행되지 않으면 사무처리의 임무를 부여한 사람이 재산권을 행사할 수 없으리라고 객관적으로 예견되는 등으로 구성요건적 결과 발생의 위험이 구체화한 상황에서 부작위가 이루어져야 한다(대판 2021.5.27. 2020도15529). 25. 경찰

정답 ①

07 부작위범에 대한 설명으로 옳지 않은 것은?

① 형법상 진정부작위범의 미수범을 처벌하는 규정이 있다.
② 미성년자를 유인하여 포박·감금한 자가 중간에 살해의 고의를 가지고 계속 방치하여 사망케 하였다면 감금행위자에게도 보증인지위 내지 보증의무가 인정되어 부작위에 의한 살인죄의 성립을 인정하여야 한다.
③ 부진정부작위범에서 부작위가 작위와 같이 평가될 수 있기 위해서는 부작위범에게 결과발생을 방지하여야 할 보증인지위가 있어야 한다.
④ 과실에 의한 부진정부작위범의 성립은 불가능하지만 부작위범에 대한 과실에 의한 교사와 방조는 가능하다.

해설
① 【 O 】 형법은 진정부작위범인 퇴거불응죄(제322조)와 집합명령위반죄(제149조)는 미수범의 처벌규정을 두고 있다.
② 【 O 】 대판 1982.11.23. 82도2024
③ 【 O 】 보증인지위란 구성요건 실현의 회피를 위한 행위자의 특별한 지위를 말한다. 즉, 결과발생을 방지해야 할 법적 지위를 말한다. 형법 제18조는 보증인을 "위험의 발생을 방지할 의무 있는 자"라고 표현하고 있다. 이는 부진정부작위범의 기술되지 않은 규범적 구성요건요소로서 진정신분범적 성격을 갖게 된다. 즉 보증인 지위가 있는 자만이 부진정부작위범의 주체가 된다. 18. 국가직
④ 【 X 】 과실에 의한 부진정부작위범의 성립은 가능하지만(이른바 망각범), 교사범이나 방조범은 고의범이므로 과실에 의한 교사·방조범은 인정되지 않는다. 17. 국가직 7급

정답 ④

08 부작위범에 관한 설명 중 가장 적절하지 않은 것은?

① 진정부작위범과 부진정부작위범의 구별에 관한 학설 중 실질설은 거동범에 대하여는 부진정부작위범이 성립할 여지가 없다고 보는 반면에, 형식설은 결과범은 물론 거동범에 대하여도 부진정부작위범이 성립할 수 있다고 본다.
② 부작위에 의한 방조범이 보증인 지위에 있는 자로 한정되는 반면, 부작위범에 대한 교사범은 보증인 지위에 있는 자로 한정되지 않는다.
③ 보증인 지위와 보증인의무를 모두 부진정부작위범의 구성요건요소로 이해하는 견해에 따르면 부진정부작위범의 구성요건해당성이 지나치게 확대된다.
④ 하나의 행위가 작위범과 부작위범의 구성요건을 동시에 충족하는 경우도 있다.

해설
① 【 O 】 실질설은 거동범을 진정부작위범이라 하고, 결과범을 부진정부작위범이라고 한다. 형식설은 법률에 명문으로 부작위에 의해서만 실현될 수 있도록 규정된 범죄가 진정부작위범이고, 법률상 규정형식은 작위범이지만 부작위에 의해서도 실현할 수 있는 범죄를 부진정부작위범이라고 한다. 따라서 거동범의 경우 실질설에 의하면 부진정부작위범이 성립할 여지가 없으나 형식설에 의하면 성립할 수 있다. 17. 경찰승진
② 【 O 】 부작위에 '의한' 방조범은 결과발생을 방지해야 할 보증인적 지위에 있는 자가 정범의 범행을 방치한 경우에 성립한다. 반면 부작위범에 '대한' 교사범은 작위에 의한 교사이므로 교사범에게 보증인적 지위가 있을 필요가 없다. 17. 경찰승진
③ 【 X 】 보증인 지위와 보증인의무를 모두 구성요건요소로 이해하는 견해에 따르면 보증인 지위나 보증인의무 중 하나라도 결여된 경우 구성요건해당성이 없게 되므로 구성요건해당성이 축소된다. 17. 경찰승진
④ 【 O 】 대판 2008.2.14. 2005도4202 17. 경찰승진

정답 ③

09 다음 부작위범에 대한 설명 중 가장 적절하지 않은 것은?

① 형법 제18조에서 말하는 부작위는 법적 기대라는 규범적 가치판단 요소에 의하여 사회적 중요성을 가지는 사람의 행태가 되어 법적 의미에서 작위와 함께 행위의 기본 형태를 이루게 되므로, 특정한 행위를 하지 아니하는 부작위가 형법적으로 부작위로서의 의미를 가지기 위해서는, 보호법익의 주체에게 해당 구성요건적 결과 발생의 위험이 있는 상황에서 행위자가 구성요건의 실현을 회피하기 위하여 요구되는 행위를 현실적·물리적으로 행할 수 있었음에도 하지 아니하였다고 평가될 수 있어야 한다.

② 이른바 부진정 부작위범의 경우에는 보호법익의 주체가 법익에 대한 침해위협에 대처할 보호 능력이 없고, 부작위행위자에게 침해위협으로부터 법익을 보호해 주어야 할 법적 작위의무가 있을 뿐 아니라, 부작위 행위자가 그러한 보호적 지위에서 법익침해를 일으키는 사태를 지배하고 있어 작위의무의 이행으로 결과 발생을 쉽게 방지할 수 있어야 부작위로 인한 법익침해가 작위에 의한 법익침해와 동등한 형법적 가치가 있는 것으로서 범죄의 실행행위로 평가될 수 있다. 다만 여기서의 작위의무는 법령, 법률행위, 선행행위로 인한 경우는 물론, 신의성실의 원칙이나 사회상규 혹은 조리상 작위의무가 기대되는 경우에도 인정된다.

③ 항해 중이던 선박의 1등 항해사 乙, 2등 항해사 丙이 배가 좌현으로 기울어져 멈춘 후 침몰하고 있는 상황에서 피해자인 승객 등이 안내방송 등을 믿고 대피하지 않은 채 선내에 대기하고 있음에도 아무런 구조조치를 취하지 않고 퇴선함으로써, 배에 남아있던 피해자들을 익사하게 한 사안에서, 그 후 승객 등이 사망할 가능성이 크지만 사망해도 어쩔 수 없다는 의사, 즉 결과 발생을 인식·용인하였고, 이러한 乙, 丙의 부작위는 작위에 의한 살인의 실행행위와 동일하게 평가할 수 있는 점, 선장인 甲의 부작위에 의한 살인 행위에 암묵적, 순차적으로 공모 가담한 공동정범이라고 보아야 하는 점 등을 종합할 때, 乙, 丙은 부작위에 의한 살인 및 살인미수죄의 공동정범으로서의 죄책을 면할 수 없다.

④ 丁이 피해자가 공사대금을 지급하지 않자 공사대금을 받을 목적으로 자신의 공사를 위하여 쌓아 두었던 건축자재를 공사 완료 후에도 치우지 않은 행위가 위력으로써 피해자의 추가공사 업무를 방해하는 업무방해죄의 실행행위로서 피해자의 업무에 대하여 하는 적극적인 방해행위와 동등한 형법적 가치를 가진다고 볼 수는 없다.

에 의한 살인의 실행행위와 동일하게 평가하기 어렵고, 또한 살인의 미필적 고의로 선장 甲의 부작위에 의한 살인 행위에 공모가담하였다고 단정하기도 어려우므로, 피고인 乙, 丙에 대해 부작위에 의한 살인의 고의를 인정하기 어렵다(대판 2015.11.12. 2015도6809). 22. 경찰간부

④ 【 O 】 피고인이 갑과 토지 지상에 창고를 신축하는 데 필요한 형틀공사 계약을 체결한 후 그 공사를 완료하였는데, 갑이 공사대금을 주지 않는다는 이유로 위 토지에 쌓아 둔 건축자재를 치우지 않고 공사현장을 막는 방법으로 위력으로써 갑의 창고 신축 공사 업무를 방해하였다는 내용으로 기소된 사안에서, 피고인이 일부러 건축자재를 갑의 토지 위에 쌓아 두어 공사현장을 막은 것이 아니라 당초 자신의 공사를 위해 쌓아 두었던 건축자재를 공사 완료 후 치우지 않은 것에 불과하므로, 비록 공사대금을 받을 목적으로 건축자재를 치우지 않았더라도, 피고인이 자신의 공사를 위하여 쌓아 두었던 건축자재를 공사 완료 후에 단순히 치우지 않은 행위가 위력으로써 갑의 추가 공사 업무를 방해하는 업무방해죄의 실행행위로서 갑의 업무에 대하여 하는 적극적인 방해행위와 동등한 형법적 가치를 가진다고 볼 수 없는데도, 이와 달리 보아 공소사실을 유죄로 인정한 원심판결에 부작위에 의한 업무방해죄의 성립에 관한 법리오해의 잘못이 있다(대판 2017.12.22. 2017도13211). 22. 경찰간부

정답 ③

10 부작위범에 대한 설명으로 옳지 않은 것은?

① 자기의 행위로 인하여 위험 발생의 원인을 야기한 자가 그 위험 발생을 방지하지 아니한 때에는 그 발생된 결과에 의하여 처벌된다.
② 형법 제18조에서 규정한 부작위는 법적 기대라는 규범적 가치판단 요소에 의해 사회적 중요성을 가지는 사람의 행태이다.
③ 부작위에 의한 업무방해죄가 성립하기 위해서는 그 부작위를 실행행위로서의 작위와 동일시할 수 있어야 하는바, 피고인이 일부러 건축자재를 피해자의 토지 위에 쌓아 두어 공사 현장을 막은 것이 아니고 당초 자신의 공사를 위해 쌓아 두었던 건축자재를 공사대금을 받을 목적으로 공사 완료 후 치우지 않은 경우는, 위력으로써 피해자의 추가 공사 업무를 방해하는 업무방해죄의 실행행위로서 피해자의 업무에 대한 적극적인 방해행위와 동등한 형법적 가치를 가진다.
④ 퇴거불응죄는 부작위가 처음부터 구성요건적 행위로 예정되어 있는 경우로 진정부작위범에 해당한다.

해설

① 【 O 】 위험의 발생을 방지할 의무가 있거나 자기의 행위로 인하여 위험 발생의 원인을 야기한 자가 그 위험 발생을 방지하지 아니한 때에는 그 발생된 결과에 의하여 처벌한다(제18조). 22. 국가직
② 【 O 】 자연적 의미에서의 부작위는 거동성이 있는 작위와 본질적으로 구별되는 무(無)에 지나지 아니하지만, 위 규정에서 말하는 부작위는 법적 기대라는 규범적 가치판단 요소에 의하여 사회적 중요성을 가지는 사람의 행태가 되어 법적 의미에서 작위와 함께 행위의 기본 형태를 이루게 되므로, 특정한 행위를 하지 아니하는 부작위가 형법적으로 부작위로서의 의미를 가지기 위해서는, 보호법익의 주체에게 해당 구성요건적 결과 발생의 위험이 있는 상황에서 행위자가 구성요건의 실현을 회피하기 위하여 요구되는 행위를 현실적·물리적으로 행할 수 있었음에도 하지 아니하였다고 평가될 수 있어야 한다(대판 2015도11.12. 2015도6809). 22. 국가직
③ 【 X 】 피고인이 갑과 토지 지상에 창고를 신축하는 데 필요한 형틀공사 계약을 체결한 후 그 공사를 완료하였는데, 갑이 공사대금을 주지 않는다는 이유로 위 토지에 쌓아 둔 건축자재를 치우지 않고 공사현장을 막는 방법으로 위력으로써 갑의 창고 신축 공사 업무를 방해하였다는 내용으로 기소된 사안에서, 피고인이 일부러 건축자재를 갑의 토지 위에 쌓아 두어 공사현장을 막은 것이 아니라 당초 자신의 공사를 위해 쌓아 두었던 건축자재를 공사 완료 후 치우지 않은 것에 불과하므로, 비록 공사대금을 받을 목적으로 건축자재를 치우지 않았더라도, 피고인이 자신의 공사를 위하여 쌓아 두었던 건축자재를 공사 완료 후에 단순히 치우지 않은 행위가 위력으로써 갑의 추가 공사 업무를 방해하는 업무방해죄의 실행행위로서 갑의 업무에 대하여 하는 적극적인 방해행위와 동등한 형법적 가치를 가진다고 볼 수 없는데도, 이와 달리 보아 공소사실을 유죄로 인정한 원심판결에 부작위에 의한 업무방해죄의 성립에 관한 법리오해의 잘못이 있다(대판 2017.12.22. 2017도13211). 22. 국가직
④ 【 O 】 퇴거불응죄는 명령규범을 부작위로 실현하는 진정부작위범에 해당한다. 22. 국가직

정답 ③

11 부작위에 관한 설명 중 옳지 않은 것은?

① 甲은 할부금융회사로부터 금융을 얻어 자동차를 매수한 후 乙에게 그 자동차를 매도하였는데, 계약체결 당시 자동차에 대하여 저당권이 설정되거나 가압류된 사실이 없고 甲과 乙 사이의 계약조건에 할부금채무의 승계에 대한 내용도 없다면, 甲이 할부금채무의 존재를 乙에게 고지하지 않았더라도 사기죄가 성립하지 않는다.
② 신장결핵을 앓고 있는 甲이 乙보험회사가 정한 약관에 신장결핵을 포함한 질병에 대한 고지의무를 규정하고 있음을 알면서도 이를 고지하지 아니한 채 그 사실을 모르는 乙보험회사와 그 질병을 담보하는 보험계약을 체결한 후 신장결핵의 발병을 사유로 하여 보험금을 청구하여 수령한 경우, 甲에게는 사기죄가 성립한다.
③ 경찰서 형사과장인 甲이 압수물을 범죄 혐의의 입증에 사용하도록 하는 등의 적절한 조치를 취하지 아니하고 피압수자에게 돌려준 경우, 甲에게는 작위범인 증거인멸죄만이 성립하고 부작위범인 직무유기죄는 따로 성립하지 아니한다.
④ 임대인 甲이 자신 소유의 여관건물에 대하여 임차인 乙과 임대차계약을 체결하면서 乙에게 당시 임대목적물에 관하여 법원의 경매개시결정에 따른 경매절차가 진행 중인 사실을 알리지 아니하였더라도, 乙이 등기부를 확인 또는 열람하는 것이 가능하였다면 기망행위가 있었다고 볼 수 없어, 甲에게는 사기죄가 성립하지 아니한다.
⑤ 토지 소유자인 甲이 그 소유 토지에 대하여 여객정류장시설을 설치하는 도시계획이 입안되어 있어 장차 위 토지가 수용될 것이라는 점을 알고 있었음에도, 이러한 사정을 모르는 매수인 乙에게 이러한 사실을 고지하지 않고 토지를 매도하고 매매대금을 수령하였다면, 甲에게는 사기죄가 성립한다.

해설

① 【 O 】 매수인이 그와 같은 할부금 채무가 있다는 사정에 대하여 고지를 받았더라면 그 각 자동차를 매수하지 아니하였을 것임이 경험칙상 명백하다고 할 수 없고, 따라서 피고인에게 그에 관한 고지의무가 있다고 볼 수도 없으며 피고인들의 그와 같은 부작위가 기망행위에 해당한다고 볼 수도 없다(대판 1998.4.14. 98도231). 18. 변호사
② 【 O 】 사기죄에 있어서의 기망행위 내지 편취의 범의를 인정할 수 있고, 보험회사가 그 사실을 알지 못한 데에 과실이 있다거나 고지의무위반을 이유로 보험계약을 해제할 수 있다고 하여 사기죄의 성립에 영향이 생기는 것은 아니다(대판 2007.4.12. 07도967). 18. 변호사
③ 【 O 】 이와 같은 경우에는 작위범인 증거인멸죄만이 성립하고 부작위범인 직무유기(거부)죄는 따로 성립하지 아니한다(대판 2006.10.19. 05도3909 전합). 18. 변호사
④ 【 X 】 임대차계약 당시 임차할 여관건물에 관하여 법원의 경매개시결정에 따른 경매절차가 이미 진행중인 사실을 알았더라면 그 건물에 관한 임대차계약을 체결하지 않았을 것임이 명백한 이상, 피고인은 신의칙상 피해자에게 이를 고지할 의무가 있다 할 것이고, 피해자 스스로 그 건물에 관한 등기부를 확인 또는 열람하는 것이 가능하다고 하여 결론을 달리 할 것은 아니다(대판 1998.12.8. 98도3263). 18. 변호사
⑤ 【 O 】 이러한 사정을 고지하지 아니한 피고인의 행위는 부작위에 의한 사기죄를 구성한다(대판 1993.7.13. 93도14) 18. 변호사

정답 ④

12 부작위범에 관한 다음 설명 중 가장 적절하지 않은 것은?

① 피고인이 조카인 피해자(10세)를 살해할 것을 마음먹고 저수지로 데리고 가서 미끄러지기 쉬운 제방 쪽으로 유인하여 함께 걷다가 피해자가 물에 빠지자 그를 구호하지 아니하여 피해자를 익사하게 한 경우 피고인에게는 부작위에 의한 살인죄가 성립한다.

② 매수인이 매도인에게 매매잔금을 지급함에 있어 착오에 빠져 지급해야 할 금액을 초과하는 돈을 교부하는 경우, 매도인이 매매잔금을 받은 후 비로소 그 사실을 알게 되었음에도 불구하고 그 사실을 매수인에게 알리고 초과금액을 되돌려 주지 않은 경우에는 부작위에 의한 사기죄가 성립한다.

③ 출판사 경영자가 출고현황표를 조작하는 방법으로 실제출판부수를 속여 작가에게 인세의 일부만을 지급한 경우, 사기죄에 있어 부작위에 의한 처분행위에 해당한다.

④ 형법이 금지하고 있는 법익침해의 결과발생을 방지할 법적인 작위의무를 지고 있는 자가 그 의무를 이행함으로써 결과발생을 쉽게 방지할 수 있었음에도 불구하고 그 결과의 발생을 용인하고 이를 방관한 채 그 의무를 이행하지 아니한 경우에, 그 부작위가 작위에 의한 법익침해와 동등한 형법적 가치가 있는 것이어서 그 범죄의 실행행위로 평가될 만한 것이라면, 작위에 의한 실행행위와 동일하게 부작위범으로 처벌할 수 있다.

해설

① 【 O 】 대판 1992.2.11. 91도2951 15. 국가직
② 【 X 】 주고받는 행위는 이미 종료되어 버린 후이므로 매수인의 착오 상태를 제거하기 위하여 그 사실을 고지하여야 할 법률상 의무의 불이행은 더 이상 초과된 금액 편취의 수단으로서의 의미는 없으므로 교부하는 돈을 그대로 받은 행위는 점유이탈물횡령죄가 될 수 있음은 별론으로 하고 사기죄를 구성할 수는 없다(대판 2004.5.27. 2003도4531). 16. 경찰채용 1차
③ 【 O 】 대판 2007.7.12. 2005도9221 16. 경찰채용 1차
④ 【 O 】 대판 2008. 2.28. 2007도9354 16. 경찰채용 1차

정답 ②

13 부작위범에 대한 설명으로 옳은 것은?

① 보호자의 간청에 따라 치료를 요하는 환자에 대하여 치료중단 및 퇴원을 허용하는 조치를 취함으로써 환자를 사망에 이르게 한 담당 전문의와 주치의에게는 부작위에 의한 살인죄의 공동정범이 성립한다.
② 보증인 의무와 보증인 지위를 구별하는 이원설에 따르면, 보증인 의무에 대한 착오는 구성요건적 착오가 되고 보증인 지위에 대한 착오는 금지착오가 된다.
③ 인터넷 포털사이트 내 오락채널 총괄팀장과 오락채널 내 만화사업의 운영 직원은 콘텐츠제공업체들이 게재하는 음란만화의 삭제를 요구할 조리상의 의무가 있다.
④ 부작위에 의한 사기죄에서 작위의무의 발생근거는 유기죄에서 보호의무의 발생근거보다 그 범위가 좁다.

[해설]

① 【 X 】 환자의 보호자가 치료위탁계약을 해지하고 환자를 퇴원시켜 달라고 요구하여 이에 응하기 위하여 담당의사가 인공호흡 장치를 제거한 결과 환자가 호흡곤란으로 사망하게 된 경우, 당해 의사는 작위에 의한 살인방조의 죄책을 진다(대판 2004.6.24. 2002도995). 16. 국가직
② 【 X 】 보증인 의무와 보증인 지위를 구별하는 이원설에 따르면 '보증인 지위'는 구성요건요소이지만, 보증인 지위에서 파생된 '보증인 의무(작위의무)'는 위법성 요소이다. 따라서 보증인 지위에 대한 착오는 구성요건의 착오가 되지만, 보증인 의무에 대한 착오는 금지의 착오가 된다. 16. 국가직 7급
③ 【 O 】 대판 2006.4.28. 2003도4128 16. 국가직
④ 【 X 】 부작위에 의한 사기죄에서 작위의무는 법률상 또는 계약상 작위의무가 인정되는 경우뿐만 아니라 '신의성실의 원칙이나 사회상규 혹은 조리상' 작위의무가 기대되는 경우에도 인정되지만, 유기죄에서 보호의무는 법률상 또는 계약상의 의무가 있는 경우에만 그 보호의무가 인정되고, '사회상규상'의 보호의무를 인정할 수 없다. 따라서 부작위에 의한 사기죄에서 작위의무의 발생근거는 유기죄에서 보호의무의 발생근거보다 그 범위가 넓다. 16. 국가직

정답 ③

14 다음 설명 중 옳지 않은 것은?

① 규범적으로 요구 또는 기대된 일정한 동작을 하지 아니한다는 소극적 태도로서 부작위는 작위와 함께 형법상 행위의 한 유형으로서, 부작위가 작위에 의한 법익침해와 동등한 형법적 가치가 있는 것이어서 그 범죄의 실행행위로 평가될 만한 것이어야 부작위범으로 처벌된다.
② 하나의 행위가 직무유기죄와 허위공문서작성 및 동행사죄의 구성요건을 동시에 충족하는 경우, 공소제기권자는 재량에 의하여 작위범인 허위공문서작성·행사죄로 공소를 제기하지 않고 부작위범인 직무유기죄로만 공소제기할 수 있다.
③ 행위자가 자신의 신체적 활동이나 물리적·화학적 작용을 통하여 적극적으로 타인의 법익상황을 악화시킴으로써 결국 그 타인의 법익을 침해하기에 이르렀다면, 이는 작위에 의한 범죄로 봄이 원칙이다.
④ 생존가능성이 있는 환자를 보호자의 요구로 치료중단하고 퇴원을 지시하여 사망하게 한 의사의 경우에는 행위 전체를 규범적으로 평가할 때 치료중단이라는 행위수행에 비난의 중점이 있기 때문에 부작위범으로 평가된다.

해설

① 【 O 】 대판 1996.9.6. 95도2551 15. 경찰간부
② 【 O 】 대판 2008.2.14. 2005도4202 15. 경찰간부
③ 【 O 】, ④ 【 X 】 어떠한 범죄가 적극적 작위에 의하여 이루어질 수 있음은 물론 결과의 발생을 방지하지 아니하는 소극적 부작위에 의하여도 실현될 수 있는 경우에, 행위자가 자신의 신체적 활동이나 물리적·화학적 작용을 통하여 적극적으로 타인의 법익 상황을 악화시킴으로써 결국 그 타인의 법익을 침해하기에 이르렀다면, 이는 작위에 의한 범죄로 봄이 원칙이고, 작위에 의하여 악화된 법익 상황을 다시 되돌이키지 아니한 점에 주목하여 이를 부작위범으로 볼 것은 아니며, 나아가 악화되기 이전의 법익 상황이, 그 행위자가 과거에 행한 또 다른 작위의 결과에 의하여 유지되고 있었다 하여 이와 달리 볼 이유가 없다(대판 2004.6.24. 2002도995). 15. 경찰간부

정답 ④

15 부작위범에 대한 설명이다. 옳지 않은 것은 모두 몇 개인가?

㉠ 압류된 골프장시설을 보관하는 회사의 대표이사가 위 압류시설의 사용 및 봉인의 훼손을 방지할 수 있는 적절한 조치 없이 골프장을 개장하게 하여 봉인이 훼손되게 한 경우라도 대표이사에게 작위의무를 인정할 수 없다.
㉡ 부작위범에 대한 교사범은 보증인적 지위에 있는 자로 한정된다.
㉢ 부작위에 의한 방조범은 보증인적 지위에 있는 자로 한정되지 않는다.
㉣ 부진정부작위범의 요건으로 행위태양의 동가치성을 요구하는 것은 부진정부작위범의 형사처벌을 확장하는 기능을 한다.

① 1개 ② 2개 ③ 3개 ④ 4개

해설

㉠ 【 X 】 압류된 골프장시설을 보관하는 회사의 대표이사는 골프장의 개장 및 운영 전반에 걸친 위임계약 혹은 조리상의 작위의무가 존재하므로, 적절한 조치 없이 골프장을 개장하게 하여 봉인이 훼손되게 한 경우, 부작위에 의한 공무상표시무효죄의 성립한다(대판 2005.7.22. 2005도3034).
㉡ 【 X 】 정범인 부작위범에게 보증인지위가 있는 한, 이러한 부작위범에 대한 공범은 보증인 지위가 없어도 교사·방조, 간접정범, 공동정범 모두 성립할 수 있다.
㉢ 【 X 】 부작위에 의한 방조범의 경우, 방조범에게 보증인적 지위가 있어야만 한다. 그리고 부작위에 의한 교사는 인정되지 않는다.
㉣ 【 X 】 행위태양(정형)의 동가치성이 인정되는 경우에만 부진정부작위범이 성립하므로 형사처벌을 축소하는 기능을 한다. 21. 변호사

정답 ④

16 부작위범에 관한 설명 중 가장 옳지 않은 것은?

① 도로교통법에 규정한 교통사고발생시의 구호조치의무 및 신고의무는 교통사고의 결과가 피해자의 구호 및 교통질서의 회복을 위한 조치가 필요한 상황인 이상 교통사고를 발생시킨 당해 차량의 운전자에게 그 사고 발생에 있어서 고의, 과실 혹은 유책, 위법의 유무에 관계없이 부과된 의무이므로, 당해 사고에 있어 귀책사유가 없는 경우에도 위 의무가 인정된다.
② 법무사가 아닌 사람이 법무사로 소개되거나 호칭되는 데에도 자신이 법무사가 아니라는 사실을 밝히지 않은 채 법무사 행세를 계속한 경우, 부작위에 의한 법무사법 위반죄에 해당한다.
③ 법원의 입찰사건에 관한 제반 업무를 주된 업무로 하는 공무원이 입찰사건의 입찰보증금이 다른 사무원에 의하여 계속적으로 횡령되고 있는 사실을 알면서도 방지하지 아니하고 이를 묵인하였다면, 업무상횡령의 종범으로 처벌할 수 있다.
④ 모텔 방에 투숙하여 담배를 피운 후 재떨이에 담배를 끄게 되었으나 담뱃불이 완전히 꺼졌는지 여부를 확인하지 않은 채 불이 붙기 쉬운 휴지를 재떨이에 버리고 잠을 잔 과실로, 담뱃불이 휴지와 침대시트에 옮겨 붙게 함으로써 화재가 발생한 경우, 피고인이 화재 발생 사실을 안 상태에서 모텔을 빠져나오면서도 모텔 주인이나 다른 투숙객들에게 이를 알리지 아니하였다면 부작위에 의한 현주건조물방화치사상죄가 성립한다.

해설
① 【 O 】 대판 2002.5.24. 2000도1731
② 【 O 】 대판 2008.2.28. 2007도9354
③ 【 O 】 대판 1996.9.6. 95도2551
④ 【 X 】 위 화재가 중대한 과실 있는 선행행위로 발생한 이상 화재를 소화할 법률상 의무는 있다 할 것이나, 화재 발생 사실을 안 상태에서 모텔을 빠져나오면서도 모텔 주인이나 다른 투숙객들에게 이를 알리지 아니하였다는 사정만으로는 화재를 용이하게 소화할 수 있었다고 보기 어려워 부작위에 의한 현주건조물방화치사상죄는 성립하지 않는다(대판 2010.1.14. 2009도12109).

정답 ④

17 부작위범에 관한 설명 중 옳은 것은?

① 부진정부작위범의 성립요건과 관련하여 보증인지위와 보증의무의 체계적 지위를 나누는 이분설에 따르면, 부작위 행위자의 보증의무에 관한 착오는 구성요건적 착오에 해당한다.
② 익사직전의 아이의 구조가 불가능한 상황이더라도 보증인 지위가 있으면 부작위범이 성립할 수 있다.
③ 부진정부작위범을 작위범과 동일하게 평가하기 위해서는 보증인적 지위 외에 부작위와 작위의 동가치성을 요하며, 이는 형법이 명문으로 규정하고 있지는 않다.
④ 부진정부작위범은 부진정신분범에 해당한다.

해설
① 【 X 】 이분설은 보증인지위와 보증의무를 구별하여, 전자는 부진정부작위범의 구성요건요소이나 후자는 위법성요소가 된다고 본다. 따라서 이에 의하면 보증인지위에 대한 착오는 구성요건적 착오, 보증의무에 대한 착오는 금지착오(법률의 착오)에 해당하게 된다. ◑ 보증의무의 착오를 금지착오로 보게 되면 그 착오에 정당한 이유가 있다면 무죄가 된다. 과실범이 되는 것이 아님을 주의해야 한다.
② 【 X 】 구조가 불가능한 상황이라면 행위자에게 개별적 행위가능성이 없어 부작위범이 성립할 수 없다.
③ 【 O 】 학설과 판례가 인정하고 있을 뿐 명문규정은 없다.
④ 【 X 】 부진정부작위범은 보증인 지위에 있는 자만이 주체가 되는 진정신분범의 성격을 갖는다.

정답 ③

18 부작위범에 관한 설명 중 옳지 않은 것은 모두 몇 개인가?

㉠ 압류된 골프장 시설을 보관하는 회사의 대표이사 甲이 그 압류시설의 사용 및 봉인의 훼손을 방지할 수 있는 적절한 조치 없이 골프장 개장 및 압류시설 작동을 의도적으로 묵인 또는 방치하여 봉인이 훼손되게 한 경우, 甲에게는 부작위에 의한 공무상표시무효죄가 성립한다.

㉡ 국가연구개발사업의 연구책임자 甲이 처음부터 소속 학생 연구원들에게 학생연구비를 개별 지급할 의사 없이 공동관리 계좌를 관리하면서 사실상 그 처분권을 가질 의도 하에 이를 숨기고 산학협력단에 연구비를 신청하여 지급받은 경우, 甲의 행위는 산학협력단에 대한 관계에 있어서 기망에 의한 편취행위에 해당한다.

㉢ 위치추적 전자장치의 피부착자 甲이 그 장치의 구성 부분인 휴대용 추적 장치를 분실한 후 3일이 경과하도록 보호관찰소에 분실신고를 하지 않고 돌아다닌 경우, 분실을 넘어서서 상당한 기간 동안 휴대용 추적 장치가 없는 상태를 방치한 부작위는 전자장치 부착 등에 관한 법률 제38조에 따른 전자장치의 효용을 해한 행위에 해당하지 아니한다.

㉣ 甲은 법무사가 아님에도 자신이 법무사로 소개되거나 호칭 되는 상황에서 자신이 법무사가 아니라는 사실을 밝히지 않은 채 법무사 행세를 계속하면서 근저당권설정계약서를 작성해 준 경우, 甲에게는 부작위에 의한 법무사법 위반(법무사가 아닌 자에 대한 금지)죄가 성립한다.

㉤ 대출자금으로 빌딩을 경락받았으나 분양이 저조하여 자금 조달에 실패한 甲과 乙은 수분양자들과 사이에 대출금으로 충당되는 중도금을 제외한 계약금과 잔금의 지급을 유예하고 1년의 위탁 기간 후 재매입하기로 하는 등의 비정상적인 이면 약정을 체결하고 점포를 분양하였음에도, 금융기관에 대해서는 그러한 이면 약정의 내용을 감춘 채 분양 중도금의 집단적 대출을 교섭하여 중도금 대출 명목으로 금원을 지급받은 경우, 甲과 乙의 행위는 사기죄의 요건으로서의 부작위에 의한 기망에 해당하지 아니한다.

① 1개　　② 2개　　③ 3개　　④ 4개

해설

㉠【O】압류된 골프장시설을 보관하는 회사의 대표이사는 골프장의 개장 및 운영 전반에 걸친 위임계약 혹은 조리상의 작위의무가 존재하므로, 적절한 조치 없이 골프장을 개장하게 하여 봉인이 훼손되게 한 경우, 부작위에 의한 공무상표시무효죄의 성립한다(대판 2005.7.22. 2005도3034). 22. 경찰

㉡【O】연구책임자가 처음부터 소속 학생연구원들에 대한 개별 지급의사 없이 공동관리계좌를 관리하면서 사실상 그 처분권을 가질 의도하에 이를 숨기고 산학협력단에 연구비를 신청하여 이를 지급받았다면 이는 산학협력단에 대한 관계에 있어 기망에 의한 편취행위에 해당한다(대판 2021.9.9. 2021도8468). 22. 경찰

㉢【X】위치추적 전자장치의 피부착자인 피고인이 구성 부분인 휴대용 추적장치를 분실한 후 3일이 경과하도록 분실신고를 하지 않고 돌아다니는 등 전자장치의 효용을 해하였다고 하여 특정 범죄자에 대한 위치추적 전자장치 부착 등에 관한 법률 위반으로 기소된 사안에서, 피고인이 상당한 기간 동안 휴대용 추적장치가 없는 상태를 임의로 방치한 행위를 전자장치의 효용을 해한 행위로 보아 유죄를 인정한 원심판단을 정당하다(대판 2012.8.17. 2012도5862). 22. 경찰

㉣【O】법무사가 아닌 사람이 법무사로 소개되거나 호칭되는 데에도 자신이 법무사가 아니라는 사실을 밝히지 않은 채 법무사 행세를 계속하면서 근저당권설정계약서를 작성한 사안에서, 부작위에 의한 법무사법 제3조 제2항 위반죄를 인정할 수 있다(대판 2008.2.28. 2007도9354). 22. 경찰

㉤【X】빌딩을 경락받은 피고인들이 수분양자들과 사이에 대출금으로 충당되는 중도금을 제외한 계약금과 잔금의 지급을 유예하고 재매입을 보장하는 등의 비정상적인 이면약정을 체결하고 점포를 분양하였음에도, 금융기관에 대해서는 그러한 이면약정의 내용을 감춘 채 분양 중도금의 집단적 대출을 교섭하여 중도금 대출 명목으로 금원을 지급받은 사안에서, 대출 금융기관에 대하여 비정상적인 이면약정의 내용을 알릴 신의칙상 의무가 있다고 보아 이를 알리지 않은 것은 사기죄의 요건으로서의 부작위에 의한 기망에 해당한다(대판 2006.2.23. 2005도8645). 22. 경찰

정답 ②

19 부작위범에 관한 설명으로 가장 적절하지 않은 것은?

① 보험계약 체결 당시 이미 발생한 교통사고 등으로 생긴 '요추, 경추, 사지' 부분의 질환과 관련하여 입·통원 치료를 받고 있었을 뿐 아니라 그러한 기왕증으로 인해 유사한 상해나 질병으로 보통의 경우보다 입원 치료를 더 받게 될 개연성이 농후하다는 사정을 인식하고 있었음에도 자신의 과거 병력과 치료 이력을 모두 묵비한 채 보험계약을 체결하였다면 부작위에 의한 기망에 해당한다.

② 경찰공무원이 지명수배 중인 범인을 발견하고도 직무상 의무에 따른 적절한 조치를 취하지 아니하고 오히려 범인을 도피하게 하는 행위를 하였다면, 그 직무 위배의 위법 상태는 범인도피 행위 속에 포함되어 있다고 보아야 할 것이므로, 이와 같은 경우에는 작위범인 범인도피죄만이 성립하고 부작위범인 직무유기죄는 따로 성립하지 아니한다.

③ 甲이 휴대폰 녹음기능을 작동시킨 상태로 A의 휴대폰에 전화를 걸어 약 8분간의 전화통화를 마친 후 바로 전화를 끊지 않고 A가 먼저 전화 끊기를 기다리던 중 B의 목소리가 들려오자 A가 실수로 통화종료 버튼을 누르지 아니한 상태를 이용하여 A와 B가 나누는 대화를 몰래 청취·녹음하였다면 甲의 행위는 부작위에 의한 통신비밀보호법위반죄에 해당한다.

④ 공사업자 甲이 A의 토지 위에 자신의 공사를 위해 쌓아 두었던 건축자재를 공사 완료 후 단순히 치우지 않은 것에 불과하다면, 이러한 행위가 A의 추가 공사 업무에 대한 적극적인 방해행위와 동등한 형법적 가치를 가진다고 볼 수 없다.

해설

① 【O】 부작위에 의한 기망은 보험계약자가 보험자와 보험계약을 체결하면서 상법상 고지의무를 위반한 경우에도 인정될 수 있다. 다만 보험계약자가 보험자와 보험계약을 체결하더라도 우연한 사고가 발생하여야만 보험금이 지급되는 것이므로, 고지의무 위반은 보험사고가 이미 발생하였음에도 이를 묵비한 채 보험계약을 체결하거나 보험사고 발생의 개연성이 농후함을 인식하면서도 보험계약을 체결하는 경우 또는 보험사고를 임의로 조작하려는 의도를 가지고 보험계약을 체결하는 경우와 같이 '보험사고의 우연성'이라는 보험의 본질을 해할 정도에 이르러야 비로소 보험금 편취를 위한 고의의 기망행위에 해당한다(대판 2017.4.26. 2017도1405). 24. 경찰

② 【O】 피고인이 검사로부터 범인을 검거하라는 지시를 받고서도 그 직무상의 의무에 따른 적절한 조치를 취하지 아니하고 오히려 범인에게 전화로 도피하라고 권유하여 그를 도피케 하였다는 범죄사실만으로는 직무위배의 위법상태가 범인도피행위 속에 포함되어 있는 것으로 보아야 할 것이므로, 이와 같은 경우에는 작위범인 범인도피죄만이 성립하고 부작위범인 직무유기죄는 따로 성립하지 아니한다(대판 1996.5.10. 96도51). 24. 경찰

③ 【X】 어떠한 범죄가 적극적 작위에 의하여 이루어질 수 있음은 물론 결과의 발생을 방지하지 아니하는 소극적 부작위에 의하여도 실현될 수 있는 경우에, 행위자가 자신의 신체적 활동이나 물리적·화학적 작용을 통하여 적극적으로 타인의 법익 상황을 악화시킴으로써 결국 그 타인의 법익을 침해하기에 이르렀다면, 이는 작위에 의한 범죄로 봄이 원칙이다.
원심은 그 판시와 같은 이유를 들어, 피고인이 ○○○신문사 빌딩에서 휴대폰의 녹음기능을 작동시킨 상태로 공소외 1 재단법인(이하 '공소외 1 법인'이라고 한다)의 이사장실에서 집무 중이던 공소외 1 법인 이사장인 공소외 2의 휴대폰으로 전화를 걸어 공소외 2와 약 8분간의 전화통화를 마친 후 상대방에 대한 예우 차원에서 바로 전화통화를 끊지 않고 공소외 2가 전화를 먼저 끊기를 기다리던 중, 평소 친분이 있는 △△방송 기획홍보본부장 공소외 3이 공소외 2와 인사를 나누면서 △△방송 전략기획부장 공소외 4를 소개하는 목소리가 피고인의 휴대폰을 통해 들려오고, 때마침 공소외 2가 실수로 휴대폰의 통화종료 버튼을 누르지 아니한 채 이를 이사장실 내의 탁자 위에 놓아두자, 공소외 2의 휴대폰과 통화연결상태에 있는 자신의 휴대폰 수신 및 녹음기능을 이용하여 이 사건 대화를 몰래 청취하면서 녹음한 사실을 인정한 다음, 피고인은 이 사건 대화에 원래부터 참여하지 아니한 제3자이므로, 통화연결상태에 있는 휴대폰을 이용하여 이 사건 대화를 청취·녹음하는 행위는 작위에 의한 구 통신비밀보호법 제3조의 위반행위로서 같은 법 제16조 제1항 제1호에 의하여 처벌된다고 판단하였다.
원심판결 이유를 앞서 본 법리와 적법하게 채택된 증거들에 비추어 살펴보면, 원심의 위와 같은 판단은 정당하고, 거기에 상고이유 주장과 같이 구 통신비밀보호법 제3조 제1항에 정한 '공개되지 아니한 타인간의 대화'의 의미와 같은 법 제16조 제1항 제1호의 처벌대상 및 형법상 작위와 부작위의 구별에 관한 법리를 오해하는 등의 잘못이 없다(대판 2016.5.12. 2013도15616). 24. 경찰

④ 【O】 피고인이 갑과 토지 지상에 창고를 신축하는 데 필요한 형틀공사 계약을 체결한 후 그 공사를 완료하였는데, 갑이 공사대금을 주지 않는다는 이유로 위 토지에 쌓아 둔 건축자재를 치우지 않고 공사현장을 막는 방법으로 위력으로써 갑의 창고 신축 공사 업무를 방해하였다는 내용으로 기소된 사안에서, 피고인이 일부러 건축자재를 갑의 토지 위에 쌓아 두어 공사현장을 막은 것이 아니라 당초 자신의 공사를 위해 쌓아 두었던 건축자재를 공사 완료 후 치우지 않은 것에 불과하므로, 비록 공사대금을 받을 목적으로 건축자재를 치우지 않았더라도, 피고인이 자신의 공사를 위하여 쌓아 두었던 건축자재를 공사 완료 후에 단순히 치우지 않은 행위가 위력으로써 갑의 추가 공사 업무를 방해하는 업무방해죄의 실행행위로서 갑의 업무에 대하여 하는 적극적인 방해행위와 동등한 형법적 가치를 가진다고 볼 수 없는데도, 이와 달리 보아 공소사실을 유죄로 인정한 원심판결에 부작위에 의한 업무방해죄의 성립에 관한 법리오해의 잘못이 있다(대판 2017.12.22. 2017도13211). 24. 경찰

정답 ③

20 다음 사례에 대한 설명으로 옳지 않은 것은?

> 선장인 甲은 배가 기울어져 있고 승객 등이 안내방송 등을 믿고 대피하지 않은 채 선내에서 그대로 대기하고 있는 상태에서 배가 더 기울면 밖으로 빠져나오지 못하고 익사할 수 있다는 사실을 알았음에도 승객 등에 대한 구조 조치를 취하지 아니한 채 퇴선하였고, 그 결과 선내에 남아 있던 승객 수백 명이 익사하였다.

① 甲의 부작위가 작위적 방법에 의한 구성요건의 실현과 동등한 형법적 가치가 있는 것으로 평가될 수 없다 하더라도 보증인 지위가 인정되면 부작위에 의한 살인죄가 성립할 수 있다.
② 작위의무는 법령, 법률행위, 선행행위로 인한 경우는 물론 신의성실의 원칙이나 사회상규 혹은 조리상 작위의무가 기대되는 경우에도 인정된다.
③ 위 사안에서 甲이 선장이라 하더라도 침몰과 같은 위급상황에서는 승객을 구할 작위의무가 없다고 착오한 경우, 이분설(이원설)에 의하면 금지착오가 된다.
④ 甲에게 살인죄가 성립하기 위해서는 구성요건의 실현을 회피하기 위하여 요구되는 행위를 현실적·물리적으로 행할 수 있었음에도 하지 아니하였다고 평가될 수 있어야 한다.

해설 25. 경찰간부

① 【X】, ②④ 【O】 자연적 의미에서의 부작위는 거동성이 있는 작위와 본질적으로 구별되는 무(無)에 지나지 아니하지만, 위 규정에서 말하는 부작위는 법적 기대라는 규범적 가치판단 요소에 의하여 사회적 중요성을 가지는 사람의 행태가 되어 법적 의미에서 작위와 함께 행위의 기본 형태를 이루게 되므로, 특정한 행위를 하지 아니하는 부작위가 형법적으로 부작위로서의 의미를 가지기 위해서는, 보호법익의 주체에게 해당 구성요건적 결과 발생의 위험이 있는 상황에서 행위자가 구성요건의 실현을 회피하기 위하여 요구되는 행위를 현실적·물리적으로 행할 수 있었음에도 하지 아니하였다고 평가될 수 있어야 한다.
나아가 살인죄와 같이 일반적으로 작위를 내용으로 하는 범죄를 부작위에 의하여 범하는 이른바 부진정 부작위범의 경우에는 보호법익의 주체가 법익에 대한 침해위협에 대처할 보호능력이 없고, 부작위행위자에게 침해위협으로부터 법익을 보호해 주어야 할 법적 작위의무가 있을 뿐 아니라, 부작위행위자가 그러한 보호적 지위에서 법익침해를 일으키는 사태를 지배하고 있어 작위의무의 이행으로 결과발생을 쉽게 방지할 수 있어야 부작위로 인한 법익침해가 작위에 의한 법익침해와 동등한 형법적 가치가 있는 것으로서 범죄의 실행행위로 평가될 수 있다. 다만 여기서의 작위의무는 법령, 법률행위, 선행행위로 인한 경우는 물론, 신의성실의 원칙이나 사회상규 혹은 조리상 작위의무가 기대되는 경우에도 인정된다(대판 2015.11.12. 2015도6809). 甲에게 보증인 지위가 인정되더라도 그의 부작위가 작위적 방법에 의한 구성요건의 실현과 동등한 형법적 가치가 있는 것으로 평가될 수 없는 경우에는 부작위에 의한 살인죄가 성립할 수 없다.
③ 【O】 이분설은 보증인지위와 보증의무를 구별하여, 전자는 부진정부작위범의 구성요건요소이나 후자는 위법성요소가 된다고 본다. 따라서 이에 의하면 보증인지위에 대한 착오는 구성요건적 착오, 보증의무에 대한 착오는 금지착오(법률의 착오)에 해당하게 된다.

정답 ①

제3절 인과관계

◆ 지문의 내용에 대해 학설의 대립 등 다툼이 있는 경우 판례에 의함

01 인과관계에 대한 설명으로 옳지 않은 것은?

① 방조범이 성립하려면 방조행위가 정범의 범죄실현과 밀접한 관련이 있고 정범으로 하여금 구체적 위험을 실현시키거나 범죄 결과를 발생시킬 가능성을 높이는 등으로 현실적 기여를 하였다고 평가할 수 있는 인과관계가 필요하다.

② 실화죄에 있어서 공동의 과실이 경합되어 화재가 발생하여 적어도 각 과실이 화재의 발생에 대하여 하나의 조건이 된 경우라도, 원인된 행위가 밝혀지지 않았다면 그 원인을 제공한 사람들은 실화죄의 미수로 불가벌에 해당한다.

③ 정범의 실행행위 중에 이를 용이하게 하는 경우 뿐만 아니라 정범의 실행착수 전에 장래의 실행행위를 예상하고 이를 용이하게 하는 경우에도 방조행위로서 정범의 실행행위에 대한 인과관계를 인정할 수 있다.

④ 교사자가 전화로 범행을 만류하는 취지의 말을 한 것만으로는 교사자의 교사행위와 정범의 실행행위 사이에 인과관계가 단절되었다거나 교사자가 공범관계에서 이탈한 것으로 볼 수 없다.

해설

① 【 O 】 형법 제32조 제1항은 "타인의 범죄를 방조한 자는 종범으로 처벌한다."라고 정하고 있다. 방조란 정범의 구체적인 범행준비나 범행사실을 알고 그 실행행위를 가능·촉진·용이하게 하는 지원행위 또는 정범의 범죄행위가 종료하기 전에 정범에 의한 법익침해를 강화·증대시키는 행위로서, 정범의 범죄 실현과 밀접한 관련이 있는 행위를 말한다. 방조범은 정범에 종속하여 성립하는 범죄이므로 방조행위와 정범의 범죄 실현 사이에는 인과관계가 필요하다. 방조범이 성립하려면 방조행위가 정범의 범죄 실현과 밀접한 관련이 있고 정범으로 하여금 구체적 위험을 실현시키거나 범죄 결과를 발생시킬 기회를 높이는 등으로 정범의 범죄 실현에 현실적인 기여를 하였다고 평가할 수 있어야 한다. 정범의 범죄 실현과 밀접한 관련이 없는 행위를 도와준 데 지나지 않는 경우에는 방조범이 성립하지 않는다(대판 2023.6.29. 2017도9835). 24. 국가직

② 【 X 】 [1] 형법이 금지하고 있는 법익침해의 결과발생을 방지할 법적인 작위의무를 지고 있는 자가 그 의무를 이행함으로써 결과발생을 쉽게 방지할 수 있는데도 결과발생을 용인하고 방관한 채 의무를 이행하지 아니한 것이 범죄의 실행행위로 평가될 만한 것이라면 부작위범으로 처벌할 수 있다. 실화죄에 있어서 공동의 과실이 경합되어 화재가 발생한 경우 적어도 각 과실이 화재의 발생에 대하여 하나의 조건이 된 이상은 그 공동적 원인을 제공한 사람들은 각자 실화죄의 책임을 면할 수 없다.
[2] 피고인들이 분리수거장 방향으로 담배꽁초를 던져 버리고 현장을 떠난 후 화재가 발생하여 각각 실화죄로 기소된 사안에서, 피고인들 각자 본인 및 상대방이 버린 담배꽁초 불씨가 살아 있는지를 확인하고 이를 완전히 제거하는 등 화재를 미리 방지할 주의의무가 있음에도 이를 게을리 한 채 만연히 현장을 떠난 과실이 인정되고 이러한 피고인들 각자의 과실이 경합하여 위 화재를 일으켰다고 보아, 피고인들 각자의 실화죄 책임을 인정한 원심판결을 수긍하는 한편, 원심판단 중 위 화재가 피고인들 중 누구의 행위에 의한 것인지 인정하기에 부족하다는 취지의 부분은 '피고인들 중 누구의 담배꽁초로 인하여 위 화재가 발생하였는지 인정할 증거가 부족하다.'는 의미로 선해할 수 있고, 이는 피고인들의 각 주의의무 위반과 위 화재의 발생 사이에 인과관계가 인정된다는 취지의 부가적 판단이므로, 이와 다른 전제에서 '원인행위가 불명이어서 피고인들은 실화죄의 미수로 불가벌에 해당하거나 적어도 피고인들 중 일방은 실화죄가 인정될 수 없다.'는 취지의 피고인들 주장은 받아들이기 어렵다(대판 2023.3.9. 2022도16120). 24. 국가직

③ 【 O 】 종범은 정범의 실행행위 중에 이를 방조하는 경우뿐만 아니라, 실행 착수 전에 장래의 실행행위를 예상하고 이를 용이하게 하는 행위를 하여 방조한 경우에도 성립한다(대판 2004.6.24. 2002도995). 24. 국가직

④ 【 O 】 피고인의 교사행위로 인하여 공소외인이 범행의 결의를 가지게 되었고, 그 후 공갈의 실행행위에 착수하여 피해자로부터 500만 원을 교부받음으로써 범행이 기수에 이르렀으므로 피고인의 교사행위와 공소외인의 범행 결의 및 실행행위 사이에 인과관계가 인정되고, 또 피고인이 전화로 범행을 만류하는 취지의 말을 한 것만으로는 피고인의 교사행위와 공소외인의 실행행위 사이에 인과관계가 단절되었다거나 피고인이 공범관계에서 이탈한 것으로 볼 수 없다(대판 2012.11.15. 2012도7407). 24. 국가직

정답 ②

02 인과관계에 관한 설명으로 가장 적절하지 않은 것은?

① 甲이 乙을 2회에 걸쳐 두 손으로 힘껏 밀어 땅바닥에 넘어뜨리는 폭행을 가함으로써 그 충격으로 인한 쇼크성 심장마비로 사망케 하였다면 비록 乙에게 그 당시 심관성동맥경화 및 심근섬유화 증세등의 심장질환의 지병이 있었고 음주로 만취된 상태였으며 그것이 乙의 사망에 영향을 주었다고 해서 甲의 폭행과 乙의 사망 간에 상당인과관계가 없다고 할 수 없다.

② 피고인의 행위가 결과발생에 유력한 원인이라 할지라도 결과발생에 시간적으로 근접한 제3자의 또 다른 공동 원인행위가 있다면 피고인의 행위와 결과 사이의 인과관계는 부정된다.

③ 의사가 설명의무를 위반한 채 의료행위를 하였다가 환자에게 상해 또는 사망의 결과가 발생한 경우 의사에게 업무상 과실로 인한 형사책임을 지우기 위해서는 의사의 설명의무 위반과 환자의 상해 또는 사망 사이에 상당인과관계가 존재하여야 한다.

④ 甲은 자신이 경영하는 속셈학원의 강사로 乙을 채용하고 학습교재를 설명하겠다는 구실로 유인하여 호텔 객실에 감금한 후 강간하려 하자, 乙이 완강히 반항하던 중 甲이 대실시간 연장을 위해 전화하는 사이에 객실 창문을 통해 탈출하려다가 지상에 추락하여 사망한 경우, 甲의 강간미수행위와 乙의 사망 사이에 상당인과관계가 있다.

[해설]

① 【 O 】 대판 1986.9.9. 85도2433 25. 경찰
② 【 X 】 피고인이 주먹으로 피해자의 복부를 1회 강타하여 장파열로 인한 복막염으로 사망케 하였다면, 비록 의사의 수술지연 등 과실이 피해자의 사망의 공동원인이 되었다 하더라도 피고인의 행위가 사망의 결과에 대한 유력한 원인이 된 이상 그 폭력행위와 치사의 결과간에는 인과관계가 있다 할 것이어서 피고인은 피해자의 사망의 결과에 대해 폭행치사의 죄책을 면할 수 없다(대판 1984.6.26. 84도831). 25. 경찰
③ 【 O 】 대판 2015.6.24. 2014도11315 25. 경찰
④ 【 O 】 대판 1995.5.12. 95도425 25. 경찰

정답 ②

03 인과관계에 관한 설명으로 가장 적절하지 않은 것은?

① "ㅏ"자형 삼거리에서 제한속도를 위반하여 과속운전을 한 직진 차량 운전자가 대향차선에서 신호를 위반하여 좌회전을 하는 차량과 교차로 통과시 서로 충돌하여 사고가 발생하였다면, 다른 특별한 사정이 없는 한 제한속도를 위반하여 과속 운전한 운전자의 잘못과 교통사고의 발생 사이에 상당인과관계가 있다고 볼 수 없다.

② 한국철도공사의 야간 업무에 사용되는 조명탑을 노동조합원 甲이 위법하게 점거하여 위력에 의한 업무방해죄가 성립하였고, 다른 노동조합원 乙 등이 그 조명탑 아래에서 지지 발언을 하며 음식물을 제공하는 행위를 하였지만, 乙 등의 행위가 표현의 자유·일반적 행동의 자유나 단결권의 보호 영역을 벗어났다고 볼 수 없다면 乙 등의 조력행위와 甲의 업무방해죄의 실현 사이에 인과관계를 인정하기 어려우므로 乙 등에게 업무방해 방조죄가 성립하지 않는다.

③ 의료과오사건에서 수술을 마친 후 의사가 복막염에 대한 진단과 처치를 지연하는 등의 과실로 환자가 제때 필요한 조치를 받지 못해 사망하였다고 할지라도 환자가 의사의 입원 지시 및 금식 지시를 무시하고 귀가한 사정이 있다면 의사의 과실과 환자 사망 사이의 인과관계는 단절된다.

④ 거동범에 해당하는 진정부작위범과는 달리 부진정부작위범은 결과범에 해당하므로, 사회적으로 기대되는 작위의무를 다하였으면 결과가 발생하지 않았을 것이라는 관계가 인정될 때 그 부작위와 결과 사이에 인과관계가 인정된다.

해설

① 【O】 신호등에 의하여 교통정리가 행하여지고 있는 'ㅏ'자형 삼거리의 교차로를 녹색등화에 따라 직진하는 차량의 운전자는 특별한 사정이 없는 한 다른 차량들도 교통법규를 준수하고 충돌을 피하기 위하여 적절한 조치를 취할 것으로 믿고 운전하면 족하고, 대향차선 위의 다른 차량이 신호를 위반하고 직진하는 자기 차량의 앞을 가로질러 좌회전할 경우까지 예상하여 그에 따른 사고발생을 미리 방지하기 위한 특별한 조치까지 강구하여야 할 업무상의 주의의무는 없고, 위 직진차량 운전자가 사고지점을 통과할 무렵 제한속도를 위반하여 과속운전한 잘못이 있었다 하더라도 그러한 잘못과 교통사고의 발생과의 사이에 상당인과관계가 있다고 볼 수 없다(대판 1993.1.15. 92도2579). 24. 경찰

② 【O】 방조범이 성립하려면 방조행위가 정범의 범죄 실현과 밀접한 관련이 있고 정범으로 하여금 구체적 위험을 실현시키거나 범죄 결과를 발생시킬 기회를 높이는 등으로 정범의 범죄 실현에 현실적인 기여를 하였다고 평가할 수 있어야 한다. 정범의 범죄 실현과 밀접한 관련이 없는 행위를 도와준 데 지나지 않는 경우에는 방조범이 성립하지 않는다.
피고인들의 행위가 전체적으로 보아 조명탑 점거에 일부 도움이 된 측면이 있었다고 하더라도, 조명탑 본연의 기능을 사용할 수 없게 함으로써 야간 입환 업무를 방해한다는 정범들의 범죄에 대한 지원행위 또는 그 법익 침해를 강화·증대시키는 행위로서 정범들의 범죄 실현과 밀접한 관련이 있는 행위에 해당한다고 단정하기 어렵다. 따라서 피고인들의 행위는 방조범의 성립을 인정할 정도로 업무방해 행위와 인과관계가 있다고 볼 수 없다(대판 2023.6.29. 2017도9835). 24. 경찰

③ 【X】 피고인의 수술 후 복막염에 대한 진단과 처치 지연 등의 과실로 피해자가 제때 필요한 조치를 받지 못하였다면 피해자의 사망과 피고인의 과실 사이에는 인과관계가 인정된다. 비록 피해자가 피고인의 지시를 일부 따르지 않거나 퇴원한 적이 있더라도, 그러한 사정만으로는 피고인의 과실과 피해자의 사망 사이에 인과관계가 단절된다고 볼 수 없다(대판 2018.5.11. 2018도2844). 24. 경찰

④ 【O】 부작위는 작위에 의한 살인행위와 동등한 형법적 가치를 가지고, 작위의무를 이행하였다면 결과가 발생하지 않았을 것이라는 관계가 인정될 경우에는 작위를 하지 않은 부작위와 사망의 결과 사이에 인과관계가 있다(대판 2015.11.12. 2015도6809). 24. 경찰

정답 ③

04 인과관계에 대한 설명이다. 옳은 것만으로 묶인 것은?

㉠ 부작위에 의한 살인의 경우, 작위의무를 이행하였다면 결과가 발생하지 않았을 것이라는 관계가 인정될 경우에는 부작위와 사망의 결과 사이에 인과관계가 인정된다.

㉡ 甲이 乙에게 반항을 억압하기에 충분한 정도의 폭행 또는 협박을 가하여 乙이 재물 취거의 사실을 알지 못하는 사이에 그 틈을 이용하여 甲이 우발적으로 乙의 재물을 취거한 경우, 위 폭행 또는 협박에 의한 반항 억압의 상태가 전체적·실질적으로 단일한 재물 탈취의 범의의 실현행위로 평가할 수 있는 경우가 아니면 강도죄는 성립되지 않는다.

㉢ 甲이 차를 세워두고 열쇠를 끼워놓은 채 내린 이후 조수석에 있던 어린이 乙이 시동 열쇠를 돌리고 악셀레이터 페달을 밟아 차량을 진행하여 사고가 난 경우, 甲의 과실은 사고발생에 간접적인 원인이기 때문에 사고의 결과와 인과관계가 있다고 볼 수 없다.

㉣ 살인의 실행행위가 피해자의 사망이라는 결과를 발생하게 한 유일한 원인 혹은 직접적인 원인이어야 하므로, 살인의 실행행위와 피해자 사망과의 사이에 통상 예견할 수 있는 다른 사실이 개재되어 그 사실이 치사의 직접적인 원인이 된 경우에는 살인의 실행행위와 피해자의 사망과의 사이에 인과관계는 부정된다.

㉤ 의사 甲의 수술 후 복막염에 대한 진단과 처치 지연 등의 과실로 乙이 제때 필요한 조치를 받지 못하였다면 乙의 사망과 甲의 과실 사이에는 일반적으로 인과관계가 인정되나, 乙이 甲의 지시를 일부 따르지 않거나 퇴원한 적이 있는 경우에는 인과관계가 단절된다.

① ㉠, ㉡   ② ㉠, ㉢   ③ ㉡, ㉤   ④ ㉢, ㉣

05 인과관계에 관한 견해 〈보기1〉과 그 내용 〈보기2〉 및 이에 대한 비판 〈보기3〉이 바르게 연결된 것은?

―〈보기1〉―
가. 행위와 결과 사이에 그 행위가 없었더라면 결과가 발생하지 않았다고 볼 수 있는 모든 조건에 대하여 인과관계가 인정된다는 견해
나. 행위가 시간적으로 뒤따르는 외계의 변화에 연결되고, 외계변화가 행위와 합법칙적으로 결합되어 구성요건적 결과로 실현되었을 때에 인과관계가 인정된다는 견해. 결과발생을 위해 경험칙상 상당한 조건만이 원인이 되고 이 경우 인과관계가 인정된다는 견해
다. 결과발생을 위해 경험칙상 상당한 조건만이 원인이 되고 이 경우 인과관계가 인정된다는 견해

―〈보기2〉―
A. 사실적 측면과 규범적 측면을 모두 고려하여 행위와 결과 사이의 높은 가능성이라는 개연성 관계를 판단한다.
B. 행위와 결과 간의 전개과정이 이미 확립되어 있는 자연과학적 인과법칙에 부합하는가를 심사하여 인과관계를 판단한다.
C. 중요한 원인과 중요하지 않은 원인을 구별하지 않고 모든 조건을 동일한 원인으로 파악한다.

―〈보기3〉―
a. 당대의 지식수준에서 알려진 법칙적 관계의 내용이 명확하게 제시되어 있지 않고, 인과관계를 인정하는 범위가 너무 넓어 결과책임을 제한하려는 형법의 목적을 실현하는 데에 문제가 있다.
b. 단독으로 동일한 결과를 발생시킬 수 있는 수 개의 조건이 결합하여 결과가 발생한 경우에 행위자의 책임을 인정해야 함에도 인과관계를 부인하게 되는 불합리한 결과가 발생한다.
c. 인과관계와 결과귀속을 혼동한 잘못이 있을 뿐 아니라 인과관계의 판단척도가 모호하여 법적 안정성을 해칠 우려가 있다.

① 가 − A − b, 나 − B − a, 다 − C − c
② 가 − B − b, 나 − C − a, 다 − A − c
③ 가 − C − b, 나 − A − a, 다 − B − c
④ 가 − C − b, 나 − B − a, 다 − A − c
⑤ 가 − C − c, 나 − B − b, 다 − A − a

해설
가. 조건설(C−b) 나. 합법칙적 조건설(B−a) 다. 상당인과관계설(A−c) 22. 변호사

정답 ④

06 인과관계에 관한 다음 설명 중 옳은 것을 모두 고른 것은?

㉠ 피고인이 피해자의 멱살을 잡아 흔들고 주먹으로 가슴과 얼굴을 1회씩 구타하고 멱살을 붙들고 넘어뜨리는 등 신체 여러 부위에 표피박탈, 피하출혈 등의 외상이 생길 정도로 심하게 폭행을 가함으로써 평소에 오른쪽 관상동맥폐쇄 및 심실의 허혈성 심근섬유화증세 등의 심장질환을 앓고 있던 피해자의 심장에 더욱 부담을 주어 나쁜 영향을 초래하도록 하였다면, 비록 피해자가 관상동맥부전과 허혈성 심근경색 등으로 사망하였더라도, 피고인의 폭행의 방법, 부위나 정도 등에 비추어 피고인의 폭행과 피해자의 사망과 간에 상당인과관계가 있었다고 볼 수 있다.

㉡ 피고인이 아파트 안방에서 안방 문에 못질을 하여 동거하던 피해자가 술집에 나갈 수 없게 감금하고, 피해자를 때리고 옷을 벗기는 등 가혹한 행위를 하여 피해자가 이를 피하기 위하여 창문을 통해 밖으로 뛰어 내리려 하자 피고인이 이를 제지한 후, 피고인이 거실로 나오는 사이에 피해자가 갑자기 안방 창문을 통하여 알몸으로 아파트 아래 잔디밭에 뛰어 내리다가 다발성 실질장기파열상 등을 입고 사망한 경우, 피고인의 중감금행위와 피해자의 사망 사이에는 인과관계가 있어 피고인은 중감금치사죄의 죄책을 진다.

㉢ 피고인이 피해자를 2회에 걸쳐 두 손으로 힘껏 밀어 땅바닥에 넘어뜨려 피해자가 그 충격으로 인한 쇼크성 심장마비로 사망한 경우, 피해자에게 그 당시 심관성동맥경화 및 심근섬유화 증세 등의 심장질환의 지병이 있었고, 음주로 만취된 상태였으며 그것이 피해자의 사망에 영향을 주었다면 피고인의 폭행과 피해자의 사망 사이에 상당인과관계는 인정되지 않는다.

㉣ 피고인이 제왕절개수술 후 대량출혈이 있었던 피해자를 전원 조치하였으나 전원을 받은 병원 의료진의 조치가 다소 미흡하여 도착 후 약 1시간 20분이 지나 수혈이 시작되었으나 과다출혈 등으로 피해자가 사망한 사안에서, 비록 피고인에게 전원 조치를 지체한 과실이 있기는 하나 피고인의 위와 같은 과실과 피해자의 사망 사이에 인과관계가 있다고 할 수 없다.

㉤ 피고인의 택시가 차량 신호등이 적색 등화임에도 횡단보도 앞 정지선 직전에 정지하지 않고 상당한 속도로 정지선을 넘어 횡단보도에 진입하였고, 횡단보도에 들어선 이후 차량 신호등이 녹색 등화로 바뀌자 교차로로 계속 직진하여 교차로에 진입하자마자 교차로를 거의 통과하였던 피해자의 승용차 오른쪽 뒤 문짝을 피고인 택시 앞 범퍼 부분으로 충돌하여 피해자에게 상해를 입게 하였다면 피고인의 신호위반행위가 교통사고 발생의 직접적인 원인이라고 보아야 한다.

① ㉠   ② ㉠, ㉤   ③ ㉠, ㉡, ㉢   ④ ㉠, ㉡, ㉤   ⑤ ㉠, ㉡, ㉢, ㉣

해설

㉠ 【O】 피고인이 피해자의 멱살을 잡아 흔들고 주먹으로 가슴과 얼굴을 1회씩 구타하고 멱살을 붙들고 넘어뜨리는 등 신체 여러 부위에 표피박탈, 피하출혈 등의 외상이 생길 정도로 심하게 폭행을 가함으로써 평소에 오른쪽 관상동맥폐쇄 및 심실의 허혈성심근섬유화증세 등의 심장질환을 앓고 있던 피해자의 심장에 더욱 부담을 주어 나쁜 영향을 초래하도록 하였다면, 비록 피해자가 관상동맥부전과 허혈성심근경색 등으로 사망하였더라도, 피고인의 폭행의 방법, 부위나 정도 등에 비추어 피고인의 폭행과 피해자의 사망과 간에 상당인과관계가 있었다고 볼 수 있다(대판 1989.10.13. 89도556). 22. 법원행시

㉡ 【O】 피고인이 아파트 안방에서 안방문에 못질을 하여 동거하던 피해자가 술집에 나갈 수 없게 감금하고, 피해자를 때리고 옷을 벗기는 등 가혹한 행위를 하여 피해자가 이를 피하기 위하여 창문을 통해 밖으로 뛰어 내리려 하자 피고인이 이를 제지한 후, 피고인이 거실로 나오는 사이에 갑자기 안방 창문을 통하여 알몸으로 아파트 아래 잔디밭에 뛰어 내리다가 다발성 실질장기파열상 등을 입고 사망한 경우, 피고인의 중감금행위와 피해자의 사망 사이에는 인과관계가 있어 피고인은 중감금치사죄의 죄책을 진다(대판 1991.10.25. 91도2085). 22. 법원행시

ⓒ 【 X 】 피해자를 2회에 걸쳐 두 손으로 힘껏 밀어 땅바닥에 넘어뜨리는 폭행을 가함으로써 그 충격으로 인한 쇼크성 심장마비로 사망케 하였다면 비록 위 피해자에게 그 당시 심관성동맥경화 및 심근섬유화 증세등의 심장질환의 지병이 있었고 음주로 만취된 상태였으며 그것이 피해자가 사망함에 있어 영향을 주었다고 해서 피고인의 폭행과 피해자의 사망간에 상당인과 관계가 없다고 할 수 없다(대판 1986.9.9. 85도2433). 22. 법원행시

ⓓ 【 X 】 피고인이 제왕절개수술 후 대량출혈이 있었던 피해자를 전원(轉院) 조치하였으나 전원받는 병원 의료진의 조치가 다소 미흡하여 도착 후 약 1시간 20분이 지나 수혈이 시작된 사안에서, 피고인의 전원지체 등의 과실로 신속한 수혈 등의 조치가 지연된 이상 피해자의 사망과 피고인의 과실 사이에 인과관계가 인정된다(대판 2010.4.29. 2009도7070). 22. 법원행시

ⓔ 【 O 】 택시 운전자인 피고인이 교통신호를 위반하여 4거리 교차로를 진행한 과실로 교차로 내에서 甲이 운전하는 승용차와 충돌하여 甲 등으로 하여금 상해를 입게 하였다고 하여 교통사고처리 특례법 위반으로 기소된 사안에서, 피고인의 택시가 차량 신호등이 적색 등화임에도 횡단보도 앞 정지선 직전에 정지하지 않고 상당한 속도로 정지선을 넘어 횡단보도에 진입하였고, 횡단보도에 들어선 이후 차량 신호등이 녹색 등화로 바뀌자 교차로로 계속 직진하여 교차로에 진입하자마자 교차로를 거의 통과하였던 甲의 승용차 오른쪽 뒤 문짝 부분을 피고인 택시 앞 범퍼 부분으로 충돌한 점 등을 종합할 때, 피고인이 적색 등화에 따라 정지선 직전에 정지하였더라면 교통사고는 발생하지 않았을 것임이 분명하여 피고인의 신호위반행위가 교통사고 발생의 직접적인 원인이 되었다고 보아야 한다(대판 2012.3.15. 2011도17117). 22. 법원행시

정답 ④

07 인과관계에 관한 설명 중 가장 적절하지 않은 것은?

① 폭행 또는 협박으로 타인의 재물을 강취하려는 행위와 이에 극도의 흥분을 느끼고 공포심에 사로잡혀 이를 피하려다 상해에 이르게 된 사실과는 상당인과관계가 인정된다.
② 임산부를 강타한 것이 그 이후 낙태로 이어지고, 그에 따른 심근경색으로 임산부가 사망한 경우 피고인의 구타행위와 피해자의 사망 사이에는 인과관계가 인정된다.
③ 선행차량에 이어 피고인 운전차량이 피해자를 연속하여 역과하는 과정에서 피해자가 사망한 경우 피고인 운전차량의 역과와 피해자의 사망 사이에 인과관계가 인정된다.
④ 강간을 당한 피해자가 집에 돌아가 음독자살하기에 이른 원인이 강간을 당함으로 인하여 생긴 수치심과 장래에 대한 절망감 등에 있었다면 그 자살행위가 바로 강간행위로 인하여 생긴 당연한 결과라고 볼 수 있으므로 강간을 한 피고인을 강간치사죄로 처벌할 수 있다.

해설
① 【 O 】 대판 1996.7.12. 96도1142
② 【 O 】 대판 1972.3.28. 72도296
③ 【 O 】 대판 2001.12.11. 2001도5005
④ 【 X 】 강간을 당한 피해자가 집에 돌아가 음독자살하기에 이르른 원인이 강간을 당함으로 인하여 생긴 수치심과 장래에 대한 절망감 등에 있었다 하더라도 그 자살행위가 바로 강간행위로 인하여 생긴 당연의 결과라고 볼 수는 없으므로 강간행위와 피해자의 자살행위 사이에 인과관계를 인정할 수는 없다(대판 1982.11.23. 82도1446).

정답 ④

08 인과관계에 대한 설명이다. 아래 ㉠부터 ㉢까지의 설명 중 옳고 그름의 표시(○, ×)가 바르게 된 것은?

㉠ 행위가 결과를 발생하게 한 유일하거나 직접적인 원인이 된 경우만이 아니라, 그 행위와 결과 사이에 피해자나 제3자의 과실 등 다른 사실이 개재된 때에도 그와 같은 사실이 통상 예견될 수 있는 것이라면 상당인과관계를 인정할 수 있다.

㉡ 피고인이 자동차를 운전하다 횡단보도를 걷던 보행자 갑을 들이받아 그 충격으로 횡단보도 밖에서 갑과 동행하던 피해자 을이 밀려 넘어져 상해를 입은 경우, 피고인의 운전과 을의 상해 사이에는 인과관계가 부정된다.

㉢ 미성년자에 대한 위계간음죄에 있어 위계와 간음행위 사이의 인과관계를 판단함에 있어서는 일반적·평균적 판단능력을 갖춘 성인 또는 충분한 보호와 교육을 받은 또래의 시각에서 인과관계를 판단하여야 하며, 구체적인 범행상황에 놓인 피해자의 입장과 관점을 고려할 것은 아니다.

① ㉠ (○) ㉡ (○) ㉢ (×)
② ㉠ (○) ㉡ (×) ㉢ (○)
③ ㉠ (○) ㉡ (×) ㉢ (×)
④ ㉠ (×) ㉡ (○) ㉢ (○)

해설

㉠ 【 ○ 】 대판 1994.3.22. 93도3612 21. 경찰승진
㉡ 【 × 】 피고인이 횡단보도 보행자 甲에 대하여 구 도로교통법 제27조 제1항에 따른 주의의무를 위반하여 운전한 업무상 과실로 야기되었고, 乙의 상해는 이를 직접적인 원인으로 하여 발생하였으므로, 피고인의 행위는 횡단보도 보행자 보호의무의 위반행위에 해당한다(대판 2011.4.28. 2009도12671). 21. 경찰승진
㉢ 【 × 】 위계에 의한 간음죄가 보호대상으로 삼는 아동·청소년, 미성년자, 심신미약자, 피보호자·피감독자, 장애인 등의 성적 자기결정 능력은 개인별로 차이가 있으므로 간음행위와 인과관계가 있는 구체적인 범행 상황에 놓인 피해자의 입장과 관점이 충분히 고려되어야 하고, 일반적·평균적 판단능력을 갖춘 성인 또는 충분한 보호와 교육을 받은 또래의 시각에서 인과관계를 쉽사리 부정하여서는 안 된다(대판 2020.8.27. 2015도9436). 21. 경찰승진

정답 ③

09 다음 사례 중 인과관계가 인정되는 경우를 모두 고른 것은?

㉠ 甲이 좌회전 금지구역에서 좌회전하는데 50여 미터 후방에서 따라오던 후행차량이 중앙선을 넘어 甲 운전차량의 좌측으로 돌진하여 사고가 발생한 경우 甲의 좌회전 금지구역에서 좌회전한 행위와 사고발생 사이

㉡ 甲의 살인행위와 피해자 A의 사망과의 사이에 다른 사실이 개재되어 그 사실이 치사의 직접적인 원인이 되었다고 하더라도 그와 같은 사실이 통상 예견할 수 있는 것에 지나지 않는 경우 甲의 살인행위와 A의 사망 사이

㉢ 甲이 계속 교제하기를 원하는 자신의 제의를 피해자 A가 거절한다는 이유로 A의 얼굴 등을 구타하는 등 폭행을 가하여 전치 10일간의 흉부피하출혈상 등을 가하였고, A가 계속되는 甲의 폭행을 피하려고 다시 도로를 건너 도주하다가 차량에 치여 사망한 경우 甲의 상해행위와 A의 사망 사이

㉣ 甲이 A의 뺨을 1회 때리고 오른손으로 목을 쳐 A로 하여금 뒤로 넘어지면서 머리를 땅바닥에 부딪치게 하여 두부 손상등 상해를 가한 후, A가 병원에서 입원치료를 받다가 합병증인 폐렴으로 인한 패혈증 등으로 사망한 경우 甲의 상해행위와 A의 사망 사이

① ㉠, ㉢
② ㉡, ㉣
③ ㉠, ㉡, ㉢
④ ㉡, ㉢, ㉣

해설

㉠ 【부정】 피고인이 좌회전 금지구역에서 좌회전한 것은 잘못이나 이러한 경우에도 피고인으로서는 50여 미터 후방에서 따라오던 후행차량이 중앙선을 넘어 피고인 운전차량의 좌측으로 돌진하는 등 극히 비정상적인 방법으로 진행할 것까지를 예상하여 사고발생 방지조치를 취하여야 할 업무상 주의의무가 있다고 할 수는 없고, 따라서 좌회전 금지구역에서 좌회전한 행위와 사고발생 사이에 상당인과관계가 인정되지 아니한다는 이유로 피고인의 과실로 사고가 발생하였음을 전제로 하는 특정범죄 가중처벌 등에 관한 법률위반(도주차량)의 점에 관하여 무죄를 선고한 원심판결을 수긍한 사례(대판 1996.5.28. 95도1200). 20. 경찰승진

㉡ 【인정】 살인의 실행행위가 피해자의 사망이라는 결과를 발생하게 한 유일한 원인이거나 직접적인 원인이어야만 되는 것은 아니므로, 살인의 실행행위와 피해자의 사망과의 사이에 다른 사실이 개재되어 그 사실이 치사의 직접적인 원인이 되었다고 하더라도 그와 같은 사실이 통상 예견할 수 있는 것에 지나지 않는다면 살인의 실행행위와 피해자의 사망과의 사이에 인과관계가 있는 것으로 보아야 한다(대판 1994.3.22. 93도3612). 20. 경찰승진

㉢ 【인정】 상해행위를 피하려고 하다가 차량에 치어 사망한 경우 상해행위와 피해자의 사망 사이에 상당인과관계가 있다고 하여 상해치사죄로 처단한 원심판결을 수긍한 사례(대판 1996.5.10. 96도529). 20. 경찰승진

㉣ 【인정】 피고인이 갑의 뺨을 1회 때리고 오른손으로 목을 쳐 갑으로 하여금 뒤로 넘어지면서 머리를 땅바닥에 부딪치게 하여 상해를 가하고 그로 인해 사망에 이르게 하였다는 내용으로 기소된 사안에서, 갑이 두부 손상을 입은 후 병원에서 입원치료를 받다가 합병증으로 사망에 이르게 되어 피고인의 범행과 갑의 사망 사이에 인과관계를 부정할 수 없고, 사망 결과에 대한 예견가능성이 있었는데도, 이와 달리 보아 상해치사의 공소사실을 무죄로 판단한 원심판결에 법리오해의 위법이 있다고 한 사례(대판 2012.3.15. 2011도17648). 20. 경찰승진

정답 ④

10 다음 판례 중 인과관계를 인정하지 않은 경우는?

① 甲은 선단 책임선의 선장으로서 종선의 선장에게 조업상의 지시만 할 수 있을 뿐 선박의 안전관리는 각 선박의 선장이 책임지도록 되어있었던 경우, 甲이 풍랑 중에 종선에 조업 지시를 한 것과 종선의 풍랑으로 인한 매몰사고와의 사이

② 연탄가스 중독환자가 퇴원시 자신의 병명을 물었으나 의사가 아무런 요양방법을 지도하여 주지 아니하여 병명을 알지 못해 퇴원 즉시 재차 연탄가스에 중독된 경우, 의사의 업무상과실과 재차 연탄가스에 중독된 것과의 사이

③ 임차인이 자신의 비용으로 설치·사용하던 가스설비의 휴즈콕크를 아무런 조치 없이 제거하고 이사를 간 후 가스공급을 개별적으로 차단할 수 있는 주밸브가 열려져 가스가 유입되어 폭발사고가 발생한 경우, 임차인의 과실과 가스폭발사고 사이

④ 4일 가량 물조차 제대로 마시지 못하고 잠도 자지 아니하여 거의 탈진 상태에 이른 피해자의 손과 발을 17시간 이상 묶어 두고 좁은 차량 속에서 움직이지 못하게 감금한 행위와 묶인 부위의 혈액 순환에 장애가 발생하여 혈전이 형성되고 그 혈전이 폐동맥을 막아 사망에 이르게 된 결과 사이

해설
① 【 X 】 종선의 풍랑으로 인한 매몰사고와의 사이에 인과관계가 인정될 수 없다(대판 1989.9.12. 89도1084) 17. 경찰간부
② 【 ○ 】 이 과실과 재차의 일산화탄소 중독과의 사이에 인과관계가 있다고 보아야 한다(대판 1991.2.12. 90도2547) 17. 경찰간부
③ 【 ○ 】 임차인의 과실과 가스폭발사고 사이의 상당인과관계를 인정할 수 있다(대판 2001.6.1. 99도5086) 17. 경찰간부
④ 【 ○ 】 혈전이 폐동맥을 막아 사망에 이르게 된 결과 사이에는 상당인과관계가 있다 할 것이다(대판 2002.10.11. 2002도4315) 17. 경찰간부

정답 ①

11 인과관계에 관한 설명 중 옳지 않은 것은?

① 공동정범 관계에 있는 여러 사람의 행위가 경합하여 하나의 결과가 발생되었으나 그 결과발생의 원인행위가 밝혀지지 아니한 경우에는 각 행위자를 미수범으로 처벌해야 한다.
② 사기죄가 성립하려면 행위자의 기망행위, 피기망자의 착오와 그에 따른 처분행위 그리고 행위자 등의 재물이나 재산상 이익의 취득이 있고, 그 사이에 순차적인 인과관계가 존재하여야 한다.
③ 전문적으로 대출을 취급하면서 차용인에 대한 체계적인 신용조사를 행하는 금융기관이 금원을 대출한 경우에는, 비록 대출 신청 당시 차용인에게 변제기 안에 대출금을 변제할 능력이 없었고, 자체 신용조사 결과에는 관계없이 '변제기 안에 대출금을 변제하겠다'는 취지의 차용인 말만을 그대로 믿고 대출하였다고 하더라도, 차용인의 이러한 기망행위와 금융기관의 대출행위 사이에 인과관계를 인정할 수는 없다.
④ 부작위에 의한 살인에 있어서 작위의무를 이행하였다면 사망의 결과가 발생하지 않았을 것이라는 관계가 인정될 경우, 부작위와 사망의 결과 사이에 인과관계가 인정된다.

해설
① 【 X 】 공동정범 관계에 있는 수인들의 행위는 형법 제19조에서 규정한 독립행위의 경합이 아니므로 결과발생의 원인된 행위가 밝혀지지 않은 경우라도 수인의 행위자 모두를 기수범으로 행한 범죄의 정범으로 처벌하게 된다(형법 제30조) 18. 변호사
② 【 O 】 대판 2017.9.23. 2017도8449 18. 변호사
③ 【 O 】 대판 2000.6.27. 2000도1155 18. 변호사
④ 【 O 】 대판 2015.11.12. 2015도6809 18. 변호사

정답 ①

12 인과관계에 관한 설명 중 가장 적절하지 않은 것은?

① 어떤 행위라도 죄의 요소되는 위험발생에 연결되지 아니한 때에는 그 결과로 인하여 벌하지 아니한다.
② 한의사인 피고인이 피해자에게 문진하여 과거 봉침을 맞고도 별다른 이상반응이 없었다는 답변을 듣고 알레르기 반응검사를 생략한 채 환부에 봉침시술을 하였는데 피해자가 위 시술 직후 쇼크반응을 나타내는 등 상해를 입은 경우, 피고인이 알레르기 반응검사를 하지 않은 과실과 피해자의 상해 사이에 상당인과관계를 인정하기 어렵다.
③ 피고인이 고속도로 2차로를 따라 자동차를 운전하다가 1차로를 진행하던 甲의 차량 앞에 급하게 끼어든 후 곧바로 정차하여 甲의 차량 및 이를 뒤따르던 차량 두 대는 연이어 급제동 하였으나 그 뒤를 따라오던 乙의 차량이 앞의 차량들을 연쇄적으로 추돌케 하여 乙을 사망에 이르게 하고 나머지 차량 운전자 등 피해자들에게 상해를 입힌 경우, 피고인의 정차행위와 사상의 결과발생 사이에 상당인과관계가 있다.
④ 피고인은 결혼을 전제로 교제하던 甲의 임신 사실을 알고 수회에 걸쳐 낙태를 권유하였다가 거절당하였음에도 계속 甲에게 출산 여부는 알아서 하되 아이에 대한 친권을 행사할 의사가 없다고 하면서 낙태할 병원을 물색해 주기도 하였는데 그 후 甲은 피고인에게 알리지 않고 자신이 알아본 병원에서 낙태시술을 받은 경우, 피고인의 낙태교사행위와 甲의 낙태행위 사이에는 인과관계가 인정되지 않는다.

해설
① 【 O 】 형법 제17조 17. 경찰승진
② 【 O 】 대판 2011.4.14. 2010도10104 17. 경찰승진
③ 【 O 】 대판 2014.7.24. 2014도6206 17. 경찰승진
④ 【 X 】 피고인은 갑에게 직접 낙태를 권유할 당시뿐만 아니라 출산 여부는 알아서 하라고 통보한 이후에도 계속 낙태를 교사하였고, 갑은 이로 인하여 낙태를 결의·실행하게 되었다고 보는 것이 타당하며, 피고인의 낙태교사행위와 갑의 낙태결의 사이에 인과관계가 단절되는 것은 아니다(대판 2013.9.12. 2012도2744). 17. 경찰승진

정답 ④

13 다음 중 인과관계가 인정되는 경우가 아닌 것은?

① 자동차 운전자의 과실로 열차 건널목을 그대로 건너는 바람에 자동차와 열차가 충돌하였는데 자동차 왼쪽에서 열차가 지나가기를 기다리고 있던 피해자가 위 충돌사고로 놀라 넘어져 상해를 입은 경우, 자동차 운전자의 과실과 피해자가 입은 상해 간의 관계
② 건축자재인 철판 수백 장의 운반을 의뢰한 자가 절단면이 날카롭고 무거운 철판을 묶기에 매우 부적합한 폴리에스터 끈을 사용하여 철판 묶음 작업을 하는 등의 과실로 철판 쏠림 현상이 발생하였고, 이로 인하여 철판을 차에서 내리는 과정에서 철판이 쏟아져 내려 화물차 운전자가 사망한 경우, 운반 의뢰인의 과실과 화물차 운전자의 사망 간의 관계
③ 운전자가 시동을 끄고 1단 기어가 들어 있는 상태에서 시동열쇠를 꽂아둔 채 11세 정도의 어린이를 조수석에 남겨두고 차에서 내려온 동안 어린이가 시동열쇠를 돌리며 가속페달을 밟아 사고가 난 경우, 1단 기어를 넣고 열쇠를 꽂아둔 상태에서 차에서 떠난 부분과 사고 발생 간의 관계
④ 술을 마시고 찜질방에 들어온 甲이 찜질방 직원 몰래 후문으로 나가 술을 더 마신 다음 후문으로 다시 들어와 발한실에서 잠을 자다가 사망한 경우, 찜질방 직원 및 영업주가 통제·관리하지 않은 부분과 甲의 사망 간의 관계

[해설]
① 【인과관계○】 대판 1989.9.12. 89도866
② 【인과관계○】 대판 2009.7.23. 2009도3219
③ 【인과관계○】 대판 1986.7.8. 86도1048)
④ 【인과관계×】 대판 2010.2.11. 2009도9807

정답 ④

14 인과관계가 인정되는 것만을 모두 고른 것은?

㉠ 초지조성공사를 도급받은 수급인이 불경운작업(산불 작업)을 하도급 준 이후 계속하여 감독하지 않은 과실과 산림실화의 사이
㉡ 전매사실을 숨기고 지주명의로 위장하여 대지에 관한 매매계약을 체결하였으나, 그 이행에 아무런 영향이 없는 경우에 기망행위와 처분행위 사이
㉢ 'ㅏ'자형 삼거리의 교차로를 녹색신호에 따라 과속으로 통과할 무렵 중앙선을 침범하여 좌회전하는 차와 충돌한 경우 과속한 과실과 교통사고의 발생 사이
㉣ 피고인의 자상행위가 사망의 유일한 원인이거나 직접적 원인은 아니지만 이로부터 발생한 다른 간접적 원인이 결합되어 사망결과가 발생한 경우 피고인의 행위와 피해자의 사망 사이
㉤ 피고인이 야간에 오토바이를 운전하다가 도로를 무단 횡단하는 피해자를 충격하여 도로상에 전도케 하고, 그로부터 약 40~60초 후에 다른 사람이 운전하던 트럭이 도로 위에 전도되어 있던 피해자를 역과하여 사망케 한 경우 피고인의 과실과 피해자의 사망 사이

① ㉠, ㉡   ② ㉡, ㉢   ③ ㉢, ㉣   ④ ㉣, ㉤

해설

㉠ 【인과관계×】 초지조성공사를 도급받은 수급인이 불경운작업(산불작업)을 하도급을 준 이후에 계속하여 그 작업을 감독하지 아니한 잘못이 있다 하더라도 이는 도급자에 대한 도급계약상의 책임이지 하수급인의 과실로 인하여 발생한 산림실화에 상당인과관계가 있는 과실이라고는 할 수 없다(대판 1987.4.28. 87도297). 16. 국가직 7급

㉡ 【인과관계×】 피고인이 전매사실을 숨기고 지주명의로 위장하여 대지에 관한 매매계약을 체결하였으나 그 이행에 아무런 영향이 없었다면 사기죄는 성립하지 아니한다(대판 1985.5.14. 84도2751). 16. 국가직 7급

㉢ 【인과관계×】 (ㅏ)자형 삼거리의 교차로를 녹색등화에 따라 직진하는 차량의 운전자는 특별한 사정이 없는 한 다른 차량들도 교통법규를 준수하고 충돌을 피하기 위하여 적절한 조치를 취할 것으로 믿고 운전하면 족하고, 대향차선 위의 다른 차량이 신호를 위반하고 직진하는 자기 차량의 앞을 가로질러 좌회전할 경우까지 예상하여 그에 따른 사고발생을 미리 방지하기 위한 주의의무는 없고, 직진차량 운전자가 사고지점을 통과할 무렵 제한속도를 위반하여 과속운전한 잘못이 있었다 하더라도 그러한 잘못과 교통사고의 발생과의 사이에 상당인과관계가 있다고 볼 수 없다(대판 1993.1.15. 92도2579). 16. 국가직 7급

㉣ 【인과관계○】 [1] 피고인의 행위가 피해자를 사망하게 한 직접적 원인은 아니었다 하더라도 이로부터 발생된 다른 간접적 원인이 결합되어 사망의 결과를 발생하게 한 경우라도 그 행위와 사망간에는 인과관계가 있다.
[2] 피해자가 피고인의 범행으로 부상한 후 1개월이 지난 후에 패혈증 등으로 사망하였다 하더라도 그 패혈증이 자창(刺創)으로 인한 과다한 출혈과 상처의 감염 등에 연유한 것인 이상 피고인의 행위와 피해자의 사망과의 사이에 인과관계의 존재를 부정할 수 없다(대판 1982.12.28. 82도2525).

㉤ 【인과관계○】 후속차량의 운전사들이 조금만 전방주시를 태만히 하여도 피해자를 역과할 수 있음이 당연히 예상되었던 경우라면 피고인의 과실행위는 피해자의 사망에 대한 직접적 원인을 이루는 것이어서 양자간에는 상당인과관계가 있다(대판 1990.5.22. 90도580). 16. 국가직 7급

정답 ④

15 다음 중 인과관계 내지 객관적 귀속이 부정되어 처벌할 수 없는 경우는 모두 몇 개인가?

㉠ 교사인 피고인이 피해자의 뺨을 때리는 순간, 피해자의 두개골이 비정상적으로 얇고 뇌수종 등으로 인한 평소의 허약상태에서 온 급격한 뇌압상승으로 뒤로 넘어지며 사망한 경우
㉡ 피고인에게 강간당한 피해자가 집에 돌아가 음독자살한 경우
㉢ 의사인 피고인이 피해자를 전원조치하면서 전원 받는 병원 의료진에게 피해자가 고혈압환자이고 제왕절개수술 후 대량출혈이 있었던 사정을 설명하지 않아 피해자가 사망한 경우
㉣ 피고인이 방화한 집으로 집 주인이 가재도구를 꺼내려고 들어갔다가 불길에 휩싸여 사망한 경우

① 1개　　② 2개　　③ 3개　　④ 4개

해설

㉠ 【처벌 불가】 고등학교 교사가 제자의 잘못을 징계코자 왼쪽뺨을 때려 뒤로 넘어지면서 사망에 이르게 한 경우 위 피해자는 두께 0.5미리밖에 안되는 비정상적인 얇은 두개골이었고 또 뇌수종을 가진 심신허약자로서 좌측뺨을 때리자 급성뇌압상승으로 넘어지게 된 것이라면 위 소위와 피해자의 사망 간에는 이른바 인과관계가 없는 경우에 해당한다(대판 1978.11.28. 78도1961).

㉡ 【처벌 불가】 강간을 당한 피해자가 집에 돌아가 음독자살하기에 이른 원인이 강간을 당함으로 인하여 생긴 수치심과 장래에 대한 절망감 등에 있었다 하더라도 그 자살행위가 바로 강간행위로 인하여 생긴 당연의 결과라고 볼 수는 없으므로 강간행위와 피해자의 자살행위 사이에 인과관계를 인정할 수는 없다(대판 1982.11.23. 82도1446).

㉢ 【처벌 가능】 대판 2010.4.29. 2009도7070

㉣ 【처벌 불가】 구조행위로 인하여 구조자가 스스로 위험에 빠진 때에는 고의적인 행위자의 자기위태화에 해당되어 객관적 귀속이 부정된다.

정답 ③

16 인과관계에 대한 설명 중 옳은 것은 모두 몇 개인가?

㉠ 과실범의 독립행위가 경합하여 결과발생의 원인된 행위가 판명되지 아니한 때에는 각 행위자를 미수범으로 처벌한다.
㉡ '그러한 행위가 없었더라면 그러한 결과도 발생하지 않았을 것'이라는 자연과학적 인과관계를 판단의 척도로 삼는 조건설은 각 조건들을 결과에 대한 동등한 원인으로 간주하여 인과관계의 범위가 지나치게 확장된다는 비판을 받는다.
㉢ 어느 행위로부터 어느 결과가 발생하는 것이 경험칙상 상당하다고 판단될 때 인과관계가 인정되는 상당인과관계설은 인과관계를 일상적인 생활경험으로 제한하여 형사처벌의 확장을 방지하는 장점이 있으나 '상당성'의 판단이 모호하여 법적 안정성을 해칠 우려가 있다는 비판을 받는다.
㉣ 甲이 乙과 윤락행위 도중 시비 끝에 乙을 이불로 덮어씌우고 폭행한 후 이불 속에 들어 있는 乙을 두고 나가다가 탁자 위의 乙의 가방 안에서 우발적으로 현금을 가져간 경우 甲의 폭행 행위와 재물취거 사이에는 강도죄 성립에 필요한 인과관계가 인정된다.

① 1개 ② 2개 ③ 3개 ④ 4개

해설

㉠ 【 X 】 형법상 과실범의 미수를 처벌하는 규정은 없다. 23. 경찰간부
㉡ 【 O 】 조건설의 비판으로 옳은 설명이다. 23. 경찰간부
㉢ 【 O 】 상당인과관계설의 장점과 비판으로 옳은 설명이다. 23. 경찰간부
㉣ 【 X 】 위 재물의 취득이 피해자에 대한 폭행 직후에 이루어지긴 했지만 위 폭행이 피해자의 재물 탈취를 위한 피해자의 반항억압의 수단으로 이루어졌다고 단정할 수 없어 양자 사이에 인과관계가 존재한다고 보기 어렵다 할 것이어서, 강도죄의 성립을 인정하기에 부족하다(대판 2009.1.30. 2008도10308). 14. 국가직 9급

정답 ②

제4절 고의범

> 지문의 내용에 대해 학설의 대립 등 다툼이 있는 경우 판례에 의함

01 다음 중 고의의 인식대상은 모두 몇 개인가?

㉠ 공연음란죄에서의 공연성
㉡ 사전수뢰죄에 있어서 공무원 또는 중재인이 된 사실
㉢ 친족상도례가 적용되는 범죄에 있어서 친족관계
㉣ 폭행치사죄에서의 사망의 결과
㉤ 친고죄에 있어서 피해자의 고소
㉥ 사기죄에서의 기망행위

① 1개   ② 2개   ③ 3개   ④ 4개

[해설]
고의의 인식대상은 객관적 구성요건요소이다.
㉠【O】 공연성은 행위이므로 고의의 인식대상이 된다.
㉡【X】 '사전수뢰죄에 있어서 공무원 또는 중재인이 된 사실'은 처벌조건이다. 처벌조건은 객관적 구성요건요소가 아니므로 고의의 인식대상이 아니다.
㉢【X】 '친족상도례가 적용되는 범죄에 있어서 친족'은 처벌조건이다. 처벌조건은 객관적 구성요건요소가 아니므로 고의의 인식대상이 아니다.
㉣【X】 결과적 가중범의 중한 결과는 고의의 인식대상이 아니고 예견가능성만 있으면 된다.
㉤【X】 '친고죄에 있어서 피해자의 고소'는 소추조건이다. 이는 객관적 구성요건요소가 아니므로 고의의 인식대상이 아니다.
㉥【O】 기망은 행위이므로 고의의 인식대상이 된다.

정답 ②

02 고의에 관한 설명 중 옳지 않은 것은?

① 수뢰죄에서 공무원이라는 신분은 행위주체로서 고의의 대상이 된다.
② 야간주거침입절도죄에서 '야간에'라는 것은 행위상황으로서 고의의 대상이 된다.
③ 특수폭행죄에서 '위험한 물건을 휴대하여'라는 것은 행위방법으로서 고의의 대상이 된다.
④ 사전수뢰죄(형법 제129조 제2항)에 있어서 '공무원이 된 때'는 고의의 대상이 되지 않는다.
⑤ 자기소유건조물방화죄(형법 제166조 제2항)에 있어서 '공공의 위험의 발생'은 고의의 인식대상이 되지 않는다.

[해설]
①【O】 수뢰죄는 신분범으로서 공무원이라는 신분도 객관적 구성요건요소이므로 고의의 인식대상이다.
②③【O】 구성요건적 행위주체와 행위객체 외에도 행위상황과 행위방법도 고의의 대상이 된다.
④【O】 구성요건요소가 아닌 책임요건, 소추조건, 객관적 처벌조건(사전수뢰죄에 있어서 공무원 또는 중재인이 된 사실 등), 인적처벌조각사유(친족상도례)와 관련되는 사실은 객관적 구성요건요소와 무관하므로 고의의 인식대상이 아니다.
⑤【X】 추상적 위험범의 경우는 위험발생은 객관적 구성요건요소가 아니므로 고의의 인식대상이 아니지만, 구체적 위험범의 경우는 위험발생이 객관적 구성요건요소이므로 고의의 인식대상이 된다. 따라서 구체적 위험범인 자기소유건조물방화죄 등의 경우 공공의 위험 발생은 고의의 대상이 된다. 이에 반해 추상적 위험범인 현주건조물방화죄 등의 경우 공공의 위험의 발생은 고의의 대상이 되지 않는다.

정답 ⑤

03 고의에 관한 설명으로 가장 적절한 것은?

① 목적적 범죄체계론에 따르면 고의는 책임의 요소이다.
② 고의가 성립하기 위해서는 행위자가 모든 객관적 구성요건에 해당하는 사실을 인식해야 하기에 상습도박죄에 있어서 상습성은 고의의 인식대상이다.
③ 고의의 본질에 관한 학설 중 행위자가 결과발생의 가능성을 인식하기만 하면 고의가 성립한다고 보는 견해에 따르면 인식 있는 과실도 고의로 인정될 수 있다.
④ 방조범은 정범의 실행을 방조한다는 방조의 고의와 정범의 행위가 구성요건에 해당하는 행위인 점에 대한 정범의 고의가 있어야 하고, 방조범에 있어서 정범의 고의는 정범에 의하여 실현되는 범죄의 구체적 내용까지 인식할 것을 요한다.

[해설]

① 【X】 목적적 행위론에 의하면 고의는 객관적 구성요건을 실현하기 위한 목적성으로서 행위의 중추를 형성하므로 고의는 구성요건요소이다. 인과적 행위론에 의하면 고의는 모든 주관적 범죄요소와 함께 책임요소 내지 책임형식에 지나지 않으므로 고의는 책임요소가 된다. 24. 경찰
② 【X】 고의의 인식대상은 객관적 구성요건요소이다. 상습성은 객관적 구성요건 요소가 아니므로 고의의 인식 대상이 아니다. 24. 경찰
③ 【O】 인식설이란 고의는 구성요건에 해당하는 객관적 사실에 대한 인식만 있으면 성립하고, 구성요건적 결과발생을 희망·의욕할 필요는 없다는 견해이다. 즉 사실인식만 있으면 고의가 성립한다. 따라서 인식설에 의하면 인식 있는 과실도 고의로 인정될 수 있다. 24. 경찰
④ 【X】 형법상 방조행위는 정범이 범행을 한다는 정을 알면서 그 실행행위를 용이하게 하는 직접·간접의 행위를 말하므로, 방조범은 정범의 실행을 방조한다는 이른바 방조의 고의와 정범의 행위가 구성요건에 해당하는 행위인 점에 대한 정범의 고의가 있어야 하며, 또한 방조범에 있어서 정범의 고의는 정범에 의하여 실현되는 범죄의 구체적 내용을 인식할 것을 요하는 것은 아니고 미필적 인식 또는 예견으로 족하다(대판 2005.4.29. 2003도6056). 24. 경찰

정답 ③

04 목적범에 대한 설명으로 옳지 않은 것은?

① 목적범에서의 고의와 목적은 그 어느 것이나 행위자의 내부적·심리적 요소에 해당한다.
② 전자금융거래법 제6조 제3항 제3호의 '범죄에 이용할 목적'은 초과주관적 위법요소로서 목적의 대상이 되는 범죄의 구체적인 내용까지 인식하여야 하는 것은 아니다.
③ 목적범이 성립하기 위해서는 당해 목적에 대하여 적극적 의욕이나 확정적 인식이 필요하며 단지 미필적 인식이 있는 것만으로는 족하지 않다.
④ 목적범에서의 고의도 구성요건의 객관적 요소에 해당하는 사실을 인식대상으로 한다.

[해설]

① 【O】 옳은 설명이다. 24. 국가직
② 【O】 공직선거법 제93조 제1항에서 '선거에 영향을 미치게 하기 위하여'라는 전제 아래 그에 정한 행위를 제한하고 있는 것은 고의 이외에 초과주관적 요소로서 '선거에 영향을 미치게 할 목적'을 범죄성립요건으로 하는 목적범으로 규정한 것이라 할 것인바, 그 목적에 대하여는 적극적 의욕이나 확정적 인식을 필요로 하는 것이 아니라 미필적 인식만으로도 족하다(대판 2023.1.12. 2021도10861). 24. 국가직
③ 【X】 전자금융거래법 제6조 제3항 제3호의 '범죄에 이용할 목적'은 이른바 '초과주관적 위법요소'로서, 그 목적에 대하여는 미필적 인식이 있으면 족하고 목적의 대상이 되는 범죄의 구체적인 내용까지 인식하여야 하는 것은 아니다. 그리고 이러한 목적은 본래 내심의 의사이므로 그 목적이 있는지는 접근매체를 보관하는 구성요건적 행위를 할 당시 피고인이 가지고 있던 주관적 인식을 기준으로 판단하면 되고, 거래 상대방이 접근매체를 범죄에 이용할 의사가 있었는지 또는 피고인이 인식한 것과 같은 범죄가 실행되었는지를 고려할 필요는 없다(대판 2009.5.28. 2008도11857). 24. 국가직
④ 【O】 고의의 인식대상은 객관적 구성요건요소이다. 따라서 목적범에서의 고의도 구성요건의 객관적 요소에 해당하는 사실을 인식대상으로 한다. 24. 국가직

정답 ③

05 미필적 고의에 대한 설명으로 옳은 것만을 모두 고르면?

㉠ "결과가 발생할지도 몰라. 하지만 그래도 할 수 없지."라고 생각했으면 미필적 고의가 인정되지만, "결과가 발생할지도 몰라. 그러나 괜찮을 거야."라고 생각한 경우는 인식 없는 과실에 해당한다.

㉡ 경찰관이 차량 약 30cm 전방에 서서 교통차단의 이유를 설명하고 있는데 운전자가 신경질적으로 갑자기 좌회전하여 우측 앞 범퍼 부분으로 해당 경찰관의 무릎을 들이받은 경우, 이는 경찰관을 충격한다는 결과의 발생을 용인하는 내심의 의사가 있었다고 봄이 경험칙상 당연하다.

㉢ 대구지하철 화재 사고 현장을 수습하기 위한 청소 작업이 한참 진행되고 있는 시간 중에 실종자 유족들로부터 이의제기가 있었음에도 즉각 청소작업을 중단하도록 지시하지 않고 수사기관과 협의하거나 확인하지 않은 경우, 그러한 청소 작업으로 인한 증거인멸의 결과가 발생할 가능성을 용인하는 내심의 의사가 있었다고 단정하기는 어렵다.

㉣ 행위자가 범죄사실이 발생할 가능성을 용인하고 있었는지는 행위자의 진술에 의존하지 않고 외부에 나타난 행위의 형태와 행위의 상황 등 구체적인 사정을 기초로 일반인이라면 범죄사실이 발생할 가능성을 어떻게 평가할 것인지를 고려하면서 객관적 제3자의 입장에서 그 심리상태를 추인하여야 한다.

① ㉠, ㉡ ② ㉠, ㉣ ③ ㉡, ㉢ ④ ㉡, ㉢, ㉣

해설

㉠ 【 X 】 "결과가 발생할지도 몰라. 하지만 그래도 할 수 없지."라고 생각했으면 미필적 고의가 인정되지만, "결과가 발생할지도 몰라. 그러나 괜찮을 거야."라고 생각한 경우는 인식 있는 과실에 해당한다. 23. 국가직

㉡ 【 O 】 의무경찰이 학생들의 가두캠페인 행사관계로 직진하여 오는 택시의 운전자에게 좌회전 지시를 하였음에도 택시의 운전자가 계속 직진하여 와서 택시를 세우고는 항의하므로 그 의무경찰이 택시 약 30cm 전방에 서서 이유를 설명하고 있는데 그 운전자가 신경질적으로 갑자기 좌회전하는 바람에 택시 우측 앞 범퍼부분으로 의무경찰의 무릎을 들이받은 사안에서, 그 사건의 경위, 사고 당시의 정황, 운전자의 연령 및 경력 등에 비추어 특별한 사정이 없는 한 택시의 회전반경 등 자동차의 운전에 대하여 충분한 지식과 경험을 가졌다고 볼 수 있는 운전자에게는, 사고 당시 최소한 택시를 일단 후진하였다가 안전하게 진행하거나 의무경찰로 하여금 안전하게 비켜서도록 한 다음 진행하지 아니하고 그대로 좌회전하는 경우 그로부터 불과 30cm 앞에서 서 있던 의무경찰을 충격하리라는 사실을 쉽게 알고도 이러한 결과발생을 용인하는 내심의 의사, 즉 미필적 고의가 있었다고 봄이 경험칙상 당연하다(대판 1995.1.24. 94도1949). 23. 국가직

㉢ 【 O 】 대구지하철화재 사고 현장을 수습하기 위한 청소 작업이 한참 진행되고 있는 시간 중에 실종자 유족들로부터 이의제기가 있었음에도 대구지하철공사 A이 즉각 청소 작업을 중단하도록 지시하지 아니하였고 수사기관과 협의하거나 확인하지 아니하였다고 하여 위 A에게 그러한 청소 작업으로 인하여 증거인멸의 결과가 발생할 가능성을 용인하는 내심의 의사까지 있었다고 단정하기는 어렵다(대판 2004.5.14. 2004도74). 23. 국가직

㉣ 【 X 】 미필적 고의가 있었다고 하려면 범죄사실이 발생할 위험을 **용인하는** 내심의 의사가 있어야 하며, 그 행위자가 범죄사실이 발생할 가능성을 용인하고 있었는지의 여부는 행위자의 진술에 의존하지 아니하고 외부에 나타난 행위의 형태와 행위의 상황 등 구체적인 사정을 기초로 하여 **일반인이라면** 당해 범죄사실이 발생할 가능성을 **어떻게 평가할 것인가를** 고려하면서 **행위자의 입장에서 그 심리상태를 추인하여야 한다**(대판 2004.5.14. 2004도74). 23. 국가직

정답 ③

06 주관적 구성요건에 대한 설명 중 가장 적절한 것은?

① 친족상도례가 적용되는 범죄에 있어서 '친족관계'와 특수폭행죄에 있어서 '위험한 물건을 휴대한다는 사실'은 고의의 인식대상이다.
② 내란선동죄에서 국헌문란의 목적은 고의 외에 요구되는 초과주관적 위법요소로서 엄격한 증명사항에 속하므로 미필적 인식만으로는 부족하고, 적극적 의욕이나 확정적 인식이어야 한다.
③ 방조범은 정범의 실행을 방조한다는 이른바 방조의 고의와 정범의 행위가 구성요건에 해당하는 행위인 점에 대한 정범의 고의가 있어야 하며, 정범의 고의는 범죄의 미필적 인식 또는 예견만으로는 부족하고 정범에 의하여 실현되는 범죄의 구체적 내용을 인식하여야 한다.
④ 미필적 고의에서 행위자가 범죄사실이 발생할 가능성을 용인하고 있었는지의 여부는 행위자의 진술에 의존하지 아니하고 외부에 나타난 행위의 형태와 행위의 상황 등 구체적인 사정을 기초로 하여 일반인이라면 당해 범죄사실이 발생할 가능성을 어떻게 평가할 것인가를 고려하면서 행위자의 입장에서 그 심리상태를 추인하여야 한다.

[해설]

① 【X】 '친족상도례가 적용되는 범죄에 있어서 친족'은 처벌조건이다. 처벌조건은 객관적 구성요건요소가 아니므로 고의의 인식대상이 아니다. 특수폭행죄에 있어서 '위험한 물건을 휴대한다는 사실'은 구성요건적 행위상황과 행위방법이므로 고의의 대상이 된다. 23. 경찰승진

② 【X】 내란선동죄에서 '국헌을 문란할 목적'이라 함은 "헌법 또는 법률에 정한 절차에 의하지 아니하고 헌법 또는 법률의 기능을 소멸시키는 것(형법 제91조 제1호)" 또는 "헌법에 의하여 설치된 국가기관을 강압에 의하여 전복 또는 그 권능행사를 불가능하게 하는 것(같은 조 제2호)"을 말한다. 국헌문란의 목적은 범죄 성립을 위하여 고의 외에 요구되는 초과주관적 위법요소로서 엄격한 증명사항에 속하나, 확정적 인식임을 요하지 아니하며, 다만 미필적 인식이 있으면 족하다. 그리고 국헌문란의 목적이 있었는지 여부는 피고인들이 이를 자백하지 않는 이상 외부적으로 드러난 피고인들의 행위와 그 행위에 이르게 된 경위 등 사물의 성질상 그와 관련성 있는 간접사실 또는 정황사실을 종합하여 판단하면 되고(대법원 1997.4.17. 선고 96도3376 전원합의체 판결 참조), 선동자의 표현 자체에 공격대상인 국가기관과 그를 통해 달성하고자 하는 목표, 실현방법과 계획이 구체적으로 나타나 있어야만 인정되는 것은 아니다(대판 2015.1.22. 2014도10978). 23. 경찰승진

③ 【X】 형법상 방조행위는 정범이 범행을 한다는 정을 알면서 그 실행행위를 용이하게 하는 직접·간접의 행위를 말하므로, 방조범은 정범의 실행을 방조한다는 이른바 방조의 고의와 정범의 행위가 구성요건에 해당하는 행위인 점에 대한 정범의 고의가 있어야 하며, 또한 방조범에 있어서 정범의 고의는 정범에 의하여 실현되는 범죄의 구체적 내용을 인식할 것을 요하는 것은 아니고 미필적 인식 또는 예견으로 족하다(대판 2005.4.29. 2003도6056). 23. 경찰승진

④ 【O】 미필적 고의가 있었다고 하려면 범죄사실이 발생할 위험을 **용인하는** 내심의 의사가 있어야 하며, 그 행위자가 범죄사실이 발생할 가능성을 용인하고 있었는지의 여부는 행위자의 진술에 의존하지 아니하고 외부에 나타난 행위의 형태와 행위의 상황 등 구체적인 사정을 기초로 하여 **일반인이라면** 당해 범죄사실이 발생할 가능성을 **어떻게 평가할 것인가를** 고려하면서 **행위자의 입장에서** 그 심리상태를 추인하여야 한다(대판 2004.5.14. 2004도74). 23. 경찰승진

정답 ④

07 범죄의 주관적 요소에 관한 설명 중 가장 적절하지 않은 것은?

① 고의의 본질에 관한 용인설(인용설)에 따르면 구성요건적 결과를 용인하는 의사만으로도 고의가 인정되어 미필적 고의는 고의에 포함되나, 인식 있는 과실은 고의에 포함되지 않는다.
② 회사의 노동조합 홍보이사가 노조 사무실에서 '새벽 6호'라는 책자를 집에 가져와 보관하고 있다가 국가보안법 제7조 제5항의 이적표현물소지죄로 체포된 경우, 그 홍보이사에게 목적범인 이적표현물소지죄가 성립하기 위해서는 이적행위를 하려는 목적의 확정적 인식이 있어야 한다.
③ 살인예비죄가 성립하기 위해서는 살인죄를 범할 목적 외에도 살인준비에 관한 고의가 있어야 한다.
④ 피고인이 범죄구성요건의 주관적 요소인 고의를 부인하는 경우, 그 범의 자체를 객관적으로 증명할 수 없으므로 사물의 성질상 범의와 상당한 관련성 있는 간접사실 또는 정황사실을 증명하는 방법으로 이를 입증할 수 밖에 없다.

해설

① 【 O 】 용인설에 따르면 결과발생의 가능성을 인식하고 결과발생을 내심으로 용인하면 미필적 고의이고, 결과가 발생하지 않을 것을 희망한 때에는 인식 있는 과실이다(통설). 따라서 결과 발생의 실현의사가 없는 인식 있는 과실은 고의에 포함되지 않는다. 22. 경찰

② 【 X 】 국가보안법 제7조 제5항의 목적은 같은 법 제1항 내지 제4항의 행위에 대한 적극적 의욕이나 확정적 인식까지는 필요없고 미필적 인식으로 족한 것이므로 표현물의 내용이 객관적으로 보아 반국가단체인 북한의 대남선전, 선동 등의 활동에 동조하는 등의 이적성을 담고 있는 것임을 인식하고, 나아가 그와 같은 이적행위가 될지도 모른다는 미필적 인식이 있으면 위 조항의 구성요건은 충족된다(대판 1992.3.31. 90도2033). 22. 경찰

③ 【 O 】 형법 제255조, 제250조의 살인예비죄가 성립하기 위하여는 형법 제255조에서 명문으로 요구하는 살인죄를 범할 목적 외에도 살인의 준비에 관한 고의가 있어야 하며, 나아가 실행의 착수까지에는 이르지 아니하는 살인죄의 실현을 위한 준비행위가 있어야 한다. 여기서의 준비행위는 물적인 것에 한정되지 아니하며 특별한 정형이 있는 것도 아니지만, 단순히 범행의 의사 또는 계획만으로는 그것이 있다고 할 수 없고 객관적으로 보아서 살인죄의 실현에 실질적으로 기여할 수 있는 외적 행위를 필요로 한다(대판 2009.10.29. 2009도7150). 22. 경찰

④ 【 O 】 피고인이 범죄구성요건의 주관적 요소인 고의를 부인하는 경우, 범의 자체를 객관적으로 증명할 수는 없으므로 사물의 성질상 범의와 관련성이 있는 간접사실 또는 정황사실을 증명하는 방법으로 이를 증명할 수밖에 없다. 이때 무엇이 관련성이 있는 간접사실 또는 정황사실에 해당하는지는 정상적인 경험칙에 바탕을 두고 치밀한 관찰력이나 분석력으로 사실의 연결상태를 합리적으로 판단하는 방법에 의하여 판단하여야 한다(대판 2017.1.12. 2016도15470). 22. 경찰

정답 ②

08 고의에 관한 설명으로 옳지 않은 것을 모두 고른 것은?

㉠ 행정상의 단속을 주안으로 하는 법규라 하더라도 명문규정이 있거나 해석상 과실범도 벌할 뜻이 명확한 경우를 제외하고는 형법의 원칙에 따라 고의가 있어야 벌할 수 있다.
㉡ 형법 제167조 제1항의 일반물건방화죄에서 '공공의 위험발생'은 고의의 인식 대상이 아니다.
㉢ 형법 제136조 제1항의 공무집행방해죄에 있어서의 범의는 상대방이 직무를 집행하는 공무원이라는 사실과 이에 대하여 폭행 또는 협박을 한다는 인식, 그리고 그 직무집행을 방해할 의사를 내용으로 한다.
㉣ 방조범은 2중의 고의를 필요로 하므로 정범이 정하는 범죄의 일시, 장소, 객체 등을 구체적으로 인식하여야 하며, 나아가 정범이 누구인지 확정적으로 인식해야 한다.
㉤ 친족상도례가 적용되기 위하여는 친족관계가 객관적으로 존재하여야 하나, 행위자가 이를 인식할 필요는 없다.

① ㉠, ㉡, ㉢   ② ㉠, ㉣, ㉤   ③ ㉡, ㉢, ㉣   ④ ㉢, ㉣, ㉤

해설

㉠ 【 O 】 행정상의 단속을 주안으로 하는 법규라 하더라도 '명문규정이 있거나 해석상 과실범도 벌할 뜻이 명확한 경우'를 제외하고는 형법의 원칙에 따라 '고의'가 있어야 벌할 수 있다(대판 2010.2.11. 2009도9807). 22. 경찰

㉡ 【 X 】 형법 제167조 제1항의 일반물건방화죄에서 '공공의 위험발생'은 위험이 조문에 명시되어 있는 구체적 위험범이다. 구체적 위험범의 경우는 위험발생이 객관적 구성요건요소이므로 고의의 인식대상이 된다.

㉢ 【 X 】 공무집행방해죄에 있어서의 범의는 상대방이 직무를 집행하는 공무원이라는 사실, 그리고 이에 대하여 폭행 또는 협박을 한다는 사실을 인식하는 것을 그 내용으로 하고, 그 인식은 불확정적인 것이라도 소위 미필적 고의가 있다고 보아야 하며, 그 직무집행을 방해할 의사를 필요로 하지 아니한다(대판 1995.1.24. 94도1949). 22. 경찰

㉣ 【 X 】 저작권법이 보호하는 복제권·전송권의 침해를 방조하는 행위란 정범의 복제권·전송권 침해를 용이하게 해주는 직접·간접의 모든 행위로서, 정범의 복제권·전송권 침해행위 중에 이를 방조하는 경우는 물론, 복제권·전송권 침해행위에 착수하기 전에 장래의 복제권·전송권 침해행위를 예상하고 이를 용이하게 해주는 경우도 포함하며, 정범에 의하여 실행되는 복제권·전송권 침해행위에 대한 미필적 고의가 있는 것으로 충분하고, 정범의 복제권·전송권 침해행위가 실행되는 일시, 장소, 객체 등을 구체적으로 인식할 필요가 없으며, 나아가 정범이 누구인지 확정적으로 인식할 필요도 없다(대판 2013.9.26. 2011도1435). 22. 경찰

㉤ 【 O 】 '친족상도례가 적용되는 범죄에 있어서 친족'은 처벌조건이다. 처벌조건은 객관적 구성요건요소가 아니므로 고의의 인식대상이 아니다. 22. 경찰

정답 ③

09 다음 중 고의와 관련된 설명 중 가장 적절하지 않은 것은?

① 형법상 고의란 자기가 의도한 바 행위에 의하여 범죄사실이 발생할 것을 인식하면서 그 행위를 감행하거나 하려고 할 뿐만 아니라 그 결과발생을 희망함을 의미한다.
② 고의는 법적 구성요건의 객관적 요소에 대한 인식과 구성요건실현의 의사이다. 전자를 고의의 지적 요소 후자를 고의의 의적 요소로 부른다.
③ 자기의 행위로 인하여 결과를 발생시킬 만한 가능성 또는 위험이 있음을 인식하거나 예견하면 족한 것이고 그 인식이나 예견은 확정적인 것은 물론 불확정적인 것이라도 이른바 미필적 고의로 인정된다.
④ 고의범이 성립하려면 행위자는 객관적 구성요건요소인 행위주체·객체·행위·결과 등에 관한 인식을 갖고 있어야 한다고 규정하고 있으므로, 구성요건 중에 특별한 행위양태를 필요로 하는 경우에는 이러한 사정의 존재까지도 행위자가 인식하여야 한다.

[해설]

① 【X】 고의의 일종인 미필적 고의는 중대한 과실과는 달리 범죄사실의 발생 가능성에 대한 인식이 있고 나아가 범죄사실이 발생할 위험을 용인하는 내심의 의사가 있어야 한다. 행위자가 범죄사실이 발생할 가능성을 용인하고 있었는지 여부는 행위자의 진술에 의존하지 않고 외부에 나타난 행위의 형태와 행위의 상황 등 구체적인 사정을 기초로 일반인이라면 해당 범죄사실이 발생할 가능성을 어떻게 평가할 것인지를 고려하면서 행위자의 입장에서 그 심리상태를 추인하여야 한다(대법원 2018.1.25. 2017도13628). 22. 경찰간부
② 【O】 구성요건 고의=사실인식(지적요소)+실현의사(의적요소)이다. 옳은 설명이다. 22. 경찰간부
③ 【O】 대판 2008.3.27. 2008도507 22. 경찰간부
④ 【O】 고의의 인식대상은 객관적 구성요건요소이므로 행위자는 객관적 구성요건요소인 주체·객체·행위·결과·인과관계에 관한 인식을 하여야 하며, 구성요건 중에 특별한 행위양태를 필요로 하는 경우에는 이러한 사정의 존재도 객관적 구성요건 요소이므로 고의의 인식대상이 된다. 22. 경찰간부

정답 ①

10 고의에 대한 설명으로 가장 적절하지 않은 것은? (다툼이 있는 경우 판례에 의함) 22. 경찰승진

① 행위자가 범죄사실이 발생할 가능성을 용인하고 있었는지의 여부는 행위자의 진술에 의존하지 아니하고 외부에 나타난 행위의 형태와 행위의 상황 등 구체적인 사정을 기초로 하여 일반인이라면 당해 범죄사실이 발생할 가능성을 어떻게 평가할 것인가를 고려하면서 일반인의 입장에서 그 심리상태를 추인하여야 한다.
② 절도죄에 있어서 재물의 타인성을 오신하여 그 재물이 자기에게 취득할 것이 허용된 동일한 물건으로 오인하고 가져온 경우에는 범죄사실에 대한 인식이 있다고 할 수 없으므로 고의가 인정되지 않는다.
③ 불미스러운 소문의 진위를 확인하고자 질문을 하는 과정에서 타인의 명예를 훼손하는 발언을 한 경우에는 그 동기에 비추어 명예훼손의 고의를 인정하기 어렵다.
④ 부진정부작위범의 고의는 반드시 구성요건적 결과발생에 대한 목적이나 계획적인 범행 의도가 있어야 하는 것은 아니고 법익침해의 결과발생을 방지할 법적 작위의무를 가지고 있는 사람이 의무를 이행함으로써 결과발생을 쉽게 방지할 수 있었음을 예견하고도 결과발생을 용인하고 이를 방관한 채 의무를 이행하지 아니한다는 인식을 하면 족하다.

[해설]

① 【 X 】 고의의 일종인 미필적 고의는 중대한 과실과는 달리 범죄사실의 발생 가능성에 대한 인식이 있고 나아가 범죄사실이 발생할 위험을 용인하는 내심의 의사가 있어야 한다. 행위자가 범죄사실이 발생할 가능성을 용인하고 있었는지 여부는 행위자의 진술에 의존하지 않고 외부에 나타난 행위의 형태와 행위의 상황 등 구체적인 사정을 기초로 일반인이라면 해당 범죄사실이 발생할 가능성을 어떻게 평가할 것인지를 고려하면서 행위자의 입장에서 그 심리상태를 추인하여야 한다(대판 2018.1.25. 2017도13628). 22. 경찰승진

② 【 O 】 절도죄에 있어서 재물의 타인성을 오신하여 그 재물이 자기에게 취득(빌린 것)할 것이 허용된 동일한 물건으로 오인하고 가져온 경우에는 범죄사실에 대한 인식이 있다고 할 수 없으므로 범의가 조각되어 절도죄가 성립하지 아니한다(대판 1983.9.13. 83도1762). 22. 경찰승진

③ 【 O 】 명예훼손죄의 주관적 구성요건으로서의 범의는 행위자가 피해자의 명예가 훼손되는 결과를 발생케 하는 사실을 인식하므로 족하다 할 것이나 새로 목사로서 부임한 피고인이 전임목사에 관한 교회내의 불미스러운 소문의 진위를 확인하기 위하여 이를 교회 집사들에게 물어보았다면 이는 경험칙상 충분히 있을 수 있는 일로서 명예훼손의 고의없는 단순한 확인에 지나지 아니하여 사실의 적시라고 할 수 없다 할 것이므로 이 점에서 피고인에게 명예훼손의 고의 또는 미필적 고의가 있을 수 없다고 할 수 밖에 없다(대판 1985.5.28. 85도588). 22. 경찰승진

④ 【 O 】 부진정 부작위범의 고의는 반드시 구성요건적 결과발생에 대한 목적이나 계획적인 범행 의도가 있어야 하는 것은 아니고 법익침해의 결과발생을 방지할 법적 작위의무를 가지고 있는 사람이 의무를 이행함으로써 결과발생을 쉽게 방지할 수 있었음을 예견하고도 결과발생을 용인하고 이를 방관한 채 의무를 이행하지 아니한다는 인식을 하면 족하며, 이러한 작위의무자의 예견 또는 인식 등은 확정적인 경우는 물론 불확정적인 경우이더라도 미필적 고의로 인정될 수 있다(대판 2015.11.12. 2015도6809). 22. 경찰승진

[정답] ①

11 다음 보기 중 고의에 대한 설명으로 옳은 것은 모두 몇 개인가?

> ㉠ 피고인이 고의를 부인하는 경우에는 그 내심과 상당한 관련이 있는 간접사실을 증명하는 방법에 의하여 이를 입증할 수 있다.
> ㉡ 공무원이 여러 차례의 출장반복의 번거로움을 회피하고 민원사무를 신속히 처리한다는 방침에 따라 사전에 출장조사한 다음 출장조사 내용이 변동이 없다는 확신 하에 출장복명서를 작성하고 다만 그 출장일자를 작성일자로 기재한 것이라면 허위공문서작성의 범의가 있었다고 볼 수 없다.
> ㉢ 상해죄의 성립에는 상해의 원인인 폭행에 대한 인식이 있으면 충분하고 상해를 가할 의사의 존재까지는 필요하지 않다.
> ㉣ 수뢰죄에 있어서 공무원이라는 신분, 특수폭행죄에 있어서 위험한 물건을 휴대한다는 사실을 객관적 구성요건요소이므로 고의의 인식대상이다.

① 1개　　　② 2개　　　③ 3개　　　④ 4개

[해설]

㉠ 【 O 】 피고인이 일정한 사정의 인식 여부와 같은 내심의 사실에 관하여 이를 부인하는 경우에는 이러한 주관적 요소로 되는 사실은 사물의 성질상 그 내심과 상당한 관련이 있는 간접사실 또는 정황사실을 증명하는 방법에 의하여 이를 입증할 수밖에 없다(대판 2012.8.30. 2012도7377). 22. 해경승진

㉡ 【 O 】 피고인이 여러차례의 출장반복의 번거로움을 회피하고 민원사무를 신속히 처리한다는 면의 방침과 지시에 따라 사전에 일괄하여 출장조사한 다음 출장조사내용에 변동이 없다는 확신하에 출장복명서를 작성하고 다만 그 출장일자를 작성일자로 기재한 것이라면 허위공문서작성의 범의가 있었다고 볼 수 없다(대판 1983.12.27. 82도3141). 22. 해경승진

㉢ 【 O 】 상해죄는 결과범이므로 그 성립에는 상해의 원인인 폭행에 관한 인식이 있으면 충분하고 상해를 가할 의사의 존재는 필요하지 않으나, 폭행을 가한다는 인식이 없는 행위의 결과로 피해자가 상해를 입었던 경우에는 상해죄가 성립하지 아니한다(대판 1983.3.22. 83도231). 22. 해경승진

㉣ 【 O 】 수뢰죄는 신분범으로서 공무원이라는 신분도 객관적 구성요건요소이므로 고의의 인식대상이다. 또한 특수폭행죄에 있어서 위험한 물건을 휴대한다는 사실(행위상황)을 객관적 구성요건요소이므로 고의의 인식대상이다. 22. 해경승진

[정답] ④

12 고의에 대한 설명으로 옳지 않은 것은?

① 살인예비죄가 성립하기 위해서는 살인죄를 범할 목적 외에도 살인의 준비에 관한 고의가 있어야 한다.
② 채권자가 채무자의 신용상태를 인식하고 있어 장래의 변제지체 또는 변제불능에 대한 위험을 예상하고 있거나 예상할 수 있었다면, 채무자가 구체적인 변제의사・변제능력・거래조건 등 거래 여부를 결정할 수 있는 중요한 사항을 허위로 말하였다는 등의 사정이 없는 한, 채무자가 그 후 제대로 변제하지 못하였다는 사실만 가지고 사기죄의 고의가 있었다고 단정할 수 없다.
③ 상해죄의 성립에는 상해의 원인인 폭행에 관한 인식이 있는 것으로 충분하지 않고 상해를 가할 의사의 존재가 필요하다.
④ 허위사실 적시에 의한 명예훼손죄 및 사자명예훼손죄는 미필적 고의에 의해서도 성립하므로 허위사실에 대한 인식은 확정적일 필요가 없다.

해설

① 【 O 】 형법 제255조, 제250조의 살인예비죄가 성립하기 위하여는 형법 제255조에서 명문으로 요구하는 살인죄를 범할 목적 외에도 살인의 준비에 관한 고의가 있어야 하며, 나아가 실행의 착수까지에는 이르지 아니하는 살인죄의 실현을 위한 준비행위가 있어야 한다. 여기서의 준비행위는 물적인 것에 한정되지 아니하며 특별한 정형이 있는 것도 아니지만, 단순히 범행의 의사 또는 계획만으로는 그것이 있다고 할 수 없고 객관적으로 보아서 살인죄의 실현에 실질적으로 기여할 수 있는 외적 행위를 필요로 한다(대판 2009.10.29. 2009도7150). 17. 국가직 7급
② 【 O 】 대판 2016.6.9. 2015도18555 17. 국가직 7급
③ 【 X 】 상해죄의 성립에는 상해의 원인인 폭행에 대한 인식이 있으면 충분하고 상해를 가할 의사의 존재까지는 필요하지 않다(대판 2000.7.4. 99도4341; 대판 1983.3.22. 83도231). 17. 국가직 7급
④ 【 O 】 대판 2014.3.13. 2013도12430 17. 국가직 7급

정답 ③

13 고의에 관한 설명으로 옳은 것은?

① 규범적 구성요건요소에 관한 착오는 착오의 객체가 구성요건요소이기 때문에 법률의 착오가 될 수 없다.
② 행정상의 단속을 주안으로 하는 법규라 하더라도 명문규정이 있거나 해석상 과실범도 벌할 듯이 명확한 경우를 제외하고는 형법의 원칙에 따라 고의가 있어야 범할 수 있다.
③ 공무집행방해죄에 있어서의 범의를 인정하려면 공무원의 직무집행을 방해할 의사가 있어야 한다.
④ 고의범에서 고의는 미필적 인식으로 족하나, 목적범에서 목적은 확정적 인식을 요한다.
⑤ 미필적 고의와 인식 있는 과실의 구별에 관한 개연성설에 대해서는 고의의 본질을 의지적 요소에 중점을 두고 있다는 비판이 제기된다.

해설

① 【 X 】 규범적 구성요건요소에 대하여 전혀 인식이 없는 경우에는 구성요건적 고의가 부정되지만, 규범적 구성요건요소에 대한 의미를 잘못 평가하여 자기의 행위가 허용된다고 오신한 경우에는 금지의 착오 중 포섭의 착오로서 형법 제16조가 적용될 수 있다.
② 【 O 】 대판 2010.2.11. 2009도9807
③ 【 X 】 공무집행방해죄에 있어서의 범의는 상대방이 직무를 집행하는 공무원이라는 사실, 그리고 이에 대하여 폭행 또는 협박을 한다는 사실을 인식하는 것을 그 내용으로 하고, 그 인식은 불확정적인 것이라도 소위 미필적 고의가 있다고 보아야 하며, 그 직무집행을 방해할 의사를 필요로 하지 아니한다(대판 1995.1.24. 94도1949).
④ 【 X 】 목적범에서 목적 역시 확정적 인식을 요하지 아니하며, 미필적 인식으로 족하다.
⑤ 【 X 】 미필적 고의와 인식 있는 과실의 구별에 관한 개연성설에 대해서는 고의의 본질을 지적 요소에 중점을 두고 의지적 요소를 도외시 하고 있으며 결과발생의 가능성과 개연성의 구별이 쉽지 않다는 비판이 제기된다.

정답 ②

14 고의에 관한 설명 중 옳지 않은 것은?

① 자신이 흉기를 휴대한 사실을 알지 못하고 타인의 집에 들어가 절도한 경우, 흉기휴대의 고의가 인정되지 않으므로 특수(흉기휴대)절도로 처벌할 수 없다.
② 부작위에 의한 살인의 경우에는 생명의 침해를 방지할 법적 작위의무를 가지고 있는 자가 의무를 이행함으로써 생명의 침해를 쉽게 방지할 수 있었음을 예견하고도 생명의 침해를 용인하고 이를 방관한 채 의무를 이행하지 아니한다는 인식이 있었다면 살인의 고의가 인정된다.
③ 건장한 체격의 군인이 왜소한 체격의 사람을 폭행하고 특히 급소인 목을 설골이 부러질 정도로 세게 졸라 사망하게 한 경우에는 살인의 고의가 인정된다.
④ 예리한 식도로 타인의 하복부를 찔러 직경 5센티미터, 깊이 15센티미터 이상의 자상을 입힌 결과 그 타인이 내장파열 및 다량의 출혈뿐만 아니라 자창의 감염으로 인해 사망에 이른 경우에는 행위자에게 고의에 의한 살인의 죄책을 물을 수 없다.

해설

① 【 O 】 특수절도죄에서 흉기휴대도 구성요건요소가 되므로 고의 인식대상이 된다. 따라서 이를 인식하지 못한 경우라면 특수절도죄로 성립할 수 없다. 18. 변호사
② 【 O 】 대판 2015.11.12. 2015도6809 18. 변호사
③ 【 O 】 대판 2001.3.9. 2000도5590 18. 변호사
④ 【 X 】 피고인이 예리하고 긴 식도로 피해자의 하복부를 찔러 그 결과 사망한 것이라면 일반적으로 판시와 같은 내장파열 및 다량의 출혈과 자창의 감염으로 사망의 결과를 발생케 하리라는 점을 경험상 예견할 수 있는 것이므로 피고인에게 살인의 결과에 대한 확정적 고의는 없다 치더라도 미필적 인식은 있었다고 볼 것이다(대판 1982.12.28. 82도2525) 결국 살인죄가 성립한다. 18. 변호사

정답 ④

15 다음 설명 중 가장 옳지 않은 것은?

① 공무원이 여러 차례의 출장반복의 번거로움을 회피하고 민원사무를 신속히 처리한다는 방침에 따라 사전에 출장조사를 한 다음 출장조사 내용이 변동없다는 확신 하에 출장복명서를 작성한 경우, 허위공문서 작성의 범의가 있다고 볼 수 없다.
② 금성호의 선장 甲은 피조개양식장에 피해를 주지 않기 위해 선박의 닻줄을 5샤클로 감아놓았는데, 태풍을 만나게 되면서 선박의 안전을 위하여 선박의 닻줄을 7샤클로 늘여 놓아 피조개양식장에 피해를 야기한 경우 손괴의 범의가 있다고 볼 수 있다.
③ 행정상의 단속을 주안으로 하는 법규라 하더라도 '명문규정이 있거나 해석상 과실범도 벌할 뜻이 명확한 경우'를 제외하고는 형법의 원칙에 따라 '고의'가 있어야 벌할 수 있다.
④ 미필적 고의는 범죄사실의 발생가능성에 대한 인식이 있고 범죄사실이 발생할 위험을 용인하는 내심의 의사가 있어야 하는데, 범죄사실이 발생할 가능성을 용인하고 있었는지는 행위자의 진술에 의존하지 않고 외부에 나타난 행위의 형태와 행위의 상황 등 구체적인 사정을 기초로 일반인이라면 범죄사실이 발생할 가능성을 어떻게 평가할 것인지를 고려하면서 일반인의 입장에서 그 심리상태를 추인하여야 한다.

해설

① 【 O 】 대판 2001.1.5. 99도4101 18. 경찰간부
② 【 O 】 대판 1987.1.20. 85도221 18. 경찰간부
③ 【 O 】 대판 2010.2.11. 2009도9807 18. 경찰간부
④ 【 X 】 미필적 고의가 있었다고 하려면 범죄사실이 발생할 위험을 **용인하는** 내심의 의사가 있어야 하며, 그 행위자가 범죄사실이 발생할 가능성을 용인하고 있었는지의 여부는 행위자의 진술에 의존하지 아니하고 외부에 나타난 행위의 형태와 행위의 상황 등 구체적인 사정을 기초로 하여 **일반인이라면** 당해 범죄사실이 발생할 가능성을 **어떻게 평가할 것인가를** 고려하면서 **행위자의 입장에서 그 심리상태를 추인하여야 한다**(대판 2004.5.14. 2004도74). 18. 경찰간부

정답 ④

16 다음 설명 중 가장 옳지 않은 것은?

① 부진정부작위범의 고의는 법익침해의 결과발생을 방지할 법적 작위의무를 가지고 있는 사람이 의무를 이행함으로써 결과발생을 쉽게 방지할 수 있었음을 예견하고도 결과발생을 용인하고 이를 방관한 채 의무를 이행하지 아니한다는 인식을 하면 족하며, 이러한 작위의무자의 예견 또는 인식 등은 확정적인 경우는 물론 불확정적인 경우라도 인정될 수 있다.
② 강도가 베개로 피해자의 머리 부분을 약 3분간 누르던 중 피해자가 저항을 멈추고 사지가 늘어졌음에도 계속 눌러 사망하게 한 경우 살인죄의 고의가 인정된다.
③ 장물죄에서 장물의 인식은 확정적 인식임을 요하지 않으며 장물일지도 모른다는 의심을 가지는 정도의 미필적 인식으로서 충분하다.
④ 진실한 객관적인 사실들에 근거하여 고소인이 피고소인의 주관적인 의사에 관하여 갖게 된 의심을 고소장에 기재하였을 경우에 법률 전문가가 아닌 일반인의 입장에서 볼 때 그와 같은 의심을 갖는 것이 충분히 합리적인 근거가 있다고 할지라도, 그 의심이 나중에 진실하지 않은 것으로 밝혀졌다면 고소인에게 무고의 미필적 고의가 인정된다.

[해설]

① 【 O 】 대판 2015.11.12. 2015도6809 17. 법원행시
② 【 O 】 대판 2002.2.8. 2001도6425
③ 【 O 】 대판 1995.1.20. 94도1968
④ 【 X 】 진실한 객관적인 사실들에 근거하여 고소인이 피고소인의 주관적인 의사에 관하여 갖게 된 의심을 고소장에 기재하였을 경우에 법률 전문가 아닌 일반인의 입장에서 볼 때 그와 같은 의심을 갖는 것이 충분히 합리적인 근거가 있다고 볼 수 있다면, 비록 그 의심이 나중에 진실하지 않는 것으로 밝혀졌다고 하여 곧바로 고소인에게 무고의 미필적 고의가 있었다고 단정하여서는 안 될 것이다(대판 1996.3.26. 95도2998).

정답 ④

17 고의(범의)에 관한 설명 중 가장 적절하지 않은 것은?

① 어부인 피고인들이 어로저지선을 넘어 어업을 하였다고 하더라도 북괴경비정이 출현하는 경우 납치되어 가더라도 좋다고 생각하면서 어로저지선을 넘어서 어로작업을 한 것이 아니라면 북괴집단의 구성원들과 회합이 있을 것이라는 미필적 고의가 있었다고 단정할 수 없다.
② 전당포영업자가 보석들을 전당잡으면서 인도받을 당시 장물인 정을 몰랐다가 그 후 장물일지도 모른다고 의심하면서 소유권포기각서를 받은 경우 장물취득죄에 해당하지 않는다.
③ 이미 적성검사 미필로 면허가 취소된 전력이 있는데도 면허증에 기재된 유효기간이 5년 이상 지나도록 적성검사를 받지 아니한 채 자동차를 운전하였다 하더라도 적성검사 미필로 인한 운전면허 취소사실이 통지되지 아니하고 공고되었다면 운전자가 면허취소 사실을 알고 있었다고 보기 어려우므로 무면허운전죄가 성립하지 않는다.
④ 운전면허증 앞면에 적성검사기간이 기재되어 있고, 뒷면 하단에 경고 문구가 있다는 점만으로 피고인이 정기적성검사 미필로 면허가 취소된 사실을 미필적으로나마 인식하였다고 추단하기 어렵다.

[해설]
① 【 O 】 대판 1969.12.9. 69도1671
② 【 O 】 대판 2006.10.13. 2004도6084
③ 【 X 】 면허증에 그 유효기간과 적성검사를 받지 아니하면 면허가 취소된다는 사실이 기재되어 있고, 이미 적성검사 미필로 면허가 취소된 전력이 있는데도 면허증에 기재된 유효기간이 5년 이상 지나도록 적성검사를 받지 아니한 채 자동차를 운전하였다면 비록 적성검사 미필로 인한 운전면허 취소사실이 통지되지 아니하고 공고되었다 하더라도 면허취소사실을 알고 있었다고 보아야 하므로 무면허운전죄가 성립한다고 한 사례(대판 2002.10.22. 2002도4203).
④ 【 O 】 대판 2004.12.10. 2004도6480

정답 ③

18 다음 설명 중 옳지 않은 것은?

① 업무방해죄의 고의는 반드시 업무방해의 목적이나 계획적인 업무방해의 의도가 있어야만 하는 것은 아니고 자기의 행위로 인하여 타인의 업무가 방해될 가능성 또는 위험에 대한 인식이나 예견으로 충분하다.
② 공직선거법상 허위사실공표죄에서는 공표된 사실이 허위라는 것이 구성요건의 내용을 이루는 것이기 때문에, 행위자의 고의의 내용으로서 그 사항이 허위라는 것의 인식이 필요하나 어떠한 소문을 듣고 그 진실성에 강한 의문을 품고서도 공표한 경우에는 적어도 미필적 고의가 인정될 수 있다.
③ 내란선동죄에서 국헌문란의 목적은 고의 외에 요구되는 초과주관적 위법요소로서 엄격한 증명사항에 속하므로 미필적 인식만으로는 부족하고, 적극적 의욕이나 확정적 인식이 있어야 한다.
④ 청소년출입금지업소의 업주 및 종사자가 연령확인의무를 위배하여 연령확인을 위한 아무런 조치를 취하지 아니함으로써 청소년이 그 업소에 출입한 것이라면, 특별한 사정이 없는 한 업주 및 종사자에게 최소한 청소년보호법위반죄의 미필적 고의는 인정된다고 할 것이다.

[해설]
① 【 O 】 대판 2012.5.24. 2009도4141
② 【 O 】 대판 2011.12.22. 2008도11847
③ 【 X 】 국헌문란의 목적은 범죄 성립을 위하여 고의 외에 요구되는 초과주관적 위법요소로서 엄격한 증명사항에 속하나, 확정적 인식임을 요하지 아니하며, 다만 미필적 인식이 있으면 족하다(대판 2015.1.22. 2014도10978). 23. 경찰승진
④ 【 O 】 대판 2001.8.21. 2001도3295

정답 ③

19 주관적 구성요건요소에 대한 설명으로 옳지 않은 것은?

① 방조범은 정범의 실행행위를 방조한다는 이른바 방조의 고의와 정범의 행위가 구성요건에 해당하는 행위인 점에 대한 정범의 고의가 있어야 하며, 정범의 고의는 범죄의 미필적 인식 또는 예견만으로는 부족하고 정범에 의하여 실현되는 범죄의 구체적 내용을 인식하여야 한다.
② 고의의 본질에 관한 용인설(인용설)에 따르면 구성요건적 결과를 용인하는 의사만으로도 고의가 인정되어 미필적 고의는 고의에 포함되나, 인식 있는 과실은 고의에 포함되지 않는다.
③ 피고인이 범죄구성요건의 주관적 요소인 고의를 부인하는 경우 그 범의 자체를 객관적으로 증명할 수 없으므로 사물의 성질상 범의와 상당한 관련성 있는 간접사실 또는 정황사실을 증명하는 방법으로 이를 입증할 수밖에 없다.
④ 고의는 법적 구성요건의 객관적 요소에 대한 인식과 구성요건 실현의 의사이다. 전자를 고의의 지적요소, 후자를 고의의 의적 요소로 부른다.

[해설]
① 【 X 】 형법상 방조행위는 정범이 범행을 한다는 정을 알면서 그 실행행위를 용이하게 하는 직접·간접의 행위를 말하므로, 방조범은 정범의 실행을 방조한다는 이른바 방조의 고의와 정범의 행위가 구성요건에 해당하는 행위인 점에 대한 정범의 고의가 있어야 하며, 또한 방조범에 있어서 정범의 고의는 정범에 의하여 실현되는 범죄의 구체적 내용을 인식할 것을 요하는 것은 아니고 미필적 인식 또는 예견으로 족하다(대판 2005.4.29. 2003도6056). 23. 경찰승진
② 【 O 】 용인설에 의할 때 결과발생을 용인하는 내심의 의사가 있으면 고의가 성립한다. 22. 경찰채용
③ 【 O 】 대판 2022.5.12. 2020도18062 22. 경찰채용
④ 【 O 】 옳은 지문이다. 22. 경찰간부

정답 ①

20 고의에 관한 설명 중 옳지 않은 것은?

① 불미스러운 소문의 진위를 확인하고자 질문을 하는 과정에서 타인의 명예를 훼손하는 발언을 한 경우에는 그 동기에 비추어 명예훼손의 고의를 인정하기 어렵다.
② 공직선거법상 허위사실공표죄에서는 공표된 사실이 허위라는 것이 구성요건의 내용을 이루는 것이기 때문에, 행위자의 고의의 내용으로서 그 사항이 허위라는 것의 인식이 필요하나 어떠한 소문을 듣고 그 진실성에 강한 의문을 품고서도 공표한 경우에는 적어도 미필적 고의가 인정될 수 있다.
③ 범죄의 고의는 확정적 고의뿐만 아니라 결과 발생에 대한 인식이 있고 그를 용인하는 의사인 미필적 고의도 포함하므로 허위사실 적시에 의한 명예훼손죄 역시 미필적 고의에 의하여도 성립하고, 위와 같은 법리는 형법 제308조의 사자명예훼손죄의 판단에서도 마찬가지로 적용된다.
④ 장물취득죄에 있어서 장물의 인식은 확정적 인식임을 요하지 않으며 장물일지도 모른다는 의심을 가지는 정도의 미필적 인식으로서도 충분하고, 또한 장물인 점을 알고 있었냐의 여부는 장물 소지자의 신분, 재물의 성질, 거래의 대가 기타 상황을 참작할 필요는 없다.

[해설]
① 【 O 】 대판 2018.6.15. 2018도4200. 22. 경찰승진
② 【 O 】 대판 2011.12.22. 2008도11847 14. 사시
③ 【 O 】 대판 2014.3.13. 2013도12430 21. 해경
④ 【 X 】 장물죄에 있어서 장물의 인식은 확정적 인식임을 요하지 않으며 장물일지도 모른다는 의심을 가지는 정도의 미필적 인식으로서도 충분하고, 장물인 정을 알고 있었느냐의 여부는 장물 소지자의 신분, 재물의 성질, 거래의 대가 기타 상황을 참작하여 이를 인정할 수밖에 없다(대판 2006.10.13. 2004도6084). 21. 해경

정답 ④

21 고의에 대한 설명으로 옳지 않은 것은 모두 몇 개인가?

㉠ 형법 제136조 제1항의 공무집행방해죄에 있어서의 범의는 상대방이 직무를 집행하는 공무원이라는 사실과 이에 대하여 폭행 또는 협박을 한다는 인식 그리고 그 직무집행을 방해할 의사를 내용으로 한다.
㉡ 방조범은 이중의 고의를 필요로 하므로 정범이 정하는 범죄의 일시, 장소, 객체 등을 구체적으로 인식하여야 하며, 나아가 정범이 누구인지 확정적으로 인식해야 한다.
㉢ 회사의 노동조합 홍보이사가 노조 사무실에서 '새벽 6호'라는 책자를 집에 가져와 보관하고 있다가 국가보안법 제7조 제5항의 이적표현물소지죄로 체포된 경우 그 홍보이사에게 목적범인 이적표현물소지죄가 성립하기 위해서는 이적행위를 하려는 목적의 확정적 인식이 있어야 한다.
㉣ 유흥업소 업주가 고용대상자가 성인이라는 말만 믿고, 타인의 건강진단결과서만 확인한 채 청소년을 청소년유해업소에 고용한 경우 청소년 고용에 관한 미필적 고의가 있다.

① 1개   ② 2개   ③ 3개   ④ 4개

해설

㉠ 【 X 】 공무집행방해죄에 있어서의 범의는 상대방이 직무를 집행하는 공무원이라는 사실, 그리고 이에 대하여 폭행 또는 협박을 한다는 사실을 인식하는 것을 그 내용으로 하고, 그 직무집행을 방해할 의사를 필요로 하지 아니한다(대판 2012.5.24. 2010도11381). 22. 경찰채용

㉡ 【 X 】 정범이 범행을 한다는 점을 알면서 그 실행행위를 용이하게 한 이상 그 행위가 간접적이거나 직접적이거나를 가리지 않으며 이 경우 정범이 누구에 의하여 실행되어지는가를 확지할 필요는 없다(대판 2007.12.14. 2005도872). 22. 경찰채용

㉢ 【 X 】 국가보안법 제1항 내지 제4항의 행위에 대한 적극적 의욕이나 확정적 인식까지는 필요 없고 미필적 인식으로 족한 것이다(대판 1992.3.31. 90도2033). 22. 경찰채용

㉣ 【 O 】 대판 2002.6.28. 2002도2425 16. 경찰승진

정답 ③

22 고의에 대한 설명으로 옳지 않은 것은 모두 몇 개인가?

㉠ 의무경찰의 지시에 따르지 않고 항의하던 택시운전자가 신경질적으로 갑자기 좌회전하여 택시 우측 앞 범퍼 부분으로 의무경찰의 무릎을 들이받은 경우 공무집행방해의 미필적 고의가 있다.

㉡ 대구지하철 화재 사고 현장을 수습하기 위한 청소 작업이 한참 진행되고 있는 시간 중에 실종자 유족들로부터 이의제기가 있었음에도 즉각 청소작업을 중단하도록 지시하지 않고 수사기관과 협의하거나 확인하지 않은 경우 그러한 청소작업으로 인한 증거인멸의 결과가 발생할 가능성을 용인하는 내심의 의사가 있었다고 단정하기는 어렵다.

㉢ 사문서위조죄는 행위자가 '행사할 목적'으로 사문서를 위조할 것을 규정하고 있으므로 여기서의 목적은 일반적 주관적 불법요소에 해당한다.

㉣ 불법영득의사는 과실범에서는 있을 수 없고 고의범에서만 있을 수 있는 특수한 주관적 불법요소(초과 주관적 구성요건요소)에 해당한다.

① 1개 ② 2개 ③ 3개 ④ 4개

해설

㉠ 【 O 】 대판 1995.1.24. 94도1949 16. 경찰승진
㉡ 【 O 】 대판 2004.5.14. 2004도74) 22. 국가직 9급
㉢ 【 X 】 사문서위조죄의 '행사할 목적'은 초과주관적 구성요건요소에 해당한다. 17. 국가직 9급
㉣ 【 O 】 옳은 설명이다. 17. 국가직 9급

정답 ③

제5절 사실의 착오(구성요건착오)

01 구성요건요소에 대한 착오 사례가 아닌 것은?

① 甲이 성명불상자 3명과 싸우다가 힘이 달리자 옆 차에서 식칼을 가지고 나와 이들 3명을 상대로 휘두르다가 이를 말리던 A에게 상해를 입힌 경우

② 甲이 6층 호텔방에서 상해의 의사로 A를 구타하여 A가 정신을 잃고 쓰러지자 사망한 것으로 착각하고, A가 자살한 것으로 위장하기 위해 6층 아래로 떨어뜨려 사망케 한 경우

③ 甲이 저작권 침해물 링크사이트를 운영하던 중 그러한 링크행위가 범죄에 해당하지 않는다는 대법원 판결이 선고되자 자신의 행위는 죄가 되지 않는다고 생각하고 계속 운영한 경우

④ 甲이 살해의도로 피해자 A를 몽둥이로 내리쳤으나 A의 등에 업힌 피해자 B가 맞아 현장에서 두개골절 및 뇌좌상으로 사망한 경우

해설

고의의 인식대상인 객관적 구성요건요소에 흠이 생기면 구성요건 착오이다.
① 【 O 】 객관적 구성요건요소인 객체에 흠이 생겼으므로 구성요건 착오의 사례이다. 23. 국가직
② 【 O 】 객관적 구성요건요소인 인과관계에 흠이 생겼으므로 구성요건 착오의 사례이다. 23. 국가직
③ 【 X 】 법으로 금지되어 있는 것을 인식하지 못한 금지착오에 해당한다. 23. 국가직
④ 【 O 】 객관적 구성요건요소인 객체에 흠이 생겼으므로 구성요건 착오의 사례이다. 23. 국가직

정답 ③

02 다음 각각의 사례에 대해 甲과 乙이 취하고 있는 학설에 대한 설명으로 옳은 것은?

> 甲: A가 B에게 불만을 품고 B를 살해하려고 몽둥이를 후려쳤으나, 몽둥이가 빗나가서 B가 안고 있던 B의 자녀 C가 맞고 그 자리에서 사망한 경우 A에게는 B에 대한 살인미수와 C에 대한 과실치사죄의 상상적 경합이 성립한다.
> 乙: A가 B를 살해하기 위해 총을 발사하여 사람이 사망하였다면, 객체의 착오든 방법의 착오든 발생한 결과에 대한 살인죄가 성립한다.

① 판례는 甲과 동일한 입장에서 A에게 살인미수와 과실치사죄의 상상적 경합을 인정하고 있다.

② 乙은 구체적 부합설의 입장이며, 인식한 사실과 발생한 사실이 구체적으로 부합하면 발생한 사실에 대한 고의·기수가 인정된다.

③ D인 줄 알고 살해할 생각으로 총을 발사하였는데 다가가서 확인해보니 D가 아니라 사람 모양의 마네킹인 경우, 죄책에 대한 甲과 乙의 결론은 동일하다.

④ D인 줄 알고 살해할 생각으로 총을 발사하였는데 다가가서 확인해보니 D가 아니라 D와 닮은 E가 사망한 경우, 甲의 입장에서는 E에 대한 살인의 고의가 인정될 수 없고, 살인미수와 과실치사죄의 상상적 경합이 성립한다.

해설 25. 경찰간부

甲: 동가치 착오 중 방법의 착오이다. A에게는 B에 대한 살인미수와 C에 대한 과실치사죄의 상상적 경합이 성립하는 학설은 구체적 부합설이다.
乙: A가 B를 살해하기 위해 총을 발사하여 사람이 사망하였다면, 객체의 착오든 방법의 착오든 발생한 결과에 대한 살인죄가 성립하는 학설은 법정적 부합설이다.
① 【 X 】 판례는 법정적 부합설을 취하고 있다. 법정적 부합설(판례)에 의하면 발생사실 C에 대한 살인기수책임을 진다.
② 【 X 】 乙은 법정적 부합설의 입장이며, 인식한 사실과 발생한 사실이 구체적으로 부합하면 발생한 사실에 대한 고의·기수가 인정되는 것은 구체적 부합설이다.
③ 【 O 】 이가치 착오 중 객체의 착오이다. 구체적 부합설과 법정적 부합설 모두 D에 대한 살인미수와 마네킹에 대한 과실손괴의 상상적 경합범이지만 과실손괴는 처벌규정이 없으므로 D에 대한 살인미수만 성립한다.
④ 【 X 】 동가치 착오 중 객체의 착오이다. 구체적 부합설과 법정적 부합설 모두 E에 대한 살인기수 성립한다.

정답 ③

03 다음 중 착오에 대한 설명으로 가장 옳지 않은 것은?

① 객관적으로는 존재하지도 않는 구성요건적 사실을 행위자가 적극적으로 존재한다고 생각한 '반전된 구성요건적 착오'는 「형법」상 불가벌이다.
② 甲이 절취한 물건이 자신의 아버지 소유인 줄 오신했다 하더라도 그 오신은 형면제사유에 관한 것으로서 절도죄의 성립이나 처벌에 아무런 영향을 미치지 않는다.
③ 절도죄에 있어서 재물의 타인성을 오신하여 그 재물이 자기에게 취득할 것이 허용된 동일한 물건으로 오인하고 가져온 경우에는 범죄사실에 대한 인식이 있다고 할 수 없으므로 범의가 조각되어 절도죄가 성립하지 아니한다.
④ 甲이 A를 살해하기 위해 A를 향하여 총을 쏘았으나 총알이 빗나가 A의 옆에 있던 B에게 맞아 B가 즉사한 경우, 구성요건적 착오에 관한 구체적 부합설에 의하면 甲에게는 B에 대한 살인죄의 죄책이 인정되지 않는다.

해설

① 【 X 】 객관적으로는 존재하지 않는 구성요건적 사실을 행위자가 적극적으로 존재한다고 생각하는 '반전된 구성요건적 착오'는 불능범 또는 불능미수로 불능미수의 경우 처벌이 가능하다(제27조). 23. 경찰승진
② 【 O 】 처벌조건은 범죄성립 이후의 문제이다. 친족상도례는 처벌조건으로 객관적 구성요건요소가 아니므로 그에 대한 착오가 있더라도 범죄성립에는 영향이 없다. 23. 경찰승진
③ 【 O 】 절도죄에 있어서 재물의 타인성을 오신하여 그 재물이 자기에게 취득(빌린 것)할 것이 허용된 동일한 물건으로 오인하고 가져온 경우에는 범죄사실에 대한 인식이 있다고 할 수 없으므로 범의가 조각되어 절도죄가 성립하지 아니한다(대판 1983.9.13. 83도1762). 23. 경찰승진
④ 【 O 】 동가치 착오 중 방법의 착오이다. 구체적 부합설에 의하면 甲은 A에 대한 살인미수죄와 B에 대한 과실치사죄의 상상적 경합범이 성립한다. 23. 경찰승진

정답 ①

04 甲은 乙에게 A를 살해하라고 교사하였다. 甲의 청부를 받아들인 乙은 A라고 생각되는 사람이 골목길에 들어서는 것을 보고 그가 집에 들어가려는 순간을 기다려 총을 쏘았다. 사망을 확인하기 위하여 다가가서 보니 죽은 사람은 A가 아니라 A와 꼭 닮은 동생 B였다. 이 사례에 관한 설명으로 옳은 것은? (다툼이 있는 경우 판례에 의함)

① 乙의 착오를 객체의 착오로 보고 구체적 부합설을 따르는 견해에 의하면 乙에게는 살인미수죄와 과실치사죄의 상상적 경합이 인정된다.
② 만일 乙이 A가 오는 것을 보고 총을 쏘았으나 빗나가서 그 옆에 있던 C 소유의 자전거에 맞고 자전거의 일부가 손괴된 경우, 乙의 행위는 발생사실인 과실재물손괴죄로 처벌된다.
③ 乙의 착오를 객체의 착오로 보고 이에 기반을 둔 甲의 착오도 객체의 착오로 보는 경우, 구체적 부합설을 따르는 견해에 의하면 甲에게는 살인미수죄와 과실치사죄의 상상적 경합이 인정된다.
④ 乙의 착오를 객체의 착오로 보고 이에 기반을 둔 甲의 착오를 방법의 착오로 보는 경우, 법정적 부합설을 따르는 견해에 의하면 甲은 살인죄의 교사범으로 처벌된다.

[해설] 22. 경찰
① 【X】 동가치 착오 중 객체의 착오이다. 구체적 부합설에 의할 때 乙은 B에 대한 살인죄가 죄책을 진다.
② 【X】 이가치 중 방법의 착오이다. 구체적 부합설이나 법정적 부합설 모두 A에 대한 살인미수죄가 성립한다. 과실손괴는 불가벌
③ 【X】 甲의 착오도 동가치 착오 중 객체의 착오로 보면 구체적 부합설을 따르면 B에 대한 살인죄의 교사 책임을 진다.
④ 【O】 乙의 착오를 동가치 착오 중 객체의 착오로 보고, 甲의 착오를 동가치 착오 중 방법의 착오 보면, 법정적 부합설에 의할 때 乙은 B에 대한 살인죄의 죄책을 지며, 甲은 B에 대한 살인교사죄의 죄책을 진다.

[정답] ④

05 다음 구성요건적 착오(사실의 착오)에 대한 설명 중 가장 옳지 않은 것은?

① 甲이 乙을 살해하려고 총을 쐈으나 빗나가 乙의 집 유리창을 손괴한 경우에 구체적 부합설과 법정적 부합설은 결론을 달리한다.
② 甲이 乙에게 丙을 살해하도록 교사하였는데 乙은 丁을 丙으로 오인하여 살해한 경우에 법정적 부합설에 따르면 甲은 丁에 대한 살인죄의 교사범이 된다.
③ 甲을 乙로 오인하고 살해하려고 총을 쏘아 甲이 사망한 경우에 구체적 부합설과 법정적 부합설의 결론은 동일하다.
④ 甲을 살해하려고 독약이 든 술을 우송하였으나 乙에게 잘못 배달되어 乙이 이를 마시고 사망한 경우에 법정적 부합설에 의하면 乙에 대한 살인기수죄가 된다.

[해설]
① 【X】 이가치 착오 중 방법의 착오이다. 두 학설 모두 乙에 대한 살인미수죄가 성립한다. 과실손괴는 불가벌이다. 22. 해경승진
② 【O】 갑의 행위는 동가치 착오 중 방법의 착오 – 丁에 대한 살인교사죄 22. 해경승진
③ 【O】 갑의 행위는 동가치 착오 중 객체의 착오 – 두 학설 모두 甲에 대한 살인죄 22. 해경승진
④ 【O】 갑의 행위는 동가치 착오 중 방법의 착오 – 乙에 대한 살인죄 22. 해경승진

[정답] ①

06 사실의 착오에 대한 설명으로 가장 적절하지 않은 것은?

① 甲이 상해의 고의로 乙을 향해 돌을 던졌으나 빗나가서 옆에 있던 丙이 맞은 경우, 법정적 부합설에 따르면 丙에 대한 상해기수죄가 성립한다.
② 甲이 乙을 살해할 의사로 乙의 물병에 독약을 탔으나 乙의 개가 이 물을 마시고 죽은 경우 구체적 부합설에 따르면 살인미수죄와 손괴죄의 상상적 경합이 성립한다.
③ 甲이 丙을 乙로 오인하고 살해하려고 총을 쏘아 丙이 사망한 경우에 구체적 부합설과 법정적 부합설의 결론은 동일하다.
④ 甲이 손괴의 고의로 乙의 집 창문을 향해 돌을 던졌는데 빗나가서 옆에 있던 丙에게 상해를 입힌 경우 구체적 부합설에 따르면 손괴미수죄와 과실치상죄의 상상적 경합이 성립한다.

[해설]
① 【O】 동가치 착오 중 방법의 착오 → 법정적 부합설에 의하면 발생사실의 고의기수를 인정한다. 丙에 대한 상해기수죄가 성립한다.
② 【X】 이가치 착오 중 방법의 착오 → 구체적 부합설에 의하면 인식한 사실에 대한 미수와 발생사실 과실에 대한 상상적 경합이 된다. 을에 대한 살인미수와 개에 대한 과실손괴의 상상적 경합이나 손괴죄는 과실범을 처벌하는 규정이 없으므로 살인미수죄만 성립한다.
③ 【O】 동가치 착오 중 객체의 착오 → 법정적 부합설, 구체적 부합설 모두 발생사실의 기수가 된다. 병에 대한 살인기수가 성립한다.
④ 【O】 이가치 착오 중 방법의 착오 → 구체적 부합설에 의하면 인식한 사실에 대한 미수와 발생사실 과실에 대한 상상적 경합이 된다. 손괴미수와 과실차상의 상상적 경합이 성립한다.

[정답] ②

07 구성요건적 착오에 대한 설명으로 가장 적절한 것은?

① 甲이 친구 A를 살해하려고 독약을 놓아 두었으나 친구 B가 이를 마시게 되어 사망한 경우, 구체적 부합설과 법정적 부합설 모두 B에 대한 살인죄를 인정한다.
② 甲이 친구 A를 친구 B로 착각하여 살해한 경우, 구체적 부합설의 입장에서는 B에 대한 살인미수와 A에 대한 과실치사죄의 상상적 경합이 된다고 본다.
③ 甲이 친구 A를 살해하려고 하였으나 주위가 어두워 자신의 장모 B를 A로 오인하여 살해한 경우, 판례는 보통살인죄의 형으로 처단하여야 한다고 본다.
④ 甲이 살인의 고의로 친구 A의 머리를 내리쳐 A가 실신하자(제1행위), 그가 죽은 것으로 오인하여 웅덩이에 파묻었는데(제2행위) 실제로는 질식사한 것으로 밝혀진 경우, 판례는 제1행위에 의한 살인미수와 제2행위에 의한 과실치사죄의 실체적 경합을 인정한다.

[해설] 21. 경찰채용 1차
① 【X】 설문은 동가치 착오 중 방법의 착오에 해당한다. 이 경우 구체적 부합설에 의하면 인식사실에 대한 미수와 발생사실에 대한 과실의 상상적 경합이 성립하지만, 법정적 부합설에 의하면 발생사실에 대한 고의기수가 성립한다.
② 【X】 설문은 동가치 착오 중 객체의 착오에 해당한다. 이 경우 구체적 부합설에 의하면 발생사실에 대한 고의기수가 성립한다.
③ 【O】 설문은 동가치 착오 중 객체의 착오에 해당한다. 이에 대해 판례는 법정적 부합설을 취하고 있다. 따라서 발생사실에 대한 고의기수가 성립한다. 하지만 존속에 대한 인식이 없었으므로 존속살해가 아닌 보통살인죄의 형으로 처단하여야 한다.
④ 【X】 설문은 개괄적 고의에 대한 내용이다. 이 경우 판례는 전과정을 개괄적으로 보면 결국 처음에 예견한 살인을 실현한 것이므로, 살인죄가 성립한다.

[정답] ③

08 다음 중 가, 나, 다에 대한 설명으로 가장 적절한 것은?

> 가. 甲은 친구 A를 살해하기 위하여 집 앞에서 기다리던 중, A가 나타나자 A를 조준하여 총을 발사하였는데, 총알이 빗나가 전혀 인식하지 못했던 B에게 명중되어 B가 즉사하였다.
> 나. 乙은 친구 C를 살해하기 위하여 독이 든 케이크를 C의 집으로 배송하였다. C가 동생 D와 함께 살고 있었기 때문에 D가 먹고 사망할 수도 있다고 생각하였으나, 그래도 할 수 없다고 생각하였고 실제로 D가 배송된 케이크를 먹고 사망하였다.
> 다. 丙은 친구 E를 살해하기 위하여 E의 집 창가에서 기다리다가 E의 방에 불이 켜지고 창문에 비친 사람을 E라고 생각하고 총을 발사하였는데, 실제로 총에 맞은 사람은 E의 동생 F였고 그로 인해 F는 사망하였다.

① 甲의 죄책에서 구체적 부합설과 법정적 부합설의 결론이 같다.
② 乙의 죄책에서 어느 학설에 따르더라도 D에 대한 고의를 인정한다.
③ 丙의 죄책에서 법정적 부합설은 E에 대한 살인죄의 기수범을, 구체적 부합설은 살인죄의 미수범을 인정한다.
④ 법정적 부합설은 甲, 乙, 丙 모두에 대하여 살인죄 기수범을 인정하는 것은 아니다.

해설 23. 경찰간부

① 【 X 】 동가치 착오 중 방법의 착오 사례로 구체적 부합설은 A에 대한 살인미수죄와 B에 대한 과실치사죄의 상상적 경합범이지만, 법정적 부합설은 B에 대한 살인죄 기수가 성립한다.
② 【 O 】 고의의 일종인 미필적 고의는 중대한 과실과는 달리 범죄사실의 발생 가능성에 대한 인식이 있고 나아가 범죄사실이 발생할 위험을 용인하는 내심의 의사가 있어야 한다. 행위자가 범죄사실이 발생할 가능성을 용인하고 있었는지 여부는 행위자의 진술에 의존하지 않고 외부에 나타난 행위의 형태와 행위의 상황 등 구체적인 사정을 기초로 일반인이라면 해당 범죄사실이 발생할 가능성을 어떻게 평가할 것인지를 고려하면서 행위자의 입장에서 그 심리상태를 추인하여야 한다(대판 2018.1.25. 2017도13628).
③ 【 X 】 동가치 착오 중 객체의 착오 사례로 두 학설 모두 F에 대한 살인기수가 성립한다.
④ 【 X 】 법정적 부합설은 甲, 乙, 丙 모두에 대하여 살인죄 기수범을 인정한다.

정답 ②

09 사실의 착오에 대한 설명으로 옳은 것은?

① 甲은 A를 살해할 의사로 A의 물병에 독약을 탔으나 A의 개가 이 물을 마시고 죽은 경우 구체적 부합설에 따르면 살인미수죄와 손괴죄의 상상적 경합이 성립한다.
② 甲은 절취의 의사로 A의 지갑을 몰래 가지고 왔으나 알고 보니 그 지갑이 B의 지갑이었던 경우 법정적 부합설에 따르면 A에 대한 절도미수죄가 성립한다.
③ 甲은 A를 살해할 의사로 돌로 내려쳐 정신을 잃고 늘어지자 A가 죽었다고 생각하고 A를 웅덩이에 묻었으나 사실은 A가 매장으로 인하여 질식사한 경우 판례에 따르면 A에 대한 살인미수죄와 과실치사죄의 상상적 경합이 성립한다.
④ 甲은 A를 상해할 의사로 깨진 유리를 A에게 휘둘렀으나 甲을 말리려던 B가 끼어들며 유리에 찔려 부상을 입은 경우 구체적 부합설에 따르면 A에 대한 상해미수죄와 B에 대한 과실치상죄의 상상적 경합이 성립한다.

해설 18. 국가직

① 【 X 】 이가치 착오 중 방법의 착오 → 구체적 부합설에 의하면 인식한 사실에 대한 미수와 발생사실의 상상적 경합이 된다. A에 대한 살인미수와 개에 대한 과실손괴의 상상적 경합이나 손괴죄는 과실범을 처벌하는 규정이 없으므로 살인미수죄만 성립한다.
② 【 X 】 동가치 착오 중 객체의 착오 → 법정적 부합설에 의할 때 고의전용이 되는바 B에 대한 절도죄가 성립한다.
③ 【 X 】 乙이 甲의 살해의 의도로 행한 구타행위에 의하여 직접 사망한 것이 아니라 죄적을 인멸할 목적으로 행한 매장행위에 의하여 사망하게 되었다 하더라도 전과정을 개괄적으로 보면 결국 甲이 처음에 예견한 살인을 실현한 것이므로, 甲은 살인죄가 성립한다 (대판 1988.6.28. 88도650).
④ 【 O 】 동가치 착오 중 방법의 착오 → 구체적 부합설에 의하면 인식사실에 대한 미수와 발생사실에 대한 과실의 상상적 경합이 성립다. A에 대한 상해미수죄와 B에 대한 과실치상죄의 상상적 경합범이 성립된다.

정답 ④

10 사실의 착오에 대한 설명으로 가장 적절한 것은?

① 甲이 A를 살해할 의사로 돌로 머리를 내리쳐 정신을 잃고 쓰러지자 A가 죽은 것으로 오인하고 죄적을 인멸하기 위해 A를 웅덩이에 묻었으나 사실은 A가 매장으로 인하여 질식사한 경우 판례에 따르면 甲에게 A에 대한 살인미수죄와 과실치사죄의 실체적 경합이 성립한다.
② 甲이 형 A를 살해하려고 기다리다가 아버지 B를 A로 오인하고 살해한 경우 판례에 따르면 甲에게 보통살인죄의 미수와 존속살해죄의 상상적 경합이 성립한다.
③ 甲이 형수 A를 살해하기 위하여 몽둥이를 휘둘렀으나 몽둥이가 빗나가서 형수 A가 업고 있던 조카 B가 맞고 사망한 경우 법정적 부합설에 따르면 甲에게 A에 대한 살인미수죄와 B에 대한 과실치사죄의 상상적 경합이 성립한다.
④ 甲이 A를 살해하기 위하여 총을 발사하였으나 빗나가 주차되어 있는 자동차 유리창만 깨뜨린 경우 구체적 부합설에 따르면 甲에게 A에 대한 살인미수죄가 성립한다.

해설 18. 경찰채용 3차

① 【 X 】 이른바 개괄적 고의사례이다. 행위자가 처음에 의도했던 결과가 개괄적으로 보면 실현되었으므로 발생결과에 대한 고의기수를 인정하는 것이 판례이다. 따라서 A에 대한 살인기수죄가 성립한다.
② 【 X 】 동가치 착오 중 객체의 착오에 해당한다. 이에 대해 판례는 법정적 부합설을 취하고 있다. 따라서 발생사실에 대한 고의기수가 성립한다. 하지만 존속에 대한 인식이 없었으므로 존속살해가 아닌 보통살인죄의 형으로 처단하여야 한다.
③ 【 X 】 동가치 착오 중 방법의 착오 → 법정적 부합설에 의하면 발생사실의 고의기수를 인정한다. B에 대한 살인기수를 인정한다.
④ 【 O 】 이가치 착오 중 방법의 착오 → 구체적 부합설에 의하면 인식한 사실에 대한 미수와 발생사실 과실에 대한 상상적 경합이 된다. 그런데 과실손괴는 구성요건이 없어 불가벌이므로, A에 대한 살인미수죄만 성립한다.

정답 ④

11 사실의 착오에 대한 설명으로 가장 적절한 것은?

① 甲은 A를 살해할 의사로 농약을 숭늉그릇에 투입하여 A의 집안에 놓아두었는데, 이러한 사정을 모르는 B가 이를 마시고 사망했다. 甲에게는 B에 대한 살인죄가 성립한다.

② 甲은 살의(殺意)를 가지고 A를 향해 힘껏 몽둥이를 휘둘렀으나 A의 등에 업힌 조카 B의 머리 부분을 가격하여 현장에서 사망케 했다. 甲에게는 B에 대한 과실치사죄가 성립한다.

③ 甲은 살인의 고의로 A를 향해 총을 발사했는데, 그 순간 이를 제지하고자 B가 앞으로 뛰어들어 A 대신 총탄을 맞고 사망했다. 甲에게는 A에 대한 살인미수죄와 B에 대한 과실치사죄의 상상적 경합이 성립한다.

④ 甲은 A와 시비가 붙어 싸우다가 힘이 달리자 상해의 고의로 칼을 가지고 나와 A를 향해 휘두르다가 옆에서 싸움을 말리면서 칼을 뺏으려던 B에게 상해를 입혔다. 甲에게는 B에 대한 과실치상죄가 성립한다.

해설 18. 경찰채용 2차

①【O】,③【X】 동가치 중 방법의 착오에 해당한다. 판례인 법정적 부합설에 의하면 인식사실인 A와 발생사실인 B는 법정적으로 부합하므로, 발생사실인 B에 대한 살인고의가 인정된다. B에 대한 살인죄가 성립한다.

②【X】 동가치 착오 중 방법의 착오에 해당하므로, 법정적부합설(판례)에 의하면 발생사실에 대한 고의범이 성립한다(대판 1984.1.24. 83도2813).

④【X】 동가치 착오 중 방법의 착오에 해당한다. 판례인 법정적 부합설에 의하면 인식사실인 A와 발생사실인 B는 법정적으로 부합하므로, 발생사실인 B에 대한 상해고의가 인정된다. 따라서 B에 대한 상해죄가 성립한다. 성명불상자 3명과 싸우다가 힘이 달리자 옆포장마차로 달려가 길이 30센티미터의 식칼을 가지고 나와 이들 3명을 상대로 휘두르다가 이를 말리면서 식칼을 뺏으려던 피해자의 귀를 찔러 상해를 입힌 피고인에게 **상해의 범의가 인정**되며 상해를 입은 사람이 목적한 사람이 아닌 다른 사람이라 하여 과실상해죄에 해당한다고 할 수 없다(대판 1987.10.26. 87도1745).

정답 ①

12 甲의 죄책에 대한 다음 설명 중 옳지 않은 것은?

① 甲은 乙, 丙과 시비가 붙어 싸우다가 乙, 丙에 대하여 상해고의로 식칼을 휘둘렀다. 그런데 지나가다가 싸움을 말리던 丁이 칼에 맞아 상해를 입었다. 판례에 의하면 甲은 丁에 대한 상해기수의 죄책을 진다.

② 甲은 乙을 향해 돌을 던졌는데 丙의 자동차에 맞아 유리창이 깨진 경우 구체적 부합설과 법정적 부합설 중 어느 학설에 의하더라도 동일한 결과에 이른다.

③ 甲은 심야에 짖어대는 乙의 개 丙을 죽이려고 총을 발사하였다. 그런데 조준에 실패하여 乙이 총에 맞아 사망하였다. 추상적 부합설에 의할 경우 甲은 丙에 대한 재물손괴기수와 乙에 대한 살인미수죄의 상상적 경합범이 된다.

④ 캄캄한 밤중에 자신의 장모를 처로 오인하고 살해한 경우 판례에 따르면 형법 제15조 제1항에 의하여 보통살인죄로 처벌된다.

해설 17. 경찰간부

①【O】 동가치 착오 중 방법의 착오사례이다. 판례의 입장인 법정적 부합설에 의하면 발생사실에 대한고의기수가 인정되므로 甲은 丁에 대한 상해기수의 죄책을 진다(대판 1987.10.26. 87도1745).

②【O】 이가치 착오 중 방법의 착오사례이다. 구체적 부합설과 법정적 부합설 모두 인식사실에 대한 미수와 발생사실에 대한 과실의 상상적 경합을 인정한다.

③【X】 이가치 착오 중 방법의 착오사례이다. 이와 같은 사례에서 추상적 부합설은 경한 죄의 고의로 중한 죄의 결과가 발생했을 때 경한 죄의 기수와 중한 죄의 과실의 상상적 경합을 인정하므로 甲은 丙에 대한 재물손괴기수와 乙에 대한 과실치사죄의 상상적 경합범이 된다.

④【O】 대판 1960.10.31. 4293형상494

정답 ③

13 다음 설명 중 가장 적절하지 않은 것은?

① 甲은 같이 사냥을 하던 동료 乙을 살해하려고 총을 쏘았는데 사격이 미숙하여 옆 자리의 丙이 총알에 맞아 사망하였다. 이 경우 구성요건적 착오에 관한 학설 중 구체적 부합설과 법정적 부합설의 결론은 다르다.

② 甲은 평소 乙의 심한 괴롭힘을 참을 수 없어서 늦은 밤에 乙을 뒤따라가 등을 칼로 찔렀으나 실제로는 乙과 비슷한 외모의 丙이 살해되었다. 이 경우 구성요건적 착오에 관한 구체적 부합설 및 법정적부합설에 의하면 발생사실에 대하여 고의가 인정되어 丙에 대한 살인죄가 성립한다.

③ 甲이 살해의도로 丙을 향하여 발포하였으나 빗나가 옆에 있던 乙에게 명중하여 사망한 경우, 구성요건적 착오에 관한 어떤 학설에 의할 때도 乙에 대한 살인죄가 성립한다.

④ 피고인의 구타행위로 상해를 입은 피해자가 정신을 잃고 빈사상태에 빠지자 사망한 것으로 오인하고, 자신의 행위를 은폐하고 피해자가 자살한 것처럼 가장하기 위하여 피해자를 베란다 아래의 바닥으로 떨어뜨려 사망케 하였다면, 피고인의 행위는 포괄하여 단일의 상해치사죄에 해당한다.

해설 16. 경찰채용 1차

① 【 O 】 동가치 착오 중 방법의 착오 사례이다. 구체적 부합설은 乙에 대한 살인미수죄와 丙에 대한 과실치사죄의 상상적 경합범으로 처리하지만, 법정적 부합설은 丙에 대한 살인죄로 처리한다.

② 【 O 】 동가치 착오 중 객체의 착오 사례이다. 두 학설 모두 丙에 대한 살인죄로 처리한다.

③ 【 X 】 동가치 착오 중 방법의 착오 사례이다. 구체적 부합설은 丙에 대한 살인미수죄와 乙에 대한 과실치사죄의 상상적 경합범으로 처리하지만, 법정적 부합설은 乙에 대한 살인죄로 처리한다. 추상적 부합설은 학설로써 가치가 없기 때문에 그에 관한 설명은 생략한다.

④ 【 O 】 대판 1994.11.4. 94도2361

정답 ③

14 착오의 형법적 취급에 대한 다음 설명 중 옳은 것은?

① 존재하지 않는 형벌법규를 존재하는 것으로 오인하고 행위한 때에도 그 행위에 위험성이 있으면 불능미수로 처벌할 수 있다.

② 형이 면제되는 친족관계가 있다고 오인하고 절도하였더라도 절도죄의 성립은 물론이고 처벌에도 아무런 영향이 없다.

③ 피교사자의 객체의 착오는 교사자에게 방법의 착오가 된다는 견해가 방법의 착오에 관한 구체적 부합설을 취하면, 甲이 乙에게 A를 살해할 것을 교사하였으나 乙이 B를 A로 오인하여 B를 살해한 경우 甲은 B에 대한 살인교사의 죄책을 진다.

④ 甲이 상해의 고의로 A를 구타하여 A가 정신을 잃자 사망한 것으로 오인하고, A 자살한 것처럼 가장하기 위하여 A를 베란다 아래로 떨어뜨려 사망하게 한 경우에는 포괄하여 하나의 살인죄가 성립한다.

해설 19. 국가직

① 【 X 】 이른바 환각범에 해당한다. 환각범은 처벌규정(구성요건)이 없으므로 불가벌이다.

② 【 O 】 처벌조건은 객관적 구성요건요소가 아니므로 고의의 인식대상이 아니다.

③ 【 X 】 피교사자의 객체의 착오는 교사자에게 방법의 착오가 된다. 한편 방법의 착오에 관하여 구체적 부합설은, 甲이 乙에게 A를 살해할 것을 교사하였으나 乙이 B를 A로 오인하여 B를 살해한 경우 A에 대한 살인미수교사죄와 B에 대한 과실치사죄의 상상적 경합을 인정한다.

④ 【 X 】 피고인이 피해자에게 우측 흉골골절 및 늑골골절상과 이로 인한 우측 심장벽좌상과 심낭내출혈 등의 상해를 가함으로써, 피해자가 바닥에 쓰러진 채 정신을 잃고 빈사상태에 빠지자, 피해자가 사망한 것으로 오인하고, 피고인의 행위를 은폐하고 피해자가 자살한 것처럼 가장하기 위하여 피해자를 베란다로 옮긴 후 베란다 밑 약 13m 아래의 바닥으로 떨어뜨려 피해자로 하여금 현장에서 좌측 측두부 분쇄함몰골절에 의한 뇌손상 및 뇌출혈 등으로 사망에 이르게 하였다면, <u>피고인의 행위는 포괄하여 단일의 **상해치사죄**에 해당한다</u>(대판 1994.11.4. 94도2361). 개괄적 과실 사례이다.

정답 ②

15 구성요건적 착오에 관한 〈구체적 부합설〉과 〈법정적 부합설〉 중 어느 학설에 의하더라도 동일한 결과에 이르는 사례는 모두 몇 개인가?

> ㉠ 甲은 乙을 향하여 돌을 던졌는데 옆에 지나가던 행인 丙이 맞아 머리에 상처를 입었다.
> ㉡ 甲은 乙을 향하여 돌을 던졌는데 丙의 자동차에 맞아 유리창이 깨졌다.
> ㉢ 乙을 살해하고자 하는 甲은 어둠 속에서 丙을 乙로 알고 총을 쏘아 살해하였다.
> ㉣ 사냥을 나온 甲은 어둠 속에서 움직이는 물체를 동료 乙로 알고 乙을 살해하기 위해 총을 쏘았으나 사실은 乙의 사냥개였다.

① 1개　　　② 2개　　　③ 3개　　　④ 4개

해설 19. 국가직

〈구체적 부합설〉과 〈법정적 부합설〉 중 어느 학설에 의하더라도 동일한 결과에 이르는 사례는 동가치 착오 중 객체의 착오와 이가치 착오이다.
㉠ 【 X 】 동가치 착오 중 방법의 착오에 해당한다. 이 경우 구체적 부합설에 의하면 乙에 대한 상해미수와 丙에 대한 과실치상죄의 상상적 경합이 되는 반면, 법정적 부합설에 의하면 丙에 대한 상해기수가 인정된다.
㉡ 【 O 】 이가치 착오 중 방법의 착오에 해당하고, 이 경우 구체적 부합설과 법정적 부합설 모두 乙에 대한 상해미수와 자동차에 대한 과실손괴의 상상적 경합이 된다. 다만 과실손괴 처벌규정이 없으므로 결국 乙에 대한 상해미수범의 죄책만을 진다.
㉢ 【 O 】 동가치 착오 중 객체의 착오에 해당하고, 양설 모두 발생사실에 대한 고의기수 즉 丙에 대한 살인기수의 죄책이 인정된다.
㉣ 【 O 】 이가치 착오 중 객체의 착오에 해당하고, 이 경우 구체적 부합설과 법정적 부합설 모두 乙에 대한 살인미수와 개에 대한 과실손괴의 상상적 경합이 된다. 다만 과실손괴 처벌규정이 없으므로 결국 乙에 대한 살인미수범의 죄책만을 진다.

정답 ③

16 다음 사례에 대한 설명으로 가장 적절하지 않은 것은?

> 갑은 A가 키우는 강아지가 시끄럽게 짖자, A의 강아지를 죽이기 위해 소지하던 엽총을 발사하였다. 하지만 총알이 빗나가 강아지가 아닌 A가 맞아 현장에서 사망하였다.

① 사례는 구성요건적 착오(사실의 착오)의 문제로 추상적 사실의 착오 중 방법의 착오에 해당한다.
② 사례에 있어 법정적 부합설과 추상적 부합설의 결론은 동일하다.
③ 구체적 부합설에 의하면 강아지에 대한 손괴미수와 A에 대한 과실치사죄의 상상적 경합범이 성립한다.
④ 만약 A의 부인을 쏘려고 하였으나 빗나가 A가 맞고 사망했다면, 판례는 갑에게 A에 대한 살인죄의 성립을 긍정한다.

해설 21. 경찰승진

① 【 O 】 이가치 착오(추상적 사실의 착오) 중 방법의 착오이다.
② 【 X 】 법정적 부합설에 따르면 강아지에 대한 손괴미수죄와 A에 대한 과실치사죄의 상상적 경합범이고, 추상적부합설에 따르면 강아지에 대한 손괴죄와 A에 대한 과실치사죄의 상상적 경합범이다.
③ 【 O 】 구체적 부합설에 의하면 강아지에 대한 손괴미수와 A에 대한 과실치사죄의 상상적 경합범이 성립한다.
④ 【 O 】 동가치 착오 중 방법의 착오로 판례(법정적 부합설)에 따르면 갑에게 A에 대한 살인죄의 성립한다.

정답 ②

17 甲은 乙에게 A를 살해하라고 교사하였다. 甲의 청부를 받아들인 乙은 A라고 생각되는 사람이 골목길에 들어서는 것을 보고 그가 집에 들어가려는 순간을 기다려 총을 쏘았다. 사망을 확인하기 위하여 다가가서 보니 죽은 사람은 A가 아니라 A와 꼭 닮은 동생 B였다. 이 사례에 관한 설명으로 옳은 것은? (다툼이 있는 경우 판례에 의함)

① 乙의 착오를 객체의 착오로 보고 구체적 부합설을 따르는 견해에 의하면 乙에게는 살인미수죄와 과실치사죄의 상상적 경합이 인정된다.
② 만일 乙이 A가 오는 것을 보고 총을 쏘았으나 빗나가서 그 옆에 있던 C 소유의 자전거에 맞고 자전거의 일부가 손괴된 경우, 乙의 행위는 발생사실인 과실재물손괴죄로 처벌된다.
③ 乙의 착오를 객체의 착오로 보고 이에 기반을 둔 甲의착오도 객체의 착오로 보는 경우, 구체적 부합설을 따르는 견해에 의하면 甲에게는 살인미수죄와 과실치사죄의 상상적 경합이 인정된다.
④ 乙의 착오를 객체의 착오로 보고 이에 기반을 둔 甲의착오를 방법의 착오로 보는 경우, 법정적 부합설을 따르는 견해에 의하면 甲은 살인죄의 교사범으로 처벌된다.

[해설] 21. 경찰승진
① 【X】 피교사자 을의 경우 동가치 착오 중 객체의 착오이므로 어느 학설에 따르면 B에 대한 살인기수가 성립한다.
② 【X】 피교사자 을의 이가치 착오 중 방법의 착오이다. 판례에 따르면 살인미수죄와 과실재물손괴죄의 상상적 경합범이 성립하나, 과실재물손괴죄는 처벌규정이 없으므로 살인미수죄만 성립한다.
③ 【X】 교사자 갑의 경우에도 동가치 착오 중 객체의 착오라고 보는 견해에 의하면 어느 학설에 따르든 B에 대한 살인기수죄가 성립한다.
④ 【O】 갑은 동가치 착오 중 방법의 착오이므로 B에 대한 살인기수죄가 성립한다

[정답] ④

18 甲은 자기 부인을 희롱하는 乙을 살해의 고의로 돌로 내리쳤다. 乙이 뇌진탕 등으로 인하여 정신을 잃고 축 늘어지자 甲은 乙이 죽은 것으로 오인하고 증거를 인멸할 목적으로 乙을 개울가로 끌고 가 웅덩이를 파고 땅에 파묻었다. 그러나 부검 결과 乙의 사망은 질식에 의한 것임이 밝혀졌다. 사례의 해결에 대한 설명으로 옳지 않은 것은?

① 이른바 '개괄적 고의'의 개념을 이용하여 사례를 해결하려는 견해에 의하면, 제1행위와 제2행위를 개괄하는 단일한 고의가 인정되어 甲에게는 살인기수죄가 인정된다.
② 이 경우를 인과관계 착오의 한 형태로 보는 견해에 의하면, 인과과정의 차이가 본질적이지 않다고 인정되는 경우 甲에게는 살인기수죄가 인정된다.
③ 전 과정을 개괄적으로 보면 乙의 살해라는 처음에 예견된 사실이 결국 실현된 것으로서 甲은 살인죄의 죄책을 면할 수 없다는 것이 판례의 입장이다.
④ 제1행위와 제2행위의 독립적 성격을 강조하는 견해에 의하면, 甲에게는 살인미수죄와 사체유기죄의 경합범이 인정된다.

[해설] 21. 경찰승진

① 【 ○ 】 옳은 설명이다.
② 【 ○ 】 옳은 설명이다.
③ 【 ○ 】 피해자가 피고인들의 살해의 의도로 행한 구타행위에 의하여 직접 사망한 것이 아니라 죄적을 인멸할 목적으로 행한 매장행위에 의하여 사망하게 되었다 하더라도 전 과정을 개괄적으로 보면 피해자의 살해라는 처음에 예견된 사실이 결국은 실현된 것으로서 피고인들은 살인죄의 죄책을 면할 수 없다(대판 1988.6.28. 88도650).
④ 【 X 】 제1행위와 제2행위는 고의를 달리하는 별개의 행위이기 때문에 각각 독자적으로 판단하여야 하므로 제1행위의 미수와 제2행위의 과실의 실체적 경합범이 된다는 견해에 의하면, 甲은 살인미수죄와 과실치사죄의 실체적 경합이 된다.

정답 ④

19 다음 사례에 대한 설명으로 적절한 것을 모두 고른 것은?

〈사례〉
甲은 A를 살해하기 위하여 돌멩이로 A의 머리를 내리쳐서(제1행위) A가 정신을 잃고 쓰러지자 그가 사망한 것으로 오인하고 증거를 인멸할 목적으로 A를 그곳에서 150m 떨어진 개울가로 끌고 가 웅덩이를 파고 A를 매장하였는데(제2행위), A는 제1행위가 아닌 제2행위로 인하여 질식사 하였다.

㉠ 판례는 전과정을 개괄적으로 보면 피해자의 살해라는 처음에 예견된 사실이 결국은 실현된 것으로 본다.
㉡ 甲이 증거를 인멸할 목적으로 A를 매장하였더라도 증거인멸죄는 성립하지 않는다.
㉢ 판례는 각 행위의 독립적 성격을 강조하여 살인미수죄와 과실치사죄의 실체적 경합범을 인정한다.
㉣ 위와 유사한 사례에서 판례는 상해의 고의로 구타하여 피해자가 정신을 잃고 빈사상태에 빠지자(제1행위) 사망한 것으로 오인하고 자신의 행위를 은폐하기 위하여 피해자를 베란다 아래로 떨어뜨려 사망하게 한 경우(제2행위), 그 행위들을 포괄하여 단일의 살인죄에 해당한다고 본다.

① ㉠, ㉡   ② ㉠, ㉡, ㉢   ③ ㉠, ㉡, ㉣   ④ ㉡, ㉢, ㉣

[해설] 22. 경찰승진

㉠ 【 ○ 】, ㉢ 【 X 】 피해자가 피고인들의 살해의 의도로 행한 구타행위에 의하여 직접 사망한 것이 아니라 죄적을 인멸할 목적으로 행한 매장행위에 의하여 사망하게 되었다 하더라도 전 과정을 개괄적으로 보면 피해자의 살해라는 처음에 예견된 사실이 결국은 실현된 것으로서 피고인들은 살인죄의 죄책을 면할 수 없다(대판 1988.6.28. 88도650).
㉡ 【 ○ 】 자기증거인멸은 증거인멸죄가 성립하지 않는다.
㉣ 【 X 】 피고인의 행위는 포괄하여 단일의 **상해치사죄**에 해당한다(대판 1994.11.4. 94도2361).

정답 ①

20 다음 중 〈사례〉에 대한 설명으로 옳게 짝지어진 것은? (다툼이 있는 경우 판례에 의함)

〈사례〉

甲은 A를 살해하기 위하여 돌멩이로 A의 머리를 내리쳐서(제1행위) A가 정신을 잃고 쓰러지자 그가 사망한 것으로 오인하고 증거를 인멸할 목적으로 A를 그곳에서 150m 떨어진 개울가로 끌고 가 웅덩이를 파고 A를 매장하였는데(제2행위), A는 제1행위가 아닌 제2행위로 인하여 질식사하였다.

㉠ 개괄적 고의설에 의하면 甲의 행위는 살인의 고의가 인정되고 제2행위에 대하여도 제1행위의 고의가 개괄적으로 미치는 단일행위이기 때문에 살인기수이다.
㉡ 미수범설에 의하면 고의의 행위시 존재원칙에 따라 제1행위에 대한 살인미수와 제2행위에 대한 과실치사가 성립되고 양자는 실체적 경합범이 될 수 있다.
㉢ 甲이 증거를 인멸할 목적으로 丙을 바다로 던졌더라도 증거인멸죄는 성립하지 않는다.
㉣ 위와 유사한 사례에서 판례는 상해의 고의로 구타하여 피해자가 정신을 잃고 빈사상태에 빠지자(제1행위) 사망한 것으로 오인하고 자신의 행위를 은폐하기 위하여 피해자를 베란다 아래로 떨어뜨려 사망하게 한 경우(제2행위), 그 행위들을 포괄하여 단일의 살인죄에 해당한다고 보았다.

① ㉠, ㉡, ㉢ ② ㉠, ㉡, ㉣ ③ ㉠, ㉢, ㉣ ④ ㉡, ㉢, ㉣

해설 23. 해경간부

㉠ 【 O 】 옳은 설명이다.
㉡ 【 O 】 옳은 설명이다.
㉢ 【 O 】 범인 자기 자신의 증거인멸행위는 범죄를 구성하지 않아 증거인멸죄는 성립하지 아니한다.
㉣ 【 X 】 피고인의 구타행위로 상해를 입은 피해자가 정신을 잃고 빈사상태에 빠지자 사망한 것으로 오인하고, 자신의 행위를 은폐하고 피해자가 자살한 것처럼 가장하기 위하여 피해자를 베란다 아래의 바닥으로 떨어뜨려 사망케 하였다면, 피고인의 행위는 포괄하여 단일의 상해치사죄에 해당한다(대판 1994.11.4. 94도2361).

정답 ①

제6절 과실범

> 지문의 내용에 대해 학설의 대립 등 다툼이 있는 경우 판례에 의함

01 다음 설명 중 옳은 것을 모두 고른 것은?

㉠ 업무상과실장물죄에서 업무자의 신분은 부진정신분범 요소이다.
㉡ 「형법」 제10조 제3항은 고의에 의한 원인에 있어서의 자유로운 행위에만 적용되고 과실에 의한 원인에 있어서의 자유로운 행위까지는 포함하지 않는다.
㉢ 방조범은 정범의 실행을 방조한다는 방조의 고의와 정범의 행위가 구성요건에 해당한다는 점에 대한 정범의 고의가 있어야 한다.
㉣ 과실에 의한 공동정범은 물론 과실에 의한 위험범의 성립도 가능하다.

① ㉠, ㉡ ② ㉠, ㉢ ③ ㉡, ㉢ ④ ㉡, ㉣ ⑤ ㉢, ㉣

해설

㉠ 【 X 】 과실장물죄는 처벌규정이 없으므로, 업무상과실장물죄가 기본범죄이다. 따라서 업무상과실장물죄에서 업무자의 신분은 진정신분범의 요소이다. 19. 변호사
㉡ 【 X 】 형법 제10조 제3항은 고의에 의한 원인에 있어 자유로운 행위만이 아니라 과실에 의한 원인에 있어서의 자유로운 행위까지도 포함하는 것이다(대판 1992.7.28. 92도999). ⇨ 음주 뺑소니 사건. 19. 변호사
㉢ 【 O 】 대판 2005.4.29. 2003도6056. 19. 변호사
㉣ 【 O 】 판례는 과실범의 공동정범의 성립을 긍정한다(대판 1962.3.29. 4294형상598). 한편, 실화죄(제170조)는 과실에 의한 위험범의 예이다. 19. 변호사

정답 ⑤

02 과실범에 관한 설명 중 가장 적절하지 않은 것은?

① 형법상 과실범의 미수를 처벌하는 규정은 존재하지 않는다.
② 행정상의 단속을 주 내용으로 하는 법규라고 하더라도 '명문규정이 있거나 해석상 과실범도 벌할 뜻이 명확한 경우'를 제외하고는 형법의 원칙에 따라 고의가 있어야 벌할 수 있다.
③ 공사현장 감독인이 공사의 발주자에 의하여 현장감독에 임명된 것이 아니고, 건설업법상 요구되는 현장건설기술자의 자격도 없다면 업무상 과실책임을 물을 수 없다.
④ 택시운전기사가 심야에 밀집된 주택 사이의 좁은 골목길이자 직각으로 구부러져 가파른 비탈길의 내리막에서 그다지 속도를 줄이지 않고 진행하다가 내리막에 누워 있던 피해자의 몸통 부위를 택시 바퀴로 역과하여 그 자리에서 사망에 이르게 한 경우 그에게 업무상 주의의무 위반을 인정할 수 있다.

해설

① 【 O 】 과실범은 이론상 미수가 불가능하며, 미수범 처벌규정도 없다. 17. 경찰승진
② 【 O 】 대판 2010.2.11. 2009도9807 17. 경찰승진
③ 【 X 】 피고인이 사업당시 공사현장감독인인 이상 그 공사의 원래의 발주자의 직원이 아니고 또 동 발주자에 의하여 현장감독에 임명된 것도 아니며, 건설업법상 요구되는 현장건설기술자의 자격도 없다는 등의 사유는 업무상과실책임을 물음에 아무런 영향도 미칠 수 없다(대판 1983.6.14. 82도2713). 17. 경찰승진
④ 【 O 】 대판 2011.5.26. 2010도17506 17. 경찰승진

정답 ③

03 과실범에 대한 설명으로 가장 적절한 것은?

① 甲이 사업 당시 공사현장 감독자이기는 하였으나 해당 공사의 발주자에 의하여 현장감독에 임명된 것이 아니고 구 건설업법상 요구되는 현장건설 기술자의 자격도 없었다면, 비록 그의 현장감독 부주의로 인하여 근로자가 다쳤다고 하더라도 甲에게 업무상과실책임을 물을 수 없다.

② 의사가 설명의무를 위반한 채 의료행위를 하였다가 환자에게 사망의 결과가 발생한 경우, 의사에게 업무상 과실로 인한 형사책임을 지우기 위하여 의사의 설명의무위반과 환자의 사망사이에 상당인과관계가 존재할 필요는 없다.

③ 의료사고에서 의사의 과실을 인정하기 위해서는 의사가 결과 발생을 예견할 수 있었음에도 이를 예견하지 못하였고 결과 발생을 회피할 수 있었음에도 이를 회피하지 못한 과실이 검토되어야 하고, 과실의 유무를 판단할 때에는 같은 업무와 직무에 종사하는 보통인의 주의정도를 표준으로 하여야 한다.

④ 법인 대표자의 법규위반행위에 대한 법인의 책임은 법인 자신의 법규위반행위로 평가될 수 있는 행위에 대한 법인의 직접 책임으로서의 성격을 가지지만, 대표자의 과실에 의한 위반행위에 대하여는 법인 자신의 과실에 의한 책임이라고 할 수 없다.

[해설]

① 【 X 】 피고인이 사업 당시 공사현장 감독인 이상 그 공사의 원래의 발주자의 직원이 아니고 또 동 발주자에 의하여 현장감독에 임명된 것도 아니며, 건설업법상 요구되는 현장 건설 기술자의 자격도 없다는 등의 사유는 업무상과실책임을 물음에 아무런 영향도 미칠 수 없다(대판 1983.6.14. 82도2713). 22. 경찰승진

② 【 X 】 의사가 설명의무를 위반한 채 의료행위를 하였다가 환자에게 상해 또는 사망의 결과가 발생한 경우 의사에게 업무상 과실로 인한 형사책임을 지우기 위해서는 의사의 설명의무 위반과 환자의 상해 또는 사망 사이에 상당인과관계가 존재하여야 한다(대판 2015.6.24. 2014도11315). 22. 경찰승진

③ 【 O 】 의료사고에서 의사에게 과실이 있다고 하기 위하여는 의사가 결과 발생을 예견할 수 있고 또 회피할 수 있었는데도 이를 예견하지 못하거나 회피하지 못하였음이 인정되어야 하며, 과실의 유무를 판단할 때에는 같은 업무와 직종에 종사하는 일반적 보통인의 주의정도를 표준으로 하여야 한다(대판 2014.5.29. 2013도14079). 22. 경찰승진

④ 【 X 】 법인 대표자의 범죄행위에 대하여는 법인 자신이 자신의 행위에 대한 책임을 부담하여야 하는바, 법인 대표자의 법규위반행위에 대한 법인의 책임은 법인 자신의 법규위반행위로 평가될 수 있는 행위에 대한 법인의 직접 책임으로서, 대표자의 고의에 의한 위반행위에 대하여는 법인 자신의 고의에 의한 책임을, 대표자의 과실에 의한 위반행위에 대하여는 법인 자신의 과실에 의한 책임을 부담하는 것이다. 따라서, 법인의 '대표자' 관련 부분은 대표자의 책임을 요건으로 하여 법인을 처벌하므로 책임주의원칙에 반하지 아니한다(헌재 2010.7.29. 2009헌가25). 22. 경찰승진

정답 ③

04 과실범에 관한 다음 설명 중 옳지 않은 것은 모두 몇 개인가?

⊙ '당한 자'라는 문언은 타인이 어떠한 행위를 하여 그로부터 위해 등을 입는 것을 뜻하고 스스로 어떠한 행위를 한 자를 포함하는 개념이 아니다. 형사법은 고의범과 과실범을 구분하여 구성요건을 정하고 있는데, 위와 같은 문언은 과실범을 처벌하는 경우에 사용하는 것으로 볼 수 있다.

⊙ 업무상과실치사상죄에서의 업무는 허가받은 적법한 업무이어야 하므로 골재채취업무가 허가받은 적법한 업무가 아닐 경우에는 업무상과실치사상죄에 있어서의 업무에 해당하지 않는다.

⊙ 운전자가 차를 세워 시동을 끄고 1단 기어가 들어가 있는 상태에서 시동열쇠를 끼워놓은 채 11세 남짓한 어린이를 조수석에 남겨두고 차에서 내려온 동안 동인이 시동열쇠를 돌리며 악셀러레이터 페달을 밟아 차량이 진행하여 사고가 발생한 경우, 비록 동인의 행위가 사고의 직접적인 원인이었다 할지라도 그 경우 운전자로서는 위 어린이를 먼저 하차시키던가 운전기기를 만지지 않도록 주의를 주거나 손브레이크를 채운 뒤 시동열쇠를 빼는 등 사고를 미리 막을 수 있는 제반조치를 취할 업무상 주의의무가 있다 할 것이어서 이를 게을리한 과실은 사고 결과와 법률상의 인과관계가 있다.

⊙ 내과의사가 신경과 전문의에 대한 협의진료 결과 피해자의 증세와 관련하여 신경과 영역에서 이상이 없다는 회신을 받았고, 그 회신 전후의 진료 경과에 비추어 그 회신 내용에 의문을 품을 만한 사정이 있다고 보이지 않자 그 회신을 신뢰하여 뇌혈관계통 질환의 가능성을 염두에 두지 않고 내과 영역의 진료행위를 계속하다가 피해자의 증세가 호전되기에 이르자 퇴원하도록 조치한 경우, 피해자의 지주막하출혈을 발견하지 못한 데 대하여 내과의사의 업무상과실을 인정할 수 없다.

⊙ 골프경기를 하던 중 골프공을 쳐서 아무도 예상하지 못한 자신의 등 뒤편으로 보내어 등 뒤에 있던 경기보조원(캐디)에게 상해를 입힌 경우에는 주의의무를 현저히 위반하여 사회적 상당성의 범위를 벗어난 행위로서 과실치상죄가 성립한다.

① 1개 ② 2개 ③ 3개 ④ 4개 ⑤ 5개

해설

⊙ 【O】 '당한 자'라는 문언은 타인이 어떠한 행위를 하여 그로부터 위해 등을 입는 것을 뜻하고 스스로 어떠한 행위를 한 자를 포함하는 개념이 아니다. 형사법은 고의범과 과실범을 구분하여 구성요건을 정하고 있는데, 위와 같은 문언은 과실범을 처벌하는 경우에 사용하는 것으로 볼 수 있다. 따라서 '영상정보를 훼손당한 자'를 처벌하는 위 규정은 폐쇄회로 영상정보의 안전성 확보에 필요한 조치를 할 의무가 있는 자가 그러한 조치를 하지 않아 타인이 영상정보를 훼손하거나 그 밖의 다른 이유로 영상정보가 훼손된 경우 위와 같은 폐쇄회로 영상정보의 안전성 확보에 필요한 조치를 하지 않은 어린이집 설치·운영자를 처벌하는 규정으로 해석되어야 한다. 폐쇄회로 영상정보를 직접 훼손한 어린이집 설치·운영자가 '영상정보를 훼손당한 자'에 포함된다고 해석하는 것은 문언의 가능한 범위를 벗어나는 것으로서 받아들이기 어렵다(대판 2022.3.17. 2019도9044). 23. 법원행시

⊙ 【X】 골재채취허가여부는 골재채취업무가 업무상과실치사상죄에 있어서의 업무에 해당하는 사실에 아무런 소장이 없다(대판 1985.6.11. 84도2527). 23. 법원행시

⊙ 【O】 운전자가 차를 세워 시동을 끄고 1단 기어가 들어가 있는 상태에서 시동열쇠를 끼워놓은 채 11세 남짓한 어린이를 조수석에 남겨두고 차에서 내려온 동안 동인이 시동열쇠를 돌리며 악셀러레이터 페달을 밟아 차량이 진행하여 사고가 발생한 경우, 비록 동인의 행위가 사고의 직접적인 원인이었다 할지라도 그 경우 운전자로서는 위 어린이를 먼저 하차시키던가 운전기기를 만지지 않도록 주의를 주거나 손브레이크를 채운 뒤 시동열쇠를 빼는 등 사고를 미리 막을 수 있는 제반조치를 취할 업무상 주의의무가 있다 할 것이어서 이를 게을리한 과실은 사고 결과와 법률상의 인과관계가 있다고 봄이 상당하다(대판 1986.7.8. 86도1048). 23. 법원행시

② 【O】 내과의사가 신경과 전문의에 대한 협의진료 결과 피해자의 증세와 관련하여 신경과 영역에서 이상이 없다는 회신을 받았고, 그 회신 전후의 진료 경과에 비추어 그 회신 내용에 의문을 품을 만한 사정이 있다고 보이지 않자 그 회신을 신뢰하여 뇌혈관계통 질환의 가능성을 염두에 두지 않고 내과 영역의 진료 행위를 계속하다가 피해자의 증세가 호전되기에 이르자 퇴원하도록 조치한 경우 내과의사인 피고인들이 피해자를 진료함에 있어서 지주막하출혈을 발견하지 못한 데 대하여 업무상과실이 있었다고 단정하기는 어렵다(대판 2003.1.10. 2001도3239). 23. 법원행시
⑩ 【O】 골프경기를 하던 중 골프공을 쳐서 아무도 예상하지 못한 자신의 등 뒤편으로 보내어 등 뒤에 있던 경기보조원(캐디)에게 상해를 입힌 경우에는 주의의무를 현저히 위반하여 사회적 상당성의 범위를 벗어난 행위로서 과실치상죄가 성립한다(대판 2008.10.23. 2008도6940). 23. 법원행시

정답 ①

05 과실범의 주의의무에 관한 설명 중 옳은 것(○)과 옳지 않은 것(×)을 올바르게 조합한 것은?

㉠ 의사가 특정 진료방법을 선택하여 진료를 하였다면 해당 진료방법 선택과정에 합리성이 결여되어 있다고 볼 만한 사정이 없는 이상, 진료의 결과만을 근거로 하여 그 진료방법을 선택한 것이 과실에 해당한다고 말할 수 없다.

㉡ 소유자가 건물을 임대한 경우, 그 건물의 전기배선이 벽 내부에 매립·설치되어 건물 구조의 일부를 이루고 있다면 그에 관한 관리책임은 통상적으로 건물을 직접 사용하는 임차인이 아닌 소유자에게 있어, 특별한 사정이 없는 한 소유자가 전기배선의 하자로 인한 화재를 예방할 주의의무를 부담한다.

㉢ 공사도급계약의 경우 원칙적으로 도급인에게는 수급인의 업무와 관련하여 사고방지에 필요한 안전조치를 취할 주의의무가 없으므로, 도급인이 수급인의 공사시공 및 개별작업에 구체적인 지시를 하는 등의 관여를 하였더라도, 수급인의 업무와 관련하여 사고방지에 필요한 안전조치를 취할 주의의무를 부담하지 않는다.

㉣ 금은방을 운영하는 자는 전당물을 취득함에 있어 좀 더 세심한 주의를 기울였다면 그 물건이 장물임을 알 수 있는 특별한 사정이 있다면, 신원확인절차를 거치는 이외에 매수물품의 성질과 종류 및 매도자의 신원 등에 더 세심한 주의를 기울여 전당물인 귀금속이 장물인지의 여부를 확인할 주의의무를 부담한다.

㉤ 甲이 함께 술을 마신 乙과 도로 중앙선에 잠시 서 있다가 지나가는 차량의 유무를 확인하지 아니하고, 고개를 숙인 채 서 있는 乙의 팔을 갑자기 끌어당겨 도로를 무단횡단하던 도중에 지나가던 차량에 乙이 충격당하여 사망한 경우, 甲이 만취하여 사리분별능력이 떨어진 상태라면 甲에게 차량의 통행여부 및 횡단가능여부를 확인할 주의의무가 있다고 볼 수 없다.

① ㉠ (○) ㉡ (×) ㉢ (×) ㉣ (×) ㉤ (○)
② ㉠ (×) ㉡ (×) ㉢ (○) ㉣ (×) ㉤ (○)
③ ㉠ (○) ㉡ (○) ㉢ (×) ㉣ (○) ㉤ (×)
④ ㉠ (×) ㉡ (○) ㉢ (○) ㉣ (○) ㉤ (×)
⑤ ㉠ (○) ㉡ (○) ㉢ (×) ㉣ (○) ㉤ (○)

해설

㉠ 【O】 의사에게는 환자의 상황, 당시의 의료수준, 자신의 지식·경험 등에 따라 적절하다고 판단되는 진료방법을 선택할 폭넓은 재량권이 있으므로, 의사가 특정 진료방법을 선택하여 진료를 하였다면 해당 진료방법 선택과정에 합리성이 결여되어 있다고 볼 만한 사정이 없는 이상 진료의 결과만을 근거로 하여 그 중 어느 진료방법만이 적절하고 다른 진료방법을 선택한 것은 과실에 해당한다고 말할 수 없다(대판 2015.6.24. 14도11315). 18. 변호사

㉡ 【O】 전기배선이 벽 내부에 매립 설치되어 건물 구조의 일부를 이루고 있다면 그에 관한 관리책임은 일반적으로 소유자에게 있다고 보아야 할 것이고, 다만 그 전기배선을 임차인이 직접 하였으며 그 이상을 미리 알았거나 알 수 있었다는 등의 특별한 사정이 있는 때에는 임차인에게도 그 부분의 하자로 인한 화재를 예방할 주의의무가 인정될 수 있다(2009.5.28. 2009도1040). 특수한 사정이 없는 한 벽 내부에 매립·설치된 전기배선의 하자로 인한 화재를 예방할 주의의무는 소유자가 부담하므로 과실치상죄의 죄책을 진다. 18. 변호사

㉢ 【X】 원칙적으로 도급인에게는 수급인의 업무와 관련하여 사고방지에 필요한 안전조치를 취할 주의의무가 없으나, 법령에 의하여 도급인에게 수급인의 업무에 관하여 구체적인 관리·감독의무 등이 부여되어 있거나 도급인이 공사의 시공이나 개별 작업에 관하여 구체적으로 지시·감독하였다는 등의 특별한 사정이 있는 경우에는 도급인에게도 수급인의 업무와 관련하여 사고방지에 필요한 안전조치를 취할 주의의무가 있다(대판 2009.5.28. 2008도7030).

㉣ 【O】 대판 2003.4.25. 2003도348 18. 변호사

㉤ 【X】 이러한 경우에는 피고인이 피해자의 안전을 위하여 차량의 통행 여부 및 횡단 가능 여부를 확인하여야 할 주의의무가 있다 할 것이고, 또 피고인 역시 위 차량에 충격당하였다 하여 피고인이 무단횡단에 앞서서 차량이 진행하여 오는 것을 확인하거나 그 횡단 가능 여부를 판단할 수 있는 기대가능성이 없었다고 할 수도 없으므로, 피고인으로서는 위와 같은 주의의무를 다하지 않은 이상 이 사건 교통사고와 그로 인한 피해자의 사망에 대하여 과실책임을 면할 수 없다(대판 2002.8.23. 2002도2800) 18. 변호사

정답 ③

06 다음 사례 중 甲에게 업무상 과실이 인정되는 것은 모두 몇 개인가?

㉠ 지하철 공사구간 현장 안전 업무 담당자 甲은 공사현장에 인접한 기존의 횡단보도 표시선 안쪽으로 돌출된 강철빔 주위에 라바콘 3개를 설치하고 신호수 1명을 배치하였는데, A가 그 횡단보도를 건너면서 강철빔에 부딪혀 상해를 입은 경우

㉡ 병원 인턴 甲은 응급실로 이송되어 온 익수환자 A를 담당의사 乙의 지시(이송 도중 A에 대한 앰부배깅과 진정제 투여 업무만을 지시)에 따라 구급차에 태워 다른 병원으로 이송하던 중 산소통의 산소잔량을 체크하지 않아 산소 공급이 중단되어 A가 폐부종 등으로 사망한 경우

㉢ 골프장의 경기보조원 甲은 골프 카트에 A를 태우면서 출발에 앞서 안전 손잡이를 잡도록 고지하지 않고, 이를 잡았는지 확인하지도 않은 채 출발 후 각도 70°가 넘는 우로 굽은 길에서 속도를 줄이지 않고 급하게 우회전하여 A가 골프카트에서 떨어져 상해를 입은 경우

㉣ 담당 의사가 췌장 종양 제거수술 직후의 환자 A에 대하여 1시간 간격으로 4회 활력징후를 측정하라고 지시하였는데, 일반병실에 근무하는 간호사 甲이 중환자실이 아닌 일반병실에서는 그러할 필요가 없다고 생각하여 2회만 측정한 채 3회차 이후 이를 측정하지 않았고, 甲과 근무를 교대한 간호사 乙 역시 자신의 근무시간 내 4회차 측정 시각까지 이를 측정하지 아니하여, A는 그 시각으로부터 약 10분 후 심폐정지상태에 빠졌다가 이후 약 3시간이 지나 과다출혈로 사망한 경우

㉤ 건축자재인 철판 수백 장의 운반을 의뢰한 생산자 甲이 절단면이 날카롭고 무거운 철판을 묶기에 매우 부적합한 폴리에스터 끈을 사용하여 철판 묶음 작업을 한 탓에 철판 쏠림 현상이 발생하였고, 이로 인하여 철판을 차에서 내리는 과정에서 철판이 쏟아져 내려 화물차 운전자 A가 사망한 경우

① 1개   ② 2개   ③ 3개   ④ 4개

해설

㉠ 【 X 】 지하철 공사구간 현장안전업무 담당자인 피고인이 공사현장에 인접한 기존의 횡단보도 표시선 안쪽으로 돌출된 강철빔 주위에 라바콘 3개를 설치하고 신호수 1명을 배치하였는데, 피해자가 위 횡단보도를 건너면서 강철빔에 부딪혀 상해를 입은 사안에서, 제반 사정에 비추어 피고인이 안전조치를 취하여야 할 업무상 주의의무를 위반하였다고 보기 어려운데도, 이와 달리 보아 업무상과실치상죄를 인정한 원심판결에 법리오해 등의 잘못이 있다(대판 2014.4.10. 2012도11361). 22. 경찰

㉡ 【 X 】 병원 인턴인 피고인이, 응급실로 이송되어 온 익수(溺水)환자 甲을 담당의사의 지시에 따라 구급차에 태워 다른 병원으로 이송하던 중 산소통의 산소잔량을 체크하지 않은 과실로 산소 공급이 중단된 결과 甲을 폐부종 등으로 사망에 이르게 하였다는 내용으로 기소된 사안에서, 피고인에게 업무상과실치사죄를 인정한 원심판단에 법리오해 또는 심리미진의 위법이 있다(대판 2011.9.8. 2009도13959). 22. 경찰

㉢ 【 O 】 골프 카트는 안전벨트나 골프 카트 좌우에 문 등이 없고 개방되어 있어 승객이 떨어져 사고를 당할 위험이 커, 골프 카트 운전업무에 종사하는 자로서는 골프 카트 출발 전에는 승객들에게 안전 손잡이를 잡도록 고지하고 승객이 안전 손잡이를 잡은 것을 확인하고 출발하여야 하고, 우회전이나 좌회전을 하는 경우에도 골프 카트의 좌우가 개방되어 있어 승객들이 떨어져서 다칠 우려가 있으므로 충분히 서행하면서 안전하게 좌회전이나 우회전을 하여야 할 업무상 주의의무가 있다(대판 2010.7.22. 2010도1911). 22. 경찰

㉣ 【 O 】 담당 의사가 췌장 종양 제거수술 직후의 환자에 대하여 1시간 간격으로 4회 활력징후를 측정하라고 지시를 하였는데, 일반 병실에 근무하는 간호사 갑이 중환자실이 아닌 일반병실에서는 그러할 필요가 없다고 생각하여 2회만 측정한 채 3회차 이후 활력징후를 측정하지 않았고, 갑과 근무교대한 간호사 을 역시 자신의 근무시간 내 4회차 측정시각까지 활력징후를 측정하지 아니하였으며, 위 환자는 그 시각으로부터 약 10분 후 심폐정지상태에 빠졌다가 이후 약 3시간이 지나 과다출혈로 사망한 사안에서, 1시간 간격으로 활력징후를 측정하였다면 출혈을 조기에 발견하여 수혈, 수술 등 치료를 받고 환자가 사망하지 않았을 가능성이 충분하다고 보일 뿐 아니라, 갑과 을은 의사의 위 지시를 수행할 의무가 있음에도 3회차 측정시각 이후 4회차 측정시각까지 활력징후를 측정하지 아니한 업무상과실이 있다고 보아야 함에도, 갑, 을에게 업무상과실이 있거나 위 활력징후 측정 미이행 행위와 환자의 사망 사이에 인과관계가 있다고 단정하기 어렵다고 본 원심판단에 법리오해의 위법이 있다(대판 2010.10.28. 2008도8606). 22. 경찰

㉤ 【 O 】 피해자가 운송한 철판들은 비닐로 코팅되어 미끄러운 데다가 일정한 크기로 자르고 남은 자투리까지 함께 묶여져 있어 흐트러지기 쉬웠고, 철판의 절단면은 작업자들이 장갑을 두 개씩 끼고 작업하여야 할 정도로 날카로웠으며, 한 장 당 10kg 정도였던 사실, 철판을 묶은 위 폴리에스터 끈은 약 700kg 정도의 하중을 견디도록 설계되어 약 3.5톤에 달하는 위 철판 묶음의 하중을 견디기 어려웠을 뿐 아니라 그 재질이 철판의 절단면에 의해 쉽게 끊어질 수 있는 것인데도 철판묶음의 세로 방향으로 상, 중, 하 부분에 한 번씩만 묶여져 있었던 사실, 그럼에도 피고인들이나 철판 묶음 작업을 한 작업자들은 이와 같이 철판이 보기보다 무겁다는 점이나 그 위험성 및 철판 운반 과정 등에서의 주의사항 등을 피해자에게 제대로 알려주지 않은 사실, 철판 묶음은 상하 2단으로 위 화물차에 상차되었는데, 위 공장을 출발하여 5km도 채 못 가 적재된 철판이 화물칸 왼쪽으로 심하게 쏠렸으며, 사고 당시 상단의 철판 뿐 아니라 하단의 철판도 함께 쏟아져 내렸던 사실을 알 수 있는바, 이에 의하면, 피해자가 철판을 운반해 가던 중 위 폴리에스터 끈들이 끊어져 철판들이 화물칸 한 쪽으로 쏠리게 되었고, 피해자가 이를 바로잡기 위해 위 공장으로 되돌아와 화물차의 칸막이를 개방하는 순간 쏠려있던 철판들이 쏟아져 내려 피해자를 사망에 이르게 하였음을 충분히 추단할 수 있다. 따라서 앞서 본 법리에 비추어 보면, 피고인들은 수백 장의 철판의 운반을 의뢰하면서 이들 철판이 운반 과정에서 서로 흐트러지지 않도록 적절한 단위로 나누어 받침목 등과 함께 서로 단단히 묶는 등의 작업을 소홀히 하는 잘못을 범하였고, 그러한 주의의무 위반과 철판 하차 과정에서 철판이 쏟아져 내려 피해자가 사망에 이르게 된 위 사고 사이에는 상당인과관계가 있다고 할 수 있다(대판 2009.7.23. 2009도3219). 22. 경찰

정답 ③

07 과실범에 관한 다음 설명 중 가장 옳지 않은 것은?

① 과실범은 법률에 특별한 규정이 있는 경우에 한하여 처벌되며 형벌법규의 성질상 과실범을 처벌하는 특별규정은 그 명문에 의하여 명백, 명료하여야 한다.
② 군형법 제74조에 규정된 군용물분실죄는 같은 조에서 정한 군용에 공하는 물건을 보관할 책임이 있는 자가 선량한 보관자로서의 주의의무를 게을리 하여 그의 의사에 의하지 않고 물건의 소지를 상실하는 소위 과실범을 말한다.
③ 과실범에 있어서의 비난가능성의 지적 요소란 결과 발생의 가능성에 대한 인식으로서 인식 있는 과실에는 이와 같은 인식이 있고, 인식 없는 과실에는 이에 대한 인식 자체도 없는 경우인데, 과실책임이 발생하는 것은 전자이고, 후자에 대하여는 그 결과 발생을 인식하지 못하였다는 데에 대한 부주의가 있다고 하더라도 과실책임을 물을 수 없다.
④ 행정상의 단속을 주안으로 하는 법규라 하더라도 명문 규정이 있거나 해석상 과실범도 벌할 뜻이 명확한 경우를 제외하고는 형법의 원칙에 따라 고의가 있어야만 벌할 수 있다.
⑤ 2인 이상이 서로의 의사연락 아래 과실 행위를 하여 범죄되는 결과를 발생하게 하면 과실범의 공동정범이 성립한다.

해설

① 【O】 과실범은 법률에 특별한 규정이 있는 경우에 한하여 처벌되며 형벌 법규의 성질상 과실범을 처벌하는 특별규정은 그 명문에 의하여 명백, 명료하여야 한다(대판 1983.12.13. 83도2467). 24. 법원행시
② 【O】 군형법 제74조 소정의 군용물분실죄라 함은 같은 조 소정의 군용에 공하는 물건을 보관할 책임이 있는 자가 선량한 보관자로서의 주의의무를 게을리 하여 그의 '의사에 의하지 아니하고 물건의 소지를 상실'하는 소위 과실범을 말한다 할 것이므로, 군용물분실죄에서의 분실은 행위자의 의사에 의하지 아니하고 물건의 소지를 상실한 것을 의미한다고 할 것이며, 이 점에서 하자가 있기는 하지만 행위자의 의사에 기해 재산적 처분행위를 하여 재물의 점유를 상실함으로써 편취당한 것과는 구별된다고 할 것이고, 분실의 개념을 군용물의 소지 상실시 행위자의 의사가 개입되었는지의 여부에 관계없이 군용물의 보관책임이 있는 자가 결과적으로 군용물의 소지를 상실하는 모든 경우로 확장해석하거나 유추해석할 수는 없다(대판 1999.7.9. 98도1719). 24. 법원행시
③ 【X】 소위 과실범에 있어서의 비난가능성의 지적 요소란 결과발생의 가능성에 대한 인식으로서 인식있는 과실에는 이와 같은 인식이 있고, 인식없는 과실에는 이에 대한 인식자체도 없는 경우이나, 전자에 있어서 책임이 발생함은 물론, 후자에 있어서도 그 결과발생을 인식하지 못하였다는 데에 대한 부주의 즉 규범적 실재로서의 과실책임이 있다고 할 것이다(대판 1984.2.28. 83도3007). 24. 법원행시
④ 【O】 행정상의 단속을 주안으로 하는 법규라 하더라도 명문규정이 있거나 해석상 과실범도 벌할 뜻이 명확한 경우를 제외하고는 형법의 원칙에 따라 고의가 있어야 벌할 수 있다(대판 2010.2.11. 2009도9807).
⑤ 【O】 형법 제30조에 "공동하여 죄를 범한 때"의 "죄"라 함은 고의범이고 과실범이고를 불문하므로 두사람 이상이 어떠한 과실행위를 서로의 의사연락하에 이룩하여 범죄가 되는 결과를 발생케 한 것이라면 과실범의 공동정범이 성립된다(대판 1979.8.21. 79도1249). 24. 법원행시

정답 ③

08 과실범으로 처벌할 수 있는 경우만을 모두 고른 것은?

> ㉠ 산부인과 의사 甲이 제왕절개수술을 시행 중 태반조기 박리를 발견하고도 피해자의 출혈 여부 관찰을 간호사에게 지시하였다가 대량출혈 증상을 조기에 발견하지 못하고 수술 후 약 45분이 지나 대량출혈을 확인하고 전원 조치하였으나 전원을 지체하여 피해자로 하여금 신속한 수혈 등의 조치를 받지 못하게 하여 피해자가 사망한 경우
> ㉡ 산후조리원에 입소한 신생아가 계속하여 잦은 설사 등의 이상증세를 보임에도 불구하고, 산후조리원의 신생아 집단관리를 맡은 책임자인 甲이 의사 등의 진찰을 받도록 하지 않아 신생아가 사망한 경우
> ㉢ 의사들의 주의의무 위반과 처방체계상의 문제점으로 인하여 수술 후 회복과정에 있는 환자에게 인공호흡 준비를 갖추지 않은 상태에서는 사용할 수 없는 약제가 잘못 처방되었음에도 불구하고, 종합병원의 간호사 甲이 환자에 대한 투약 과정 및 그 이후의 경과 관찰 등의 직무 수행을 위하여 처방 약제의 기본적인 약효나 부작용 및 주사 투약에 따르는 주의사항 등을 미리 확인·숙지하였다면 과실로 처방된 것임을 알 수 있었음에도 그대로 주사하여 환자가 의식불명 상태에 이르게 된 경우
> ㉣ 병원 인턴 甲이 응급실로 이송되어 온 익수환자를 담당의사의 지시에 따라 구급차에 태워 다른 병원으로 이송하던 중 산소통의 산소잔량을 체크하지 않아 산소 공급이 중단된 결과 환자를 폐부종 등으로 사망에 이르게 한 경우

① ㉠, ㉣   ② ㉡, ㉢   ③ ㉠, ㉡, ㉢   ④ ㉠, ㉡, ㉢, ㉣

해설

㉠ 【처벌○】 대판 2010.4.29. 2009도7070 17. 국가직7급
㉡ 【처벌○】 대판 2007.11.16. 2005도1796 17. 국가직7급
㉢ 【처벌○】 대판 2009.12.24. 2005도8980 17. 국가직7급
㉣ 【처벌×】 피고인에게 산소통의 산소잔량을 확인할 주의의무가 있다고 보기는 어렵다(대판 2011.9.8. 2009도13959). 17. 국가직 7급

정답 ③

---

09 과실범에 관한 설명 중 옳은 것은?

① 의사 甲이 고령의 간경변증 환자 A에게 수술과정에서 출혈 등으로 신부전이 발생하여 생명이 위험할 수 있다는 점에 대하여 설명하지 아니하고 수술하던 도중 출혈로 A가 사망한 경우, A가 당해 수술의 위험성을 충분히 인식하고 있어 甲이 설명의무를 다하였더라도 A가 수술을 거부하지 않았을 것으로 인정된다면 甲의 설명의무위반과 A의 사망 사이에 인과관계가 부정된다.
② 사기죄가 성립하기 위해서는 기망행위와 상대방의 착오 및 재물의 교부 또는 재산상의 이익의 공여와의 사이에 순차적인 인과관계가 있어야 하고, 착오에 빠진 원인 중에 피기망자 측에 과실이 있는 경우에는 특별한 사정이 없는 한 사기죄가 성립하지 않는다.
③ 안전배려 내지 안전관리사무에 계속적으로 종사하지 않았더라도 건물의 소유자로서 건물을 비정기적으로 수리하거나 건물의 일부분을 임대한 자는 건물에 화재가 발생하는 것을 미리 막아야 할 업무상 주의의무를 부담한다.
④ 의료사고에서 의사의 과실을 인정하기 위한 요건과 판단기준은 한의사의 그것과 다르다.

해설

① 【 O 】 대판 2015.6.24. 2014도11315 17. 변호사
② 【 X 】 사기죄는 기망행위와 상대방의 착오 및 재물의 교부 또는 재산상의 이익의 공여와의 사이에 순차적인 인과관계가 있어야 하지만, 착오에 빠진 원인 중에 피기망자 측에 과실이 있는 경우에도 사기죄가 성립한다(대판 2009.6.23. 2008도1697). 16. 법원행시
③ 【 X 】 '업무'란 사람의 사회생활면에서 하나의 지위로서 계속적으로 종사하는 사무를 말하고, 계속성을 가지지 아니한 채 단지 건물의 소유자로서 건물을 비정기적으로 수리하거나 건물의 일부분을 임대하였다는 사정만으로는 업무상과실치상죄에 있어서의 '업무'로 보기 어렵다(대판 2009.5. 8. 2009도1040). 17. 변호사
④ 【 X 】 의료사고에서 과실 유무는 같은 업무와 직무에 종사하는 보통인의 주의정도를 표준으로 하여야 하며, 사고 당시의 일반적인 의학의 수준과 의료환경 및 조건, 의료행위의 특수성 등이 고려되어야 하고, 이러한 법리는 한의사의 경우에도 마찬가지이다(대판 2011.4.14. 2010도10104).

정답 ①

10 다음 설명 중 옳지 않은 것은 모두 몇 개인가?

㉠ 피고인이 운전자의 부탁으로 차량의 조수석에 동승한 후 운전자의 차량운전행위를 살펴보고 잘못된 점이 있으면 이를 지적하여 교정해 주려 했던 것이라면, 전문적인 운전교습자가 피교습자에 대하여 차량운행에 관해 모든 지시를 하는 경우와 같이 주도적 지위에서 동 차량을 운행할 의도가 있었다거나 실제로 그 같은 운행을 하였다고 보기 어렵다 하더라도 그 같은 운행 중에 야기된 사고에 대하여 과실범의 공동정범의 책임을 물을 수 있다.
㉡ 의사 甲이 수술 전에 피해자에 대한 혈청에 의한 간기능검사를 하였더라면 피해자가 사망하지 않았을 것임이 입증되지 않더라도 간기능검사를 시행하지 않은 甲의 과실과 피해자의 사망 사이에는 인과관계가 있다.
㉢ 공동의 과실이 경합되어 화재가 발생한 경우에 적어도 각 과실이 화재의 발생에 대하여 하나의 조건이 된 이상은 그 공동적 원인을 제공한 각자에 대하여 실화죄의 죄책을 물어야 한다.

① 1개 ② 2개 ③ 3개 ④ 없다

해설

㉠ 【 X 】 피고인이 운전자의 부탁으로 차량의 조수석에 동승한 후 운전자의 차량운전행위를 살펴보고 잘못된 점이 있으면 이를 지적하여 교정해 주려 했던 것에 그쳤다면, 그와 같은 운행중에 야기된 사고에 대하여 과실범의 공동정범의 책임을 물을 수 없다(대판 1984.3.13. 82도3136). 16. 법원행시
㉡ 【 X 】 종합병원 마취담당의사 甲이 난소종양절제를 위해 전신마취에 의한 개복수술을 함에 있어서 개복 전 종합적인 간기능검사가 필수적임에도 소변에 의한 간검사 결과만을 믿고 수술한 결과 수술 후 22일만에 환자가 급성 간염으로 사망한 경우, 甲에게 업무상과실이 인정되나 종합적인 간기능 검사를 하였더라면 간기능에 이상이 있었다는 검사결과가 나왔으리라는 점이 증명되지 않는 한 甲의 과실과 환자의 사망 사이에 인과관계가 있다고 볼 수 없다(대판 1990.12.11. 90도694). 16. 국가직
㉢ 【 O 】 대판 1983.5.10. 82도2279 16. 법원행시

정답 ②

11 과실범에 대한 설명으로 옳은 않은 것은?

① 산부인과 의사가 산모의 태반조기박리에 대한 대응조치로서 응급제왕절개수술을 시행하기로 결정하였다면 이러한 경우에는 적어도 제왕절개 수술시행 결정과 아울러 산모에게 수혈을 할 필요가 있을 것이라고 예상되는 특별한 사정이 있어 미리 혈액을 준비하여야 할 업무상 주의의무가 있다고 보아야 한다.
② 과실일수죄와 과실교통방해죄는 모두 형법상 처벌규정이 있다.
③ 환자의 주치의 겸 정형외과 전공의 甲이 같은 과 수련의 乙의 처방에 대한 감독의무를 소홀히 한 나머지, 환자가 乙의 잘못된 처방으로 인하여 상해를 입게 된 경우, 甲은 업무상과실치상죄가 성립한다.
④ 과실범의 주의의무위반은 정상의 주의를 태만히 하는 것을 의미하고, 그 과실의 유무를 판단함에는 행위 당시의 행위자 자신이 기울일 수 있었던 주의 정도를 기준으로 판단한다.

[해설]

① 【 O 】 대판 2000.1.14. 99도3621
② 【 O 】 일수의 죄와 교통방해의 죄는 모두 단순과실범 처벌규정이 존재한다. 그러나 일수의 죄에는 업무상과실범·중과실범 처벌규정이 존재하지 않음에 반해 교통방해의 죄는 업무상과실범·중과실범 모두 처벌규정이 존재한다는 것을 주의해야 한다.
③ 【 O 】 대판 2007.2.22. 2005도9229 16. 국가직
④ 【 X 】 과실의 유무를 판단함에 있어서는 행위자 자신이 아니라 사회일반인의 주의 정도를 기준으로 한다는 것이 통설과 판례의 입장이다(대판 2014.5.29. 2013도14079). 16. 국가직

정답 ④

12 과실에 관한 다음 설명 중 가장 옳지 않은 것은?

① 중과실은 중대한 주의의무 위반을 뜻하는 바, 피고인 정도의 연령이나 경험, 지식을 가진 사람으로써는 약간의 주의를 기울이더라도 쉽게 예견할 수 있음에도 그러한 결과에 대해 주의를 다하지 않은 것은 중대한 과실에 해당한다.
② 임차인이 자신의 비용으로 설치·사용하던 가스설비의 휴즈콕크를 아무런 조치 없이 제거하고 이사를 간 후 가스공급을 개별적으로 차단할 수 있는 주밸브가 열려져 가스가 유입되어 폭발사고가 발생한 경우, 평균인의 관점에서 객관적으로 볼 때 충분히 예상할 수 있으므로 임차인의 과실과 가스폭발사고 사이의 상당인과관계를 인정할 수 있다.
③ 신뢰의 원칙이란 과실범에서 주의의무규칙을 준수하는 사람은 다른 참여자들도 그렇게 하리라는 것을 신뢰한 행위결과로 구성요건 결과가 발생하더라도 과실행위가 되지 않는다는 것이다.
④ 중앙선이 표시되어 있지 아니한 비포장도로에서는 승용차가 마주보고 진행할 수 있는 정도의 너비가 되는 도로라고 하더라도 마주 오는 차가 도로의 중앙이나 좌측부분으로 진행하여 올 것을 예상하여 필요한 조치를 강구하여야 할 업무상 주의의무가 있는 것이 원칙이다.

[해설]

① 【 O 】 대판 1988.8.23. 88도855 16. 법원행시
② 【 O 】 대판 2001.6.1. 99도5086 16. 법원행시
③ 【 O 】 옳은 지문이다. 16. 법원행시
④ 【 X 】 중앙선이 표시되어 있지 아니한 비포장도로라고 하더라도 승용차가 넉넉히 서로 마주보고 진행할 수 있는 정도의 너비가 되는 도로를 정상적으로 진행하고 있는 자동차의 운전자로서는, 특별한 사정이 없는 한 마주 오는 차도 교통법규(도로교통법 제12조 제3항 등)를 지켜 도로의 중앙으로부터 우측부분을 통행할 것으로 신뢰하는 것이 보통이므로 마주 오는 차가 도로의 중앙이나 좌측부분으로 진행하여 올 것까지 예상하여 특별한 조치를 강구하여야 할 업무상 주의의무는 없는 것이 원칙이다(대판 1992.7.28. 92도1137). 16. 법원행시

정답 ④

13 다음 중 과실범에 대한 설명으로 옳지 않은 것은 모두 몇 개인가?

○ 술을 마시고 찜질방에 들어온 피해자가 찜질방 직원 몰래 후문으로 나가 술을 더 마신 다음 후문으로 다시 들어와 발한실에서 잠을 자다가 사망한 경우 찜질방 직원 및 영업주에게 업무상과실치사죄가 성립한다.

○ 간호사에게 정맥주사를 주도록 처방한 의사는 자신의 지시를 받은 간호사가 자신의 기대와는 달리 간호실습생에게 단독으로 주사하게 하리라는 사정을 예견할 수 없었고, 그 스스로 직접 주사를 하거나 또는 직접 주사하지 않더라도 현장에 입회하여 간호사의 주사행위를 직접 감독할 주의의무가 있다고 보기 어렵다.

○ 녹색등화에 따라 왕복 8차선의 간선도로를 직진하는 차량의 운전자는 특별한 사정이 없는 한 접속도로에서 진행하여 오던 차량이 아예 허용되지 아니하는 좌회전을 감행하여 직진하는 자기 차량의 앞을 가로질러 진행하여 올 경우까지 예상하여 그에 따른 사고발생을 미리 방지하기 위하여 특별한 조치까지 강구할 주의의무가 없다.

○ 대학병원의 과장이라는 이유만으로 외래담당의사 및 담당 수련의들의 처치와 치료결과를 주시하고 적절한 수술방법을 지시하거나 담당의사 대신 직접 수술을 하고 농배양을 지시·감독할 주의의무가 있다고 단정할 수 없다.

① 1개 ② 2개 ③ 3개 ④ 4개

해설

○ 【 X 】 甲이 처음 찜질방에 들어갈 당시 술에 만취하여 목욕장의 정상적 이용이 곤란한 상태였다고 단정하기 어렵고, 찜질방 직원 및 영업주에게 손님이 몰래 후문으로 나가 술을 더 마시고 들어올 경우까지 예상하여 직원을 추가로 배치하거나 후문으로 출입하는 모든 자를 통제·관리하여야 할 업무상 주의의무가 있다고 보기 어렵다(대판 2010.2.11. 2009도9807).

○ 【 O 】 대판 2003.8.19. 2001도3667

○ 【 O 】 대판 1998.9.22. 98도1854

○ 【 O 】 대판 1996.11.8. 95도2710

정답 ①

14 다음 중 과실 및 주의의무와 인과관계에 대한 판례의 입장으로 틀린 것은?

① 중앙선이 표시되어 있지 아니한 비포장도로라고 하더라도 승용차가 넉넉히 서로 마주보고 진행할 수 있는 정도의 너비가 되는 도로라면 특별한 사정이 없는 한 마주 오는 차가 중앙이나 좌측 부분으로 진행하여 올 것까지 예상하여 적절한 조치를 취할 업무상 주의의무가 없다.
② 교차로를 녹색등화에 따라 직진하는 차량의 운전자는 다른 차량이 신호를 위반하고 직진하는 차량의 앞을 가로질러 좌회전 할 경우까지 예상하여 그에 따른 사고발생을 미연에 방지할 특별한 조치까지 강구할 업무상 주의의무는 없다.
③ 환자의 주치의 겸 전공의가 같은 과 수련의의 처방에 대한 감독의무를 소홀히 한 나머지, 환자가 수련의의 잘못된 처방으로 인하여 상해를 입게 된 경우, 전공의에 대한 업무상 과실이 인정된다.
④ 택시운전수가 무단 횡단하는 피해자를 뒤늦게 발견하고 급정차조치를 취하여 피해자와의 충돌은 예방하였으나, 피해자가 갑자기 급정차하는 위 택시를 보고 당황한 끝에 도로 위에 넘어져 상해를 입었다면 택시운전수에게는 과실이 인정된다.

해 설

① 【O】 대판 1992.7.28. 92도1137
② 【O】 대판 1985.1.22. 84도1493
③ 【O】 대판 2007.2.22. 2005도9229
④ 【X】 택시 운전수가 횡단보도가 아닌 차도를 무단횡단 하는 피해자를 뒤늦게 발견하고 급정차 조치를 취하여 위 피해자와의 충돌을 사전에 예방하였다면 비록 피해자가 갑자기 급정차하는 위 택시를 보고 당황한 끝에 도로위에 넘어져 상해를 입었다고 하더라도 다른 특별한 사정이 없는 한 위 택시 운전수에게 형사상의 책임을 귀속시킬 업무상 과실이 있다고 단정할 수 없다(대판 1987.5.26. 86도2707).

정답 ④

15 과실범에 관한 다음 설명 중 옳지 않은 것은?

① 과실로 인하여 타인의 소유에 속하는 일반물건을 소훼하여 공공의 위험을 발생하게 한 때에는 실화죄가 성립한다.
② 의료사고에서 과실의 유무를 판단함에는 같은 업무와 직무에 종사하는 일반적 보통인의 주의정도를 표준으로 하여야 한다.
③ 고속도로를 무단횡단하는 보행자를 충격하여 사고를 발생시킨 경우라도 운전자가 상당한 거리에서 보행자의 무단횡단을 미리 예상할 수 있는 사정이 있었고, 그에 따라 즉시 감속하거나 급제동하는 등의 조치를 취하였다면 보행자와의 충돌을 피할 수 있었다는 등의 특별한 사정이 인정되는 경우에만 자동차 운전자의 과실이 인정될 수 있다.
④ 업무자의 중과실로 인한 행위는 업무상과실로 인한 죄와 중과실로 인한 죄의 상상적 경합범이 성립한다.

해 설

① 【O】 형법 제170조 제2항에서 말하는 '자기의 소유에 속하는 제166조 또는 제167조에 기재한 물건'이라 함은 '자기의 소유에 속하는 제166조에 기재한 물건 또는 자기의 소유에 속하든, 타인의 소유에 속하든 불문하고 제167조에 기재한 물건'을 의미하는 것이라고 해석하여야 하며, 제170조 제1항과 제2항의 관계로 보아서도 제166조에 기재한 물건(일반건조물 등) 중 타인의 소유에 속하는 것에 관하여는 제1항에서 규정하고 있기 때문에 제2항에서는 그중 자기의 소유에 속하는 것에 관하여 규정하고, 제167조에 기재한 물건에 관하여는 소유의 귀속을 불문하고 그 대상으로 삼아 규정하고 있는 것이라고 봄이 관련조문을 전체적, 종합적으로 해석하는 방법일 것이다. 죄형법정주의의 원칙상 금지되는 유추해석이나 확장해석에 해당한다고 볼 수는 없다(대결 1994.12.20. 94모32(全)).
② 【O】 대판 2003.1.10. 2001도3292
③ 【O】 대판 2000.9.5. 2000도2671
④ 【X】 업무상과실 또는 중과실로 인한 죄의 단순일죄가 성립할 뿐이다.

정답 ④

16 과실범에 대한 설명으로 가장 적절하지 않은 것은?

① 골프 카트 운전자는 골프 카트 출발 전에 승객들에게 안전손잡이를 잡도록 고지하고 승객이 안전 손잡이를 잡은 것을 확인하고 출발하여야 할 업무상 주의의무가 있다.
② 의료사고에 있어서 의사의 과실 유무를 판단할 때에는 같은 업무와 직종에 종사하는 일반적 보통인의 주의정도를 표준으로 하여야 하며, 이때 사고 당시의 일반적인 의학의 수준과 의료환경 및 조건, 의료행위의 특수성 등을 고려하여야 한다.
③ 도급인이 수급인에게 공사의 시공이나 개별 작업에 관하여 구체적으로 지시·감독하였더라도, 법령에 의하여 도급인에게 구체적인 관리·감독의무가 부여되어 있지 않다면 도급인에게는 수급인의 업무와 관련하여 사고방지에 필요한 안전조치를 해야 할 주의의무가 없다.
④ 교통이 빈번한 간선도로에서 횡단보도의 보행자 신호등이 적색으로 표시된 경우 운전자는 보행자가 동 적색신호를 무시하고 갑자기 뛰어나올 가능성에 대비하여 운전하여야 할 업무상 주의의무는 없다.

[해설]
① 【 O 】 대판 2010.7.22. 2010도1911 19. 경찰승진
② 【 O 】 의료사고에서 과실의 유무를 판단할 때에는 같은 업무와 직무에 종사하는 보통인의 주의정도를 표준으로 하여야 하며, 여기에는 사고 당시의 일반적인 의학의 수준과 의료환경 및 조건, 의료행위의 특수성 등이 고려되어야 하고, 이러한 법리는 한의사의 경우에도 마찬가지이다(대판 2011.4.14. 2010도10104). 19. 경찰승진
③ 【 X 】 원칙적으로 도급인에게는 수급인의 업무와 관련하여 사고방지에 필요한 안전조치를 취할 주의의무가 없으나, 법령에 의하여 도급인에게 수급인의 업무에 관하여 구체적인 관리·감독의무 등이 부여되어 있거나 도급인이 공사의 시공이나 개별 작업에 관하여 구체적으로 지시·감독하였다는 등의 특별한 사정이 있는 경우에는 도급인에게도 수급인의 업무와 관련하여 사고방지에 필요한 안전조치를 취할 주의의무가 있다(대판 2009.5.28. 2008도7030). 19. 경찰승진
④ 【 O 】 대판 1985.11.12. 85도1893 19. 경찰승진

정답 ③

17 다음 중 가장 옳지 않은 것은?

① 고속도로 양쪽에 휴게소가 있는 경우에도 고속도로를 무단횡단하는 보행자가 있을 것을 예상하여 감속 등의 조치를 취할 주의의무는 없다.
② 연탄 아궁이로부터 80cm 떨어진 곳에 비닐로 포장한 스펀지요, 솜 등을 쉽게 넘어지기는 어려운 상태로 쌓아둔 채 방치하다가 위 솜 등이 연탄 아궁이 쪽으로 넘어지면서 불이 난 경우 중과실이 부정된다.
③ 연탄 보일러로부터 5 내지 10cm의 거리에 가연물질이 있음을 알면서도 신문지를 구겨서 보일러의 공기조절구를 살짝 막아놓은 채 그 자리를 떠나버렸기 때문에 화재가 발생한 경우 중과실이 인정된다.
④ 내과의사가 신경과 전문의에 대한 협의진료 결과 피해자의 증세와 관련하여 신경과 영역에서 이상이 없다는 회신을 믿고 그것에 기초해서 환자를 치료한 경우 업무상과실이 인정되지 않는다.
⑤ 업무자는 일반인에 비해 더 높은 주의의무가 요구되기 때문에 업무상과실이 가중처벌된다는 입장에 의하면 업무상과실범은 책임가중유형이다.

[해설]
① 【 O 】 대판 1977.6.28. 77도403
② 【 O 】 대판 1989.1.17. 88도643
③ 【 O 】 대판 1988.8.23. 88도855
④ 【 O 】 대판 2003.1.10. 2001도3292
⑤ 【 X 】 업무자는 일반인에 비해 더 높은 주의의무가 요구되기 때문에 업무상과실이 가중처벌된다는 입장에 의하면 업무상과실범은 불법가중유형으로 보아야 한다.

정답 ⑤

18 각 사례에서 甲에게 과실범이 성립하는 경우는?

① 甲은 고속도로를 야간 운행하던 중 갑자기 고속도로를 무단 횡단하기 위해 뛰어든 보행자를 미처 피하지 못하고 충격하여 사망에 이르게 하였다.

② 시계점을 경영하면서 중고시계의 매매도 하고 있는 甲이, 후에 장물로 판정된 시계를 매입함에 있어 매도인에게 그 시계의 구입장소, 구입시기, 매각이유 등을 묻고 비치된 장부에 매입가격 및 주민등록증에 의해 확인된 위 매도인의 인적사항 일체를 사실대로 기재하였다면 매도인의 신분이나 시계출처 및 소지 경위에 대한 설명의 진부에 대하여 확인하지 않았다.

③ 甲은 A골프장에서 골프경기를 하던 중 골프공을 쳐서 아무도 예상하지 못한 자신의 등 뒤 8m정도 떨어져 있던 경기보조원(캐디)을 골프공으로 맞혀 상해를 입혔다.

④ 산부인과 외사 甲은 30대 중반의 초산모 乙에 대해서 제왕절개 수술을 하였는데, 乙은 수술 후 호흡곤란이나 현기증 등의 증세를 나타내다가 폐색전증으로 사망하였지만, 甲은 폐색전증을 예견하지 못하고 그에 대한 조치를 취하지 않았다. 호흡곤란이나 현기증 등은 폐색전증의 증상과 징후의 하나이기는 하지만 이러한 호흡곤란이나 현기증 등은 수술 후 나타날 수 있는 흔한 증상 중의 하나였다.

해설

① 【과실 부정】 고속도로를 운행하는 자동차의 운전자로서는 일반적인 경우에 고속도로를 횡단하는 보행자가 있을 것까지 예견하여 보행자와의 충돌사고를 예방하기 위하여 급정차 등의 조치를 취할 수 있도록 대비하면서 운전할 주의의무가 없다(대판 2000.9.5. 2000도2671).

② 【과실 부정】 시계점을 경영하면서 중고시계의 매매도 하고 있는 甲이, 후에 장물로 판정된 시계를 매입함에 있어 매도인에게 그 시계의 구입장소, 구입시기, 매각이유 등을 묻고 비치된 장부에 매입가격 및 주민등록증에 의해 확인된 위 매도인의 인적사항 일체를 사실대로 기재하였다면 매도인의 신분이나 시계출처 및 소지 경위에 대한 설명의 진부에 대하여 확인하지 않았다 하더라도 업무상과실장물취득죄가 성립하지는 않는다(대판 1984.2.14. 83도2982).

③ 【과실 인정】 [1] 골프와 같은 개인 운동경기에 참가하는 자는 자신의 행동으로 인해 다른 사람이 다칠 수도 있으므로, 경기 규칙을 준수하고 주위를 살펴 상해의 결과가 발생하는 것을 미연에 방지해야 할 주의의무가 있다. 이러한 주의의무는 경기보조원에 대하여도 마찬가지로 부담한다.
[2] 운동경기에 참가하는 자가 경기규칙을 준수하는 중에 또는 그 경기의 성격상 당연히 예상되는 정도의 경미한 규칙위반 속에 제3자에게 상해의 결과를 발생시킨 것으로서, 사회적 상당성의 범위를 벗어나지 아니하는 행위라면 과실치상죄가 성립하지 않는다. 그러나 골프경기를 하던 중 골프공을 쳐서 아무도 예상하지 못한 자신의 등 뒤편으로 보내어 등 뒤에 있던 경기보조원(캐디)에게 상해를 입힌 경우에는 주의의무를 현저히 위반하여 사회적 상당성의 범위를 벗어난 행위로서 과실치상죄가 성립한다(대판 2008.10.23. 2008도6940).

④ 【과실 인정】 [1] 의료과오사건에 있어서 의사의 과실을 인정하려면 결과 발생을 예견할 수 있고 또 회피할 수 있었음에도 이를 하지 못한 점을 인정할 수 있어야 하고, 위 과실의 유무를 판단함에는 같은 업무와 직무에 종사하는 일반적 보통인의 주의 정도를 표준으로 하여야 하며, 이때 사고 당시의 일반적인 의학의 수준과 의료환경 및 조건, 의료행위의 특수성 등을 고려하여야 한다.
[2] 30대 중반의 산모가 제왕절개 수술 후 폐색전증으로 사망한 사안에서, 담당 산부인과 의사에게 형법 제268조의 업무상 과실이 없다고 본 사례(대판 2006.10.26. 2004도486).

정답 ③

19 다음 중 과실범에 대한 설명으로 옳지 않은 것은 모두 몇 개인가?

㉠ '당한 자'라는 문언은 타인이 어떠한 행위를 하여 그로부터 위해 등을 입는 것을 뜻하고 스스로 어떠한 행위를 한 자를 포함하는 개념이 아니다. 형사법은 고의범과 과실범을 구분하여 구성요건을 정하고 있는데, 위와 같은 문언은 과실범을 처벌하는 경우에 사용하는 것으로 볼 수 있다.
㉡ 업무상과실치사상죄에서의 업무는 허가받은 적법한 업무이어야 하므로 골재채취 업무가 허가받은 업무가 아닐 경우에는 업무상과실치사상죄에 있어서의 업무에 해당하지 않는다.
㉢ 신뢰의 원칙이란 과실범에서 주의의무 규칙을 준수하는 사람은 다른 참여자들도 그렇게 하리라는 것을 신뢰한 행위결과로 구성요건 결과가 발생하더라도 과실행위가 되지 않는다는 것이다.
㉣ 과실범의 주의의무는 반드시 개별적인 법령에서 일일이 그 근거나 내용이 명시되어 있어야만 하는 것은 아니며, 결과 발생에 즈음한 구체적인 상황에서 이와 관련된 제반 사정들을 종합적으로 평가하여 결과 발생에 대한 예견 및 회피 가능성을 기준으로 삼아 그 결과 발생을 방지하여야 할 주의의무를 인정할 수 있는 것이다.

① 1개 ② 2개 ③ 3개 ④ 4개

[해설]
㉠ 【 O 】 대판 2022.3.17. 2019도9044 23. 법원행시
㉡ 【 X 】 골재채위 허가여부는 골재채위업무가 업무상과실치사상죄에 있어서의 업무에 해당하는 사실에 아무런 소장이 없다(대판 1985.6.11. 84도2527). 23. 법원행시
㉢ 【 O 】 신뢰원칙은 과실범의 주의의무를 제한하므로써 과실로 처벌하지 않겠다는 것으로 옳은 설명이다. 16. 법원행시
㉣ 【 O 】 대판 2009.4.23. 2008도11921

정답 ①

20 다음 신뢰원칙에 관한 설명 중 옳지 않은 것으로만 짝지어 놓은 것은?

㉠ 우선통행권이 인정되는 트럭은 특별한 사정이 없는 한 통행의 우선순위를 무시하고 괴속으로 교차로에 진입하여 오는 차량을 예상하여 사고발생을 미리 막을 주의의무가 없다.
㉡ 반대편에서 중앙선을 넘어서 오는 승용차가 자기 차선으로 되돌아 갈 것이라고 믿고 경적을 울리거나 스스로 감속함이 없이 거리가 근접할 때까지 위 승용차가 자기 차선으로 되돌아가지 않자 비로소 급정거하였으나 사고가 난 경우에는 과실이 인정되지 않는다.
㉢ 의사가 간호사를 신뢰하여 간호사에게 당해 의료행위를 일임함으로써 간호사의 과오로 환자에게 위해가 발생하였다면 의사는 그에 대한 과실 책임을 면할 수 없다.
㉣ 무모하게 트럭과 버스 사이에 끼어들어 이 사이를 빠져 나가려는 오토바이를 선행차량이 속도를 낮추어 오토바이가 사고가 발생하지 않고 선행하도록 하여 줄 업무상 주의의무가 있다.
㉤ 보행자 또는 자동차 외의 차마는 자동차 전용도로로 통행하거나 횡단할 수 없도록 되어 있으므로 무단횡단하는 보행자가 나타날 경우를 미리 예상하여 급정차할 수 있도록 운전해야 할 주의의무는 없다.

① ㉠, ㉡ ② ㉡, ㉣ ③ ㉢, ㉤ ④ ㉣, ㉤

[해설]
- ㉠ 【 O 】 대판 1984.4.24. 84도185 17. 경찰간부
- ㉡ 【 X 】 이러한 경우 상호간의 충돌을 방지할 업무상 주의의무가 있다고 할 것이다(대판 1984.3.13. 83도1859). 17. 경찰간부
- ㉢ 【 O 】 대판 1998.2.27. 97도2812 17. 경찰간부
- ㉣ 【 X 】 선행차량이 속도를 낮추어 앞지르려는 피해자의 오토바이를 선행하도록 하여 줄 업무상 주의의무가 있다고 할 수 없다(대판 1984.5.29. 84도483). 17. 경찰간부
- ㉤ 【 O 】 대판 1989.3.28. 88도1484 17. 경찰간부

정답 ②

21 다음 사례에서 甲에게 중과실이 인정되는 것만을 모두 고른 것은?

> ㉠ 甲이 성냥불로 담배를 붙인 다음 불이 꺼진 것을 확인하지 아니한 채 그 성냥불을 휴지가 들어 있는 플라스틱 휴지통에 던져 화재가 발생한 경우
>
> ㉡ 총기의 위험성을 잘 알고 있는 경찰관 甲, 乙, 丙이 함께 술을 마셔 모두 만취된 상태에서 乙과 丙이 갑자기 총을 들어 자신들의 머리에 대고 쏘는, 소위 '러시안 룰렛 게임'을 하기에 甲이 "장난치지 말라"며 말로 만류하던 중 순식간에 乙이 자신이 쏜 총에 맞아 사망한 경우
>
> ㉢ 甲이 평상시와 마찬가지로 연탄아궁이에 불을 피워놓고 연탄아궁이로부터 80cm 떨어진 곳에 스폰지 요·솜 등을 쌓아놓고 퇴근하였는데, 스폰지요·솜 등이 연탄아궁이 쪽으로 넘어지면서 훈소현상에 의하여 점포를 떠난 지 4시간 이상이 지난 뒤 화재가 발생한 경우
>
> ㉣ 목사 甲이 안수기도를 한다면서 84세의 노인과 11세의 여자아이를 바닥에 눕혀놓고 "마귀야 물러가라", "왜 안 나가느냐" 등 소리를 치면서 손으로 배와 가슴 부분을 세게 때리고 누르는 등의 행위를 20~30분간 반복하여 이들을 사망케 한 경우

① ㉠, ㉢   ② ㉠, ㉣   ③ ㉡, ㉢   ④ ㉡, ㉣

[해설]
- ㉠ 【중과실 인정】 피고인이 성냥불로 담배를 붙인 다음 성냥불이 꺼진 것을 확인하지 아니한 채 휴지가 들어 있는 휴지통에 던진 것은 중대한 과실이 있는 경우에 해당한다(대판 1993.7.27. 93도135). 17. 국가직 7급
- ㉡ 【중과실 부정】 함께 술을 마시던 피해자가 갑자기 총을 들어 자신의 머리에 대고 쏘는 소위 "러시안 룰렛 게임"을 하다가 사망한 경우, 이를 제지하지 못한 동석자인 동료경찰관 갑과 을에 대하여 만류하던 중에 순식간에 일어난 사고여서 음주만취하여 주의능력이 상당히 저하된 상태에 있던 피고인들로서는 미처 물리적으로 이를 저지할 여유도 없었던 것이므로, 중과실치사죄의 죄책을 지울말한 위법한 주의의무위반이 있었다고 평가할 수 없다(대판 1992.3.10. 91도3172). 결국, 중과실치사죄가 부정되어 무죄이다. 17. 국가직 7급
- ㉢ 【중과실 부정】 연탄아궁이로부터 80센티미터 떨어진 곳에 쌓아둔 스폰지요, 솜 등이 연탄아궁이 쪽으로 넘어지면서 화재현장에 의한 화재가 발생한 경우라고 하더라도 그 스폰지요, 솜 등을 쌓아두는 방법이나 상태 등에 관하여 아주 작은 주의만 기울였더라면 스폰지요나 솜 등이 넘어지고 또 그로 인하여 화재가 발생할 것을 예견하여 회피할 수 있었음에도 불구하고 부주의로 이를 예견하지 못하고 스폰지와 솜 등을 쉽게 넘어질 수 있는 상태로 쌓아둔 채 방치하였기 때문에 화재가 발생한 것으로 판단되어야만, "중대한 과실"로 인하여 화재가 발생한 것으로 볼 수 있다(대판 1989.1.17. 88도643). 결국 중실화죄를 인정하지 않았다. 17. 국가직 7급
- ㉣ 【중과실 인정】 피고인이 84세 여자 노인과 11세의 여자 아이를 상대로 안수기도를 함에 있어서 그들을 바닥에 반드시 눕혀 놓고 기도를 한 후 "마귀야 물러가라", "왜 안 나가느냐"는 등 큰 소리를 치면서 한 손 또는 두 손으로 그들의 배와 가슴 부분을 세게 때리고 누르는 등의 행위를 여자 노인에게는 약 20분간, 여자아이에게는 약 30분간 반복하여 그들을 사망케 한 경우, 피고인 정도의 연령이나 경험 지식을 가진 사람으로서는 약간의 주의만 하더라도 쉽게 예견할 수 있음에도 그러한 결과에 대하여 주의를 다하지 않아 사람을 죽음으로까지 이르게 한 행위는 중대한 과실에 해당하여 중과실치사죄가 성립한다(대판 1997.4.22. 97도538). 17. 국가직 7급

정답 ②

22 과실범에 관한 다음 설명 중 가장 적절한 것은?

① 업무상과실장물취득죄는 업무상 과실에 의하여 단순과실장물취득죄보다 형이 가중되는 가중적 구성요건이다.
② 형법 제314조 제2항은 '컴퓨터등 정보처리장치 또는 전자기록등 특수매체기록을 손괴하거나 정보처리장치에 허위의 정보 또는 부정한 명령을 입력하거나 기타 방법으로 정보처리에 장애를 발생하게 하여 사람의 업무를 방해한 자'를 처벌하도록 규정하고 있다. 여기서 '기타 방법'에는 과실로 인한 행위도 포함된다.
③ 내과의사 甲은 자신의 환자가 뇌혈관계통의 질환이 의되어 신경과 전문의와 협의 진료한 결과 신경과 소견으로는 아무 문제가 없다고 회신을 받았기에 뇌혈관 질환에 대한 진료 없이 내과 진료만 계속하여 환자가 호전되자 퇴원시켰으나, 뒤늦게 환자에게 뇌혈관계통의 질환인 지주막하출혈이 발견되어 수술을 받았음에도 식물인간이 되었다면 甲에게는 업무상 과실이 인정된다.
④ 트럭운전자가 차 높이의 제한표지가 있는 육교 밑을 통과하면서 트럭이 육교에 충돌하여 육교가 붕괴되는 바람에 보행인이 사망하였다. 그런데 트럭운전자는 이미 동일한 표지가 있는 다른 육교를 무사히 통과하였지만 유독 문제의 육교에서만 그러한 표지와 실제 높이가 달랐다. 트럭운전자는 그런 가능성까지 예견하고 차량을 정지시킨 후 확인할 주의의무는 없으므로 업무상과실치사죄가 성립하지 않는다.
⑤ 소아외과 의사가 5세의 급성 림프구성 백혈병 환자의 항암 치료를 위하여 쇄골하 정맥에 중심정맥도관을 삽입하는 수술을 하는 과정에서 환자의 우측 쇄골하 부위를 주사바늘로 10여 차례 찔러 환자가 우측 쇄골하 혈관 및 흉막 관통상에 기인한 외상성 혈흉으로 인한 순환혈액량 감소성 쇼크로 사망한 경우, 담당 소아외과 의사에게 형법 제268조의 업무상과실이 인정된다.

해설

① 【 X 】 장물취득죄의 경우 단순과실장물취득죄는 처벌규정이 없다. 따라서 업무상과실장물취득죄는 단순과실범에 대한 가중적 구성요건이 아니다.
② 【 X 】 형법 제314조 제2항에서의 '기타 방법'이란 컴퓨터의 정보처리에 장애를 초래하는 가해수단으로서 컴퓨터의 작동에 직접·간접으로 영향을 미치는 일체의 행위로써(대판 2004.7.9. 2002도631), 본죄는 고의범이므로 기타 방법에 '과실'로 인한 행위는 포함되지 않는다고 보아야 한다.
③ 【 X 】 내과의사 과 전문의에 대한 협의진료 결과 피해자의 증세와 관련하여 신경과 영역에서 이상이 없다는 회신을 받았고, 그 회신 전후의 진료 경과에 비추어 그 회신 내용에 의문을 품을 만한 사정이 있다고 보이지 않자 그 회신을 신뢰하여 뇌혈관계통 질환의 가능성은 염두에 두지 않고 내과 영역의 진료 행위를 계속하다가 피해자의 증세가 호전되기에 이르자 퇴원하도록 조치한 경우, 피해자의 지주막하출혈을 발견하지 못한 데 대하여 내과의사의 업무상과실을 부정한 사례(대판 2003.1.10. 2001도3292).
④ 【 O 】 대판 1997.1.24. 95도2125
⑤ 【 X 】 [1] 의사는 진료를 행함에 있어 환자의 상황과 당시의 의료수준 그리고 자기의 지식경험에 따라 적절하다고 판단되는 진료방법을 선택할 상당한 범위의 재량을 가진다고 할 것이고, 그것이 합리적인 범위를 벗어난 것이 아닌 한 진료의 결과를 놓고 그 중 어느 하나만이 정당하고 이와 다른 조치를 취한 것은 과실이 있다고 말할 수는 없다.
[2] 사안의 경우 담당 소아외과 의사에게 형법 제268조의 업무상 과실이 인정되지 않는다(대판 2008.8.11. 2008도3090).

정답 ④

제7절 결과적 가중범

01 결과적 가중범에 대한 설명으로 옳지 않은 것은?

① 부진정결과적 가중범의 경우에 중한 결과에 대한 고의범과 결과적 가중범의 법정형이 같은 경우에는 결과적 가중범만 성립하지만, 중한 결과에 대한 고의범의 법정형이 결과적 가중범보다 중한 경우에는 결과적 가중범과 중한 결과에 대한 고의범은 상상적 경합관계에 있다.
② 사람이 현존하는 건조물을 방화하는 집단행위의 과정에서 일부 집단원만이 고의행위로 살상을 가한 경우, 다른 집단원이 그 결과를 예견할 수 있었더라도 현존건조물방화치사상죄의 죄책을 인정할 수 없다.
③ 결과적 가중범에 있어서 중한 결과를 같이 발생시킬 의사가 없었더라도 행위를 공동으로 할 의사가 있고 중한 결과가 예견 가능한 것이었다면 결과적 가중범의 공동정범이 성립한다.
④ 조문형식상 결과적 가중범에 대한 미수범 처벌규정이 있더라도 이는 결합범에만 적용되고, 결과적 가중범의 경우에는 중한 결과가 발생한 이상 기본범죄가 미수에 그쳐도 결과적 가중범의 기수범이 된다.

> [해설]

① 【O】 기본범죄를 통하여 고의로 중한 결과를 발생하게 한 경우에 가중 처벌하는 부진정결과적가중범에서, 고의로 중한 결과를 발생하게 한 행위가 별도의 구성요건에 해당하고 그 고의범에 대하여 결과적가중범에 정한 형보다 더 무겁게 처벌하는 규정이 있는 경우에는 그 고의범과 결과적가중범이 상상적 경합관계에 있지만, 위와 같이 고의범에 대하여 더 무겁게 처벌하는 규정이 없는 경우에는 결과적가중범이 고의범에 대하여 특별관계에 있으므로 결과적가중범만 성립하고 이와 법조경합의 관계에 있는 고의범에 대하여는 별도로 죄를 구성하지 않는다(대판 2008.11.27, 2008도7311). 23. 국가직
② 【X】 현존건조물방화치상죄와 같은 이른바 부진정결과적가중범은 예견가능한 결과를 예견하지 못한 경우뿐만 아니라 그 결과를 예견하거나 고의가 있는 경우까지도 포함하는 것이므로 이 사건에서와 같이 사람이 현존하는 건조물을 방화하는 집단행위의 과정에서 일부 집단원이 고의행위로 살상을 가한 경우에도 다른 집단원에게 그 사상의 결과가 예견 가능한 것이었다면 다른 집단원도 그 결과에 대하여 현존건조물방화치사상의 책임을 면할 수 없는 것인바, 피고인을 비롯한 집단원들이 당초 공모시 쇠파이프를 소지한 방어조를 운용하기로 한 점에 비추어 보면 피고인으로서는 이 사건 건물을 방화하는 집단행위의 과정에서 상해의 결과가 발생하는 것도 예견할 수 있었다고 보이므로, 이 점에서도 피고인을 현존건조물방화치상죄로 의율할 수 있다(대판 1996.4.12, 96도215). 23. 국가직
③ 【O】 결과적 가중범의 공동정범은 기본행위를 공동으로 할 의사가 있으면 성립하고, 결과를 공동으로 할 의사는 필요 없으며, 그 결과의 발생을 예견할 수 있으면 족하다(대판 2005.5.26, 2005도945). 23. 국가직
④ 【O】 옳은 설명이다. 23. 국가직

> 정답 ②

02 과실범과 결과적 가중범에 관한 설명 중 옳은 것을 모두 고른 것은?

㉠ 「형법」상 특수공무집행방해치상죄는 중한 결과에 대한 예견가능성이 있었음에도 불구하고 예견하지 못한 경우뿐만 아니라 고의가 있는 경우까지도 포함하는 부진정 결과적 가중범이다.
㉡ 과실범에 있어서의 인식 없는 과실은 결과 발생의 가능성에 대한 인식 자체도 없는 경우로 그 결과 발생을 인식하지 못하였다는 데에 대한 부주의, 즉 규범적 실재로서의 과실 책임이 있다고 할 것이다.
㉢ 건설회사가 건설공사 중 타워크레인의 설치작업을 전문업자에게 도급을 주어 타워크레인 설치작업을 하던 중 발생한 사고에 대하여, 건설회사의 현장대리인 甲에게 타워크레인의 설치작업을 관리하고 통제할 실질적인 지휘·감독 권한이 없었다면 업무상 주의의무를 위반한 과실이 있다고 볼 수 없다.
㉣ 甲이 A에 대한 살인의 고의로 A가 자고 있는 집에 불을 놓아 불이 A의 집 안방 천장까지 붙었으나 A가 잠에서 깨어 집 밖으로 빠져나오는 바람에 살인의 목적을 달성하지 못하였다면, 甲은 현주건조물방화치사죄의 미수범으로 처벌된다.
㉤ 상해를 교사하였는데 피교사자가 이를 넘어 살인을 실행한 경우 교사자는 상해죄에 대한 교사범이 되는 것이고, 다만 이 경우 교사자에게 피해자의 사망이라는 결과에 대하여 과실 내지 예견가능성이 있는 때에는 상해죄의 교사범과 과실치사죄의 상상적 경합범이 된다.

① ㉠, ㉡, ㉢   ② ㉠, ㉡, ㉤   ③ ㉡, ㉢, ㉣   ④ ㉠, ㉡, ㉢, ㉣   ⑤ ㉠, ㉢, ㉣, ㉤

해설

㉠ 【O】 특수공무집행방해치상죄는 원래 결과적 가중범이기는 하지만, 이는 중한 결과에 대하여 예견가능성이 있음에 불구하고 예견하지 못한 경우에 벌하는 진정결과적가중범이 아니라 그 결과에 대한 예견가능성이 있었음에도 불구하고 예견하지 못한 경우뿐만 아니라 고의가 있는 경우까지도 포함하는 부진정결과적가중범이다(대판 1995.1.20. 94도2842). 24. 변호사

㉡ 【O】 과실범에 있어서의 비난 가능성의 지적 요소란 결과 발생의 가능성에 대한 인식으로서 인식 있는 과실에는 이와 같은 인식이 있고, 인식 없는 과실에는 이에 대한 인식 자체도 없는 경우이나, 전자에 있어서 책임이 발생함은 물론, 후자에 있어서도 그 결과 발생을 인식하지 못하였다는 데에 대한 부주의 즉 규범적 실재로서의 과실책임이 있다(대판 1984.2.28. 83도3007). 24. 변호사

㉢ 【O】 건설회사가 건설공사 중 타워크레인의 설치작업을 전문업자에게 도급주어 타워크레인 설치작업을 하던 중 발생한 사고에 대하여 건설회사의 현장대리인에게 업무상과실치사상의 죄책을 물을 수 없다고 한 원심의 판단을 수긍한 사례(대판 2005.9.9. 2005도3108). 24. 변호사

㉣ 【X】 형법상 현주건조물방화치사죄의 미수는 처벌규정이 없다. 지문처럼 甲이 A를 살해할 고의로 방화를 하였으나 A가 사망하지 않았다면 甲은 현주건조물방화죄와 살인미수죄의 상상적 경합범이 성립한다. 24. 변호사

㉤ 【X】 교사자가 피교사자에 대하여 상해 또는 중상해를 교사하였는데 피교사자가 이를 넘어 살인을 실행한 경우에, 일반적으로 교사자는 상해죄 또는 중상해죄의 죄책을 지게 되는 것이지만 이 경우에 교사자에게 피해자의 사망이라는 결과에 대하여 과실 내지 예견가능성이 있는 때에는 상해치사죄의 죄책을 지울 수 있다(대판 2002.10.25. 2002도4089). 24. 변호사

정답 ①

03 결과적 가중범에 관한 설명으로 옳은 것을 모두 고른 것은?

㉠ 결과적 가중범은 기본범죄에 내재된 전형적 위험성이 발현되었다는 점에서 가중처벌의 근거를 찾을 수 있으므로 기본범죄의 실행에 착수한 사람이 실행행위를 완료하지 않았더라도 이로 인하여 형이 무거워지는 요인이 되는 결과가 생겼다면 기본범죄에 내재된 위험이 현실화되었다는 점에서 이를 결과적 가중범의 기수범으로 처벌하는 것은 당연하다.

㉡ 특수공무집행방해치상죄는 단체 또는 다중의 위력을 보이거나 위험한 물건을 휴대하고 직무를 집행하는 공무원에 대하여 폭행·협박을 하여 공무원을 사상에 이르게 한 경우에 성립하는 결과적가중범으로서 행위자가 그 결과를 의도할 필요는 없고 그 결과의 발생을 예견할 수 있으면 족하다.

㉢ 甲이 乙을 폭행하여 재물을 강취하려하자 극도의 흥분과 공포심을 느낀 乙이 이를 피하려다 상해를 입은 경우, 甲이 상해의 결과를 예견할 수 있었더라도 甲의 폭행과 乙의 상해 사이에는 상당인과관계가 없으므로 甲을 강도치상죄로 처벌할 수 없다.

㉣ 강제추행치상죄에서 상해의 결과는 강제추행의 수단으로 사용한 폭행이나 추행행위 그 자체 또는 강제추행에 수반하는 행위로부터 발생한 것이어야 하므로 상해를 가한 부분을 고의범인 상해죄로 처벌하면서 이를 다시 결과적 가중범인 강제추행치상죄의 상해로 인정하여 처벌할 수 없다.

① ㉡　　② ㉠, ㉡　　③ ㉠, ㉡, ㉣　　④ ㉠, ㉢, ㉣

해설

㉠ 【O】 결과적 가중범은 기본 범죄에 내재된 전형적 위험성이 발현되었다는 점에서 가중처벌의 근거를 찾을 수 있다. 기본 범죄의 실행에 착수한 사람이 실행행위를 완료하지 않았더라도, 이로 인하여 형이 무거워지는 요인이 되는 결과가 생겼다면 기본 범죄에 내재된 위험이 현실화되었다는 점에서 이를 결과적 가중범의 기수범으로 처벌하는 것이 책임원칙에 부합하는 당연한 결론이다(대판 2025.3.20. 2023도10405 전원합의체). 25. 경찰

㉡ 【O】 대판 2012.5.24. 2010도11381 25. 경찰

㉢ 【X】 폭행 또는 협박으로 타인의 재물을 강취하려는 행위와 이에 극도의 흥분을 느끼고 공포심에 사로잡혀 이를 피하려다 상해에 이르게 된 사실과는 상당인과관계가 있다 할 것이고 이 경우 강취 행위자가 상해의 결과의 발생을 예견할 수 있었다면 이를 강도치상죄로 다스릴 수 있다(대판 1996.7.12. 96도1142). 25. 경찰

㉣ 【O】 [1] 강제추행치상죄에서 상해의 결과는 강제추행의 수단으로 사용한 폭행이나 추행행위 그 자체 또는 강제추행에 수반하는 행위로부터 발생한 것이어야 한다. 따라서 상해를 가한 부분을 고의범인 상해죄로 처벌하면서 이를 다시 결과적 가중범인 강제추행치상죄의 상해로 인정하여 이중으로 처벌할 수는 없다.
[2] 피고인이 피해자를 폭행하여 비골 골절 등의 상해를 가한 다음 강제추행한 경우, 피고인의 위 폭행을 강제추행의 수단으로서의 폭행으로 볼 수 없어 위 상해와 강제추행 사이에 인과관계가 없으므로, 폭력행위 등 처벌에 관한 법률 위반죄로 처벌한 상해를 다시 결과적 가중범인 강제추행치상죄의 상해로 인정하여 처벌할 수 없다(대판 2009.7.23. 2009도1934). 25. 경찰

정답 ③

04 다음 설명 중 가장 적절하지 않은 것은?

① 형법 제144조 제2항 특수공무집행방해치상죄는 그 결과에 대한 예견가능성이 있었음에도 불구하고 예견하지 못한 경우뿐만 아니라 고의가 있는 경우까지도 포함하는 부진정결과적 가중범이다.
② 결과적 가중범인 상해치사죄의 공동정범은 폭행 기타의 신체침해행위를 공동으로 할 의사가 있으면 성립되고 결과를 공동으로 할 의사는 필요 없으며, 여러 사람이 상해의 범의로 범행 중 한사람이 중한 상해를 가하여 피해자가 사망에 이르게 된 경우 나머지 사람들은 사망의 결과를 예견할 수 없는 때가 아닌 한 상해치사의 죄책을 면할 수 없다.
③ 형법 제168조 연소죄는 결과적 가중범에 해당한다.
④ 형법 제15조 제2항 결과적 가중범은 기본범죄와 중한 결과 사이의 인과관계에 대해서만 규정하고 있을 뿐, 예견가능성을 명시적으로 요구하고 있지는 않다.

해설

① 【 O 】 대판 1995.1.20. 94도2842 16. 경찰채용 2차
② 【 O 】 대판 2013.4.26. 2013도1222 16. 경찰채용 2차
③ 【 O 】 연소죄는 자기 소유 건조물 또는 물건에 대한 방화가 확대되어 현주건조물이나 공용 또는 타인 소유 건조물·물건을 연소한 때에 성립하는 진정결과적가중범이다(형법 제168조). 16. 경찰채용 2차
④ 【 X 】 결과로 인하여 형이 중할 죄에 있어서 그 결과의 발생을 예견할 수 없었을 때에는 중한 죄로 벌하지 아니한다(형법 제15조 제2항). 16. 경찰채용 2차

정답 ④

05 결과적 가중범에 관한 설명으로 옳은 것은 모두 몇 개인가?

㉠ 기본범죄를 통하여 고의로 중한 결과를 발생하게 한 경우에 가중 처벌하는 부진정결과적가중범에서, 고의범에 대하여 더 무겁게 처벌하는 규정이 없는 경우에는 결과적 가중범이 고의범에 대하여 특별관계에 있으므로 결과적 가중범만 성립하고 이와 실체적 경합의 관계에 있는 고의범에 대하여는 별도로 죄를 구성하지 않는다.
㉡ 결과적 가중범은 중한 결과가 발생하여야 성립되는 범죄이므로 「형법」에는 결과적 가중범의 미수를 처벌하는 규정을 두고 있지 않다.
㉢ 甲의 구타행위로 상해를 입은 피해자가 정신을 잃고 빈사상태에 빠지자 사망한 것으로 오인하고, 자신의 행위를 은폐하고 피해자가 자살한 것처럼 가장하기 위하여 피해자를 베란다 아래의 바닥으로 떨어뜨려 사망케 하였다면, 甲의 행위는 포괄하여 단일의 상해치사죄에 해당한다.
㉣ 「형법」상 부진정결과적가중범은 중한 결과를 야기한 기본범죄가 고의범인 경우에만 인정되고 과실범의 경우에는 인정되지 않는 개념이다.
㉤ 결과적 가중범이 성립하려면 행위와 결과 사이에 상당인과관계가 있어야 하고 행위 시에 결과의 발생을 예견할 수 있어야 하는데, 그러한 예견가능성은 행위자를 기준으로 판단되어야 하며 일반인을 기준으로 객관적으로 판단해야 하는 것은 아니다.

① 1개 ② 2개 ③ 3개 ④ 4개

해설

㉠ 【 X 】 부진정결과적가중범에 있어서, 고의로 중한 결과를 발생하게 한 행위가 별도의 구성요건에 해당하고 그 고의범에 대하여 결과적 가중범에 정한 형보다 더 무겁게 처벌하는 규정이 있는 경우에는 그 고의범과 결과적 가중범이 상상적 경합관계에 있지만, 위와 같이 고의범에 대하여 더 무겁게 처벌하는 규정이 없는 경우에는 결과적가중범이 고의범에 대하여 특별관계에 있으므로 결과적 가중범만 성립하고 이와 법조경합의 관계에 있는 고의범에 대하여는 별도로 죄를 구성한다고 볼 수 없다(대판 2008.11.27. 2008도7311). 24. 경찰승진

㉡ 【 X 】 결과적 가중범은 고의와 과실의 결합이다. 과실미수는 처벌규정이 없으므로 이론상 결과적 가중범은 미수는 인정할 수 없다. 다만 형법상 결과적 가중범인 인질치사상죄, (해상)강도치사상죄, 현주건조물일수치사상죄에 미수범을 처벌하는 규정을 두고 있다. 24. 경찰승진

㉢ 【 O 】 피고인이 피해자에게 우측 흉골골절 및 늑골골절상과 이로 인한 우측 심장벽좌상과 심낭내출혈 등의 상해를 가함으로써, 피해자가 바닥에 쓰러진 채 정신을 잃고 빈사상태에 빠지자, 피해자가 사망한 것으로 오인하고, 피고인의 행위를 은폐하고 피해자가 자살한 것처럼 가장하기 위하여 피해자를 베란다로 옮긴 후 베란다 밑 약 13m 아래의 바닥으로 떨어뜨려 피해자로 하여금 현장에서 좌측 측두부 분쇄함몰골절에 의한 뇌손상 및 뇌출혈 등으로 사망에 이르게 하였다면, 피고인의 행위는 포괄하여 단일의 상해치사죄에 해당한다(대판 1994.11.4. 94도2361). 24. 경찰승진

㉣ 【 O 】 부진정결과적 가중범은 고의에 의한 기본범죄로 중한 결과에 대하여 과실이 있는 경우뿐만 아니라 고의가 있는 경우에도 성립하는 범죄를 말한다. 기본범죄는 고의범이어야 하므로 과실치사죄, 실화치사죄는 결과적 가중범이 아니다. 24. 경찰승진

㉤ 【 X 】 결과적 가중범이 성립하려면 행위와 결과 사이에 상당인과관계가 있어야 하고 행위 시에 결과의 발생을 예견할 수 있어야 하는데, 그러한 예견가능성은 일반인을 기준으로 객관적으로 판단되어야 한다. 24. 경찰승진

정답 ②

06 결과적 가중범에 대한 설명 중 가장 적절한 것은?

① 결과적 가중범에 있어서 기본범죄는 고의 과실, 기수 · 미수를 불문한다.
② 진정결과적 가중범이란 고의에 의한 기본범죄에 의하여 중한 결과가 과실뿐만 아니라 고의에 의하여도 발생할 수 있는 것을 말한다.
③ 부진정결과적 가중범에서 고의로 중한 결과를 발생하게 한 행위가 별도의 구성요건에 해당하고 그 고의범에 대하여 결과적 가중범에 정한 형보다 더 무겁게 처벌하는 규정이 없는 경우에는 그 고의범과 결과적 가중범이 상상적 경합관계에 있다.
④ 여러 사람이 상해의 범의로 범행 중 한 사람이 중한 상해를 가하여 피해자가 사망에 이르게 된 경우 나머지 사람들은 사망의 결과를 예견할 수 없는 때가 아닌 한 상해치사의 죄책을 면할 수 없다.

해설

① 【 X 】 결과적 가중범이란 고의에 기한 기본범죄에 의하여 행위자가 예견하지 않았던 중한 결과가 발생하는 때에 형이 가중되는 범죄를 말한다. 기본범죄는 고의범을 요한다. 20. 경찰승진
② 【 X 】 진정결과적 가중범이란 고의에 의한 기본범죄에 기하여 과실로 중한 결과를 발생하게 한 경우를 말한다. 20. 경찰승진
③ 【 X 】 기본범죄를 통하여 고의로 중한 결과를 발생하게 한 경우에 가중 처벌하는 부진정결과적가중범에서, 고의로 중한 결과를 발생하게 한 행위가 별도의 구성요건에 해당하고 그 고의범에 대하여 결과적가중범에 정한 형보다 더 무겁게 처벌하는 규정이 있는 경우에는 그 고의범과 결과적가중범이 상상적 경합관계에 있지만, 위와 같이 고의범에 대하여 더 무겁게 처벌하는 규정이 없는 경우에는 결과적가중범이 고의범에 대하여 특별관계에 있으므로 결과적가중범만 성립하고 이와 법조경합의 관계에 있는 고의범에 대하여는 별도로 죄를 구성하지 않는다(대판 2008.11.27. 2008도7311). 20. 경찰승진
④ 【 O 】 대판 1997.6.24. 97도1075 20. 경찰승진

정답 ④

07 다음 설명 중 옳고 그름의 표시(○, ×)가 바르게 된 것은?

㉠ 甲이 乙에 대하여 상해를 교사하였는데 乙이 이를 넘어 살인을 실행한 경우에, 甲에게 피해자의 사망이라는 결과에 대하여 과실 내지 예견가능성이 있는 때에는 상해치사죄가 성립한다.

㉡ 甲은 乙을 살해하기 위하여 乙의 집으로 갔으나, 乙은 집에 없고 乙의 처 丙이 자신을 알아보자 丙을 야구방망이로 강타하여 실신시킨 후 이불을 뒤집어 씌우고 석유를 뿌려 방화함으로써 乙의 집을 전소케 하고 丙을 사망케 한 경우, 甲은 현주건조물방화치사죄가 성립한다.

㉢ 甲은 현주건조물에 방화를 한 후 불이 붙은 집에서 빠져 나오려는 乙이 탈출하지 못하도록 방문 앞에 버티어 서서 지킨 결과 乙을 소사케 한 경우, 甲은 현주건조물방화죄와 살인죄의 실체적 경합이 성립한다.

㉣ 甲이 乙의 재물을 강취한 뒤 乙을 살해할 의사로 乙의 집에 방화하여 乙을 살해한 행위는 강도살인죄와 현주건조물방화치사죄의 실체적 경합이 성립한다.

① ㉠ ○ ㉡ ○ ㉢ ○ ㉣ ○
② ㉠ × ㉡ × ㉢ × ㉣ ○
③ ㉠ ○ ㉡ × ㉢ × ㉣ ×
④ ㉠ ○ ㉡ ○ ㉢ ○ ㉣ ×

해설

㉠ 【 O 】 甲은 乙에게 "丙을 정신을 차릴 정도로 때려주어라"고 교사하였는데, 乙은 丙을 살해한 경우, 일반적으로 교사자는 상해죄에 대한 교사범이 되는 것이고, 다만 이 경우 교사자에게 피해자의 사망이라는 결과에 대하여 과실 내지 예견가능성이 있는 때에는 상해치사죄의 교사범으로서의 죄책을 지울 수 있다(대판 1997.6.24. 97도1075). ⇨ 판례는 甲이 丙의 사망이라는 결과를 예측하였거나 또는 피해자의 사망의 결과에 대하여 과실이 있었다고 인정하기 어렵다고 보아 상해죄의 교사범만을 인정하였다. 18. 경찰채용 1차

㉡ 【 O 】 현주건조물 방화치사상죄는 그 전단에 규정하는 죄에 대한 일종의 가중처벌규정으로서 불을 놓아 사람의 주거에 사용하거나 사람이 현존하는 건조물을 소훼함으로 인하여 사람을 사상에 이르게 한 때에 성립되며 동 조항이 사형, 무기 또는 7년 이상의 징역의 무거운 법정형을 정하고 있는 취의에 비추어 보면 과실이 있는 경우 뿐만 아니라 고의가 있는 경우도 포함된다고 볼 것이므로, 현주건조물내에 있는 사람을 강타하여 실신케 한 후 동건조물에 방화하여 소사케 한 피고인을 현주건조물에의 방화죄와 살인죄의 상상적 경합으로 의율할 것은 아니다(1983.1.18. 82도2341). 18. 경찰채용 1차

㉢ 【 O 】 현주건조물에의 방화죄는 공중의 생명, 신체, 재산 등에 대한 위험을 예방하기 위하여 공공의 안전을 그 제1차적인 보호법익으로 하고 제2차적으로는 개인의 재산권을 보호하는 것이라고 할 것이나, 여기서 공공에 대한 위험은 구체적으로 그 결과가 발생됨을 요하지 아니하는 것이고 이미 현주건조물에의 점화가 독립연소의 정도에 이르면 동 죄는 기수에 이르러 완료되는 것인 한편, 살인죄는 일신전속적인 개인적 법익을 보호하는 범죄이므로, 이 사건에서와 같이 불을 놓은 집에서 빠져 나오려는 피해자들을 막아 소사케 한 행위는 1개의 행위가 수 개의 죄명에 해당하는 경우라고 볼 수 없고, 위 방화행위와 살인행위는 법률상 별개의 범의에 의하여 별개의 법익을 해하는 별개의 행위라고 할 것이니, 현주건조물방화죄와 살인죄는 실체적 경합관계에 있다(1983.1.18. 82도2341). 18. 경찰채용 1차

㉣ 【 X 】 강도가 재물을 강취한 후 그들을 살해할 목적으로 현주건조물에 방화하여 사망에 이르게 한 경우 강도살인죄와 현주건조물방화치사죄의 상상적 경합이 된다(대판 1998.12.8. 98도3416). 18. 경찰채용 1차

정답 ④

08 다음 설명 중 옳지 않은 것은?

① 甲이 의도적으로 A를 술에 취하도록 유도하고 수차례 강간한 후 의식불명에 빠진 A를 비닐창고로 옮겨 놓아 A가 저체온증으로 사망한 경우 甲에게는 강간치사죄가 성립한다.
② 교제를 거절한다는 이유로 甲이 A의 배를 발로 차고 얼굴을 주먹으로 때리자 A가 계속되는 甲의 상해행위를 피하려고 도로를 건너 도주하다가 차량에 치여 사망한 경우 甲에게는 상해치사죄가 성립한다.
③ 甲이 살인의 고의로 A의 하복부에 칼로 심한 자상을 입힌 것이 A를 사망하게 한 직접적 원인이 아니었다면, 이로부터 발생된 다른 간접적 원인이 결합되어 사망의 결과가 발생하였더라도 甲에게는 살인죄가 성립하지 않는다.
④ 甲이 4일가량 물조차 제대로 마시지 못하고 잠도 자지 아니하여 거의 탈진 상태에 이른 A의 손과 발을 17시간 이상 묶어 두고 좁은 차량 속에서 움직이지 못하게 감금하자 혈전이 형성되고 그 혈전이 폐동맥을 막아 사망의 결과가 발생한 경우 甲에게는 감금치사죄가 성립한다.

해설
① 【 O 】 대판 2008.2.29. 2007도10120 18. 국가직
② 【 O 】 대판 1996.5.10. 96도529 18. 국가직
③ 【 X 】 자상행위가 사망의 직접적 원인은 아니지만 이로부터 발생한 다른 간접적 원인(자창으로 인한 과다출혈과 상처감염 등에 연유한 패혈증)이 결합되어 사망결과가 발생한 경우, 피고인의 자상행위가 피해자를 사망하게 한 직접적 원인은 아니었다 하더라도 이로부터 발생된 다른 간접적 원인이 결합되어 사망의 결과를 발생하게 한 경우라도 그 행위와 사망간에는 인과관계가 있다(대판 1982.12.28. 82도2525). 18. 국가직
④ 【 O 】 상대판 2002.10.11. 2002도4315 18. 국가직

정답 ③

09 결과적 가중범에 관한 설명 중 옳은 것은?

① 친구를 살해할 의도로 그 친구가 살고 있는 집을 방화하여 그를 사망에 이르게 한 경우, 현주건조물방화치사죄만 성립한다.
② 부진정 결과적 가중범은 중한 결과를 야기한 기본범죄가 고의범인 경우뿐만 아니라 과실범인 경우에도 인정되는 개념이다.
③ 기본범죄와 중한 결과 사이에 인과관계가 인정된다면, 중한 결과에 대한 예견 가능성이 없는 경우라도 결과적 가중범으로 처벌할 수 있다.
④ 「형법」 제177조 제2항의 현주건조물일수치사죄의 법정형은 사형, 무기 또는 7년 이상의 징역이다.

해설
① 【 O 】 [은봉암사건] 사람을 살해할 목적으로 현주건조물에 방화하여 사망에 이르게 한 경우에는 **현주건조물방화치사죄**로 의율하여야 하고 이와 더불어 살인죄와의 상상적 경합범으로 의율할 것은 아니다(대판 1996.4.26. 96도485). 19. 경찰채용 1차
② 【 X 】 중한 결과를 야기한 기본범죄가 과실범인 경우에는 결과적 가중범이 아니라 과실범에 해당할 뿐이다. 19. 경찰채용 1차
③ 【 X 】 기본범죄와 중한 결과 사이에 인과관계가 인정된다 하더라도, 중한 결과에 대한 예견 가능성이 없는 경우라도 결과적 가중범으로 처벌할 수 없다(제15조 제2항 참조). [생일빵 폭행사건] 속칭 '생일빵'을 한다는 명목 하에 피해자를 가격하여 사망에 이르게 한 경우, 폭행과 사망 간에 인과관계는 인정되지만 폭행 당시 피해자의 사망을 예견할 수 없기 때문에 폭행치사죄는 성립되지 않는다(대판 2010.5.27. 2010도2680). 19. 경찰채용1차
④ 【 X 】 현주건조물일수치사죄의 법정형은 무기 또는 7년 이상의 징역이다(제177조 제2항 제2문). ⇨ 사형 × 19. 경찰채용 1차

정답 ①

10 결과적 가중범에 대한 설명으로 가장 적절한 것은?

① 부진정결과적가중범에서, 고의로 중한 결과를 발생하게 한 행위가 별도의 구성요건에 해당하고 그 고의범에 대하여 결과적 가중범에 정한 형보다 더 무겁게 처벌하는 규정이 있다면, 결과적 가중범만 성립하고 고의범에 대해서 별도의 죄가 성립하지 않는다.
② 교사자가 피교사자에 대하여 상해를 교사하였는데 피교사자가 이를 넘어 살인을 실행한 경우, 교사자에게 피해자의 사망이라는 결과에 대하여 과실 내지 예견가능성이 있는 때에는 상해치사죄의 교사범으로서의 죄책을 지울 수 있다.
③ 결과적 가중범인 상해치사의 공동정범은 폭행 기타의 신체침해 행위를 공동으로 할 의사뿐만 아니라 결과를 공동으로 할 의사도 필요하다.
④ 甲이 A의 가슴, 얼굴 등 신체 여러 부위에 심하게 폭행을 가함으로써 A의 심장에 악영향을 초래하여 A가 심근경색 등으로 사망하게 하였더라도 A가 평소에 오른쪽 관상동맥폐쇄 및 심실의 허혈성근섬유화증세 등 심장질환을 앓고 있던 경우라면 폭행치사죄가 성립하지 아니한다.

[해설]

① 【 X 】 기본범죄를 통하여 고의로 중한 결과를 발생하게 한 경우에 가중 처벌하는 부진정결과적가중범에서, 고의로 중한 결과를 발생하게 한 행위가 별도의 구성요건에 해당하고 그 고의범에 대하여 결과적가중범에 정한 형보다 더 무겁게 처벌하는 규정이 있는 경우에는 그 고의범과 결과적가중범이 상상적 경합관계에 있지만, 위와 같이 고의범에 대하여 더 무겁게 처벌하는 규정이 없는 경우에는 결과적가중범이 고의범에 대하여 특별관계에 있으므로 결과적가중범만 성립하고 이와 법조경합의 관계에 있는 고의범에 대하여는 별도로 죄를 구성하지 않는다(대판 2008.11.27. 2008도7311). 18. 경찰승진

② 【 O 】 교사자가 피교사자에 대하여 상해를 교사하였는데 피교사자가 이를 넘어 살인을 실행한 경우, 일반적으로 교사자는 상해죄에 대한 교사범이 되는 것이고, 다만 이 경우 교사자에게 피해자의 사망이라는 결과에 대하여 과실 내지 예견가능성이 있는 때에는 상해치사죄의 교사범으로서의 죄책을 지울 수 있다(대판 1997.6.24. 97도1075). 18. 경찰승진

③ 【 X 】 결과적 가중범인 상해치사죄의 공동정범은 폭행 기타의 신체침해 행위를 공동으로 할 의사가 있으면 성립되고 결과를 공동으로 할 의사는 필요 없으며, 여러 사람이 상해의 범의로 범행 중 한 사람이 중한 상해를 가하여 피해자가 사망에 이르게 된 경우 나머지 사람들은 사망의 결과를 예견할 수 없는 때가 아닌 한 상해치사의 죄책을 면할 수 없다(대판 2000.5.12. 2000도745). 18. 경찰승진

④ 【 X 】 피고인이 피해자의 멱살을 잡아 흔들고 주먹으로 가슴과 얼굴을 1회씩 구타하고 멱살을 붙들고 넘어뜨리는 등 신체 여러 부위에 표피박탈, 피하출혈 등의 외상이 생길 정도로 심하게 폭행을 가함으로써 평소에 오른쪽 관상동맥폐쇄 및 심실의 허혈성심근섬유화증세 등의 심장질환을 앓고 있던 피해자의 심장에 더욱 부담을 주어 나쁜 영향을 초래하도록 하였다면, 비록 피해자가 관상동맥부전과 허혈성심근경색 등으로 사망하였더라도, 피고인의 폭행의 방법, 부위나 정도 등에 비추어 피고인의 폭행과 피해자의 사망과 간에 상당인과관계가 있었다고 볼 수 있다(대판 1989.10.13. 89도556). 18. 경찰승진

정답 ②

11 결과적 가중범에 관한 설명 중 가장 적절하지 않은 것은?

① 동료 사이에 말다툼을 하던 중 피고인의 삿대질을 피하려고 뒷걸음치던 피해자가 장애물에 걸려 넘어져 두개골 골절로 사망한 경우 폭행치사죄는 성립하지 않는다.
② 강도가 택시를 타고 가다가 요금지급을 면할 목적으로 소지한 과도로 운전수를 협박하자 이에 놀란 운전수가 택시를 급우회전하면서 그 충격으로 강도가 겨누고 있던 과도에 어깨부분이 찔려 상처를 입은 경우에는 강도치상죄가 성립한다.
③ 피해자의 신체 여러 부위에 심하게 폭행을 가함으로써 피해자의 심장에 악영향을 초래하여 피해자를 심근경색 등으로 사망하게 하였더라도 피해자가 평소에 심장질환을 앓고 있던 경우라면 폭행치사죄가 성립하지 아니한다.
④ 강간이 미수에 그쳤으나 그 과정에서 상해의 결과가 발생하였다면 강간치상죄의 기수가 성립한다.

해설

① 【 O 】 대판 1990.9.25. 90도1596
② 【 O 】 대판 1985.1.15. 84도2397
③ 【 X 】 피고인이 피해자의 멱살을 잡아 흔들고 주먹으로 가슴과 얼굴을 1회씩 구타하고 멱살을 붙들고 넘어뜨리는 등 신체 여러 부위에 표피박탈, 피하출혈 등의 외상이 생길 정도로 심하게 폭행을 가함으로써 평소에 오른쪽 관상동맥폐쇄 및 심실의 허혈성심근섬유화증세 등의 심장질환을 앓고 있던 피해자의 심장에 더욱 부담을 주어 나쁜 영향을 초래하도록 하였다면, 비록 피해자가 관상동맥부전과 허혈성심근경색 등으로 사망하였더라도, 피고인의 폭행의 방법, 부위나 정도 등에 비추어 피고인의 폭행과 피해자의 사망과 간에 상당인과관계가 있었다고 볼 수 있다(대판 1989.10.13. 89도556).
④ 【 O 】 대판 1988.11.8. 88도1628

정답 ③

12 결과적 가중범에 대한 설명으로 가장 옳은 것은?

① 중체포·감금죄는 사람을 체포·감금하여 생명에 위협을 야기한 경우 성립하는 결과적 가중범이다.
② 강간의 공동정범 중 1인이 강간의 기회에 피해자를 상해한 경우, 다른 공동정범은 그 상해의 결과에 대한 고의가 없었더라도 그 결과를 예견할 수 있었다면 강간상해죄의 책임을 진다.
③ 형법 제15조 제2항 결과적 가중범은 기본범죄와 중한 결과 사이의 인과관계에 대해서만 규정하고 있을 뿐, 예견가능성을 명시적으로 요구하고 있지는 않다.
④ 해상강도치사상죄, 현주건조물일수치사상죄, 강도치사상죄, 인질치사상죄 모두 형법상 미수범 처벌규정이 있다.

해설

① 【 X 】 중체포·감금죄는 사람을 체포 또는 감금하여 **가혹한 행위를 하였을 때** 성립하는 범죄이다. 따라서 결과적 가중범이 아니다. 18. 경찰간부
② 【 X 】 강간상해죄는 강간죄와 상해죄의 결합범이므로 강간상해죄가 성립하려면 상해에 대한 고의가 있어야 한다. 따라서 강간의 공동정범 중 1인이 강간의 기회에 피해자를 상해한 경우 다른 공동정범이 그 상해의 결과에 대한 고의가 없었다면 강간상해죄의 책임은 지지 않는다. 다만 그 결과를 예견할 수 있었다면 강간치상죄의 책임은 질 수 있을 것이다.
③ 【 X 】 제15조 제2항은 결과적 가중범의 성립요건으로 중한 결과에 대한 "예견가능성"을 명시적으로 요구하고 있다. 18. 경찰간부
④ 【 O 】 옳다. 18. 경찰간부

정답 ④

13 결과적 가중범과 관련된 설명 중에서 틀린 것은 모두 몇 개인가?

> ㉠ 결과적 가중범의 공동정범이 성립하기 위해서는 기본범죄를 공모할 것을 요하지는 않으나, 중한 결과를 공동으로 할 의사는 필요하므로 중한 결과를 공동으로 할 의사가 없는 자는 기본범죄의 죄책만 진다.
> ㉡ 피해자를 고의로 살해하기 위해 몽둥이로 내려치자 피해자는 이를 맞고 졸도하였을 뿐인데, 피해자가 죽은 것으로 착각하고 자살로 위장하기 위해 베란다 아래로 떨어뜨려 죽게 한 경우에 일련의 행위를 포괄적으로 파악하여 결과적 가중범의 성립을 인정할 수 있다.
> ㉢ 「성폭력범죄의 처벌 등에 관한 특례법」이 규정하고 있는 특수강간치상죄와 관련하여 특수강간이 미수인 상태에서 그 기회에 과실로 상해의 중한 결과가 발생한 경우 결과적 가중범의 미수가 인정될 수 없기 때문에 특수강간미수와 과실치상죄의 상상적 경합으로 처리되어야 한다.

① 1개 ② 2개 ③ 3개 ④ 없다

해설

㉠【 X 】 결과적 가중범인 상해치사죄의 공동정범은 폭행 기타의 신체침해 행위를 공동으로 할 의사가 있으면 성립되고 결과를 공동으로 할 의사는 필요 없으며, 여러 사람이 상해의 범의로 범행 중 한 사람이 중한 상해를 가하여 피해자가 사망에 이르게 된 경우 나머지 사람들은 사망의 결과를 예견할 수 없는 때가 아닌 한 상해치사의 죄책을 면할 수 없다(대판 2000.5.12. 2000도745).

㉡【 X 】 객관적 고의에 해당하는 사례로 판례는 살인죄가 성립한다고 한다(대판 1988.6.28. 88도650).

㉢【 X 】 위험한 물건인 전자충격기를 사용하여 강간을 시도하다가 미수에 그치고, 피해자에게 약 2주간의 치료를 요하는 안면부 좌상 등의 상해를 입힌 사안에서, 성폭력범죄의 처벌 및 피해자보호 등에 관한 법률에 의한 특수강간치상죄가 성립한다(대판 2008.4.24. 2007도10058).

정답 ③

14 다음 중 피고인에게 결과적 가중범이 성립하는 것은 모두 몇 개인가?

> ㉠ 피고인이 강간한 후 피해자가 자신의 장래를 책임지라고 추궁하자 피고인이 피해자를 타이르던 중 계속 반항하므로 양손으로 피해자의 목을 졸라 사망케 한 경우
> ㉡ 피고인이 다른 공모자 甲과 절도를 공모한 후 甲이 가게에 침입하여 물건을 절취하는 동안 밖에서 망을 보던 중 예기치 않았던 인기척 소리가 나서 도주하여 버린 이후에 甲이 체포를 면탈할 목적으로 피해자에게 폭행을 가하여 상해를 입힌 경우
> ㉢ 피고인이 피해자 乙의 집에 침입하여 잠을 자고 있는 乙을 강간할 목적으로 손을 뻗는 순간 놀라 소리치는 乙의 입을 왼손으로 막고 오른손으로 음부 부위를 더듬던 중 乙이 피고인의 손가락을 깨물며 반항하자 물린 손가락을 비틀며 잡아 뽑아 乙에게 치아 결손의 상해를 입힌 경우

① 1개 ② 2개 ③ 3개 ④ 없다

해설

㉠【 X 】 피해자를 강간한 후 피해자가 울면서 자신의 장래를 책임지라고 이를 추궁하자 피고인이 피해자를 타이르던 중 순간적으로 그녀를 살해할 것을 결의하고 피해자를 질식사망하게 한 것이라면 결과적 가중범의 범의를 논할 여지가 없다(대판 1986.11.11. 86도1989).

ⓒ 【X】 절도를 공모한 피고인이 다른 공모자 甲의 폭행행위에 대하여 사전양해나 의사의 연락이 전혀 없었고, 범행 장소가 빈 가게로 알고 있었고, 위 甲이 담배창구를 통하여 가게에 들어가 물건을 절취하고 피고인은 밖에서 망을 보던 중 예기치 않았던 인기척 소리가 나므로 도주해 버린 이후에 위 甲이 창구에 몸이 걸려 빠져나오지 못하게 되어 피해자에게 붙들리자 체포를 면탈할 목적으로 피해자에게 폭행을 가하여 상해를 입힌 것이고, 피고인은 그동안 상당한 거리를 도주하였을 것으로 추정되는 상황하에서는 피고인이 위 甲의 폭행행위를 전혀 예기할 수 없었다고 보여지므로 피고인에게 준강도상해죄의 공동책임을 지울 수 없다(대판 1984.2.28. 83도3321).
ⓒ 【O】 강간치상죄 성립한다(대판 1995.1.12. 94도2781).

정답 ①

15 결과적가중범에 관한 설명 중 가장 적절한 것은 모두 몇 개인가?

> ㉠ 甲은 자신이 운영하는 주점에 손님으로 와서 3일 동안 식사는 한 끼도 하지 않은 채 계속해서 술을 마시고 만취한 A를 추운 날씨에 난방이 제대로 되지 아니한 주점 내 소파에서 잠을 자는 것을 방치하여 A가 저체온증 등으로 사망한 경우, 甲에게는 계약상 부조의무가 없으므로 A의 사망에 대해 유기치사죄의 성립이 부정된다.
> ㉡ 甲과 乙이 공동하여 A를 폭행하자 A는 당구장 3층에 있는 화장실에 숨었고 이런 A를 다시 폭행하려고 甲은 화장실 문 앞에서 지켜 서 있고, 乙은 당구큐대로 화장실 문을 내려쳐 부수자 위협을 느낀 A가 화장실 창문 밖으로 숨으려다가 실족하여 떨어짐으로써 사망한 경우에 甲과 乙에게는 폭행치사죄의 공동정범이 성립된다.
> ㉢ 과실에 의하여 동일한 결과가 야기된 경우보다도 결과적 가중범을 가중하는 이유는, 고의의 기본범죄 안에 내재되어 있는 전형적인 잠재적 위험이 실현되어 과실범보다 결과반가치가 크기 때문이다.
> ㉣ 중한 결과에 대한 과실은 기본범죄(기본적 구성요건)의 실행 시에 존재해야 하므로 강간 후에 살해의 고의가 생겨 피해자를 살해한 경우에는 강간치사죄가 될 수 없다.
> ㉤ 해상강도치사죄의 경우 이 죄의 미수를 인정하는 견해에 따르면 해상강도치사죄의 미수는 해상강도행위가 미수에 그친 경우에 성립한다.

① 1개　　② 2개　　③ 3개　　④ 4개

해설

㉠ 【X】 피해자가 피고인의 지배 아래 있는 주점에서 3일 동안 과도하게 술을 마시고 추운 날씨에 난방이 제대로 되지 아니한 주점 내 소파에서 잠을 자면서 정신을 잃은 상태에 있었다면, 피고인은 주점의 운영자로서 피해자의 생명 또는 신체에 대한 위해가 발생하지 아니하도록 피해자를 주점 내실로 옮기거나 인근에 있는 여관에 데려다 주어 쉬게 하거나 피해자의 지인 또는 경찰에 연락하는 등 필요한 조치를 강구하여야 할 계약상의 부조의무를 부담한다고 판단하여 유기치사죄를 인정한 원심판결을 수긍한 사례(대판 2011.11.24. 2011도12302).
㉡ 【O】 대판 1990.10.16. 90도1786
㉢ 【X】 과실범보다 행위반가치가 크기 때문이다. 16. 국가직 9급
㉣ 【O】 강간 후 살해의 고의가 생겨 피해자를 살해한 경우 강간살인죄 또는 강간죄와 살인죄의 경합범이 성립할 수 있어도 강간치사죄는 성립하지 않는다. 15. 국가직 9급
㉤ 【O】 해상강도치사죄의 경우 이 죄의 미수를 인정하는 견해에 따르면 기본범죄인 해상강도가 미수인 상태에서 중한 결과(치사)가 발생하면 해상강도치사의 미수가 성립한다. 15. 사시

정답 ③

16 결과적 가중범에 관한 설명 중 옳은 것(○)과 옳지 않은 것(×)을 바르게 표시한 것은?

㉠ 기본범죄를 통하여 고의로 중한 결과를 발생하게 한 경우에 가중처벌하는 부진정결과적가중범에서, 고의로 중한 결과를 발생하게 한 행위가 별도의 구성요건에 해당하고 그 고의범에 대하여 결과적 가중범에 정한 형보다 더 무겁게 처벌하는 규정이 있는 경우에는 그 고의범과 결과적 가중범이 상상적 경합관계에 있지만, 위와 같이 고의범에 대하여 더 무겁게 처벌하는 규정이 없는 경우에는 결과적 가중범이 고의범에 대하여 특별관계에 있으므로 결과적 가중범만 성립하고 이와 법조경합의 관계에 있는 고의범에 대하여는 별도로 죄를 구성하지 않는다.

㉡ 음주로 인한 특정범죄가중처벌 등에 관한 법률 위반(위험운전치사상)죄는 도로교통법 위반(음주운전)죄를 기본범죄로 하는 결과적 가중범으로 그 행위유형과 보호법익을 모두 포함하고 있으므로 특정범죄가중처벌 등에 관한 법률 위반(위험운전치사상)죄가 성립하면 도로교통법 위반(음주운전)죄는 이에 흡수된다.

㉢ 결과적 가중범의 공동정범은 기본행위를 공동으로 할 의사가 있으면 성립하고 결과를 공동으로 할 의사는 필요없다. 특수공무집행방해치상죄는 단체 또는 다중의 위력을 보이거나 위험한 물건을 휴대하고 직무를 집행하는 공무원에 대하여 폭행·협박을 하여 공무원을 사상에 이르게 한 경우에 성립하는 결과적 가중범으로서 행위자가 그 결과를 의도할 필요는 없고 그 결과의 발생을 예견할 수 있으면 족하다.

㉣ 특정범죄가중처벌 등에 관한 법률 제5조의 10 제2항은 운전자에 대한 폭행·협박으로 인하여 교통사고의 발생 등과 같은 구체적 위험을 초래하는 중간 매개 원인이 유발되고 그 결과로서 불특정 다중에게 상해나 사망의 결과를 발생시킨 경우에만 적용될 수 있을 뿐, 교통사고 등의 발생 없이 직접적으로 운전자에 대한 상해의 결과만을 발생시킨 경우에는 적용되지 아니한다.

㉤ 형법 제188조에 규정된 교통방해에 의한 치사상죄는 결과적가중범이므로, 위 죄가 성립하려면 교통방해 행위와 사상(死傷)의 결과 사이에 상당인과관계가 있어야 하고 행위 시에 결과의 발생을 예견할 수 있어야 한다. 그리고 교통방해 행위가 피해자의 사상이라는 결과를 발생하게 한 유일하거나 직접적인 원인이 된 경우만이 아니라, 그 행위와 결과 사이에 피해자나 제3자의 과실 등 다른 사실이 개재된 때에도 그와 같은 사실이 통상 예견될 수 있는 것이라면 상당인과관계를 인정할 수 있다.

① ㉠ (○) ㉡ (×) ㉢ (○) ㉣ (×) ㉤ (○)
② ㉠ (○) ㉡ (×) ㉢ (×) ㉣ (○) ㉤ (×)
③ ㉠ (×) ㉡ (○) ㉢ (○) ㉣ (×) ㉤ (○)
④ ㉠ (×) ㉡ (○) ㉢ (×) ㉣ (○) ㉤ (×)

해 설

㉠ 【 O 】 부진정결과적가중범에 있어서, 고의로 중한 결과를 발생하게 한 행위가 별도의 구성요건에 해당하고 그 고의범에 대하여 결과적 가중범에 정한 형보다 더 무겁게 처벌하는 규정이 있는 경우에는 그 고의범과 결과적 가중범이 상상적 경합관계에 있지만, 위와 같이 고의범에 대하여 더 무겁게 처벌하는 규정이 없는 경우에는 결과적 가중범이 고의범에 대하여 특별관계에 있으므로 결과적 가중범만 성립하고 이와 법조경합의 관계에 있는 고의범에 대하여는 별도로 죄를 구성한다고 볼 수 없다(대판 2008.11.27. 2008도7311). 22. 경찰간부

㉡ 【 X 】 음주로 인한 특정범죄가중처벌 등에 관한 법률 위반(위험운전치사상)죄와 도로교통법 위반(음주운전)죄는 입법 취지와 보호법익 및 적용영역을 달리하는 별개의 범죄이므로, 양 죄가 모두 성립하는 경우 두 죄는 실체적 경합관계에 있다(대판 2008.11.13. 2008도7143). 22. 경찰간부

㉢ 【 O 】 결과적 가중범의 공동정범은 기본행위를 공동으로 할 의사가 있으면 성립하고 결과를 공동으로 할 의사는 필요 없는바, 특수공무집행방해치상죄는 단체 또는 다중의 위력을 보이거나 위험한 물건을 휴대하고 직무를 집행하는 공무원에 대하여 폭행·협박을 하여 공무원을 사상에 이르게 한 경우에 성립하는 결과적 가중범으로서 행위자가 그 결과를 의도할 필요는 없고 그 결과의 발생을 예견할 수 있으면 족하다(대판 2012.5.24. 2010도11381). 22. 경찰간부

㉣ 【 X 】 특가법 제5조의10 제2항은 제1항의 죄(운행 중인 자동차의 운전자 폭행·협박)를 범하여 사람을 상해나 사망이라는 중한 결과에 이르게 한 경우 제1항에 정한 형보다 중한 형으로 처벌하는 결과적 가중범 규정으로 해석할 수 있고, 운행 중인 자동차의 운전자를 폭행하거나 협박하여 운전자나 승객 또는 보행자 등을 상해나 사망에 이르게 하였다면 이로써 특정범죄가중법 제5조의10 제2항의 구성요건을 충족한다(대판 2015.3.26. 2014도13345). 22. 경찰간부

㉤ 【 O 】 교통방해치사상죄는 결과적 가중범이므로, 위 죄가 성립하려면 교통방해 행위와 사상의 결과 사이에 상당인과관계가 있어야 하고 행위 시에 결과의 발생을 예견할 수 있어야 한다. 그리고 교통방해 행위가 피해자의 사상이라는 결과를 발생하게 한 유일하거나 직접적인 원인이 된 경우만이 아니라, 그 행위와 결과 사이에 피해자나 제3자의 과실 등 다른 사실이 개재된 때에도 그와 같은 사실이 통상 예견될 수 있는 것이라면 상당인과관계를 인정할 수 있다(대판 2014.7.24. 2014도6206). 22. 경찰간부

정답 ①

Chapter 03 위법성론

출제방향

본 장에서는 위법성의 본질과 평가방법에 있어서 학설의 차이점을 이해하고, 조문분석과 함께 정당방위, 긴급피난, 자구행위, 피해자의 승낙에 관한 판례를 학습하여야 한다. 특히, 정당방위에 관한 판례가 중요하며 최근에 자주 출제되고 있다.

제1절 위법성 일반이론

◎ 지문의 내용에 대해 학설의 대립 등 다툼이 있는 경우 판례에 의함

01 위법성에 대한 설명으로 옳지 않은 것은?

① 위법성의 판단기준을 행위자 개인에게 두고 법규범에 따라 의사를 결정할 능력이 없는 자의 행위는 위법하지 않다고 보는 견해에 따르면, 책임무능력자의 공격에 대해서는 정당방위를 할 수 없게 된다.
② 위법성의 평가의 방법(기준)과 대상을 구분하여 위법성의 평가는 객관적으로 해야 하나 그 대상에는 객관적 요소뿐만 아니라 주관적 요소도 포함된다고 보는 견해에 따르면, 책임무능력자의 공격에 대하여도 정당방위가 가능하게 된다.
③ 위법성의 실질을 결과반가치만으로 파악하는 견해에 따르면, 주관적 정당화요소가 결여된 경우에도 객관적 정당화상황이 존재하면 위법성이 조각될 수 있다.
④ 위법성의 실질을 행위반가치로만 파악하는 견해에 대해서는, 고의범에 있어서 기수와 미수를 동일하게 취급하게 되어 부당하다는 비판이 제기된다.
⑤ 과실범의 위법성이 조각되기 위해서도 주관적 정당화요소가 필요하다는 견해에 따르면, 자신을 살해하기 위해 공격해 오는 A를 격퇴하기 위하여 甲이 경고사격을 하였는데 뜻하지 않게 A가 그 총알에 맞아 중상을 입은 경우에는 甲에게는 주관적 정당화요소가 결여되어 있으므로 처벌된다.

해설

① 【O】위법성의 판단기준을 행위자 개인에 두고 법규범에 따라 의사를 결정할 능력이 없는 자의 행위는 위법하지 않다고 보는 견해(주관적 위법성론)에 의하면 형법규정은 의사결정규범이고 책임무능력자는 형법규정에 따라 의사를 결정할 능력이 없는 자이므로 이러한 자의 침해는 불법한 침해라고 볼 수 없다. 따라서 긴급피난이 가능함은 별론 정당방위는 성립할 수 없다. 12. 사시
② 【O】위법성 판단은 객관적으로 하되 위법성 판단의 대상에는 객관적인 것과 주관적인 것이 모두 포함되어 있다고 보는 견해(객관적 위법성론)에 의하면 형법규정은 평가규범이므로 책임무능력자의 행위도 위법하다고 평가될 수 있으므로 이에 대한 정당방위도 가능하다. 12. 사시
③ 【O】위법성의 실질을 결과반가치만으로 파악하면 객관적 정당화 상황의 존재만으로 위법성은 조각된다(고전학파의 입장). 12. 사시
④ 【O】위법성의 실질을 행위반가치로만 파악하면 고의범에서 미수이든 기수이든 행위반가치는 동일하므로 이를 달리 처벌하는 이유를 설명할 수 없다(신파의 입장) 12. 사시
⑤ 【X】과실범의 경우에도 주관적 정당화 요소가 필요한지에 관하여 과실범의 경우도 행위반가치가 존재하므로 이를 조각하기 위해서 주관적 정당화 요소가 필요하다는 견해와 과실범의 경우는 객관적 정당화상황의 존재로 인해 결과반가치가 탈락하고 행위반가치만 남게 되지만 과실범의 미수는 없으므로 주관적 정당화요소가 필요하지 않다는 견해가 대립한다. 그런데 필요설도 주관적 정당화 요소가 없으면 과실범의 미수가 되는데 과실범은 미수를 처벌하지 않는다는 점에서 견해 대립의 실익은 없다고 본다. 12. 사시

정답 ⑤

02 주관적 정당화요소에 대한 설명 중 옳지 않은 것은?

① 순수한 결과반가치론에 의하면 위법성 조각사유에서 주관적 정당화요소가 없어도 위법성이 조각될 수 있다.
② 일원적 인적 불법론에 의하면 구성요건적 행위는 주관적 정당화요소가 있는 경우에만 행위반가치가 탈락하여 정당화될 수 있다.
③ 우연방위 효과에 관한 불능미수범설은 기수범의 결과반가치는 배제되지만 행위반가치는 그대로 존재하므로 불능미수의 규정을 유추적용해야 한다는 견해이다.
④ 형법의 규정에 의하면 우연방위가 야간 기타 불안스러운 상태하에서 공포, 경악, 흥분 또는 당황으로 인한 때에는 벌하지 아니한다.

해설 12. 사시

① 【O】 결과반가치 일원론(순수한 결과반가치론)에 의하면, 우연방위의 경우 객관적 정당화상황이 존재하므로 불법의 내용인 결과반가치가 상쇄되어 위법성이 조각된다.
② 【O】 불법의 내용을 행위반가치만으로 보는 일원적·주관적 인적불법론(행위반가치 일원론)에 의하면 주관적 정당화요소가 있는 경우에만 행위반가치가 탈락하여 정당화될 수 있다. 따라서 이에 의하면 주관적 정당화요소는 없고 객관적 정당화상황만 존재할 경우 위법성조각은 인정되지 않고, 구성요건에 해당하는 행위의 위법성(불법)은 그대로 남을 뿐만 아니라 이 행위로 인하여 구성요건적 결과까지 발생하였으므로 행위자를 기수범으로 처벌해야 한다고 한다.
③ 【O】 불능미수범설은 결과반가치가 없는 경우이기 때문에 불능미수의 규정을 유추적용하자는 견해이다.
④ 【X】 형법은 과잉방위가 야간 기타 불안스러운 상태하에서 공포, 경악, 흥분 또는 당황으로 인한 때에는 벌하지 않는다고 규정하고 있다(제21조 제3항). 우연방위에 관하여는 이와 같은 규정이 없다.

정답 ④

03 주관적 정당화요소에 대한 설명으로 옳지 않은 것은 모두 몇 개인가?

㉠ 판례에 따르면 주관적 정당화요소는 객관적 정당화사정에 대한 인식과 인용을 그 내용으로 한다.
㉡ 우연방위에 관한 불능미수범설은 우연방위의 경우 객관적으로 존재하는 정당화상황으로 인해 결과반가치는 불능미수의 수준으로 낮아지므로 불능미수에 관한 규정을 유추적용해야 한다고 주장한다.
㉢ 우연방위의 결과를 초래한 고의행위의 경우에는 그 형을 감경 또는 면제한다.
㉣ 이른바 불능미수범설에 따르면 우연방위의 결과를 초래한 과실행위는 무죄이다.
㉤ 형법의 규정에 의하면 우연방위행위가 야간 기타 불안스러운 상태 하에서 공포, 경악, 흥분 또는 당황으로 인한 때에는 벌하지 아니한다.

① 1개 ② 2개 ③ 3개 ④ 4개

해설

㉠ 【O】 대판 1980.5.20. 80도306(全) 다수설도 동일하다.
㉡ 【O】 옳은 설명이다.
㉢ 【X】 불능미수설이 다수설인데 불능미수는 임의적 감면사유이다. 따라서 그 형을 감경 또는 면제할 수 있다는 표현이 맞다.
㉣ 【O】 과실범의 경우도 주관적 정당화요소가 필요한가에 대해서는 학설이 대립되나 결론에 있어서는 필요설도 무죄를 인정하므로 결론에 있어서는 차이가 없다.
㉤ 【X】 형법 제21조 제3항은 "전항의 경우에 그 행위가 야간 기타 불안스러운 상태 하에서 공포, 경악, 흥분 또는 당황으로 인한 때에는 벌하지 아니한다."라고 규정하고 있다. 여기서 '전항의 경우에 그 행위'란 제21조 제2항의 행위, 즉 '과잉방위행위'를 가리키는 것이다.

정답 ②

04 위법성조각사유의 주관적 정당화요소에 대한 설명으로 옳은 것만을 모두 고르면?

㉠ 위법성조각을 위해 주관적 정당화요소가 필요하다고 보는 견해에 의하면, 「형법」 제21조 제1항에서 '방위하기 위하여 한'은 정당방위의 주관적 정당화요소를 규정한 것으로 해석된다.
㉡ 판례는 위법성조각을 위해 방위의사나 피난의사와 같은 주관적 정당화요소가 요구된다고 본다.
㉢ 위법성조각을 위해 주관적 정당화요소가 필요 없다고 보는 견해에 의하면, 행위자가 행위 당시 존재하는 객관적 정당화사정을 인식하지 못한 채 범죄의 고의만으로 행위를 한 경우 고의기수범이 성립한다.
㉣ 위법성 판단에 행위반가치와 결과반가치가 모두 요구된다고 보는 이원적·인적 불법론의 입장에서는 주관적 정당화요소가 결여된 경우 행위반가치가 부정되므로 불능미수가 된다고 본다.

① ㉠, ㉡   ② ㉠, ㉢   ③ ㉡, ㉣   ④ ㉢, ㉣

[해설] 23. 국가직 9급

㉠ 【 O 】 옳은 설명이다.
㉡ 【 O 】 대판 2017.3.15. 2013도2168, 대판 1997.4.17. 96도3376
㉢ 【 X 】 주관적 정당화요소 불요설에 따르면 위법성이 조각된다.
㉣ 【 X 】 일원적 인적 불법론에 의하면 구성요건적 행위는 주관적 정당화요소가 있는 경우에만 행위반가치가 탈락하여 정당화될 수 있다.

정답 ①

05 객관적 정당화 상황이 존재함에도 주관적 정당화요소없이 구성요건을 실현한 경우 법적 판단에 대하여 각 학설이 대립하고 있다. 다음 중 가장 적절한 것은?

① 기수범설에 대해서는 불법(위법성)판단을 오로지 결과반가치에 의해서만 결정하려고 한다는 비판이 제기된다.
② 무죄설에 대해서는 객관적 정당화 상황이 존재함에도 그것이 행위자에게 유리한 요소로 작용하지 못한다는 비판이 제기된다.
③ 불능미수범설은 불법의 본질을 결과반가치로서 법익침해와 행위의 주관적, 객관적 측면을 포섭하는 행위반가치를 모두 고려하여 판단하여야 한다는 입장을 기초로 한다.
④ 판례는 정당화 사유에 해당하기 위해서 객관적 정당화 상황 이외에 주관적 정당화요소를 필요로 하지 않는다는 입장을 취하고 있다.

[해설] 22.경찰간부

① 【 X 】 기수범설에 의하면 불법판단을 행위반가치에 의해서만 결정한다는 비판이 있다.
② 【 X 】 기수범설에 의하면 객관적 정당화 상황이 존재함에도 그것이 행위자에게 유리한 요소로 작용하지 못한다는 비판이 있다.
③ 【 O 】 옳은 설명이다.
④ 【 X 】 대판 2017.3.15. 2013도2168, 대판 1997.4.17. 96도3376 따르면 주관적 정당화요소가 필요하다는 입장이다.

정답 ③

06 甲은 평소 미워하던 乙과 우연히 마주치자 상해의 의사로 乙의 얼굴을 주먹으로 강타하여 코피가 나게 하였는데, 마침 그때 乙은 甲을 살해하려고 칼로 甲을 공격하려던 순간이었음이 밝혀졌다. 이에 대한 설명으로 옳은 것만을 모두 고르면?

> ㉠ 위법성조각사유에 있어서는 주관적 정당화요소가 요구되지 않는다는 견해에 따르면, 甲의 행위는 정당방위로서 위법성이 조각될 수 있다.
> ㉡ 판례에 따르면 정당방위가 성립하기 위하여는 행위자에게 방위의사가 있어야 하고 그 방위행위가 상당성이 있어야 하므로, 甲의 행위는 정당방위가 될 수 없다.
> ㉢ 위법성조각사유에 있어서는 주관적 정당화요소가 요구되지만 위 사례에서는 결과반가치가 부정된다는 견해에 따르면, 甲은 상해죄의 불능미수로 처벌될 수 있다.

① ㉠, ㉡   ② ㉠, ㉢   ③ ㉡, ㉢   ④ ㉠, ㉡, ㉢

해설 19. 국가직

● 사안은 객관적 정당화 상황은 존재하지만, 주관적 정당화요소가 결여된 경우로서, 이른바 우연방위에 해당한다.
㉠ 【O】 주관적 정당화요소가 요구되지 않는다는 견해(불요설)에 따르면, 주관적 정당화요소(방위의사)가 없는 경우에도 객관적 정당화 상황이 존재하므로 위법성이 조각될 수 있다.
㉡ 【O】 판례는 주관적 정당화요소가 요구된다는 견해(필요설)의 입장에 있다. 판례에 따르면 행위자에게 방위의사가 없으므로 정당방위가 될 수 없다.
㉢ 【O】 주관적 정당화요소가 요구되지만 위 사례에서는 결과반가치가 부정된다는 견해, 즉 불능미수설에 따르면 행위반가치는 있으나, 결과반가치가 없다는 점에서 불능미수와 논리적 구조과 동일하므로 상해죄의 불능미수로 처벌될 수 있다.

정답 ④

07 甲은 층간소음문제로 평소 다툼이 있던 아파트 위층에 앙갚음을 할 마음으로 돌을 던져 유리창을 깨트렸다. 그런데 위층에 살던 A는 빚 독촉에 시달리다 자살하기로 마음먹고 창문을 닫은 채 연탄불을 피운 결과, 연탄가스에 중독되어 쓰러져 있던 상태였다. 유리창을 깨트린 甲의 행위로 인하여 A는 구조되었다. 이 사례에서 甲이 무죄라는 견해에 관한 설명으로 가장 적절하지 않은 것은?

① 범죄성립에 있어서 결과반가치만을 고려하는 입장에서 주장될 수 있다.
② 객관적으로 존재하는 정당화요건은 기수범 처벌에 대한 감경 가능성으로만 고려될 수 있다.
③ 객관적 정당화사정의 존재가 행위자에게 유리하게 작용하는 경우이다.
④ 주관적 정당화사정이 있는 경우와 없는 경우를 동일하게 취급한다는 비판이 가능하다.

해설 22. 경찰

① 【O】 무죄설은 객관적 정당화 상황만 있으면 되므로 결과반가치만을 고려하는 입장이다.
② 【X】 객관적으로 존재하는 정당화 요건이 기수범 처벌에 대한 감경 가능성만을 고려하는 것은 불능미수범설의 입장이다.
③ 【O】 무죄설은 객관적 정당화 상황만 있으면 위법성이 조각되므로 행위자에게 유리하게 작용한다.
④ 【O】 무죄설은 주관적 정당화 요소 유무 관계없이 객관적 정당화 상황만 있으면 위법성이 조각된다는 비판이 가능하다.

정답 ②

08 다음 사례에 관한 설명으로 가장 적절한 것은?

甲은 남편 A가 매일 술을 마시고 들어와서 행패를 부리는 등 A와의 불화로 갈등을 겪는 중이었다. 이에 甲은 새벽에 문이 열리는 소리가 들리고 누군가 집안으로 들어오자, A에 대한 상해의 고의로 컵을 집어 던졌다. 그러자 사람이 '어이쿠'하며 쓰러지는 소리가 나서 불을 켜보니, A가 아니라 칼을 든 B가 컵에 머리를 맞고 쓰러져 있었다. B는 강도를 하기 위하여 甲의 집으로 들어오던 중이었다.

① 위 사례는 구체적 사실의 착오 중 객체의 착오에 해당하는 사례로 구체적 부합설에 따를 경우, 甲의 행위는 A에 대한 상해미수와 B에 대한 과실치상의 죄가 성립하고 양 죄는 상상적 경합관계에 있다.

② 위 사례는 주관적 정당화 요소가 결여된 사례로 이러한 때에는 행위반가치는 존재하지만 결과반가치는 존재하지 않아 불능미수범 규정을 유추적용하자는 견해에 따를 경우, 甲의 행위는 상해죄의 불능미수가 된다.

③ 위 사례는 우연방위에 해당하는 사례로 위법성조각사유에 주관적 정당화요소가 필요하지 않다는 판례에 따를 경우, 甲의 행위는 상해죄의 기수가 된다.

④ 위 사례는 오상방위에 해당하는 사례로 엄격책임설에 따를 경우, 甲이 B를 A로 오인함에 있어서 정당한 이유가 있다면 책임이 조각되어 甲의 행위는 무죄가 된다.

해설 24. 경찰

① 【X】 동가치 착오 중 객체의 착오에 해당하는 사례로서 구체적 부합설에 의하면 B에 대한 상해기수가 성립한다.
② 【O】 주관적 정당화요소가 요구되지만 위 사례에서는 결과반가치가 부정된다는 견해, 즉 불능미수설에 따르면 행위반가치는 있으나, 결과반가치가 없다는 점에서 불능미수와 논리적 구조과 동일하므로 상해죄의 불능미수로 처벌될 수 있다.
③ 【X】 판례는 주관적 정당화요소가 요구된다는 견해(필요설)의 입장에 있다.
④ 【X】 위 사례는 우연방위 사례이다.

정답 ②

제2절 정당방위

◎ 지문의 내용에 대해 학설의 대립 등 다툼이 있는 경우 판례에 의함

01 정당방위에 관한 설명으로 옳은 것은 모두 몇 개인가?

> ㉠ 정당방위에서 '침해의 현재성'이란 침해행위가 형식적으로 기수에 이르렀는지에 따라 결정되는 것이 아니라 자기 또는 타인의 법익에 대한 침해상황이 종료되기 전까지를 의미한다.
> ㉡ 정당방위 상황을 이용할 목적으로 처음부터 공격자의 공격행위를 유발하는 의도적 도발의 경우라 하더라도 그 공격행위에 대해서는 방위행위를 인정할 수 있어 정당방위가 성립한다.
> ㉢ 피해자의 침해행위에 대하여 자기의 권리를 방위하기 위한 부득이한 행위가 아니고, 그 침해행위에서 벗어난 후 분을 풀려는 목적에서 나온 공격행위는 정당방위에 해당한다고 할 수 없다.
> ㉣ 정당방위의 성립요건으로서 방어행위는 순수한 수비적 방어뿐만 아니라 적극적 반격을 포함하는 반격방어의 형태도 포함되나, 그 방어행위는 자기 또는 타인의 법익침해를 방위하기 위한 행위로서 상당한 이유가 있어야 한다.

① 1개　　② 2개　　③ 3개　　④ 4개

해설

㉠ 【 O 】 형법 제21조 제1항은 "현재의 부당한 침해로부터 자기 또는 타인의 법익을 방위하기 위하여 한 행위는 상당한 이유가 있는 경우에는 벌하지 아니한다."라고 규정하여 정당방위를 위법성조각사유로 인정하고 있다.
이때 '침해의 현재성'이란 침해행위가 형식적으로 기수에 이르렀는지에 따라 결정되는 것이 아니라 자기 또는 타인의 법익에 대한 침해상황이 종료되기 전까지를 의미하는 것이므로, 일련의 연속되는 행위로 인해 침해상황이 중단되지 아니하거나 일시 중단되더라도 추가 침해가 곧바로 발생할 객관적인 사유가 있는 경우에는 그중 일부 행위가 범죄의 기수에 이르렀더라도 전체적으로 침해상황이 종료되지 않은 것으로 볼 수 있다(대판 2023.4.27. 2020도6874). 24. 경찰간부

㉡ 【 X 】 정당방위 상황을 이용할 목적으로 처음부터 공격자의 공격행위를 유발하는 의도적 도발의 경우 그 공격행위에 대해서는 방위행위를 인정할 수 없어 정당방위가 성립하지 않는다. 24. 경찰간부

㉢ 【 O 】 침해행위에서 벗어난 후에 분을 풀려는 목적에서 나온 공격행위로서 정당방위에 해당하지 아니한다(대판 1996.4.9. 96도241). 24. 경찰간부

㉣ 【 O 】 정당방위가 성립하려면 침해행위에 의하여 침해되는 법익의 종류, 정도, 침해의 방법, 침해행위의 완급과 방위행위에 의하여 침해될 법익의 종류, 정도 등 일체의 구체적 사정들을 참작하여 방위행위가 사회적으로 상당한 것이어야 하고, 정당방위의 성립요건으로서의 방어행위에는 순수한 수비적 방어뿐 아니라 적극적 반격을 포함하는 반격방어의 형태도 포함되나, 그 방어행위는 자기 또는 타인의 법익침해를 방위하기 위한 행위로서 상당한 이유가 있어야 한다(대판 1992.12.22. 92도2540). 24. 경찰간부

정답 ③

02 정당방위에 관한 설명 중 가장 적절한 것은?

① 피고인의 아들이 타인이 보는 자리에서 자신을 폭행하려고 하자 아들을 1회 구타하였는데, 아들이 넘어져 머리에 상처를 입고 사망한 경우 정당방위에 해당하지 않는다.
② 치한이 심야에 혼자 귀가 중인 부녀자에게 달려들어 양팔을 붙잡고 어두운 골목길로 끌고 들어가 하체를 더듬으며 억지로 키스를 하려 하자, 그 부녀자가 치한의 혀를 깨물어 0.5cm 절단한 경우에는 정당방위가 인정되지 않는다.
③ 이혼소송중인 남편이 찾아와 가위로 폭행하고 변태적 성행위를 강요하는 데에 격분하여 처가 칼로 남편의 복부를 찔러 사망에 이르게 한 경우, 그 행위는 정당방위에 해당한다.
④ 피고인이 피해자로부터 뺨을 맞고 손톱깎이 칼에 찔려 약 1cm 정도의 상처를 입게 되자, 20cm의 과도로 피해자의 복부를 찌른 것은 정당방위에 해당한다.
⑤ 불법체포에 대항하기 위하여 경찰관에게 상해를 가한 경우 이는 부당한 침해에 대한 방위행위로서 정당방위가 인정된다.

해설

① 【 X 】 타인이 보는 자리에서 자식으로부터 인륜상 용납할 수 없는 폭언과 함께 폭행을 가하려는 피해자를 1회 구타한 행위는 피고인의 신체에 대한 법익뿐만 아니라 아버지로서의 신분에 대한, 법익에 대한 현재의 부당한 침해를 방위하기 위한 행위로써 정황에 비추어 볼 때 피고인으로서는 피해자에게 일격을 가하지 아니할 수 없는 상당한 이유가 있는 행위로써 정당방위에 해당한다(대판 1974.5.14. 73도2401).
② 【 X 】 甲과 乙이 공동으로 인적이 드문 심야에 혼자 귀가중인 丙女에게 뒤에서 느닷없이 달려들어 양팔을 붙잡고 어두운 골목길로 끌고 들어가 담벽에 쓰러뜨린 후 甲이 음부를 만지며 반항하는 丙女의 옆구리를 무릎으로 차고 억지로 키스를 함으로 丙女가 정조와 신체를 지키려는 일념에서 엉겁결에 甲의 혀를 깨물어 설절단상을 입혔다면 丙女의 범행은 자기의 신체에 대한 현재의 부당한 침해에서 벗어나려고 한 행위로서 그 행위에 이르게 된 경위와 그 목적 및 수단, 행위자의 의사 등 제반사정에 비추어 위법성이 결여된 행위이다(대판 1989.8.8. 89도358). ✔ 과잉방위에도 해당하지 않는다.
③ 【 X 】 이혼소송중인 남편이 찾아와 가위로 폭행하고 변태적 성행위를 강요하는 데에 격분하여 처가 칼로 남편의 복부를 찔러 사망에 이르게 한 경우, 그 행위는 방위행위로서의 한도를 넘어선 것으로 사회통념상 용인될 수 없다는 이유로 정당방위나 과잉방위에 해당하지 않는다고 본 사례(대판 2001.5.15. 2001도1089). ✔ 과잉방위에도 해당하지 않음을 주의해야 한다.
④ 【 X 】 피고인이 피해자로부터 뺨을 맞고 손톱깎이 칼에 찔려 약 1cm 정도의 상처를 입었다 하여 약 20cm의 과도로 피해자의 복부를 찔렀다면 정당방위에 해당한다고 볼 수 없다(대판 1968.12.24. 68도1229).
⑤ 【 O 】 대판 2000.7.4. 99도4341

정답 ⑤

03 정당방위에 대한 설명으로 가장 적절한 것은?

① 가해자의 행위가 피해자의 부당한 공격을 방위하기 위한 것이라기보다는 서로 공격할 의사로 싸우다가 먼저 공격을 받고 이에 대항하여 가해하게 된 것인 경우에는 「형법」 제21조 제2항의 과잉방위가 성립한다.
② 피고인이 피해자로부터 먼저 폭행·협박을 당하다가 이를 피하기 위하여 피해자를 칼로 찔러 즉사케 한 경우, 그 행위가 피해자의 폭행·협박의 정도에 비추어 방위행위로서의 한도를 넘어선 것으로서 사회통념상 용인될 수 없다고 판단될 때에는 「형법」 제21조 제2항의 과잉방위가 성립한다.
③ 생명·신체에 대한 현재의 부당한 침해를 방위하기 위한 상당한 행위가 있고, 이어서 정당방위의 요건인 상당성을 결여한 행위가 연속적으로 이루어진 경우 극히 짧은 시간 내에 계속하여 행하여진 가해자의 이와 같은 일련의 행위는 이를 전체로서 하나의 행위라고 보아 「형법」 제21조 제2항의 과잉방위가 성립한다고 볼 여지가 있다.
④ 경찰관이 적법절차를 준수하지 않은 채 실력으로 현행범인을 연행하려 한 경우 이에 저항하는 과정에서 경찰관에게 상해를 입힌 행위는 그것이 자신의 신체에 대한 현재의 부당한 침해를 방위하기 위한 행위로서 상당한 이유가 있는 것이었다 하더라도 정당방위가 되지 못한다.

해설

① 【X】 서로 공격할 의사로 싸우다가 상대방으로 부터 먼저 공격을 받고 이에 대항하여 가해한 행위는 **방위행위인 동시에 공격행위의 성격을 가진다** 할 것이므로 정당방위 또는 과잉방위가 성립될 수 없다(대판 1971.4.30. 71도527). 18. 경찰채용 2차

② 【X】 피고인이 칼로 피해자를 찔러 즉사하게 한 행위는 피해자의 폭력으로부터 자신을 보호하기 위한 방위행위로서의 한도를 넘어선 것이라고 하지 않을 수 없고, 이러한 방위행위는 **사회통념상 용인될 수 없는 것이므로**, 자기의 법익에 대한 현재의 부당한 침해를 방어하기 위한 행위로서 상당한 이유가 있는 경우라거나, 방위행위가 그 정도를 초과한 경우에 해당한다고 할 수 없다(대판 2001.5.15. 2001도1089). 18. 경찰채용 2차

③ 【O】 평소 흉포한 성격인데다가 술까지 몹시 취한 피해자(피고인의 오빠)가 심하게 행패를 부리던 끝에 피고인들을 모두 죽여버리겠다면서 식칼을 들고 어머니에게 달려들어 찌를듯이 면전에 칼을 들이대다가 동생으로부터 제지를 받자, 동생의 목을 손으로 졸라 숨쉬기를 어렵게 한 위급한 상황에서 피고인이 순간적으로 동생을 구하기 위하여 피해자에게 달려들어 그의 목을 조르면서 뒤로 넘어뜨린 행위는 어머니와 동생의 생명, 신체에 대한 현재의 부당한 침해를 방위하기 위한 상당한 행위라 할 것이고, 나아가 피해자가 피고인의 위와 같은 방위행위로 말미암아 뒤로 넘어져 피고인의 몸아래 깔려 더 이상 침해행위를 계속하는 것이 불가능하거나 또는 적어도 현저히 곤란한 상태에 빠졌음에도 피고인이 피해자의 몸위에 타고앉아 그의 목을 계속하여 졸라 누름으로써 결국 피해자로 하여금 질식하여 사망에 이르게 한 행위는 정당방위의 요건인 상당성을 결여한 행위라고 보아야 할 것이나, **극히 짧은 시간내에 계속하여 행하여진** 피고인의 위와 같은 일련의 행위는 이를 **전체로서 하나의 행위로** 보아야 할 것이므로, 방위의사에서 비롯된 피고인의 위와 같이 연속된 전후행위는 하나로서 **형법 제21조 제2항** 소정의 과잉방위에 해당한다 할 것이고, 당시 야간에 흉포한 성격에 술까지 취한 피해자가 식칼을 들고 피고인을 포함한 가족들의 생명, 신체를 위협하는 불의의 행패와 폭행을 하여 온 불안스러운 상태하에서 공포, 경악, 흥분 또는 당황됨으로 말미암아 저질러진 것이라고 보아야 한다(대판 1986.11.11. 86도1862).
❷ 결국 제21조 제3항에 의하여 불가벌이라고 보았다. 18. 경찰채용 2차

④ 【X】 경찰관의 체포행위가 적법한 공무집행을 벗어나 불법하게 체포한 것으로 볼 수밖에 없다면, 피의자가 그 체포를 면하려고 반항하는 과정에서 경찰관에게 상해를 가한 것은 **불법체포로 인한 신체에 대한 현재의 부당한 침해에서 벗어나기 위한 행위로서 정당방위**에 해당하여 위법성이 조각된다(대판 2017.9.21. 2017도10866). 18. 경찰채용 2차

정답 ③

04 다음 중 정당방위가 성립하는 경우는 모두 몇 개인가?

㉠ 공직선거후보자인 피고인이 다른 후보자가 연설 중 자신의 부친의 과거행적과 학력기재를 언급하면서 후보자의 자질에 관한 사실을 적시하자 물리력으로 연설을 중단시킨 경우
㉡ 피고인의 아들이 평소 부모에게 행패를 부려오던 중 만취상태로 집에 들어와서는 저녁식사를 하는 피고인의 입에 소주병을 들어부으면서 밥상을 차 엎고, 식도를 들고 행패를 부려 피고인은 밖으로 나왔으나, 아들이 밖으로 나와 피고인에게 달려들므로 주먹으로 아들의 후두부를 1회 강타하였는데, 돌이 많은 지면에 넘어져 두개골파열상으로 사망한 경우
㉢ 甲회사가 피고인이 점유하던 공사현장에 실력을 행사하여 들어와 현수막 및 간판을 설치하고 담장에 글씨를 쓰자 피고인이 그 현수막을 찢고 간판 및 담장에 쓰인 글씨를 지운 경우
㉣ 전교조 소속 교사들이 학교운영의 공공성, 투명성의 보장을 요구하며 학교법인 이사장 및 교장의 거주지 앞에서 그들의 주소까지 명시하여 명예를 훼손한 경우
㉤ 특정 상가건물관리회의 회장이 위 관리회의 결산보고를 하면서 전 관리회장이 체납관리비 등을 둘러싼 분쟁으로 자신을 폭행하여 유죄판결을 받은 사실을 알린 경우

① 1개 ② 2개 ③ 3개 ④ 4개

해설

㉠ 【 X 】 '상당성'을 결여하여 정당방위의 요건을 갖추지 못하였다고 한 사례(대판 2003.11.13. 2003도3606).
㉡ 【 O 】 대판 1974.5.14. 73도2401
㉢ 【 O 】 대판 1989.3.14. 87도3674
㉣ 【 X 】 이는 공공의 이익을 위한 사실의 적시로 볼 수 없어 위법성이 조각되지 아니한다(대판 2008.3.14. 2006도6049).
㉤ 【 O 】 대판 2008.11.13. 2008도6342

정답 ③

05 다음 정당방위에 관한 설명 중 가장 적절하지 않은 것은?

① 국군보안사령부의 민간인에 대한 정치사찰을 폭로한다는 명목으로 군무를 이탈한 행위는 정당방위나 정당행위에 해당하지 않는다.
② 싸움을 함에 있어서 격투를 하는 자 중의 한 사람의 공격이 그 격투에서 당연히 예상할 수 있는 정도를 초과하여 살인의 흉기 등을 사용하여 온 경우에는 이를 '부당한 침해'라고 아니할 수 없으므로 이에 대하여는 정당방위를 허용하여야 한다고 해석하여야 할 것이다.
③ 乙이 술에 만취하여 누나 丙과 말다툼을 하다가 丙의 머리채를 잡고 때리자, 丙의 남편인 甲이 이를 목격하고 화가 나서 乙과 싸우게 되었는데, 그 과정에서 몸무게가 85kg 이상이나 되는 乙이 62kg의 甲을 침대 위에 넘어뜨리고 가슴 위에 올라타 목 부분을 누르자 호흡이 곤란하게 된 甲이 안간힘을 쓰면서 허둥대다가 침대 위에 놓여있던 과도로 乙에게 상해를 가한 경우, 甲의 행위는 자신의 신체에 대한 현재의 부당한 침해를 방위하기 위한 행위가 그 정도를 초과한 경우인 과잉방위행위에 해당한다.
④ 甲은 자신이 점유하던 공사현장에 乙이 실력으로 행사하여 들어와 현수막 및 간판을 설치하고 담장에 글씨를 쓰자 그 현수막을 찢고 간판 및 담장에 쓰인 글씨를 지운 것은 그 침해를 방어하기 위한 행위로서 정당방위에 해당한다.

해설

① 【 O 】 대판 1993.6.8. 93도766
② 【 O 】 대판 1968.5.7. 68도370
③ 【 X 】 가해자의 행위가 피해자의 부당한 공격을 방위하기 위한 것이라기 보다는 서로 공격할 의사로 싸우다가 먼저 공격을 받고 이에 대항하여 가해하게 된 것이라고 봄이 상당한 경우, 그 가해행위는 방어행위인 동시에 공격행위의 성격을 가지므로 정당방위 또는 과잉방위행위라고 볼 수 없다(대판 2000.3.28. 2000도228).
④ 【 O 】 대판 1989.3.14. 87도3674

정답 ③

---

06 다음 중 정당방위에 관한 설명으로 옳은 것은 모두 몇 개인가?

㉠ 긴급피난에 대한 정당방위는 인정되지만 정당방위에 대한 정당방위는 인정되지 않는다.
㉡ 정당방위에 있어서도 이익교량이 필요하다.
㉢ 퇴거요구에 불응하는 자를 강제로 축출하는 것도 정당방위이다.
㉣ 공격행위를 피하기 위하여 관련 없는 제3자의 법익을 침해하는 행위도 정당방위로 허용된다.
㉤ 정당방위가 인정되기 위해서 요구되는 부당한 공격의 현재성에 관해서는 현행법상 예외를 인정하지 않는다.

① 1개   ② 2개   ③ 3개   ④ 4개

해설

㉠ 【 X 】 정당방위는 '不正 대 正'의 관계이므로 위법성이 조각되는 긴급피난이나 정당방위를 하는 자에 대한 정당방위는 모두 인정되지 않는다.
㉡ 【 X 】 정당방위에 있어서는 이익교량이 요구되지 않는다.
㉢ 【 O 】 정당방위에 있어서 침해행위의 태양에는 제한이 없으므로 작위뿐만 아니라 부작위에 의해서도 가능하다. 따라서 퇴거요구에 불응하는 것도 부당한 침해에 해당하므로 강제로 축출하는 것도 정당방위로서 인정된다.
㉣ 【 X 】 방위행위의 상대방은 원칙적으로 '부당한 침해를 가하는 자'이어야 한다. 공격과 무관한 제3자에 대한 반격은 정당방위가 될 수 없고 긴급피난만이 가능할 뿐이다.
㉤ 【 X 】 장래의 침해에 대한 '예방적 정당방위'는 원칙적으로 인정되지 않는다. 다만 특별법인 폭력행위등 처벌에 관한 법률에서는 예방적 정당방위가 예외적으로나마 허용되고 있다.

정답 ①

07 정당방위에 관한 다음 설명 중 가장 적절하지 않은 것은?

① 외관상 서로 싸움을 하는 것처럼 보이지만 실제로는 한쪽 당사자가 일방적으로 불법한 공격을 하는 경우 상대방의 방어행위가 불법한 공격으로부터 자신을 보호하고 이를 벗어나기 위한 것으로 소극적인 방어의 한도를 벗어나지 않는 한 정당방위에 해당한다.
② 절도범이 물건을 훔쳐서 도망가는 것을 발견하고 제3자가 현장에서 그를 추격하여 체포하는 행위는 정당방위가 될 수 있다.
③ 절취해 온 물건을 점유하여 사용하고 있는 사람은 그 물건을 훔쳐가려는 제3자에 대해서 정당방위를 할 수 없다.
④ 임대차 기간이 만료되었다 하더라도 임차인이 가옥을 명도하지 않고 있던 중에 임대인이 강제로 침입하는 행위에 대해서 임차인은 정당방위를 할 수 있다.

[해 설]

① 【 O 】 대판 2003.5.30. 2003도1246
② 【 O 】 법익침해상태가 현장에서 계속되고 있는 경우에는 범죄가 기수에 이른 후에도 현재성은 인정될 수 있으므로 정당방위가 가능하다. 절도의 현행범인을 현장에서 추격하여 도품을 탈취하는 행위가 여기에 해당한다.
③ 【 X 】 절도범으로부터 제3자가 도품을 훔쳐가는 것도 현재의 부당한 침해에 해당한다. 그리고 방위행위는 방위의사가 인정되는 한 피침해자인 타인의 의사에 반하는 방위행위도 인정될 수 있다.
④ 【 O 】 임대차기간 종료 후 임차인이 불법하게 점유하고 있는 건물에 임대인이 함부로 들어가는 것도 주거침입죄에 해당한다(대판 1985.3.26. 85도122). 따라서 임대차 기간이 만료되었다 하더라도 임차인이 가옥을 명도하지 않고 있던 중에 임대인이 강제로 침입하는 행위는 임차인의 주거의 평온에 대한 현재의 부당한 침해에 해당한다. 그러므로 임차인은 임대인의 행위에 대해 정당방위를 할 수 있다.

정답 ③

08 다음 중 정당방위에 대한 설명으로 가장 옳은 것은?

① 12살 때 의붓아버지의 강간행위에 의하여 정조를 유린당한 후 계속적으로 성관계를 강요받아 온 피고인이 그의 남자친구와 범행을 준비하고 의붓아버지가 반항할 수 없는 잠든 틈에 식칼로 심장을 찔러 살해한 행위는 정당방위가 성립한다.
② 甲 소유의 밤나무 단지에서 乙이 밤 18개를 푸대에 주워 담는 것을 본 甲이 그 푸대를 빼앗으려다가 반항하는 乙의 뺨과 팔목을 때려 상처를 입힌 경우 甲의 그러한 행위는 乙의 절취행위를 방지하기 위한 것으로서 정당방위가 성립한다.
③ 싸움을 함에 있어서 격투를 하는 자 중의 한 사람의 공격이 그 격투에서 당연히 예상할 수 있는 정도를 초과하여 살인의 흉기 등을 사용하여 온 경우에는 이를 '부당한 침해'라고 아니할 수 없으므로 이에 대하여는 정당방위를 허용하여야 한다.
④ 이혼소송 중인 남편이 찾아와 가위로 폭행하고 변태적 성행위를 강요하는 데에 격분하여 처가 칼로 남편의 복부를 찔러 사망에 이르게 한 경우는 정당방위나 과잉방위에 해당한다.

[해설]
① 【 X 】 범행당시 피고인의 신체나 자유 등에 대한 현재의 부당한 침해상태가 있었다고 볼 여지가 없는 것은 아니나, 그 행위는 사회통념상 상당성을 결여하여 정당방위가 성립하지 아니한다(대판 1992.12.22. 92도2540). 18. 경찰간부
② 【 X 】 피고인의 행위가 비록 피해자의 절취행위를 방지하기 위한 것이었다고 하여도 긴박성과 상당성을 결여하여 정당방위라고 볼 수 없다(대판 1984.9.25. 84도1611). 18. 경찰간부
③ 【 O 】 대판 1968.5.7. 68도370 18. 경찰간부
④ 【 X 】 이혼소송 중 남편이 찾아와 가위로 폭행하고 변태적인 성행위를 강요하는 것에 격분하여 칼로 남편의 복부를 찔러 사망케 한 경우, 그 행위는 방위행위로서의 한도를 넘어선 것으로 사회통념상 용인될 수 없어 정당방위나 과잉방위에 해당하지 않는다(대판 2001.5.15. 2001도1089) 18. 경찰간부

정답 ③

09 정당방위에 대한 설명으로 가장 적절하지 않은 것은?

① 사용자가, 적법한 직장폐쇄 기간 중 일방적으로 업무에 복귀하겠다고 하면서 자신의 퇴거요구에 불응한 채 계속하여 사업장 내로 진입을 시도하는 해고 근로자를 폭행·협박한 행위는 사업장 내의 평온과 노동조합의 업무방해행위를 방지하기 위한 행위로서 정당방위 또는 정당행위에 해당한다.
② 불법체포에 대항하기 위하여 경찰관에게 상해를 가한 경우 이는 부당한 침해에서 벗어나기 위한 행위로서 정당방위에 해당한다.
③ 검사 甲이 검찰청에 자진출석한 乙변호사사무실 사무장 丙을 합리적 근거 없이 긴급체포하자 변호사 乙이 이를 제지하는 과정에서 검사 甲에게 상해를 가한 행위는 정당방위에 해당한다.
④ 공직선거 후보자 甲이 연설 중 유권자들의 적절한 투표권 행사를 위해 다른 후보자 乙의 과거 행적에 대한 신문에 게재된 자료를 제시하면서 후보자의 자질을 문제 삼자 乙이 물리력으로 甲의 연설을 중단시킨 것은 정당방위에 해당한다.

[해설]
① 【 O 】 사용자가, 적법한 직장폐쇄 기간 중 일방적으로 업무에 복귀하겠다고 하면서 자신의 퇴거요구에 불응한 채 계속하여 사업장 내로 진입을 시도하는 해고 근로자를 폭행, 협박한 것이 사업장 내의 평온과 노동조합의 업무방해행위를 방지하기 위한 정당방위 내지 정당행위에 해당한다(대판 2005.6.9. 2004도7218). 19. 경찰승진
② 【 O 】 대판 2011.5.26. 2011도3682 19. 경찰승진
③ 【 O 】 대판 2006.9.8. 2006도148 19. 경찰승진
④ 【 X 】 공직선거 후보자 합동연설회장에서 후보자 갑이 적시한 연설 내용이 다른 후보자 을에 대한 명예훼손 또는 후보자비방의 요건에 해당하나 그 위법성이 조각되는 경우, 甲의 연설 도중에 乙이 마이크를 빼앗고 욕설을 하는 등 물리적으로 甲의 연설을 방해한 행위는 甲의 '위법하지 않은 정당한 침해'에 대하여 이루어진 것일 뿐만 아니라 '상당성'을 결여하여 정당방위의 요건을 갖추지 못하였다고 할 것이다(대판 2003.11.13. 2003도3606). 19. 경찰승진

정답 ④

10 다음 중 정당방위에 관한 설명으로 옳은 것은 모두 몇 개인가?

㉠ 정당방위에서 '침해의 현재성'이란 침해행위가 형식적으로 기수에 이르렀는지에 따라 결정되는 것이 아니라 자기 또는 타인의 법익에 대한 침해상황이 종료되기 전까지를 의미한다.
㉡ 정당방위 상황을 이용할 목적으로 처음부터 공격자의 공격행위를 유발하는 의도적 도발의 경우라 하더라도 그 공격행위에 대해서는 방위행위를 인정할 수 있어 정당방위가 성립한다.
㉢ 피해자의 침해행위에 대하여 자기의 권리를 방위하기 위한 부득이한 행위가 아니고, 그 침해행위에서 벗어난 후 분을 풀려는 목적에서 나온 공격행위는 정당방위에 해당한다고 할 수 없다.
㉣ 갑은 자신의 아내와 함께 밤늦게 귀가하는 도중 술에 취한 을이 갑자기 갑의 아내를 땅어 넘어뜨려 깔고 앉아서 구타하여 갑이 을을 제지하였지만 을이 자신의 말을 듣지 아니하고 돌로 아내를 때리려는 순간 그 침해를 방위하기 위하여 을의 복부를 한차례 발로 차서 외상성 십이지장 천공상을 입게하여 사망하게 한 경우 불가벌적 과잉방위에 해당한다.

① 1개 ② 2개 ③ 3개 ④ 4개

해설

㉠ 【 O 】 [1] 형법 제21조 제1항은 "현재의 부당한 침해로부터 자기 또는 타인의 법익을 방위하기 위하여 한 행위는 상당한 이유가 있는 경우에는 벌하지 아니한다."라고 규정하여 정당방위를 위법성조각사유로 인정하고 있다. 이때 '침해의 현재성'이란 침해행위가 형식적으로 기수에 이르렀는지에 따라 결정되는 것이 아니라 자기 또는 타인의 법익에 대한 침해상황이 종료되기 전까지를 의미하는 것이므로, 일련의 연속되는 행위로 인해 침해상황이 중단되지 아니하거나 일시 중단되더라도 추가 침해가 곧바로 발생할 객관적인 사유가 있는 경우에는 그중 일부 행위가 범죄의 기수에 이르렀더라도 전체적으로 침해상황이 종료되지 않은 것으로 볼 수 있다.
[2] 포장부에서 근속한 피고인을 비롯한 다수의 근로자들을 영업부로 전환배치하는 회사의 조치에 따라 노사갈등이 격화되어 있던 중 사용자가 사무실에 출근하여 항의하는 근로자 중 1명의 어깨를 손으로 미는 과정에서 뒤엉켜 넘어져 근로자를 깔고 앉게 되었는데, 피고인이 근로자를 깔고 있는 사용자의 어깨 쪽 옷을 잡고 사용자가 일으켜 세워진 이후에도 그 옷을 잡고 흔들어 폭행으로 기소된 사안에서, 원심은 피고인이 어깨를 흔들 당시 사용자의 가해행위가 종료된 상태였고 피고인의 행위가 소극적인 저항행위를 넘어서는 적극적인 공격행위라는 이유로 유죄로 판단하였으나, 피고인의 행위가 정당방위에 해당하지 않는다고 본 원심의 판단에는 정당방위의 현재성, 상당성, 공격방위의 가능성 등에 관한 법리를 오해하여 필요한 심리를 다하지 않음으로써 판결에 영향을 미친 잘못이 있다(대판 2023.4.27. 2020도6874).
㉡ 【 X 】 통설은 목적에 의한 도발(의도된 도발, 고의에 의한 도발, 처음부터 의도적으로 도발한 경우)의 경우 정당방위는 부정된다.
㉢ 【 O 】 대판 1996.4.9. 96도241
㉣ 【 O 】 대판 1974.2.26. 73도2380

정답 ②

제3절 긴급피난

○ 지문의 내용에 대해 학설의 대립 등 다툼이 있는 경우 판례에 의함

01 긴급피난의 본질에 대한 설명으로 옳지 않은 것은?

① 이분설에서는 「형법」제22조 제1항을 정당화적(위법조각적) 긴급피난의 근거로 파악하고 있다.
② 위법성조각설에서는 생명과 생명의 법익이 충돌하는 경우와 같이 이익형량이 불가능한 경우의 불처벌 근거를 적법행위에 대한 기대불가능성에서 찾는다.
③ 위법성조각설에 대하여는 "자기에게 닥친, 불법하지 아니한 위난을 타인에게 전가시켜 같은 가치의 법익을 침해하는 행위는 사회윤리적 규범에 반하는 것이므로 위법하다고 해야 한다."는 비판이 있다.
④ 책임조각설은 '자신을 위한 긴급피난'의 경우에 비하여 '타인을 위한 긴급피난'의 경우의 불처벌 근거를 설명하는 데 보다 적합하다.

[해설]
① 【O】 이분설 중 법익동가치의 책임조각설에서는 우월적이익을 보전한 행위는 제21조의 위법성 조각사유이고, 동가치적 법익을 보전한 피난행위는 근거를 면책적 긴급피난(책임조각)으로 본다. 17. 국가직 7급
② 【O】 위법성조각설에서는 동가치적 법익을 보전한 행위는 위법성조각이 아닌 기대불가능성에 기초한 초법규적 책임조각사유에서 근거를 찾는다. 17. 국가직 7급
③ 【O】 위법성조각설에서는 동가치적 법익을 보전한 행위는 위법성이 조각되지 않는다고 보므로 지문과 같은 경우 위법하다고 보아야 하는 문제가 발생한다. 17. 국가직 7급
④ 【X】 책임조각설에서는 적법행위의 기대가능성이 없기 때문에 책임이 조각될 뿐이라는 견해이나 타인을 위한 긴급피난의 경우 기대불가능성이 없다고 볼 수 없는 점에서 비판을 할 수 있다. 17. 국가직 7급

정답 ④

02 긴급피난에 관한 설명 중 가장 적절하지 않은 것은?

① 긴급피난의 경우에는 위난과 무관한 제3자에게 위험을 전가하는 방식으로 이루어지는 이익 내지 가치의 재분배가 법질서에 의하여 허용된다고 하더라도, 피난행위의 상당성을 판단함에 있어서는 이러한 제3자의 입장을 고려하여야 하므로 보충성 및 우월적 이익의 원칙을 요구하게 된다.
② 피고인이 스스로 야기한 강간범행의 와중에서 피해자가 피고인의 손가락을 깨물며 반항하자, 물린 손가락을 비틀어 잡아 뽑다가 피해자에게 치아결손의 상해를 입힌 행위는 긴급피난에 해당하지 않는다.
③ 신고된 甲대학교에서의 집회가 집회장소 사용 승낙을 하지 아니한 甲대학교측의 요청으로 경찰관들에 의하여 저지되자, 신고 없이 乙대학교로 옮겨 집회를 한 것은 긴급피난에 해당한다고 볼 수 없다.
④ 甲이 고가의 밍크코트 소유자인 A의 진지하고 적법한 승낙을 받아 이를 훼손하려하자, 이를 막기 위해 乙이 몽둥이로 甲의 손을 내리쳐 전치 3주의 상해를 입힌 행위는 긴급피난에 의하여 위법성이 조각된다.

[해설]
① 【O】 긴급피난은 보충성의 원칙과 법익균형성의 원칙을 엄격하게 요구한다.
② 【O】 대판 1995.1.12. 94도2781
③ 【O】 대판 1990.8.14. 90도870
④ 【X】 甲이 소유자인 A의 승낙을 받아 밍크코트를 훼손하려는 행위는 손괴죄의 구성요건해당성이 조각되거나 위법성이 조각되는 행위이지만 현재의 위난으로 볼 수 있으므로 긴급피난은 가능하다. 그런데 긴급피난이 인정되려면 균형성의 원칙을 갖춰야 하는바 사안의 경우 보호하려는 이익은 재산권이고 침해되는 이익은 신체라는 점에서 보호하려는 이익이 침해되는 이익보다 우월하지 않아 균형성의 원칙을 갖췄다고 할 수 없다. 따라서 乙의 행위는 긴급피난에 해당하지 않아 위법성이 조각되지 않는다.

정답 ④

03 긴급피난에 관한 설명 중 옳은 것은?

① 긴급피난의 본질에 관하여 위법성조각설을 따를 경우 긴급피난에 대한 정당방위나 긴급피난이 모두 가능하다.
② 의사 甲이 수혈 없이는 살 수 없는 응급환자 A를 구조하기 위하여 A와 혈액형이 동일한 환자 B의 동의를 받지 아니하고 강제채혈을 한 경우 긴급피난의 상당성 요건 중 보충성의 원칙과 관련되어 문제된다.
③ 긴급피난을 '정 대 정(正 對 正)'의 관계라고 말하는 것은 '방어적 긴급피난'의 경우 피난자의 정당화된 행위와 위난과 관계없이 침해되는 제3자의 법익과의 관계를 염두에 두었기 때문이다.
④ 제한적 종속형식을 전제로 한 경우 긴급피난을 위법성조각사유로 이해하는 입장에 따르면 긴급피난행위를 한 자에 대한 교사범의 성립은 인정될 수 없다.
⑤ 특정 후보자에 대한 「공직선거 및 선거부정방지법」에 의한 선거운동 제한규정을 위반한 낙선운동은 시민불복종운동이므로 긴급피난의 요건을 갖춘 행위로 볼 수 있다.

[해설]

① 【X】 긴급피난의 본질에 대해 위법성조각설을 따를 경우 긴급피난은 적법하므로 긴급피난에 대한 긴급피난은 가능하지만(긴급피난의 위난은 위법하거나 부당할 것을 요하지 않으므로 적법행위도 긴급피난의 대상이 됨), 정당방위는 불가능하다(적법행위는 정당방위의 대상이 안 됨). 14. 사시

> **비교판례**
> 긴급피난의 본질에 대해 책임조각사유설을 따를 경우 긴급피난은 위법하므로 긴급피난에 대한 긴급피난도 가능하고(위법행위는 긴급피난의 대상이 됨), 정방방위도 가능하다(위법행위는 정당방위의 대상이 됨).

② 【X】 사안의 경우는 상당성 요건 중 보충성 원칙이 아닌 수단의 적합성 원칙과 관련된다. 14. 사시
③ 【X】 '정 대 정'의 관계는 공격적 긴급피난에 대한 표현이다. 즉 긴급피난을 하는 자의 행위도 정당한 행위이며 위난과 관계없이 침해되는 제3자의 법익도 정당한 것이라는 점에서 정대정의 관계라고 표현한다. 이에 반해 방어적 긴급피난은 위난을 피하기 위하여 위난의 원인에 대하여 직접 반격을 가하거나 위난을 유발한 자의 법익을 침해하는 경우를 표현하는 것이다. 14. 사시
④ 【O】 제한적 종속형식에 따르면 정범이 구성요건에 해당하고 위법한 경우에만 공범이 성립할 수 있는데 긴급피난을 위법성조각사유로 이해하는 입장에 따르면 긴급피난행위를 한 자는 위법성이 조각되므로 교사범의 성립은 인정될 수 없다. 14. 사시
⑤ 【X】 선거운동 제한규정을 위반한 낙선운동은 위법한 행위로서 허용될 수 없는 것이고 시민불복종운동으로서 헌법상의 기본권 행사 범위 내에 속하는 정당행위이거나 형법상 사회상규에 위반되지 아니하는 정당행위 또는 긴급피난의 요건을 갖춘 행위로 볼 수는 없다(대판 2004.4.27. 2002도315). 14. 사시

정답 ④

04 의무의 충돌에 관한 설명으로 옳지 않은 것은?

① 전염병예방법에 따른 의사의 신고의무와 형법상의 비밀유지의무간의 충돌은 의무의 충돌이라 할 수 없다.
② 의무의 충돌은 의무를 이행할 수 없는 긴급상태에 있을 것을 요한다는 점에서 긴급피난과 유사하다.
③ 의무의 충돌에 있어서 행위자가 의무의 법적 서열을 착각하여 보다 높은 가치의 의무를 희생시켰을 때에는 위법하지만 착오에 정당한 사유가 있다고 인정될 경우에는 책임이 조각될 수 있다.
④ 작위의무와 부작위의무 사이의 의무충돌에서 작위의무를 이행하지 않으면 작위범이 성립된다.

[해설]

④ 【X】 작위의무를 이행함으로써 부작위의무도 동시에 이행되면 의무충돌의 문제가 생기지 않지만, 어느 한 의무를 이행함으로써 다른 의무가 방치되면 구성요건해당성이 성립하는데 이 경우를 의무의 충돌로 인정하는 견해와 긴급피난의 문제로 보는 견해(다수설)가 대립한다. 어느 견해에 의하건, 작위의무를 이행하지 않으면 부작위범이 성립할 수는 있으나 작위범이 성립하지는 않는다. 04. 행시

정답 ④

05 의무의 충돌에 관한 다음 기술 중 틀린 것은 모두 몇 개인가?

㉠ 의무의 충돌을 정당행위의 일종으로 보는 견해에 의하면 의무교량을 기준으로 삼는 의무의 충돌은 이익교량을 기준으로 삼는 긴급피난과 구별되며 정당행위 중 기타 사회상규에 위배되지 아니하는 행위에 포함된다고 본다.
㉡ 의무의 충돌을 긴급피난의 일종 또는 그 특수한 형태로 보는 견해에 의하면 충돌상황의 긴급성과 법적 평가기준의 유사성 때문에 긴급피난의 일종으로 보거나 그 특수한 형태로 본다.
㉢ 여러 개의 부작위 의무가 충돌하는 경우도 의무의 충돌에 해당한다.
㉣ 면책적 의무의 충돌의 경우에는 구성요건적 의무불이행에 대한 공범성립이 가능하다.
㉤ 면책적 의무의 충돌에 대해서는 정당방위가 가능하다.
㉥ 의무의 충돌이 정당화되든 면책사유로 인정되든 범죄가 성립하지 않아서 불가벌이라는 점에서는 동일하다.

① 1개   ② 2개   ③ 3개   ④ 4개

해설

㉠ 【 O 】 의무의 충돌의 법적 성질을 정당행위의 일종으로 보는 견해의 입장이다.
㉡ 【 O 】 다수설의 입장이다.
㉢ 【 X 】 다수의 부작위의무가 충돌하는 경우는 하나의 부작위로써 모든 부작위의무의 이행이 가능하므로 의무의 충돌로 보지 않는다.
㉣㉤ 【 O 】 면책적이므로 구성요건해당성과 위법성은 인정되어 정당방위나 공범성립이 가능하다.
㉥ 【 O 】 정당화적이든 면책적이든 범죄가 성립하지 않는다는 점에서는 동일하다.

정답 ①

제4절 자구행위

◆ 지문의 내용에 대해 학설의 대립 등 다툼이 있는 경우 판례에 의함

01 정당방위, 긴급피난, 자구행위에 관한 설명으로 옳지 않은 것은?

① 정당방위는 보호되는 법익에 제한이 없는 반면, 자구행위는 보호되는 법익이 자기의 청구권에 한정된다.
② 긴급피난은 엄격한 이익형량의 원칙이 적용되나, 자구행위는 엄격한 이익형량의 원칙이 적용되지 않는다.
③ 과잉자구행위는 형의 임의적 감면이 가능할 뿐이다.
④ 정당방위에 있어서 원칙적으로 침해법익과 보호법익간의 형량은 고려할 필요가 없다.
⑤ 교통사고로 의식을 잃고 있는 운전자를 구하기 위하여 그의 차문을 손괴하는 행위는 긴급피난으로서 위법성이 조각된다는 것이 통설이다.

[해설]
⑤【X】긴급행위로 인해 보호되는 법익과 침해되는 법익이 동일한 법익주체에 귀속되는 경우에는 추정적 승낙에 의하여 위법성이 조각된다. 04. 행시

📖 정당방위 · 긴급피난 · 자구행위의 비교

구분	정당방위	긴급피난	자구행위
침해의 현재성	현재의 침해에 대한 사전적 긴급행위	현재의 위난에 대한 사전적 긴급행위	과거의 권리침해에 대한 사후적 긴급행위
성질	부정 대 정	정 대 정	부정 대 정
상당성	○	○	○
보충성	불요(不要)	요(要)	요(要)
법익 균형성	불요(不要)	요(要)	불요(不要)
보전 법익	자기 · 타인의 모든 법익	자기 · 타인의 모든 법익	자기의 청구권

[정답] ⑤

02 다음 중 위법성조각사유가 인정되는 것은?

① 채무자가 유일하게 남은 재산을 팔고 그 대금을 받아 즉시 멀리 떠나려는 순간 채권자들이 채무자를 붙잡아 그 대금으로부터 각자 채권액을 빼앗아 자기들의 채무변제에 충당한 경우
② 甲은 친구 乙이 다른 친구 앞에서 자기의 전과사실을 폭로하겠다고 하자 자기 자신의 명예를 지키기 위해 폭행을 한 경우
③ 甲은 乙의 화랑에 석고를 납품하였는데 乙이 화랑을 폐쇄하고 도주하자 대금을 못 받게 되어 폐쇄문을 뜯고 들어가 납품 석고를 가져온 경우
④ 甲은 乙과 말다툼을 하던 중 乙이 다가와 욕을 하면서 자신의 손가락을 물어뜯으려 하자 뿌리치며 乙의 어깨를 누른 경우

[해설] 03. 국가직
①【X】대판 1966.7.26. 66도469
②【X】대판 1969.12.30. 69도2138
③【X】대판 1984.12.26. 84도2582
④【O】甲의 행위는 신체의 위급상황에서 벗어나기 위한 소극적 저항행위에 불과하여 형법 제20조의 정당행위에 해당하여 위법성이 조각된다(대판 1996.5.28. 96도979).

[정답] ④

제5절 피해자의 승낙

● 지문의 내용에 대해 학설의 대립 등 다툼이 있는 경우 판례에 의함

01 다음 중 피해자 승낙에 대한 설명으로 가장 적절한 것은?

① 형법은 살인, 상해, 강간의 경우에 피해자의 승낙이 있더라도 처벌하는 특별한 규정을 두고 있다.
② 승낙의 주체는 승낙의 의미와 내용을 이해할 수 있는 능력을 가진 자를 의미하므로 승낙권자는 민법상 행위능력자여야 한다.
③ 승낙은 원칙적으로 자유롭게 철회할 수 있으므로, 철회 전에 이루어진 행위는 정당화되지 않는다.
④ 승낙이 있는 것으로 오인한 자의 행위는 객관적 정당화 상황에 관한 착오에 해당하고, 승낙이 없는 것으로 오인한 자의 행위는 주관적 정당화 요소를 결한 경우의 문제가 된다.

해설

① 【 X 】 살인의 경우에는 촉탁·승낙살인죄(제252조 제1항), 상해의 경우에는 형법에 규정이 없다. 22. 경찰간부
② 【 X 】 피해자에게 법익의 의미와 그 침해의 결과를 인식하고 이성적으로 판단할 수 있는 자연적 의사능력과 판단능력이 있으면 되므로 승낙능력은 민법상의 행위능력이 있어야 하는 것은 아니다. 22. 경찰간부
③ 【 X 】 승낙은 법익침해 이전에 자유롭게 철회할 수 있고, 철회 이전에 이루어진 행위는 승낙이 있는 상태이기 때문에 그때 이루어진 법익침해는 정당화된다. 22. 경찰간부
④ 【 O 】 승낙이 있는 것으로 오인한 것은 승낙이 없음에도 있는 것으로 오인한 객관적 정당화 상황에 관한 착오에 해당하고, 승낙이 없는 것으로 오인한 것은 승낙이 있음에도 없는 것으로 오인한 주관적 정당화 요소를 결한 경우의 문제이다. 옳은 설명이다. 22. 경찰간부

정답 ④

02 피해자의 승낙에 대한 설명 중 가장 적절하지 않은 것은?

① 문서의 위조라고 하는 것은 작성권한 없는 자가 타인 명의를 모용하여 문서를 작성하는 것을 말하는 것이므로 사문서를 작성 함에 있어 그 명의자의 명시적이거나 묵시적인 승낙(위임)이 있었다면 이는 사문서위조에 해당한다고 할 수 없다.
② 甲이 동거중인 피해자의 지갑에서 현금을 꺼내가는 것을 피해자가 현장에서 목격하고도 만류하지 아니하였다면 피해자가 이를 허용하는 묵시적 의사가 있었다고 볼 수 있으므로 절도죄가 성립하지 않는다.
③ 일반인의 출입이 허용된 음식점에 영업주의 승낙을 받아 통상적인 출입방법으로 들어갔다면 설령 행위자가 범죄 등을 목적으로 음식점에 출입하였거나 영업주가 행위자의 실제 출입목적을 알았더라면 출입을 승낙하지 않았을 것이라는 사정이 인정되더라도 주거침입죄에서 규정하는 침입행위에 해당하지 않는다.
④ 甲이 피해자 A와 공모하여 교통사고를 가장하여 보험금을 편취할 목적으로 피해자에게 동의를 받아 상해를 가한 경우 피해자의 승낙으로 위법성이 조각된다.

해설 20. 경찰승진

① 【 O 】 대판 2003.5.30. 2002도235
② 【 O 】 대판 1985.11.26. 85도1487
③ 【 O 】 대판 2022.3.24. 2017도18272
④ 【 X 】 피고인이 피해자와 공모하여 교통사고를 가장하여 보험금을 편취할 목적으로 피해자에게 상해를 가하였다면 피해자의 승낙이 있었다고 하더라도 이는 위법한 목적에 이용하기 위한 것이므로 피고인의 행위가 피해자의 승낙에 의하여 위법성이 조각된다고 할 수 없다고 판단하였다(대판 2008.12.11. 2008도9606).

정답 ④

03 피해자의 승낙에 대한 설명으로 옳지 않은 것은?

① 무고죄는 부수적으로 부당하게 처벌 또는 징계받지 아니할 개인의 이익을 보호하는 죄이므로 피무고인이 무고사실에 대하여 승낙한 경우 무고인을 처벌할 수 없다.
② 피고인이 피해자가 사용 중인 공중화장실의 용변 칸에 노크 하여 남편으로 오인한 피해자가 용변 칸 문을 열자 강간할 의도로 용변 칸에 들어간 것이라면 피해자가 명시적 또는 묵시적으로 승낙하였다고 볼 수 없다.
③ 문서명의인이 이미 사망하였는데도 문서명의인이 생존하고 있다는 점이 문서의 중요한 내용을 이루거나 그 점을 전제로 문서가 작성되었다면 이미 그 문서에 관한 공공의 신용을 해할 위험이 발생하였다 할 것이므로, 그러한 내용의 문서에 관하여 사망한 명의자의 승낙이 추정된다는 이유로 사문서 위조죄의 성립을 부정할 수는 없다.
④ 13세 미만 미성년자에 대한 간음죄는 폭행이나 협박의 방법에 의하지 않고 피해자인 미성년자의 승낙이 있었다고 하더라도 성립한다.

해설 16. 국가직 7급
① 【 X 】 무고죄는 국가의 형사사법권 또는 징계권의 적정한 행사를 주된 보호법익으로 하고 다만, 개인의 부당하게 처벌 또는 징계받지 아니할 이익을 부수적으로 보호하는 죄이므로 설사 무고에 있어서 피무고자의 승낙이 있었다고 하더라도 무고죄의 성립에는 영향을 미치지 못한다(대판 2005.9.30. 2005도2712).
② 【 O 】 대판 2003.5.30. 2003도1256
③ 【 O 】 대판 2011.9.29. 2011도6223
④ 【 O 】 대판 1982.10.12. 82도2183

정답 ①

04 피해자의 승낙에 대한 설명으로 옳지 않은 것은?

① 공문서의 작성권자가 직접 이에 서명하지 않고 피고인에게 지시하여 그의 서명을 흉내내어 대신 서명케 한 경우 피고인의 행위는 작성권자의 지시 또는 승낙에 의한 것으로서 공문서위조죄의 구성요건해당성이 조각된다.
② 문서에 관한 죄의 보호법익은 사회적 법익으로서 피해자가 처분할 수 없는 법익이므로, 피해자인 사문서의 명의자로부터 승낙을 받았더라도 사문서를 위조하면 사문서위조죄가 성립한다.
③ 개인적 법익을 훼손하는 경우에 피해자의 승낙은 법률상 이를 처분할 수 있는 사람의 승낙을 말할 뿐만 아니라 그 승낙이 윤리적, 도덕적으로 사회상규에 반하는 것이 아니어야 한다.
④ 건물의 소유자라고 주장하는 피고인과 건물을 점유관리하고 있는 피해자 사이에 소유권에 대한 분쟁이 계속되고 있다면 피고인이 그 건물에 침입하는 것에 대한 피해자의 추정적 승낙이 있다고 볼 수 없다.

해설
① 【 O 】 대판 1983.5.24. 82도1426
② 【 X 】 사문서의 위·변조죄는 작성권 없는 자가 타인 명의를 모용하여 문서를 작성하는 것을 말하는 것이므로 사문서를 작성·수정함에 있어 그 명의자의 명시적이거나 묵시적인 승낙이 있었다면 사문서의 위·변조에 해당하지 않고, 한편 행위 당시 명의자의 현실적인 승낙은 없었지만 행위 당시의 모든 객관적 사정을 종합하여 명의자가 행위 당시 그 사실을 알았다면 당연히 승낙했을 것이라고 추정되는 경우 역시 사문서의 위·변조죄가 성립하지 않는다(대판 2003.5.30. 2002도235).
③ 【 O 】 대판 1985.12.10. 85도1892
④ 【 O 】 대판 1989.9.12. 89도889

정답 ②

05 피해자의 승낙에 관한 다음 설명 중 옳은 것은?

① 피해자의 승낙은 법익침해 이전에 표시되어야 하며 법익침해시까지 계속되어야 하지만 예외적으로 사후승낙이 인정되는 경우도 있다.
② 형법은 살인, 상해의 경우, 피해자의 승낙이 있더라도 이를 처벌하는 특별한 규정을 두고 있다.
③ 피해자의 승낙이 윤리적·도덕적으로 사회상규에 반하는 것이라도 법률상 이를 처분할 수 있는 자의 승낙인 경우에는 위법성이 조각된다.
④ 사문서 작성권한이 없는 사람이 타인의 명의로 문서를 작성하였으나, 행위 당시의 모든 사정을 종합해 볼 때 명의자가 이를 알았다면 당연히 승낙했을 것으로 추정되는 상황이었다면 사문서의 위·변조죄가 성립하지 않는다.

[해설]
① 【X】 승낙은 외부에 표시될 것을 요하지만 의사표시의 방법이 아니라도 어떠한 방법으로든 외부에서 인식할 수 있으면 족하다. 승낙은 법익침해의 이전에 표시되어 법익침해시까지 유지되어야 하며 사후승낙은 인정되지 않는다. 그리고 승낙은 언제든지 자유로이 철회할 수 있다.
② 【X】 살인의 경우에는 촉탁·승낙살인죄(제252조 제1항), 낙태의 경우에는 촉탁·승낙낙태죄(제269조 제2항)가 있으나, 상해의 경우에는 형법에 규정이 없다.
③ 【X】 위법성이 조각되지 않는다.
④ 【O】 대판 2003.5.30. 2002도235

정답 ④

06 피해자 승낙에 관한 다음 기술 중 틀린 것은 모두 몇 개인가?

㉠ 피고인이 점유자와 소유자가 다른 승용차를 점유자의 의사에 반하여 자신의 점유로 옮긴 경우, 이러한 피고인의 행위가 결과적으로 소유자의 이익이 되거나 이에 대한 소유자의 추정적 승낙이 있다고 볼 만한 사정이 있다면 불법영득의사를 부정할 수 있다.
㉡ 승낙의 주체는 승낙의 의미와 내용을 이해할 수 있는 능력을 가진 자를 의미하므로, 승낙하는 자는 민법상 행위능력을 가진 자이어야 한다.
㉢ 피해자의 승낙이 객관적으로 존재하는데도 불구하고 행위자가 이를 알지 못하고 행위한 경우에는 위법성조각사유의 전제사실의 착오가 되어 위법성이 조각되지 않는다.
㉣ 사자 명의로 된 약속어음을 작성함에 있어 사망자의 처로부터 사망자의 인장을 교부받아 생존 당시 작성한 것처럼 약속어음의 발행일자를 그 명의자의 생존 중의 일자로 소급하여 작성한 때에는 발행명의인의 추정적 승낙이 있었다고 볼 수 없다.

① 1개 ② 2개 ③ 3개 ④ 4개

[해설]
㉠ 【X】 어떠한 물건을 점유자의 의사에 반하여 취거하는 행위가 결과적으로 소유자의 이익으로 된다는 사정 또는 소유자의 추정적 승낙이 있다고 볼 만한 사정이 있다고 하더라도, 다른 특별한 사정이 없는 한 그러한 사유만으로 불법영득의 의사가 없다고 할 수는 없다(대판 2014.2.21. 2013도14139).
㉡ 【X】 피해자에게 법익의 의미와 그 침해의 결과를 인식하고 이성적으로 판단할 수 있는 자연적 의사능력과 판단능력이 있으면 되므로 승낙능력은 민법상의 행위능력이 있어야 하는 것은 아니다. 16. 사시
㉢ 【X】 위법성조각사유의 전제된 사실의 착오가 아니라 우연승낙의 사례이다. 다수설인 불능미수범설에 따르면 우연승낙의 경우 불능미수로 처벌된다. 21. 변호사
㉣ 【O】 대판 2011.7.14. 2010도1025 22. 해경간부

정답 ③

07 피해자의 승낙에 관한 설명 중 맞는 것은?

① 개인적 법익은 모두 승낙의 대상으로 인정된다.
② 묵시적 승낙은 현실적 승낙은 없으나 행위당시 사정에 의해 객관적으로 판단할 때 승낙이 확실히 기대될 수 있는 경우를 말한다.
③ 승낙과 양해를 구별하는 견해에 의하면 주거자의 동의가 있을 때 주거침입죄의 위법성이 조각된다.
④ 피해자의 승낙을 구성요건해당성배제사유로 보는 견해에 의하면, 피해자의 승낙이 존재하지 않음에도 불구하고 존재한다고 오인한 경우에는 과실범이 성립할 수 있다.

해설

① 【 X 】 생명은 승낙이 있더라도 촉탁승낙살인죄가 성립하므로, 승낙의 대상이 되는 법익은 개인적 법익 중에서도 임의로 처분이 가능한 법익에 한정된다.
② 【 X 】 현실적 승낙은 없었으나 행위 당시의 사정을 객관적으로 판단할 때 승낙이 확실히 기대될 수 있는 경우를 '추정적 승낙'이라고 한다.
③ 【 X 】 승낙과 양해를 구별하는 견해에 의하면 승낙은 위법성조각사유임에 반해 양해는 구성요건해당성을 배제하는 사유가 된다. 주거자의 유효한 동의는 양해에 해당하는 것으로 보므로 주거침입죄의 구성요건해당성이 배제된다.
④ 【 O 】 양해가 없음에도 있는 것으로 오인하고 행위한 경우에는 피해자의 의사에 반하여 구성요건을 실현한다는 점에 대한 인식이 없는 경우로서 구성요건적 착오에 해당하여 고의가 조각되고 과실범의 성립여부만 문제된다. 이에 반해 위법성 조각사유인 승낙이 없음에도 있다고 오인한 경우에는 위법성조각사유의 전제사실에 대한 착오의 문제가 된다.

정답 ④

08 형법 제24조의 피해자의 승낙에 관한 다음 설명 중 가장 옳지 않은 것은?

① 사문서변조죄와 관련하여 행위 당시 명의자의 현실적인 승낙은 없었지만 명의자가 그 사실을 알았다면 당연히 승낙했을 것이라고 추정되는 경우에는 사문서변조죄가 성립하지 아니한다.
② 갑은 A가 먼저 자신을 때려주면 돈을 주겠다는 요청을 하여 A를 폭행하였고, 그 과정에서 A가 다발성 좌상 등의 상해를 입게 된 경우, 갑의 행위는 피해자의 승낙에 위법성이 조각되지 않는다.
③ 의사의 불충분한 설명에 근거하여 환자가 수술에 동의한 경우에는 피해자의 승낙으로 수술의 위법성이 조각되지 아니한다.
④ 피해자의 승낙은 언제든지 자유롭게 철회될 수 있고, 법익이 침해된 이후의 사후의 승낙으로도 위법성은 조각될 수 있다.

해설 17. 경찰간부

① 【 O 】 행위 당시 명의자의 현실적인 승낙은 없었지만 행위 당시의 모든 객관적 사정을 종합하여 명의자가 행위 당시 그 사실을 알았다면 당연히 승낙했을 것이라고 추정되는 경우 역시 사문서의 위·변조죄가 성립하지 않는다고 할 것이다(대판 2008.4.10. 2007도9987; 대판 2003.5.30. 2002도235).
② 【 O 】 갑이 을과 공모하여 보험사기를 목적으로 을에게 상해를 가한 사안에서, 피해자의 승낙으로 위법성이 조각되지 아니한다(대판 2008.12.11. 2008도9606).
③ 【 O 】 진단상의 과실이 없었으면 당연히 설명받았을 자궁외 임신에 관한 내용을 설명받지 못한 채 피해자로부터 수술승낙을 받았다면 위 승낙은 부정확 또는 불충분한 설명을 근거로 이루어진 것으로서 수술의 위법성을 조각할 유효한 승낙이라고 볼 수 없다(대판 1993.7.27. 92도2345).
④ 【 X 】 위법성조각사유로서의 피해자의 승낙은 언제든지 자유롭게 철회할 수 있다고 할 것이고, 그 철회의 방법에는 아무런 제한이 없다(2011.5.13. 10도9962). 그러나 법익이 침해된 이후의 사후승낙은 양형상 참작사유는 될 수는 있지만 위법성이 조각될 수 없다.

정답 ④

09 다음 〈보기〉 중 피해자의 승낙에 관한 설명으로 옳지 않은 것은 모두 몇 개인가?

〈보기〉
㉠ 피고인이 피해자 소유인 어느 물건에 대하여 자기에게 권리가 있다고 주장하여 피해자의 묵시적인 동의 아래 이를 가져간 경우 나중에 그 권리 주장의 근거가 허위로 밝혀졌다고 하더라도 피해자가 일단 묵시적 동의를 한 이상 절도죄는 성립할 수 없다.
㉡ 행위의 위법성을 조각하는 피해자의 승낙은 개인적 법익을 훼손하는 경우에 법률상 이를 처분할 수 있는 사람의 승낙을 말할 뿐만 아니라 윤리적·도덕적으로 사회상규에 반하는 것이 아니어야 한다.
㉢ 사자 명의로 된 약속어음을 작성함에 있어 사망자의 처로부터 사망자의 인장을 교부받아 생존 당시 작성한 것처럼 약속어음의 발행일자를 그 명의자의 생존 중의 일자로 소급하여 작성한 때에는 발행명의인의 추정적 승낙이 있었다고 볼 수 없다.
㉣ 자기의 소유인 가옥이라고 하더라도 피해자가 점유 관리하고 있고 피해자와 사이에서 그 가옥의 소유권에 대한 분쟁이 계속되고 있다면, 그 가옥에 침입하는 것에 대한 피해자의 추정적 승낙이 있었다고 할 수 없다.
㉤ 13세 미만의 소녀가 자신에 대한 간음에 동의하였더라도 간음행위의 위법성이 조각되지 않는다.
㉥ 피해자의 승낙에 의한 행위가 사회상규에 위배된 때에는 위법하다는 이른바 피해자의 승낙에 대한 '사회상규적·윤리적 한계에 의한 제약'은 판례에 의할 때 상해죄에 대하여만 인정된다.

① 1개　　② 2개　　③ 3개　　④ 4개

해설

㉠ 【O】 대판 1990.8.10. 90도1211 22. 해경간부
㉡ 【O】 대판 2008.12.11. 2008도9606 22. 해경간부
㉢ 【O】 사자 명의로 된 약속어음을 작성함에 있어 사망자의 처로부터 사망자의 인장을 교부받아 생존 당시 작성한 것처럼 약속어음의 발행일자를 그 명의자의 생존 중의 일자로 소급하여 작성한 때에는 발행명의인의 승낙이 있었다고 볼 수 없다(대판 2011.7.14. 2010도1025). 22. 해경간부
㉣ 【O】 건물의 소유자라고 주장하는 피고인과 그것을 점유관리하고 있는 피해자 사이에 건물의 소유권에 대한 분쟁이 계속되고 있는 상황이라면 피고인이 그 건물에 침입하는 것에 대한 피해자의 추정적 승낙이 있었다거나 피고인의 이 사건 범행이 사회상규에 위배되지 않는다고 볼 수 없다고 한 원심의 조치는 수긍이 간다(대판 1989.9.12. 89도889). 22. 해경간부
㉤ 【O】 형법 제305조에 규정된 13세 미만 부녀에 대한 의제강간, 추행죄는 그 성립에 있어 위계 또는 위력이나 폭행 또는 협박의 방법에 의함을 요하지 아니하며 피해자의 동의가 있었다고 하여도 성립하는 것이다(대판 1982.10.12. 82도2183). 22. 해경간부
㉥ 【X】 피해자의 승낙에 의한 행위가 사회상규에 위배된 때에는 위법하다는 이른바 피해자의 승낙에 대한 '사회상규적·윤리적 한계에 의한 제약'은 판례에 의할 때 상해죄에 대하여만 인정되지 않는다.

📌 **상해죄 뿐만 아니라 폭행치사죄도 인정된다.**
[1] 피고인이 피해자와 공모하여 교통사고를 가장하여 보험금을 편취할 목적으로 피해자에게 상해를 가하였다면 피해자의 승낙이 있었다고 하더라도 이는 위법한 목적에 이용하기 위한 것이므로 피고인의 행위가 피해자의 승낙에 의하여 위법성이 조각된다고 할 수 없다(대법원 2008.12.11. 2008도9606).
[2] 장난권투로 피해자의 승낙에 의한 사회상규에 어긋나지 않는 것이라고도 볼 수 없을 것이기 때문에 폭행치사죄를 인정하지 아니할 수 없다(대법원 1989.11.28. 89도201).

정답 ①

10 추정적 승낙에 관한 다음 설명 중 옳지 않은 것은?

① 주인의 장기간 여행으로 비어있는 옆집에 수도관이 파열된 것을 발견하고서 이웃 주민이 이를 고치기 위해 옆집의 문을 열고 들어간 경우에는 추정적 승낙이 있다고 할 수 없다.
② 피해자의 현실적 승낙이 가능하면 추정적 승낙은 인정되지 않는다.
③ 친지의 집을 방문하여 응접실에서 기다리던 중 마침 탁자 위에 놓인 담배를 허락 없이 피운 경우 추정적 승낙을 인정할 수 있다.
④ 추정적 승낙 여부는 행위 당시를 기준으로 판단되어야 하므로, 명의자의 명시적인 승낙이나 동의가 없다는 것을 알고 있으면서도 명의자 이외의 자의 의뢰로 권한없이 문서를 작성하는 경우, 명의자가 문서작성 사실을 알았다면 승낙하였을 것이라고 기대하거나 예측한 것만으로는 그 승낙이 추정된다고 단정할 수 없다.

[해설] 10. 사시

① 【 X 】 동일한 피해자에게 귀속되는 두 이익이 충돌하는 경우에 행위자가 피해자의 높은 이익을 구조하기 위하여 경미한 법익을 침해하는 경우에도 추정적 승낙으로 위법성이 조각될 수 있다.
② 【 O 】 피해자의 현장부재 또는 의식불명 등 불가피한 사정으로 현실적인 승낙을 얻는 것이 불가능해야 한다. 이것이 추정적 승낙의 보충성이다.
③ 【 O 】 행위자나 제3자의 이익을 위해 피해자의 법익을 침해했지만 피해가 경미하거나 행위자와 피해자의 신뢰관계에 비추어 피해자의 승낙 또는 이익포기가 추정되는 경우의 예이다.
④ 【 O 】 대판 2008.4.10. 2007도9987

정답 ①

제6절 정당행위

◎ 지문의 내용에 대해 학설의 대립 등 다툼이 있는 경우 판례에 의함

01 형법 제20조(정당행위)에 대한 설명으로 옳지 않은 것은?

① 구성요건에 해당하는 행위가 형법 제20조에 따라 위법성이 조각되려면, 첫째 그 행위의 동기나 목적의 정당성, 둘째 행위의 수단이나 방법의 상당성, 셋째 보호법익과 침해법익의 균형성, 넷째 긴급성, 다섯째 그 행위 이외의 다른 수단이나 방법이 없다는 보충성의 요건을 모두 갖추어야 한다.

② 형법 제20조에서 '사회상규에 위배되지 아니하는 행위'라 함은 국가질서의 존중이라는 인식을 바탕으로 한 국민 일반의 건전한 도의적 감정에 반하지 아니한 행위로서 초법규적인 기준에 의하여 이를 평가하여야 한다.

③ 집행관이 조합 소유 아파트에서 유치권을 주장하는 甲을 상대로 부동산인도집행을 실시하여 조합이 그 아파트를 인도받고 출입문의 잠금장치를 교체하는 등으로 그 점유가 확립된 이후에 甲이 아파트 출입문과 잠금장치를 훼손하며 강제로 개방하고 아파트에 들어간 경우, 甲의 행위는 민법상 자력 구제에 해당하므로 형법 제20조에 따라 위법성이 조각된다.

④ 민사소송법 제335조에 따른 법원의 감정인 지정 결정 또는 같은 법 제341조 제1항에 따라 법원의 감정촉탁을 받은 사람이 감정평가업자가 아니었음에도 그 감정사항에 포함된 토지 등의 감정평가를 한 행위는 법령에 근거한 법원의 적법한 결정이나 촉탁에 따른 것으로 형법 제20조에 따라 위법성이 조각된다.

[해설]

① 【O】 형법 제20조는 '사회상규에 위배되지 아니하는 행위'를 정당행위로서 위법성이 조각되는 사유로 규정하고 있다. 위 규정에 따라 사회상규에 의한 정당행위를 인정하려면, 첫째 그 행위의 동기나 목적의 정당성, 둘째 행위의 수단이나 방법의 상당성, 셋째 보호이익과 침해이익과의 법익균형성, 넷째 긴급성, 다섯째로 그 행위 외에 다른 수단이나 방법이 없다는 보충성 등의 요건을 갖추어야 하는데, 위 '목적·동기', '수단', '법익균형', '긴급성', '보충성'은 불가분적으로 연관되어 하나의 행위를 이루는 요소들로 종합적으로 평가되어야 한다.
'목적의 정당성'과 '수단의 상당성' 요건은 행위의 측면에서 사회상규의 판단 기준이 된다. 사회상규에 위배되지 아니하는 행위로 평가되려면 행위의 동기와 목적을 고려하여 그것이 법질서의 정신이나 사회윤리에 비추어 용인될 수 있어야 한다. 수단의 상당성·적합성도 고려되어야 한다. 또한 보호이익과 침해이익 사이의 법익균형은 결과의 측면에서 사회상규에 위배되는지를 판단하기 위한 기준이다. 이에 비하여 행위의 긴급성과 보충성은 수단의 상당성을 판단할 때 고려요소의 하나로 참작하여야 하고 이를 넘어 독립적인 요건으로 요구할 것은 아니다. 또한 그 내용 역시 다른 실효성 있는 적법한 수단이 없는 경우를 의미하고 '일체의 법률적인 적법한 수단이 존재하지 않을 것'을 의미하는 것은 아니라고 보아야 한다(대판 2023.5.18. 2017도2760). 23. 경찰간부

② 【O】 대판 1983.11.22. 83도2224 23. 경찰간부

③ 【X】 집행관이 집행채권자 갑 조합 소유 아파트에서 유치권을 주장하는 피고인을 상대로 부동산인도집행을 실시하자, 피고인이 이에 불만을 갖고 아파트 출입문과 잠금 장치를 훼손하며 강제로 개방하고 아파트에 들어갔다고 하여 재물손괴 및 건조물침입으로 기소된 사안에서, 피고인이 아파트에 들어갈 당시에는 이미 갑 조합이 집행관으로부터 아파트를 인도받은 후 출입문의 잠금 장치를 교체하는 등으로 그 점유가 확립된 상태여서 점유권 침해의 현장성 내지 추적가능성이 있다고 보기 어려워 점유를 실력에 의하여 탈환한 피고인의 행위가 민법상 자력구제에 해당하지 않는다(대판 2017.9.7. 2017도9999). 23. 경찰간부

④ 【O】 대판 2021.10.14. 2017도10634 23. 경찰간부

정답 ③

02 정당행위에 관한 설명으로 가장 적절하지 않은 것은?

① 행위의 긴급성과 보충성은 수단의 상당성을 판단할 때 고려요소의 하나로 참작하여야 하며, 다른 실효성 있는 적법한 수단이 없는 경우를 의미하는 것이지 일체의 법률적인 적법한 수단이 존재하지 않을 것을 의미하는 것은 아니라고 보아야 한다.

② 구 「군인사법」에 따른 얼차려의 결정권자가 아닌 상사 계급의 甲이 경계근무 태만이나 청소 불량 등을 이유로 부대원들에게 속칭 원산폭격을 시키거나 양손을 깍지 낀 상태에서 팔굽혀펴기를 50~60회 정도 하게 하는 등 얼차려 지침상 허용되지 않는 얼차려를 지시하는 행위는 정당행위로 볼 수 없다.

③ CCTV 설치·운영에 근로자들의 동의 절차나 노사협의회의 협의를 거치지 않았다는 이유로 노동조합원 甲 등이 회사에서 설치하여 작동 중인 CCTV 카메라 51대 중 근로자들의 작업 모습이 찍히는 12대를 골라 검정색 비닐봉지를 씌워 임시적으로 촬영을 방해한 경우 정당행위의 성립요건 중 수단과 방법의 상당성을 인정할 수 없다.

④ 아파트입주자대표회의 회장이자 회의 소집권자인 甲이 자신이 소집하지 않은 입주자대표회의 소집공고문을 공휴일 야간에 발견하였고 공고문에서 정한 입주자대표회의 개최일이 다음 날이어서 시기적으로 다른 적절한 방법을 찾기 어려웠다면 위 공고문을 뜯어내 제거한 행위는 정당행위에 해당한다고 볼 수 있다.

해설

① 【 O 】 형법 제20조는 '사회상규에 위배되지 아니하는 행위'를 정당행위로서 위법성이 조각되는 사유로 규정하고 있다. 위 규정에 따라 사회상규에 의한 정당행위를 인정하려면, 첫째 그 행위의 동기나 목적의 정당성, 둘째 행위의 수단이나 방법의 상당성, 셋째 보호이익과 침해이익과의 법익균형성, 넷째 긴급성, 다섯째로 그 행위 외에 다른 수단이나 방법이 없다는 보충성 등의 요건을 갖추어야 하는데, 위 '목적·동기', '수단', '법익균형', '긴급성', '보충성'은 불가분적으로 연관되어 하나의 행위를 이루는 요소들로 종합적으로 평가되어야 한다.
'목적의 정당성'과 '수단의 상당성' 요건은 행위의 측면에서 사회상규의 판단 기준이 된다. 사회상규에 위배되지 아니하는 행위로 평가되려면 행위의 동기와 목적을 고려하여 그것이 법질서의 정신이나 사회윤리에 비추어 용인될 수 있어야 한다. 수단의 상당성·적합성도 고려되어야 한다. 또한 보호이익과 침해이익 사이의 법익균형은 결과의 측면에서 사회상규에 위배되는지를 판단하기 위한 기준이다. 이에 비하여 행위의 긴급성과 보충성은 수단의 상당성을 판단할 때 고려요소의 하나로 참작하여야 하고 이를 넘어 독립적인 요건으로 요구할 것은 아니다. 또한 그 내용 역시 다른 실효성 있는 적법한 수단이 없는 경우를 의미하고 '일체의 법률적인 적법한 수단이 존재하지 않을 것'을 의미하는 것은 아니라고 보아야 한다(대판 2023.5.18. 2017도2760). 24. 경찰

② 【 O 】 대판 2006.4.27. 2003도4151 24. 경찰

③ 【 X 】 회사가 근로자 대부분의 반대에도 불구하고 CCTV의 정식 가동을 강행함으로써 피고인들의 의사에 반하여 근로 행위나 출퇴근 장면 등 개인정보가 위법하게 수집되는 상황이 현실화되고 있었던 점, 개인정보자기결정권은 일반적 인격권 및 사생활의 비밀과 자유에서 도출된 헌법상 기본권으로 일단 그에 대한 침해가 발생하면 사후적으로 이를 전보하거나 원상회복을 하는 것이 쉽지 않은 점 등을 고려하면, 피고인들이 다른 구제수단을 강구하기 전에 임시조치로서 검정색 비닐봉지를 씌워 촬영을 막은 것은 행위의 동기나 목적, 수단이나 방법 및 법익의 균형성 등에 비추어 그 긴급성과 보충성의 요건도 갖추었다고 볼 여지가 있다. 그럼에도 원심이 그 판시와 같은 이유만으로 공소사실 다. 및 라.항 기재 각 행위에까지 수단과 방법의 상당성, 법익균형성, 긴급성, 보충성 등과 같은 정당행위의 요건을 충족한다고 보기 어렵다고 판단한 데에는 정당행위에 관한 법리를 오해하고 필요한 심리를 다하지 않은 잘못이 있다(대판 2023.6.29. 2018도1917). 24. 경찰

④ 【 O 】 입주자대표회의 회장인 피고인이 정당한 소집권자인 회장의 동의나 승인 없이 위법하게 게시된 이 사건 공고문을 발견하고 이를 제거하는 방법으로 손괴한 조치는, 그에 선행하는 위법한 공고문 작성 및 게시에 따른 위법상태의 구체적 실현이 임박한 상황 하에 그 행위의 효과가 귀속되는 주체의 적법한 대표 자격에서 그 위법성을 바로잡기 위한 조치의 일환으로 사회통념상 허용되는 범위를 크게 넘어서지 않는 행위라고 볼 수 있다. 나아가 이는 공동주택의 관리 또는 사용에 관하여 입주자 및 사용자의 보호와 그 주거생활의 질서유지를 위하여 구성된 입주자대표회의의 대표자로서 공동주택의 질서유지 및 입주자 등에 대한 피해방지를 위하여 필요한 합리적인 범위 내에서 사회통념상 용인될 수 있는 피해를 발생시킨 경우에 지나지 아니한다고도 볼 수 있다.
그럼에도 이와 달리 원심은 이 사건 아파트 입주자대표회의 소집 절차 및 소집권자에 관한 관리규약의 내용, 이 사건 공고문의 작성경위 및 그 표시된 내용, 입주자대표회의의 적법한 소집행위로 볼 수 있는지 등 피고인이 이 사건 공고문의 손괴에 이르게 된 구체적인 사정과 그 행위의 사회상규 위배 여부를 제대로 살피지 아니한 채, 판시와 같은 이유만으로 피고인의 행위가 정당행위에 해당하지 아니한다고 단정하였다. 이러한 원심의 판단에는 정당행위에 관한 법리를 오해하여 판결에 영향을 미친 잘못이 있다(대판 2021.12.30. 2021도9680). 24. 경찰

정답 ③

03 다음 중 甲에게 정당행위가 인정되는 것은?

① 사채업자 甲이 채권추심을 위하여 채무자 A에게 채무를 변제하지 않으면 A가 숨기고 싶어하는 과거 행적과 사채를 쓴 사실 등을 남편과 시댁에 알리겠다는 문자메시지를 발송한 경우

② A주식회사로부터 공립유치원의 놀이시설 제작 및 설치공사를 하도급 받은 甲이 유치원 행정실장 등에게 공사대금의 직접 지급을 요구하였으나 거절당하자, 공사대금 직불청구권이 있는 놀이시설의 정당한 유치권자로서 공사대금채권을 확보할 필요가 있어 놀이시설의 일부인 보호대를 칼로 뜯어내고 일부 놀이시설은 철거하는 방법으로 공무소에서 사용하는 물건을 손상한 경우

③ 甲이 자신의 가옥 앞 도로가 폐기물 운반 차량의 통행로로 이용되어 가옥 일부에 균열 등이 발생하자 위 도로에 트랙터를 세워두거나 철책 펜스를 설치함으로써 위 차량의 통행을 불가능하게 한 경우

④ 학교법인의 전 이사장 A가 부정입학과 관련된 금품수수혐의로 구속되었다가 그 학교법인이 설립한 B대학교의 총장으로 선임됨에 따라 학내갈등을 빚던 중 총학생회 간부 甲이 대학운영의 정상화를 위해 A와의 대화를 꾸준히 요구하였으나, 학교의 소극적인 태도로 인해 면담이 성사되지 않자 A를 직접 찾아가 면담하는 이외에는 다른 방도가 없다는 판단 아래 A와의 면담을 추진하는 과정에서 총장실 진입을 시도하거나, 교무위원회 회의실에 들어가 총장의 사퇴를 요구하면서 이를 막는 학교 교직원들과 길지 않은 시간 동안 실랑이를 벌인 경우

해설

① 【X】 사채업자인 피고인은 피해자에게, 채무를 변제하지 않으면 피해자가 숨기고 싶어하는 과거의 행적과 사채를 쓴 사실 등을 남편과 시댁에 알리겠다는 등의 문자메시지를 발송하였다는 것인바, 이는 피해자에게 공포심을 일으키기에 충분하다고 보아야 할 것이고, 그 밖에 피고인이 고지한 해악의 구체적인 내용과 표현방법, 피고인이 피해자에게 위와 같은 해악을 고지하게 된 경위와 동기 등 제반 사정 등을 종합하면, 피고인에게 협박의 고의가 있었음을 충분히 인정할 수 있으며, 피고인이 정당한 절차와 방법을 통해 그 권리를 행사하지 아니하고 피해자에게 위와 같이 해악을 고지한 것이 사회의 관습이나 윤리관념 등 사회통념에 비추어 용인할 수 있는 정도의 것이라고 볼 수는 없다.
원심이 같은 취지에서 이 사건 공소사실을 유죄로 인정하는 한편 위와 같은 행위가 정당행위에 해당한다는 피고인의 주장을 배척한 것은 정당하다(대판 2011.5.26. 2011도2412). 24. 경찰

② 【X】 갑 주식회사가 피고인에게 공립유치원의 놀이시설 제작 및 설치공사를 하도급주었는데, 피고인이 유치원 행정실장 등에게 공사대금의 직접 지급을 요구하였으나 거절당하자 놀이시설의 일부인 보호대를 칼로 뜯어내고 일부 놀이시설은 철거하는 방법으로 공무소에서 사용하는 물건을 손상하였다는 내용으로 기소된 사안에서, 피고인에게 공사대금 직불청구권이 있고 놀이시설의 정당한 유치권자로서 공사대금 채권을 확보할 필요가 있었다고 하더라도, 위와 같은 피고인의 행위가 수단과 방법의 상당성이 인정된다거나 공사대금 확보를 위한 유치권을 행사하는 데에 긴급하고 불가피한 수단이었다고 볼 수 없는데도, 공용물건손상의 공소사실에 대하여 무죄를 선고한 원심판결에 정당행위에 관한 법리오해의 잘못이 있다(대판 2017.5.30. 2017도2758). 24. 경찰

③ 【X】 피고인의 가옥 앞 도로가 폐기물 운반 차량의 통행로로 이용되어 가옥 일부에 균열 등이 발생하자 피고인이 위 도로에 트랙터를 세워두거나 철책 펜스를 설치함으로써 위 차량의 통행을 불가능하게 하거나 위 차량들의 앞을 가로막고 앉아서 통행을 일시적으로 방해한 경우, 전자의 경우에만 일반교통방해죄를 구성한다(대판 2009.1.30. 2008도10560). 24. 경찰

④ 【O】 갑 대학교는 학교법인의 전 이사장 을이 부정입학과 관련된 금품수수 등의 혐의로 구속되었다가 갑 대학교 총장으로 선임됨에 따라 학내 갈등을 빚던 중, 총학생회 간부인 피고인들이 총장 을과의 면담을 요구하면서 총장실 입구에서 진입을 시도하거나, 교무위원회 회의실에 들어가 총장의 사퇴를 요구하면서 이를 막는 학교 교직원들과 실랑이를 벌임으로써 위력으로 업무를 방해하였다는 내용으로 기소된 사안에서, 행위의 목적 및 경위 등에 비추어 보면, 피고인들이 분쟁의 중심에 있는 을을 직접 찾아가 면담하는 이외에는 다른 방도가 없다는 판단 아래 을과 면담을 추진하는 과정에서 피고인들을 막아서는 사람들과 길지 않은 시간 동안 실랑이를 벌인 것은 사회상규에 위배되지 아니하는 정당행위에 해당한다(대판 2023.5.18. 2017도2760). 24. 경찰

정답 ④

04 정당행위에 관한 설명으로 가장 적절하지 않은 것은?

① 「형법」 제20조의 '사회상규에 위배되지 아니하는 행위'는 구성요건에 해당하는 행위가 형식적으로 위법하더라도 사회가 내리는 공적 평가에 의하여 용인될 수 있다면 그 행위를 실질적으로 위법한 것으로는 평가할 수 없다는 일반적 위법성조각사유이다.

② 정당행위의 요건인 긴급성과 보충성은 수단의 상당성을 판단할 때 고려해야 될 하나의 요소로 참작할 뿐 이를 넘어 독립적인 요건으로 요구할 것은 아니며, 그 내용 역시 '일체의 법률적인 적법한 수단이 존재하지 않을 것'을 의미한다.

③ 어떠한 행위가 범죄구성요건에 해당하지만 정당행위라는 이유로 위법성이 조각된다는 것은 그 행위가 적극적으로 용인, 권장된다는 의미가 아니라 단지 특정한 상황하에서 그 행위가 범죄행위로서 처벌대상이 될 정도의 위법성을 갖추지 못하였다는 것을 의미한다.

④ 어떠한 행위가 정당행위에 해당하는지는 구체적인 사정 아래서 합목적적, 합리적으로 고찰하여 개별적으로 판단되어야 하며, '목적의 정당성'과 '수단의 상당성' 요건은 행위의 측면에서 사회상규에 위배되는지의 판단 기준이 된다.

해설

① 【 O 】 형법 제20조의 '사회상규에 위배되지 아니하는 행위'는 우리 형법의 독특한 규정으로, 구성요건에 해당하는 행위가 형식적으로 위법하더라도 사회가 내리는 공적 평가에 의하여 용인될 수 있다면 그 행위를 실질적으로 위법한 것으로는 평가할 수 없다는 취지에서 도입된 일반적 위법성조각사유이다(대판 2024.8.1. 2021도2084).

② 【 X 】, ④ 【 O 】 형법 제20조는 '사회상규에 위배되지 아니하는 행위'를 정당행위로서 위법성이 조각되는 사유로 규정하고 있다. 위 규정에 따라 사회상규에 의한 정당행위를 인정하려면, 첫째 그 행위의 동기나 목적의 정당성, 둘째 행위의 수단이나 방법의 상당성, 셋째 보호이익과 침해이익과의 법익균형성, 넷째 긴급성, 다섯째로 그 행위 외에 다른 수단이나 방법이 없다는 보충성 등의 요건을 갖추어야 하는데, 위 '목적·동기', '수단', '법익균형', '긴급성', '보충성'은 불가분적으로 연관되어 하나의 행위를 이루는 요소들로 종합적으로 평가되어야 한다.
'목적의 정당성'과 '수단의 상당성' 요건은 행위의 측면에서 사회상규의 판단 기준이 된다. 사회상규에 위배되지 아니하는 행위로 평가되려면 행위의 동기와 목적을 고려하여 그것이 법질서의 정신이나 사회윤리에 비추어 용인될 수 있어야 한다. 수단의 상당성·적합성도 고려되어야 한다. 또한 보호이익과 침해이익 사이의 법익균형은 결과의 측면에서 사회상규에 위배되는지를 판단하기 위한 기준이다. 이에 비하여 행위의 긴급성과 보충성은 수단의 상당성을 판단할 때 고려요소의 하나로 참작하여야 하고 이를 넘어 독립적인 요건으로 요구할 것은 아니다. 또한 그 내용 역시 다른 실효성 있는 적법한 수단이 없는 경우를 의미하고 '일체의 법률적인 적법한 수단이 존재하지 않을 것'을 의미하는 것은 아니라고 보아야 한다(대판 2023.5.18. 2017노2760).

③ 【 O 】 대판 2021.12.30. 2021도9680

정답 ②

05 정당행위에 대한 설명으로 옳지 않은 것은?

① 음란물이 문학적·예술적·사상적·과학적·의학적·교육적 표현 등과 결합되어 음란 표현의 해악이 상당한 방법으로 해소되거나 다양한 의견과 사상의 경쟁메커니즘에 의해 해소될 수 있는 정도에 이르렀다면, 이러한 결합표현물에 의한 표현행위는 형법 제20조에 정하여진 '사회상규에 위배되지 않는 행위'에 해당한다.
② 문언송신금지를 명한 가정폭력범죄의 처벌 등에 관한 특례법상 임시보호명령을 위반하여 피고인이 피해자에게 문자메시지를 보낸 경우 문자메시지 송신을 피해자가 양해 내지 승낙하였다면 형법 제20조의 정당행위에 해당한다.
③ 신문기자인 피고인이 고소인에게 2회에 걸쳐 증여세 포탈에 대한 취재를 요구하면서, 이에 응하지 않으면 자신이 취재한 내용대로 보도하겠다고 협박한 것은 특별한 사정이 없는 한 사회상규에 반하지 않는 행위이다.
④ 의료인이 아닌 자가 찜질방 내에서 부항과 부항침을 놓고 일정한 금원을 받은 행위는 그 시술로 인한 위험성이 적다는 사정만으로 사회상규에 위배되지 않는 행위로 보기는 어렵다.

해설

① 【O】 음란물이 그 자체로는 하등의 문학적·예술적·사상적·과학적·의학적·교육적 가치를 지니지 아니하더라도, 음란성에 관한 논의의 특수한 성격 때문에, 그에 관한 논의의 형성·발전을 위해 문학적·예술적·사상적·과학적·의학적·교육적 표현 등과 결합되는 경우가 있다. 이러한 경우 음란 표현의 해악이 이와 결합된 위와 같은 표현 등을 통해 상당한 방법으로 해소되거나 다양한 의견과 사상의 경쟁메커니즘에 의해 해소될 수 있는 정도라는 등의 특별한 사정이 있다면, 이러한 결합 표현물에 의한 표현행위는 공중도덕이나 사회윤리를 훼손하는 것이 아니어서, 법질서 전체의 정신이나 그 배후에 놓여 있는 사회윤리 내지 사회통념에 비추어 용인될 수 있는 행위로서 형법 제20조에 정하여진 '사회상규에 위배되지 아니하는 행위'에 해당된다(대판 2017.10.26. 2012도13352). 23. 국가직
② 【X】 피고인이 접근금지, 문언송신금지 등을 명한 임시보호명령을 위반하여 피해자의 주거지에 접근하고 문자메시지를 보낸 사안에서, 임시보호명령을 위반한 주거지 접근이나 문자메시지 송신을 피해자가 양해 내지 승낙했더라도 가정폭력범죄의 처벌 등에 관한 특례법 위반죄의 구성요건에 해당하고 형법 제20조의 정당행위로 볼 수 없다(대판 2022.1.14. 2021도14015). 23. 국가직
③ 【O】 신문기자인 피고인이 고소인에게 2회에 걸쳐 증여세 포탈에 대한 취재를 요구하면서 이에 응하지 않으면 자신이 취재한 내용대로 보도하겠다고 말하여 협박하였다는 취지로 기소된 사안에서, 위 행위가 설령 협박죄에서 말하는 해악의 고지에 해당하더라도 특별한 사정이 없는 한 사회상규에 반하지 아니하는 행위라고 보는 것이 타당하다(대판 2011.7.14. 2011도639). 23. 국가직
④ 【O】 피고인이 행한 부항 시술행위가 보건위생상 위해가 발행할 우려가 전혀 없다고 볼 수 없는 데다가, 피고인이 한의사 자격이나 이에 관한 어떠한 면허도 없이 영리를 목적으로 위와 같은 치료행위를 한 것이고, 단순히 수지침 정도의 수준에 그치지 아니하고 부항침과 부항을 이용하여 체내의 혈액을 밖으로 배출되도록 한 것이므로, 이러한 피고인의 시술행위는 의료법을 포함한 법질서 전체의 정신이나 사회통념에 비추어 용인될 수 있는 행위에 해당한다고 볼 수는 없고, 따라서 사회상규에 위배되지 아니하는 행위로서 위법성이 조각되는 경우에 해당한다고 할 수 없다(대판 2004.10.28. 2004도3405). 23. 국가직

정답 ②

06 위법성조각사유에 관한 다음 설명 중 가장 옳은 것은?

① 통상의 일반적인 안수기도의 방식과 정도를 벗어나 환자의 신체에 비정상적이거나 과도한 유형력을 행사하고 신체의 자유를 과도하게 제압하여 그 결과 환자의 신체에 상해까지 입힌 경우라면, 그러한 유형력의 행사가 비록 안수기도의 명목과 방법으로 이루어졌다 해도 일반적으로 사회상규상 용인되는 정당행위라고 볼 수 없으나, 이를 치료행위로 보아 피해자측이 승낙하였다면 이는 정당행위에 해당한다.

② 신문기자인 피고인이 甲에게 2회에 걸쳐 증여세 포탈에 대한 취재를 요구하면서 이에 응하지 않으면 자신이 취재한 내용대로 보도하겠다고 말하여 협박한 경우 비록 피고인이 폭언을 하거나 보도하지 않는 데 대한 대가를 요구하지 않았다 하더라도 위 행위는 협박죄에서 말하는 해악의 고지에 해당하여 사회상규에 위반한 행위라고 보는 것이 타당하다.

③ 회사의 이익을 빼돌린다는 소문을 확인할 목적으로, 피해자가 사용하면서 비밀번호를 설정하여 비밀장치를 한 전자기록인 개인용 컴퓨터의 하드디스크를 검색한 행위는 형법 제20조의 '정당행위'에 해당된다.

④ 피고인들이 확성장치 사용, 연설회 개최, 불법행렬, 서명날인운동, 선거운동기간 전 집회 개최 등의 방법으로 특정 후보자에 대한 낙선운동을 함으로써 공직선거 및 선거부정 방지법에 의한 선거운동제한 규정을 위반한 피고인들의 같은 법 위반의 각 행위는 시민불복종운동으로서 헌법상의 기본권 행사 범위 내에 속하는 정당행위이거나 형법상 사회상규에 위반되지 아니하는 정당행위 또는 긴급피난의 요건을 갖춘 행위로 보아야 한다.

[해설]

① 【 X 】 기도원운영자가 정신분열증 환자의 치료 목적으로 안수기도를 하다가 환자에게 상해를 입힌 사안에서, 장시간 환자의 신체를 강제로 제압하는 등 과도한 유형력을 행사한 것으로서 '사회상규상 용인되는 정당행위'에 해당하지 않는다(대판 2008.8.21. 2008도2695). 23. 법원직

② 【 X 】 신문기자인 피고인이 고소인에게 2회에 걸쳐 증여세 포탈에 대한 취재를 요구하면서 이에 응하지 않으면 자신이 취재한 내용대로 보도하겠다고 말하여 협박하였다는 취지로 기소된 사안에서, 위 행위가 설령 협박죄에서 말하는 해악의 고지에 해당하더라도 특별한 사정이 없는 한 사회상규에 반하지 아니하는 행위라고 보는 것이 타당하다(대판 2011.7.14. 2011도639). 23. 법원직

③ 【 O 】 '회사의 직원이 회사의 이익을 빼돌린다'는 소문을 확인할 목적으로, 비밀번호를 설정함으로써 비밀장치를 한 전자기록인 피해자가 사용하던 '개인용 컴퓨터의 하드디스크'를 떼어내어 다른 컴퓨터에 연결한 다음 의심이 드는 단어로 파일을 검색하여 메신저 대화 내용, 이메일 등을 출력한 사안에서, 피해자의 범죄 혐의를 구체적이고 합리적으로 의심할 수 있는 상황에서 피고인이 긴급히 확인하고 대처할 필요가 있었고, 그 열람의 범위를 범죄 혐의와 관련된 범위로 제한하였으며, 피해자가 입사시 회사 소유의 컴퓨터를 무단 사용하지 않고 업무 관련 결과물을 모두 회사에 귀속시키겠다고 약정하였고, 검색 결과 범죄행위를 확인할 수 있는 여러 자료가 발견된 사정 등에 비추어, 피고인의 그러한 행위는 사회통념상 허용될 수 있는 상당성이 있는 행위로서 형법 제20조의 '정당행위'라고 본 원심의 판단을 수긍한 사례(대판 2009.12.24. 2007도6243). 23. 법원직

④ 【 X 】 피고인들이 확성장치 사용, 연설회 개최, 불법행렬, 서명날인운동, 선거운동기간 전 집회 개최 등의 방법으로 특정 후보자에 대한 낙선운동을 함으로써 공직선거법에 의한 선거운동제한 규정을 위반한 피고인들의 이 사건 공직선거법 위반의 각 행위는 위법한 행위로서 허용될 수 없는 것이고, 피고인들의 위 각 행위가 피고인들이 주장하듯이 시민불복종운동으로서 헌법상의 기본권 행사 범위 내에 속하는 정당행위이거나 형법상 사회상규에 위반되지 아니하는 정당행위 또는 긴급피난의 요건을 갖춘 행위로 볼 수는 없다 할 것이다(대판 2004.4.27. 2002도315). 23. 법원직

정답 ③

07 형법상 정당화사유에 대한 설명 중 가장 적절하지 않은 것은?

① 의료행위에 해당하는 어떠한 시술행위가 무면허로 행하여졌을 때, 그 시술행위의 위험성의 정도, 일반인들의 시각, 시술자의 시술의 동기, 목적, 방법, 횟수, 시술에 대한 지식수준, 시술 경력, 피시술자의 나이, 체질, 건강상태, 시술행위로 인한 부작용 내지 위험발생 가능성 등을 종합적으로 고려하여 법질서 전체의 정신이나 그 배후에 놓여있는 사회윤리 내지 사회통념에 비추어 용인될 수 있는 행위에 해당한다고 인정되는 경우에만 사회상규에 위배되지 아니하는 행위로서 위법성이 조각된다.

② 간호조무사에 불과한 A가 모발이식시술에 관하여 어느 정도 지식을 가지고 있다고 하여도 의료 전반에 관한 체계적인 지식과 의사 자격을 가지고 있지는 않고, 의사 甲은 모발이식시술을 하면서 식모기를 환자의 머리 부위 진피층까지 찔러 넣는 방법으로 수여부에 모발을 삽입하는 행위 자체 중 일정 부분에 대해서는 의사 甲이 관여하지 않고 A에 의해 독립적으로 의료행위가 이루어진 경우, 위 甲의 행위는 의료법을 포함한 법질서 전체의 정신이나 사회통념에 비추어 용인될 수 있는 행위에 해당한다고 볼 수 없다.

③ 피부관리사 B가 피부미용에 관하여는 상당한 지식을 가지고 있다고 하여도 의료전반에 관한 체계적인 지식을 가지고 있지는 못한 사실, 의사인 乙을 포함한 피고인 의원의 의사들은 크리스탈 필링 박피술의 시술과정 자체는 피부관리사 B에게만 맡겨둔 채 B에 의해 이루어진 경우, 이러한 乙의 행위는 의료법을 포함한 법질서 전체의 정신이나 사회통념에 비추어 용인될 수 있는 행위에 해당한다고 볼 수는 없다.

④ 찜질방 내에 침대, 부항기 및 부항침 등을 갖추어 놓고 찾아오는 사람들에게 아픈 부위와 증상을 물어 본 다음 양손으로 아픈 부위의 혈을 주물러 근육을 풀어주는 한편, 그 부위에 부항을 뜬 후 그곳을 부항침으로 10회 정도 찌르고 다시 부항을 뜨는 등 피고인의 이러한 행위는 부항시술행위가 광범위하고 보편화된 민간요법이고, 그 시술로 인한 위험성이 적다는 점에서 사회상규에 위배되지 아니하는 행위에 해당한다.

해설

① 【 O 】 대판 2009.10.15. 2006도6870 22. 경찰간부
② 【 O 】 대판 2007.6.28. 2005도8317 22. 경찰간부
③ 【 O 】 대판 2003.9.5. 2003도2903 22. 경찰간부
④ 【 X 】 피고인이 행한 부항 시술행위가 보건위생상 위해가 발행할 우려가 전혀 없다고 볼 수 없는 데다가, 피고인이 한의사 자격이나 이에 관한 어떠한 면허도 없이 영리를 목적으로 위와 같은 치료행위를 한 것이고, 단순히 수지침 정도의 수준에 그치지 아니하고 부항침과 부항을 이용하여 체내의 혈액을 밖으로 배출되도록 한 것이므로, 이러한 피고인의 시술행위는 의료법을 포함한 법질서 전체의 정신이나 사회통념에 비추어 용인될 수 있는 행위에 해당한다고 볼 수는 없고, 따라서 사회상규에 위배되지 아니하는 행위로서 위법성이 조각되는 경우에 해당한다고 할 수 없다(대판 2004.10.28. 2004도3405). 22. 경찰간부

정답 ④

08 다음 설명 중 가장 옳지 않은 것은?

① 사용자가 적법한 직장폐쇄 기간 중임에도 불구하고 일방적으로 업무에 복귀하겠다고 하면서 자신의 퇴거요구에 불응한 채 계속하여 사업장 내로 진입을 시도하는 해고 근로자를 폭행, 협박하였다면 이는 사업장 내의 평온과 노동조합의 업무방해행위를 방지하기 위한 정당방위 내지 정당행위에 해당한다.

② 피해자가 불특정·다수인의 통행로로 이용되어 오던 기존 통로의 일부 소유자인 피고인으로부터 사용 승낙을 받지 아니한 채 통로를 활용하여 공사차량을 통행하게 함으로써 피고인의 영업에 다소 피해가 발생하자 피고인이 공사차량을 통행하지 못하도록 자신 소유의 승용차를 통로에 주차시켜 놓은 행위가 사회상규에 위배되지 않는 정당행위에 해당한다고 할 수 없다.

③ 아파트 입주자대표회의 회장이 다수 입주민들의 민원에 따라 위성방송 수신을 방해하는 케이블 TV방송의 시험방송 송출을 중단시키기 위하여 위 케이블 TV방송의 방송안테나를 절단하도록 지시한 행위를 긴급피난 내지는 정당행위에 해당한다고 볼 수 없다.

④ 아파트 입주자대표회의의 임원 또는 아파트 관리회사의 직원들인 피고인들이 기존 관리회사의 직원들로부터 계속 업무집행을 제지받던 중 저수조 청소를 위하여 출입문에 설치된 자물쇠를 손괴하고 중앙공급실에 침입한 행위는 정당행위에 해당하지 않지만, 관리비 고지서를 빼앗거나 사무실의 집기 등을 들어낸 것에 불과한 행위는 정당행위에 해당하여 위법성이 조각된다.

해설

① 【 O 】 대판 2005.6.9. 2004도7418 22. 법원직
② 【 O 】 대판 2005.9.30. 2005도4688 22. 법원직
③ 【 O 】 대판 2006.4.13. 2005도9396 22. 법원직
④ 【 X 】 아파트 입주자대표회의의 임원 또는 아파트관리회사의 직원들인 피고인들이 기존 관리회사의 직원들로부터 계속 업무집행을 제지받던 중 저수조 청소를 위하여 출입문에 설치된 자물쇠를 손괴하고 중앙공급실에 침입한 행위는 정당행위에 해당하나, 관리비 고지서를 빼앗거나 사무실의 집기 등을 들어낸 행위는 정당행위에 해당하지 않는다(대판 2006.4.13. 2003도3902). 22. 법원직

정답 ④

09 다음은 위법성조각사유에 관한 어떤 규정을 설명한 것이다. 이 규정을 적용할 때 甲을 벌하지 아니하는 경우에 해당하는 것은?

> 이 규정은 사회상규라는 초법규적 위법성조각사유를 일반적·포괄적 위법성조각사유로 명문화해 놓은 것으로서, 다른 위법성조각사유에 대한 일반적·보충적 성격을 지니고 있는 것으로 볼 수 있다.

① A가 칼을 들고 찌르자 甲이 그 칼을 뺏어 반격을 가한 결과 A에게 상해를 입힌 경우
② 甲이 자신의 차를 가로막고 서서 통행을 방해하는 A를 향해 차를 조금씩 전진시키고 A가 뒤로 물러나면 다시 차를 전진시키는 방식의 운행을 반복한 경우
③ 甲과 A가 공모하여 교통사고를 가장해 보험금을 편취할 목적으로 A에게 상해를 입힌 경우
④ 甲이 방송국 시사프로그램을 시청한 후 방송국 홈페이지의 시청자 의견란에 "그렇게 소중한 자식을 범법행위의 변명의 방패로 쓰시다니 정말 대단하십니다."는 등의 표현이 담긴 글을 게시한 경우

해설 22. 경찰

① 【 O 】 피해자가 칼을 들고 피고인을 찌르자 그 칼을 뺏어 그 칼로 반격을 가한 결과 피해자에게 상해를 입게 하였다 하더라도 그와 같은 사실만으로는 피고인에 대한 현재의 부당한 침해를 방위하기 위한 행위로서 상당한 이유가 있는 경우에 해당한다고 할 수 없다(대판 1984.1.24. 83도1873).

② 【 O 】 피고인이 자신의 차를 가로막고 서 있는 피해자를 향해 차를 조금씩 전진시키고 피해자가 뒤로 물러나면 다시 차를 전진시키는 방식의 운행을 반복하였는데, 이는 그 자체로 피해자에 대한 유형력의 행사에 해당하고, 피고인 주장의 사정만으로는 차 앞에 서 있는 사람을 향해 차를 전진시킨 행위가 정당방위나 정당행위에 해당하지 않는다(대판 2016.10.27. 2016도9302).

③ 【 O 】 피고인이 피해자와 공모하여 교통사고를 가장하여 보험금을 편취할 목적으로 피해자에게 상해를 가하였다면 피해자의 승낙이 있었다고 하더라도 이는 위법한 목적에 이용하기 위한 것이므로 피고인의 행위가 피해자의 승낙에 의하여 위법성이 조각된다고 할 수 없다고 판단하였다. 앞서 본 법리 및 기록에 비추어 살펴보면, 원심의 위와 같은 판단은 정당하고, 거기에 상고이유의 주장과 같은 피해자 승낙에 관한 법리를 오해하였거나 죄형법정주의 명확성 원칙에 위배되는 위법이 없다(대판 2008.12.11. 2008도9606).

④ 【 X 】 피고인이 방송국 홈페이지의 시청자 의견란에 작성·게시한 글 중 일부의 표현은 이미 방송된 프로그램에 나타난 기본적인 사실을 전제로 한 뒤, 그 사실관계나 이를 둘러싼 문제에 관한 자신의 판단과 나아가 이러한 경우에 피해자가 취한 태도와 주장한 내용이 합당한가 하는 점에 대하여 자신의 의견을 개진하고, 피해자에게 자신의 의견에 대한 반박이나 반론을 구하면서, 자신의 판단과 의견의 타당함을 강조하는 과정에서 부분적으로 그와 같은 표현을 사용한 것으로서 사회상규에 위배되지 않는다고 봄이 상당하다(대판 2003.11.28. 2003도3972).

정답 ④

10 판례에 의할 때 정당행위로서 위법성이 조각되는 경우가 아닌 것은?

① 후보자의 회계책임자가 자원봉사자인 후보자의 배우자, 직계혈족 기타 친족에게 식사를 제공한 행위
② 아파트 입주자대표회의의 임원 또는 아파트관리회사의 직원들이 기존 관리회사의 직원들로부터 업무집행을 제지받던 중 저수조 청소를 위하여 출입문에 설치된 자물쇠를 손괴하고 중앙공급실에 침입한 행위
③ 취객이 아무 연고도 없는 타인의 집에 함부로 들어가 출입문의 유리창을 발로 걷어차 깨뜨리는 등의 행동을 보고 그 집에 혼자 있던 가정주부가 "빨리 가라"면서 잡고 있던 왼손으로 취객의 어깨부위를 밀치자 취객이 몸을 제대로 가누지 못하고 앞으로 넘어져 시멘트바닥에 이마를 부딪치면서 1차성 쇼크로 사망한 경우
④ 새마을금고 이사장이 (구) 새마을금고법 및 정관에 반하여 비회원인 회사에게 대출을 해 주었는데 그 회사가 위 대출금으로 회원인 회사 근로자들의 상여금을 지급한 행위

해설
① 【 O 】 대판 1999.10.12. 99도2971
② 【 O 】 대판 2006.4.13. 2003도3902
③ 【 O 】 대판 1992.3.10. 92도37
④ 【 X 】 금고의 회원이 아닌 위 회사의 일방에만 긴급하게 금고의 자금을 유용하도록 하여 주는 행위에 불과하여 피고인의 행위가 회원들의 경제적 지위 향상이라는 새마을금고의 궁극적인 목적에 반하지 아니한다고 볼 수 없으므로, 피고인의 대출행위는 사회상규에 반하지 아니하는 정당행위에 해당한다고 할 수 없다(대판 1999.2.23. 98도1869).

정답 ④

11 정당행위에 관한 설명 중 가장 적절하지 않은 것은?

① 국회의원인 피고인이 구 국가안전기획부 내 정보수집팀이 대기업 고위관계자와 중앙일간지 사주 간의 사적 대화를 불법 녹음한 자료를 입수한 후 그 대화내용과 위 대기업으로부터 이른바 떡값 명목의 금품을 수수하였다는 검사들의 실명이 게재된 보도자료를 작성하여 자신의 인터넷 홈페이지에 게재한 경우, 정당행위에 해당한다고 볼 수 없다.

② 신문기자인 피고인이 고소인에게 2회에 걸쳐 증여세 포탈에 대한 취재를 요구하면서 이에 응하지 않으면 자신이 취재한 내용대로 보도하겠다고 말하여 협박한 경우, 사회상규에 반하는 행위로 위법성이 조각되지 않는다.

③ 분쟁이 있던 옆집 사람이 야간에 술에 만취한 채 시비를 하여 거실로 들어오려 하므로 이를 제지하여 밀어내는 과정에서 2주간의 치료가 필요한 요부좌상을 입힌 경우, 피고인의 행위는 정당행위이다.

④ 대출의 조건 및 용도가 임야매수자금으로 한정되어 있는 정책자금을 대출받으면서 임야매수자금 외의 용도에 사용할 목적으로 임야매수자금을 실제보다 부풀린 허위계약서를 제출하여 대출받은 경우, 정책자금을 대출받은 자가 대출의 조건 및 용도에 위반하여 자금을 사용하는 관행이 있더라도 사회상규에 위배되지 않는 정당한 행위라고 할 수 없다.

[해설]
① 【 O 】 대판 2011.5.13. 2009도14442 17. 경찰승진
② 【 X 】 위 행위가 설령 협박죄에서 말하는 해악의 고지에 해당하더라도 특별한 사정이 없는 한 기사 작성을 위한 자료를 수집하고 보도하기 위한 것으로서 신문기자의 일상적 업무 범위에 속하여 사회상규에 반하지 아니하는 행위라고 보는 것이 타당하다(대판 2011.7.14. 2011도639). 17. 경찰승진
③ 【 O 】 대판 1995.2.28. 94도2746 17. 경찰승진
④ 【 O 】 대판 2007.4.27. 2006도7634 17. 경찰승진

정답 ②

12 甲의 행위가 정당행위에 해당하는 것만을 모두 고른 것은?

㉠ 甲은 자신의 승용차를 손괴하고 도망하려는 A를 도망하지 못하게 멱살을 잡고 흔들어 A에게 전치 14일의 흉부찰과상을 입게 하였다.

㉡ 시장번영회 회장 甲은 1년 이상 관리비를 체납한 고액체납자의 점포에 대하여 이사회의 결의와 시장번영회의 관리규정에 따라서 단전조치를 실시하였다.

㉢ 甲은 A를 상대로 한 목재대금청구소송의 계속 중, A가 양도소득세를 포탈한 사실을 발견하고 이를 이용하여 위 목재대금을 받아내기로 마음먹고 A에게 위와 같은 비위사실을 관계기관에 진정하겠다고 말하여 이에 겁을 먹은 A로부터 목재대금을 지급하겠다는 약속을 받아냈다.

㉣ X회사의 정기주주총회에 적법하게 참석한 주주 甲은 X회사 측이 X회사를 부실하게 운영하여 소수주주들에게 손해를 입혔다는 점을 주장하면서 강제로 X회사의 사무실을 뒤져 회계장부를 찾아냈다.

① ㉠, ㉡   ② ㉠, ㉢   ③ ㉡, ㉣   ④ ㉢, ㉣

[해설]
㉠ 【 O 】 대판 1999.1.26. 98도3029 16. 국가직 9급
㉡ 【 O 】 대판 2004.8.20. 2003도4732 16. 국가직 9급
㉢ 【 X 】 사회상규에 어긋나지 않는다고 할 수 없다(대판 1990.11.23. 90도1864). 16. 국가직 9급
㉣ 【 X 】 사회통념상 용인되는 정당행위로 되는 것은 아니다(대판 2001.9.7. 2001도2917). 16. 국가직 9급

정답 ①

13 정당행위에 대한 〈보기〉의 설명 중 옳지 않은 것으로만 짝지어 놓은 것은?

⊙ 감정평가업자가 아닌 공인회계사가 타인의 의뢰에 의하여 일정한 보수를 받고 부동산공시법이 정한 토지에 대한 감정평가를 업으로 행하는 것은 특별한 사정이 없는 한 형법 제20조가 정한 '법령에 의한 행위'로서 정당행위에 해당한다고 볼 수 없다.

ⓒ 甲노조는 대학 당국이 집회를 허가하지 않았지만 학생회가 동의하였으므로 위법하지 않다고 생각하고 집회를 목적으로 대학 내 학생회관에 들어간 경우 정당행위로서 위법성이 조각된다.

ⓒ 쟁의행위에서 추구되는 목적이 여러 가지이고 그 중 일부가 정당하지 못한 경우에는 주된 목적 내지 진정한 목적의 당부에 의하여 그 쟁의목적의 당부를 판단하여야 하나, 부당한 요구사항을 뺏더라면 쟁의행위를 하지 않았을 것이라고 인정되는 경우라고 하여 그 쟁의행위 전체가 정당성을 갖지 못한다고 볼 수는 없다.

ⓔ 회사간부인 甲이 회사의 이익을 빼돌린다는 소문을 확인할 목적으로, 피해자가 사용하면서 비밀번호를 설정하여 비밀장치를 한 전자기록인 개인용 컴퓨터의 하드디스크를 검색한 것은 정당행위로 위법성이 조각된다.

① ⊙, ⓒ ② ⊙, ⓔ ③ ⓒ, ⓒ ④ ⓒ, ⓔ

[해 설]

⊙【O】대판 2015.11.27. 2014도191 17. 경찰간부
ⓒ【X】그 침입이 위법하지 않다고 믿었다 하더라도 이에 정당사유가 있다고 볼 수 없어 주거침입죄를 구성한다(대판 1995.4.14. 95도12). 17. 경찰간부
ⓒ【X】부당한 요구사항을 뺏더라면 쟁의행위를 하지 않았을 것이라고 인정되는 경우 그 쟁의행위 전체가 정당성을 갖지 못한다 (대판 2014.11.13. 2011도393). 15. 경찰채용
ⓔ【O】대판 2009.12.24. 2007도6243 17. 경찰간부

정답 ③

14 정당행위에 관한 설명 중 가장 적절하지 않은 것은?

① 甲이 A로부터 며칠간에 걸쳐 집요한 괴롭힘을 당해 온데다가 A가 甲이 교수로 재직하고 있는 대학교의 강의실 출입구에서 甲의 진로를 막아서면서 甲을 물리적으로 저지하려 하자 극도로 흥분된 상태에서 그 행패에서 벗어나기 위하여 A의 팔을 뿌리쳐서 A가 상해를 입게 된 경우, 甲의 행위는 A의 부당한 행패를 저지하기 위한 본능적인 소극적 방어행위에 지나지 아니하여 사회통념상 허용될 만한 정도의 상당성이 있어 정당행위라고 봄이 상당하다.

② 甲은 수지침의 전문가로서 일반인들에게 수지침요법을 보급하고, 수지침을 통한 무료의료봉사활동을 하는 중, 乙이 스스로 수지침 한 봉지를 사 가지고 甲을 찾아와서 수지침 시술을 부탁하므로, 甲은 아무런 대가를 받지 아니하고 수지침 시술행위를 한 경우, 甲의 행위는 사회통념상 허용될 만한 정도의 상당성이 있는 것으로서 정당행위에 해당한다.

③ 기도원 운영자가 정신분열증 환자의 치료 목적으로 안수기도를 하다가 환자에게 상해를 입힌 경우 정당행위에 해당한다.

④ 아파트 입주자대표회의의 임원 또는 아파트관리회사의 직원들이 기존 관리회사의 직원들로부터 업무집행을 제지받던 중 저수조 청소를 위하여 출입문에 설치된 자물쇠를 손괴하고 중앙공급실에 침입한 행위는 정당행위에 해당한다.

[해설]
① 【 O 】 대판 1995.8.22. 95도936
② 【 O 】 대판 2000.4.25. 98도2389
③ 【 X 】 통상의 일반적인 안수기도의 방식과 정도를 벗어나 환자의 신체에 비정상적이거나 과도한 유형력을 행사하고 신체의 자유를 과도하게 제압하여 환자의 신체에 상해까지 입힌 경우라면, 그러한 유형력의 행사가 비록 안수기도의 명목과 방법으로 이루어졌다 해도 사회상규상 용인되는 정당행위라고 볼 수 없다(대판 2008.8.21. 2008도2695).
④ 【 O 】 대판 2006.4.13. 2003도3902

정답 ③

15 다음 중 위법성이 조각되는 경우(○)와 조각되지 않는 경우(×)를 바르게 연결한 것은?

㉠ 행방불명된 남편에 대하여 불리한 민사판결이 선고된 경우 적법한 다른 방법을 강구하지 않고 남편명의의 항소장을 임의로 작성하여 법원에 제출하였다.
㉡ 공사수급인이 권리행사에 빙자하여 도급인 측에 대하여 비리를 관계기관에 고발하겠다는 내용의 협박 내지 사무실의 장시간 무단점거 및 직원들에 대한 폭행 등의 위법수단을 써서 기성고 공사대금 명목으로 금품을 지급받았다.
㉢ 피고인이 그 소유건물에 인접한 대지 위에 건축허가 조건에 위반되게 건물을 신축·사용하는 소유자로부터 일조권 침해 등으로 인한 손해배상에 관한 합의금을 받았다.
㉣ 피해자로부터 범인으로 오인되어 경찰에 끌려가 구타당하여 입원한 경우에 피해자에게 그 치료비를 요구하고 응하지 않으면 무고죄로 고소하겠다고 언명하였다.

① ㉠ (○) ㉡ (×) ㉢ (×) ㉣ (×)
② ㉠ (○) ㉡ (○) ㉢ (×) ㉣ (○)
③ ㉠ (×) ㉡ (×) ㉢ (○) ㉣ (×)
④ ㉠ (×) ㉡ (×) ㉢ (○) ㉣ (○)

[해설]
㉠ 【 X 】 사회통념상 용인되는 극히 정상적인 생활형태의 하나로서 위법성이 없다 할 수 없다(대판 1994.11.8. 94도1657). 14. 경찰채용 2차
㉡ 【 X 】 사회통념상 허용되는 범위를 넘는 것으로서 이는 공갈죄에 해당한다(대판 1991.12.13. 91도2127). 14. 경찰채용 2차
㉢ 【 O 】 사회통념상 용인되는 범위를 넘지 않는 것이어서 공갈죄가 성립되지 않는다고 본 사례(대판 1990.8.14. 90도114). 14. 경찰채용 2차
㉣ 【 O 】 위와 같은 행위가 곧 위법행위가 된다고 볼 수 없다(대판 1971.11.9. 71도1629). 14. 경찰채용 2차

정답 ④

16 정당행위에 관한 설명 중 옳지 않은 것은?

① 주식회사 감사인 피고인이 회사 경영진과의 불화로 한 달 가까이 결근하다가 자신의 출입카드가 정지되어 있는데도 이른 아침에 경비원에게서 출입증을 받아 컴퓨터 하드디스크를 절취하기 위해 회사 감사실에 들어간 경우, 위 방실침입행위는 정당행위에 해당하지 않는다.

② 사채업자인 피고인이 채무자에게, 채무를 변제하지 않으면 채무자가 숨기고 싶어 하는 과거행적과 사채를 쓴 사실 등을 남편과 시댁에 알리겠다는 등의 문자메세지를 발송한 경우, 위 협박행위는 정당행위에 해당하지 않는다.

③ 회사의 긴박한 경영상의 필요에 의하여 실시되는 정리해고 자체를 전혀 수용할 수 없다는 노동조합 측의 입장 관철을 주된 목적으로 하는 쟁의행위는 정당행위에 해당하지 않는다.

④ 시위참가자들이 경찰관들의 위법한 제지행위에 대항하는 과정에서 공동하여 경찰관들에게 돌을 던지고 PVC파이프를 휘두르거나 진압방패와 채증장비를 빼앗는 등의 폭행행위를 한 것은 정당행위에 해당하지 않는다.

⑤ 의사가 모발이식시술을 하면서 간호조무사로 하여금 '식모기를 환자의 머리부위 진피층까지 찔러 넣는 방법으로 수여부에 모발을 삽입하는 행위' 자체 중 일정 부분을 직접 하도록 맡겨 두고 별반 관여하지 않은 경우라도, 간호사가 이에 관하여 어느 정도 지식을 가지고 있었다면 무면허의료행위에 대한 의사의 관여행위는 정당행위에 해당한다.

해설 13. 사시
① 【 O 】 대판 2011.8.18. 2010도9570
② 【 O 】 대판 2011.5.26. 2011도2412
③ 【 O 】 대판 2001.4.24. 99도4893
④ 【 O 】 대판 2009.6.11. 2009도2114
⑤ 【 X 】 대판 2007.6.28. 2005도8317 ● 의사의 행위는 진료보조행위의 범위를 벗어나 의료행위에 해당하므로 甲은 무면허의료행위의 공범으로서의 죄책을 진다.

정답 ⑤

17 다음 중 정당행위로서 위법성이 조각되는 것은?

① A주식회사 임원인 甲이 회사직원들 및 그 가족들에게 수여할 목적으로 전문의약품인 타미플루 39,600정 등을 제약회사로부터 매수하여 취득하였다.
② 주위토지통행권을 방해하는 옹벽부분에 관한 철거를 명하는 판결과 그 강제집행을 따르지 않고 임의로 옹벽을 철거한 경우
③ 사단법인 진주민속예술보존회의 이사장이 이사회 또는 임시총회의 의장으로서 의안에 관하여 발언하다가 타인의 명예를 훼손하는 내용의 말을 한 경우
④ 사용자가 당해 사업과 관계없는 자를 쟁의행위로 중단된 업무의 수행을 위하여 채용 또는 대체하는 경우, 쟁의행위에 참가한 근로자들이 위법한 대체근로를 저지하기 위하여 상당한 정도의 실력을 행사한 경우
⑤ 술에 취한 피해자가 피고인을 때렸다가 피고인의 반항하는 기세에 겁을 먹고 주춤주춤 피하는 것을 피고인이 밀어서 넘어뜨린 경우

해설

① 【 X 】 불특정 또는 다수인에게 무상으로 의약품을 양도하는 수여행위도 '판매'에 포함되므로 위와 같은 행위가 같은 법 제44조 제1항 위반행위에 해당한다는 전제에서, 사회상규에 위배되지 아니하는 정당행위로서 위법성이 조각된다는 취지의 피고인들 주장을 배척한 원심의 조치를 정당하다고 한 사례(대판 2011.10.13. 2011도6287).
② 【 X 】 정당행위에 해당하지 않는다(대판 2008.3.27. 2007도7933).
③ 【 X 】 사회상규에 반하지 아니한다고 할 수 없으므로 위법성이 조각되지 아니한다(대판 1990.12.26. 90도2473).
④ 【 O 】 대판 2020.9.3. 2015도1927 21. 경찰채용
⑤ 【 X 】 피고인의 행위는 피해자의 공격으로부터 벗어나기 위한 부득이한 소극적 저항의 수단이라기보다는 보복을 위한 적극적 반격행위라고 보지 않을 수 없다(대판 1985.3.12. 84도2929).

정답 ④

18 정당행위에 관한 다음 설명 중 가장 옳지 않은 것은?

① 집행관 甲이 압류집행을 위하여 채무자의 주거에 들어가려고 하였으나 채무자의 아들 乙이 이를 방해하는 등 저항하므로 주거에 들어가는 과정에서 몸싸움을 하던 도중 乙에게 2주간의 상해를 가한 행위는 정당행위에 해당한다.
② 회사의 긴박한 경영상의 필요에 의하여 실시되는 정리해고 자체를 전혀 수용할 수 없다는 노동조합 측의 입장 관철을 주된 목적으로 하는 쟁의행위는 정당행위에 해당하지 않는다.
③ 국가정책적 견지에서 도박죄의 보호법익보다 좀 더 높은 국가이익을 위하여 예외적으로 내국인의 출입을 허용하는 폐광지역개발 지원에 관한 특별법 등에 따라 카지노에 출입하는 것은 업무로 인한 행위로서 정당행위에 해당하여 위법성이 조각된다.
④ 비료를 매수하여 시비한 결과 사과나무묘목이 고사하자 그 비료를 생산한 회사에게 손해배상을 요구하면서 사장 이하 간부들에게 욕설을 하거나 응접탁자 등을 들었다 놓았다 하거나 현수막을 만들어 보이면서 시위를 할 듯한 태도를 보이는 경우 정당행위에 해당하여 위법성이 조각된다.

해설

① 【 O 】 대판 1993.10.12. 93도875 18. 경찰간부
② 【 O 】 대판 2011.1.27. 2010도11030 18. 경찰간부
③ 【 X 】 형법 제3조는 "본법은 대한민국 영역 외에서 죄를 범한 내국인에게 적용한다."고 하여 형법의 적용 범위에 관한 속인주의를 규정하고 있고, 또한 국가 정책적 견지에서 도박죄의 보호법익보다 좀더 높은 국가이익을 위하여 예외적으로 내국인의 출입을 허용하는 폐광지역개발지원에관한특별법 등에 따라 카지노에 출입하는 것은 **법령에 의한 행위로** 위법성이 조각된다고 할 것이나, 도박죄를 처벌하지 않는 외국 카지노에서의 도박이라는 사정만으로 그 위법성이 조각된다고 할 수 없다(대판 2004.4.23. 2002도2518) 18. 경찰간부
④ 【 O 】 대판 1980.11.25. 79도2565 18. 경찰간부

정답 ③

19 정당행위에 대한 설명으로 옳지 않은 것은?

① 어떤 행위가 정당행위에 해당한다고 하기 위해서는 그 행위의 동기나 목적의 정당성, 행위의 수단이나 방법의 상당성, 보호이익과 침해이익의 법익 균형성, 긴급성, 다른 수단이나 방법이 없다는 보충성 등의 요건을 갖추어야 한다.
② 어떤 행위가 사회상규에 위배되지 아니하는 정당한 행위로서 위법성이 조각되는 것인지는 구체적인 사정 아래 합목적적, 합리적으로 고찰하여 개별적으로 판단되어야 한다.
③ 문언송신금지를 명한「가정폭력범죄의 처벌 등에 관한 특례법」상 임시보호명령을 위반하여 피고인이 피해자에게 문자메시지를 보낸 경우 문자메시지 송신을 피해자가 양해 내지 승낙하였다면 형법 제20조의 정당행위에 해당한다.
④ 형법 제20조에서 '사회상규에 위배되지 아니하는 행위'라 함은 국가질서의 존중이라는 인식을 바탕으로 한 국민일반의 건전한 도의적 감정에 반하지 아니한 행위로서 초법규적인 기준에 의하여 이를 평가하여야 한다.

해설

①② 【 O 】 대판 2017.5.30. 2017도2758 19. 국가직 9급
③ 【 X 】 피고인이 접근금지, 문언송신금지 등을 명한 임시보호명령을 위반하여 피해자의 주거지에 접근하고 문자메시지를 보낸 사안에서, 임시보호명령을 위반한 주거지 접근이나 문자메시지 송신을 피해자가 양해 내지 승낙했더라도 가정폭력범죄의 처벌 등에 관한 특례법 위반죄의 구성요건에 해당하고 형법 제20조의 정당행위로 볼 수 없다는 이유로 가정폭력범죄의 처벌 등에 관한 특례법 위반죄를 인정한 원심판결을 정당하다(대판 2022.1.14. 2021도14015). 23. 국가직 9급
④ 【 O 】 대판 1983.11.22. 83도2224 23. 경찰간부

정답 ③

20 위법성에 대한 설명 중 가장 적절한 것은?

㉠ (구) 국가안전기획부 정보수집팀이 타인 간의 사적 대화를 불법 녹음하여 생성한 도청자료인 녹음테이프와 녹취보고서를 방송사 기자인 피고인이 입수한 후 이를 자사의 방송프로그램을 통하여 공개하였다면 비록 이 자료를 취득하기 위하여 적극적·주도적으로 관여하였고 대화 당사자들의 실명을 공개하였다 하더라도 정당행위에 해당한다.

㉡ 지입차주들이 지입료 등을 연체하자 계약을 일방적으로 해지하고 차량을 회수할 수 있도록 한 계약내용에 따라 회사 직원이 지입차주인 피해자들이 점유하는 각 차량 또는 번호판을 피해자들의 의사에 반하여 무단으로 취거하였다 하더라도 정당행위로서 위법성이 조각된다.

㉢ 사회상규에 의한 정당행위 요건의 판단에서 '목적의 정당성'과 '수단의 상당성' 요건은 행위의 측면에서 사회상규의 판단기준이 된다. 수단의 상당성·적합성도 고려되어야 한다. 또한 보호이익과 침해이익 사이의 법익균형은 결과의 측면에서 사회상규에 위배되는지를 판단하기 위한 기준이다. 또한 행위의 긴급성과 보충성은 수단의 상당성을 판단할 때 고려요소의 하나로 참작하여야 하는 것을 넘어 독립적인 요건으로 요구된다.

㉣ 건설업체 노조원들이 '임단협 성실교섭 촉구 결의대회'를 개최하면서 차도의 통행방법으로 신고하지 아니한 삼보일배 행진을 하여 차량의 통행을 방해한 경우, 사회상규에 위배되지 않는 정당행위에 해당하지 않는다.

① 1개 ② 2개 ③ 3개 ④ 4개

해설

㉠ 【X】 정당행위에 해당하지 않는다(대판 2011.3.17. 2006도8839(全)). 11. 경찰채용 2차

㉡ 【X】 정당행위에 해당하지 않는다(대판 2010.10.14. 2008도6578). 11. 경찰채용 2차

㉢ 【O】 '목적의 정당성'과 '수단의 상당성' 요건은 행위의 측면에서 사회상규의 판단기준이 된다. 사회상규에 위배되지 아니하는 행위로 평가되려면 행위의 동기와 목적을 고려하여 그것이 법질서의 정신이나 사회윤리에 비추어 용인될 수 있어야 한다. 수단의 상당성·적합성도 고려되어야 한다. 또한 보호이익과 침해이익 사이의 법익균형은 결과의 측면에서 사회상규에 위배되는지를 판단하기 위한 기준이다. 이에 비하여 행위의 긴급성과 보충성은 수단의 상당성을 판단할 때 고려요소의 하나로 참작하여야 하고 이를 넘어 독립적인 요건으로 요구할 것은 아니다. 또한 ㄴ 내용 역시 다른 실효성 있는 적법한 수단이 없는 경우를 의미하고 '일체의 법률적인 적법한 수단이 존재하지 않을 것'을 의미하는 것은 아니다(대판 2023.5.18. 2017도2760).

㉣ 【X】 사회상규에 위배되지 않는 정당행위에 해당한다(대판 2009.7.23. 2009도840). 11. 경찰채용 2차

정답 ①

21 정당행위에 대한 설명으로 옳지 않은 것은?

㉠ 민사소송법 제335조에 따른 법원의 감정인 지정결정 또는 같은 법 제341조 제1항에 따라 법원의 감정촉탁을 받은 사람이 감정평가업자가 아니었음에도 그 감정사항에 포함된 토지 등의 감정평가를 한 행위는 법령에 근거한 법원의 적법한 결정이나 촉탁에 따른 것으로 형법 제20조에 따라 위법성이 조각된다.
㉡ 주점 임대차 약정기간이 만료되지 않고 임대차보증금도 상당한 액수가 남아 있는 상태에서 주점 임대인이 그 임차인의 차임연체를 이유로 계약해지의 의사표시와 경고만을 한 후 계약서상 규정에 따라 그 주점에 대하여 단전·단수조치를 취한 경우 정당행위에 해당한다.
㉢ 국가정보원의 사이버팀 직원들이 상부에서 하달된 지시에 따라 정치적인 목적을 가지고 인터넷 게시글과 댓글 작성, 찬반클릭 행위, 트윗과 리트윗 활동을 한 경우 구 국가정보원법에 따른 직무범위 내의 정당한 행위로 볼 수 없다.
㉣ 노동조합이 쟁의행위의 일시 장소 참가인원 및 그 방법에 관한 서면신고를 하지 않고 쟁의를 한 경우에는 신고절차의 미준수로 인해 쟁의행위의 정당성이 부정된다.

① 1개 ② 2개 ③ 3개 ④ 4개

해설

㉠ 【 O 】 대판 2021.10.14. 2017도10634 23. 경찰간부
㉡ 【 X 】 정당행위에 해당하지 않는다(대판 2007.9.20. 2006도9157). 13. 국가직 7급
㉢ 【 O 】 대판 2018.4.19. 2017도14322 18. 국가직 7급
㉣ 【 O 】 노동조합 및 노동관계조정법 시행령 제17조에서 규정하고 있는 쟁의행위의 일시·장소·참가인원 및 그 방법에 관한 서면신고의무는 쟁의행위를 함에 있어 그 세부적·형식적 절차를 규정한 것으로서 쟁의행위에 적법성을 부여하기 위하여 필요한 본질적인 요소는 아니므로, 신고절차의 미준수만을 이유로 쟁의행위의 정당성을 부정할 수는 없다(대판 2007.12.28. 2007도5204). 21. 경찰간부

정답 ①

제7절 위법성 종합문제

> 지문의 내용에 대해 학설의 대립 등 다툼이 있는 경우 판례에 의함

01 위법성조각사유에 관한 설명으로 가장 적절한 것은?

① 일련의 연속되는 행위로 인해 침해상황이 중단되지 아니하거나 일시 중단되더라도 추가 침해가 곧바로 발생할 객관적인 사유가 있는 경우, 그중 일부 행위가 범죄의 기수에 이르렀을지라도 정당방위의 요건 중 침해의 현재성이 인정된다.

② 甲이 A를 살해하기 위해 총을 쏴 A가 사망하였는데, 알고보니 A도 甲을 살해하기 위해 甲에게 총을 조준하고 있었던 경우, 위법성이 조각되기 위해서는 주관적 정당화요소가 필요하다는 견해에 따르면 甲의 행위는 위법성이 조각된다.

③ 위난을 피하지 못할 책임 있는 자에게는 긴급피난이 허용되지 않기에 이들이 감수해야 할 범위를 넘는 위난에 처한 때에도 긴급피난은 허용되지 않는다.

④ 무고죄는 국가의 형사사법권의 적정한 행사뿐만 아니라 개인이 부당하게 처벌받지 아니할 이익을 부수적으로 보호하는 죄이기에, 피무고자의 승낙이 있는 경우에는 위법성이 조각된다.

해설

① 【 O 】 형법 제21조 제1항은 "현재의 부당한 침해로부터 자기 또는 타인의 법익을 방위하기 위하여 한 행위는 상당한 이유가 있는 경우에는 벌하지 아니한다."라고 규정하여 정당방위를 위법성조각사유로 인정하고 있다.
이때 '침해의 현재성'이란 침해행위가 형식적으로 기수에 이르렀는지에 따라 결정되는 것이 아니라 자기 또는 타인의 법익에 대한 침해상황이 종료되기 전까지를 의미하는 것이므로, 일련의 연속되는 행위로 인해 침해상황이 중단되지 아니하거나 일시 중단되더라도 추가 침해가 곧바로 발생할 객관적인 사유가 있는 경우에는 그중 일부 행위가 범죄의 기수에 이르렀더라도 전체적으로 침해상황이 종료되지 않은 것으로 볼 수 있다(대판 2023.4.27. 2020도6874). 24. 경찰

② 【 X 】 甲이 A를 살해하기 위해 총을 쏴 A가 사망하였는데, 알고보니 A도 甲을 살해하기 위해 甲에게 총을 조준하고 있었던 경우, 위법성이 조각되기 위해서는 주관적 정당화요소가 필요하다는 견해에 따르면 甲에게는 살해의사가 있으므로(방위의사가 없었으므로) 위법성이 조각되지 않는다. 24. 경찰

③ 【 X 】 위난을 피하지 못할 책임이 있는 자에 대하여는 제22조 제1항의 규정을 적용하지 아니한다(제22조 제2항). 일정한 위난을 감수할 의무가 있는 자(군인, 경찰관, 소방관, 의사 등)로서 이들은 원칙적으로 긴급피난이 허용되지 않는다. 24. 경찰

④ 【 X 】 [1] 무고죄는 국가의 형사사법권 또는 징계권의 적정한 행사를 주된 보호법익으로 하고 다만, 개인의 부당하게 처벌 또는 징계받지 아니할 이익을 부수적으로 보호하는 죄이므로, 설사 무고에 있어서 피무고자의 승낙이 있었다고 하더라도 무고죄의 성립에는 영향을 미치지 못한다 할 것이고, 무고죄에 있어서 형사처분 또는 징계처분을 받게 할 목적은 허위신고를 함에 있어서 다른 사람이 그로 인하여 형사 또는 징계처분을 받게 될 것이라는 인식이 있으면 족한 것이고 그 결과발생을 희망하는 것까지를 요하는 것은 아니므로, 고소인이 고소장을 수사기관에 제출한 이상 그러한 인식은 있었다고 보아야 한다.
[2] 피무고자의 승낙을 받아 허위사실을 기재한 고소장을 제출하였다면 피무고자에 대한 형사처분이라는 결과발생을 의욕한 것은 아니라 하더라도 적어도 그러한 결과발생에 대한 미필적인 인식은 있었던 것으로 보아야 한다(대판 2005.9.30. 2005도2712). 24. 경찰

정답 ①

02 위법성조각사유에 관한 다음 설명 중 가장 옳은 것은?

① 싸움을 하는 경우 가해행위는 방어행위인 동시에 공격행위의 성격을 가진다. 따라서 싸움을 하는 경우에는 어느 경우에도 정당방위가 인정될 수 없다.
② 사회상규에 의한 정당행위를 인정하려면, 첫째 그 행위의 동기나 목적의 정당성, 둘째 행위의 수단이나 방법의 상당성, 셋째 보호이익과 침해이익과의 법익균형성, 넷째 긴급성, 다섯째로 그 행위 외에 다른 수단이나 방법이 없다는 보충성 등의 요건을 갖추어야 한다. 그 중 행위의 긴급성과 보충성은 수단의 상당성을 판단할 때 고려요소의 하나로 참작하여야 하고 이를 넘어 독립적인 요건으로 요구할 것은 아니다. 그리고 그 내용은 '일체의 법률적인 적법한 수단이 존재하지 않을 것'을 의미한다.
③ 위난을 스스로 초래한 '자초위난'의 경우에는 원칙적으로 긴급피난이 허용되지 않는다.
④ 형법 제20조에서 업무로 인한 행위는 벌하지 아니한다고 규정하므로, 성직자가 범인의 은신처를 마련하거나 도피자금을 제공하는 등의 행위를 한 경우 범인은닉도피죄로 처벌할 수 없다.

해설

① 【 X 】 가해자의 행위가 피해자의 부당한 공격을 방위하기 위한 것이라기 보다는 서로 공격할 의사로 싸우다가 먼저 공격을 받고 이에 대항하여 가해하게 된 것이라고 봄이 상당한 경우, 그 가해행위는 방어행위인 동시에 공격행위의 성격을 가지므로 정당방위 또는 과잉방위행위라고 볼 수 없다(대판 2000.3.28. 2000도228). 24. 법원직

② 【 X 】 형법 제20조는 '사회상규에 위배되지 아니하는 행위'를 정당행위로서 위법성이 조각되는 사유로 규정하고 있다. 위 규정에 따라 사회상규에 의한 정당행위를 인정하려면, 첫째 그 행위의 동기나 목적의 정당성, 둘째 행위의 수단이나 방법의 상당성, 셋째 보호이익과 침해이익과의 법익균형성, 넷째 긴급성, 다섯째로 그 행위 외에 다른 수단이나 방법이 없다는 보충성 등의 요건을 갖추어야 하는데, 위 '목적·동기', '수단', '법익균형', '긴급성', '보충성'은 불가분적으로 연관되어 하나의 행위를 이루는 요소들로 종합적으로 평가되어야 한다.
'목적의 정당성'과 '수단의 상당성' 요건은 행위의 측면에서 사회상규의 판단 기준이 된다. 사회상규에 위배되지 아니하는 행위로 평가되려면 행위의 동기와 목적을 고려하여 그것이 법질서의 정신이나 사회윤리에 비추어 용인될 수 있어야 한다. 수단의 상당성·적합성도 고려되어야 한다. 또한 보호이익과 침해이익 사이의 법익균형은 결과의 측면에서 사회상규에 위배되는지를 판단하기 위한 기준이다. 이에 비하여 행위의 긴급성과 보충성은 수단의 상당성을 판단할 때 고려요소의 하나로 참작하여야 하고 이를 넘어 독립적인 요건으로 요구할 것은 아니다. 또한 그 내용 역시 다른 실효성 있는 적법한 수단이 없는 경우를 의미하고 '일체의 법률적인 적법한 수단이 존재하지 않을 것'을 의미하는 것은 아니라고 보아야 한다(대판 2023.5.18. 2017도2760). 24. 법원직

③ 【 O 】 피고인이 스스로 야기한 강간범행의 와중에서 피해자가 피고인의 손가락을 깨물며 반항하자 물린 손가락을 비틀며 잡아 뽑다가 피해자에게 치아결손의 상해를 입힌 소위를 가리켜 법에 의하여 용인되는 피난행위라 할 수 없다(대판 1995.1.12. 94도2781). 24. 법원직

④ 【 X 】 성직자라 하여 초법규적인 존재일 수는 없으며 성직자의 직무상 행위가 사회상규에 반하지 아니한다 하여 그에 적법성이 부여되는 것은 그것이 성직자의 행위이기 때문이 아니라 그 직무로 인한 행위에 정당, 적법성을 인정하기 때문인 바, 사제가 죄지은 자를 능동적으로 고발하지 않는 것에 그치지 아니하고 은신처마련, 도피자금 제공등 범인을 적극적으로 인닉·도피케 하는 행위는 사제의 정당한 직무에 속하는 것이라고 할 수 없다(대판 1983.3.8. 82도3248). 24. 법원직

정답 ③

03 위법성조각사유에 관한 설명 중 가장 적절하지 않은 것은?

① A가 甲의 고소로 조사받는 것을 따지기 위하여 야간에 甲의 집에 침입한 상태에서 문을 닫으려는 甲과 열려는 A 사이의 실랑이가 계속되는 과정에서 문짝이 떨어져 그 앞에 있던 A가 넘어져 2주간의 치료를 요하는 타박상을 입게 된 경우, 甲의 행위는 사회통념에 비추어 용인할 수 있는 정도의 것이라고 보기 어렵다.

② 현역군인이 국군보안사령부의 민간인에 대한 정치사찰을 폭로한다는 명목으로 군무를 이탈한 행위는 정당방위나 정당행위에 해당하지 아니한다.

③ 노동조합이 주도한 쟁의행위 자체의 정당성과 이를 구성하거나 여기에 부수되는 개개 행위의 정당성은 구별하여야 하므로, 일부 소수의 근로자가 폭력행위 등의 위법행위를 하였더라도, 전체로서의 쟁의행위마저 당연히 위법하게 되는 것은 아니다.

④ 구「공직선거 및 선거부정 방지법」상 선거비용지출죄는 회계책임자가 아닌 자가 선거비용을 지출한 경우에 성립되는 죄인바, 후보자가 그와 같은 행위가 죄가 되는지 몰랐다고 하더라도 회계책임자가 아닌 후보자가 선거비용을 지출한 이상 회계책임자가 후에 후보자의 선거비용 지출을 추인하였다 하더라도 그 위법성이 조각되지 않는다.

[해설]

① 【 X 】 피해자가 피고인의 고소로 조사받는 것을 따지기 위하여 야간에 피고인의 집에 침입한 상태에서 문을 닫으려는 피고인과 열려는 피해자 사이의 실랑이가 계속되는 과정에서 문짝이 떨어져 그 앞에 있던 피해자가 넘어져 2주간의 치료를 요하는 요추부염좌 및 우측 제4수지 타박상의 각 상해를 입게 된 경우, 피고인의 가해행위가 이루어진 시간 및 장소, 경위와 동기, 방법과 강도 및 피고인의 의사와 목적 등에 비추어 볼 때, 사회통념상 허용될 만한 정도를 넘어서는 위법성이 있는 행위라고 보기는 어려우므로 정당행위에 해당한다(대판 2000.3.10. 99도4273). 23. 경찰

② 【 O 】 대판 1993.6.8. 93도766 23. 경찰
③ 【 O 】 대판 2017.7.11. 2013도7896 23. 경찰
④ 【 O 】 대판 1999.10.12. 99도3335 23. 경찰

[정답] ①

04 위법성조각사유에 대한 설명으로 옳지 않은 것은?

① 법률에서 정한 절차에 따라서는 청구권을 보전할 수 없는 경우에 그 청구권의 실행이 현저히 곤란해지는 상황을 피하기 위하여 한 행위는 상당한 이유가 있는 때에는 벌하지 아니한다.

② 타인의 법익에 대한 현재의 위난을 피하기 위한 행위는 상당한 이유가 있는 때에는 벌하지 아니한다.

③ 어떠한 물건에 대하여 자기에게 그 권리가 있다고 주장하면서 이를 가져간 데 대하여 피해자의 묵시적인 동의가 있었더라도 위 주장이 후에 허위임이 밝혀졌다면 피고인의 행위는 절도죄의 절취행위에 해당한다.

④ 폭력행위 등 처벌에 관한 법률에 규정된 죄를 범한 사람이 흉기로 사람에게 위해를 가하려 할 때 이를 예방하기 위하여 한 행위는 벌하지 아니한다.

해설

① 【 O 】 제23조(자구행위) ① 법률에서 정한 절차에 따라서는 청구권을 보전(保全)할 수 없는 경우에 그 청구권의 실행이 불가능해지거나 현저히 곤란해지는 상황을 피하기 위하여 한 행위는 상당한 이유가 있는 때에는 벌하지 아니한다. 22. 국가직

② 【 O 】 제22조(긴급피난) ① 자기 또는 타인의 법익에 대한 현재의 위난을 피하기 위한 행위는 상당한 이유가 있는 때에는 벌하지 아니한다. 22. 국가직

③ 【 X 】 피고인이 피해자에게 물건에 관하여 자기에게 그 권리가 있다고 주장하면서 이를 가져간 데 대하여 피해자의 묵시적인 동의가 있었다면 피고인의 주장이 후에 허위임이 밝혀졌더라도 피고인의 행위는 절도죄의 절취행위에는 해당하지 않는다(대판 1990.8.10. 90도1211). 피해자 승낙의 위법성 조각사유가 아닌 구성요건해당성이 없는 양해에 해당한다. 22. 국가직

④ 【 O 】 폭처법 제8조(정당방위 등) ① 이 법에 규정된 죄를 범한 사람이 흉기나 그 밖의 위험한 물건 등으로 사람에게 위해를 가하거나 가하려 할 때 이를 예방하거나 방위하기 위하여 한 행위는 벌하지 아니한다. 22. 국가직

정답 ③

05 다음 설명 중 옳은 것만을 모두 고른 것은?

㉠ 甲은 동거녀가 자기의 지갑에서 현금을 꺼내가는 것을 보고도 아무런 만류를 하지 않았다면 이를 허용하는 묵시적 의사가 있다고 볼 수 있다.

㉡ 甲은 부도를 내고 도피한 피해자 상점의 물건들을 다른 채권자들이 취거해 갈 수 있다고 생각하고 자신의 청구권을 우선적으로 확보할 생각으로 무단 침입하여 피해자의 가구를 들고 나온 경우 정당한 자구행위로 볼 수 없다.

㉢ 방송사 기자인 甲이 구 국가안전기획부 정보수집팀이 타인 간의 사적 대화를 불법 녹음하여 생성한 도청자료인 녹음테이프와 녹취보고서를 입수한 후 이를 자사의 방송프로그램을 통하여 공개한 경우, 형법 제20조의 정당행위에 해당하지 않는다.

㉣ 작성권한이 없는 甲이 사문서를 작성·수정함에 있어 그 명의자의 현실적 승낙은 없었지만 행위 당시의 모든 객관적 사정을 종합하여 명의자가 행위 당시 그 사실을 알았더라면 당연히 승낙했을 것이라고 추정되는 경우에는 사문서위·변조죄가 성립하지 않는다.

① ㉠, ㉣ ② ㉠, ㉡, ㉢ ③ ㉡, ㉢, ㉣ ④ ㉠, ㉡, ㉢, ㉣

해설

㉠ 【 O 】 대판 1985.11.26. 85도1487 16. 국가직
㉡ 【 O 】 대판 2006.3.24. 2005도8081 16. 국가직
㉢ 【 O 】 대판 2011.3.17. 2006도8839(全) 16. 국가직
㉣ 【 O 】 대판 2011.9.29. 2010도14587 16. 국가직

정답 ④

06 위법성조각사유에 관한 설명 중 옳은 것은?

① 정당방위행위에 대한 긴급피난은 인정될 수 있지만, 긴급피난행위에 대한 긴급피난은 인정될 수 없다.
② 의사의 치료행위는 피해자의 유효한 승낙이 있으면 위법성이 조각된다는 견해에 의할 때 피해자가 유효한 승낙을 하였다면 설령 의사가 의료행위 과정에서 과실로 치료대상자에게 상해를 입힌 경우에도 업무상과실치상죄의 위법성이 조각된다.
③ 재물을 절취하고자 물색하던 중에 발각된 자가 빈손으로 도망가는 것을 알면서도 추적하여 그의 멱살을 잡고 붙잡은 행위는 자구행위에 해당한다.
④ 정보보안과 소속 경찰관이 자신의 지위를 내세우면서 타인의 민사분쟁에 개입하여 빨리 채무를 변제하지 않으면 상부에 보고하여 문제를 삼겠다고 말한 경우, 상대방이 채무를 변제하고 피해 변상을 하는지 여부에 따라 직무집행 여부를 결정하겠다는 취지라도 정당행위에 해당하지 않는다.

해설

① 【X】 정당방위행위에 대해서도 제3자의 법익을 침해하는 형태의 긴급피난이 가능하고, 긴급피난행위에 대한 정당방위는 불가능하지만 긴급피난은 가능하다. 13. 사시
② 【X】 의사의 치료행위는 피해자의 유효한 승낙이 있으면 위법성이 조각된다는 견해에 의하더라도, 피해자의 승낙으로 위법성이 조각되는 것은 수술에 수반되는 신체침해에 한정된다. 따라서 의사가 의료행위 과정에서 과실로 치료대상자에게 상해를 입힌 부분에 대해서는 피해자의 승낙이 있다고 할 수 없으므로 그 부분은 위법성이 조각될 수 없다. 13. 사시
③ 【X】 현재의 침해에 대해서는 정당방위가 가능하므로 자구행위는 과거의 부당한 침해상태에 대해서만 가능하다. 재물을 절취하고자 물색하던 중에 발각된 자가 빈손으로 도망가는 것이라면 재물의 소유권에 대한 현재의 침해는 물론 과거의 침해상태도 존재하지 않으므로 정당방위·자구행위 모두 불가능하다. 따라서 이 경우는 현행범체포행위로서 정당행위에 해당하여 위법성이 조각된다. 13. 사시
④ 【O】 대판 2007.9.28. 2007도606(全) 13. 사시

정답 ④

07 위법성조각사유에 관한 설명 중 가장 적절한 것은?

① 정당방위에서의 방위행위란 순수한 수비적 방위를 말하는 것이고, 적극적 반격을 포함하는 반격방어의 형태는 포함되지 않는다.
② 명예훼손죄의 특별한 위법성조각사유를 규정한 형법 제310조의 요소 중 사실의 진실성에 대한 착오가 있는 경우에는 위법성조각사유의 전제사실에 관한 착오 또는 법률의 착오가 문제될 뿐이기 때문에 위법성 그 자체는 조각될 여지가 없다.
③ 방위행위, 피난행위 그리고 자구행위가 그 정도를 초과한 때에는 공통적으로 정황에 의하여 형을 감경 또는 면제할 수 있다.
④ 형법 제24조(피해자의 승낙)에 따르면 처분할 수 있는 자의 승낙에 의하여 그 법익을 훼손한 행위는 법률에 특별한 규정이 있는 경우에 한하여 벌하지 아니한다.

[해설]
① 【 X 】 정당방위의 성립요건으로서의 방어행위에는 순수한 수비적 방어뿐 아니라 적극적 반격을 포함하는 반격방어의 형태도 포함되나, 그 방어행위는 자기 또는 타인의 법익침해를 방위하기 위한 행위로서 상당한 이유가 있어야 한다(대판 1992.12.22. 92도2540). 17. 경찰승진
② 【 X 】 형법 제310조의 규정은 인격권으로서의 개인의 명예의 보호와 헌법 제21조에 의한 정당한 표현의 자유의 보장이라는 상충되는 두 법익의 조화를 꾀한 것이라고 보아야 할 것이므로, 두 법익간의 조화와 균형을 고려한다면 적시된 사실이 진실한 것이라는 증명이 없더라도 행위자가 진실한 것으로 믿었고 또 그렇게 믿을 만한 상당한 이유가 있는 경우에는 위법성이 없다(대판 1993.6.22. 92도3160). 17. 경찰승진
③ 【 O 】 자구행위는 피난행위가 야간 기타 불안스러운 상태 하에서 공포, 경악, 흥분, 당황으로 인한 때에는 벌하지 아니한다는 형법 제21조 제3항은 준용되지 않는다. 17. 경찰승진
④ 【 X 】 처분할 수 있는 자의 승낙에 의하여 그 법익을 훼손한 행위는 법률에 특별한 규정이 없는 한 벌하지 아니한다(형법 제24조). 17. 경찰승진

[정답] ③

08 위법성 조각사유에 관한 다음 설명 중 가장 적절한 것은?

① 이혼소송 중인 남편이 찾아와 가위로 폭행하고 변태적 성행위를 강요하는 데에 격분하여 칼로 남편의 복부를 찔러 사망에 이르게 한 경우, 그 행위는 과잉방위에 해당한다.
② 현행범인으로서의 요건을 갖추고 있었다고 인정되지 않는 상황에서 경찰관들이 동행을 거부하는 자를 체포하거나 강제로 연행하려고 하였다면, 이는 적법한 공무집행이라고 볼 수 없고, 그 체포를 면하려고 반항하는 과정에서 경찰관에게 상해를 가한 것은 불법체포로 인한 신체에 대한 현재의 부당한 침해에서 벗어나기 위한 행위로서 정당방위에 해당하여 위법성이 조각된다.
③ 신문기자인 피고인이 고소인에게 2회에 걸쳐 증여세 포탈에 대한 취재를 요구하면서 이에 응하지 않으면 자신이 취재한 내용대로 보도하겠다고 말한 것은 정당행위에 해당하지 않는다.
④ 검문 중이던 경찰관들이, 자전거를 이용한 날치기 사건 범인과 흡사한 인상착의의 甲이 자전거를 타고 다가오는 것을 발견하고 정지를 요구하였으나 멈추지 않아, 앞을 가로막고 소속과 성명을 고지한 후 검문에 협조해 달라는 취지로 말하였음에도 불응하고 그대로 전진하자, 따라가서 재차 앞을 막고 검문에 응하라고 요구하였는데, 이에 甲이 경찰관들의 멱살을 잡아 밀치거나 욕설을 하는 등 항의를 하였다면 甲의 행위는 정당방위에 해당한다.

[해설]
① 【 X 】 상당한 이유가 있는 경우라거나 방위행위가 그 정도를 초과한 경우에 해당한다고 할 수 없어 정당방위는 물론 과잉방위에도 해당하지 아니한다(대판 2001.5.15. 2001도1089). 16. 경찰채용 1차
② 【 O 】 대판 2011.5.26. 2011도3682 16. 경찰채용 1차
③ 【 X 】 사회상규에 반하지 아니하는 정당행위로서 협박죄가 성립하지 아니한다(대판 2011.7.14. 2011도639).
④ 【 X 】 적법한 공무집행 중인 경찰관들의 멱살을 잡아 밀치거나 욕설을 하는 등 항의를 한 행위는 정당방위에 해당하지 아니한다(대판 2012.9.13. 2010도6203). 16. 경찰채용 1차

[정답] ②

09 위법성조각사유에 관한 설명 중 옳지 않은 것은?

① 책임설에 따를 때, 법률의 착오에 기한 행위가 그 오인에 정당한 이유가 있어 벌하지 아니하는 경우에는 그 행위에 대하여 정당방위가 허용되지 않는다.
② 문서명의인이 이미 사망하였는데 문서명의인이 생존하고 있다는 점이 문서의 중요한 내용을 이루거나 그 점을 전제로 문서가 작성되었다면, 사망한 명의자의 승낙이 추정된다는 이유로 사문서위조죄의 성립을 부정할 수는 없다.
③ 과실범 처벌규정이 없는 과실행위에 대하여도 정당방위가 가능하다.
④ 청구권자로부터 자구행위의 실행을 위임받은 자는 그 청구권자를 위하여 자구행위를 할 수 있다.

해설

① 【 X 】 책임설에 따르면 법률의 착오가 있는 경우에도 고의는 인정되며 다만 오인에 정당한 이유가 있는 경우에 책임이 조각될 뿐이다. 구성요건과 위법성이 인정되면 책임이 없는 행위에 대해서도 정당방위가 가능하므로 오인에 정당한 이유가 있더라도 정당방위가 가능하다. 14. 사시
② 【 O 】 대판 2011.9.29. 2011도6223 14. 사시
③ 【 O 】 정당방위는 위법한 침해에 대해 가능한데, 위법은 전체 법질서에 비추어 실질적으로 위법함을 말한다. 따라서 과실범 처벌규정이 없는 과실행위에 대하여도 정당방위가 가능하다. 14. 사시
④ 【 O 】 타인의 청구권을 위한 자구행위는 원칙상 허용되지 않는다. 단, 자구행위의 실행을 위임받은 경우에는 타인을 위하여 자구행위를 할 수 있다. 14. 사시

정답 ①

10 위법성 조각사유에 관한 설명 중 가장 적절하지 않은 것은?

① 甲이 야간에 乙로부터 갑작스럽게 뺨을 맞는 등 폭행을 당하여 서로 멱살을 잡고 다투게 되었는데, 주위사람들이 싸움을 제지하였으나 乙에게 대항하기 위하여 깨어진 병으로 乙을 찌를 듯이 겨누어 협박한 경우 과잉방위에 해당하나 야간에 공포나 당황으로 인한 것으로 볼 수 있어 특수협박죄가 성립하지 않는다.
② 임신의 지속이 모체의 건강을 해칠 우려가 현저할 뿐더러 기형아 내지 불구아를 출산할 가능성마저도 없지 않다는 판단하에 부득이 취하게 된 산부인과 의사의 낙태 수술행위는 정당행위 내지 긴급피난에 해당되어 위법성이 없는 경우에 해당된다.
③ 피구금자간음죄는 피해자의 승낙이 있더라도 성립하나, 공증인이 공정증서에 의한 유언장 작성시 지득한 유언자의 비밀을 그의 승낙을 받고 제3자에게 알린 경우에는 업무상비밀누설죄에 해당하지 아니한다.
④ 집행관이 압류집행을 위하여 채무자의 주거에 들어가려고 하였으나 채무자의 아들이 이를 방해하는 등 저항하므로 주거에 들어가는 과정에서 몸싸움을 하던 도중 그에게 2주간의 상해를 가한 행위는 정당행위에 해당된다.

해설

① 【 X 】 맨손으로 공격하는 상대방에 대하여 위험한 물건인 깨어진 병을 가지고 대항한다는 것은 상당성이 결여된 것이고, 또 주위 사람들이 싸움을 제지하였다는 상황에 비추어 야간의 공포나 당황으로 인한 것이었다고 보기도 어렵다(대판 1991.5.28. 91도80).
② 【 O 】 대판 1976.7.13. 75도1205 12. 경찰승진
③ 【 O 】 피구금자간음죄 피해자의 승낙이 있더라도 피구금자간음죄가 성립한다. 그러나 업무상비밀누설죄의 피해자의 동의는 업무상 비밀누설죄의 구성요건해당성 자체가 조각된다. 12. 경찰승진
④ 【 O 】 대판 1993.10.12. 93도875 12. 경찰승진

정답 ①

11 위법성조각사유에 관한 설명 중 옳지 않은 것은 모두 몇 개인가?

> ⊙ '정당한 사유' 없이 입영에 불응하는 사람을 처벌하는 「병역법」 제88조의 범죄에서 '정당한 사유'는 위법성조각사유이다.
> ⓒ 현재의 위법한 침해에 대해서는 정당방위 이외에 긴급피난도 가능하다.
> ⓒ 장래에 예상되는 절도범의 침입을 막기 위하여 자기 집 담장에 유리조각을 박아 놓았는데 절도범이 절도의 사로 그 담장을 넘다가 유리조각에 찔려 상해를 입은 경우 예방적 방위로서 정당방위로 평가될 수 없다.
> ⓔ 객관적인 정당화상황이 존재함에도 불구하고 주관적인 정당화요소가 없는 경우 결과반가치이론을 철저히 관철하면 위법성이 조각된다.

① 1개   ② 2개   ③ 3개   ④ 4개

해설

⊙ 【X】〈양심적 병역거부와 병역법 제88조 제1항의 정당한 사유〉병역법 제88조 제1항은 국방의 의무를 실현하기 위하여 현역입영 또는 소집통지서를 받고도 정당한 사유 없이 이에 응하지 않은 사람을 처벌함으로써 입영기피를 억제하고 병력구성을 확보하기 위한 규정이다. 위 조항에 따르면 정당한 사유가 있는 경우에는 피고인을 벌할 수 없는데, 여기에서 정당한 사유는 **구성요건해당성을 조각하는 사유**이다(대판 2018.11.1, 2016도10912). ⇨ 위법성조각사유 ×, 책임조각사유 ×

ⓒ 【O】 긴급피난의 경우 현재의 위난만 있으면 족한 것인데, 위법·부당한 위난은 물론 적법한 위난에 대하여도 긴급피난이 가능하므로 타당한 설명이다. 11. 사시

ⓒ 【X】 현재의 침해는 급박한 침해가 이루어진 때를 기준으로 하는 것이기 때문에 장래의 침해가능성을 예견하고 방어조치를 취한 경우에도 상당성이 인정되는 범위에서 정당방위가 허용된다. 11. 사시

ⓔ 【O】 결과반가치이론을 철저히 관철하게 되면 객관적 정당화 상황만 있으면 결과반가치가 탈락하여 주관적 정당화 요소가 결여된 경우에도 위법성이 조각되게 된다.

정답 ②

12 위법성조각사유에 대한 설명으로 옳지 않은 것은?

① 甲이 주민들이 농기계 등으로 그 주변의 농경지나 임야에 통행하기 위해 이용하는 자신 소유의 도로에 깊이 1m 정도의 구덩이를 판 경우 자구행위나 정당행위에 해당하지 않는다.
② 甲이 자신의 아버지 A에게서 A 소유 부동산의 매매에 관한 권한 일체를 위임받아 이를 매도하였는데, 그 후 A가 갑자기 사망하자 부동산 소유권 이전에 사용할 목적으로 A가 甲에게 인감증명서 발급을 위임한다는 취지의 인감증명 위임장을 작성한 후 주민센터 담당직원에게 제출한 경우 사망한 명의자 A의 승낙이 추정되므로 위법성이 조각된다.
③ 甲이 스스로 야기한 강간범행의 와중에서 피해자 A가 甲의 손가락을 깨물며 반항하자 물린 손가락을 비틀며 잡아 뽑다가 A에게 치아결손의 상해를 입힌 경우 긴급피난에 해당하지 않는다.
④ 甲이 경찰관의 불심검문을 받아 운전면허증을 교부한 후 인근 주민들이 있는 가운데 경찰관에게 큰 소리로 욕설을 하였는데, 이를 이유로 경찰관이 모욕죄의 현행범으로 체포하려고 하자 반항하면서 경찰관에게 상해를 가한 경우 정당방위에 해당한다.

해설

① 【O】 대판 2007.3.15, 06도9418 18. 국가직
② 【X】 자(子)가 부(父)에게서 父소유의 부동산 매도에 관한권한일체를 위임받아 매도한 후 父가 갑자기 사망하자 소유권 이전에 사용할 목적으로 父 명의의 인감증명 위임장을 작성·제출한 경우에 사문서위조죄 및 동행사죄가 성립한다(대판 2011.9.29, 11도6223). ⇨ 사망한 父의 승낙 내지 추정적 승낙이 없기 때문 18. 국가직
③ 【O】 대판 1995.1.12, 94도2781 18. 국가직
④ 【O】 대판 2011.5.26, 11도3682 18. 국가직

정답 ②

13 다음 사안에서 甲의 행위가 위법성이 조각되는 경우로만 짝지어 놓은 것은?

㉠ 변호사 甲이 참고인조사를 받는 줄 알고 검찰청에 자진 출석한 자신의 변호사사무실 사무장을 검사가 합리적 근거 없이 긴급체포하자 이를 제지하는 과정에서 위 검사에게 상해를 가한 경우
㉡ 甲이 乙의 개가 자신의 애완견을 물어뜯는 공격을 하자 가지고 있던 기계톱을 작동시켜 乙의 개를 절단시켜 죽인 경우
㉢ 임차인이 임대차기간이 만료된 방을 비워주지 못하겠다고 억지를 쓰며 폭언을 하자 임대인의 며느리가 홧김에 그 방의 창문을 쇠스랑으로 부수자, 이에 격분하여 임차인이 배척(속칭 빠루)을 들고 휘둘러 구경꾼인 마을주민에게 상해를 입힌 경우
㉣ 甲과 자신의 남편과의 불륜을 의심하게 된 乙이 아들과 함께 서로 합세하여 甲을 구타하기 시작하였고, 甲은 이를 벗어나기 위하여 손을 휘저으며 발버둥치는 과정에서 乙 등에게 상해를 가한 경우

① ㉠, ㉡   ② ㉠, ㉣   ③ ㉡, ㉢   ④ ㉢, ㉣

[해설]
㉠ 【위법성이 조각○】 정당방위에 해당한다(대판 2006.9.8. 2006도148). 17. 경찰간부
㉡ 【위법성이 조각×】 주위에 있는 몽둥이나 기계톱 등을 휘둘러 피해견을 쫓아버릴 수도 있었음에도 불구하고 그 자체로 매우 위험한 물건인 기계톱의 엑셀을 잡아당겨 작동시킨 후 이를 이용하여 피해견을 죽이게 된 경우 보충성이 탈락되어 긴급피난에 해당하지 않는다(대판 2016.1.28. 2014도2477). 17. 경찰간부
㉢ 【위법성이 조각×】 대판 1996.4.9. 96도241
㉣ 【위법성이 조각○】 일방적인 공격에 대한 방어행위는 정당방위에 해당한다(대판 2010.2.11. 2009도12958). 17. 경찰간부

정답 ②

14 위법성조각사유에 관한 설명으로 옳지 않은 것은?

① 정당방위에 대해서는 긴급피난만이 허용될 뿐 정당방위는 허용되지 않는다.
② 긴급피난에 있어서 위난의 원인은 불문한다. 다만, 현재의 위난이 위법한 때에는 긴급피난을 할 수도 있지만 정당방위도 가능하다.
③ 피해자의 승낙은 법익침해 이전에 표시되어야 하지만 예외적으로 사후승낙이 있는 경우에도 위법성이 조각될 수 있다.
④ 절도범의 침입을 막기 위해 자기 집 담장에 감전 장치를 설치하였는데 절도범이 절도의사로 그 담장을 넘다가 감전이 되어 상해를 입은 경우 정당방위의 침해의 현재성이 인정된다.

[해설]
① 【○】 정당방위는 침해자의 위법한 침해행위로부터 자기 또는 타인의 법익을 보호하기 위한 적법한 방위행위이기 때문에(부정 대 정의 관계), 정당방위에 대한 정당방위는 불가능하고 긴급피난이 가능하다.
② 【○】 옳은 설명이다. 현재의 위난이 위법하다면 정당방위에 필요한 부당한 침해가 인정되기 때문이다.
③ 【×】 승낙은 행위 전이나 행위시까지는 있을 것을 요하며(사전승낙이 있을 것을 요하며), 사후승낙은 위법성을 조각할 수 없다. 또한 승낙은 원칙적으로 자유롭게 철회할 수 있으나, 철회 전의 행위에 대해서는 영향이 없다.
④ 【○】 침해의 현재성은 방위행위시(정당방위시)가 기준이 아니라, 침해행위시(즉, 방위행위의 효과발생시)를 기준으로 판단한다. 따라서 절도범의 침입에 대비하기 위하여 미리 설치한 자동발사장치나 감전장치, 도랑을 담 안쪽에 파놓은 경우 등은 침해행위와 동시에 작동되므로 현재성이 인정된다.

정답 ③

15 위법성에 관한 설명 중 옳지 않은 것은?

① 국가정책적 견지에서 도박죄의 보호법익보다 좀 더 높은 국가이익을 위하여 예외적으로 내국인의 출입을 허용하는 「폐광지역개발 지원에 관한 특별법」 등에 따라 카지노에 출입하는 것은 법령에 의한 행위로 위법성이 조각된다.
② 현직 군수로서 전국동시지방선거 지방자치단체장 선거에 특정 정당 후보로 출마가 확실시 되는 피고인이 같은 정당 지역청년위원장 등 선거구민 20명에게 약 36만원 상당의 식사를 제공하여 기부행위를 한 경우 위법성이 인정된다.
③ 甲이 乙과 공모하여 교통사고가 난 것처럼 가장하여 보험금을 편취할 목적으로 乙에게 상해를 가한 후 보험금 지급을 받았다면 甲의 행위는 사기죄에 해당함은 별론으로 하고, 상해 부분에 관하여는 피해자의 승낙이 있어 위법성이 조각된다.
④ 甲이 A에게 석고를 납품한 대금을 받지 못하고 있던 중 A가 화랑을 폐쇄하고 도주하자, 甲이 야간에 폐쇄된 화랑의 베니어판 문을 미리 준비한 드라이버로 뜯어내고 자신이 납품한 석고를 몰래 가지고 나온 경우 자구행위로 위법성이 조각되지 않는다.

[해설]
① 【 O 】 대판 2004.4.23. 2002도2518
② 【 O 】 대판 2011.2.24. 2010도14720
③ 【 X 】 피고인이 피해자와 공모하여 교통사고를 가장하여 보험금을 편취할 목적으로 피해자에게 상해를 가하였다면 피해자의 승낙이 있었다고 하더라도 이는 위법한 목적에 이용하기 위한 것이므로 피고인의 행위가 피해자의 승낙에 의하여 위법성이 조각된다고 할 수 없다(대판 2008.12.11. 2008도9606).
④ 【 O 】 대판 1984.12.26. 84도2582

정답 ③

16 위법성조각사유에 대한 설명으로 옳지 않은 것은?

① 위법성이 조각되면 행위의 가벌성이 탈락하므로 행위자는 형벌을 받지 않을 뿐만 아니라 보안처분의 대상도 되지 않는다.
② 판례는 피난의사가 없는 경우 긴급피난의 성립을 인정할 수 없다고 하여 위법성이 조각되기 위해 주관적 정당화요소가 필요하다는 입장을 취하였다.
③ 부작위에 대해서는 정당방위는 가능하나, 과실에 의한 침해에는 정당방위가 불가능하다.
④ 추정적 승낙이란 피해자의 현실적인 승낙이 없었다고 하더라도 행위 당시의 모든 객관적 사정에 비추어 볼 때 만일 피해자가 행위의 내용을 알았더라면 당연히 승낙하였을 것으로 예견되는 경우를 말하며 승낙의 추정은 객관적 의미의 추정으로 판단한다.

[해설]
① 【 O 】 옳은 설명이다.
② 【 O 】 정당행위가 성립하기 위하여는 건전한 사회통념에 비추어 그 행위의 동기나 목적이 정당하여야 하고, 정당방위·과잉방위나 긴급피난·과잉피난이 성립하기 위해서는 방위의사 또는 피난의사가 있어야 한다(대판 1997.4.17. 96도3376(全)).
③ 【 X 】 정당방위가 인정되기 위해서는 '현재의 부당한 침해'가 있어야 하는바, 여기서 '침해'란 '사람'에 의한 침해로서, 그것이 고의·과실행위, 작위·부작위, 책임 없는 행위 등은 묻지 않는다. 한편 부작위에 의한 침해가 인정되기 위해서는 작위의 법적의무가 있어야 하고, 이 의무의 불이행이 가벌적이어야 한다. 따라서 임대차계약 만료후에 임차인이 차가에서 퇴거하지 않는 것과 같은 단순한 계약상의 채무불이행에 대해서는 정당방위가 인정되지 않는다.
④ 【 O 】 대판 2006.3.24. 2005도8081 ✓ 추정적 승낙에 있어서 승낙의 추정은 주관적 추정이 아니라 객관적 추정으로 판단한다.

정답 ③

17 위법성조각사유에 대한 설명으로 옳지 않은 것은?

① 운전자가 자신의 차를 가로막고 서서 통행을 방해하는 피해자를 향해 차를 조금씩 전진시키고 피해자가 뒤로 물러나면 다시 차를 전진시키는 방식의 운행을 반복한 경우, 정당방위에 해당하여 폭행죄가 성립하지 아니한다.

② 공사업자가 이전 공사대금의 잔금을 지급받지 못하자 추가로 자동문의 번호키 설치공사를 도급받아 시공하면서 자동문이 수동으로만 여닫히게 설정하여 자동잠금장치로서 역할을 할 수 없게 한 경우, 정당행위에 해당하지 않으므로 재물손괴죄가 성립한다.

③ 가해자의 행위가 피해자의 부당한 공격을 방위하기 위한 것이라기보다는 서로 공격할 의사로 싸우다가 먼저 공격을 받고 이에 대항하여 가해하게 된 경우, 그 가해행위는 방어행위인 동시에 공격행위의 성격을 가지므로 정당방위라고 볼 수 없다.

④ 타인의 인장을 조각할 당시에 명의자로부터 명시적이거나 묵시적인 승낙 내지 위임을 받은 경우, 인장위조죄가 성립하지 아니한다.

[해설]
① 【 X 】 폭행죄에서 말하는 폭행이란 사람의 신체에 대하여 육체적·정신적으로 고통을 주는 유형력을 행사함을 뜻하는 것으로서 반드시 피해자의 신체에 접촉함을 필요로 하는 것은 아니고, 그 불법성은 행위의 목적과 의도, 행위 당시의 정황, 행위의 태양과 종류, 피해자에게 주는 고통의 유무와 정도 등을 종합하여 판단하여야 한다. 따라서 자신의 차를 가로막는 피해자를 부딪친 것은 아니라고 하더라도, 피해자를 부딪칠 듯이 차를 조금씩 전진시키는 것을 반복하는 행위 역시 피해자에 대해 위법한 유형력을 행사한 것이라고 보아야 한다(대판 2016.10.27. 16도9302, 인정된죄명: 특수폭행죄). 17. 국가직 7급
② 【 O 】 대판 2016.11.25. 2016도9219 17. 국가직 7급
③ 【 O 】 대판 2000.3.28. 2000도228 ◎ 그러한 가해행위는 과잉방위에도 해당하지 않는다.
④ 【 O 】 대판 2014.9.26. 2014도9213 17. 국가직 7급

정답 ①

18 위법성에 대한 설명으로 가장 적절하지 않은 것은?

① 피난행위가 그 정도를 초과하더라도 야간 기타 불안스러운 상태하에서 공포, 경악, 흥분, 당황으로 인한 경우에는 벌하지 아니한다.

② 사문서위조죄는 사회적 법익에 관한 범죄이며 명의자의 명시적 또는 묵시적 승낙(위임)이 있으면 성립하지 않는다.

③ 회사의 대표이사인 甲이 '회사직원 A가 회사의 이익을 빼돌린다'는 소문을 확인할 목적으로, 비밀번호를 설정한 A의 '개인용 컴퓨터의 하드디스크'를 떼어내어 다른 컴퓨터에 연결한 다음, 의심이 드는 단어로 파일을 검색하여 메신저 대화 내용, 이메일 등을 출력한 행위는 정당행위에 해당한다.

④ 택시운전사가 고객인 가정주부들에게 입에 담지 못할 욕설을 퍼부어 가정주부들로부터 핸드백과 하이힐로 얻어맞게 되자, 그들을 고발하기 위해 파출소로 끌고 가는 것을 빙자하여 손목을 비틀어 상해를 입힌 경우는 정당행위에 해당한다.

[해설]
① 【 O 】 제21조 제3항 18. 경찰승진
② 【 O 】 사문서의 위·변조죄는 작성권한 없는 자가 타인 명의를 모용하여 문서를 작성하는 것을 말하므로 사문서를 작성·수정할 때 명의자의 명시적이거나 묵시적인 승낙이 있었다면 사문서의 위·변조죄에 해당하지 않는다(대판 2011.9.29. 2010도14587). 18. 경찰승진
③ 【 O 】 대판 2009.12.24. 2007도6243 18. 경찰승진
④ 【 X 】 택시 운전사인 피고인이 고객인 가정주부들에게 입에 담지 못할 욕설을 퍼부은 데서 발단이 되어 가정주부인 피해자 등으로부터 핸드백과 하이힐 등으로 얻어맞게 되자 그 때문에 입은 상처를 고발하기 위해 파출소로 끌고 감을 빙자하여 피해자의 손목을 잡아 틀어 상해를 가했다면 피고인의 행위가 사회통념상 용인될 만한 상당성이 있는 정당행위라고 볼 수는 없다(대판 1991.12.27. 91도1169).

정답 ④

19 甲의 행위에 대하여 위법성이 조각되는 경우만을 모두 고른 것은?

㉠ 토지에 대하여 사실상의 지배권을 가지고 소유자를 대신하여 실질적으로 관리하고 있던 甲은 소유권에 대한 방해를 배제하기 위하여 토지에 철주를 세우고 철망을 설치하고 포장된 아스팔트를 걷어내는 등의 방법으로, 그 토지를 그에 인접한 상가건물의 통행로로 이용하지 못하게 한 경우

㉡ 한의사 자격이나 이에 관한 어떠한 면허도 없는 甲이 찜질방에서 찾아오는 사람들을 대상으로 약간의 돈을 받고 아픈 부위의 혈을 주물러 근육을 풀어주고 그 부위에 부항을 뜬 후 그 곳을 부항침으로 찌르는 등, 단순히 수지침 정도의 수준에 그치지 아니하고 부항침과 부항을 이용하여 체내의 혈액을 밖으로 배출되도록 한 경우

㉢ 甲이 골프클럽 경기보조원들의 구직편의를 위해 제작된 인터넷 사이트 내 회원 게시판에 특정 골프클럽의 운영상 불합리성을 비난하는 글을 게시하면서 위 클럽 담당자에 대하여 한심하고 불쌍한 인간이라는 등 경멸적 표현을 한 경우

㉣ 아파트 입주자대표회의 회장 甲이 다수 입주민들의 민원에 따라 위성방송 수신을 방해하는 케이블TV 방송의 시험방송 송출을 중단시키기 위하여 소수 입주민이 이용하고 있는 케이블TV 방송의 방송안테나를 절단하도록 지시한 경우

㉤ 채무자가 도피하였고 다른 채권자들이 채권확보를 위해 피해자의 물건을 취거해 갈 수 있어, 채권자가 자신의 대금 채권을 우선적으로 확보하기 위해 피해자가 부도를 낸 다음날 새벽에 승낙을 받지 아니한 채 시정장치를 부수고 피해자의 가구점에 들어가 화물차에 가구들을 실어 다른 장소로 옮겨 놓은 경우

① ㉢   ② ㉡, ㉣   ③ ㉠, ㉢, ㉤   ④ ㉢, ㉣, ㉤

해설

㉠ 【위법성조각×】 인근 상가의 통행로로 이용되고 있는 토지의 사실상 지배권자가 위 토지에 철주와 철망을 설치하고 포장된 아스팔트를 걷어냄으로써 통행로로 이용하지 못하게 한 경우, 이는 일반교통방해죄를 구성하고 자구행위에 해당하지 않는다(대판 2007.12.28. 2007도7717). 12. 사시

㉡ 【위법성조각×】 피고인이 행한 부항 시술행위가 보건위생상 위해가 발행할 우려가 전혀 없다고 볼 수 없는데다가 피고인이 한의사 자격이나 이에 관한 어떠한 면허도 없이 영리를 목적으로 치료행위를 한 것이고, 단순히 수지침 정도의 수준에 그치지 아니하고 부항침과 부항을 이용하여 체내의 혈액을 밖으로 배출되도록 한 것이므로 이러한 피고인의 시술행위는 사회상규에 위배되지 아니하는 행위로서 위법성이 조각되는 경우에 해당한다고 할 수 없다(대판 2004.10.28. 2004도3405). 16. 국가직 7급

㉢ 【위법성조각○】 골프클럽 경기보조원들의 구직편의를 위해 제작된 인터넷 사이트 내 회원 게시판에 특정 골프클럽의 운영상 불합리성을 비난하는 글을 게시하면서 클럽담당자에 대하여 "한심하고 불쌍한 인간"이라는 등 경멸적 표현을 했더라도, 게시의 동기와 경위, 모욕적 표현의 정도와 비중 등에 비추어 사회상규에 위배되지 않는다고 봄이 상당하다(대판 2008.7.10. 2008도1433). 16. 국가직 7급

㉣ 【위법성조각×】 피고인의 행위를 긴급피난 내지는 정당행위에 해당한다고 볼 수 없다(대판 2006.4.13. 2005도9396). 12. 사시

㉤ 【위법성조각×】 채무자인 피해자가 부도를 낸 후 도피하였고 다른 채권자들이 채권확보를 위하여 피해자의 물건들을 취거해 갈 수도 있다는 사정만으로는 피고인들이 법정절차에 의하여 자신들의 피해자에 대한 청구권을 보전하는 것이 불가능한 경우에 해당한다고 볼 수 없다(대판 2006.3.24. 2005도8081).

정답 ①

20 위법성 조각사유에 관한 설명 중 가장 적절하지 않은 것은?

① 자신의 배우자가 상간자의 방에서 간통을 할 것이라고 추측하고 이혼소송에 사용할 증거자료 수집을 목적으로 그들의 간통현장을 직접 목격하고 그 사진을 촬영하기 위하여 상간자의 주거에 침입한 경우 정당행위에 해당하지 않는다.
② 절도범으로 오인 받은 자가 야간에 군중들로부터 무차별 구타를 당하자 이를 방어하기 위하여 소지하고 있던 손톱깎이 칼을 휘둘러 상해를 입힌 경우 정당방위가 성립한다.
③ 상대방으로부터 뺨을 맞는 등 폭행을 당하여 서로 멱살을 잡고 다투면서 맨손으로 공격하는 상대방에 대하여 깨어진 병을 가지고 대항한 경우 정당방위가 성립하지 않는다.
④ 甲이 피해자 A가 사용중인 공중화장실의 용변칸에 노크하여 남편으로 오인한 A가 용변칸 문을 열자 강간할 의도로 용변칸에 들어간 경우 A가 명시적 또는 묵시적으로 이를 승낙하였다고 볼 수 있으므로 甲의 주거침입행위는 위법성이 조각된다.

[해설]
① 【 O 】 대판 2003.9.26. 2003도3000
② 【 O 】 대판 1970.9.17. 70도1473
③ 【 O 】 대판 1991.5.28. 91도8
④ 【 X 】 피고인이 피해자가 사용중인 공중화장실의 용변칸에 노크하여 남편으로 오인한 피해자가 용변칸 문을 열자 강간할 의도로 용변칸에 들어간 것이라면 피해자가 명시적 또는 묵시적으로 이를 **승낙하였다고 볼 수 없어** 주거침입죄에 해당한다(대판 2003.5.30. 2003도1256).

정답 ④

21 다음 설명 중 가장 적절하지 않은 것은?

① 甲이 점유자와 소유자가 다른 승용차를 점유자의 의사에 반하여 자신의 점유로 옮긴 경우, 이러한 甲의 행위가 결과적으로 소유자의 이익으로 된다는 사정 또는 소유자의 추정적 승낙이 있다고 볼 만한 사정이 있다고 하더라도, 다른 특별한 사정이 없는 한 그러한 사유만으로 불법영득의 의사가 없다고 할 수는 없다.
② 국유토지가 공개 입찰에 의해 매매되고 그 인도집행이 완료되었다고 하더라도 그 토지의 종전 경작자인 피고인이 파종한 보리가 30cm 이상 성장하였다면 그 보리는 피고인의 소유로서 그가 수확할 권한이 있다 할 것이어서 토지매수자가 토지를 경작하기 위해 소를 이용하여 쟁기질을 하고 성장한 보리를 갈아엎는 행위는 피고인의 재산에 대한 현재의 부당한 침해라 할 것이므로 이를 막기 위해 그 경작을 못하도록 소 앞을 가로막고 쟁기를 잡아당기는 등의 피고인의 행위는 정당방위에 해당한다.
③ 甲정당 당직자인 피고인들이 국회 외교통상 상임위원회 회의장 앞 복도에서 출입이 봉쇄된 회의장 출입구를 뚫을 목적으로 회의장 출입문 및 그 안쪽에 쌓여 있던 집기를 손상하거나, 국회 심의를 방해할 목적으로 회의장 내에 물을 분사한 경우, 국민의 대의기관인 국회에서의 행위인 이상 피고인들의 행위는 위법성이 조각되는 정당행위라고 볼 수 있다.
④ 쟁의행위에 대한 찬반투표 실시를 위하여 전체 조합원이 참석할 수 있도록 근무시간 중에 노동조합 임시총회를 개최하고 3시간에 걸친 투표 후 1시간의 여흥시간을 가졌더라도 그 임시총회 개최행위는 전체적으로 노동조합의 정당한 행위에 해당한다.

[해설]
① 【 O 】 대판 2014.2.21. 2013도14139 16. 경찰채용 2차
② 【 O 】 대판 1977.5.24. 76도3460
③ 【 X 】 상당성의 요건을 갖추지 못하였으므로 정당행위나 긴급피난의 요건을 갖춘 행위로 평가하기 어렵다(대판 2013.6.13. 2010도13609). 16. 경찰채용 2차
④ 【 O 】 대판 1994.2.22. 93도613 16. 경찰채용 2차

정답 ③

22 위법성 조각사유에 관한 다음 설명 중 옳은 것은?

① 정당방위에 의하여 보호할 수 있는 법익은 형법에 의하여 보호되는 것임을 요한다.
② 제3자의 개인적 법익을 위한 긴급피난은 허용되지 않는다.
③ 위난을 피하지 못할 책임 있는 자에 대한 긴급피난의 제한은 절대적인 것이 아니라 직무수행상 의무적으로 감수해야 할 범위 내에서 긴급피난을 인정하지 않는 것이다.
④ 긴급피난의 법적성질을 위법성조각사유로 보는 견해에 의하면 피난행위에 대하여는 긴급피난이 허용되지 않는다.

[해설]

① 【 X 】 정당방위에 의하여 보호되는 법익은 법에 의해 보호되는 모든 개인적 법익으로서, 형법상의 법익 외의 법익을 보호하기 위한 정당방위도 가능하다.
② 【 X 】 긴급피난에 의하여 보호되는 법익은 자기 또는 제3자의 모든 법익이다. 정당방위와는 달리 개인적 법익뿐만 아니라 사회적·국가적 법익도 포함된다.
③ 【 O 】 옳은 설명이다.
④ 【 X 】 긴급피난에 있어서 위난의 원인은 불문하고, 위법하거나 부당할 것도 요하지 않는다. 따라서 긴급피난행위를 위법성조각사유로 보는 견해에 의하더라도 긴급피난행위의 상대방은 그 긴급피난행위에 대해서 다시 긴급피난을 할 수 있다.

정답 ③

23 다음 설명 중 甲의 행위가 위법성이 조각되는 경우를 모두 몇 개인가?

㉠ 甲이 군무기피의 목적이 있었으나 국군보안사령부의 민간인에 대한 정치사찰을 폭로한다는 명목으로 군무를 이탈한 경우
㉡ 甲이 乙과 말다툼을 하던 중 乙이 건초더미에 있던 낫을 들고 반항하자 乙로부터 낫을 빼앗아 그 낫으로 乙의 가슴, 배, 왼쪽 허벅지 부위 등을 수차례 찔러 乙이 사망한 경우
㉢ 긴급피난의 본질을 위법성조각사유라고 볼 경우, 긴급피난행위에 대해서 정당방위는 인정되지 아니하나 긴급피난은 인정된다.
㉣ 변호사 甲은 참고인 조사를 받는 줄 알고 검찰청에 자진출석한 자신의 사무장 乙을 합리적 근거 없이 검사가 긴급체포하자 이를 제지하는 과정에서 검사에게 상해를 가한 경우

① 1개   ② 2개   ③ 3개   ④ 4개

[해설]

㉠ 【 X 】 정당방위나 정당행위에 해당하지 아니한다고 한 사례(대판 1993.6.8. 93도766). 17. 변호사
㉡ 【 X 】 이 사건 범행행위는 방위행위가 그 정도를 초과한 때에 해당하거나 정도를 초과한 방위행위가 야간 기타 불안스러운 상태하에서 공포, 경악, 흥분 또는 당황으로 인한 때에 해당한다고 볼 수도 없다(대판 2007.4.26. 2007도1794). 17. 변호사
㉢ 【 O 】 긴급피난을 위법성조각사유라고 볼 경우 긴급피난행위는 위법성이 조각되어 처벌되지 않는 행위가 되므로, 이에 대하여 현재의 부당한 침해를 요건으로 하는 정당방위는 인정되지 않는다. 그러나 긴급피난에 있어 위난의 원인은 위법할 것을 요건으로 하지 않으므로 현재의 위난을 요건으로 하는 긴급피난은 가능하다. 19. 경찰채용 1차
㉣ 【 O 】 검사가 참고인 조사를 받는 줄 알고 검찰청에 자진출석한 변호사사무실 사무장을 합리적 근거 없이 긴급체포하자 그 변호사가 이를 제지하는 과정에서 위 검사에게 상해를 가한 것이 정당방위에 해당한다(대판 2006.9.8. 2006도148). 17. 변호사

정답 ②

24 위법성조각사유에 관한 설명 중 옳지 않은 것은 모두 몇 개인가?

㉠ 노동조합이 주도한 쟁의행위 자체의 정당성과 이를구성하거나 여기에 부수되는 개개 행위의 정당성은 구별하여야 하므로, 일부 소수의 근로자가 폭력행위 등의 위법행위를 하였더라도, 전체로서의 쟁의행위 마저 당연히 위법하게 되는 것은 아니다.

㉡ 구 「공직선거 및 선거부정 방지법」상 선거비용지출죄는 회계책임자가아닌 자가 선거비용을 지출한 경우에 성립되는 죄인바, 후보자가 그와 같은 행위가 죄가 되는지 몰랐다고 하더라도 회계책임자가 아닌 후보자가 선거비용을 지출한 이상 회계책임자가 후에후보자의 선거비용 지출을 추인하였다 하더라도 그 위법성이 조각되지 않는다.

㉢ 신문기자가 국가정보기관에 의해 불법 감청된 자료임을 알고서 이를 기사화한 경우라면 국민의 알권리 내지 공익의 면이 항상 우월하기 때문에 통신비밀보호법 위반죄 여부에 있어서 위법성이 조각되는 정당행위로 평가되어야 한다.

㉣ 교회담임목사를 출교 처분한다는 취지의 교단산하 판결위원회의 판결문을 복사하여 예배를 보러온 신도들에게 배포한 경우에는 그 주요한 동기가 공공의 이익을 위한 것이라도 형법 제310조에 의한 위법성 조각은 인정될 수 없다.

① 1개 ② 2개 ③ 3개 ④ 4개

해설

㉠【 O 】대판 2017.7.11. 2013도7896 23. 경찰채용
㉡【 O 】대판 1999.10.12. 99도3335 23. 경찰채용
㉢【 X 】형법 제20조의 정당행위에 해당하지 않는다(대판 2011.4.17. 2006도8839). 12. 국가직 9급
㉣【 X 】목사의 개인적인 명예가 훼손된다 하여도 그것이 진실한 사실로서 오로지 교단 또는 그 산하교회 소속신자들의 이익에 관한 때에 해당하거나 적어도 사회상규에 위배되지 아니하는 행위에 해당하여 위법성이 없다(대판 1989.2.14. 88도899).

정답 ②

Chapter 04 책임론

출제방향

책임능력에서는 책임무능력자에 관한 판례를 숙지하고, 원인에 있어서 자유로운 행위에 관한 학설에 대한 이해가 필요하다. 특히, 최근에는 금지착오에 관하여 정당한 이유에 관한 판례의 출제 빈도가 높으므로 판례를 인정·부정으로 이분화하여 암기하여야 한다.

제1절 책임이론

01 책임의 근거와 본질에 관한 학설의 설명으로 옳고 그름의 표시(○, ×)가 바르게 된 것은?

> ㉠ 책임은 자유의사를 가진 자가 그 의사에 의하여 적법한 행위를 할 수 있었음에도 불구하고 위법한 행위를 선택하였으므로 이에 대해 윤리적 비난을 가하는 것이다. - 심리적 책임론
> ㉡ 인간의 행위는 자유의사가 아니라 환경과 소질에 의해 결정되는 것으로 책임의 근거가 행위자의 반사회적 성격에 있다. - 규범적 책임론
> ㉢ 책임은 행위 당시 행위자가 가지고 있었던 고의·과실이라는 심리적 관계로 이해하여 심리적인 사실인 고의·과실이 있으면 책임이 있고, 그것이 없으면 책임도 없다. - 도의적 책임론
> ㉣ 책임을 심리적 사실관계로 보지 않고 규범적 평가 관계로 이해하여 행위자가 적법행위를 할 수 있었음에도 위법행위를 한 것에 대한 규범적 비난이 책임이다. - 사회적 책임론

① ㉠ (○) ㉡ (○) ㉢ (○) ㉣ (○)
② ㉠ (○) ㉡ (×) ㉢ (○) ㉣ (×)
③ ㉠ (×) ㉡ (○) ㉢ (×) ㉣ (○)
④ ㉠ (×) ㉡ (×) ㉢ (×) ㉣ (×)

【해설】 24. 경찰간부
㉠【 X 】도의적 책임론에 대한 설명이다.
㉡【 X 】사회적 책임론에 대한 설명이다.
㉢【 X 】심리적 책임론에 대한 설명이다.
㉣【 X 】규범적 책임론에 대한 설명이다.

정답 ④

책임의 근거

구분	도의적 책임론	사회적 책임론
의의	책임은 자유의사를 가진 자가 자유로운 의사에 의해 적법한 행위를 할 수 있는데도 위법한 행위하여 도의적·윤리적 비난이라고 보는 견해. 행위능력	인간의 행태는 전적으로 인과법칙에 따라 결정되기 때문에 범죄는 인간의 소질과 환경의 필연적 소산이다. 따라서 책임의 근거는 행위자의 반사회적 성격에 있다는 견해. 성격책임
인간상	자유의사(비결정론)	소질과 환경(결정론)
이론적 배경	**도의적 책임론**은 **고전학파**, **객관주의**, 응보형주의의 책임이론이다	**사회적 책임론**은 **신파**, **주관주의**, 목적형주의의 책임이론이다.
본질 내용	**책임능력=범죄능력** 범죄능력이 부정되면 범죄행위를 할 수 없으므로 책임무능력자의 행위는 범죄가 아니다. 따라서 형벌을 부과할 수 없고 단지 보안처분만 과할 수 있다고 한다.	**책임능력=형벌능력** • 형법이 심신상실자를 책임능력이 없는 것으로 취급하는지를 설명할 수 없다. → 심신상실자라도 반사회적인 위험을 가진 행위자 이므로 **상습범의 경우 형벌을 부과하더라도 다시 범죄를 저지르게 되므로 형벌능력이 없다. 따라서 상습범을 책임무능력자로 보게 된다.**
형벌과 보안처분	이원론	일원론

cf) **인격적 책임론(신파와 구파의 절충)** : 인간은 소질과 환경의 영향을 받으면서도 제한된 자유의사가 인정된다는 견해(상대적 비결정론)로서, 책임의 근거는 구체적 행위책임과 더불어 행위의 배경이 된 행위자의 현재까지의 잘못된 인격형성에 있다고 본다(행위책임+인격형성책임). 도의적 책임론과 사회적 책임론을 절충하는 입장으로 볼 수 있다.

책임의 본질

심리적 책임론		① **책임의 본질**: 행위자의 심리적 사실관계로서의 고의·과실이 책임의 본질
		② **책임의 구성요소**
		   ㉠ **책임능력**: 심리적 관계가 아니므로 책임의 구성요소는 아니고 그 전제
		   ㉡ **책임형식**: 고의=범죄사실의 인식+위법성의 인식, 과실
		③ **범죄체계**: 고전적 범죄체계(인과적 행위론)
		④ **평가**
		   ㉠ 심리적 책임론에 의하면 강요된 행위에 있어서 고의를 가지고 행위 하는 피강요자의 책임을 인정하므로 기대불가능성(피강요자) 때문에 책임이 조각되는 경우를 설명할 수 없는 비판이 있다.
		   ㉡ 심리적 책임론은 인식 없는 과실의 경우에는 발생한 결과에 대한 행위자의 심리적 관계가 있을 수 없기 때문에 책임을 인정할 수 없는 비판을 받는다.

규범적
책임론
	복합적
	책임개념
		① **책임의 본질**: 비난가능성
		② **책임의 구성요소**
		   ㉠ 책임능력
		   ㉡ 고의=범죄사실의 인식+위법성의 인식, 과실
		   ㉢ 기대가능성
		③ **범죄체계**: 신고전적 범죄체계론
		④ **평가**: 책임평가에 그 대상인 고의·과실을 포함시켜 '평가의 대상'과 '대상의 평가'를 혼동하였다는 비판

	순수한
	규범적
	책임론
		① **책임의 본질**: 비난가능성
		② **책임의 구성요소**
		   ㉠ 책임능력
		   ㉡ **위법성의 인식 ➡ 고의에서 분리**
		   ㉢ 기대가능성
		③ **범죄체계**: 목적적 범죄체계론(목적적 행위론)
		④ **평가**
		   ㉠ 순수한 규범적 책임론은 책임 평가의 대상(고의, 과실)과 그 대상의 평가를 분리시켜 평가의 대상인 고의, 과실만 구성요건으로 옮긴다.
		   ㉡ 위법성 인식을 독자적인 책임표지로 재구성하여, 구성요건착오와 금지착오를 구분하였다.
		   ㉢ 고의·과실을 책임평가에서 제거함으로써 책임판단은 그 규범적 평가의 대상을 결하여 책임개념의 공허화를 초래하였다.

	합일태적
	책임론
	(고의의
	이중기능)
		① **책임의 본질**: 비난가능성
		② **책임의 구성요소**
		   ㉠ 책임능력
		   ㉡ 책임 고의=사실인식·과실(구성요건에 있던 '책임고의=사실인식' 책임으로 옮김)
		   ㉢ 위법성 인식
		   ㉣ 기대가능성
		③ **범죄체계**: 신고전적·목적적 범죄체계론(사회적 행위론)

예방적(기능적)
책임론
		① **의의**: 책임의 본질을 형벌의 목적(일반예방 내지 특별예방) 내지 처벌의 필요성이라는 형사정책적 관점에서 파악하려는 견해이다.
		② **평가**
		   ㉠ 기능적 책임론은 책임 개념을 예방으로 대체함으로써 일반예방에 대한 관계에서 책임주의가 가지고 있는 제한적 기능을 무력화시킬 수 있다는 비판을 받는다.
		   ㉡ 기능적 책임론에 대해서는, 형벌목적의 고려는 형벌론에서 충분히 이루어 질 수 있으므로 이를 책임판단에서 검토할 특별한 이유가 없다는 비판이 제기된다.

02 책임의 근거와 본질에 관한 설명으로 가장 적절하지 않은 것은?

① 도의적 책임론에 의하면 자유의사가 없는 자는 책임무능력자로서 형벌을 부과할 수 없으며, 자유의사를 가진 책임능력자에게 과해지는 형벌과 자유의사가 없는 책임무능력자에게 과해지는 보안처분은 질적으로 구별된다.

② 사회적 책임론에 의하면 책임은 환경과 소질에 의해 결정되는 '행위자의 반사회적 성격'에 있는 것으로 책임능력은 형벌능력을 의미하고, 형벌과 보안처분은 사회방위의 수단인 점에서 동일하지만 양적 차이가 있을 뿐이다.

③ 인격적 책임론에 의하면 책임을 평가적 가치관계로 이해하여 구체적 사정 아래에서 행위자가 적법행위를 할 수 있었음에도 불구하고 그렇게 하지 않았을 때 비로소 책임비난이 가능하므로 적법행위의 기대가능성이 책임의 중심적 요소이며 비난가능성이 책임의 본질이 된다.

④ 예방적 책임론에 의하면 행위자에 대한 비난가능성만으로 책임을 결정하는 것이 아니라 일반예방이나 특별예방이라는 형벌의 목적도 함께 고려하여 책임을 결정해야 하므로 책임비난이 가능한 경우에도 예방의 필요성이 없으면 책임을 부정할 수 있다.

[해설]
① 【O】 도의적 책임론에 의하면 형벌과 보안처분의 관계에 대하여 이원론의 입장이다.
② 【O】 사회적 책임론에 의하면 형벌과 보안처분의 관계에 대하여 일원론의 입장이다.
③ 【X】 인격적 책임론이 아니라 규범적 책임론에 대한 설명이다. 인간은 소질과 환경의 영향을 받으면서도 제한된 자유의사가 인정된다는 견해(상대적 비결정론)로서, 책임의 근거는 구체적 행위책임과 더불어 행위의 배경이 된 행위자의 현재까지의 잘못된 인격형성에 있다고 본다(행위책임+인격형성책임). 도의적 책임론과 사회적 책임론을 절충하는 입장으로 볼 수 있다.
④ 【O】 책임의 본질에 관한 예방적 책임론에 대한 옳은 설명이다.

정답 ③

03 도의적 책임론과 관계없는 것은?

① 자유의사론   ② 결정론   ③ 이원론   ④ 응보형주의

[해설]
② 【X】 도의적 책임론에서는 비결정론을 근거로 가지며, 사회적 책임론에서 결정론을 취하고 있다. 05. 국가직

정답 ②

04 다음의 연결 중에서 옳지 않은 것은?

① 도의적 책임론 – 자유의사론
② 사회적 책임론 – 결정론
③ 심리적 책임론 – 비난가능성
④ 규범적 책임론 – 기대가능성

[해설]
③ 【X】 책임의 본질에 관하여 심리적 책임론은 행위자의 심리적 관계인 고의·과실에 본질이 있다고 본다. 비난가능성을 책임의 본질로 보는 것은 규범적 책임론이다. 93. 경찰승진

정답 ③

05 책임이론에 관한 설명으로 잘못 연결된 것은?

① 사회적 책임론 - 의사자유에 관해 결정론을 취한다.
② 심리적 책임론 - 고의 또는 과실을 책임의 본질적 요소로 파악한다.
③ 순수한 규범적 책임론 - 책임을 평가의 객체로 파악한다.
④ 인격적 책임론 - 행위책임과 행위자 책임의 결합을 시도한다.

해설

③ 【 X 】 순수한 규범적 책임론은 비난가능성을 표지로 삼기 때문에 평가의 대상과 대상의 평가를 엄격히 구별한다. 이에 의하면 책임은 비난의 주체이지(대상의 평가이지) 비난의 대상(평가의 대상)은 아니다. 93. 행시

정답 ③

06 책임론과 관련된 설명 중 옳지 않은 것은?

① 순수한 규범적 책임론에서는 고의·과실을 구성요건요소로 본다.
② 도의적 책임론은 의사자유의 인정 여부에 관하여 비결정론을 취한다.
③ 규범적 책임론에 따르면 고의 있는 책임무능력자의 경우에 책임이 인정된다.
④ 심리적 책임론에 따르면 고의 있는 책임무능력자의 경우에 책임은 인정되지 않는다.

해설

③ 【 X 】 규범적 책임론은 책임무능력자가 비록 고의가 있더라도 비난가능성이 없으므로 책임이 인정되지 않는다. 02. 행시

정답 ③

07 책임의 근거 및 본질에 관한 이론의 설명으로 옳은 것은?

① 심리적 책임론은 책임의 본질을 비난가능성으로 본다.
② 심리적 책임론은 책임을 행위자의 심리적 사실에 대한 규범적 평가로 이해한다.
③ 심리적 책임론은 강요된 행위에 있어서 고의를 가지고 행위하는 피강요자의 이유를 설명하기 곤란하다.
④ 규범적 책임론은 책임을 행위에 대한 행위자의 주관적·심리적 관계로 이해한다.

해설

③ 【 O 】 심리적 책임론에서 책임이란 행위·결과에 대한 행위자의 심리적 사실관계이며, 이러한 심리적 사실인 고의·과실을 곧 책임의 본질로 본다. 이에 의하면 심리적 사실인 고의·과실이 있으면 책임은 성립한다. 그러나 책임 고의는 있으나 책임능력이 부정되거나 기대불가능성(예컨대 강요된 행위)때문에 책임이 조각되는 경우를 설명할 수 없다는 비판이 있다. 00. 사시

정답 ③

08 규범적 책임론에 관한 설명으로 옳지 않은 것은?

① 규범적 책임론 중 고의·과실의 이중기능을 인정하는 입장을 취하면 책임능력·위법성인식, 책임형식으로서의 고의 또는 과실, 책임조각사유의 부존재를 책임요소로 본다.
② 규범적 책임론 중 복합적 책임개념을 인정하는 입장을 취하면 책임능력, 고의 또는 과실, 책임조각사유의 부존재를 책임요소로 본다.
③ 규범적 책임론 중 순수한 책임능력을 인정하는 입장을 취하면 책임능력, 위법성인식, 기대가능성을 책임요소로 본다.
④ 책임은 결과로 인하여 나타난 행위자의 반사회적 성격에 대한 비난가능성이다.

해설
④ 【X】 규범적 책임론에 의하면 책임의 본질은 적법한 행위가 가능함에도 불법한 행위를 한 행위자의 비난가능성이다. 99. 국가직 7급

정답 ④

09 책임에 관한 설명 중 옳지 않은 것은?

① 심리적 책임론은 인식 없는 과실의 경우에는 발생한 결과에 대한 행위자의 심리적 관계가 있을 수 없기 때문에 책임을 인정할 수 없게 된다는 비판을 받고 있다.
② 규범적 책임론은 책임의 본질을 심리적 사실관계에 두는 것이 아니라 그러한 사실관계를 토대로 한 규범적 평가로서의 비난가능성으로 이해하는 이론이다.
③ 기능적 책임론은 책임개념을 예방으로 대체함으로써 책임주의가 가지고 있는 제한적 기능을 약화시킬 수 있다는 비판을 받고 있다.
④ 책임능력의 판단기준으로 사물변별능력과 의사결정능력을 규정하는 형법 제10조는 책임의 근거를 인간의 의사자유에서 구하는 도의적 책임론에 입각한 규정으로 해석된다.
⑤ 도의적 책임론은 의사자유를 전제로 하여 형벌을 도의적 비난에 근거한 응보로 이해하는 주관주의 이론을 취하며, 국가의 형사제재를 이원적으로 이해한다.

해설
⑤ 【X】 도의적 책임론은 의사자유를 전제로 하여 형벌을 도의적 비난에 근거한 응보로 이해하는 객관주의 이론을 취하며, 국가의 형사제재를 이원적으로 이해한다. 06. 사시

정답 ⑤

10 책임에 관한 설명 중 옳지 않은 것은?

① 책임능력의 판단기준으로 사물변별능력과 의사결정능력을 규정하는 형법 제10조는 책임의 근거로 인간의 의사자유에서 구하는 도의적 책임론에 입각한 규정으로 해석된다.
② 순수한 규범적 책임론에 의하면 고의에 위법성인식을 포함시켜 위법성인식의 체계적 지위에서 고의설을 채택하게 된다.
③ 책임능력을 형벌능력이라고 이해하는 경우 형법이 심신상실자를 책임능력이 없는 것으로 취급하는지를 설명할 수 없다는 비판을 받는다.
④ 책임능력을 범죄능력이라고 이해하는 경우 범죄능력이 부정되면 범죄행위를 할 수 없으므로 책임무능력자의 행위는 범죄가 아니다. 따라서 형벌을 부과할 수 없고, 단지 보안처분만 과할 수 있다고 한다.

해설
② 【 X 】 순수한 규범적 책임론은 고의와 위법성인식을 분리시켜 위법성인식을 책임의 독자적인 요소로 이해한다(책임설).
③ 【 O 】 심신상실자가 범행위시에는 심신상실상태였으나 그 후 정상적으로 회복한 경우 치료감호가 아니라 형벌을 부과하여야 하는데, 우리 형법은 그렇지 아니하기 때문이다.

정답 ②

11 책임에 관한 설명 중 옳지 않은 것은?

① 심리적 책임론은 인식 없는 과실의 경우에는 발생한 결과에 대한 행위자의 심리적 관계가 있을 수 없기 때문에 책임을 인정할 수 없게 된다는 비판을 받고 있다.
② 규범적 책임론은 책임의 본질을 심리적 사실관계에 두는 것이 아니라 그러한 사실관계를 토대로 한 규범적 평가로서의 비난가능성으로 이해하는 이론이다.
③ 도의적 책임론은 의사자유를 전제로 하여 형벌을 도의적 비난에 근거한 응보로 이해하는 주관주의 이론을 취하며, 국가의 형사제재를 이원적으로 이해한다.
④ 책임능력의 판단기준으로 사물변별능력과 의사결정능력을 규정하는 형법 제10조는 책임의 근거로 인간의 의사자유에서 구하는 도의적 책임론에 입각한 규정으로 해석된다.

해설
③ 【 X 】 도의적 책임론은 객관주의 범죄이론과 연결된다. 06. 사시

정답 ③

12 책임이론에 관한 다음 설명 중 옳은 것을 모두 묶은 것은?

㉠ 기능적 책임론은 책임 개념을 예방으로 대체함으로써 일반예방에 대한 관계에서 책임주의가 가지고 있는 제한적 기능을 무력화시킬 수 있다는 비판을 받는다.
㉡ 규범적 책임론에서는 위법성이 '일반적인 당위'를 문제삼는 것임에 반하여 책임은 행위자가 '달리 행위할 수 있었다'라고 하는 '개인적인 가능'을 문제 삼는다.
㉢ 책임원칙에 의하면 형벌의 근거는 책임의 존재를 전제로 하며, 형벌의 한계도 책임에 의하여 제한된다.
㉣ 심리적 책임론은 책임을 행위에 대한 행위자의 주관적, 심리적 관계로 이해하여 인식 없는 과실의 경우에는 책임을 인정할 수 없고, 고의, 과실이 있음에도 책임능력이 없거나 책임조각사유에 의한 책임을 부정해야 하는 경우를 설명할 수 없다는 비판을 받는다.
㉤ 도의적 책임론은 책임능력을 형벌능력으로 파악하나, 사회적 책임론은 책임능력을 범죄능력으로 파악한다.

① ㉠, ㉡ ② ㉡, ㉣, ㉤ ③ ㉠, ㉡, ㉢, ㉣ ④ ㉠, ㉡, ㉢

해설
㉠㉡㉢㉣이 옳은 항목이다.
㉤ 도의적 책임론은 책임능력을 범죄능력으로 보고, 사회적 책임론은 책임능력을 형벌능력으로 본다. 07. 사시

정답 ③

13 책임론에 관한 다음 기술 중 옳지 않은 것을 모두 고른 것은?

㉠ 기능적 책임론에 대해서는, 형벌목적의 고려는 형벌론에서 충분히 이루어 질 수 있으므로 이를 책임판단에서 검토할 특별한 이유가 없다는 비판이 제기된다.
㉡ 심리적 책임론에 대해서는, 강요된 행위의 경우 책임을 조각시키거나 배제시키는 것에 대한 설득력 있는 해결을 할 수 없다는 비판이 제기된다.
㉢ 사회적 책임론에 대해서는, 타행위 가능성은 사회에 필요한 허구라는 비판이 제기된다.
㉣ 순수한 규범적 책임론에 대해서는, 책임평가의 대상과 그 대상의 평가를 일치시킨다는 점에서 체계 모순에 빠져 있다는 비판이 제기된다.

① ㉡ ② ㉠, ㉡ ③ ㉢, ㉣ ④ ㉡, ㉢, ㉣

해설
㉢㉣ 2항목이 옳지 않다.
㉢ 타행위가능성(기대가능성)은 사회에 필요한 허구라는 비판이 제기되는 것은 규범적 책임론이다. ㉣ 순수한 규범적 책임론은 책임평가의 대상(고의, 과실)과 그 대상의 평가를 분리시켜 평가의 대상인 고의, 과실만 구성요건으로 옮겨지게 된다. 08. 사시

정답 ③

14 책임주의에 관한 다음 설명 중 옳은 것을 모두 고르면?

㉠ 형벌의 양은 책임의 양을 초과할 수 없다.
㉡ 기능적 책임론은 책임의 본질을 예방이라는 형벌의 목적에 두고 있다.
㉢ 책임이 반드시 불법을 전제로 하여야 성립되는 것은 아니다.
㉣ 형벌은 책임을 근거로 한다.
㉤ 상습범의 형을 가중하는 것은 책임주의에 반한다.
㉥ 결과적 가중범에 있어서 중한 결과에 대한 예견가능성을 요구하는 것은 책임주의와 관계없다.

① ㉠, ㉡   ② ㉠, ㉢, ㉣   ③ ㉠, ㉣, ㉤   ④ ㉡, ㉣, ㉥   ⑤ ㉠, ㉡, ㉣

해설 10. 사시

㉠㉣ 【 O 】 책임은 형벌의 근거가 된다. 즉 책임은 형벌을 정당화하며, 책임이 없으면 형벌을 과할 수 없다. 또한 책임은 형벌을 제한한다. 즉 책임을 초과한 형벌은 금지되며, 형벌은 책임의 정도에 따라야 한다. 따라서 책임을 초과한 형벌은 책임주의의 위반이다.

㉡ 【 O 】 기능적 책임론은 책임의 본질을 형벌의 목적(일반예방 내지 특별예방) 내지 처벌의 필요성이라는 형사정책적 관점에서 파악하려는 견해이다.

㉢ 【 X 】 책임은 구성요건해당성과 위법성이 인정된 후에야 고려되는 범죄성립의 세 번째 요건이다. 따라서 책임 없는 불법(구성요건해당성+위법성)은 있을 수 있어도, 불법 없는 책임은 있을 수 없다.

㉤ 【 X 】 상습범에 대한 가중처벌은 행위책임만으로는 설명할 수 없고 행위자책임이 보충되지 않으면 설명이 어렵다. 그렇지만 상습범의 형을 가중하는 것을 책임주의에 반한다고 볼 수는 없다(이견 있음). 판례도 그러한 입장이 있다고 볼 수 있다. 즉 폭력행위 등 처벌에 관한 법률 제3조 제4항(상습범)에 해당하여 처벌하는 경우에도 형법 제35조의 누범가중 규정의 적용은 면할 수 없으므로, 형법 제35조를 적용한다고 하더라도 그것이 동일한 행위에 대한 이중처벌로서 헌법상의 인간의 존엄과 가치, 행복추구권을 침해하는 것이라고는 볼 수 없다(대판 2007.8.23. 2007도4913).

㉥ 【 X 】 오늘날 통설은 결과적 가중범을 처벌하는 것은 결과책임을 인정하는 것이 되어 책임주의에 반하는 것이나, 고의와 과실을 결합하여 중한 결과에 대하여 과실(예견가능성)이 있을 때에만 형을 가중하는 경우에는 책임주의와 조화를 이룰 수 있다고 한다. 우리 형법도 제15조 제2항에서 "결과로 인하여 형이 중한 죄에 있어서 그 결과의 발생을 예견할 수 없었을 때에는 중한 죄로 벌하지 아니한다"고 규정하여 중한 결과의 발생에 대한 예견가능성(과실)을 결과적 가중범의 성립요건으로 하고 있어 결과책임주의를 배척하고 책임주의를 관철하고 있다.

정답 ⑤

제2절 책임능력

◆ 지문의 내용에 대해 학설의 대립 등 다툼이 있는 경우 판례에 의함

01 책임능력에 관한 다음 설명 중 옳지 않은 것은 모두 몇 개인가?

> ㉠ 도의적 책임론은 책임능력을 형벌능력으로 파악하나, 사회적 책임론은 책임능력을 범죄능력이라고 한다.
> ㉡ 책임무능력자로 하기 위해서는 심신상실로 인하여 사물을 변별할 능력이 없으며 의사를 결정할 능력이 없어야 한다.
> ㉢ 심신장애로 인하여 사물을 변별할 능력이나 의사를 결정할 능력이 미약한 자의 행위는 형을 감면한다.
> ㉣ 행위시 책임능력이 없는 자의 행위는 어떠한 경우에도 형벌을 부과할 수 없다.

① 1개　　　② 2개　　　③ 3개　　　④ 4개

해설

㉠ 【 X 】 도의적 책임론은 책임능력을 '범죄능력'으로 파악하는 반면, 사회적 책임론은 책임능력을 '형벌능력'으로 이해한다. 14. 경찰채용 2차

㉡ 【 X 】 책임능력자가 되기 위해서는 사물을 변별할 능력과 의사를 결정할 능력 모두를 갖추어야만 한다. 따라서 위 두 가지 능력 중 어느 하나만 없으면 책임무능력자가 되므로 사물을 변별할 능력이 없거나 의사를 결정할 능력이 없으면 책임무능력자가 된다. 14. 경찰채용 2차

㉢ 【 X 】 심신장애로 인하여 사물을 변별할 능력이나 의사를 결정할 능력이 미약한 자(심신미약자)의 행위는 형을 감경할 수 있다(형법 제10조 제2항). 14. 경찰채용 2차

㉣ 【 X 】 행위시 책임능력이 없는 자의 행위라 하더라도 그것이 형법 제10조 제3항의 '원인에 있어서 자유로운 행위'에 해당하는 경우에는 책임능력자의 행위로 취급되어 면책되거나 형이 감경되지 아니한다. 14. 경찰채용 2차

정답 ④

02 책임에 대한 설명 중 옳은 것만을 모두 고른 것은?

㉠ 책임비난의 근거를 행위자의 자유의사에서 찾는 도의적 책임론은 행위자 책임을 형벌권 행사의 근거로 보기 때문에 책임무능력자에 대한 보안처분 부과를 옹호한다.

㉡ 사회적 책임론은 과거에 잘못 형성된 행위자의 성격에서 책임의 근거를 찾으므로 범죄는 행위자의 소질과 환경에 의해 결정된다고 이해한다.

㉢ 행위 당시 18세였던 甲이 제1심에서 부정기형을 선고받은 후 항소심 선고 이전에 19세에 도달한 경우, 항소심 법원은 甲에 대하여 정기형을 선고하여야 한다.

㉣ 형법 제10조에 규정된 심신장애는 정신병 또는 비정상적 정신상태와 같은 정신적 장애가 있는 외에 정신적 장애로 말미암아 사물에 대한 변별능력과 그에 따른 행위통제능력이 결여되거나 감소되었음을 요하므로 정신적 장애가 있는 자라고 하여도 범행 당시 정상적인 사물변별능력이나 행위통제능력이 있었다면 심신장애로 볼 수 없다.

㉤ 음주습벽이 있는 甲이 음주운전을 할 의사를 가지고 음주만취하여 심신상실상태에서 운전을 결행하여 부주의로 보행자 A를 충격하여 현장에서 즉사시키고 도주하였다면, 이는 음주 시에 교통사고를 일으킬 위험성을 예견하였는데도 자의로 심신장애를 야기한 경우에 해당하므로 甲에 대한 형사처벌이 가능하다.

① ㉠, ㉢, ㉤ ② ㉡, ㉣, ㉤ ③ ㉢, ㉣, ㉤ ④ ㉡, ㉢, ㉣, ㉤

해설

㉠ 【 X 】 도의적 책임론에 의하면 책임은 자유의사를 가진 자가 자유로운 의사에 의해 적법한 행위를 할 수 있는데도 위법한 행위를 하여 도의적·윤리적 비난이라고 보는 견해이다. 책임능력이 있으면 범죄능력이 있는 견해로서 범죄능력이 부정되면 범죄행위를 할 수 없으므로 책임무능력자의 행위는 범죄가 아니다. 따라서 형벌을 부과할 수 없고 단지 보안처분만 과할 수 있다고 한다. 23. 경찰간부

㉡ 【 O 】 사회적 책임론은 인간의 행태는 전적으로 인과법칙에 따라 결정되기 때문에 범죄는 인간의 소질과 환경의 필연적 소산이다. 따라서 책임의 근거는 행위자의 반사회적 성격에 있다는 견해이다. 23. 경찰간부

㉢ 【 O 】 소년법 제60조 제1항에 정한 '소년'은 소년법 제2조에 정한 19세 미만인 자를 의미하는 것으로 이에 해당하는지는 사실심판결 선고 시를 기준으로 판단하여야 하므로, 제1심에서 부정기형을 선고받은 피고인이 항소심 선고 이전에 19세에 도달하는 경우 정기형이 선고되어야 한다. 이 경우 피고인만이 항소하거나 피고인을 위하여 항소하였다면 형사소송법 제368조가 규정한 불이익변경금지 원칙이 적용되어 항소심은 제1심판결의 부정기형보다 무거운 정기형을 선고할 수 없다(대판 2020.10.22. 2020도4140). 23. 경찰간부

㉣ 【 O 】 형법 제10조에 규정된 심신장애는, 생물학적 요인으로 인하여 정신병 또는 비정상적 정신상태와 같은 정신적 장애가 있는 외에, 심리학적 요인으로 인한 정신적 장애로 말미암아 사물에 대한 변별능력과 그에 따른 행위통제능력이 결여되거나 감소되었음을 요하므로, 정신적 장애가 있는 자라고 하여도 범행 당시 정상적인 사물변별능력이나 행위통제능력이 있었다면 심신장애로 볼 수 없다(대판 2007.6.14. 2007도2360). 23. 경찰간부

㉤ 【 O 】 음주운전을 할 의사를 가지고 음주만취한 후 운전을 결행하다가 교통사고를 일으킨 경우에는 음주시에 교통사고를 일으킬 위험성을 예견하였는데도 자의로 심신장애를 야기한 경우에 해당하므로 형법 제10조 제3항에 의하여 심신장애로 인한 감경 등을 할 수 없다고 할 것이다(대판 1992.7.28. 92도999). 23. 경찰간부

정답 ④

03 책임에 관한 설명으로 가장 적절하지 않은 것은?

① 「형법」 제10조 제2항에 따르면 심신장애로 인하여 사물을 변별할 능력이나 의사를 결정할 능력이 미약한 사람의 행위는 형을 감경할 수 있다.
② 「형법」 제10조에 규정된 심신장애는 생물학적 요소로서 정신병 또는 비정상적 정신상태와 같은 정신적 장애가 있는 외에 심리학적 요소로서 이와 같은 정신적 장애로 말미암아 사물에 대한 변별능력과 그에 따른 행위통제능력이 결여되거나 감소되었음을 요하므로, 정신적 장애가 있는 자라고 하여도 범행 당시 정상적인 사물변별능력이나 행위통제능력이 있었다면 심신장애로 볼 수 없다.
③ 「형법」 제10조 제1항 및 동조 제2항에 규정된 심신장애의 유무 및 정도의 판단은 법률적 판단으로서 반드시 전문감정인의 의견에 기속되어야 하는 것은 아니고, 정신분열증의 종류와 정도, 범행의 동기, 경위, 수단과 태양, 범행 전후의 피고인의 행동, 반성의 정도 등 여러 사정을 종합하여 법원이 독자적으로 판단할 수 있다.
④ 원인에 있어서 자유로운 행위에 관한 「형법」 제10조 제3항은 원인행위시 심신장애 상태에서 위법행위로 나아갈 예견가능성이 없었던 경우에도 적용된다.

해설

① 【 O 】 심신장애로 인하여 사물을 변별할 능력이나 의사를 결정할 능력이 미약한 사람의 행위는 형을 감경할 수 있다(제10조 제2항). 23. 경찰

② 【 O 】 형법 제10조에 규정된 심신장애는, 생물학적 요인으로 인하여 정신병 또는 비정상적 정신상태와 같은 정신적 장애가 있는 외에, 심리학적 요인으로 인한 정신적 장애로 말미암아 사물에 대한 변별능력과 그에 따른 행위통제능력이 결여되거나 감소되었음을 요하므로, 정신적 장애가 있는 자라고 하여도 범행 당시 정상적인 사물변별능력이나 행위통제능력이 있었다면 심신장애로 볼 수 없다(대판 2007.6.14. 2007도2360). 23. 경찰

③ 【 O 】 형법 제10조에 규정된 심신장애의 유무 및 정도의 판단은 법률적 판단으로서 반드시 전문감정인의 의견에 기속되어야 하는 것은 아니고, 정신질환의 종류와 정도, 범행의 동기, 경위, 수단과 태양, 범행 전후의 피고인의 행동, 반성의 정도 등 여러 사정을 종합하여 법원이 독자적으로 판단할 수 있다(대판 2007.11.29. 2007도8333). 23. 경찰

④ 【 X 】 법 제10조 제3항은 "위험의 발생을 예견하고 자의로 심신장애를 야기한 자의 행위에는 전2항의 규정을 적용하지 아니한다"고 규정하고 있는 바, 이 규정은 고의에 의한 원인에 있어서의 자유로운 행위만이 아니라 과실에 의한 원인에 있어서의 자유로운 행위까지도 포함하는 것으로서 위험의 발생을 예견할 수 있었는데도 자의로 심신장애를 야기한 경우도 그 적용 대상이 된다(대판 1992.7.28. 92도999). 원인행위시 위험의 발생을 예견할 수 없었던 경우에는 형법 제10조 제3항이 적용되지 않는다. 23. 경찰

정답 ④

04 책임능력에 관한 설명 중 옳은 것은 모두 몇 개인가?

> ㉠ 형사미성년자라도 사물변별능력 또는 의사결정능력이 결여되어야 책임능력이 부정된다.
> ㉡ 단순한 충동조절장애와 같은 성격적 결함은 원칙적으로 심신장애에 해당하지 않는다.
> ㉢ 농아자는 청각기능과 발음기능 모두에 장애가 있는 한정책임능력자로서 임의적으로 형을 감경할 수 있다.
> ㉣ 행위자에게 정신적 장애가 있는 경우에는 범행 당시 정상적인 사물변별능력과 행위통제 능력이 있었다고 하더라도 형법 제10조의 심신장애가 인정된다.
> ㉤ 법원이 형법 제10조에 규정된 심신장애의 유무 및 정도를 판단하는 것은 법률적 판단이지만, 반드시 전문감정인의 의견에 기속되어야 한다.

① 1개   ② 2개   ③ 3개   ④ 4개

해설

㉠ 【 X 】 심신장애로 인하여 전항의 능력이 미약한 자의 행위는 형을 감경한다(형법 제9조). 형사미성년자는 생물학적 방법에 의한 것으로, 14세가 되지 아니한 자는 개인적·육체적인 성숙 정도에 관계없이 '절대적 책임무능력자'로 간주된다. 17. 경찰간부
㉡ 【 O 】 대판 1995.2.24. 94도3163 17. 경찰간부
㉢ 【 X 】 농아자의 행위는 형을 감경한다(형법 제11조). 농아자는 필요적 감경이다. 17. 경찰간부
㉣ 【 X 】 정신적 장애가 있는 자라고 하여도 범행 당시 정상적인 사물변별능력이나 행위통제능력이 있었다면 심신장애로 볼 수 없다(대판 2007.2.8. 2006도7900). 17. 경찰간부
㉤ 【 X 】 형법 제10조 제1항, 제2항에 규정된 심신장애의 유무 및 정도의 판단은 법률적 판단으로서 반드시 전문감정인의 의견에 기속되어야 하는 것은 아니고, 정신분열증의 종류와 정도, 범행의 동기, 경위, 수단과 태양, 범행 전후의 피고인의 행동, 반성의 정도 등 여러 사정을 종합하여 법원이 독자적으로 판단할 수 있다(대판 1999.1.26. 98도3812). 17. 경찰간부

정답 ①

05 다음 〈보기〉 중 책임능력에 대한 설명으로 옳은 것을 모두 고른 것은?

〈보기〉
> ㉠ 정신적 장애가 있는 자라고 하여도 범행 당시 정상적인 사물변별능력이나 행위통제능력이 있었다면 「형법」 제10조에 규정된 심신장애로 볼 수 없다.
> ㉡ 무생물인 옷 등을 성적 각성과 희열의 자극제로 믿고 이를 성적 흥분을 고취시키는 데 쓰는 성주물성애증이라는 정신질환이 있다는 사정만으로는 형의 감면사유인 심신장애에 해당하는 것으로 볼 수 없다.
> ㉢ 심신장애로 인하여 사물을 변별할 능력이나 의사를 결정할 능력이 미약한 자의 행위는 형을 감경한다.
> ㉣ 음주운전을 할 의사를 가지고 음주만취 후 운전을 하다가 교통사고를 일으켰다면 음주 시에 교통사고를 일으킬 위험성을 예견하였는데도 자의로 심신장애를 야기한 경우에 해당하므로 「형법」 제10조 제3항에 의하여 심신장애로 인한 감경 등을 할 수 없다.
> ㉤ 「소년법」 제4조 제1항의 '죄를 범한 소년'(범죄소년)은 형사처벌은 불가능하지만 보호처분은 가능한 책임무능력자이다.

① ㉠, ㉡, ㉢   ② ㉠, ㉡, ㉣   ③ ㉡, ㉢, ㉣   ④ ㉡, ㉣, ㉤

[해설]

㉠ 【 O 】 형법 제10조에 규정된 심신장애는 생물학적 요소로서 정신병 또는 비정상적 정신상태와 같은 정신적 장애가 있는 외에 심리학적 요소로서 이와 같은 정신적 장애로 말미암아 사물에 대한 변별능력과 그에 따른 행위통제능력이 결여되거나 감소되었음을 요하므로, 정신적 장애가 있는 자라고 하여도 범행 당시 정상적인 사물변별능력이나 행위통제능력이 있었다면 심신장애로 볼 수 없다(대판 2007.2.8. 2006도7900). 23. 해경승진

㉡ 【 O 】 무생물인 옷 등을 성적 각성과 희열의 자극제로 믿고 이를 성적 흥분을 고취시키는 데 쓰는 성주물성애증이라는 정신질환이 있다고 하더라도 그러한 사정만으로는 절도 범행에 대한 형의 감면사유인 심신장애에 해당한다고 볼 수 없고, 다만 그 증상이 매우 심각하여 원래의 의미의 정신병이 있는 사람과 동등하다고 평가할 수 있거나, 다른 심신장애사유와 경합된 경우 등에는 심신장애를 인정할 여지가 있다(대판 2013.1.24. 2012도12689). 23. 해경승진

㉢ 【 X 】 심신장애로 인하여 사물을 변별할 능력이나 의사를 결정할 능력이 미약한 자의 행위는 형을 감경할 수 있다(제10조 제2항). 23. 해경승진

㉣ 【 O 】 음주운전을 할 의사를 가지고 음주만취한 후 운전을 결행하다가 교통사고를 일으킨 경우에는 음주시에 교통사고를 일으킬 위험성을 예견하였는데도 자의로 심신장애를 야기한 경우에 해당하므로 형법 제10조 제3항에 의하여 심신장애로 인한 감경 등을 할 수 없다고 할 것이다(대판 1992.7.28. 92도999). 23. 해경승진

㉤ 【 X 】 소년법상 소년은 14세 이상 19세 미만의 자를 말한다(소년법 제2조, 형법 제9조). 소년법상 소년은 14세 미만의 절대적 형사미성년자가 아니기 때문에 형사처벌이 가능하다(상대적 부정기형 선고). 23. 해경승진

정답 ②

06 책임능력에 대한 설명 중 가장 적절하지 않은 것은?

① 정신적 장애가 있는 자는 범행 당시 정상적인 사물변별능력과 행위통제능력이 있었다고 하더라도 심신장애에 해당한다.
② 무생물인 옷 등을 성적각성과 희열의 자극제로 믿고 이를 성적 흥분을 고취시키는데 쓰는 성주물성애증이라는 정신질환이 있다는 사정만으로는 형의 감면사유인 심신장애에 해당하는 것으로 볼 수 없다.
③ 범행을 기억하고 있지 않다는 사실만으로 바로 범행당시 심신상실 상태에 있었다고 단정할 수는 없다.
④ 심신장애 유무는 법률문제로, 전문감정인의 정신감정 결과가 중요한 참고자료가 되기는 하나, 법원으로서는 반드시 그 의견에 기속을 받는 것은 아니고, 그러한 감정 결과뿐만 아니라 범행의 경위, 수단, 범행 전후의 피고인의 행동 등 기록에 나타난 제반 자료 등을 종합하여 단독적으로 판단하여야 한다.

[해설]

① 【 X 】 정신적 장애가 있는 자는 범행 당시 정상적인 사물변별능력과 행위통제능력이 있었다면 심신장애에 해당하지 않는다. 20. 경찰승진
② 【 O 】 대판 2013.1.24. 2012도12689. 18. 경찰간부
③ 【 O 】 대판 1985.5.28. 85도361 20. 경찰승진
④ 【 O 】 대판 1999.8.24. 99도1194 17. 법원행시

정답 ①

07 책임능력에 관한 설명 중 가장 적절하지 않은 것은?

① 충동조절장애와 같은 성격적 결함은 원칙적으로 심신장애에 해당하지 않으나 그 정도가 매우 심각하여 원래의 의미의 정신병을 가진 사람과 동등하다고 평가할 수 있는 경우에는 심신장애를 인정할 수 있다.
② 소년법 제60조 제2항 소정의 '소년'인지의 여부는 원칙적으로 심판시, 즉 사실심 판결 선고시를 기준으로 하여 판단하여야 한다.
③ 형법 제11조는 '농아자의 행위는 형을 감경한다'라고 규정하고 있다.
④ 14세 되지 아니한 자가 정상적인 사물변별능력과 의사결정능력을 갖추고 있다면 그에 대해 「소년법」에 따른 부정기형을 선고하여야 한다.

해설

① 【O】 대판 2002.5.24. 2002도1541 14. 경찰승진
② 【O】 대판 2009.5.28. 2009도2682 14. 경찰승진
③ 【O】 농아자의 행위는 사물변별능력이나 의사결정능력의 유무와 상관없이 형을 필요적으로 감경해야 하기 때문이다(형법 제11조). 14. 경찰승진
④ 【X】 만 14세 미만자는 절대적 책임무능력자이므로(제9조), 사물변별능력과 의사결정능력의 유무를 묻지 않고 책임이 조각되어 형벌을 부과할 수 없다. 부정기형도 형벌이므로 부과할 수 없다. 다만 소년법상 보호처분은 가능하다. 18. 경찰채용 2차

정답 ④

08 다음 설명 중 옳은 것은 모두 몇 개인가?

㉠ 판례에 의하면 법정형 중에서 무기징역을 선택한 후 작량감경한 결과 유기징역을 선고하게 되었을 경우에는 피고인이 미성년자라 하더라도 부정기형을 선고할 수 없다.
㉡ 18세 미만의 소년에 대하여는 사형 또는 무기징역으로 처할 것인 때에는 15년의 유기징역으로 하는데, 이때 18세 미만 여부는 사실심판결 선고시를 기준으로 판단한다.
㉢ 형사미성년자로 인정되기 위하여는 생물학적 요인과 심리학적 요인을 모두 구비하여야 한다.
㉣ 14세 미만인 자는 책임무능력자이므로 형벌·보안처분 등 형사제재를 부과할 수 없다.
㉤ 부정기형의 선고 대상인 소년인지 여부는 행위시가 아니라 재판시를 기준으로 하므로 피고인이 성년이 된 경우 항소심 법원은 甲에게 정기형을 선고하여야 한다.

① 1개 ② 2개 ③ 3개 ④ 4개

해설

㉠ 【O】 대판 1991.4.9. 91도357
㉡ 【X】 범행당시의 연령을 기준으로 한다(소년법 제59조).
  ● 소년법의 적용연령(19세 미만)에 해당하는지를 판단하는 기준시점은 재판시인 것과 구별해야 한다.
㉢ 【X】 순수한 연령문제로 생물학적 판단에 의한다.
㉣ 【X】 14세 미만인자는 형사미성년자로서 책임무능력자이므로 형벌을 부과할 수는 없으나 10세 이상의 소년에게는 소년법상 보호처분 등이 가능하므로 형사적 제재가 가능하다.
㉤ 【O】 대판 2009.5.28. 2009도2682 ● 지문 ㉡과 구별해야 한다.

정답 ②

09 책임능력에 대한 설명으로 가장 적절하지 않은 것은?

① 사춘기 이전의 소아들을 상대로 한 성행위를 중심으로 성적 흥분을 강하게 일으키는 공상, 성적 충동, 성적 행동이 반복되어 나타나는 소아기호증은 성적인 측면에서의 성격적 결함으로 인하여 나타나는 것으로, 소아기호증과 같은 질환이 있다는 사정은 특단의 사정이 없는 한 그 자체만으로 소아들을 상대로 한 성범죄에 대한 형의 감면사유인 심신장애에 해당하지 않는다.
② 평소 간질병 증세가 있었더라도 범행 당시에는 간질병이 발작하지 않았다면 심신상실 또는 심신미약에 해당한다고 볼 수 없다.
③ 「형법」 제10조에 규정된 심신장애의 유무 및 정도의 판단은 의학적 판단으로서 법원이 반드시 전문감정인의 의견에 기속되어야 하는 것은 아니다.
④ 형사미성년자의 행위는 벌하지 아니하고, 농아자의 행위는 형을 필요적으로 감경한다.

[해설]
① 【 O 】 대판 2007.2.8. 2006도7900 17. 법원행시
② 【 O 】 대판 1983.10.11. 83도1897 13. 법원직
③ 【 X 】 형법 제10조 제1항, 제2항에 규정된 심신장애의 유무 및 정도의 판단은 **법률적 판단으로서** 반드시 전문감정인의 의견에 기속되어야 하는 것은 아니고, 정신분열증의 종류와 정도, 범행의 동기, 경위, 수단과 태양, 범행 전후의 피고인의 행동, 반성의 정도 등 여러 사정을 종합하여 법원이 독자적으로 판단할 수 있다(대판 1999.1.26. 98도3812). 19. 경찰승진
④ 【 O 】 형법 제9조, 제11조 19. 경찰승진

[정답] ③

10 원인에 있어서 자유로운 행위에 대한 설명으로 가장 적절하지 않은 것은?

① 원인에 있어서 자유로운 행위는 「형법」상 책임능력자의 행위와 동일하게 처벌된다.
② 판례는 「형법」 제10조 제3항이 고의에 의한 원인에 있어서의 자유로운 행위뿐만 아니라 과실에 의한 원인에 있어서의 자유로운 행위까지도 포함하는 것이라고 판시하였다.
③ 실행의 착수시기와 관련하여 원인행위를 실행행위로 보는 견해에 의하면 행위와 책임의 동시존재의 원칙을 유지할 수 있다.
④ 원인에 있어서 자유로운 행위의 가벌성 근거를 원인행위 자체에서 찾는 견해에 따르면 책임능력 결함상태에서 구성요건 해당행위를 시작한 때에 실행의 착수가 있는 것으로 본다.

① 【 O 】 원인에 있어서 자유로운 행위에 해당하면 심신상실과 심신미약 규정을 적용하지 아니하므로 책임능력자와 동일하게 처벌한다. 19. 경찰승진
② 【 O 】 대판 1992.7.28. 92도999 19. 경찰승진
③ 【 O 】 원인행위를 실행행위로 보는 견해(구성요건모델)에서는 원인설정행위시에는 책임능력이 존재하므로 행위와 책임의 동시존재의 원칙을 유지할 수 있다. 반면에 책임무능력 상태에서의 행위를 실행행위로 보는 견해(책임모델)에서는 실행행위시에는 책임이 흠결된 상태이므로 행위와 책임의 동시존재의 원칙의 예외를 인정한다. 19. 경찰승진
④ 【 X 】 ㉠ 가벌성 근거를 원인행위 자체에서 찾는 견해(구성요건모델)는 간접정범과 유사한 구조로 보아 원인설정행위 자체를 실행행위로 보므로 원인행위시에 실행의 착수가 있는 것으로 본다. ㉡ 한편 가벌성의 근거를 원인행위와 책임능력 결함상태에서의 행위의 불가분적 연관관계에서 찾는 견해(책임모델)에서는 책임능력 결함상태에서 구성요건 해당행위를 시작한 때에 실행의 착수가 있는 것으로 본다. 19. 경찰승진

[정답] ④

11 원인에 있어서 자유로운 행위에 관한 설명 중 가장 적절한 것은?

① 우리 형법상 원인에 있어서 자유로운 행위에는 심신상실, 심신미약 규정을 적용하지 아니하므로 책임조각 내지 책임감경이 되지 아니하고 책임능력자로 취급하여 처벌하고 있다.
② 원인에 있어서 자유로운 행위의 가벌성의 근거를 자신을 도구로 이용하는 간접정범으로 이해하여 원인설정 행위를 실행행위로 파악하여 원인설정행위시의 책임능력을 기초로 책임을 인정하는 견해는 구성요건의 정형성을 중시하여 죄형법정주의의 보장적 기능을 관철하는데 부합하는 이론이다.
③ 원인에 있어서 자유로운 행위의 가벌성의 근거를 원인설정행위와 실행행위의 불가분적 관련에서 찾는 견해는 행위와 책임능력의 동시존재의 원칙을 따르는 이론이다.
④ 원인에 있어서 자유로운 행위에 관한 형법 제10조 제3항은 위험의 발생을 예견할 수 있었는데도 자의로 심신장애를 야기한 경우에는 적용되지 않는다.

해설

① 【 O 】 원인에 있어서 자유로운 행위에 해당하면 심신상실과 심신미약 규정을 적용하지 아니하므로 책임능력자와 동일하게 처벌한다. 17. 경찰승진
② 【 X 】 원인설정행위에 의하면 원인행위를 실행행위로 보면 실행행위의 정형성을 무시하게 되어 가벌성이 확장된다는 비판이 있다. 17. 경찰승진
③ 【 X 】 불가분적관련설에 의하면 행위와 책임의 동시존재의 원칙의 예외를 인정한다. 17. 경찰승진
④ 【 X 】 형법 제10조 제3항은 "위험의 발생을 예견하고 자의로 심신장애를 야기한 자의 행위에는 전2항의 규정을 적용하지 아니한다"고 규정하고 있는 바, 이 규정은 고의에 의한 원인에 있어서의 자유로운 행위만이 아니라 과실에 의한 원인에 있어서의 자유로운 행위까지도 포함하는 것으로서 위험의 발생을 예견할 수 있었는데도 자의로 심신장애를 야기한 경우도 그 적용 대상이 된다(대판 1992.7.28. 92도999). 17. 경찰승진

정답 ①

12 원인에 있어서 자유로운 행위에 관한 다음 설명 중 옳지 않은 것은 몇 개인가?

㉠ 원인설정행위에 실행의 착수시기를 인정하는 견해에 대해서는 행위와 책임능력의 동시존재 원칙이 유지되기 어렵다는 비판이 제기된다.
㉡ 구성요건적 결과실현행위에 실행의 착수시기를 인정하는 견해에서는 행위와 책임능력의 동시존재 원칙에 대한 예외를 인정한다.
㉢ 원인에 있어서 자유로운 행위가 간접정범과 유사하다는 견해에서는 이용행위에 해당하는 원인설정행위시를 실행의 착수시기로 본다.
㉣ 「형법」 제10조 제3항은 위험의 발생을 예견하고도 자의로 심신장애를 야기한 자의 행위에는 동조 제1항 및 제2항을 적용하지 못하도록 규정하고 있는데, 법문이 명백히 그 범위를 위험의 발생을 '예견'한 경우로 한정하고 있는 이상 위험발생에 대한 '예견가능성'이 있었음에도 자의로 심신장애를 야기한 경우는 이에 포함되지 아니한다.

① 1개　　　② 2개　　　③ 3개　　　④ 4개

해설
㉠ 【 X 】 원인설정행위에 실행의 착수시기를 인정하는 견해에 의하면 행위와 책임의 동시존재원칙을 유지한다는 장점을 가지게 된다. 17. 경찰간부
㉡ 【 O 】 불가분적관련설에 의하면 행위와 책임의 동시존재원칙의 예외가 된다. 17. 경찰간부
㉢ 【 O 】 간접정범과 유사하다는 견해에서는 이용행위에 해당하는 원인설정행위시를 실행의 착수시기로 본다. 17. 경찰간부
㉣ 【 X 】 형법 제10조 제3항은 고의에 의한 원인에 있어서의 자유로운 행위만이 아니라 **과실에 의한** 원인에 있어서의 자유로운 행위까지도 포함하는 것으로서 위험의 발생을 **예견할 수 있었는데도** 자의로 심신장애를 야기한 경우도 그 적용 대상이 된다(대판 1992.7.28. 92도999). 18. 경찰채용 2차

정답 ②

13 원인에서 자유로운 행위에 대한 설명으로 옳지 않은 것은?

① 사람을 살해할 의사를 가지고 범행을 공모한 후 대마초를 흡연하고 범행하였다면 심신장애로 인한 감경을 할 수 없다.
② 음주운전을 할 의사를 가지고 음주 만취한 후 운전을 결행하여 교통사고를 일으켰다면 심신장애로 인한 감경을 할 수 없다.
③ 위험의 발생을 예견하고도 자의로 심신장애를 야기한 자의 행위에 대하여는 심신장애에 관한 형법 제10조 제1항 및 제2항의 적용이 배제된다.
④ 피고인이 자신의 차를 운전하여 술집에 가서 술을 마신 후 운전을 하다가 교통사고를 일으켰다는 사실만으로는 피고인이 음주할 때 교통사고를 일으킬 수 있다는 위험성을 예견하고도 자의로 심신장애를 야기한 경우에 해당하지 않는다.

해설
① 【 O 】 피고인들은 상습적으로 대마초를 흡연하는 자들로서 이 사건 각 살인범행 당시에도 대마초를 흡연하여 그로 인하여 심신이 다소 미약한 상태에 있었음은 인정되나, 이는 위 피고인들이 피해자들을 살해할 의사를 가지고 범행을 공모한 후에 대마초를 흡연하고, 위 각 범행에 이른 것으로 대마초 흡연시에 이미 범행을 예견하고도 자의로 위와 같은 심신장애를 야기한 경우에 해당하므로, 형법 제10조 제3항에 의하여 심신장애로 인한 감경 등을 할 수 없다(대판 1996.6.11. 96도957). 22. 국가직
② 【 O 】 음주운전을 할 의사를 가지고 음주만취한 후 운전을 결행하다가 교통사고를 일으킨 경우에는 음주시에 교통사고를 일으킬 위험성을 예견하였는데도 자의로 심신장애를 야기한 경우에 해당하므로 형법 제10조 제3항에 의하여 심신장애로 인한 감경 등을 할 수 없다고 할 것이다(대판 1992.7.28. 92도999). 22. 국가직
③ 【 O 】 위험의 발생을 예견하고 자의로 심신장애를 야기한 자의 행위에는 전2항(심신상실, 심신미약)의 규정을 적용하지 아니한다(제10조 제3항). 22. 국가직
④ 【 X 】 음주운전을 할 의사를 가지고 음주만취한 후 운전을 결행하다가 교통사고를 일으킨 경우에는 음주시에 교통사고를 일으킬 위험성을 예견하였는데도 자의로 심신장애를 야기한 경우에 해당하므로 형법 제10조 제3항에 의하여 심신장애로 인한 감경 등을 할 수 없다고 할 것이다(대판 1992.7.28. 92도999). 22. 국가직

정답 ④

14 원인에 있어서 자유로운 행위에 대한 다음 설명 중 틀린 것은 모두 몇 개인가?

㉠ 음주운전을 할 의사를 가지고 음주만취한 후 운전을 결행하여 교통사고를 일으켰다면 음주시에 교통사고를 일으킬 위험성을 예견하였는데도 자의로 심신장애를 야기한 경우에 해당하므로 형법 제10조 제3항에 의하여 심신장애로 인한 감경 등을 할 수 없다는 것이 판례의 입장이다.
㉡ 甲은 술을 마시면 난폭한 행위를 하는 회귀성 정신병 소질을 가진 자인데, 甲은 과실로 술을 많이 마시고 심신미약상태에서 술집 여급 乙을 칼로 찔러 살해한 경우 판례는 甲에게 과실치사죄를 인정한다.
㉢ 甲과 乙이 A를 상대로 강도하기로 공모한 후에 범행실행의 용기를 가지기 위해 대마초를 흡연하여 심신미약의 상태에서 A를 찾아가다가 범행계획을 후회하여 다시 되돌아온 경우 원인에 있어서 자유로운 행위의 실행의 착수시기를 심신장애상태하에서의 실행행위를 기준으로 파악하는 견해에 따르면, 甲과 乙은 강도죄의 중지미수에 해당한다.

① 없음   ② 1개   ③ 2개   ④ 3개

[해설]

㉠ 【 O 】 대판 1992.7.28. 92도999
㉡ 【 O 】 사안은 과실에 의한 원인에 있어서 자유로운 행위에 해당한다. 과실에 의한 원인에 있어서 자유로운 행위가 인정될 경우 실현된 결과에 대해서 과실범의 책임이 인정되므로, 결국 甲에게는 과실치사죄가 인정된다.
㉢ 【 X 】 원인에 있어서 자유로운 행위의 실행의 착수시기를 심신장애상태하에서의 실행행위를 기준으로 파악하는 견해인 예외설(행위와 책임의 동시존재 원칙에 대한 예외)에 따르면, 사안의 경우 폭행 또는 협박을 개시한 시점에 강도죄의 실행의 착수가 인정되는 바 범행계획을 후회하여 다시 되돌아왔으므로 실행의 착수가 인정되지 않아 중지미수가 성립하지 않는다.
❷ 원인설정행위시설에 의하면 심신미약 상태를 야기한 대마초 흡연시에 실행행위가 인정되므로 중지미수가 성립할 여지가 있을 것이다.

[정답] ②

15 다음 〈보기〉의 원인에 있어서 자유로운 행위에 대한 설명 중 옳은 것은 모두 몇 개인가?

㉠ 원인에 있어서 자유로운 행위는 형법 제10조 제3항에 의해 형법상 책임능력자의 행위와 동일하게 처벌된다.
㉡ 실행의 착수시기와 관련하여 원인행위를 실행행위로 보는 견해(원인행위설, 구성요건모델)는 행위와 책임의 동시존재의 원칙을 유지할 수 있다.
㉢ 행위와 책임의 동시존재의 원칙의 예외를 인정하는 견해(불가분적 연관설, 책임모델)는 책임능력 결함 상태에서 구성요건에 해당하는 행위를 한 때에 실행의 착수를 인정한다.
㉣ 형법 제10조 제3항은 고의에 의한 원인에 있어서 자유로운 행위만이 아니라 과실에 의한 원인에 있어서 자유로운 행위도 적용된다는 것이 판례의 입장이다.

① 1개   ② 2개   ③ 3개   ④ 4개

해설

㉠ 【 O 】 위험의 발생을 예견하고 자의로 심신장애를 야기한 자의 행위에는 전2항(심신상실, 심신미약)의 규정을 적용하지 아니한다(제10조 제3항). 심신상실과 심신미약의 규정을 적용하지 않는다는 것은 책임능력자와 동일하게 처벌한다. 22. 해경승진
㉡ 【 O 】 원인행위를 실행행위로 보는 견해(구성요건모델)에서는 원인설정행위시에는 책임능력이 존재하므로 행위와 책임의 동시존재의 원칙을 유지할 수 있다. 반면에 책임무능력 상태에서의 행위를 실행행위로 보는 견해(책임모델)에서는 실행행위시에는 책임이 흠결된 상태이므로 행위와 책임의 동시존재의 원칙의 예외를 인정한다. 22. 해경승진
㉢ 【 O 】 행위와 책임의 동시존재의 원칙의 예외를 인정하는 견해(불가분적 관련설, 책임모델)는 책임능력 결함 상태에서 구성요건에 해당하는 행위를 한 때에 실행의 착수를 인정한다. 22. 해경승진
㉣ 【 O 】 형법 제10조 제3항은 "위험의 발생을 예견하고 자의로 심신장애를 야기한 자의 행위에는 전2항의 규정을 적용하지 아니한다"고 규정하고 있는 바, 이 규정은 고의에 의한 원인에 있어서의 자유로운 행위만이 아니라 과실에 의한 원인에 있어서의 자유로운 행위까지도 포함하는 것으로서 위험의 발생을 예견할 수 있었는데도 자의로 심신장애를 야기한 경우도 그 적용 대상이 된다(대판 1992.7.28. 92도999). 22. 해경승진

정답 ④

16 다음 사례에 대한 설명으로 가장 적절한 것은?

> 甲과 乙은 A를 살해하기로 공모한 후에 범죄실행의 용기를 내기 위해 만취상태에 가까울 정도로 술을 마신 후에 심신미약 상태에서 A를 찾아갔다.

① 甲과 乙이 A를 살해하였다면, 甲과 乙의 행위는 심신미약 상태에서 이루어진 것이므로 형법 제10조 제2항에 따라 심신미약의 규정이 적용된다.
② 원인에서 자유로운 행위를 '행위와 책임 동시존재 원칙의 예외'로 파악하는 견해에 따르면 甲과 乙이 A의 집 앞까지 갔다가 후회하여 다시 돌아온 경우에 실행의 착수가 없으므로 불가벌이다.
③ 원인에서 자유로운 행위를 간접정범과 유사한 구조로 보고, 원인행위부터 실행행위로 보아 가벌성의 근거를 원인행위에 있다고 하는 견해에 따르면 甲과 乙이 A의 집 앞까지 갔다가 후회하여 다시 돌아온 경우에 살인죄의 예비, 음모로 처벌할 수 있다.
④ 원인에서 자유로운 행위의 실행의 착수시기를 심신장애상태에서 실행행위로 파악하는 견해에 따르면 위 사례에서 살인죄의 실행의 착수가 원인에서 자유로운 행위의 실행의 착수이므로, 甲과 乙이 A의 집 앞까지 갔다가 후회하여 다시 돌아온 경우에 甲과 乙의 실행의 착수를 인정하지 않는다.

해설 22. 경찰간부
① 【 X 】 위험의 발생을 예견하고 자의로 심신장애를 야기한 자의 행위에는 전2항(심신상실, 심신미약)의 규정을 적용하지 아니한다(제10조 제3항).
② 【 X 】 행위와 책임의 동시존재 원칙에 대한 예외로 파악하는 견해는 이른바 불가분적 관련설은 심신장애 상태하에서 실행의 착수가 인정된다. 甲과 乙이 A의 집 앞까지 갔다가 후회하여 다시 돌아온 경우에 실행의 착수가 없으므로 살인예비·음모죄로 처벌된다.
③ 【 X 】 원인행위부터 실행행위로 보아 가벌성의 근거를 원인행위에 있다고 하는 견해에 따르면 술을 마실 때 실행의 착수가 인정되어 살인미수죄로 처벌된다.
④ 【 O 】 원인에서 자유로운 행위의 실행의 착수시기를 심신장애 상태에서 실행행위로 보는 견해인 불가분적 관련설에 의하면 위 사례에서 甲과 乙이 A의 집 앞까지 갔다가 후회하여 다시 돌아온 경우에 甲과 乙의 실행의 착수를 인정하지 않는다.

정답 ④

17 다음 사례에 관한 설명으로 가장 적절한 것은?

[사례 1] 甲은 A를 살해하기로 마음 먹었고 용기를 내기 위해 술을 마신 후 심신미약 상태에서 A를 살해하였다.
[사례 2] 乙은 음주시 교통사고의 위험성을 예견하였음에도 자의로 음주 후, 음주만취한 상태에서 운전하여 교통사고를 일으켰다.
[사례 3] 丙은 자신이 저지른 살해 행위에 대한 재판 도중, 범행 당시 심신장애로 인하여 사물을 변별할 능력 또는 의사를 결정할 능력이 미약하였음을 주장하고 있다.

① [사례 1]에서 실행의 착수시기를 심신미약 상태에서의 살해행위로 본다는 견해는 책임능력과 행위의 동시존재 원칙을 고수한다는 장점이 있다.
② [사례 1]에서 실행의 착수시기를 원인행위시로 보는 견해에 대해서는 구성요건의 정형성을 무시한다는 비판이 제기된다.
③ [사례 2]는 [사례 1]과 달리 「형법」 제10조 제3항의 적용이 배제되어 심신장애로 인한 감경 등을 할 수 있다.
④ [사례 3]에서 전문감정인이 丙의 범행 당시에 심신미약 상태임을 인정하는 소견서를 제출하였다면, 법원은 전문감정인의 의견에 구속되어 「형법」 제10조 제2항을 적용하여야 한다.

해설 24. 경찰승진

① 【 X 】 실행의 착수시기를 심신미약 상태에서의 살해행위로 본다는 견해는 책임능력과 행위의 동시존재 원칙에 대한 예외를 인정한다.
② 【 O 】 실행의 착수시기를 원인행위시로 보는 견해에 의하면 지문의 경우 술을 마실 때 실행의 착수가 인정되므로 구성요건의 정형성을 무시한다. 즉, 죄형법정주의의 보장적 기능을 무시한다는 비판이 제기된다.
③ 【 X 】 음주운전을 할 의사를 가지고 음주만취한 후 운전을 결행하다가 교통사고를 일으킨 경우에는 음주시에 교통사고를 일으킬 위험성을 예견하였는데도 자의로 심신장애를 야기한 경우에 해당하므로 형법 제10조 제3항에 의하여 심신장애로 인한 감경 등을 할 수 없다고 할 것이다(대판 1992.7.28. 92도999).
④ 【 X 】 형법 제10조 제1항, 제2항에 규정된 심신장애의 유무 및 정도의 판단은 법률적 판단으로서 반드시 전문감정인의 의견에 기속되어야 하는 것은 아니고, 정신분열증의 종류와 정도, 범행의 동기, 경위, 수단과 태양, 범행 전후의 피고인의 행동, 반성의 정도 등 여러 사정을 종합하여 법원이 독자적으로 판단할 수 있다(대판 1999.1.26. 98도3812).

정답 ②

제3절 위법성의 인식과 금지착오

◎ 지문의 내용에 대해 학설의 대립 등 다툼이 있는 경우 판례에 의함

01 위법성의 인식에 관한 엄격고의설에 부합하는 설명은?

① 행위자의 위법성인식 여부가 행위의 위법성을 결정한다고 본다.
② 사실의 착오와 법률의 착오의 법적 효과가 같아진다.
③ 과실적 요소를 고의와 동일시한다는 약점이 있다.
④ 위법성의 인식이 없더라도 고의범은 성립한다.

[해설]
② 【부합】 엄격고의설＝사실인식＋현실적 위법성인식이다. 따라서 사실의 착오이든 법률의 착오이든 고의가 조각되어 과실범 문제가 된다. 03. 행시

정답 ②

02 위법성 인식에 관한 설명 중 옳지 않은 것은 모두 몇 개인가?

> ㉠ 엄격고의설은 위법성의 현실적 인식이 고의의 요소라고 한다.
> ㉡ 엄격책임설과 제한적 책임설은 위법성의 인식을 책임의 요소라고 하는 점에서는 같다.
> ㉢ 제한적 고의설은 위법성의 불인식에 과실이 있으면 과실범으로 처벌할 수 있다고 한다.

① 1개　　　　② 2개　　　　③ 3개　　　　④ 없음

[해설]
㉠ 【 O 】 엄격고의설＝사실인식＋현실적 위법성인식이다.
㉡ 【 O 】 엄격책임설, 제한적 책임설 모두 책임요소이다.
㉢ 【 X 】 제한적 고의설은 위법성의 인식가능성(과실)이 있으면 고의범으로 처벌할 수 있다.

정답 ①

03 고의와 위법성의 인식에 관한 설명으로 틀린 것은 모두 몇 개인가?

㉠ 책임설에 따르면 포섭의 착오인 경우 고의가 인정된다.
㉡ 고의의 이중적 지위를 인정하는 경우 책임고의에는 사실의 인식과 위법성의 인식이 포함된다.
㉢ 고의의 본질에 관하여 인식설을 취하게 되면 행위자가 결과발생의 가능성만을 인식한 경우에도 고의는 인정될 수 있다.
㉣ 엄격고의설에 의하면 구성요건적 착오이든 금지착오이든 위법성의 인식이 결여되었다는 점은 동일하므로 모두 고의를 조각한다.
㉤ 엄격책임설은 위법성의 인식이 결여된 경우 그 착오에 정당한 이유가 있을 때에 한하여 책임을 조각할 뿐 고의 인정여부와는 관계없는 것으로 본다.

① 1개 ② 2개 ③ 3개 ④ 4개

해설

㉠ 【 O 】 책임설은 위법성의 인식을 고의 및 과실과 구별되는 독자적인 책임요소로 보는 견해이다. 따라서 포섭의 착오가 있는 경우 (구성요건적)고의는 조각되는 것이 아니라 그 불인식의 회피가능성에 따라 책임만을 조각하거나 감경할 수 있을 뿐이다.
㉡ 【 X 】 고의의 이중적 지위를 인정하는 견해(이중적 지위설)는 행위의 방향을 결정하는 행위의사로서 고의는 구성요건요소이지만, 법질서에 반하여 그러한 방향으로 동기설정을 하였다는 심정무가치로서의 고의는 책임요소라고 한다.
㉢ 【 O 】 인식설은 구성요건적 사실에 대한 인식 내지 표상만 있으면 고의를 인정하는 견해로 인식설을 철저히 할 때에는 인식 있는 과실은 모두 고의에 포함되어 고의의 범위가 부당하게 확대되는 문제점이 있다.
㉣ 【 O 】 고의설은 위법성의 인식을 고의의 내용으로 보므로, 위법성 인식이 없으면 고의가 조각된다.
㉤ 【 O 】 엄격책임설은 위법성의 인식을 고의와 무관한 독자적 책임 내용으로 보므로, 금지착오의 경우에 일단 고의는 인정되고, 정당한 이유가 있으면 책임이 조각될 뿐이다.

정답 ①

04 위법성의 인식에 관한 설명 중 옳지 않은 것은 모두 몇 개인가?

㉠ 엄격책임설과 제한책임설은 위법성조각사유의 객관적 전제사실의 착오에 대한 법적 효과를 달리 본다는 점에서 차이가 있다.
㉡ 엄격고의설과 제한고의설은 위법성의 인식이 없을 경우 고의범의 성립을 배제한다는 점에서 같으나, 고의 인정을 위해 필요로 하는 위법성의 인식 정도를 달리 본다는 점에서 구별된다.
㉢ 위법성인식의 체계적 지위에 관한 엄격책임설에 대해서는 상습범 또는 확신범 등을 고의범으로 처벌할 수 없고 특별히 과실범 처벌규정이 있는 경우에 한하여 과실범으로 처벌할 수 밖에 없는 형사정책적인 결함을 가진다는 비판이 있다.

① 없음 ② 1개 ③ 2개 ④ 3개

해설

① 【 O 】 엄격책임설과 제한적 책임설은 오상방위와 같은 위법성조각사유의 전제사실에 관한 착오의 법적효과에서만 대립이 있다. 즉 엄격책임설은 오상방위와 같은 경우에도 형법 제16조를 적용하여 착오에 정당한 이유가 있으면 책임을 조각하고, 정당한 이유가 없으면 고의범이 성립한다고 보는 반면에, 제한적 책임설은 오상방위의 경우 구성요건적 고의가 조각되는 것으로 유추하거나, 책임고의가 탈락하지만 법효과에서는 구성요건적 고의와 같은 결과를 가져온다고 본다. 13. 사시

② 【 O 】 엄격고의설은 현실적인 위법성인식이 있어야 고의범이 성립한다는 입장인 반면에 제한적 고의설은 위법성 인식 가능성만 있으면 고의범이 성립한다고 보는 것에 차이가 있다. 13. 사시

③ 【 X 】 지문과 같은 비판이 있는 학설은 엄격고의설이다. 엄격고의설은 고의가 성립하기 위해서는 구성요건의 객관적 요소에 해당하는 사실에 대한 인식과 인용 이외에 위법성의 '현실적 인식'이 필요하다는 견해로, 현실적인 위법성의 인식이 없으면 고의가 조각되고 다만 과실범의 처벌규정이 있으면 과실범으로 처벌될 뿐이라고 한다. 따라서 위법성의 현실적인 인식이 결여되기 쉬운 상습범·확신범 등을 고의범으로 처벌할 수 없다는 형사정책적 결함이 있다는 비판을 받는다. 17. 경찰승진

정답 ②

05 아래 〈보기1〉은 법률의 착오에 관한 학설들의 내용이고, 〈보기2〉는 법률의 착오에 관한 학설들에 대한 비판이다. 〈보기1〉과 〈보기2〉의 연결이 옳은 것은?

〈보기1〉
㉠ 위법성조각사유의 객관적 전제사실의 착오를 법률의 착오로 보는 견해이다.
㉡ 고의는 범죄를 구성하는 사실에 관한 인식 이외에 현실적인 위법성인식을 필요로 한다는 견해이다.
㉢ 고의 성립에 필요한 위법성인식은 반드시 현실적 인식일 필요는 없고 그 가능성만 있으면 충분하다는 견해이다.

〈보기2〉
ⓐ 확신범 또는 상습범에 대해서 고의범을 인정할 수 없을 뿐만 아니라, 과실범의 처벌규정이 없는 때에는 무죄를 선고할 수밖에 없는 형사정책적 결함을 가지고 있다.
ⓑ 고의와 과실을 결합하려는 논리적 모순이 일어나는 결함을 가지고 있다.
ⓒ 위법성조각사유와 관련하여 법규정 그 자체에 대한 착오와 그 법이 규정하는 상황에 관한 착오의 차이를 간과하고 있다.
ⓓ 고의불법을 인정하면서 과실책임을 지우는 것은 이론적으로 모순이다.

① ㉠ – ⓒ, ㉢ – ⓑ
② ㉠ – ⓓ, ㉢ – ⓐ
③ ㉡ – ⓐ, ㉢ – ⓒ
④ ㉡ – ⓓ, ㉢ – ⓑ

해설 04. 사시

㉠은 엄격책임설에 대한 설명이며 비판은 ⓒ가 된다.
㉡은 엄격고의설에 대한 설명이며 비판은 ⓐ가 된다.
㉢은 제한적 고의설에 대한 설명이며 비판은 ⓑ가 된다.

정답 ①

06 금지착오에 대한 설명 중 가장 적절하지 않은 것은?

① 행위자가 처벌되지 않는 행위를 처벌되는 행위로 오인하고 행위를 한 경우 금지착오에 해당하며 오인에 정당한 이유가 있으면 책임이 조각된다.
② 사인이 현행범인을 체포하면서 그 범인을 자기 집안에 24시간까지 감금할 수 있다고 오인하고 감금한 경우 금지착오에 해당한다.
③ 단순한 법률의 부지의 경우는 형법 제16조의 적용대상이 되지 않는다는 것이 판례의 입장이다.
④ 약 23년간 경찰공무원으로 근무해 온 형사계 강력 1반장이 검사의 수사지휘대로만 하면 모두 적법한 것이라고 믿고 허위공문서를 작성한 경우 오인에 정당한 이유가 없다.

해설
① 【 X 】 행위자가 처벌되지 않는 행위를 처벌되는 행위로 오인하고 행위를 한 경우 이는 환각범으로 처음부터 처벌규정이 없어 벌하지 않는다. 구성요건해당성이 없어 벌하지 않는다. 20. 경찰승진
② 【 O 】 위법성 인식이 없으므로 금지착오이다. 20. 경찰승진
③ 【 O 】 대판 2011.10.13. 2010도15260 20. 경찰승진
④ 【 O 】 대판 1995.11.10. 95도2088 20. 경찰승진

정답 ①

07 형법 제16조(법률의 착오)에 관한 설명으로 가장 적절한 것은?

① 자기의 행위가 법령에 의하여 죄가 되지 아니하는 것으로 오인한 행위는 그 오인에 정당한 이유가 있는 때에 한하여 형을 감경 또는 면제할 수 있다.
② 사인 甲이 현행범을 체포하면서 자신의 집 창고에 24시간 이상 감금하여도 「형사소송법」상 허용된다고 위법성조각사유의 허용 한계를 오인하는 행위는 금지착오의 유형에 해당하지 않는다.
③ 오인에 정당한 이유가 있는지 여부를 판단하는 과정에서 위법성 인식에 필요한 노력의 정도는 행위 당시의 구체적 상황에 행위자 대신에 법률가나 관련 분야의 전문가가 아닌 사회 평균인을 두고 이 평균인의 관점에서 판단해야 하며, 행위자가 속한 사회집단에 따라 달리 평가되면 안 된다.
④ 甲이 니코틴 용액 제조의 경우에도 담배제조업 허가를 받아야 하는지를 담배 담당 주무부서에 문의하여 답변을 받아 허가사항임을 충분히 인식하였고, 자신이 제조한 것과 같은 니코틴 용액을 제조한 A 주식회사의 무허가 담배제조로 인한 담배 사업법위반죄에 관하여 검사의 불기소결정이 「담배사업법」 개정 이전에 있었던 경우, 「담배사업법」이 금지하는 무허가 담배제조행위의 위법성을 인식하지 못한 데 정당한 사유가 있다고 보기 어렵다.

해설
① 【 X 】 자기의 행위가 법령에 의하여 죄가 되지 아니하는 것으로 오인한 행위는 그 오인에 정당한 이유가 있는 때에 한하여 벌하지 아니한다(제16조). 24. 경찰
② 【 X 】 위법성조각사유의 한계에 대한 착오이다. 법적으로 허용된다고 인식하고 있으므로 위법성이 없어 금지착오에 해당한다. 24. 경찰

③ 【 X 】 형법 제16조에서 "자기가 행한 행위가 법령에 의하여 죄가 되지 아니한 것으로 오인한 행위는 그 오인에 정당한 이유가 있는 때에 한하여 벌하지 아니한다."고 규정하고 있는 것은 일반적으로 범죄가 되는 경우이지만 자기의 특수한 경우에는 법령에 의하여 허용된 행위로서 죄가 되지 아니한다고 그릇 인식하고, 그와 같이 그릇 인식함에 정당한 이유가 있는 경우에는 벌하지 아니한다는 취지이고, 이러한 정당한 이유가 있는지 여부는 행위자에게 자기 행위의 위법의 가능성에 대해 심사숙고하거나 조회할 수 있는 계기가 있어 자신의 지적능력을 다하여 이를 회피하기 위한 진지한 노력을 다하였더라면 스스로의 행위에 대하여 위법성을 인식할 수 있는 가능성이 있었음에도 이를 다하지 못한 결과 자기 행위의 위법성을 인식하지 못한 것인지 여부에 따라 판단하여야 할 것이며, 이러한 위법성의 인식에 필요한 노력의 정도는 구체적인 행위정황과 행위자 개인의 인식능력, 그리고 행위자가 속한 사회집단에 따라 달리 평가되어야 한다(대판 2008.10.23. 2008도5526). 24. 경찰

④ 【 O 】 피고인 1은 담배 담당 주무부인 기획재정부에 2014. 1. 21. 이 사건 니코틴 용액 제조의 경우에도 담배사업법 개정 이후 담배제조업 허가를 받아야 하는지 문의한 적이 있는데, 기획재정부의 일관된 입장은 니코틴 용액을 수입한 후 국내에서 혼합, 희석하는 행위는 담배의 제조행위에 해당하며, 담배제조업을 하려는 자는 담배제조업의 허가를 받아야 한다는 것이었다.
피고인 1은 이 사건 니코틴 용액을 제조, 판매함으로써 수십억 원의 매출을 올린 반면, 자신의 행위에 대한 위법성 여부를 확인하기 위하여 충분한 조치를 다하지 않았다.
피고인 1이 제조한 것과 같은 니코틴 용액을 제조한 주식회사 한국전자담배에 대한 무허가 담배제조로 인한 담배사업법 위반죄에 관하여 검사의 불기소결정이 있었으나 이는 위 담배사업법 개정 이전에 이루어진 것이고, 피고인 1에 대한 것도 아니므로, 이를 들어 피고인에게 위법성을 인식하지 못한 데 정당한 사유가 있었다고 볼 수 없다(대판 2018.9.28. 2018도9828). 24. 경찰

정답 ④

08 위법성의 인식과 법률의 착오에 대한 설명으로 옳지 않은 것은?

① 범죄의 성립에 있어서 위법의 인식은 그 범죄사실이 사회정의와 조리에 어긋난다는 것을 인식하는 것으로서 족하고 구체적인 해당 법조문까지 인식할 필요는 없다.
② 「형법」 제16조의 법률의 착오는 행위자가 법률을 부지한 경우뿐만 아니라, 일반적으로 범죄가 되는 경우이지만 자기의 특수한 경우에는 법령에 의하여 허용된 행위로서 죄가 되지 아니한다고 그릇 인식하고, 그와 같이 그릇 인식함에 정당한 이유가 있는 경우에는 벌하지 않는다는 취지이다.
③ 「형법」 제16조의 정당한 이유가 있는지 여부는 행위자에게 자기 행위의 위법의 가능성에 대해 심사숙고하거나 조회할 수 있는 계기가 있어 자신의 지적능력을 다하여 이를 회피하기 위한 진지한 노력을 다하였더라면 스스로의 행위에 대하여 위법성을 인식할 수 있는 가능성이 있었음에도 이를 다하지 못한 결과 자기 행위의 위법성을 인식하지 못한 것인지 여부에 따라 판단하여야 한다.
④ 대법원의 판례에 비추어 자신의 행위가 무허가 의약품의 제조·판매행위에 해당하지 아니하는 것으로 오인하였다고 하더라도, 그것이 사안을 달리하는 사건에 관한 대법원의 판례의 취지를 오해하였던 것에 불과하였다면 그와 같은 사정만으로는 그 오인에 정당한 사유가 있다고 볼 수 없다.

해설

① 【 O 】 대판 1987.3.24. 86도2673 18. 국가직
② 【 X 】 형법 제16조의 의미는 단순한 법률의 부지를 말하는 것이 아니고 일반적으로 범죄가 되는 경우이지만 자기의 특수한 경우에는 법령에 의하여 허용된 행위로서 죄가 되지 아니한다고 그릇 인식하고 그와 같이 그릇 인식함에 정당한 이유가 있는 경우에는 벌하지 않는다는 취지이다(대판 2005.9.29. 05도4592). 18. 국가직
③ 【 O 】 대판 2006.3.24. 2005도3717 18. 국가직
④ 【 O 】 대판 1995.7.28. 95도1081

정답 ②

09 법률의 착오에 대한 설명으로 가장 적절하지 않은 것은?

① 자기의 행위가 법령에 의하여 죄가 되지 아니하는 것으로 오인한 행위는 그 오인에 정당한 이유가 있는 때에 한하여 벌하지 아니한다.
② 「자격기본법」에 의한 민간자격관리자로부터 대체의학자격증을 수여받은 자가 사업자등록을 한 후 침술원을 개설하였다고 한다면, 자신의 행위가 무면허 의료행위에 해당되지 아니하여 죄가 되지 않는다고 믿은 데에 정당한 사유가 있었다고 볼 수 있다.
③ 숙박업자가 자신이 운영하는 숙박업소에서 위성방송수신장치를 이용하여 수신한 외국의 음란한 위성방송 프로그램을 투숙객 등에게 제공하였는데, 그 이전에 그와 유사한 행위로 '혐의없음' 처분을 받은 전력이 있다거나 일정한 시청차단장치를 설치하였더라도 「형법」 제16조의 정당한 이유가 있다고 볼 수 없다.
④ 광역시의회 의원이 선거구민들에게 의정보고서를 배부하기에 앞서 관할 선거관리위원회 소속 공무원들에게 자문을 구하고 그들의 지적에 따라 수정한 의정보고서를 배부한 경우, 「형법」 제16조의 정당한 이유가 있다고 볼 수 있다.

[해설]
① 【O】 제16조 18. 경찰승진
② 【X】 정당한 사유가 인정되지 않는다(대판 2003.5.13. 2003도939). 18. 경찰승진
③ 【O】 대판 2010.7.15. 2008도11679 18. 경찰승진
④ 【O】 대판 2005.6.10. 2005도835 18. 경찰승진

정답 ②

10 법률의 착오에 관한 설명 중 가장 적절하지 않은 것은?

① 변호사 자격을 가진 국회의원이 낙천대상자로 선정된 사유에 대한 해명을 넘어 다른 동료의원들이나 네티즌의 낙천대상자 선정이 부당하다는 취지의 반론을 담은 의정보고서를 발간하는 과정에서 보좌관을 통하여 선거관리위원회 직원에게 문의하여 답변받은 결과 선거법규에 저촉하지 않는다고 오인한 경우, 형법 제16조의 정당한 이유가 인정되지 않는다.
② 일반수요자가 아닌 장의사영업허가를 받은 상인이 장의에 소요되는 기구, 물품을 판매하는 도매업을 하기 위해 관할관청에 영업허가를 신청하자 관할관청이 이 경우 영업허가가 필요없다고 해석하여 영업허가를 해주지 않고 있다면, 이를 믿고 영업허가 없이 위와 같은 도매업을 해온 경우 형법 제16조의 정당한 이유가 인정된다.
③ 행위자가 위법성의 인식을 위해 기울여야 할 노력의 정도는 구체적인 행위정황, 행위자 개인의 인식능력뿐만 아니라 행위자가 속한 사회집단에 따라서도 달리 평가되어서는 아니 된다.
④ 건물 임차인인 피고인이 건축법의 관계 규정을 알지 못하여 임차건물을 자동차정비공장으로 사용하는 것이 건축법상의 무단용도변경 행위에 해당한다는 것을 모르고 사용을 계속하였다 하더라도, 이는 단순한 법률의 부지에 해당하므로 범죄의 성립에 아무런 지장이 없다.

[해설]
① 【 O 】 대판 2006.3.24. 2005도3717 17. 경찰승진
② 【 O 】 대판 1989.2.28. 88도1141 17. 경찰승진
③ 【 X 】 행위자가 위법성의 인식을 위해 기울여야 할 노력의 정도는 구체적인 행위정황, 행위자 개인의 인식능력뿐만 아니라 행위자가 속한 사회집단에 따라서도 달리 평가되어야 한다(대판 2006.3.24. 2005도3717). 18. 국가직
④ 【 O 】 단순한 법률의 부지에 불과하다(대판 1995.8.25. 95도1351).

정답 ③

11 법률의 착오에 대한 설명으로 옳지 않은 것은?

① 제한책임설은 위법성조각사유의 전제사실에 관한 착오를 법률의 착오로 보는 것이다.
② 변호사자격을 가진 국회의원이 의정보고서를 발간하는 과정에서 선거관리위원회에 정식으로 질의를 하여 공식적인 답변을 받지 않고 보좌관을 통하여 선거관리위원회 직원에게 문의하여 답변을 들은 것만으로 선거법규에 저촉되지 않는다고 오인한 경우, 그 오인에 정당한 이유가 있다고 하기 어렵다.
③ 가처분결정으로 직무집행정지 중에 있던 종단대표자가 종단소유의 보관금을 소송비용으로 사용함에 있어 변호사의 조언이 있었다는 것만으로 보관금인출사용행위가 법률의 착오에 의한 것이라 할 수 없다.
④ 자신의 행위가 건축법 상의 허가대상인 줄을 몰랐다는 사정은 단순한 법률의 부지에 불과하고 법률의 착오에 기인한 행위라고는 할 수 없다.

[해설]
① 【 X 】 제한책임설은 위법성조각사유의 전제사실에 관한 착오를 구성요건적 착오를 유추적용하여 구성요건 고의를 조각하여 과실로 해결하는 구성요건 착오 유추적용설과 책임고의를 조각하여 과실로 해결하는 법효과제한적 책임설이 있다. 위법성조각사유의 전제사실에 관한 착오를 법률의 착오로 보는 견해는 엄격책임설이다. 22. 국가직
② 【 O 】 피고인은 변호사 자격을 가진 국회의원으로서 법률전문가라고 할 수 있는바(더구나 피고인은 2000년 총선 당시 후보자가 되어 현역 국회의원인 경쟁후보자를 상대로 선거운동을 하면서 현역 국회의원이 의정보고서를 법정선거일 전일까지 무제한 배포하는 것을 허용하는 것은 위헌이라고 주장하여 헌법소원을 제기하고 헌법재판소의 판단을 받은 바 있으므로 의정보고서의 내용이 선거운동의 실질을 갖추고 있는 한 허용될 수 없다는 것을 잘 알고 있다고 진술하고 있기도 하다. 수사기록 98면 참조), 피고인으로서는 의정보고서에 앞서 본 바와 같은 내용을 게재하거나 전재하는 것이 허용되는지에 관하여 의문이 있을 경우, 관련 판례나 문헌을 조사하는 등의 노력을 다 하였어야 할 것이고, 그렇게 했더라면, 낙천대상자로 선정된 이유가 의정활동에 관계있는 것이 아닌 한 낙천대상자로 선정된 사유에 대한 해명을 의정보고서에 게재하여 배부할 수 없고 더 나아가 낙천대상자 선정이 부당하다는 취지의 제3자의 반론 내용을 싣거나 이를 보도한 내용을 전재하는 것은 의정보고서의 범위를 넘는 것으로서 허용되지 않는다는 것을 충분히 인식할 수 있었다고 할 것이다.
따라서 피고인이 그 보좌관을 통하여 관할 선거관리위원회 직원에게 문의하여 이 사건 의정보고서에 앞서 본 바와 같은 내용을 게재하는 것이 허용된다는 답변을 들은 것만으로는(또한, 원심도 인정하는 바와 같이 이 사건 의정보고서의 제작과 관련하여, 피고인측에서 관할 선거관리위원회의 지도계장인 공소외 1에게 구두로 문의를 하였을 뿐 관할 선거관리위원회에 정식으로 질의를 하여 공식적인 답신을 받은 것도 아니다), 자신의 지적 능력을 다하여 이를 회피하기 위한 진지한 노력을 다 하였다고 볼 수 없고, 그 결과 자신의 행위의 위법성을 인식하지 못한 것이라고 할 것이므로 그에 대해 정당한 이유가 있다고 하기 어렵다(대판 2006.3.24. 2005도3717). 22. 국가직
③ 【 O 】 대판 1990.10.16. 90도1604 22. 국가직
④ 【 O 】 대판 1991.10.11. 91도1566 22. 국가직

정답 ①

12 형법 제16조 법률의 착오에 관한 다음 설명 중 가장 옳지 않은 것은?

① 형법 제16조에서 자기가 행한 행위가 법령에 의하여 죄가 되지 아니한 것으로 오인한 행위는 그 오인에 정당한 이유가 있는 때에 한하여 벌하지 아니한다고 규정하고 있는 것은 단순히 법률의 부지를 말하는 것이 아니다.

② 형법 제16조는 일반적으로 범죄가 되는 경우이지만 자기의 특수한 경우에는 법령에 의하여 허용된 행위로서 죄가 되지 아니한다고 그릇 인식하고 그와 같이 그릇 인식함에 정당한 이유가 있는 경우에는 벌하지 않는다는 취지이다.

③ 법률 위반 행위 중간에 판례에 따라 그 행위가 처벌 대상이 되지 않는 것으로 해석되었던 적이 있었던 경우에는 자신의 행위가 처벌되지 않는 것으로 믿은 데에 정당한 이유가 있다고 할 수 있다.

④ 부동산중개업자가 부동산중개업협회의 자문을 통하여 인원수의 제한 없이 중개보조원을 채용하는 것이 허용되는 것으로 믿고서 제한인원을 초과하여 중개보조원을 채용함으로써 부동산중개업법 위반행위에 이르게 되었다고 하더라도 그러한 사정만으로 자신의 행위가 법령에 저촉되지 않는 것으로 오인함에 정당한 이유가 있는 경우에 해당한다거나 범의가 없었다고 볼 수는 없다.

해설

①② 【O】 형법 제16조의 의미는 단순한 법률의 부지를 말하는 것이 아니고 일반적으로 범죄가 되는 경우이지만 자기의 특수한 경우에는 법령에 의하여 허용된 행위로서 죄가 되지 아니한다고 그릇 인식하고 그와 같이 그릇 인식함에 정당한 이유가 있는 경우에는 벌하지 않는다는 취지이다(대판 2005.9.29. 2005도4592). 22. 법원직

③ 【X】 법률 위반 행위 중간에 일시적으로 판례에 따라 그 행위가 처벌대상이 되지 않는 것으로 해석되었던 적이 있었다고 하더라도 그것만으로 자신의 행위가 처벌되지 않는 것으로 믿은 데에 정당한 이유가 있다고 할 수 없다(대판 2021.11.25. 2021도10903). 22. 법원직

④ 【O】 피고인이 부동산중개업협회의 자문을 통하여 인원수의 제한 없이 중개보조원을 채용하는 것이 허용되는 것으로 믿고서 이 사건 위반행위에 이르게 되었다고 하더라도 그러한 사정만으로 자신의 행위가 법령에 저촉되지 않는 것으로 오인함에 정당한 이유가 있는 경우에 해당한다거나 피고인에게 범의가 없었다고 볼 수는 없다(대판 2000.8.18. 2000도2943). 22. 법원직

정답 ③

13 형법 제16조는 "자기의 행위가 법령에 의하여 죄가 되지 아니하는 것으로 오인한 행위는 그 오인에 정당한 이유가 있는 때에 한하여 벌하지 아니한다."고 규정하고 있다. 다음 중 판례가 오인의 정당한 이유를 인정한 것은?

① 마취전문 간호사가 의사의 구체적 지시없이 독자적으로 마취약제와 양을 결정하고 마취액을 직접 주사하여 척수마취를 시행하는 행위를 유권해석에 따라 의료법규에 의해 허용된다고 오인한 경우

② 변호사 자격을 가진 국회의원이 선거운동의 실질을 갖추고 있는 의정보고서를 발간하면서 그 보좌관을 통하여 관할 선거관리위원회 직원에게 문의하여 이 사건 의정보고서 내용을 게재하는 것이 허용된다는 답변을 듣고 선거법규에 저촉되지 않는다고 오인한 경우

③ 피고인이 과거 당국의 면허없이 가감삼십전대보초와 한약 가지수에만 차이가 있는 십전대보초를 제조하고 그 효능에 대하여 광고, 판매한 사실에 대하여 이전에 검찰로부터 '혐의없음' 처분을 받고, 재차 당국의 면허없이 의약품인 가감삼십전대보초를 제조, 판매한 사안에서 범행당시에 검찰의 처분을 신뢰하여 자신의 행위가 죄가 되지 않는다고 오인한 경우

④ 도시 및 주거환경정비법 제124조 제4항은 '조합원'이 정비사업 관련 자료의 열람·복사를 요청한 경우에 특별한 사정이 없는 한 조합임원은 열람·복사를 허용할 의무를 부담하고 이를 위반하여 열람·복사를 허용하지 않는 경우에는 형사처벌의 대상이며, 여기에는 신축건물 동호수배정결과도 포함된다. 하지만 정비사업조합의 '조합원'이자 '감사'인 사람이 신축건물의 동호수 자료를 열람요청하였음에도 조합임원인 피고인은 조합의 자문변호사가 신축건물의 동호수는 공개하지 않는 것이 좋겠다고 한 답변을 듣고 자신의 행위가 죄가 되지 않는다고 오인한 경우

해설

① 【 X 】 원심은, 피고인이 의사의 지시하에 마취행위를 하는 것이 무면허 의료행위에 해당하지 않는다고 믿은 데에 정당한 사유가 있다고 주장하면서 근거로 제시한 유권해석 등의 자료의 기재내용에 의하더라도 마취간호사는 의사의 구체적인 지시가 있어야 마취시술에서의 진료 보조행위를 할 수 있다는 것뿐이므로, 피고인이 집도의인 공소외인의 구체적인 지시 없이 독자적으로 마취약제와 양을 결정하여 피해자에게 직접 마취시술을 시행한 이상 피고인이 자신의 행위가 법령에 의하여 허용되는 행위라고 믿은 데에 정당한 사유가 없다고 판단하였는바, 이러한 원심의 판단은 앞서 본 법리에 비추어 정당하고, 거기에 상고이유에서 주장하는 바와 같은 법률의 착오에 관한 법리오해의 위법이 없다(대판 2010.3.25. 2008도590). 22. 경찰간부

② 【 X 】 피고인은 변호사 자격을 가진 국회의원으로서 법률전문가라고 할 수 있는바(더구나 피고인은 2000년 총선 당시 후보자가 되어 현역 국회의원인 경쟁후보자를 상대로 선거운동을 하면서 현역 국회의원이 의정보고서를 법정선거일 전일까지 무제한 배포하는 것을 허용하는 것은 위헌이라고 주장하여 헌법소원을 제기하고 헌법재판소의 판단을 받은 바 있으므로 의정보고서의 내용이 선거운동의 실질을 갖추고 있는 한 허용될 수 없다는 것을 잘 알고 있다고 진술하고 있기도 하다. 수사기록 98면 참조), 피고인으로서는 의정보고서에 앞서 본 바와 같은 내용을 게재하거나 전재하는 것이 허용되는지에 관하여 의문이 있을 경우, 관련 판례나 문헌을 조사하는 등의 노력을 다 하였어야 할 것이고, 그렇게 했더라면, 낙천대상자로 선정된 이유가 의정활동에 관계있는 것이 아닌 한 낙천대상자로 선정된 사유에 대한 해명을 의정보고서에 게재하여 배부할 수 없고 더 나아가 낙천대상자 선정이 부당하다는 취지의 제3자의 반론 내용을 싣거나 이를 보도한 내용을 전재하는 것은 의정보고서의 범위를 넘는 것으로서 허용되지 않는다는 것을 충분히 인식할 수 있었다고 할 것이다.

따라서 피고인이 그 보좌관을 통하여 관할 선거관리위원회 직원에게 문의하여 이 사건 의정보고서에 앞서 본 바와 같은 내용을 게재하는 것이 허용된다는 답변을 들은 것만으로는(또한, 원심도 인정하는 바와 같이 이 사건 의정보고서의 제작과 관련하여, 피고인측에서 관할 선거관리위원회의 지도계장인 공소외 1에게 구두로 문의를 하였을 뿐 관할 선거관리위원회에 정식으로 질의를 하여 공식적인 답신을 받은 것도 아니다), 자신의 지적 능력을 다하여 이를 회피하기 위한 진지한 노력을 다 하였다고 볼 수 없고, 그 결과 자신의 행위의 위법성을 인식하지 못한 것이라고 할 것이므로 그에 대해 정당한 이유가 있다고 하기 어렵다(대판 2006.3.24. 2005도3717). 22. 경찰간부

③ 【 O 】 '나'항의 가감삼십전대보초와 한약 가지수에만 차이가 있는 십전대보초를 제조하고 그 효능에 관하여 광고를 한 사실에 대하여 이전에 검찰의 혐의없음 결정을 받은 적이 있다면, 피고인이 비록 한의사 약사 한약업사 면허나 의약품판매업 허가가 없이 의약품인 가감삼십전대보초를 '나'항과 같이 판매하였다고 하더라도 자기의 행위가 법령에 의하여 죄가 되지 않는 것으로 믿을 수밖에 없었고, 또 그렇게 오인함에 있어서 정당한 이유가 있는 경우에 해당한다(대판 1995.8.25. 95도717). 22. 경찰간부

④ 【 X 】 피고인이 조합의 자문변호사로부터 조합원의 전화번호와 신축건물 동호수 배정 결과를 공개하지 않는 것이 좋겠다는 취지의 답변을 받았더라도, 이는 자문변호사 개인의 독자적 견해에 불과하고 도시정비법의 전체적 규율 내용에 관한 면밀한 검토와 체계적 해석에 터 잡은 법률해석으로는 보이지 않으며, 피고인의 직업, 경력, 사회적 지위 등을 고려할 때 피고인이 변호사의 자문을 받았다는 사정만으로 자신의 행위가 죄가 되지 않는다고 오인한 것에 정당한 이유가 있다고 보기는 어렵다(대판 2021.2.10. 2019도18700). 22. 경찰간부

정답 ③

14 형법 제16조(법률의 착오)에서 규정하는 '정당한 이유'가 있다고 인정되는 것은?

① 가처분결정으로 직무집행정지 중에 있던 종단대표자가 변호사의 조언에 따라 종단소유의 보관금을 인출하여 소송비용으로 사용한 경우
② 무선설비기기 수입업자가 무선설비의 납품처 직원으로부터 형식등록이 필요 없다는 취지의 답변을 듣고, 이미 무선설비의 형식승인을 받은 다른 수입업자가 있음을 이용하여 동일한 제품을 법에서 정한 형식승인 없이 수입·판매한 경우
③ 직업소개업자가 관할관청에 외국인 근로자의 국내 입국절차를 대행하여 주는 허가절차에 관하여 문의하였으나, 담당공무원이 아직 허가 관련 법규가 제정되지 아니하여 허가를 받지 않아도 되는 것으로 잘못 알려 주어 법에서 정한 허가를 받지 않고 외국인 근로자를 국내업체에 취업 알선한 경우
④ 부동산중개업자가 아파트 분양권의 매매를 중개하면서 중개수수료 산정에 관한 지방자치단체의 조례를 잘못 해석하여 법에서 허용하는 금액을 초과한 중개수수료를 수수한 경우

해설

① 【X】 소론과 같은 변호사의 조언이 있었다 하더라도 그것만으로 피고인들의 이건 보관금인출사용행위가 법률의 착오가 있는 경우에 해당하는 것이라 할 수 없다(대판 1990.10.16. 90도1604). 17. 국가직 7급
② 【X】 형법 제16조에서 정한 그 오인에 정당한 이유가 있는 법률의 착오에 해당한다고 볼 수 없다(대판 2009.6.11. 2008도10373). 17. 국가직 7급
③ 【O】 정당한 이유가 있는 경우에 해당하여 처벌할 수 없다(대판 1993.9.14. 92도1560) 17. 국가직 7급
④ 【X】 이 사건 위반행위에 이르게 되었다고 하더라도 그러한 사정만으로는 자신의 행위가 법령에 저촉되지 않는 것으로 오인함에 정당한 사유가 있는 경우에 해당한다거나 피고인에게 범의가 없었다고 볼 수는 없다(대판 2005.5.27. 2004도62). 17. 국가직 7급

정답 ③

15 법률의 착오에 정당한 이유가 있는 것만을 모두 고른 것은?

㉠ 지방자치단체장 甲이 법령에 의하여 허용되는 행위라고 오인하고 관행적으로 간담회를 열어 업무추진비 형식으로 참석자들에게 음식물을 제공한 경우
㉡ 甲이 허가를 담당하는 공무원이 허가를 요하지 않는다고 잘못 알려 준 것을 믿고 임야상에 토석을 쌓아 둠으로써 산림법 위반행위를 한 경우
㉢ 비디오물감상실업자 甲이 개정된 청소년보호법이 시행된 이후 구청 문화관광과에서 실시한 교육과정에서 '만 18세 미만의 연소자' 출입금지표시를 업소출입구에 부착하라는 행정지도를 믿고 비디오물감상실에 18세 이상 19세 미만의 청소년을 출입시킨 경우
㉣ 甲이 한국간행물윤리위원회나 정보통신윤리위원회가 이 사건 만화를 청소년유해매체물로 판정하였을 뿐 음란물로 관계기관에 형사처벌 또는 행정처분을 요청하지 않았기 때문에 만화를 음란하지 않다고 믿고 구 전기통신기본법 위반행위를 방조한 경우
㉤ 부동산중개업자 甲이 부동산중개업협회의 자문을 통하여 인원수의 제한 없이 중개보조원을 채용하는 것이 허용되는 것으로 믿고 제한 인원을 초과하여 중개보조인을 채용함으로써 구 부동산중개업법을 위반한 경우

① ㉠, ㉡   ② ㉡, ㉢   ③ ㉢, ㉣   ④ ㉣, ㉤

해설

㉠ 【 X 】 법령에 의하여 허용되는 행위라고 오인하였다고 하더라도 그러한 오인에 정당한 이유가 있다고 볼 수 없다(대판 2007.11.16. 2007도7205). 16. 국가직 7급
㉡ 【 O 】 대판 2005.8.19. 2005도1697 16. 국가직 7급
㉢ 【 O 】 대판 2002.5.17. 2001도4077 16. 국가직 7급
㉣ 【 X 】 정당한 이유가 있다고 볼 수 없다(대판 2006.4.28. 2003도4128). 16. 국가직 7급
㉤ 【 X 】 정당한 이유가 있다고 볼 수 없다(대판 2000.8.18. 2000도2943). 16. 국가직 7급

정답 ②

16 법률의 착오에 관한 설명 중 가장 적절하지 않은 것은?

① 마약취급면허가 없는 자가 제약회사에 근무한다는 자로부터 마약이 없어 약을 제조하지 못하니 구해달라는 거짓 부탁을 받고 제약회사에서 쓰는 마약은 구해 주어도 죄가 되지 아니하는 것으로 믿고 생아편을 구해 주었다하더라도 오인에 정당한 이유가 있는 경우라고 볼 수 없다.
② 피고인이 과거 지방선거에서 이 사건 홍보물과 같은 내용의 선거홍보물을 사용하였지만 처벌받지 않아 이 사건 홍보물의 내용이 구 공직선거법에 위반됨을 알지 못한 경우 법률의 착오에 정당한 이유가 있다고 볼 수 없다.
③ 채광업자가 허가를 담당하는 공무원에게 문의한 결과 허가를 요하지 않는다고 잘못 알려준 것을 믿고 허가 없이 산림을 훼손한 경우에는 허가를 받지 않더라도 죄가 되지 않는 것으로 착오를 일으킨데 대하여 정당한 이유가 있는 경우에 해당한다.
④ 정부공인 체육종목인 '활법'의 사회체육지도사 자격증을 취득한 자가 기공원을 운영하면서 환자들을 대상으로 척추교정시술행위를 한 자신의 행위가 무면허 의료행위에 해당되지 아니하여 죄가 되지 않는다고 믿었다면 정당한 이유가 있는 법률의 착오에 해당한다.

해설

① 【 O 】 대판 1983.9.13. 83도1927
② 【 O 】 대판 2006.3.10. 2005도6316
③ 【 O 】 대판 1993.9.14. 92노1560
④ 【 X 】 기공원을 운영하면서 환자들을 대상으로 척추교정시술행위를 한 자가 정부 공인의 체육종목인 '활법'의 사회체육지도자 자격증을 취득한 자라 하여도 자신의 행위가 무면허 의료행위에 해당되지 아니하여 죄가 되지 않는다고 믿은 데에 정당한 사유가 있었다고 할 수 없다고 한 사례(대판 2002.5.10. 2000도2807).

정답 ④

17 다음 중 판례가 법률의 착오에 정당한 이유를 인정하여 범죄가 성립하지 않는다고 한 경우는 모두 몇 개인가?

> ㉠ 한의사가 범행과 동일한 성질의 행위에 대해 이전에 검찰의 혐의 없음 결정을 받은 것을 믿고 의약품판매업 허가 없이 의약품인 가감삼십전대보초를 판매한 경우
> ㉡ 민사소송법 기타 공법의 해석을 잘못하여 압류물의 효력이 없어진 것으로 착오하였거나 또는 봉인 등을 손상 또는 효력을 해할 권리가 있다고 한 경우
> ㉢ 거래허가구역 내의 토지임을 모르고 당국의 허가를 받지 아니하고 토지 등의 거래계약 규제구역으로 지정·고시된 지역 안에 위치한 토지를 매수하는 계약을 체결한 후 민사소송법의 제소 전 화해절차에 의하여 소유권 이전등기를 경료한 경우
> ㉣ 경찰관이 수사처리의 관례상 일부 상치된 내용을 일치시키기 위하여 적법하게 작성된 참고인 진술조서를 찢어버리고 진술인의 진술도 듣지 아니하고 그 내용을 일치시킨 새로운 진술조서를 작성한 경우

① 1개   ② 2개   ③ 3개   ④ 4개

해설

㉠ 【 O 】 그렇게 오인함에 있어서 정당한 이유가 있다(대판 1995.8.25. 95도717).
㉡ 【 O 】 형벌법규의 부지와 구별되어 범의를 조각한다고 해석할 것이다(대판 1970.9.22. 70도1206).
㉢ 【 X 】 피고인이 자신의 행위가 국토이용관리법(현재 국토의 계획 및 이용에 관한 법률)상의 거래허가대상인 줄을 몰랐다는 사정은 단순한 법률의 부지에 불과하고 특히 법령에 의하여 허용된 행위로서 죄가 되지 않는다고 적극적으로 그릇 인식한 경우가 아니어서 이를 법률의 착오에 기인한 행위라고 할 수 없다(대판 1992.4.24. 92도245).
㉣ 【 X 】 대판 1978.6.27. 76도2196

정답 ②

18 다음 중 판례가 정당한 이유를 인정한 경우가 아닌 것은?

① 이복동생 이름으로 군복무 중 휴가를 얻어 귀가하여 자기는 다른 호적에 입적되어 있고 이복동생은 군복무를 필한 사실을 알고 다른 사람의 이름으로 군대생활을 할 필요가 없다고 생각하고 귀대하지 않은 경우
② 한국교통사고 상담센터 직원이 교통사고 피해자의 위임을 받아 회사와의 사이에 화해의 중재나 알선을 하고 피해자로부터 교통부장관이 승인한 조정수수료를 받은 경우
③ 중국 국적 선박을 구입한 피고인이 외환은행 담당자의 안내에 따라 매도인인 중국해운회사에 선박을 임대하여 받기로 한 용선료를 재정경제부장관에게 미리 신고하지 아니하고 선박 매매대금과 상계함으로써 구 외국환거래법을 위반한 경우
④ 채권자가 관할 공무원과 변호사에게 문의·확인하여 자기의 채권이 신고해야 할 기업사채에 해당하지 않는다고 믿고 신고를 하지 않은 경우

해설
① 【 O 】 정당한 이유가 인정된다(대판 1974.7.23. 74도1399).
② 【 O 】 직무수행상의 행위로서 위법의 인식을 기대하기 어렵고 적어도 형법 제16조에 이른바 법률의 착오에 해당한다고 봄이 상당하다(대판 1975.3.25. 74도2882).
③ 【 X 】 피고인이 공소외인을 통하여 한국은행에 이 사건 선박의 매매대금 지급을 신고하는 과정에서 주식회사 한국외환은행의 담당자에게 이 사건 선박의 매매대금 일부를 상계한다는 취지를 설명한 다음 그 담당자의 안내에 따라 그대로 한국은행에 신고하였다고 볼 만한 자료가 없고, 설령 외환은행 담당자의 안내에 따라 그대로 신고를 하였다고 하더라도 그러한 사정만으로 이 사건 선박의 매매대금 지급의 신고에 관하여 피고인이 자신의 행위가 죄가 되지 아니하는 것으로 오인하였거나 그와 같은 오인에 정당한 이유가 있었다고 할 수 없다(대판 2011.7.14. 2011도2136).
④ 【 O 】 대판 1976.1.13. 74도3680

정답 ③

19 다음 중 법률의 착오에 '정당한 이유'가 있어 처벌할 수 없는 경우는?

① 甲이 변호사에게 문의하여 자문을 받고 압류물을 집행관의 승인 없이 관할구역 밖으로 옮기는 행위가 허용되는 행위로 생각하고 이와 같은 행위한 경우
② 긴급명령이 시행된 지 오래되지 않아 비밀보장의무의 내용에 관해 확립된 규정이나 관계기관의 유권해석 및 금융관행이 확립되어 있지 아니한 상황에서 금융거래의 내용을 공개한 경우
③ '타인의 상품과 피고인의 상품이 유사하지 않다.'는 변리사의 감정결과와 특허국의 등록사정을 믿고 발가락 5개의 양말을 제조·판매한 경우
④ '탐정업이 인·허가 또는 등록사항이 아니다.'는 민원사무 담당공무원의 말을 듣고 신용조사업법이 금지하는 소재탐지나 사생활조사 등을 한 경우

해설
① 【 X 】 변호사 등에게 문의하여 자문을 받았다는 사정만으로는 자신의 행위가 죄가 되지 않는다고 믿는 데에 정당한 이유가 있다고 할 수 없다(대판 1992.5.26. 91도894). 17. 경찰간부
② 【 X 】 단순한 법률의 부지에 불과하며, 피고인들의 행위가 죄가 되지 않는다고 믿은 데에 정당한 이유가 있는 경우에 해당하지 않는다(대판 1997.6.27. 95도1964).
③ 【 O 】 의장법 위반행위가 법령에 의하여 죄가 되지 아니한다고 오인함에 정당한 이유가 있는 때에 해당한다(대판 1982.1.19. 81도646).
④ 【 X 】 피고인이 특정인 소재탐지, 사생활조사 등의 행위가 죄가 되지 않는다고 믿은 데에 정당한 이유가 있었다고는 할 수 없다(대판 1994.8.26. 94도780).

정답 ③

20 다음 중 법률의 착오에 정당한 이유가 있는 경우는?

① 장례식장의 식당(접객실) 부분을 증축함에 있어 홍성군과 증축부분이 장례식장이 아닌 병원의 부속 건물임을 전제로 그 증축에 관한 협의과정을 거쳤고 건설교통부의 질의·회신도 종합병원의 경우 일반적으로 장례식장의 설치나 운영이 그 부속시설로서 허용된다는 취지가 아니라 종합병원에 입원한 환자가 사망한 경우 그 장례의식을 위한 시설의 설치는 부속용도로 볼 수 있다는 취지에 불과한 경우에 장례식장의 설치·운영에 관하여 죄가 되지 아니하는 것으로 오인한 경우
② 장애인복지법에 따른 보장구제조업 허가를 받아 이를 제조하는 자가 별도의 허가를 받지 않고 정형외과용 의료도구인 다리교정장치를 제조한 경우
③ 중국 국적 선박을 구입한 피고인이 외환은행 담당자의 안내에 따라 매도인인 중국 해운회사에 선박을 임대하여 받기로 한 용선료를 재정경제부장관에게 미리 신고하지 아니하고 선박 매매대금과 상계함으로써 구 외국환거래법을 위반한 사안에서, 자신의 행위가 죄가 되지 아니하는 것으로 오인한 경우
④ 교통부장관의 허가를 얻어 설립된 사단법인 한국교통사고상담센터의 하부직원이 목적사업인 교통사고 피해자의 위임을 받아 사고 회사와의 사이에 화해의 중재나 알선을 하고 피해자로부터 교통부장관이 승인한 조정수수료를 받은 경우

해설

① 【 X 】 피고인이 자신의 행위가 죄가 되지 아니하는 것으로 오인하였거나 그와 같은 오인에 정당한 이유가 있었다고 할 수 없다(대판 2009.12.24. 2007도1915).
② 【 X 】 정당한 사유가 있다고 볼 수는 없다(대판 1995.12.26. 95도2188).
③ 【 X 】 피고인이 자신의 행위가 죄가 되지 아니하는 것으로 오인하였거나 그와 같은 오인에 정당한 이유가 있었다고 할 수 없다(대판 2011.7.14. 2011도2136).
④ 【 O 】 형법 제16조에 이른바 법률의 착오에 해당한다고 봄이 상당하다(대판 1975.3.25. 74도2882).

정답 ④

21 甲은 야간에 악수를 청하는 이웃집 사람을 강도로 오인하고 방어할 생각으로 그를 때려 상해를 입혔으나, 오인에 정당한 이유가 없는 경우 어떠한 학설에 따르면 甲의 죄책이 가장 무겁게 되는가?

① 유추적용설
② 소극적 구성요건표지이론
③ 엄격책임설
④ 법효과제한적 책임설

해설

③ 위법성조각사유의 전제사실의 착오를 사실의 착오로 보는 견해와 법률의 착오로 보는 견해가 있는데, 사실의 착오로 보는 입장은 고의를 탈락시키고, 정당한 이유가 없으면 과실범으로 처벌한다. 법률의 착오로 보는 견해는 정당한 이유가 있으면 책임이 조각되고 정당한 이유가 없으면 유죄가 된다고 보므로 엄격책임설에 의할 때 甲의 죄책이 가장 무겁게 된다. 16. 경찰

정답 ③

22 '현재의 부당한 침해'라는 정당방위상황이 객관적으로 존재하지 않음에도 불구하고 행위자는 존재하는 것으로 잘못 알고 방위행위를 한 경우, 이를 법률의 착오로 보고 '오인에 정당한 이유'가 있으면 책임이 조각된다는 견해는?

① 엄격책임설
② 제한적 책임설
③ 소극적 구성요건표지이론
④ 고의설

해설
① 법률의 착오와 정당한 이유가 있는지 판단하는 학설은 엄격책임설이고, 나머지 학설은 과실로 해결한다. 16. 국가직 9급

정답 ③

23 위법성조각사유의 전제사실에 관한 착오에 관한 설명 중 옳지 않은 것은?

① 소극적 구성요건표지이론의 경우 소극적 구성요건요소의 부존재에 관한 인식이 없으므로 고의가 조각되어 과실범의 처벌만이 문제된다.
② 엄격고의설의 경우 고의가 조각되고 과실범의 처벌만이 문제된다.
③ 유추적용제한책임설의 경우 고의가 조각되고 과실범의 처벌만이 문제된다.
④ 법효과제한적 책임설의 경우 이러한 착오를 일으킨 자에게 가담한 경우 공범이 성립되지 않는다.

해설 08. 경찰
① 【O】 소극적 구성요건표지이론은 위법성조각사유의 전제된 사실의 착오를 사실의 착오로 바로 해결하여 고의가 조각되어 과실이 문제가 된다.
② 【O】 엄격고의설이든지 제한적 고의설이든지 위법성조각사유의 전제된 사실의 착오의 경우 고의가 조각된다.
③ 【O】 구성요건착오 유추적용설은 위법성조각사유의 전제된 사실의 착오를 구성요건착오와 마찬가지로 취급하여 고의를 조각한다.
④ 【X】 법효과제한적 책임설에 의할 경우 구성요건적 고의가 조각되지 아니하므로 이에 대한 공범의 성립이 가능하게 된다.

정답 ④

24 甲은 乙을 강도로 오인하여 방어할 생각으로 乙을 폭행하였다. 甲의 죄책에 관한 각 학설의 설명으로 옳은 것은?

① 소극적 구성요건표지이론에 의하면 구성요건고의는 인정된다.
② 엄격고의설에 의하면 구성요건고의는 조각되나, 제한적 고의설에 따르면 고의가 인정된다.
③ 제한적 책임설 중 구성요건착오 규정을 유추적용하는 견해에 따르면 구성요건고의가 조각된다.
④ 법효과제한적 책임설은 책임고의는 존재하나, 구성요건고의는 탈락되는 것으로 본다.

해설 01. 사시
① 【X】 소극적 구성요건표지이론은 위법성조각사유의 전제된 사실의 착오를 사실의 착오로 바로 해결하여 고의가 조각되어 과실이 문제가 된다.
② 【X】 엄격고의설이든지 제한적 고의설이든지 위법성조각사유의 전제된 사실의 착오의 경우 고의가 조각된다.
③ 【O】 구성요건착오 유추적용설은 위법성조각사유의 전제된 사실의 착오를 구성요건착오와 마찬가지로 취급하여 고의를 조각한다.
④ 【X】 법효과제한적 책임설은 구성요건고의는 인정하고, 법효과에 있어서만 고의를 조각시키는 것으로 본다.

정답 ③

25 위법성의 인식에 대한 설명으로 옳지 않은 것은?

① 고의설은 위법성 인식을 고의의 한 요소로 보지만, 책임설은 위법성 인식을 고의의 요소 아닌 별개의 책임요소로 본다.
② 제한고의설은 위법성 인식의 가능성만으로 고의 성립을 인정하기도 하지만, 엄격고의설은 고의 성립에 현실적인 위법성 인식이 필요하다고 본다.
③ 엄격책임설은 위법성조각사유 전제사실 착오도 위법성 착오의 일종으로 취급하면 족하다고 보지만, 제한책임설은 위법성조각사유 전제사실 착오는 일반적인 위법성 착오와는 달리 취급하여야 한다고 본다.
④ 소극적 구성요건표지이론과 제한책임설은 모두 위법성조각사유 전제사실 착오가 있으면 구성요건적 고의가 조각된다고 본다.

해설 24. 국가직

① 【 O 】 옳은 설명이다.
② 【 O 】 옳은 설명이다.
  • 엄격고의설: 책임고의=사실인식+현실적 위법성 인식
  • 제한적 고의설: 책임고의=사실인식+위법성 인식 가능성
③ 【 O 】 엄격책임설은 위법성조각사유 전제사실 착오도 위법성 인식이 없으므로 금지착오(위법성 착오)의 일종으로 취급하면 족하다. 제한책임설 중 구성요건 착오 유추적용설은 위법성조각사유의 전제사실에 대한 착오가 구성요건적 착오는 아니지만 구성요건적 착오와의 구조적 유사하여 구성요건적 착오의 규정을 유추적용하자는 견해이고, 제한적 책임설 중 법효과 제한적 책임설은 책임고의는 성립 후의 문제이지만 법효과만 책임고의의 사실인식을 조각한 것으로 보아 구성요건착오와 법적효과를 같이 보자는 견해이다. 제한적 책임설(구성요건 착오 유추적용설, 법효과제한적 책임설)은 금지착오와 달리 취급된다.
④ 【 X 】 소극적 구성요건표지이론은 구성요건 고의가 조각되고, 제한책임설 중 법효과제한적 책임설은 구성요건적 고의가 아닌 책임고의가 조각된다고 본다.

정답 ④

26 乙은 적선을 요구하며 접근하는 걸인을 강도로 오인하고 정당방위의사로 타격을 가하여 상해를 입혔다. 甲은 이와 같은 乙의 착오를 알면서도 乙의 행위를 도와주었다. 甲과 乙의 형사책임에 관한 설명 중 옳은 것은? (단, 공범종속성에 관한 제한적 종속형식에 의할 것)

① 유추적용설에 의하면 乙은 상해죄의 죄책을 지게 된다.
② 엄격고의설에 의하면 甲과 乙의 형사책임과 관련하여 유추적용설과 결론이 동일하게 된다.
③ 소극적 구성요건표지이론에 의하면 乙은 언제나 무죄가 된다.
④ 법효과제한적 책임설에 의하면 乙은 과실범이 될 수 있을 뿐이므로 甲에 대해서는 방조범의 죄책을 인정할 수 없다.

해설 03. 행시

① 【 X 】 유추적용설은 구성요건적 착오에 관한 규정이 직접 적용될 수는 없지만 고의의 본질이 되는 행위자의 구성요건적 불법을 실현하려는 결단이 없으므로 행위불법을 부정하여야 하기 때문에 구성요건적 착오의 규정을 유추적용하여 고의를 조각한다고 해석하는 견해이다. 즉, 乙에게는 불법의 고의가 조각되고 과실이 있는 경우에 한하여 과실치상죄가 성립한다.
② 【 O 】 엄격고의설은 고의의 성립에 범죄사실의 인식 이외에 현실적인 위법성의 인식이 필요하므로 위법성의 인식이 없던 乙에게는 고의가 조각되고, 다만 이를 회피할 수 있었을 때, 즉 과실이 있는 경우에 한하여 과실치상죄가 성립한다.
③ 【 X 】 소극적 구성요건표지이론에 의할 경우 위법성조각사유의 요건은 소극적 구성요건요소가 되므로 위법성을 조각하는 행위상황에 대한 착오는 구성요건적 착오가 되고, 따라서 고의를 조각하게 된다는 견해로 행위자에게 과실이 있는 경우 과실범으로 처벌하게 된다.
④ 【 X 】 법효과제한적 책임설에 의할 경우 乙의 구성요건적 고의가 조각되지 않으므로 이에 대한 공범의 성립이 가능하게 된다.

정답 ②

27 다음 사례와 학설에 관한 설명으로 가장 적절한 것은?

甲이 야간에 자신의 방에 들어오는 룸메이트를 강도로 오인하고 상해의 고의는 없이 방어할 의사로 그를 폭행하였는데 강도로 오인한 과실이 회피 가능하였을 경우

(가) 범죄를 불법과 책임의 두 단계로 나누어, 위법성조각사유의 요건을 소극적 구성요건요소로 이해하는 이론으로서, 위 사례는 구성요건적 착오의 문제로 이해하는 견해

(나) 위법성의 인식을 고의의 요소가 아닌 독자적인 책임요소로 파악하는 이론으로서, 위 사례는 금지착오의 문제로 이해하는 견해

(다) 위법성조각사유의 전제사실은 구성요건적 사실과 유사하다는 점을 전제로 하여, 위 사례는 구성요건적 착오 규정을 유추적용 해야 하는 것으로 이해하는 견해

(라) 고의의 이중적 지위를 전제로 하여, 위 사례는 구성요건적 고의는 인정되나 책임고의가 탈락되어 결국 구성요건적 착오와 법효과적으로 동일한 것으로 이해하는 견해

① (가)와 (다)에 따르면 甲에게는 폭행죄가 성립한다.
② (나)와 (라)에 따르면 甲에게는 상해죄가 성립한다.
③ (나)와 (다)에 따르면 甲에게는 과실치상죄가 성립한다.
④ (가)와 (라)에 따르면 甲은 처벌되지 않는다.

해설 23. 경찰

(가) 소극적 구성요건표지이론에 의하면 구성요건 착오를 직접 적용하여 구성요건 고의가 조각되어 과실로 해결한다. 과실폭행은 처벌규정이 없어 불가벌이다.
(나) 엄격책임설에 의하면 책임고의가 성립 후 위법성 인식이 없는 경우 금지착오로 해결한다. 사례의 경우 정당한 이유가 없어 폭행죄 성립한다.
(다) 구성요건적 착오 유추적용설에 의하면 구성요건 착오를 유추 적용하여 구성요건 고의가 조각되어 과실로 해결한다. 과실폭행은 처벌규정이 없어 불가벌이다.
(라) 법효과 제한적 책임설에 의하면 구성요건 고의는 성립 후 책임고의가 조각되어 과실로 해결한다. 과실폭행은 처벌규정이 없어 불가벌이다.

정답 ④

28 다음 사례에서 甲의 죄책에 대한 설명으로 옳은 것은?

> A는 하산하다가 야생 멧돼지에게 쫓겨 급히 도망치며 달리던 중 마침 甲의 전원주택을 발견하고 그 집으로 뛰어 들어가 몸을 숨겨 위기를 모면하였다. 집주인 甲은 A를 도둑으로 오인하여, 그를 쫓아내려는 의도로 "도둑이야!"라고 외쳤다. A가 자초지종을 설명하려고 다가가자 甲은 자신을 공격하려는 것으로 오인하여 그의 가슴을 힘껏 밀어 넘어뜨렸다.

① 법률의 착오 중 포섭의 착오에 해당하는 사례로서 판례에 따르면 오인에 정당한 이유가 있는 경우 책임이 조각된다.
② 우연방위의 사례로서 甲에게는 주관적 정당화 요소가 결여되었으므로 불능미수유추설에 따르면 폭행죄가 성립하지 않으므로 미수범으로 처벌된다.
③ 허용구성요건의 착오에 해당하는 사례로서 법효과 제한적 책임설에 따르면 甲에게 폭행의 구성요건적 고의가 인정되나 책임고의가 부정되어 폭행죄가 성립하지 않는다.
④ 오상방위의 사례로서 판례에 따르면 오인에 정당한 이유가 있는 경우 책임이 조각된다.

[해설] 18. 국가직
①② 【 X 】 사례는 위법성조각사유의 전제사실의 착오사례이다.
③ 【 O 】 법효과 제한적 책임설에 따르면 甲에게는 폭행의 구성요건적 고의는 인정되나 책임고의가 부정되어 폭행죄가 성립할 수 없게 된다(과실폭행-처벌 ×).
④ 【 X 】 판례에 의할 때 오상방위의 해결은 "정당한 이유가 있어 위법성이 없다고 볼 것이다"라고 판시하는 바 학설의 어느 견해와도 다른 독자적인 견해로 볼 수 있다(대판 1986.10.28. 86도1406).

정답 ③

29 밤눈이 어두운 甲은 야간에 자기 집 앞에서 악수를 청하는 이웃집 사람인 乙을 흉기를 꺼내 드는 강도로 오인하고 정당방위의사로 乙을 밀어뜨려 4주간의 치료를 요하는 상해를 입혔다. 甲이 乙을 강도로 오인함에 있어서 정당한 이유가 없다고 판단되는 경우에 甲의 죄책에 관한 설명 중 가장 적절하지 않은 것은?

① 엄격고의설에 의하면 과실치상죄가 성립된다.
② 엄격책임설에 의하면 상해죄가 성립된다.
③ 법효과제한적책임설에 의하면 과실치상죄가 성립된다.
④ 유추적용설에 의하면 상해죄가 성립된다.
⑤ 소극적구성요건표지이론에 의하면 과실치상죄로 처벌된다.

해설

오상방위에 관한 사례이다.
① 【 O 】 엄격고의설에 의하면 행위의 위법성을 현실적으로 인식하지 못하는 경우에는 고의가 조각되고, 단지 과실범 성부만이 문제된다. 따라서 甲이 乙을 강도로 오인함에 과실이 있는 경우이므로 과실치상죄가 성립한다.
② 【 O 】 엄격책임설에 의하면 전제사실의 착오는 금지착오에 해당하므로 형법 제16조가 적용되어 착오에 정당한 이유가 있으면 책임이 조각되지만 정당한 이유가 없으면 고의범으로 처벌한다. 따라서 甲에게는 상해죄가 성립한다.
③ 【 O 】 법효과제한적책임설에 의하면 전제사실의 착오의 경우 행위자의 구성요건적 고의가 조각되지 않고 책임고의가 조각되어 행위자에게 고의책임을 물을 수 없고 과실책임을 물을 수 있다. 따라서 甲에게는 과실치상죄가 성립한다.
④ 【 X 】 (구성요건적 착오)유추적용설에 의하면 전제사실의 착오의 경우 사실의 착오의 규정을 유추적용하여 고의를 조각하고, 과실이 있으면 과실범이 성립한다. 따라서 甲에게는 과실치상죄가 성립한다.
⑤ 【 O 】 소극적 구성요건표지이론에 의하면 위법성조각사유는 구성요건요소이므로 위법성조각사유의 전제사실에 대한 착오는 구성요건적 착오로 고의가 조각되며 과실이 있으면 과실범이 성립한다. 따라서 甲에게는 과실치상죄가 성립한다.

정답 ④

30 甲은 乙의 애인 A를 자신의 애인 B로 오인하여 놀라게 할 생각으로 뒤에서 그녀의 어깨를 껴안았는데, 乙은 甲을 성폭행범으로 오인하고 甲을 주먹으로 때려 전치 4주의 타박상을 입혔다. 이에 대한 설명으로 옳은 것은?

① 甲이 A를 B로 오인하였다고 하더라도 강제추행의 고의는 부정되지 않으므로 甲은 A에 대한 강제추행의 죄책을 진다.
② 乙이 甲을 성폭행범으로 오인하였다고 하더라도 乙이 의도적으로 甲을 때려 상해를 입힌 이상, 법효과제한적 책임설에 따르면 乙은 상해의 죄책을 진다.
③ 엄격책임설에 따르면 乙이 甲을 성폭행범으로 오인하는데 정당한 이유가 인정된다면 상해죄의 구성요건해당성은 인정되나 책임이 부정되어 상해죄는 성립하지 않는다.
④ 만약 甲이 추행의 의사로 A를 뒤에서 팔을 벌려 껴안으려 했다면 A가 뒤돌아보면서 소리치는 바람에 A를 껴안지 못하였더라도 甲은 A에 대한 강제추행 기수의 죄책을 진다.

해설 19. 국가직
① 【 X 】 甲이 자신의 애인이라고 생각하고 어깨를 껴안은 행위는 강제추행의 고의가 없다.
② 【 X 】 법효과제한적 책임설에서는 고의책임이 조각된다고 보므로, 고의범은 성립할 수 없고 과실치상죄가 문제될 뿐이다.
③ 【 O 】 엄격책임설에서는 위법성의 인식이 결여된 경우, 정당한 이유가 있으면 책임이 조각되어 무죄이고, 정당한 이유가 없으면 고의범이 성립한다고 본다.
④ 【 X 】 피고인의 팔이 갑의 몸에 닿지 않았더라도 양팔을 높이 들어 갑자기 뒤에서 껴안으려는 행위는 갑의 의사에 반하는 유형력의 행사로서 폭행행위에 해당하며, 그때 '기습추행'에 관한 **실행의 착수**가 있는데, 마침 갑이 뒤돌아보면서 소리치는 바람에 몸을 껴안는 추행의 결과에 이르지 못하고 미수에 그쳤으므로, 피고인의 행위는 아동·청소년에 대한 **강제추행미수죄**에 해당한다(대판 2015.9.10. 2015도6980).

정답 ③

31 다음 사례에 대한 설명으로 가장 적절하지 않은 것은?

회사원 甲은 부인에게 일이 밀려 밤샘 작업을 해야 한다고 거짓말을 하고 초등학교 동창을 만나 술을 마신 후 친구와 헤어져 집 앞에 도착하였다. 甲은 술기운 때문에 아파트 현관문 도어락 번호키를 누르다가 계속 오류가 났다. 잠귀가 밝은 甲의 부인 乙은 이미 남편으로부터 일 때문에 집에 오지 못한다는 연락을 받았던 터라 남편이라고는 생각하지 못했고, 더구나 도어락 번호가 계속 오류가 나는 것을 보고 남편이 아니라 도둑이라고 생각했다. 문 뒤에 골프채를 들고 서 있다가 들어오는 남편을 도둑이라고 생각하고 힘껏 내려쳤다. 甲은 피를 흘리며 쓰러졌고, 전치 4주의 상해를 입었다.

① 제한적 책임설 중 법효과제한적 책임설에 따르면 乙이 甲을 도둑으로 오인하였더라도 상해의 고의는 부정되지 않으므로 특수상해죄의 죄책을 진다.
② 엄격책임설에 따르면 乙이 甲을 도둑으로 오인하는데 정당한 이유가 인정되는 경우 특수상해죄의 구성요건해당성은 인정되나 책임이 부정되어 무죄이다.
③ 구성요건착오 유추적용설에 따르면 상해에 대한 불법고의가 부정되므로 특수상해죄는 성립하지 않는다.
④ 엄격고의설에 따르면 상해의 고의가 부정되어 책임이 조각되므로 특수상해죄로 처벌할 수 없다.

해설 22. 경찰
① 【X】 법효과제한적 책임설은 구성요건적 고의는 인정되지만, 책임고의가 조각되어 과실로 해결하는 견해이다. 상해죄의 고의가 조각되어 과실치상죄가 성립한다.
② 【O】 엄격책임설은 위법성조각사유의 전제사실에 대한 착오의 경우 위법성 인식이 없으므로 금지착오로 해석하여 정당한 이유가 인정되는 경우 책임이 조각되어 무죄이다.
③ 【O】 구성요건착오 유추적용설은 구성요건적 착오에 관한 규정을 유추적용하여 구성요건 고의가 조각되어 과실범의 성립이 문제된다. 고의범인 특수상해죄는 성립하지 않는다.
④ 【O】 엄격고의설에 의하면 행위자에게 현실적 위법성 인식이 없으면 책임고의가 조각되고 과실범 처벌규정이 있으면 과실범으로 처벌한다. 고의범인 특수상해죄는 성립할 수 없고, 과실치상죄가 된다.

정답 ①

32 다음 사례에 대하여 위법성 인식의 체계적 지위에 관한 학설의 설명으로 가장 적절한 것은?

A는 관장 B가 운영하는 복싱클럽에 회원등록을 한 후 등록을 취소하는 문제로 B로부터 질책을 들은 다음 약 1시간이 지나 다시 복싱클럽을 찾아와 B에게 항의를 하였다. 그 과정에서 A와 B가 서로 멱살을 잡아당기거나 뒤엉켜 몸싸움을 벌였다. 이를 지켜보던 코치 甲은 A가 왼손을 주머니에 넣어 특정한 물건을 꺼내 움켜쥐자, 조금만 주의를 기울였으면 흉기가 아니라는 것을 알 수 있었음에도 불구하고 B를 찌르기 위해 흉기를 꺼낸다고 오인하여 A를 다치게 해서라도 이를 막고자 A의 왼손을 때려 손가락 골절상을 입혔다. 그러나 A가 움켜쥔 물건은 휴대용 녹음기로 밝혀졌다.

① 엄격고의설에 따르면 甲에게는 A에 대한 상해죄의 고의가 인정된다.
② 제한고의설에 따르면 甲이 현실적으로 자신의 행위가 위법하다고 인식하지 못했지만 위법성을 인식할 가능성이 있었기에 甲에게는 A에 대한 과실치상죄가 성립한다.
③ 엄격책임설에 따르면 甲에게는 A에 대한 상해죄의 고의가 조각된다.
④ 법효과제한책임설에 따르면 甲에게는 A에 대한 과실치상죄가 성립한다.

[해설] 24. 경찰

위법성조각사유의 전제사실의 착오 사례이다.
① 【 X 】 엄격고의설에 의하면 행위자에게 현실적 위법성 인식이 없으면 책임고의가 조각되어 과실범 처벌규정이 있으면 과실범이 성립한다. 지문의 경우 과실치상죄가 성립한다.
② 【 X 】 제한고의설에 의하면 행위자에게 위법성 인식이나 위법성 인식 가능성이 없으면 책임고의가 조각되어 과실범으로 처벌된다. 지문의 경우 위법성 인식 가능성이 있으므로 상해죄가 성립한다.
③ 【 X 】 엄격책임설에 의하면 위법성조각사유의 전제사실에 대한 착오를 금지착오로 해결한다. 금지착오는 책임 고의는 성립 후의 문제이므로 고의는 조각되지 않는다.
④ 【 O 】 법효과제한책임설에 따르면 책임고의가 조각되어 과실범으로 해결하므로 과실치상죄가 성립한다.

정답 ④

33 다음 사례에 대한 설명으로 옳은 것은?

> 칼 판매상인 A는 야간에 칼을 판매할 목적으로 甲에게 다가서며 칼을 내밀었는데, 성격이 급한 甲은 A를 강도로 오인하고 이를 방위하기 위하여 상해의 고의로 A를 때려 골절상을 가하였다.

① 유추적용제한책임설에 의할 때, 甲은 구성요건착오 규정이 유추 적용되어 상해의 고의가 조각된다.
② 엄격책임설에 의할 때, 甲의 오인에 정당한 이유가 없다면 甲은 책임이 조각되지 않고 과실치상죄의 죄책을 진다.
③ 법효과제한책임설에 의할 때, 甲은 구성요건적 고의가 조각되어 상해죄로 처벌받지 않는다.
④ 소극적 구성요건표지이론에 의할 때, 甲은 형법 제16조에 따라 책임이 조각된다.

[해설] 24. 국가직

위법성조각사유의 전제사실의 착오 사례이다.
① 【 O 】 유추적용제한책임설에 의할 때, 甲은 구성요건착오 규정이 유추 적용되어 구성요건 고의가 조각되어 상해의 고의가 조각된다.
② 【 X 】 엄격책임설에 의하면 사례의 경우 위법성 인식이 없으므로 금지착오로 해결한다. 오인에 정당한 이유가 없다면 책임이 조각되지 않고 고의범이 성립한다.
③ 【 X 】 법효과제한책임설에 의하면 구성요건 고의는 인정되나, 책임고의가 조각되어 과실치상죄로 처벌받는다.
④ 【 X 】 소극적 구성요건표지이론에 의하면 구성요건적 착오로 직접 적용하여 구성요건 고의를 조각하는 견해이다. 형법 제16조 금지착오로 해결하는 견해는 엄격책임설이다.

정답 ①

34 다음 사례에 관한 설명으로 옳은 것은?

甲은 헤어진 내연남 A가 계속하여 집에 찾아와 다시 만나줄 것을 간청하자, A와 집 앞에서 실랑이를 하는 중에 A를 혼내 줄 생각으로 옆집에 사는 乙이 집 앞으로 지나가는 것을 보고 "성폭행범이다. 살려주세요"라고 소리를 쳤다. 甲이 의도한 대로 乙은 甲을 구하기 위해 A를 밀어 넘어뜨려 A에게 전치 2주의 상해를 입혔다.

① 유추적용설에 의하면 乙의 착오에 정당한 이유가 존재하지 않는다면 乙의 행위는 상해죄가 성립한다.
② 엄격책임설에 의하면 乙의 행위는 과실 유무에 따라 과실치상죄가 성립될 수 있다.
③ 법효과제한적 책임설에 의할 때 乙의 상해행위는 구성요건적 고의는 인정되지만 책임고의가 조각되므로 상해죄가 성립하지 않는다.
④ 엄격책임설과 법효과제한적 책임설에 의하면 甲에게 상해죄의 교사범이 성립될 여지는 없다.

해설 25. 경찰간부

위법성조각사유의 전제된 사실의 착오 사례이다.
① 【 X 】 유추적용설에 의하면 구성요건 착오 규정을 유추 적용하여 구성요건 고의가 조각되는 견해이다. 과실범으로 해결한다.
② 【 X 】 엄격책임설은 금지착오로 해결하기 때문에 오인에 정당한 이유가 있으면 책임이 조각되고, 오인에 정당한 이유가 없으면 고의범이 성립한다.
③ 【 O 】 법효과제한책임설에 의하면 구성요건 고의는 인정되나, 책임고의가 조각되어 상해죄가 아닌 과실치상죄가 성립한다.
④ 【 X 】 위법성조각사유의 전제사실의 착오를 엄격책임설은 책임고의는 성립 후 위법성 인식이 없는 경우 금지착오로 해결하며, 법효과제한적 책임설은 책임고의는 성립 후 법효과만 책임 고의를 조각하는 견해이므로 두 학설 모두 공범 성립이 가능하다.

정답 ③

35 다음 사례에 관한 설명으로 가장 적절한 것은?

乙은 자신을 공격해 오는 甲을 피하기 위해 인근 주택의 대문을 부수고 안으로 들어갔다. 이때 집주인 丙은 乙을 강도로 오인하고 다시 집 밖으로 밀쳐내어 乙에게 상해를 입혔다. 이때 근처를 지나가던 丁은 평소 자신과 사이가 좋지 않은 甲을 보자 '이 기회에 손을 좀 봐줘야겠다'는 생각으로 甲에게 달려가 주먹을 날려 상해를 입혔다. 이에 겁에 질린 甲은 乙에 대한 공격을 포기하고 달아났다.

① 乙이 대문을 손괴한 행위는 甲의 부당한 공격을 방위하기 위한 행위로서 「형법」 제21조 정당방위에 해당한다.
② 위법성인식을 고의와 독립된 책임요소로 보는 견해에 의하면, 丙의 오인에 정당한 이유가 있다면 丙이 乙에게 상해를 입힌 행위는 상해의 고의가 인정되나 책임이 조각된다.
③ 丙의 착오를 구성요건적 착오와 유사하게 보는 견해에 의하면, 구성요건 착오 규정을 적용하여 책임고의가 탈락하며, 丙의 오인에 정당한 이유가 없는 경우 과실치상의 죄책을 진다.
④ 丁이 甲에게 상해를 입힌 행위는 결과적으로 乙을 보호한 행위로서 결과불법이 탈락되어 위법성이 조각된다.

해설

① 【 X 】 乙이 대문을 손괴한 행위는 자기의 법익에 대한 현재의 위난을 피하기 위한 형법 제22조의 긴급피난에 해당한다.
② 【 O 】 위법성인식을 고의와 독립된 책임요소로 보는 견해는 엄격책임설을 의미한다. 엄격책임설은 책임고의는 성립 후 위법성 인식이 없는 경우 금지착오로 해결한다. 집주인 丙이 乙을 강도로 오인하고 다시 집 밖으로 밀쳐내어 乙에게 상해를 입힌 것은 오상방위에 해당하고, 엄격책임설에 의하면 丙의 오인에 정당한 이유가 있다면 丙이 乙에게 상해를 입힌 행위는 상해의 고의가 인정되나 책임이 조각된다.
③ 【 X 】 丙의 착오를 구성요건적 착오와 유사하게 보는 견해인 유추적용설에 의하면 구성요건 착오규정을 적용하여 구성요건적 고의가 탈락하며, 丙의 오인에 정당한 이유가 없는 경우 과실치상의 죄책을 진다.
④ 【 X 】 丁이 甲에게 상해를 입힌 행위는 결과적으로 乙을 보호한 행위로서 우연방위에 해당한다. 판례의 입장인 주관적 정당화요소 필요설의 입장에 의하면 주관적 정당화요소인 방위의사가 없으므로 결과불법은 탈락하나 행위불법은 존재하므로 위법성이 조각되지 않는다.

정답 ②

36 ㈎~㈑는 甲이 밤에 연락 없이 자신의 집을 방문한 이웃을 강도로 오인하여 상해를 입힌 사례와 관련한 견해이다. 이에 대한 설명으로 옳지 않은 것은?

㈎ "위법성의 인식은 고의와 구별되는 책임의 독자적인 요소인데, 이 사례는 행위자가 구성요건 사실은 인식하였지만 자기 행위의 위법성을 인식하지 못한 경우에 해당한다."
㈏ "이 사례와 관련하여 甲이 위법성조각사유의 전제사실의 부존재를 인식하는 것 역시 구성요건에 해당한다."
㈐ "이 사례는 구성요건 착오는 아니지만 구성요건 착오와 유사한 경우이니, 구성요건 착오 규정을 적용하여 행위자에게 고의책임을 인정하지 않아야 한다."
㈑ "이 사례의 경우 구성요건 고의는 인정되지만, 책임 고의가 부정된다."

① ㈎견해에 의하면, 甲의 오인에 정당한 이유가 없다면 甲은 상해의 고의범으로 처벌된다.
② ㈏견해에 의하면, 甲은 구성요건 착오에 해당하여 상해의 고의가 조각된다.
③ ㈐견해에 의하면, 甲에 대해 상해의 과실범의 성립을 검토할 수 있다.
④ ㈑견해에 의하면, 甲은 상해의 고의범으로 처벌되지만 그 책임이 감경된다.

해설 23. 국가직 7급

㈎ 위법성 인식이 책임고의의 요소가 아닌 책임의 독자적인 요소로 보는 것은 엄격책임설이다.
㈏ 소극적 구성요건표지이론에 의하면 위법성이 조각되면 곧 구성요건 해당성도 없다는 견해로 위법성조각사유의 부존재는 곧 구성요건 부존재로 본다. 위법성 조각사유의 전제사실의 부존재를 인식하는 것 역시 구성요건에 해당한다고 보는 견해는 소극적 구성요건표지이론이다.
㈐ 구성요건 착오 유추적용설에 의하면 구성요건 착오와 유사한 경우이니, 구성요건 착오 규정을 적용하여 행위자에게 고의책임을 인정하지 않는다는 견해이다.
㈑ 법효과 제한적책임설에 의하면 구성요건 고의는 인정되나, 책임고의가 조각되는 견해이다.

① 【 O 】 엄격책임설에 의하면 사례의 경우 위법성 인식이 없어 금지착오 해당하고 甲의 오인에 정당한 이유가 없다면 甲은 상해의 고의범으로 처벌된다.
② 【 O 】 소극적 구성요건표지이론에 의하면 구성요건 착오를 직접 적용하여 구성요건 고의를 조각한다. 甲은 구성요건 착오에 해당하여 상해의 고의가 조각된다.
③ 【 O 】 구성요건 착오 유추적용설에 의하면 구성요건 착오를 유추 적용하여 구성요건 고의를 조각한다. 甲은 구성요건 착오에 해당하여 상해의 고의가 조각된다. 과실범의 문제이다.
④ 【 X 】 법효과 제한적책임설은 구성요건 고의는 인정되나, 책임고의가 조각되는 견해이다. 과실치상이 문제될 뿐이다. 고의범으로 처벌되지 않는다.

정답 ④

37 다음 사례에 대한 설명으로 가장 적절한 것은?

甲은 늦은 밤 귀가하던 중 자신의 뒤편에서 다가오는 사람을 평소 자신을 살해하겠다고 협박하던 A로 오인하고, 이를 방위하기 위하여 소지하고 있던 전기충격기로 공격하여 상해를 가하였는데, 쓰러진 사람을 확인해보니 甲을 마중하러 나온 아버지 B였다.

① 주관적 정당화요소를 결한 경우로 불능미수범설에 따르면, 행위반가치는 존재하지만 결과반가치는 존재하지 않으므로 상해죄의 불능미수가 된다.
② 위법성조각사유의 전제사실에 대한 착오의 경우로 엄격책임설에 따르면, 오인에 정당한 이유가 있으면 위법성이 조각된다.
③ 위법성조각사유의 전제사실에 대한 착오의 경우로 법효과제한적 책임설에 따르면, 위법성조각사유를 소극적 구성요건표지로 보므로 구성요건적 착오규정을 직접 적용하여 고의가 조각된다.
④ 오상방위의 경우로 제한적 책임설 중 유추적용설에 따르면, 구성요건적 착오규정을 유추적용하여 고의가 조각되고 다만 행위자에게 과실이 있으면 과실범으로 처벌된다.

해설 18. 경찰채용 3차

① 【 X 】 해당 지문은 우연방위에 관한 설명이다. 그러나 제시문은 위법성조각사유의 전제된 사실의 착오에 관한 사례이므로 적절하지 못한 설명이다.
② 【 X 】 엄격책임설은 위법성의 인식을 책임요소로 본다. 따라서 <u>위법성조각사유의 전제사실에 관한 착오는 금지의 착오로 정당한 이유가 있으면 책임이 조각</u>된다.
③ 【 X 】 **법효과제한적 책임설은**, 구성요건적 고의(불법고의)는 조각되지 아니하나, 착오로 인하여 행위자의 심정반가치를 인정할 수 없으므로 책임고의가 조각되어 과실범으로 취급한다. **소극적 구성요건표지이론은** 2단계 범죄체계론을 전제로 하여 위법성조각사유의 전제사실에 대한 착오를 구성요건적 착오로 본다. 따라서 고의가 조각되고 과실범의 성립여부가 문제된다고 본다. 해당 지문은 소극적 구성요건표지이론에 대한 설명이다.
④ 【 ○ 】 옳은 지문이다.

정답 ④

38 다음 〈사례〉에 관한 형사책임을 설명한 〈결론〉 중 옳지 않은 것을 모두 고른 것은?

〈사례〉
㉠ 악수를 청하는 甲을 강도로 오인하고 상해를 가한 경우
㉡ 甲이 乙을 살해할 의사로 총으로 쏴 살해하였으나, 총을 발사하기 직전 乙 역시 甲을 살해하기 위해 권총의 방아쇠를 당기려고 하였다는 것이 판명된 경우
㉢ 甲의 승낙이 있는 것으로 오인하고 甲을 살해한 경우

〈결론〉
ⓐ ㉠의 경우에 엄격고의설에 의하면 그 오인에 과실이 있는 때에는 과실치상죄가 성립된다.
ⓑ ㉠의 경우에 제한적 책임설에 의하면 그 오인에 정당한 이유가 없는 때에는 상해죄가 성립된다.
ⓒ ㉡의 경우에 주관적 정당화요소 불요설에 의하면 단순살인죄의 불능미수가 성립된다.
ⓓ ㉡의 경우에 제한적 책임설에 의하면 과실치사죄가 성립된다.
ⓔ ㉢의 경우에 엄격책임설에 의하면 단순살인죄의 불능미수가 성립된다.

① ⓒ, ⓓ, ⓔ ② ⓐ, ⓑ, ⓒ, ⓓ ③ ⓑ, ⓒ, ⓓ, ⓔ ④ ⓐ, ⓑ, ⓒ, ⓓ, ⓔ

[해설] 09. 사시

〈사례〉
㉠ 현재의 부당한 침해가 존재하지 않음에도 불구하고 존재한다고 오인하고 방위행위로 나간 경우로서 위법성조각사유의 전제된 사실의 착오인 오상방위에 해당한다.
㉡ 현재의 부당한 침해라는 객관적 정당화 상황은 존재하지만 방위의사라는 주관적 정당화 요소가 존재하지 않는 경우로서 우연방위에 해당한다.
㉢ 경한 것을 인식하고 중한 사실을 실행한 경우로서 구성요건 착오에 해당한다.

ⓐ 【 O 】 엄격고의설=사실인식＋현실적 위법성인식이다. 행위시에 행위자에게 현실적인 위법성의 인식은 결여되어 있는 경우이므로, 엄격고의설에 의하면 고의가 탈락하고 그 오인에 과실이 있으면 과실범으로 처벌한다. 사안의 경우 과실치상죄로 처벌받는다.
ⓑ 【 X 】 제한적 책임설 중 구성요건적 착오 유추적용설에 의하면 행위자의 구성요건적 고의를 탈락시키고 그 오인에 과실이 있으면 (정당한 이유) 과실범 처벌규정이 있으면 과실범으로 처벌한다. 사안의 경우 과실치상죄가 성립한다. 또한 법효과제한적 책임설에 의하면 구성요건적 고의는 인정되지만 책임고의가 탈락하여 오인에 과실이 있고(정당한 이유) 과실범 처벌규정 있는 경우 과실범으로 처벌한다. 사안의 경우 과실치상죄가 성립한다.
ⓒ 【 X 】 주관적 정당화요소 불요설은 객관적 정당화상황만 존재하면 위법성이 조각된다는 견해이다. 이에 의하면 우연방위의 경우 객관적 정당화상황이 존재하므로 당연히 위법성이 조각되어 무죄가 된다.
ⓓ 【 X 】 우연방위에 있어 주관적 정당화요소 결여시 효과에 대하여는 위법성조각설, 기수범설, 불능미수범설 등의 견해가 대립된다. 이러한 견해 대립은 불법이론인 결과반가치론과 행위반가치론으로 해결할 뿐이고 고의와 위법성인식의 관계에 대한 고의설 내지 책임설의 견해대립과는 무관하다.
ⓔ 【 X 】 ㉢의 경우 행위자는 위법성인식이 없으므로 엄격책임설에 의하면 금지착오의 문제이다. 따라서 그 착오에 정당한 이유가 있으면 책임이 조각되어 무죄가 되고, 정당한 이유가 없으면 고의범이 성립한다. 사안의 경우 살인죄(고의)가 성립한다.

정답 ③

39 위법성조각사유의 전제사실의 착오에 관한 학설과 그에 제기되는 비판을 연결한 것 중 가장 옳지 않은 것은?

① 엄격고의설 – 과실범은 법률에 특별한 규정이 있는 때에만 예외적으로 처벌되기 때문에 처벌의 공백이 생길 수 있다.
② 소극적 구성요건표지이론 – 구성요건해당성이 없는 행위와 구성요건에는 해당하나 위법성이 조각되는 행위 사이에 존재하는 가치 차이를 무시한다.
③ 엄격책임설 – 위법성조각사유의 전제사실의 착오에 빠져 자신의 행위에 위법성의 인식이 없는 자를 고의범으로 처벌하는 것은 일반인의 법감정에 반한다.
④ 법효과제한적 책임설 – 위법성조각사유의 전제사실의 착오에 빠진 자를 교사하여 죄를 범하게 한 경우 그 교사자를 교사범으로 처벌할 수 없다.

[해설] 17. 경찰간부
① 【 O 】 엄격고의설은 고의가 성립하기 위해서는 현실적 위법성 인식이 있어야 한다는 견해이다. 이 견해에 의하면 상습범이나 확신범 등은 자신의 행위가 위법함을 현실적으로 인식하지 못하는 경우가 대부분이므로 언제나 고의가 조각되어 과실범 처벌규정이 없다면 처벌하기 어렵다는 공백이 생긴다는 비판이 제기된다.
② 【 O 】 소극적 구성요건표지이론은 형법상의 구성요건을 적극적 구성요건요소로 위법성 조각사유를 소극적 구성요건요소로 이해하는 견해로서 아예 구성요건해당성이 없는 행위와(예－벌레등을 죽이는 행위) 구성요건에는 해당하게 보므로 가치 차이를 무시하게 된다.
③ 【 O 】 엄격책임설은 구성요건적 사실 그 자체는 인식했으므로 구성요건적 고의는 조각될 수 없고 다만 착오로 위법성인식을 못한 것이므로 금지착오로 보는 견해이다. 이에 의하면 착오에 빠진 자를 고의범으로 처벌하게 되므로 이는 일반인의 법감정에 반한다는 비판이 제기된다.
④ 【 X 】 법효과제한적책임설은 위법성조각사유의 전제사실의 착오가 발생한 경우 구성요건적 고의는 인정되나 책임고의가 조각되어 그 법적효과에 있어서만 과실범으로 취급하자는 견해이다. 따라서 위법성조각사유의 전제사실의 착오에 빠진 자는 구성요건과 위법성은 인정되는 자이므로 (제한적 종속형식에 의할 때) 그를 교사한 자를 교사범으로 처벌할 수 있게 된다.

정답 ④

제4절 기대가능성

○ 지문의 내용에 대해 학설의 대립 등 다툼이 있는 경우 판례에 의함

01 기대가능성에 관한 설명 중 가장 적절하지 않은 것은?

① 기대가능성의 판단기준을 국가에 두면 국가는 국민의 적법행위를 기대하므로 기대가능성이 없다는 이유로 책임이 조각되는 경우가 축소될 수 있다.
② 甲이 담배제조업 허가 없이 전자장치를 이용해 흡입할 수 있는 니코틴이 포함된 용액을 제조한 경우, 궐련담배제조업의 허가 기준은 존재하나 전자담배제조업에 관한 허가기준이 없는 이상 甲에게 담배제조업 관련 법령의 허가기준을 준수하거나 허가 기준이 새롭게 마련될 때까지 법 준수를 요구하는 것을 기대할 수 없다.
③ 형법 제12조의 '저항할 수 없는 폭력'은 심리적 의미에 있어서 육체적으로 어떤 행위를 절대적으로 할 수 밖에 없게 하는 경우와 윤리적 의미에서 강압된 경우를 의미한다.
④ 영업정지처분에 대한 집행정지신청이 잠정적으로 받아들여졌다는 사정만으로는 구 음반·비디오물 및 게임물에 관한 법률 위반으로 기소된 피고인에게 적법행위의 기대가능성이 없다고 볼 수 없다.

해설

① 【 O 】 기대가능성의 판단기준을 국가에 두면 국가는 국민의 적법행위를 기대하므로 기대가능성이 없다는 이유로 책임이 조각되는 경우가 축소될 수 있다. 22. 경찰
② 【 X 】 담배사업법의 위임을 받은 기획재정부가 전자담배제조업에 관한 허가기준을 마련하지 않고 있으나, 정부는 전자담배제조업의 허가와 관련하여 자본금, 시설, 기술인력, 담배 제조 기술의 연구·개발 및 국민 건강보호를 위한 품질관리 등에 관한 적정한 기준을 마련함에 있어 법률이 위임한 정책적 판단 재량이 존재하고, 궐련담배제조업에 관한 허가기준은 이미 마련되어 있는 상황에서 담배제조업 관련 법령의 허가기준을 준수하거나 허가기준이 새롭게 마련될 때까지 법 준수를 요구하는 것이, 피고인들이 아닌 사회적 평균인의 입장에서도 불가능하거나 현저히 곤란한 것을 요구하여 죄형법정주의 원칙에 위반된다거나 기대가능성이 없는 행위를 처벌하는 것이어서 위법하다고 보기는 어렵다(대판 2018.9.28. 2018도9828). 22. 경찰
③ 【 O 】 형법 제12조에서 말하는 강요된 행위는 저항할 수 없는 폭력이나 생명, 신체에 위해를 가하겠다는 협박 등 다른 사람의 강요에 의하여 이루어진 행위를 의미하는데, 여기서 저항할 수 없는 폭력은 심리적 의미에 있어서 육체적으로 어떤 행위를 절대적으로 하지 아니할 수 없게 하는 경우와 윤리적 의미에 있어서 강압된 경우를 말하고, 협박이란 자기 또는 친족의 생명, 신체에 대한 위해를 달리 막을 방법이 없는 협박을 말하며, 강요라 함은 피강요자의 자유스런 의사결정을 하지 못하게 하면서 특정한 행위를 하게 하는 것을 말하는 것이다(대판 2007.6.29. 2007도3306). 22. 경찰
④ 【 O 】 영업정지처분에 대한 집행정지 결정은 피고인이 제기한 영업정지처분 취소사건의 본안판결 선고시까지 그 처분의 효력을 정지한 것으로서 행정청의 처분의 위법성을 확정적으로 선언하지도 않았으므로, 위 집행정지 신청이 잠정적으로 받아들여졌다는 사정만으로는, 구 음반·비디오물 및 게임물에 관한 법률 위반으로 기소된 피고인에게 적법행위의 기대가능성이 없다고 볼 수는 없다(대판 2010.11.11. 2007도8645). 22. 경찰

정답 ②

02 다음 중 기대가능성에 대한 설명으로 가장 옳지 않은 것은?

① 통일원 장관의 접촉 승인 없이 북한 주민과 접촉한 행위는 적법행위에 대한 기대가능성이 없는 경우에 해당하지 아니한다.
② 입학시험에 응시한 수험생으로서 자기 자신이 부정한 방법으로 탐지한 것이 아니고 우연한 기회에 미리 출제될 시험문제를 알게 되어 그에 대한 답을 암기하였을 경우 그 암기한 답에 해당된 문제가 출제되었다 하여도 위와 같은 경우로서 암기한 답을 그 입학시험 답안지에 기재하여서는 아니 된다는 것을 그 일반수험생에게 기대한다는 것은 보통의 경우 도저히 불가능하다 할 것이므로 업무방해죄를 구성하지 않는다.
③ 직장의 상사가 범법행위를 하는데 가담한 부하에게 직무상 지휘·복종관계에 있다 하여 범법행위에 가담하지 않을 기대가능성이 없다고 할 수 없다.
④ 자신의 강도상해 범행을 일관되게 부인하였으나 유죄판결이 확정된 피고인이 별건으로 기소된 공범의 형사사건에서 자신의 범행사실을 부인하는 증언을 한 경우에는 사실대로 진술할 기대가능성이 있다고 할 수 없다.

[해설]
① 【 O 】 대판 2003.12.26. 2001도6484. 18. 경찰간부
② 【 O 】 대판 1966.3.22. 65도1164. 18. 경찰간부
③ 【 O 】 대판 1999.7.23. 99도1911. 18. 경찰간부
④ 【 X 】 자신의 강도상해 범행을 일관되게 부인하였으나 유죄판결이 확정된 피고인이 별건으로 기소된 공범의 형사사건에서 자신의 범행사실을 부인하는 증언을 한 경우, 피고인에게 사실대로 진술할 것이라는 기대가능성이 있으므로 위증죄가 성립한다(대판 2008.10.23. 2005도10101). 18. 경찰간부

정답 ④

03 다음 중 기대가능성이 없는 경우는 모두 몇 개인가?

㉠ 나이트클럽 주인이 수학여행을 온 대학생 34명 중 일부만의 학생증을 제시받아 성년자임을 확인하고 입장시켰으나 그들 중 1명이 미성년자였던 경우
㉡ 교수가 출제교수들로부터 대학원신입생전형시험문제를 제출받아 알게 된 것을 틈타서 그 시험문제를 알려주었고 수험생이 그 답안쪽지를 작성한 다음 이를 답안지에 그대로 베껴 써서 그 정을 모르는 시험감독관에게 제출한 경우
㉢ 비서가 주종관계에 있는 상사의 지시에 따라 공무원에게 뇌물을 공여한 경우
㉣ 기관고장과 풍랑으로 표류 중 납북되어 북한을 찬양·고무·동조하고 송환될 때 지령을 받고 수락한 경우

① 1개   ② 2개   ③ 3개   ④ 4개

[해설]
㉠ 【 X 】 피고인에게 위 학생들 중에 미성년자가 섞여 있을지도 모른다는 것을 예상하여 그들의 증명서를 일일이 확인할 것을 요구하는 것은 사회통념상 기대가능성이 없다고 봄이 상당하므로 이를 벌할 수 없다(대판 1987.1.20. 86도874). 17. 경찰간부
㉡ 【 O 】 이는 위계로써 입시감독업무를 방해하였다 할 것이므로 이에 대하여 형법 제314조, 제313조를 적용한 것은 정당하고 거기에 지적하는 바와 같은 업무방해죄 내지 기대가능성에 대한 법리를 오해한 위법이 없다(대판 1991.11.12. 91도2211). 17. 경찰간부
㉢ 【 O 】 피고인이 비서라는 특수신분때문에 주종관계에 있는 공동피고인들의 지시를 거절할 수 없어 뇌물을 공여한 것이었다 하더라도 그와 같은 사정만으로는 피고인에게 뇌물공여 이외의 반대행위를 기대할 수 없는 경우였다고 볼 수 없다(대판 1983.3.8. 82도2873). 17. 경찰간부
㉣ 【 X 】 동해방면에서 명태잡이를 하다가 기관고장과 풍랑으로 표류중 북한괴뢰집단에 함정에 납치되어 북괴지역으로 납북된 후 북괴를 찬양, 고무 또는 이에 동조하고 우리나라로 송환됨에 있어 여러가지 지령을 받아 수락한 소위는 살기 위한 부득이한 행위로서 기대가능성이 없다고 할 것이다(대판 1967.10.4. 67도1115). 17. 경찰간부

정답 ②

04 기대가능성에 대한 설명으로 옳은 것(○)과 옳지 않은 것(×)을 바르게 표시한 것은?

㉠ 양심적 병역거부자에게 그의 양심상의 결정에 반한 행위를 기대할 가능성이 있는지는 행위 당시의 구체적 상황하에 행위자 대신에 사회적 평균인을 두고 이 평균인의 관점에서 판단하여야 한다.
㉡ 피고인이 주종관계에 있는 공동피고인의 지시를 거절할 수가 없어 뇌물을 공여하였더라도 그와 같은 사정만으로 피고인에게 뇌물공여 이외의 반대행위를 기대할 수 없는 경우라고 볼 수는 없다.
㉢ 상관의 명령에 절대 복종하여야 한다는 것이 불문율로 되어있다면, 고문행위와 같은 중대하고도 명백한 위법명령에 따른 행위라도 강요된 행위로서 적법행위에 대한 기대가능성이 없는 경우에 해당한다.
㉣ 영업정지처분에 대한 집행정지 결정이 잠정적으로 받아들여졌다는 사정만으로는 구 「음반·비디오물 및 게임물에 관한 법률」 위반으로 기소된 피고인에게 적법행위의 기대가능성이 없다고 볼 수는 없다.

	㉠	㉡	㉢	㉣
①	○	○	×	○
②	○	○	×	×
③	○	×	×	○
④	×	○	○	×

해설
㉠【 O 】대판 2004.7.15. 2004도2965 전합. 18. 변호사
㉡【 O 】대판 1983.3.8. 82도2873.
㉢【 X 】설령 대공수사단 직원은 상관의 명령에 절대 복종하여야 한다는 것이 불문율로 되어 있다 할지라도 국민의 기본권인 신체의 자유를 침해하는 고문행위 등이 금지되어 있는 우리의 국법질서에 비추어 볼 때 그와 같은 불문율이 있다는 것만으로는 고문치사와 같이 중대하고도 명백한 위법명령에 따른 행위가 정당한 행위에 해당하거나 강요된 행위로서 적법행위에 대한 기대가능성이 없는 경우에 해당하게 되는 것이라고는 볼 수 없다(대판 1988.2.23. 87도2358).
㉣【 O 】대판 2010.11.11. 2007도8645.

정답 ①

05 다음 사례 중 기대가능성이 없는 경우에 해당하여 甲을 벌할 수 없는 것은 모두 몇 개인가?

㉠ 탄약창고에서 보초근무중이던 甲은 乙과 丙이 그 창고내에서 포탄피를 절취하는 현장을 목격하고도 그들이 자신의 상급자들이라는 이유로 이를 제지하지 않았으며 상관에게 보고도 하지 않고 묵인하였다.
㉡ 甲은 乙로부터 신제품 도면을 훔쳐오지 않으면 인질로 잡혀있는 甲의 내연의 처를 죽이겠다는 협박을 받고 회사의 디자인실에서 도면을 절취하였다.
㉢ A주식회사의 사장 비서실 직원인 甲은 사장의 지시를 받고 좌천될 것이 두려워 국세청 담당직원에게 뇌물을 공여하였다.
㉣ 휴가 나온 군인이 자신의 처자(妻子)가 생활고로 행방불명되자 군에 귀대하지 않은 경우
㉤ 불법 건축물이라는 이유로 일반음식점 영업신고의 접수가 거부되었고 이전에 무신고 영업행위로 형사처벌까지 받았음에도 계속하여 일반음식점 영업행위를 한 경우

① 1개　　② 2개　　③ 3개　　④ 4개

해설
- ㉠ 【해당×】 기대가능성이 없는 불가피한 행위였다고 할 수 없다(대판 1966.7.26. 66도914).
- ㉡ 【해당○】 강요된 행위로서 기대가능성이 없는 행위이므로, 甲을 벌할 수 없다(다수설).
- ㉢ 【해당×】 피고인이 비서라는 특수한 신분에 따른 주종관계에 있기 때문에 공동피고인 사장의 지시를 거절할 수 없어 뇌물을 공여한 것이었다 하더라도, 그와 같은 사정만으로는 피고인이 국세청 직원에게 뇌물을 공여한 경우에 기대가능성이 없는 행위였다고 할 수 없다(대판 1983.3.8. 82도2873).
- ㉣ 【해당×】 기대가능성이 없어 군무이탈의 범의나 책임이 없다고 할 수 없다(대판 1969.12.23. 69도2084).
- ㉤ 【해당×】 식품위생법상 무신고 영업행위로서 정당행위 또는 적법행위에 대한 기대가능성이 없는 경우에 해당하지 아니한다고 한 사례(대판 2009.4.23. 2008도6829).

정답 ①

06 다음 중 처벌되지 않는 경우는 모두 몇 개인가?

㉠ 방위행위가 야간에 공포로 인해 그 정도를 초과한 경우
㉡ 당국이 전국교직원노동조합에 대하여 모든 옥내외 집회를 부당하게 금지하고 있다고 하여 관할 경찰서장에게 신고하지 않고 근로조건 개선을 목적으로 하는 옥외 집회를 주최하는 경우
㉢ 사용자가 임금을 지급하기 위해 최선의 노력을 기울였으나 경영부진으로 인한 자금사정 때문에 도저히 지급기일 안에 임금을 지급할 수 없었음이 피할 수 없는 사정으로 인정되는 경우
㉣ 사용자가 경영부진 등으로 자금압박을 받아 임금을 지급하지 않은 경우

① 1개 ② 2개 ③ 3개 ④ 4개

해설
- ㉠ 【처벌×】 책임이 조각되어 처벌되지 않는다.
- ㉡ 【처벌○】 기대가능성이 인정되므로 처벌된다. 위와 같은 이유만으로 관할경찰서장에게 신고하지 않고 옥외집회를 주최한 것이 죄가 되지 않는다고 할 수 없다(대판 1992.8.14. 92도1246).
- ㉢ 【처벌×】 기대가능성이 인정되지 않아 처벌되지 않는다. 구 근로기준법 제112조, 제36조, 제42조에서 정하는 임금 및 퇴직금 등의 기일 내 지급의무 위반죄는 사용자가 그 지급을 위하여 최선의 노력을 다하였으나, 경영부진으로 인한 자금사정 등으로 지급기일 내에 지급할 수 없었던 불가피한 사정이 인정되는 경우에는 면책된다. 그러니 단순히 사용자가 경영부진 등으로 자금압박을 받아 이를 지급할 수 없었다는 것만으로는 그 책임을 면할 수 없다(대판 2007.11.30. 2006도7329).
- ㉣ 【처벌○】 회사의 경영상태가 계속 악화되자 경영부진을 이유로 근로자들을 권고사직시키는 등 인원감축에 치중하였을 뿐, 퇴직 근로자들에 대한 임금이나 퇴직금 등의 청산을 위한 변제노력이 있었다거나 장래의 변제계획이 구체적으로 제시된 바 없고 이와 관련하여 근로자측과 성실한 협의를 한 흔적이 없다면, 퇴직 근로자에 대하여 임금이나 퇴직금을 지급할 수 없었던 불가피한 사정이 있다고 인정하기 어렵다(대판 2006.2.9. 2005도9230).

정답 ②

07 형법 제12조의 강요된 행위에 관한 다음 설명 중 틀린 것은 모두 몇 개인가?

> ㉠ 형법 제12조는 '저항할 수 없는 폭력이나 자기 또는 타인의 생명, 신체에 대한 위해를 방어할 방법이 없는 협박에 의하여 강요된 행위는 벌하지 아니한다'라고 규정하고 있다.
> ㉡ 강요된 행위는 강제상태 하에서는 행위자에게 적법행위의 기대가능성이 없다는 것을 이유로 책임조각을 인정하는 규정이다.
> ㉢ 제12조의 폭력은 심리적 의미에 있어서 육체적으로 어떤 행위를 절대적으로 하지 아니할 수 없게 하는 경우만을 의미하며 윤리적 의미에 있어서 강압된 경우는 포함되지 않는다.
> ㉣ 제12조의 협박은 '사람에게 외포심을 일으키게 할 의사로 위해를 가할 것을 고지하는 것'을 말하며, 협박은 반드시 명시적·외형적으로 행해질 것을 요하지 않는다.
> ㉤ 자의로 북한에 탈출한 이상 그 구성원과의 회합은 예측하였던 행위이므로 강요된 행위라고 인정될 수 없다.

① 1개　　② 2개　　③ 3개　　④ 4개

[해설]

㉠ 【X】 형법 제12조는 '저항할 수 없는 폭력이나 자기 또는 친족의 생명, 신체에 대한 위해를 방어할 방법이 없는 협박에 의하여 강요된 행위는 벌하지 아니한다'라고 규정하고 있다.
㉡ 【O】 옳은 설명이다.
㉢ 【X】 형법 제12조 소정의 저항할 수 없는 폭력은, 심리적인 의미에 있어서 육체적으로 어떤 행위를 절대적으로 하지 아니할 수 없게 하는 경우와 윤리적 의미에 있어서 강압된 경우를 말하고, 협박이란 자기 또는 친족의 생명, 신체에 대한 위해를 달리 막을 방법이 없는 협박을 말하며, 강요라 함은 피강요자의 자유스런 의사결정을 하지 못하게 하면서 특정한 행위를 하게 하는 것을 말한다 (대판 1983.12.13. 83도2276).
㉣ 【O】 대판 1968.11.26. 68도1309
㉤ 【O】 대판 1973.1.30. 72도2585

정답 ②

08 강요된 행위에 관한 설명 중 가장 옳지 않은 것은?

① 강요된 행위에 대해 상대방은 정당방위를 할 수 없다.
② 친족의 범위는 민법의 규정에 따라 결정될 것이나 내연관계에 있는 부부나 사생자 등은 친족에 준한다고 본다.
③ 강요된 자는 피강요자를 우월한 의사에 의해 지배한 경우이므로 간접정범이 성립한다.
④ 성장교육과정을 통하여 형성된 내재적인 관념 내지 확신으로 인하여 행위자 스스로의 의사결정이 사실상 강제되는 경우는 강요된 행위가 될 수 없다.

[해설]

① 【X】 강요된 행위는 적법행위의 기대가능성이 없기 때문에 책임이 조각될 뿐이고 위법성은 조각되지 않는다. 이에 대한 정당방위는 가능하다.
② 【O】 친족의 범위는 민법 제777조에 의해서 결정되나, 제12조에 비추어 사실상의 부부와 사생자도 포함된다(통설).
③ 【O】 강요죄는 행위자를 자유 없는 도구로 이용하였기 때문에 간접정범이 성립한다는 것이 통설이다.
　✔ 교사 또는 특수교사의 책임을 지는 것이 아님을 주의해야 한다.
④ 【O】 옳은 설명이다.

정답 ①

Chapter 05 미수론

출제방향

형법상 미수처벌규정이 있는 범죄들을 암기하고, 장애미수·중지미수·불능미수·불능범의 구별기준과 차이점을 숙지하여야 한다. 또한 장애미수에서는 각 범죄별 실행의 착수에 관한 판례를 인정·부정으로 이분화하여 암기하고, 중지미수에서는 자의성 유무에 따라 장애미수와 중지미수를 구별하여야 한다. 착수미수와 실행미수의 개념을 이해하여야 하며, 불능미수에서는 위험성 여부에 따라 불능미수와 불능범을 구별하고 판례를 암기하여야 한다.

제1절 예비·음모죄

◉ 지문의 내용에 대해 학설의 대립 등 다툼이 있는 경우 판례에 의함

01 예비·음모를 처벌하지 않는 범죄는 모두 몇 개인가?

㉠ 유가증권위조죄	㉡ 허위유가증권작성죄
㉢ 자격모용에 의한 유가증권작성죄	㉣ 인지·우표변조죄
㉤ 공문서위조죄	㉥ 타인소유의 일반물건방화죄

① 1개 ② 2개 ③ 3개 ④ 4개

해설
① 무형위조(허위작성)나 행사죄에 대한 예비·음모 처벌규정은 없다. 따라서 ㉡는 예비·음모를 처벌하는 규정이 없다.

정답 ①

02 예비·음모의 처벌규정이 없는 것을 모두 고른 것은?

㉠ 사문서위조죄	㉡ 미성년자약취·유인죄
㉢ 통화유사물제조죄	㉣ 도주원조죄
㉤ 허위유가증권작성죄	㉥ 수도불통죄
㉦ 폭발물사용죄	㉧ 일반교통방해죄

① ㉠, ㉡, ㉤, ㉥
② ㉠, ㉢, ㉤, ㉧
③ ㉢, ㉣, ㉥, ㉧
④ ㉣, ㉤, ㉥, ㉦

해설
② 문서위조·변조죄, 통화유사물제조죄, 허위유가증권작성죄, 일반교통방해죄는 형법상 예비·음모의 처벌규정이 없다.

정답 ②

예비의 처벌규정

구분	법익	형법규정	
예비·음모·선동·선전	국가적 법익	내란죄, 내란목적살인죄, 여적죄, 모병이적죄, 시설제공이적죄, 시설파괴이적죄, 간첩죄, 일반이적죄 **주의** 전시군수계약불이행죄, 공안을 해하는 죄(범죄단체조직죄, 소요죄, 다중불해산죄 등)는 제외	
예비·음모·선동	사회적 법익	폭발물사용죄	
예비·음모	국가적 법익	외국에 대한 사전죄, 도주원조죄, 간수자의 도주원조죄 **주의** 중립명령위반죄는 제외	
	사회적 법익	방화죄 관련	현주건조물방화죄, 공용건조물방화죄, 일반건조물방화죄, 폭발물파열죄, 가스·전기방류죄, 가스·전기공급방해죄 **주의** 자기소유 일반건조물, 일반물건방화죄는 예비·음모 처벌규정 없다.
		일수죄 관련	현주건조물일수죄, 공용건조물일수죄, 일반건조물일수죄
		교통방해죄	기차·선박등의 교통방해죄, 기차·선박등의 전복죄
		음용수에 관한 죄	음용수사용방해죄, 수도불통죄, 수도·음용수사용방해죄
		위조에 관한 죄	통화위조죄, 유가증권위조죄, 자격모용에 의한 유가증권작성죄 **주의** 문서위조·변조죄는 예비·음모 처벌규정 없다. **주의** 허위유가증권은 예비·음모 처벌규정 없다.
	개인적 법익	살인·존속살해죄, 위계등에 의한 촉탁살인죄, 약취·유인 및 인신매매의 죄의 장의 각 범죄(단, 약취·유인·매매·이송 치상죄와 치사죄 그리고 약취·유인·매매·이송 목적 모집 운송 전달죄는 제외)과 강도죄, 강간죄 ◉ 살인의 죄 중 촉탁·승낙살인죄, 자살관여죄는 예비·음모의 처벌규정이 없고 재산죄 중 강도죄 이외의 재산범죄인 절도죄, 횡령죄, 배임죄, 사기죄, 공갈죄, 장물죄, 손괴죄 등은 예비·음모 처벌규정이 없다. ◉ 강제추행죄, 협박죄, 상해죄, 폭행죄, 감금죄는 예비·음모 처벌규정이 없다.	

03 甲의 행위에 대해 형법상 예비·음모죄로 처벌할 수 없는 것은?

① 甲이 강도 의사로, 범행대상의 집 설계도를 제공하면서 乙과 침입경로 등 강도방법을 구체적으로 모의한 행위
② 甲이 자신을 죽여 달라는 A의 부탁을 받고 필요한 독약을 준비하였으나 심경이 변하여 살해를 포기하고 준비하였던 독약을 버린 행위
③ 甲이 통행인으로부터 현금을 강취하려고 범행도구인 칼을 휴대하고 심야에 인적이 드문 주택가를 배회한 행위
④ 甲이 통화를 위조하여 행사할 목적으로 위조에 필요한 용지와 옵셋트 인쇄기를 준비하고, 진정한 한국은행권 일만원권을 사진 찍어 그 필름 원판 7매와 이를 확대하여 현상한 인화지를 준비한 행위

[해설]
① 【 O 】 강도예비·음모로서 제343조에 의해 처벌된다.
② 【 X 】 촉탁·승낙살인죄의 예비·음모에 해당하지만 처벌규정이 없어 동죄의 예비·음모죄는 성립하지 않는다. 살인의 죄에 있어서 예비·음모 처벌규정이 있는 것은 보통살인죄, 존속살해죄, 위계·위력에 의한 살인죄이다.
③ 【 O 】 강도에 공할 흉기를 휴대하고 통행인의 출현을 대기하는 행위는 강도예비에 해당된다(대판 1948.8.17. 4281형상80).
④ 【 O 】 아직 통화위조의 착수에는 이르지 아니하였고 그 준비단계에 불과하다(대판 1966.12.6. 66도1317). 통화위조죄는 예비에 대한 처벌규정이 있으므로 통화위조예비죄로 처벌된다.

정답 ②

04 예비 · 음모죄와 미수에 관한 다음 설명 중 옳지 않은 것은 몇 개인가?

㉠ 같은 부대에 근무하던 甲과 乙이 수회에 걸쳐 '총을 훔쳐 전역 후 은행이나 현금수송차량을 털어 한탕 하자'는 말을 나눈 경우, 강도음모죄가 성립된다.
㉡ 정범이 실행의 착수에 이르지 아니한 예비의 단계에 그친 경우에는 이에 가공하는 행위가 예비의 공동정범이 되는 경우를 제외하고는 예비죄의 방조범으로 처벌할 수 없다.
㉢ 甲이 제1차 매수인으로부터 계약금 및 중도금 명목의 금원을 교부받은 후 제2차 매수인에게 부동산을 매도하기로 하고 계약금을 지급받았더라도 배임죄의 실행의 착수가 있었다고 볼 수 없다.
㉣ 중지범은 범행의 실행에 착수한 후 자의로 그 행위를 중지한 때를 말하는 것이므로 실행의 착수가 있기 전인 예비 · 음모의 행위를 처벌하는 경우에 있어서는 중지범의 관념을 인정할 여지가 없다.

① 1개 ② 2개 ③ 3개 ④ 4개

해설 17. 경찰간부

㉠ 【 X 】 사병 甲과 乙이 수차에 걸쳐 "전역 후 은행이나 현금수송차량을 털어 한 탕 하자"고 말을 나눈 경우, 객관적으로 보아 특정한 범죄의 실행을 위한 준비행위로 볼 수 없어 강도음모를 인정하기에 부족하다(대판 1999.11.12. 99도3801).
㉡ 【 O 】 정범이 실행의 착수에 이르지 아니한 예비의 단계에 그친 경우에는 이에 가공하는 행위가 예비의 공동정범이 되는 경우를 제외하고는 이를 종범으로 처벌할 수 없다(대판 1976.5.25. 75도1549).
㉢ 【 O 】 부동산 이중양도에 있어서 매도인이 제2차 매수인으로부터 계약금만을 지급받고 중도금을 수령한 바 없다면 배임죄의 실행의 착수가 있었다고 볼 수 없다(대판 2010.4.29. 2009도14427)
㉣ 【 O 】 중지범은 범죄의 실행에 착수한 후 자의로 그 행위를 중지한 때를 말하는 것이고, 실행의 착수가 있기 전인 예비 · 음모의 행위를 처벌하는 경우에 있어서 중지범의 관념은 인정할 수 없다(대판 1999.4.9. 99도424).

정답 ①

05 예비 · 음모와 미수에 관한 설명으로 가장 옳지 않은 것은 모두 몇 개인가?

㉠ 내란음모죄에 해당하는 합의가 있다고 하기 위해서는 단순히 내란에 관한 범죄결심을 외부에 표시 · 전달하는 것만으로는 부족하고 객관적으로 내란범죄의 실행을 위한 합의라는 것이 명백히 인정되고, 그러한 합의에 실질적인 위험성이 인정되어야 한다.
㉡ 강도예비 · 음모죄가 성립하기 위해서는 예비 · 음모 행위자에게 미필적으로라도 강도를 할 목적이 있음이 인정되어야 하고 그에 이르지 않고 단순히 준강도 할 목적이 있음에 그치는 경우에는 강도예비 · 음모죄로 처벌할 수 없다.
㉢ 신용카드를 절취한 사람이 대금을 결제하기 위하여 신용카드를 제시하고 카드회사의 승인까지 받았다면 매출전표에 서명한 사실이 없고 최종적으로 매출취소로 거래가 종료되었더라도 신용카드부정사용죄는 기수에 이르렀다고 보아야 한다.

① 1개 ② 2개 ③ 3개 ④ 없음

해설
- ㉠ 【 O 】 대판 2015.1.22. 2014도10978 16. 경찰채용 2차
- ㉡ 【 O 】 대판 2006.9.14. 2004도6432 16. 경찰채용 2차
- ㉢ 【 X 】 여신전문금융업법 제70조 제1항의 신용카드부정사용죄의 구성요건적 행위인 신용카드의 사용이라 함은 신용카드의 소지인이 신용카드의 본래 용도인 대금결제를 위하여 가맹점에 신용카드를 제시하고 매출전표에 서명하여 이를 교부하는 일련의 행위를 가리키므로, 단순히 신용카드를 제시하는 행위만으로는 신용카드부정사용죄의 실행에 착수한 것이라고 할 수는 있을지언정 그 사용행위를 완성한 것으로 볼 수 없고, 신용카드를 제시한 거래에 대하여 카드회사의 승인을 받았다고 하더라도 마찬가지라 할 것이다(대판 2008.2.14. 2007도8767). ✪ 신용카드 부정사용은 미수행위를 처벌하는 규정을 두고 있지 아니한 이상 무죄임을 주의해야 한다. 16. 경찰간부

정답 ①

06 예비·음모에 대한 다음 설명 중 옳지 않은 것은 모두 몇 개인가?

㉠ 살인예비죄가 성립하기 위해서는 살인죄를 범할 목적 외에 살인의 준비에 관한 고의가 있어야 하고, 실행의 착수에 이르지 아니하는 살인죄 실현을 위한 준비행위가 있어야 하는데, 여기서의 준비행위는 단순한 범행의 의사 또는 계획만으로 족하다.
㉡ 절도를 준비하면서 뜻하지 않게 절도 범행이 발각될 경우에 대비하여 체포를 면탈할 목적으로 칼을 휴대하고 있었더라도 강도예비죄가 성립하지 않는다.
㉢ 형법 제147조 도주원조죄와 제185조 일반교통방해죄는 예비·음모의 처벌규정이 있다.
㉣ 과실에 의한 예비나 과실범의 예비는 불가벌이다.

① 1개 ② 2개 ③ 3개 ④ 4개

해설
- ㉠ 【 X 】 살인예비죄가 성립하기 위하여는 살인죄를 범할 목적 외에도 살인의 준비에 관한 고의가 있어야 하며, 나아가 실행의 착수까지에는 이르지 아니하는 살인죄의 실현을 위한 준비행위가 있어야 한다. 여기서의 준비행위는 물적인 것에 한정되지 아니하며 특별한 정형이 있는 것도 아니지만, 단순히 범행의 의사 또는 계획만으로는 그것이 있다고 할 수 없고 객관적으로 보아서 살인죄의 실현에 실질적으로 기여할 수 있는 외적 행위를 필요로 한다(대판 2009.10.29. 2009도7150). 18. 경찰승진
- ㉡ 【 O 】 강도예비·음모죄가 성립하기 위해서는 예비·음모 행위자에게 미필적으로라도 '강도'를 할 목적이 있음이 인정되어야 하고 그에 이르지 않고 단순히 '준강도'할 목적이 있음에 그치는 경우에는 강도예비·음모죄로 처벌할 수 없다(대판 2006.9.14. 2004도6432). 18. 경찰승진
- ㉢ 【 X 】 도주원조죄는 예비·음모의 처벌규정이 있으나(형법 제150조), 일반교통방해죄는 예비·음모의 처벌규정이 없다. 16. 경찰채용 2차
- ㉣ 【 O 】 예비죄가 성립하려면 고의가 있어야 하므로 과실에 의한 예비죄나 과실범의 예비죄는 성립할 여지가 없다. 15. 경찰간부

정답 ②

07 예비·음모에 관한 다음 설명 중 가장 적절하지 않은 것은?

① 음모란 2인 이상의 자 사이에 성립한 범죄실행의 합의를 말하는 것으로, 객관적으로 보아 특정한 범죄의 실행을 위한 준비행위라는 것이 명백히 인식되고 그 합의에 실질적인 위험성이 인정될 때에 비로소 음모죄가 성립한다.
② 예비의 궁극적 목적은 기본범죄의 실현을 통해 달성될 수 있으므로 예비죄의 성립에는 기본범죄에 대한 확실한 인식이 있어야 하며 단순한 미필적 인식으로는 부족하다.
③ 통화위조·변조죄와 인지·우표위조·변조죄는 예비·음모를 처벌하는 범죄이다.
④ 도주원조죄와 간수자도주원조죄는 예비·음모의 처벌규정이 있으나, 도주죄와 특수도주죄는 예비·음모의 처벌규정이 없다.

[해설]
① 【 O 】 대판 1999.11.12. 99도3801 13. 경찰승진
② 【 X 】 강도예비·음모죄가 성립하기 위해서는 예비·음모 행위자에게 '미필적으로라도' 강도를 할 목적이 있음이 인정되어야 한다 (대판 2006.9.14. 2004도6432). 13. 경찰승진
③ 【 O 】 형법 제213조, 형법 제224조 13. 경찰승진
④ 【 O 】 형법 제150조 13. 경찰승진

정답 ②

08 다음 설명 중 가장 잘못된 것은?

① 기수의 고의로 강도를 교사하였으나, 피교사자가 실행을 승낙하지 않은 경우 교사자를 강도예비에 준하여 처벌한다.
② 예비행위 이후 실행의 착수로 나아간 행위자에게 미수 또는 기수의 죄가 적용될 경우, 예비행위는 별도로 처벌되지 않는다.
③ 예비죄를 처벌하는 조항이 있을 경우 이를 방조한 자는 예비죄에 정한 형을 감면한다.
④ 자신을 죽여달라는 친구의 부탁을 받고 독약을 준비하였다가 버린 경우 예비죄로 처벌할 수 없다.

[해설]
① 【 O 】 실패한 교사로서 제31조 제3항에 해당한다. 14. 법원행시
② 【 O 】 예비행위가 실행에 착수하여 미수 또는 기수로 발전한 때에는 법조경합 중 보충관계에 해당하여 예비죄는 따로 성립하지 않고 기본범죄의 미수 또는 기수만 성립한다. 15. 경찰간부
③ 【 X 】 형법 제32조 제1항 소정 타인의 범죄란 정범이 범죄의 실현에 착수한 경우를 말하는 것이므로 종범이 처벌되기 위하여는 정범의 실행의 착수가 있는 경우에만 가능하고 형법 전체의 정신에 비추어 정범이 실행의 착수에 이르지 아니한 예비의 단계에 그친 경우에는 이에 가공하는 행위가 예비의 공동정범이 되는 경우를 제외하고는 종범의 성립을 부정하고 있다고 보는 것이 옳은 설명이다(대판 1976.5.25. 75도1549). 14. 법원행시
④ 【 O 】 사안의 경우 촉탁이나 승낙에 의한 살해행위를 개시하지 않았으므로 실행의 착수에 이르지 않은 예비단계에 해당하는데 촉탁승낙살인죄는 예비·음모 처벌규정이 없으므로 예비죄로 처벌할 수 없다.

정답 ③

09 음모 또는 예비에 관한 설명으로 옳지 않은 것은 몇 개인가?

㉠ 예비의 중지란 기본범죄의 준비를 완료하였으나 실행의 착수를 중지한 경우를 말한다.
㉡ 일본으로 밀항하고자 甲에게 도항비로 일화 100만엔을 주기로 약속한 바 있었으나 그 후 이 밀항을 포기하였다면 이는 밀항의 예비이다.
㉢ 범죄의 음모 또는 예비행위가 실행의 착수에 이르지 아니한 때에는 법률에 특별한 규정이 없는 한 벌하지 아니한다.
㉣ 예비죄는 단순한 고의뿐만 아니라 기본범죄를 범할 목적을 요하는 목적범이다.
㉤ 음모・예비죄의 중지미수는 불가능하므로 형법 제26조(중지미수 규정)에 따라 형을 감면할 수 없다.

① 없음   ② 1개   ③ 2개   ④ 3개

해설
㉠【O】옳은 설명이다. 실행의 착수에 이른 후에는 일반적인 미수의 성립 여부가 문제된다.
㉡【X】일본으로 밀항하고자 공소외인에게 도항비로 일화 100만엔을 주기로 약속한 바 있었으나 그 후 이 밀항을 포기하였다면 이는 밀항의 음모에 지나지 않는 것으로 밀항의 예비정도에는 이르지 아니한 것이다(대판 1986.6.24. 86도437).
㉢【O】제28조
㉣【O】형법상 예비죄는 모두 기본범죄를 범할 목적이 있을 것을 요하는 목적범이다.
㉤【O】대판 1999.4.9. 99도424

정답 ②

10 다음 중 예비・음모에 관한 대법원의 태도로서 틀린 것은?

① 甲이 통행인으로부터 현금을 강취하려고 범행도구인 칼을 휴대하고 심야에 인적이 드문 주택가를 배회한 경우 강도예비죄가 성립한다.
② 위조문서인 신분증을 항상 휴대하고 다닌 것만으로는 위조문서행사의 예비에 불과하다.
③ 부정선거관련자처벌법 제5조 제4항에 동법 제5조 제1항의 예비・음모는 이를 처벌한다고만 규정하고 있을 뿐이고, 그 형에 관하여 따로 규정하고 있지 아니한 이상 죄형법정주의 원칙상 위 예비・음모를 처벌할 수 없다.
④ 甲이 사람을 살해하기 위해 乙을 고용하여 대금지급을 약속하는 등 모의한 것만으로는 살인예비죄가 성립하지 않는다.

해설
①【O】대판 1948.8.17. 4281형상80
②【O】대판 1959.11.2. 4289형상249
③【O】대판 1977.6.28. 77도251
④【X】사안의 경우, 甲에게는 살인죄를 범할 목적 및 살인의 준비에 관한 고의뿐만 아니라 살인죄의 실현을 위한 준비행위를 하였음을 인정할 수 있으므로 살인예비죄가 성립한다(대판 2009.10.29. 2009도7150).

정답 ④

11 예비·음모에 대한 다음 설명 중 옳지 않은 것은 모두 몇 개인가?

> ㉠ 강도의 고의를 가진 정범이 예비에 그쳐 강도예비죄가 성립한다면, 예비단계에서 집의 내부 평면도를 제공하는 방조행위는 강도예비죄의 종범에 해당한다.
> ㉡ 상해죄, 퇴거불응죄, 재물손괴죄, 공무집행방해죄는 형법상 미수범 처벌규정이 있다.
> ㉢ 형법각칙의 예비죄를 처단하는 규정을 바로 독립된 구성요건 개념에 포함시킬 수는 없다고 보는 것이 죄형법정주의에 부합한다.
> ㉣ 예비와 미수는 각각 형법 각칙에 처벌규정이 있는 경우에만 처벌할 수 있지만 구체적인 법정형까지 규정될 필요는 없다.

① 1개   ② 2개   ③ 3개   ④ 4개

해설

㉠ 【 X 】 형법 제32조 제1항 소정 타인의 범죄란 정범이 범죄의 실현에 착수한 경우를 말하는 것이므로 종범이 처벌되기 위하여는 정범의 실행의 착수가 있는 경우에만 가능하고 형법 전체의 정신에 비추어 정범이 실행의 착수에 이르지 아니한 예비의 단계에 그친 경우에는 이에 가공하는 행위가 예비의 공동정범이 되는 경우를 제외하고는 종범의 성립을 부정하고 있다고 보는 것이 옳은 설명이다(대판 1976.5.25. 75도1549). 15. 경찰간부

㉡ 【 X 】 공무집행방해죄는 추상적 위험범으로서 미수처벌규정이 존재하지 않는다. 14. 경찰승진

㉢ 【 O 】 대판 1976.5.25. 75도1549 23. 경찰간부

㉣ 【 X 】 미수는 총칙에서 장애미수, 중지미수, 불능미수에 관련되어 형을 감경 또는 면제하는 형식으로 규정되어 있으므로 별도로 각칙에 구체적인 법정형까지 규정될 필요는 없으나, 형법 제28조에 의하면 범죄의 음모 또는 예비행위가 실행의 착수에 이르지 아니한 때에는 법률에 특별한 규정이 없는 한 벌하지 아니한다고 규정하여 예비죄의 처벌이 가져올 범죄의 구성요건을 부당하게 유추 내지 확장해석하는 것을 금하고 있기 때문에 형법각칙의 **예비죄를 처단하는 규정을 바로 독립된 구성요건개념에 포함시킬 수는 없다**(대판 1976.5.25. 75도1549). 23. 경찰간부

정답 ③

12 예비·음모에 대한 다음의 설명 중 옳지 않은 것은?

① 형법각칙상 예비죄 규정은 독립된 구성요건의 개념에 포함시킬 수 없다.
② 예비행위 이후 실행의 착수로 나아간 행위자에게 미수 또는 기수의 죄가 적용될 경우, 예비행위는 별도로 처벌되지 않는다.
③ 강도의 고의를 가진 정범이 예비에 그쳐 강도예비죄가 성립한다면, 예비단계에서 집의 내부 평면도를 제공하는 방조행위는 강도예비죄의 종범에 해당한다.
④ 과실에 의한 예비나 과실범의 예비는 불가벌이다.

해설

① 【 O 】 대판 1976.5.25. 75도1549
② 【 O 】 대판 1965.9.28. 65도695
③ 【 X 】 형법 제32조 제1항 소정 타인의 범죄란 정범이 범죄의 실현에 착수한 경우를 말하는 것이므로 종범이 처벌되기 위하여는 정범의 실행의 착수가 있는 경우에만 가능하고 형법 전체의 정신에 비추어 정범이 실행의 착수에 이르지 아니한 예비의 단계에 그친 경우에는 이에 가공하는 행위가 예비의 공동정범이 되는 경우를 제외하고는 종범의 성립을 부정하고 있다고 보는 것이 타당하다(대판 1976.5.25. 75도1549).
④ 【 O 】 예비죄는 고의범이므로 예비죄가 성립하려면 고의가 있어야 한다. 따라서 과실에 의한 예비나 과실범의 예비죄는 성립할 수 없다.

정답 ③

13 예비·음모에 관한 설명으로 옳지 않은 것은 모두 몇 개인가?

> ㉠ 甲은 A의 경매입찰 참여를 포기하게 할 목적으로 A의 외동딸인 대학생 B를 인질로 삼기 위하여 B를 약취·유인하기로 乙과 모의하였으나, A가 스스로 입찰을 포기한 경우 甲과 乙에게는 인질강요죄의 예비·음모가 성립한다.
> ㉡ 과실에 의한 예비나 과실범의 예비는 처벌할 수 있다.
> ㉢ 법률에 예비·음모와 미수는 처벌한다고 규정하면서 동 예비·음모의 형에 관하여 별도의 규정이 없다면, 이는 미수범에 준하여 처벌할 수 있다고 해석될 뿐이지 본범에 준하여 처벌할 수 있다고 해석할 수는 없다.
> ㉣ 수도불통죄(형법 제195조), 간첩죄(형법 제98조), 중립명령위반죄(형법 제112조), 기차·선박 등의 교통방해죄(형법 제186조)는 모두 예비·음모가 처벌되는 범죄이다.

① 1개   ② 2개   ③ 3개   ④ 4개

해설

㉠㉡㉢㉣ 모두 옳지 않은 설명이다.
㉠【X】 인질강요죄는 예비·음모를 처벌하는 규정이 없다.
㉡【X】 예비죄는 고의범이므로 예비죄가 성립하기 위해서는 고의가 있어야 한다. 따라서 과실에 의한 예비나 과실범의 예비죄는 성립할 수 없다.
㉢【X】 예비·음모의 형에 관하여 특별한 규정이 없는 이상 이를 본범이나 미수범에 준하여 처벌한다고 해석함은 피고인의 불이익으로 돌아가는 것이므로 이는 죄형법정주의의 원칙상 허용할 수 없다(대판 1977.6.28. 77도251).
㉣【X】 수도불통죄, 간첩죄, 기차·선박 등의 교통방해죄는 예비·음모를 처벌하지만, 중립명령위반죄는 예비·음모를 처벌하지 않는다.

정답 ④

14 예비·음모에 관한 다음 설명 중 가장 옳지 않은 것은?

① 은행강도 범행으로 강취할 돈을 송금받을 계좌를 개설한 것만으로는 범죄수익은닉의 규제 및 처벌 등에 관한 법률 제3조 제1항 제3호에서 정한 범죄수익 등의 은닉에 관한 죄의 실행에 착수한 것으로 볼 수 없다.
② 도주원조의 죄를 범할 목적으로 예비 또는 음모한 자는 3년 이하의 징역에 처한다.
③ 타인의 사망을 보험사고로 하는 생명보험계약을 체결함에 있어 제3자가 피보험자인 것처럼 가장하여 체결하는 등으로 그 유효요건이 갖추어지지 못한 경우에도, 특별한 사정이 없는 한, 그와 같이 하자있는 보험계약을 체결한 행위만으로는 미필적으로라도 보험금을 편취하려는 의사에 의한 기망행위의 실행에 착수한 것으로 볼 것은 아니다.
④ 준강제추행의 죄를 범할 목적으로 예비 또는 음모한 사람은 3년 이하의 징역에 처한다.
⑤ 중지범은 범죄의 실행에 착수한 후 자의로 그 행위를 중지한 때를 말하는 것이고 실행의 착수가 있기 전인 예비·음모의 행위를 처벌하는 경우에 있어서 중지범의 관념은 인정할 수 없다.

[해설]

① 【O】 범죄수익은닉의 규제 및 처벌 등에 관한 법률 제3조 제1항 제3호에서 정한 범죄수익 등의 은닉에 관한 죄의 미수범으로 처벌하려면 그 실행에 착수한 것으로 인정되어야 하고, 위와 같은 은닉행위의 실행에 착수하는 것은 범죄수익 등이 생겼을 때 비로소 가능하므로, 아직 범죄수익 등이 생기지 않은 상태에서는 범죄수익 등의 은닉에 관한 죄의 실행에 착수하였다고 인정하기 어렵다 (대판 2007.1.11. 2006도5288). 23. 법원행시

② 【O】 제147조(도주원조죄)와 제148조(간수자의 도주원조죄)의 죄를 범할 목적으로 예비 또는 음모한 자는 3년 이하의 징역에 처한다(제150조). 23. 법원행시

③ 【O】 타인의 사망을 보험사고로 하는 생명보험계약을 체결함에 있어 제3자가 피보험자인 것처럼 가장하여 체결하는 등으로 그 유효요건이 갖추어지지 못한 경우에도, 보험계약 체결 당시에 이미 보험사고가 발생하였음에도 이를 숨겼다거나 보험사고의 구체적 발생 가능성을 예견할 만한 사정을 인식하고 있었던 경우 또는 고의로 보험사고를 일으키려는 의도를 가지고 보험계약을 체결한 경우와 같이 보험사고의 우연성과 같은 보험의 본질을 해칠 정도라고 볼 수 있는 특별한 사정이 없는 한, 그와 같이 하자 있는 보험계약을 체결한 행위만으로는 미필적으로라도 보험금을 편취하려는 의사에 의한 기망행위의 실행에 착수한 것으로 볼 것은 아니다. 그러므로 그와 같이 기망행위의 실행의 착수로 인정할 수 없는 경우에 피보험자 본인임을 가장하는 등으로 보험계약을 체결한 행위는 단지 장차의 보험금 편취를 위한 예비행위에 지나지 않는다(대판 2013.11.14. 2013도7494). 23. 법원행시

④ 【X】 제297조(강간), 제297조의2(유사강간), 제299조(준강간, 준강제추행)(준강간죄에 한정한다), 제301조(강간 등 상해·치상)(강간 등 상해죄에 한정한다) 및 제305조(미성년자에 대한 간음, 추행)의 죄를 범할 목적으로 예비 또는 음모한 사람은 3년 이하의 징역에 처한다(제305조의 3).
강간죄, 유사강간죄, 준강간죄, 강간등상해죄, 미성년자의제강간·추행죄를 범할 목적으로 예비·음모한 경우 처벌한다.
→ 강제추행죄, 준강제추행죄, 준유사강간죄, 미성년자 등 간음·추행죄, 업무상 위력 등에 의한 간음죄, 강간등치사상죄, 강간등살인죄는 예비·음모를 처벌하지 않는다. 23. 법원행시

⑤ 【O】 대판 1999.4.9. 99도424 23. 법원행시

정답 ④

제2절 장애미수

● 지문의 내용에 대해 학설의 대립 등 다툼이 있는 경우 판례에 의함

01 실행의 착수시기에 관한 학설의 설명으로 옳은 것은 모두 몇 개인가?

> ㉠ 형식적 객관설은 행위자가 구성요건에 해당하는 행위 또는 그 행위의 일부가 시작되었을 때 실행의 착수가 있다는 견해로 실행의 착수시기를 인정하는 시점이 너무 늦어져 미수의 범위가 좁아진다는 비판이 있다.
> ㉡ 실질적 객관설은 구성요건의 보호법익을 기준으로 하여 법익에 대한 직접적 위험을 발생시킨 객관적 행위시점에서 실행의 착수가 있다는 견해로 법익침해의 '직접적 위험'이라는 기준이 모호하다는 비판이 있다.
> ㉢ 주관설은 범죄란 범죄적 의사의 표현이므로 범죄의사를 명백하게 인정할 수 있는 외부적 행위가 있을 때 또는 범의의 비약적 표동이 있을 때 실행의 착수가 있다는 견해로 가벌적 미수의 범위가 지나치게 확대될 수 있다.
> ㉣ 주관적(개별적) 객관설은 행위자의 전체적 범행계획에 비추어 구성요건실현에 대한 직접적 행위가 있을 때 실행의 착수가 있다는 견해로 실행의 착수에 관한 객관설과 주관설의 단점을 제거하고 양설을 타협하기 위해 제시된 절충적인 견해이다.

① 1개   ② 2개   ③ 3개   ④ 4개

해설 24. 경찰간부

④ 모두 각 학설의 내용을 그대로 옳게 서술한 것으로 모두 옳다.

학설		내용
객관설	형식적 객관설	• 행위자가 엄격한 의미에서 **구성요건에 해당하는 행위** 또는 적어도 이론적으로 구성요건에 해당한다고 볼 수 있는 **행위의 일부분을 행하여야** 실행의 착수가 있다고 보는 견해이다(예 절도죄에 있어서 재물을 손으로 잡을 때). • 평가: 죄형법정주의의 법치국가적 요청에는 합당하지만, **미수의 범위가 너무 좁아진다. 간접정범의 착수 설명 곤란**
	실질적 객관설	• 구성요건적 행위의 **직접 전단계의 행위**를 실행 한 때에 실행의 착수를 인정하는 견해이다(예 금고문을 연 때, 자동차 안의 물건을 훔치기 위해 자동차 문을 잡았을 때). 판례의 기본입장이다(밀접행위시설). • Frank 공식: 자연적으로 보아 구성요건적 행위와 필연적 결합관계에 있는 구성요건실현의 전 단계의 행위도 실행의 착수가 있다고 보는 견해이다. • 평가: 밀접행위라는 개념이 애매모호하다.
주관설		• 행위자의 의사에 따라 실행의 착수 유무를 결정해야 한다는 견해이다(예 재물을 절취하기 위하여 건물 안으로 들어간 때, 간첩을 위하여 국내에 잠입·상륙한 때). • 평가: 지나치게 행위자의 내부적 의사에만 치중하여 ㉠ 미수를 예비단계까지 부당하게 확대할 위험이 있고, ㉡ 구성요건의 지도형상적 의의를 무시하게 되어 **죄형법정주의의 이념에 반한다**는 비판을 면할 수 없다.
절충설 (주관적 객관설)		행위자의 범행에 대하 전체계획에 비추어(주관적 기도) 범죄의사가 분명히 표명되었다고 볼 수 있는 모종의 행위가 보호법익에 대한 위험을 직접 실현하기 시작 할 때(객관적 기준) 실행의 착수가 있다고 본다(예 금고를 털기 위해 금고가 있는 건물에 들어가 금고가 있는 방의 자물쇠를 뜯고 들어간 때).
판례의 태도		대법원은 원칙적으로 객관설, 밀접행위시설(실질적 객관설: 절도죄의 경우)를 따르는 것으로 평가된다. 다만 **간첩죄의 경우 주관설**을, 방화죄의 경우 형식적 객관설을 따르는 것으로 평가된다.

정답 ④

02 다음 실행의 착수시기에 관한 설명 중 가장 적절하지 않은 것은?

① 주거침입의 실행의 착수는 주거자, 관리자, 점유자 등의 의사에 반하여 주거나 관리하는 건조물 등에 들어가는 행위, 즉 구성요건의 일부를 실현하는 행위까지 요구하는 것은 아니고, 범죄구성요건의 실현에 이르는 현실적 위험성을 포함하는 행위를 개시하는 것으로 족하다.
② 입영대상자가 병역면제처분을 받을 목적으로 병원으로부터 허위의 병사용진단서를 발급받은 행위만으로는 사위행위에 의한 병역기피를 이유로 한 병역법위반죄의 실행에 착수한 것이 아니다.
③ 피담보채권인 공사대금 채권을 실제와 달리 허위로 부풀려 유치권에 의한 경매를 신청한 경우 소송사기죄의 실행의 착수가 인정되지 않는다.
④ 위조사문서행사죄는 상대방이 위조된 문서의 내용을 실제로 인식할 필요 없이 상대방으로 하여금 위조된 문서를 인식할 수 있는 상태에 둠으로써 기수가 된다.

해설

① 【 O 】 대판 2006.9.14. 2006도2824 17. 경찰승진
② 【 O 】 대판 2005.9.28. 2005도3065 17. 경찰승진
③ 【 X 】 유치권에 의한 경매를 신청한 유치권자는 일반채권자와 마찬가지로 피담보채권액에 기초하여 배당을 받게 되는 결과 피담보채권인 공사대금 채권을 실제와 달리 허위로 크게 부풀려 유치권에 의한 경매를 신청할 경우 정당한 채권액에 의하여 경매를 신청한 경우보다 더 많은 배당금을 받을 수도 있으므로, 불능범에 해당한다고 볼 수 없고, 소송사기죄의 실행의 착수에 해당한다 (대판 2012.11.15. 2012도9603). 17. 경찰승진
④ 【 O 】 대판 2005.1.28. 2004도4663 17. 경찰승진

정답 ③

03 실행의 착수에 대한 설명으로 가장 적절한 것은?

① 업무상배임죄에서 부작위를 실행의 착수로 볼 수 있기 위해서는 작위의무가 이행되지 않으면 사무처리의 임무를 부여한 사람이 재산권을 행사할 수 없으리라고 객관적으로 예견되는 등으로 구성요건적 결과 발생의 위험이 구체화한 상황에서 부작위가 이루어져야 한다.
② 구 외국환거래법에서 규정하는 신고를 하지 아니하거나 허위로 신고하고 지급수단·귀금속 또는 증권을 수출하는 행위는 지급수단 등을 국외로 반출하기 위한 행위에 근접 밀착하는 행위가 행하여진 때에 그 실행의 착수가 있으므로, 공항 내에서 보안검색대에 나아가지 않은 채 휴대용 가방 안에 해당 물건을 가지고 탑승을 기다리던 중에 발각되었다면 이미 실행의 착수가 있는 것으로 볼 수 있다.
③ 타인의 사망을 보험사고로 하는 생명보험계약을 체결함에 있어 제3자가 피보험자인 것처럼 가장하여 체결하는 등으로 그 유효요건이 갖추어지지 못한 경우, 보험사고의 우연성과 같은 보험의 본질을 해칠 정도라고 볼 수 있는 특별한 사정이 없더라도, 그와 같이 하자있는 보험계약을 체결한 행위는 보험금을 편취하려는 의사에 의한 기망행위의 실행에 착수한 것으로 볼 수 있다.
④ 정범의 실행의 착수 전에 장래의 실행행위를 예상하고 이를 용이하게 하는 행위를 하여 방조한 경우에도 정범이 그 실행행위에 나아갔다면 종범이 성립하지만, 정범이 실행의 착수에 이르지 못한 경우 방조자는 예비죄의 종범으로 처벌된다.

해설

① 【O】 업무상배임죄는 타인과의 신뢰관계에서 일정한 임무에 따라 사무를 처리할 법적 의무가 있는 자가 그 상황에서 당연히 할 것이 법적으로 요구되는 행위를 하지 않는 부작위에 의해서도 성립할 수 있다. 그러한 부작위를 실행의 착수로 볼 수 있기 위해서는 작위의무가 이행되지 않으면 사무처리의 임무를 부여한 사람이 재산권을 행사할 수 없으리라고 객관적으로 예견되는 등으로 구성요건적 결과 발생의 위험이 구체화한 상황에서 부작위가 이루어져야 한다. 그리고 행위자는 부작위 당시 자신에게 주어진 임무를 위반한다는 점과 그 부작위로 인해 손해가 발생할 위험이 있다는 점을 인식하였어야 한다(대판 2021.5.27. 2020도15529). 22. 경찰승진

② 【X】 외국환거래법 제28조 제1항 제3호에서 규정하는, 신고를 하지 아니하거나 허위로 신고하고 지급수단·귀금속 또는 증권을 수출하는 행위는 지급수단 등을 국외로 반출하기 위한 행위에 근접·밀착하는 행위가 행하여진 때에 그 실행의 착수가 있다고 할 것인데, 피고인이 일화 500만 ¥은 기탁화물로 부치고 일화 400만 ¥은 휴대용 가방에 넣어 국외로 반출하려고 하는 경우에, 500만 ¥에 대하여는 기탁화물로 부칠 때 이미 국외로 반출하기 위한 행위에 근접·밀착한 행위가 이루어졌다고 보아 실행의 착수가 있었다고 할 것이지만, 휴대용 가방에 넣어 비행기에 탑승하려고 한 나머지 400만 ¥에 대하여는 그 휴대용 가방을 보안검색대에 올려 놓거나 이를 휴대하고 통과하는 때에 비로소 실행의 착수가 있다고 볼 것이고, 피고인이 휴대용 가방을 가지고 보안검색대에 나아가지 않은 채 공항 내에서 탑승을 기다리고 있던 중에 체포되었다면 일화 400만 ¥에 대하여는 실행의 착수가 있다고 볼 수 없다(대판 2001.7.27. 2000도4298). 22. 경찰승진

③ 【X】 타인의 사망을 보험사고로 하는 생명보험계약을 체결함에 있어 제3자가 피보험자인 것처럼 가장하여 체결하는 등으로 그 유효요건이 갖추어지지 못한 경우에도, 보험계약 체결 당시에 이미 보험사고가 발생하였음에도 이를 숨겼다거나 보험사고의 구체적 발생 가능성을 예견할 만한 사정을 인식하고 있었던 경우 또는 고의로 보험사고를 일으키려는 의도를 가지고 보험계약을 체결한 경우와 같이 보험사고의 우연성과 같은 보험의 본질을 해칠 정도라고 볼 수 있는 특별한 사정이 없는 한, 그와 같이 하자 있는 보험계약을 체결한 행위만으로는 미필적으로라도 보험금을 편취하려는 의사에 의한 기망행위의 실행에 착수한 것으로 볼 것은 아니다. 그러므로 그와 같이 기망행위의 실행의 착수로 인정할 수 없는 경우에 피보험자 본인임을 가장하는 등으로 보험계약을 체결한 행위는 단지 장차의 보험금 편취를 위한 예비행위에 지나지 않는다(대판 2013.11.14. 2013도7494). 22. 경찰승진

④ 【X】 종범은 정범이 실행행위에 착수하여 범행을 하는 과정에서 이를 방조한 경우뿐 아니라, 정범의 실행의 착수 이전에 장래의 실행행위를 미필적으로나마 예상하고 이를 용이하게 하기 위하여 방조한 경우에도 그 후 정범이 실행행위에 나아갔다면 성립할 수 있다(대판 2013.11.14. 2013도7494). 22. 경찰승진

정답 ①

04 실행의 착수시기에 대한 설명 중 가장 적절한 것은?

① 침입 대상인 아파트에 사람이 있는지를 확인하기 위해 그 집의 초인종을 누른 경우 주거의 사실상의 평온을 침해할 객관적인 위험성이 있으므로 주거침입죄의 실행의 착수가 인정된다.

② 야간에 다세대주택 2층의 불이 꺼져있는 것을 보고 물건을 절취 하기 위하여 가스배관을 타고 올라가다가, 발은 1층 방범창을 딛고 두 손은 1층과 2층 사이에 있는 가스배관을 잡고 있던 상태에서 순찰 중이던 경찰관에게 발각되자 그대로 뛰어내린 경우 야간주거침입절도죄의 실행의 착수가 인정되지 않는다.

③ 야간에 아파트에 침입하여 물건을 훔칠 의도하에 아파트의 베란다 철제난간까지 올라가 유리창문을 열려고 시도하고 실제로 집안에 들어가지는 못한 경우 야간주거침입절도죄의 실행의 착수가 인정되지 않는다.

④ 노상에 세워 놓은 자동차안에 있는 물건을 훔칠 생각으로 자동차의 유리창을 통하여 그 내부를 손전등으로 비추어 본 경우 유리창을 따기 위해 면장갑을 끼고 있었고 칼을 소지하고 있었다면 절도죄의 실행의 착수가 인정된다.

해설

① 【X】 주거의 사실상의 평온을 침해할 객관적인 위험성을 포함하는 행위를 한 것으로 볼 수 없다 할 것이다(대판 2008.4.10. 2008도1464). 20. 경찰승진

② 【O】 대판 2008.3.27. 2008도917 20. 경찰승진

③ 【X】 야간에 아파트에 침입하여 물건을 훔칠 의도하에 아파트의 베란다 철제난간까지 올라가 유리창문을 열려고 시도하였다면 야간주거침입절도죄의 실행에 착수한 것으로 보아야 한다(대판 2003.10.24. 2003도4417). 20. 경찰승진

④ 【X】 지문의 경우 타인의 재물에 대한 지배를 침해하는데 밀접한 행위를 한 것이라고는 볼 수 없어 절취행위의 착수에 이른 것이었다고 볼 수 없다(대판 1985.4.23. 85도464). 20. 경찰승진

정답 ②

05 미수범에 관한 다음 설명 중 가장 옳지 않은 것은?

① 카메라 기타 이와 유사한 기능을 갖춘 기계장치 속에 들어 있는 필름이나 저장장치에 피사체에 대한 영상정보가 입력되었을 뿐 전자파일 등의 형태로 영구 저장되지 않은 채 사용자에 의해 강제종료되었다면, 구 성폭력범죄의 처벌 및 피해자보호 등에 관한 법률 제14조의2 제1항에서 정한 '카메라 등 이용촬영죄'는 미수에 그친 것으로 보아야 할 것이다.

② 甲이 강간할 목적으로 피해자의 집에 침입하였다 하더라도 안방에 들어가 누워 자고 있는 피해자의 가슴과 엉덩이를 만지면서 간음을 기도하였다는 사실만으로는 강간의 수단으로 피해자에게 폭행이나 협박을 개시하였다고 하기 어렵다.

③ 출입문이 열려있으면 안으로 들어가겠다는 의사 아래 출입문을 당겨보는 행위는 그것으로 주거침입의 실행에 착수한 것으로 보아야 한다.

④ 甲이 제1차 매수인으로부터 계약금 및 중도금 명목의 금원을 교부받은 후 제2차 매수인에게 부동산을 매도하기로 하고 계약금만을 지급받은 뒤 더 이상의 계약 이행에 나아가지 않았다면 배임죄의 실행의 착수가 있었다고 볼 수 없다.

⑤ 구 외국환거래법 제28조 제1항 제3호는 신고를 하지 아니하거나 허위로 신고하고 지급수단·귀금속 또는 증권을 수출하는 행위를 처벌하고 있는데, 甲이 신고없이 일화 400만엔을 휴대용 가방에 넣어 국외로 반출하려고 하는 경우, 甲이 휴대용 가방을 가지고 보안검색대에 나아가지 않은 채 공항 내에서 탑승을 기다리고 있던 중에 체포되었다면 실행의 착수가 있다고 볼 수 없다.

해설

① 【 X 】 구 성폭력범죄의 처벌 및 피해자보호 등에 관한 법률(2010.4.15. 법률 제10258호 성폭력범죄의 피해자보호 등에 관한 법률로 개정되기 전의 것) 제14조의2 제1항에서 정한 '카메라 등 이용 촬영죄'는 카메라 기타 이와 유사한 기능을 갖춘 기계장치 속에 들어 있는 필름이나 저장장치에 피사체에 대한 영상정보가 입력됨으로써 기수에 이른다고 보아야 한다. 그런데 최근 기술문명의 발달로 등장한 디지털카메라나 동영상 기능이 탑재된 휴대전화 등의 기계장치는, 촬영된 영상정보가 사용자 등에 의해 전자파일 등의 형태로 저장되기 전이라도 일단 촬영이 시작되면 곧바로 촬영된 피사체의 영상정보가 기계장치 내 RAM(Random Access Memory) 등 주기억장치에 입력되어 임시저장되었다가 이후 저장명령이 내려지면 기계장치 내 보조기억장치 등에 저장되는 방식을 취하는 경우가 많고, 이러한 저장방식을 취하고 있는 카메라 등 기계장치를 이용하여 동영상 촬영이 이루어졌다면 범행은 촬영 후 일정한 시간이 경과하여 영상정보가 기계장치 내 주기억장치 등에 입력됨으로써 기수에 이르는 것이고, 촬영된 영상정보가 전자파일 등의 형태로 영구저장되지 않은 채 사용자에 의해 강제종료되었다고 하여 미수에 그쳤다고 볼 수는 없다(대판 2011.6.9. 2010도10677). 23. 법원행시

② 【 O 】 강간죄의 실행의 착수가 있었다고 하려면 강간의 수단으로서 폭행이나 협박을 한 사실이 있어야 할 터인데 피고인이 강간할 목적으로 피해자의 집에 침입하였다 하더라도 안방에 들어가 누워 자고 있는 피해자의 가슴과 엉덩이를 만지면서 간음을 기도하였다는 사실만으로는 강간의 수단으로 피해자에게 폭행이나 협박을 개시하였다고 하기는 어렵다(대판 1990.5.25. 90도607). 23. 법원행시

③ 【 O 】 주거침입죄의 실행의 착수는 주거자, 관리자, 점유자 등의 의사에 반하여 주거나 관리하는 건조물 등에 들어가는 행위, 즉 구성요건의 일부를 실현하는 행위까지 요구하는 것은 아니고 범죄구성요건의 실현에 이르는 현실적 위험성을 포함하는 행위를 개시하는 것으로 족하므로, 출입문이 열려 있으면 안으로 들어가겠다는 의사 아래 출입문을 당겨보는 행위는 바로 주거의 사실상의 평온을 침해할 객관적인 위험성을 포함하는 행위를 한 것으로 볼 수 있어 그것으로 주거침입의 실행에 착수한 것으로 보아야 한다 (대판 2006.9.14. 2006도2824). 23. 법원행시

④ 【 O 】 피고인이 제1차 매수인으로부터 계약금 및 중도금 명목의 금원을 교부받은 후 제2차 매수인에게 부동산을 매도하기로 하고 계약금만을 지급받은 뒤 더 이상의 계약 이행에 나아가지 않았다면 배임죄의 실행의 착수가 있었다고 볼 수 없다(대판 2003.3.25. 2002도7134). 23. 법원행시

⑤ 【 O 】 휴대용 가방에 넣어 비행기에 탑승하려고 한 나머지 400만 ¥에 대하여는 그 휴대용 가방을 보안검색대에 올려 놓거나 이를 휴대하고 통과하는 때에 비로소 실행의 착수가 있다고 볼 것이고, 피고인이 휴대용 가방을 가지고 보안검색대에 나아가지 않은 채 공항 내에서 탑승을 기다리고 있던 중에 체포되었다면 일화 400만 ¥에 대하여는 실행의 착수가 있다고 볼 수 없다(대판 2001.7.27. 2000도4298). 23. 법원행시

정답 ①

06 실행의 착수에 대한 설명으로 옳은 것은?

① 예비·음모 후 실행의 착수로 나아가기를 자의로 포기한 경우 중지범규정을 유추적용할 수 있다.
② 격분하여 사람을 살해하려고 밖으로 나가 낫을 들고 피해자에게 다가서려고 하였으나 제3자가 제지하자 그 틈을 타서 피해자가 도망간 경우 살인죄의 실행에 착수하지 않은 것이다.
③ 야간에 절도의 목적으로 타인의 주거에 침입한 후 물색행위를 하기 전에 발각된 경우 야간주거침입절도죄의 실행의 착수가 있었던 것으로 인정된다.
④ 2인 이상이 합동하여 주간에 피해자의 아파트 출입문 시정장치를 손괴하다가 발각되어 도주한 경우 「형법」 제331조제2항 특수절도죄의 실행의 착수가 인정된다.

해설

① 【 X 】 중지범은 범죄의 실행에 착수한 후 자의로 그 행위를 중지한 때를 말하는 것이고 실행의 착수가 있기 전인 예비·음모의 행위를 처벌하는 경우에 있어서는 중지범의 관념은 이를 인정할 수 없다(대판 1991.6.25. 91도436). 18. 국가직
② 【 X 】 피고인이 낫을 들고 피해자에게 접근함으로써 살인의 실행행위에 착수하였다고 할 것이므로 이는 살인미수에 해당한다(대판 1986.2.25. 85도2773). 18. 국가직
③ 【 O 】 야간에 타인의 재물을 절취할 목적으로 사람의 주거에 침입한 경우에는 주거에 침입한 단계에서 이미 형법 제330조에서 규정한 야간주거침입절도죄라는 범죄행위의 실행에 착수한 것이라고 보아야 한다. 출입문이 열려 있으면 안으로 들어가겠다는 의사 아래 출입문을 당겨보는 행위는 바로 주거의 사실상의 평온을 침해할 객관적인 위험성을 포함하는 행위를 한 것으로 볼 수 있어 그것으로 주거침입의 실행에 착수가 있었고, 단지 그 출입문이 잠겨 있었다는 외부적 장애요소로 인하여 뜻을 이루지 못한 데 불과하다 할 것이다(대판 2006.9.14. 2006도2824). 18. 국가직
④ 【 X 】 2인 이상이 합동하여 야간이 아닌 주간에 절도의 목적으로 타인의 주거에 침입하였다 하여도 아직 절취할 물건의 물색행위를 시작하기 전이라면 특수절도죄의 실행에는 착수한 것으로 볼 수 없는 것이어서 그 미수죄가 성립하지 않는다(대판 2009.12.24. 2009도9667). 18. 국가직

정답 ③

07 다음 〈보기〉 중 옳은 것은 모두 몇 개인가?

㉠ 허위의 채권을 피보전권리로 삼아 가압류를 한 경우 그 채권에 관하여 현실적으로 청구의 의사표시를 한 것이라고 볼 수 있으므로, 본안소송을 제기하지 아니한 채 가압류를 한 경우에도 사기죄의 실행에 착수하였다.
㉡ 입영대상자가 병역면제처분을 받을 목적으로 병원으로부터 허위의 병사용진단서를 발급 받은 경우 「구병역법」 제86조의 사위행위의 실행에 착수하였다.
㉢ 위장결혼의 당사자 및 브로커와 공모한 甲이 허위로 결혼사진을 찍고 혼인신고에 필요한 서류를 준비하여 위장결혼의 당사자에게 건네준 것만으로는 공전자기록등불실기재죄의 실행에 착수한 것으로 볼 수 없다.
㉣ 실행의 착수시기에 관한 학설 중 주관설은 범죄란 범죄적 의사의 표현이므로 범죄의사를 명백하게 인정할 수 있는 외부적 행위가 있을 때 또는 범의의 비약적 표동이 있을 때 실행의 착수가 있다는 견해로 가벌적 미수의 범위가 지나치게 확대될 수 있다.
㉤ 야간에 아파트에 침입하여 물건을 훔칠 의도하에 아파트의 베란다 철제난간까지 올라가 유리창문을 열려고 시도한 경우 야간주거침입죄의 실행에 착수하였다.

① 2개   ② 3개   ③ 4개   ④ 5개

해설

㉠ 【 X 】 가압류는 강제집행의 보전방법에 불과하고 그 기초가 되는 허위의 채권에 의하여 실지로 청구의 의사표시를 한 것이라고 할 수 없으므로 소의 제기없이 가압류신청을 한 것만으로는 사기죄의 실행에 착수한 것이라고 할 수 없다고 할 것이다(대판 1982.10.26. 82도1529). 24. 해경

㉡ 【 X 】 입영대상자가 병역면제처분을 받을 목적으로 병원으로부터 허위의 병사용진단서를 발급받았다고 하더라도 이러한 행위만으로는 사위행위의 실행에 착수하였다고 볼 수 없다(대판 2005.9.28. 2005도3065). 24. 해경

㉢ 【 O 】 대판 2009.9.24. 2009도4998 24. 해경

㉣ 【 O 】 주관설에 의하면 행위자의 의사에 따라 실행의 착수 유무를 결정해야 한다는 견해이다(예 재물을 절취하기 위하여 건물 안으로 들어간 때, 간첩을 위하여 국내에 잠입·상륙한 때). 지나치게 행위자의 내부적 의사에만 치중하여 ㉠ 미수를 예비단계까지 부당하게 확대할 위험이 있고, ㉡ 구성요건의 지도형상적 의의를 무시하게 되어 죄형법정주의의 이념에 반한다는 비판을 면할 수 없다. 24. 해경

㉤ 【 O 】 대판 2003.10.24. 2003도4417 24. 해경

정답 ②

08 실행의 착수에 관한 다음 설명 중 옳지 않은 것은?

① 필로폰을 매수하려는 자에게서 필로폰을 구해 달라는 부탁과 함께 돈을 지급받았다고 하더라도, 당시 필로폰을 소지 또는 입수한 상태에 있었다는 등 매매행위에 근접·밀착한 상태에서 대금을 지급받은 것이 아니라 단순히 필로폰을 구해 달라는 부탁과 함께 대금 명목으로 돈을 지급받은 것에 불과한 경우에는 필로폰 매매행위의 실행의 착수에 이른 것이라고 볼 수 없다.

② 양수인에게 무허가건물 인도의무를 부담하는 양도인이 중도금 또는 잔금까지 수령한 상태에서 양수인의 의사에 반하여 제3자에게 그 무허가건물을 이중으로 양도하고 중도금까지 수령하였더라도 양수인에 대한 관계에서 배임죄의 실행의 착수가 있었다고 볼 수 없다.

③ 신체의 일부만 타인의 집 안에 들어간다는 인식하에 타인의 집의 창문을 열고 집 안으로 얼굴을 들이미는 등의 행위를 한 경우에도 주거침입죄의 실행착수가 인정될 수 있다.

④ 사기도박에서 사기적인 방법으로 도금을 편취하려고 하는 자가 상대방에게 도박에 참가할 것을 권유하는 등 기망행위를 개시한 때에 실행의 착수가 있다.

해설

① 【 O 】 대판 2015.3.20. 2014도16920 17. 법원행시

② 【 X 】 무허가건물의 양도인은 특별한 사정이 없는 한 대금수령과 동시에 양수인에게 그 건물을 인도할 의무가 있다 할 것이고, 무허가건물의 양수인은 양도인으로부터 무허가건물을 인도받아 점유함으로써 소유권에 준하는 사용·수익 처분의 포괄적인 권능을 가지게 되므로, 이와 같이 양수인에게 무허가건물을 인도할 의무를 부담하는 양도인이 중도금 또는 잔금까지 수령한 상태에서 양수인의 의사에 반하여 제3자에게 그 무허가건물을 이중으로 양도하고 중도금까지 수령하였다면 이는 양수인에 대한 관계에서 임무위배행위로서 배임죄의 실행의 착수가 있었다고 할 것이고, 더 나아가 제3자로부터 잔금을 수령하고 무허가건물을 인도하였다면 이는 배임죄의 기수에 해당한다(2005.10.28. 2005도5713). 17. 법원행시

③ 【 O 】 대판 1995.9.15. 94도2561 18. 법원직

④ 【 O 】 대판 2011.1.13. 2010도9330 17. 법원행시

정답 ②

09 실행의 착수시기 및 미수에 대한 설명으로 가장 적절한 것은?

① 피고인이 임야를 편취할 목적으로 소송을 제기하였으나 소 제기시 이미 소송의 상대방이 사망하였을 경우에는 소송에서 승소판결을 받는다고 하더라도 판결의 효력이 해당 임야의 재산상속인에게 미칠 수 없으므로 이는 사기죄의 불능미수에 해당한다.
② 행위자가 처음부터 미수에 그치겠다는 고의를 가진 경우라도 미수범이 성립할 수 있다.
③ 금융기관 직원이 전산단말기를 이용하여 다른 공범들이 지정한 특정계좌에 돈이 입금된 것처럼 허위의 정보를 입력하는 방법으로 위 계좌로 입금되도록 한 경우, 그 후 그러한 입금이 취소되어 현실적으로 인출되지 못한 경우는 컴퓨터 등 사용사기미수죄에 해당한다.
④ 피고인이 피해자 A를 추행하기 위하여 뒤따라가다가 외진 곳에서 가까이 접근하여 껴안으려 하였으나, A가 뒤돌아보면서 소리치자 그 상태로 몇 초 동안 쳐다보다가 다시 오던 길로 되돌아간 경우, 피고인의 팔이 A의 몸에 닿지 않았지만 양팔을 높이 들어 갑자기 뒤에서 껴안으려고 하는 것만으로도 강제추행죄의 실행의 착수가 있다고 볼 수 있다.

해설
① 【 X 】 피고인의 제소가 사망한 사망한 자를 상대로 한 것이라면, 사망한 자에 대한 판결은 그 내용에 따른 효력이 생기지 아니하여 상속인에게 그 효력이 미치지 아니하고 따라서 사기죄를 구성한다고는 할 수 없다(대판 1987.12.22. 87도852). 18. 경찰승진
② 【 X 】 처음부터 미수에 그치겠다는 고의를 가진 경우에는 기수의 고의가 없으므로 미수범도 성립할 수 없다. 18. 경찰승진
③ 【 X 】 이러한 입금절차를 완료함으로써 장차 그 계좌에서 이를 인출하여 갈 수 있는 재산상 이익을 취득하였으므로 컴퓨터 등 사용사기죄는 기수에 해당한다(대판 2006.9.14. 2006도4127). 18. 경찰승진
④ 【 O 】 대판 2015.9.10. 2015도69804 18. 경찰채용 3차

정답 ④

10 다음 중 괄호 속 범죄의 실행의 착수가 인정되는 것은?

① 절도의 의도로 대낮에 피해자의 집 현관을 통하여 그 집 마루 위에 올라서서 창고문 쪽으로 향하다가 피해자에게 발각되어 체포된 경우 (절도)
② 아파트 신축공사 현장 안에 있는 건축자재 등을 훔칠 생각으로 공범과 함께 위 공사현장 안으로 들어간 후 창문을 통하여 신축 중인 아파트의 지하실 안쪽을 살핀 경우 (특수절도)
③ 절도의 의도로 야간에 피해자의 집 창살을 통하여 침입하였으나 피해자 시아버지의 헛기침에 발각된 줄 알고 도주한 경우 (야간주거침입절도)
④ 절도의 의도로 대낮에 아파트 출입문 시정장치를 손괴하다가 발각되어 도주한 경우 (절도)
⑤ 절도의 의도로 대낮에 모텔 객실에 침입하여 야간에 객실에서 물건을 훔쳐 나온 경우 (야간주거침입절도)

해설
① 【 X 】 주간에 절도의 목적으로 타인의 주거에 침입하였다고 하여도 아직 절취할 물건의 물색행위를 시작하기 전이라면 주거침입죄만 성립할 뿐 절도죄의 실행에 착수한 것으로 볼 수 없는 것이어서 절도미수죄는 성립하지 않는다(대판 1992.9.8. 92도1650). 16. 사시
② 【 X 】 피고인이 아파트 신축공사 현장 안에 있는 건축자재 등을 훔칠 생각으로 공범과 함께 위 공사현장 안으로 들어간 후 창문을 통하여 신축 중인 아파트의 지하실 안쪽을 살핀 행위가 특수절도죄의 실행의 착수에 해당하지 않는다(대판 2010.4.29. 2009도14554). 16. 사시
③ 【 O 】 대판 1984.12.26. 84도2433 16. 사시
④ 【 X 】 '주간에' 아파트 출입문 시정장치를 손괴하다가 발각되어 도주한 피고인들이 특수절도미수죄로 기소된 사안에서, '실행의 착수'가 없었다는 이유로 형법 제331조 제2항의 특수절도죄의 점에 대해 무죄이다(대판 2009.12.24. 2009도9667). 16. 사시
⑤ 【 X 】 형법은 야간에 이루어지는 주거침입행위의 위험성에 주목하여 그러한 행위를 수반한 절도를 야간주거침입절도죄로 중하게 처벌하고 있는 것으로 보아야 하고, 따라서 주거침입이 주간에 이루어진 경우에는 야간주거침입절도죄가 성립하지 않는다고 해석하는 것이 타당하다(대판 2011.4.14. 2011도300). 16. 사시

정답 ③

11 실행의 착수에 관한 설명 중 옳지 않은 것으로 짝지은 것은?

㉠ 법원을 기망하여 자기에게 유리한 판결을 얻고자 소송을 제기한 자가 상대방의 주소를 허위로 기재하여 소송을 제기함으로써 그 허위주소로 소송서류가 송달되어 그로 인하여 상대방 아닌 다른 사람이 그 서류를 받아 소송을 진행한 경우에는 소송사기죄의 실행의 착수가 인정되지 않는다.
㉡ 가압류는 강제집행의 보전방법에 불과한 것이어서 허위의 채권을 피보전권리로 삼아 가압류를 하였다고 하더라도 본안소송을 제기하지 아니하였다면 사기죄의 실행에 착수가 없다.
㉢ 간첩의 목적으로 외국 또는 북한에서 국내에 침투 또는 월남하는 경우에는 기밀탐지가 가능한 국내에 침투 상륙함으로써 간첩죄의 실행의 착수가 있다.
㉣ 허위채권에 기한 공정증서를 집행권원으로 하여 채무자의 소유권이전등기청구권에 대하여 압류신청을 한 것만으로는 소송사기의 실행에 착수한 것으로 볼 수 없다.
㉤ 甲이 강간할 목적으로 乙의 집에 침입해 안방에 들어가 누워 자고 있는 乙의 가슴과 엉덩이를 만지면서 간음을 기도하였다면 실행의 착수가 있다.

① ㉠, ㉡, ㉤   ② ㉡, ㉢, ㉣   ③ ㉠, ㉣, ㉤   ④ ㉡, ㉣, ㉤

[해설]

㉠ 【 X 】 소송사기는 법원을 기망하여 자기에게 유리한 판결을 얻고 이에 터잡아 상대방으로부터 재물의 교부를 받거나 재산상 이익을 취득하는 것을 말하는 것으로서 소송에서 주장하는 권리가 존재하지 않는 사실을 알고 있으면서도 법원을 기망한다는 인식을 가지고 **소를 제기하면** 이로써 실행의 착수가 있고 **소장의 유효한 송달을** 요하지 아니한다고 할 것인바, 이러한 법리는 제소자가 상대방의 주소를 허위로 기재함으로써 그 허위주소로 소송서류가 송달되어 그로 인하여 상대방 아닌 다른 사람이 그 서류를 받아 소송이 진행된 경우에도 마찬가지로 적용된다(대판 2006.11.10. 2006도5811).

㉡ 【 O 】 소의 제기 없이 가압류신청을 한 것만으로는 사기죄의 실행에 착수한 것이라고 할 수 없다(대판 1982.10.26. 82도1529). 17. 경찰간부

㉢ 【 O 】 대판 1984.9.11. 84도1381 17. 경찰간부

㉣ 【 X 】 민사집행법 제244조에서 규정하는 부동산에 관한 권리이전청구권에 대한 강제집행은 그 자체를 처분하여 대금으로 채권에 만족을 기하는 것이 아니고, 부동산에 관한 권리이전청구권을 압류하여 청구권의 내용을 실현시키고 부동산을 채무자의 책임재산으로 귀속시킨 다음 다시 부동산에 대한 경매를 실시하여 매각대금으로 채권에 만족을 기하는 것이다. 이러한 경우 소유권이전등기청구권에 대한 압류는 당해 부동산에 대한 경매의 실시를 위한 사전 단계로서의 의미를 가지나, 전체로서의 강제집행절차를 위한 일련의 시작행위라고 할 수 있으므로, 허위 채권에 기한 공정증서를 집행권원으로 하여 채무자의 소유권이전등기청구권에 대하여 압류신청을 한 시점에 소송사기의 실행에 착수하였다고 볼 것이다(대판 2015.2.12. 2014도10086). 17. 경찰간부

㉤ 【 X 】 강간죄의 실행의 착수가 있었다고 하려면 강간의 수단으로서 폭행이나 협박을 한 사실이 있어야 할 터인데 피고인이 강간할 목적으로 피해자의 집에 침입하였다 하더라도 안방에 들어가 누워 자고 있는 피해자의 가슴과 엉덩이를 만지면서 간음을 기도하였다는 사실만으로는 강간의 수단으로 피해자에게 폭행이나 협박을 개시하였다고 하기는 어렵다(대판 1990.5.25. 90도607) → 강간예비죄 성립 17. 경찰간부

정답 ③

12 실행의 착수에 대한 설명으로 옳지 않은 것은?

① 강제집행절차를 통한 소송사기는 집행절차의 개시신청을 한 때 또는 진행 중인 집행절차에 배당신청을 한 때에 사기죄의 실행에 착수하였다고 볼 수 있다.

② 피고인이 신고하지 않은 외화 400만 엔이 들어 있는 휴대용 가방을 보안검색대에 올려놓거나 이를 휴대하고 통과하지 않더라도 공항 내에서 탑승을 기다리고 있던 중에 체포된 경우라면 이미 외국환거래법이 규정한 국외반출죄의 실행의 착수는 인정된다.

③ 야간에 손전등과 박스 포장용 노끈을 이용하여 도로에 주차된 차량의 문을 열고 현금 등을 훔치기로 마음먹고 차량의 문이 잠겨 있는지 확인하기 위해 양손으로 운전석 문의 손잡이를 잡고 열려고 하던 중 경찰관에게 발각된 경우 절도죄의 실행의 착수가 인정된다.

④ 종량제 쓰레기봉투에 인쇄할 시장 명의의 문안이 새겨진 필름을 제조하는 행위에 그친 경우 시장 명의의 공문서인 종량제 쓰레기봉투를 위조하는 공문서위조죄의 실행의 착수에 이르지 아니한 준비행위에 불과하다.

[해설]
① 【 O 】 대판 2015.2.12. 2014도10086 18. 경찰채용 3차
② 【 X 】 휴대용 가방에 넣어 비행기에 탑승하려고 한 나머지 400만 ¥에 대하여는 그 휴대용 가방을 보안검색대에 올려 놓거나 이를 휴대하고 통과하는 때에 비로소 실행의 착수가 있다고 볼 것이고, 피고인이 휴대용 가방을 가지고 보안검색대에 나아가지 않은 채 공항 내에서 탑승을 기다리고 있던 중에 체포되었다면 일화 400만 ¥에 대하여는 실행의 착수가 있다고 볼 수 없다(대판 2001.7.27. 2000도4298).
③ 【 O 】 대판 2009.9.24. 2009도5595 16. 국가직 7급
④ 【 O 】 대판 2007.2.23. 2005도7430 16. 국가직 7급

정답 ②

13 실행의 착수에 관한 다음 설명 중 옳은 것은 모두 몇 개인가?

㉠ 범죄수익은닉의 규제 및 처벌 등에 관한 법률상 범죄수익 등의 은닉에 관한 죄의 경우, 강도범행을 통해 강취할 돈을 송금받기 위해 계좌를 개설하였다면 실행의 착수가 인정된다.
㉡ 수출할 사람에게 비지정문화재를 판매하려다가 가격절충이 되지 않아 계약이 성사되지 못한 경우라도 실행의 착수가 인정된다.
㉢ 강간죄의 경우, 간음하기 위하여 피해자의 항거를 불능하게 하거나 현저히 곤란하게 할 정도의 폭행 또는 협박을 개시하였다면 실행의 착수가 인정된다.
㉣ 강도죄의 경우, 강도할 목적으로 과도를 구입하고 범행대상을 물색하다가 체포된 경우 실행의 착수가 인정된다.

① 1개 ② 2개 ③ 3개 ④ 4개

[해설]
㉠ 【 X 】 범죄수익은닉의 규제 및 처벌 등에 관한 법률 제3조 제1항 제3호에서 정한 범죄수익 등의 은닉에 관한 죄의 미수범으로 처벌하려면 그 실행에 착수한 것으로 인정되어야 하고, 위와 같은 은닉행위의 실행에 착수하는 것은 범죄수익 등이 생겼을 때 비로소 가능하므로, 아직 범죄수익 등이 생기지 않은 상태에서는 범죄수익 등의 은닉에 관한 죄의 실행에 착수하였다고 인정하기 어렵다(대판 2007.1.11. 2006도5288).
㉡ 【 X 】 수출할 사람에게 판매하려다가 가격절충이 되지 않아 계약이 성사되지 못한 단계에서는 아직 국외로 반출하는 행위에 근접·밀착하는 행위가 있었다고 볼 수 없다고 판단한 것도 정당하고, 거기에 비지정문화재수출미수죄에 있어서 실행의 착수에 관한 법리를 오해한 위법이 있다고 할 수 없다(대판 1999. 11.26. 99도2461).
㉢ 【 O 】 대판 2000.6.9. 2000도1253
㉣ 【 X 】 범죄대상에 대한 구체적 실행행위가 없으므로 강도예비·음모죄에 해당한다.

정답 ①

14 실행의 착수시기 또는 기수에 대한 설명 중 가장 적절하지 않은 것은?

① 위장결혼의 당사자 및 중국 측 브로커와의 공모 하에 허위로 결혼사진을 찍고, 혼인신고에 필요한 서류를 준비하여 위장결혼의 당사자에게 건네준 것만으로는 아직 공전자기록등불실기재죄에 있어서 실행에 착수한 것으로 볼 수 없다.
② 피고인이 방화의 의사로 뿌린 휘발유가 인화성이 강한 상태로 주택 주변과 피해자의 몸에 적지 않게 살포되어 있는 사정을 알면서도 라이터를 켜 불꽃을 일으킴으로써 피해자의 몸에 불이 붙은 경우, 비록 외부적 사정에 의하여 불이 방화 목적물인 주택 자체에 옮겨 붙지는 아니하였다 하더라도 현존건조물방화죄의 실행의 착수가 있었다고 볼 수 있다.
③ 절도미수범이 체포를 면탈하기 위하여 폭행을 가한 경우에는 절도행위가 기수에 이르지 않았더라도 준강도죄의 기수가 성립한다.
④ 피고인이 지하철 환승에스컬레이터 내에서 짧은 치마를 입고 있는 피해자의 뒤에 서서 카메라폰으로 성적 수치심을 느낄 수 있는 치마 속 신체 부위를 피해자 의사에 반하여 동영상 촬영 중 경찰관에게 발각되어 저장버튼을 누르지 않고 촬영을 종료하였더라도 동영상 촬영을 시작하여 일정한 시간이 경과하였다면 구 「성폭력범죄의 처벌 및 피해자보호 등에 관한 법률」상 '카메라 등 이용 촬영죄'의 기수에 해당한다.

[해설]
① 【 O 】 공전자기록등불실기재죄에 있어서의 실행의 착수 시기는 공무원에 대하여 허위의 신고를 하는 때라고 보아야 할 것이다(대판 2009.9.24. 2009도4998). 18. 경찰채용 1차
② 【 O 】 대판 2002.3.26. 2001도6641 18. 경찰채용 1차
③ 【 X 】 준강도죄의 기수여부는 절취행위의 기수 여부를 기준으로 하여 판단하여야 한다(대판 2004.11.018. 2004도5074). 지문은 절도가 기수에 이르지 못한바 준강도미수죄가 성립한다. 18. 법원직
④ 【 O 】 대판 2011.6.9. 2010도10677 18. 경찰채용 1차

정답 ③

15 미수범에 관한 설명 중 옳지 않은 것은?

① 일반적으로 사람으로 하여금 공포심을 일으키게 하기에 충분한 해악을 고지하였고, 상대방이 그 의미를 인식하였다면, 상대방이 현실적으로 공포심을 일으키지 않은 경우에도 협박죄가 성립한다.
② 태풍 피해복구보조금 지원절차가 행정당국에 의한 실사를 거쳐 피해자로 확인된 경우에 한하여 보조금 지원신청을 할 수 있도록 되어 있는 경우, 허위의 피해신고만으로는 위 보조금 편취범행의 실행에 착수한 것이라고 볼 수 없다.
③ 소송에서 주장하는 권리가 존재하지 않는 사실을 알고 있으면서도 법원을 기망한다는 인식을 가지고 소를 제기하면 소송사기의 실행의 착수가 인정된다.
④ 「형법」 제25조의 미수범(장애미수)의 경우 이를 기수범의 형과 동일하게 처벌하는 것은 불가능하다.

[해설]
① 【 O 】 협박죄가 성립하려면 고지된 해악의 내용이 일반적으로 사람으로 하여금 공포심을 일으키게 하기에 충분한 것이어야 하지만, 상대방이 그에 의하여 현실적으로 공포심을 일으킬 것까지 요구하는 것은 아니며, 그와 같은 정도의 해악을 고지함으로써 상대방이 그 의미를 인식한 이상, 상대방이 현실적으로 공포심을 일으켰는지 여부와 관계없이 그로써 구성요건은 충족되어 협박죄의 기수에 이르는 것으로 해석하여야 한다. 결국, 협박죄는 사람의 의사결정의 자유를 보호법익으로 하는 위험범이라 봄이 상당하고, 협박죄의 미수범 처벌조항은 해악의 고지가 현실적으로 상대방에게 도달하지 아니한 경우나, 도달은 하였으나 상대방이 이를 지각하지 못하였거나 고지된 해악의 의미를 인식하지 못한 경우 등에 적용될 뿐이다(대판 2007.9.28. 2007도606 전합). 18. 경찰승진
② 【 O 】 대판 1999.3.12. 98도3443
③ 【 O 】 대판 2006.11.10. 2006도5811
④ 【 X 】 장애미수의 효과는 임의적 감경이다(제25조). 따라서 감경하지 않고 기수범의 형과 동일하게 처벌하는 것도 가능하다. 18. 경찰채용 2차

정답 ④

16 실행의 착수시기 또는 기수시기에 관한 설명 중 옳지 않은 것은?

① 위조사문서행사죄는 상대방이 위조된 문서의 내용을 실제로 인식할 필요 없이 상대방으로 하여금 위조된 문서를 인식할 수 있는 상태에 둠으로써 기수가 된다.
② 2인 이상이 합동하여 주간에 절도의 목적으로 타인의 주거에 침입한 경우 절취할 물건의 물색행위를 시작하기 전이라면 형법 제331조 제2항의 특수절도미수죄가 성립하지 않는다.
③ 진정한 임차권자가 아니면서 허위의 임대차계약서를 법원에 제출하여 임차권등기명령을 신청하였다 하더라도, 임차보증금 반환채권에 관하여 현실적으로 청구의 의사표시를 하지 아니한 이상 소송사기의 실행에 착수하였다고 볼 수 없다.
④ 피해자의 해외도피를 방지하기 위하여 피해자를 협박하고 이에 피해자가 겁을 먹고 있는 상태를 이용하여 피해자 소유의 여권을 교부하게 함으로써 피해자가 그의 여권을 강제 회수당하였다면 강요죄의 기수가 성립한다.

해설

① 【 O 】 대판 2005.1.28. 2004도4663
② 【 O 】 2인 이상이 합동하여 야간이 아닌 주간에 절도의 목적으로 타인의 주거에 침입하였다 하여도 아직 절취할 물건의 물색행위를 시작하기 전이라면 특수절도죄의 실행에는 착수한 것으로 볼 수 없는 것이어서 그 미수죄가 성립하지 않는다(대판 2009.12.24. 2009도9667). 18. 법원직
③ 【 X 】 진정한 임차권자가 아니면서 허위의 임대차계약서를 법원에 제출하여 임차권등기명령을 신청하면 그로써 소송사기의 실행행위에 착수한 것으로 보아야 하고, 나아가 그 임차보증금 반환채권에 관하여 현실적으로 청구의 의사표시를 하여야만 사기죄의 실행의 착수가 있다고 볼 것은 아니다(대판 2012.5.24. 2010도12732).
④ 【 O 】 대판 1993.7.27. 93도901 17. 경찰간부

정답 ③

17 미수범에 관한 다음 설명 중 가장 적절하지 않은 것은?

① 부동산에 관한 공갈죄에서 부동산에 관하여 소유권이전등기에 필요한 서류를 교부받았다면 미수에 해당한다.
② 법원을 기망하여 유리한 판결을 얻어내고 상대방으로부터 재물이나 재산상 이익을 취득하려고 소송을 제기하였다가 법원으로부터 유리한 판결을 받지 못하고 소송이 종료됨으로써 미수에 그친 경우, 소송사기미수죄에 있어서 범죄행위의 종료 시기는 소송이 종료된 때이다.
③ 업무상배임죄에서 부작위를 실행의 착수로 볼 수 있기 위해서는 작위의무가 이행되지 않으면 사무처리의 임무를 부여한 사람이 재산권을 행사할 수 없으리라고 객관적으로 예견되는 등으로 구성요건적 결과 발생의 위험이 구체화한 상황에서 부작위가 이루어져야 한다.
④ 타인의 사망을 보험사고로 하는 생명보험계약을 체결함에 있어 제3자가 피보험자인 것처럼 가장하여 체결하는 등으로 그 유효 요건이 갖추어지지 못한 경우 보험사고의 우연성과 같은 보험의 본질을 해칠 정도라고 볼 수 있는 특별한 사정이 없더라도 그와 같이 하자 있는 보호계약을 체결한 행위는 보험금을 편취하려는 의사에 의한 기망행위의 실행에 착수한 것으로 볼 수 있다.

해설

① 【 O 】 부동산에 대한 공갈죄는 그 부동산에 관하여 소유권이전등기를 경료받거나 또는 인도를 받은 때에 기수로 되는 것이고, 소유권이전등기에 필요한 서류를 교부 받은 때에 기수로 되어 그 범행이 완료되는 것은 아니다(대판 1992.9.14. 92도1506). 13. 경찰승진
② 【 O 】 대판 2000.2.11. 99도4459 13. 경찰승진
③ 【 O 】 대판 2021.5.27. 2020도15529 22. 경찰승진
④ 【 X 】 …그와 같이 하자 있는 보호계약을 체결한 행위는 미필적으로라도 보험금을 편취하려는 의사에 의한 기망행위의 실행에 착수한 것으로 볼 것은 아니다(대판 2013.11.14. 2013도7494). 22. 경찰승진

정답 ④

18 실행의 착수에 관한 설명 중 가장 적절하지 않은 것은?

① 배임죄는 임무에 위배하는 행위를 한다는 점과 이로 인하여 자기 또는 제3자가 이익을 취득하여 본인에게 손해를 가한다는 점에 대한 인식이나 의사를 가지고 임무에 위배한 행위를 개시한 때 실행에 착수하였다고 볼 수 있다.

② 갑이 을로부터 국제우편을 통해 향정신성의약품을 수입하는 경우 필로폰을 받을 국내 주소를 알려주었으나 을이 필로폰이 들어 있는 우편물을 발신국의 우체국에 제출하지 않았다 하더라도 갑의 이러한 행위는 향정신성의약품 수입행위의 실행에 착수하였다고 볼 수 있다.

③ 갑과 을이 공모하여 A의 재물을 강취하기로 하고 갑이 현장에서 망을 보고 있는 사이 을이 A를 폭행·협박하다가 경찰관에게 체포된 경우 갑에게 특수강도죄의 실행의 착수가 인정된다.

④ 장애인단체의 지회장이 지방자치단체로부터 보조금을 더 많이 지원받기 위하여 허위의 보조금 정산보고서를 제출한 경우 사기죄의 실행의 착수를 인정할 수 없다.

[해설]

① 【 O 】 대판 2015.2.12. 2014도10086 23. 경찰채용
② 【 X 】 국제우편 등을 통하여 향정신성의약품을 수입하는 경우에는 국내에 거주하는 사람이 수신인으로 명시되어 발신국의 우체국 등에 향정신성의약품이 들어 있는 우편물을 제출할 때에 범죄의 실행에 착수하였다고 볼 수 있다(대판 2019.5.16. 2019도97). 23. 경찰채용
③ 【 O 】 공모자 중 1의 실행의 착수는 전부에 영향이 있다. 19. 국가직 9급
④ 【 O 】 장애인단체의 지회장이 지방자치단체로부터 보조금을 더 많이 지원받기 위하여 허위의 보조금 정산보고서를 제출한 경우, 보조금 정산보고서는 보조금의 지원 여부 및 금액을 결정하기 위한 참고자료에 불과하고 직접적인 서류라고 할 수 없다는 이유로 보조금 편취범행(기망)의 실행에 착수한 것으로 보기 어렵다(대판 2003.6.13. 2003도1279).

[정답] ②

19 다음 중 甲에게 괄호 속의 범죄의 미수가 성립되는 경우는?

① 동업자 甲과 A의 합유물인 수목을 가식(假植)·관리 해오던 甲이 수목을 횡령할 의도로 A의 허락없이 제3사와 수목에 관한 매매계약을 체결하고 계약금만을 지급받은 상태에서, 이를 알게 된 A에 의해 수목에 관한 분리, 보관, 반출, 명인방법 등의 현실적·구체적인 일체의 조치가 저지된 경우 (횡령죄)

② 방송국 프로듀서 甲이 특정 가수의 노래만을 자주 방송하여 달라는 청탁과 함께 그 대가로 1,000만 원을 교부받았으나 위 청탁대로 이행하지 않은 경우 (배임수재죄)

③ 매도인 甲이 자신의 동산에 관해 제1매수인과 매매계약을 체결하고 계약금과 중도금을 수령한 상태에서, 제2매수인에게 그 동산을 인도한 경우 (배임죄)

④ 매도인 甲이 자신의 부동산에 관해 제1매수인과 매매계약을 체결하고 계약금만을 수령한 상태에서, 제2매수인에게 그 부동산의 소유권이전등기를 경료한 경우 (배임죄)

[해설]

① 【 O 】 피고인이 피해자로부터 위탁받아 식재·관리하여 오던 나무들을 피해자 모르게 제3자에게 매도하는 계약을 체결하고 제3자로부터 계약금을 수령한 상태에서 피해자에게 적발되어 위 계약이 더 이행되지 아니하고 무위로 그친 경우, 피고인의 행위는 횡령기수가 아니라 횡령미수에 해당한다(대판 2012.8.17. 2011도9113). 15. 사시

② 【 X 】 배임수재죄의 수재자에 대한 부정한 청탁이라 함은 업무상배임에 이르는 정도는 아니나 사회상규 또는 신의성실의 원칙에 반하는 것을 내용으로 하는 청탁을 의미하므로 방송국에서 프로그램의 제작연출 등의 사무를 처리하는 프로듀서가 특정 가수의 노래만을 편파적으로 선곡하여 계속 방송하여서는 아니되고 청취자들의 인기도, 호응도 등을 고려하여 여러 가수들의 노래를 공정 성실하게 방송하여야 할 임무가 있음에도 담당 방송프로그램에 특정 가수의 노래만을 자주 방송하여 달라는 청탁은 사회상규나 신의성실의 원칙에 반하는 부정한 청탁이고(대판 1991.1.15. 90도2257), 배임수재죄는 타인의 사무를 처리하는 자의 청렴성을 보호하려는 것으로서 타인의 사무를 처리하는 자가 그 임무에 관하여 부정한 청탁을 받고 재물 또는 재산상의 이익을 취득함으로써 성립되고 청탁에 따른 일정한 행위가 현실적으로 행하여질 것을 요하지 않으므로 사안의 경우 배임수재죄의 기수가 된다. 15. 사시
③ 【 X 】 매매의 목적물이 동산일 경우, 매도인은 매수인에게 계약에 정한 바에 따라 그 목적물인 동산을 인도함으로써 계약의 이행을 완료하게 되고 그때 매수인은 매매목적물에 대한 권리를 취득하게 되는 것이므로, 매도인에게 자기의 사무인 동산인도채무 외에 별도로 매수인의 재산의 보호 내지 관리 행위에 협력할 의무가 있다고 할 수 없다. 동산매매계약에서의 매도인은 매수인에 대하여 그의 사무를 처리하는 지위에 있지 아니하므로, 매도인이 목적물을 매수인에게 인도하지 아니하고 이를 타에 처분하였다 하더라도 형법상 배임죄가 성립하는 것은 아니다(대판 2011.1.20. 2008도10479(全)). 15. 사시
④ 【 X 】 피고인이 공소외인으로부터 매매계약금만을 수령하였다면 피고인은 아직 그 소유권이전등기 절차를 이행할 의무가 있다고 할 수 없으므로 이 사건 임야를 다시 다른 곳에 처분한 행위를 배임죄로 다스릴 수 없다(대판 1980.5.27. 80도290). 15. 사시

정답 ①

20 기수와 미수에 관한 설명 중 옳은 것은?

① 국가기밀을 탐지, 수집하기 위하여 대한민국 지배지역 내에 잠입한 후 국가기밀을 탐지, 수집하였으나 수집한 국가기밀을 북한에 전달하지 못하고 체포된 경우 간첩죄의 미수가 된다.
② 식품 제조회사를 상대로 1억 원을 지정한 예금계좌에 입금하지 아니하면 식품에 독극물을 투입하겠다고 협박하여 위 예금계좌에 1억 원을 입금 받고 아직 인출하지 않은 경우 공갈죄의 미수가 된다.
③ 경찰서에 허위 내용의 고소장을 우송하였고 그 고소장이 도달하였다면 수사에 착수하기 전에 그 고소장을 다시 반환받았다고 하더라도 무고죄의 기수가 된다.
④ 금융거래기관 직원이 거래처의 기존 대출금에 대한 연체이자에 충당하기 위하여 대출금을 실제로 교부한 것은 아니지만 위 거래처가 신규대출을 받은 것처럼 서류상 정리를 한 경우 업무상 배임죄의 기수가 된다.
⑤ 甲이 미성년자 A를 약취하여 돈을 요구하였으나 A의 부모가 가난한 사실을 알고 A를 돌려보냈다면 甲의 행위는 「특정범죄 가중처벌 등에 관한 법률」상 재물요구죄의 중지미수에 해당한다.

해설

① 【 X 】 간첩으로서 군사기밀을 탐지수집하면 그로써 간첩행위는 기수가 되고 그 수집한 자료가 지령자에게 도달됨으로써 범죄의 기수가 되는 것은 아니다(대판 1963.12.12. 63도312).
② 【 X 】 피해자들을 공갈하여 피해자들로 하여금 지정한 예금구좌에 돈을 입금케 하였지만 아직 돈을 인출하지 않은 경우, 위 돈은 범인이 자유로이 처분할 수 있는 상태에 놓인 것으로서 공갈죄는 이미 기수에 이르렀다 할 것이다(대판 1985.9.24. 85도1687).
③ 【 O 】 대판 1985.2.8. 84도2215
④ 【 X 】 배임죄가 성립하기 위해서는 행위자의 임무위배행위로 인하여 본인에게 재산상 손해가 발생 또는 발생할 염려가 있어야 하는 것인바, 거래처의 기존대출금에 대한 연체이자에 충당하기 위하여 위 거래처가 신규대출을 받은 것처럼 서류상 정리한 경우에는 대출금원장 등에는 형식적으로 대출금이 거래처에 교부된 것처럼 되어 있으나 실질적으로는 거래처의 기존대출금에 대한 연체이자 정리를 위하여 서류상으로만 위 거래처가 신규대출받는 것으로 기재되었을 뿐 금융기관 측에서 위 거래처에게 대출금이 새로 교부된 것이 아니므로 그로 인하여 금융기관 측에 어떤 새로운 손해가 발생하는 것은 아니라고 할 것이어서 따로 업무상배임죄가 성립된다고 볼 수 없다(대판 2002.6.28. 2000도3716).
⑤ 【 X 】 영리약취·유인등에 관한 특정범죄 가중처벌 등에 관한 법률 제5조의2 제2항 제1호는 '취득'과 '요구'를 별도의 행위태양으로 규정하고 있으므로, 미성년자를 약취한 자가 그 부모에게 재물을 요구하였으나 취득하지 못한 경우 검사는 이를 '재물요구죄'로 기소할 수 있음은 물론, '재물취득'의 점을 중시하여 '재물취득 미수죄'로 기소할 수도 있다(대판 2008.7.10. 2008도3747).

정답 ③

21 기수와 미수에 대한 설명 중 옳지 않은 것은 모두 몇 개인가?

> ㉠ 강간죄의 실행의 착수는 폭행 또는 협박에 의해 실제로 피해자의 항거가 불가능하게 되거나 현저히 곤란하게 되어야만 인정된다.
> ㉡ 회사직원이 재직 중에 영업비밀 또는 영업상 주요한자산을 경쟁업체에 유출하거나 스스로의 이익을 위하여 이용할 목적으로 무단으로 반출하였다면 유출 또는 반출 시에 업무상배임죄의 기수가 된다.
> ㉢ 회사직원이 영업비밀 등을 적법하게 반출하여 반출행위가 업무상배임죄에 해당하지 않는 경우라도, 퇴사 시에 영업비밀 등을 회사에 반환하거나 폐기할 의무가 있음에도 경쟁업체에 유출하거나 스스로의 이익을 위하여 이용할 목적으로 이를 반환하거나 폐기하지 아니하였다면, 이러한 행위 역시 퇴사시에 업무상배임죄의 기수가 된다.
> ㉣ 추행의 고의로 상대방의 의사에 반하는 유형력의 사, 즉 폭행행위를 하여 실행행위에 착수하였으나 추행의 결과에 이르지 못한 때에는 강제추행미수죄가 성립하며, 이러한 법리는 폭행행위 자체가 추행행위라고 인정되는 이른바 '기습추행'의 경우에도 마찬가지로 적용된다.
> ㉤ 공무원이 뇌물로 투기적 사업에 참여할 기회를 제공받은 경우, 뇌물수수죄의 기수시기는 투기적 사업에 참여하는 행위가 종료된 때로 보아야 한다.

① 1개 ② 2개 ③ 3개 ④ 4개

[해설]
㉠ 【 X 】 강간죄는 부녀를 간음하기 위하여 피해자의 항거를 불능하게 하거나 현저히 곤란하게 할 정도의 폭행 또는 협박을 개시한 때에 그 실행의 착수가 있다고 보아야 할 것이고, 실제로 그와 같은 폭행 또는 협박에 의하여 피해자의 항거가 불능하게 되거나 현저히 곤란하게 되어야만 실행의 착수가 있다고 볼 것은 아니다(대판 2000.6.9. 2000도1253). 19. 국가직 9급
㉡㉢ 【 O 】 대판 2008.4.24. 2006도9089 17. 경찰
㉣ 【 O 】 대판 2015.9.10. 2015도6980 17. 경찰
㉤ 【 O 】 대판 2002.5.10. 2000도2251 17. 경찰

정답 ①

제3절 중지미수

✓ 지문의 내용에 대해 학설의 대립 등 다툼이 있는 경우 판례에 의함

01 중지미수의 자의성 판단기준을 '자율적 동기와 타율적 동기'에 근거하여 판단할 때 다음 중 甲에게 자의성이 인정되는 경우만으로 짝지은 것은?

> ㉠ 甲이 기밀탐지 임무를 부여받고 대한민국에 입국하여 기밀을 탐지 수집 중 경찰관이 甲의 행적을 탐문하고 갔다는 말을 전해 듣고 지령사항 수행을 보류하고 있던 중 체포되었다.
> ㉡ 甲은 乙과 함께 丙이 경영하는 사무실의 금품을 절취하기로 공모한 후 甲은 그 부근 포장마차에 있고 乙은 사무실의 열려진 출입문을 통하여 안으로 들어가 물건을 물색하고 있는 동안 甲은 자신의 범행전력 등을 생각하여 가책을 느낀 나머지 丙에게 乙의 침입사실을 알려 丙과 함께 乙을 체포하였다.
> ㉢ 甲은 乙과 대지를 공유하는 자로서 乙의 승낙을 받지 않고 공유대지를 담보에 제공하고 가등기를 경료하였다가 그 후 가등기를 말소하였다.
> ㉣ 甲은 乙을 폭행한 다음 강간하려고 하다가 乙이 다음번에 만나 친해지면 응해 주겠다는 취지의 간곡한 부탁을 하여 그 목적을 이루지 못한 후, 乙을 자신의 차에 태워 집에 데려다 주었다.
> ㉤ 甲이 乙을 살해하려고 그의 목 부위와 왼쪽 가슴 부위를 칼로 수회 찔러 乙의 가슴 부위에서 많은 피가 흘러나오는 것을 발견하고 겁을 먹고 그만두었다면 중지미수에 해당한다.

① ㉠, ㉢ ② ㉠, ㉣ ③ ㉡, ㉣ ④ ㉢, ㉣

해설

㉠ 【자의성×】 기밀탐지임무를 부여받고 대한민국에 입국하여 기밀을 탐지·수집 중 경찰관이 자신의 행적을 탐문하고 갔다는 말을 전해 듣고 지령사항 수행을 중지한 경우, 피고인은 기밀탐지의 기회를 노리다가 검거된 것이므로 이를 중지범으로 볼 수는 없다(대판 1984.9.11. 84도1381). 17. 경찰간부

㉡ 【자의성○】 甲과 乙은 상점을 절취하기로 공모하고 甲은 망을 보고 乙은 사무실 안에 들어가기로 하였는데, 甲이 가책을 느껴 상점주인에게 연락하여 상점주인과 함께 乙을 체포한 경우, 피고인의 소위는 중지미수의 요건을 갖추었다고 할 것이니 같은 취지에서 형법 제26조를 적용하여 피고인에 대한 형을 면제한 제1심판결을 유지한 원심조치는 정당하여 아무런 위법이 있다할 수 없다(대판 1986.3.11. 85도2831) ⇨ 甲은 특수절도의 중지미수, 乙은 특수절도의 장애미수 17. 경찰간부

㉢ 【자의성×】 타인의 재물을 보관하는 자 또는 타인과 재물을 공유하는 자가 소유자 또는 타 공유자의 승낙을 받지 아니하고 일시적으로 또 상대방을 달리하면서 보관받은 또는 공유하는 재물을 여러차례 담보물로 제공하는 영득의사의 실현행위가 있을 때에는 그 수 개의 행위는 경합범관계에게 있는 것이라고 할 것이고 피고인이 위 대지를 타인에게 담보로 제공하고 동인 앞으로 가등기를 경료하므로써 횡령행위가 기수에 이르렀다고 할 것이니 피고인이 그후에 그 채무를 변제하고 그 가등기를 말소하였다고 하여 중지미수에 해당하는 것도 아니라고 할 것이다(대판 1978.11.28. 78도2175). 17. 경찰간부

㉣ 【자의성○】 강간하려다가 피해자가 다음번에 만나 친해지면 응해주겠다는 취지의 간곡한 부탁으로 인하여 강간행위를 중지한 경우, 피해자의 다음에 만나 친해지면 응해 주겠다는 취지의 간곡한 부탁은 사회통념상 범죄실행에 대한 장애라고 여겨지지는 아니하므로 피고인의 행위는 중지미수에 해당한다(대판 1993.10.12. 93도1851). 17. 경찰간부

㉤ 【자의성×】 일반 사회통념상 범죄를 완수함에 장애가 되는 사정에 해당한다고 보아야 할 것이므로, 이를 자의에 의한 중지미수라고 볼 수 없다(대판 1999.4.13. 99도640). 14. 경찰채용 2차

정답 ③

02 중지미수범에 관한 다음 설명 중 옳지 않은 것을 모두 고른 것은?

㉠ 甲과 乙은 피해자를 텐트 안으로 끌고 가 차례로 성관계를 하기로 하고, 甲이 텐트 밖에서 망을 보는 사이 乙은 피해자의 반항을 억압한 후 강간하였고, 이어 甲이 텐트안으로 들어가 피해자를 강간하려 하였으나 피해자가 반항을 하며 강간을 하지 말아 달라고 사정을 하여 강간을 하지 않았다면 甲은 중지미수에 해당한다.

㉡ 장롱 안에 있는 옷가지에 불을 놓아 건물을 소훼하려 하였으나 불길이 치솟는 것을 보고 겁이 나서 물을 부어 불을 끈 것이라면 자의에 의한 중지미수라고는 볼 수 없다.

㉢ 피고인이 甲에게 위조한 예금통장 사본 등을 보여주면서 외국회사에서 투자금을 받았다고 거짓말하며 자금 대여를 요청하였으나, 甲과 함께 그 입금 여부를 확인하기 위해 은행에 가던 중 은행 입구에서 차용을 포기하고 돌아갔다면 중지미수로 볼 수 없다.

㉣ 강도가 강간하려고 하였으나 잠자던 피해자의 어린 딸이 잠에서 깨어 울고 있고, 또 피해자가 시장에 간 남편이 곧 돌아온다고 하면서 임신 중이라고 말하자 강간을 중지한 경우에는 중지미수에 해당한다.

① ㉠, ㉡, ㉢ ② ㉠, ㉣ ③ ㉡, ㉣ ④ ㉠, ㉢, ㉣

[해설]
㉠ 【 X 】 다른 공범의 범행을 중지하게 하지 아니한 이상 자기만의 범의를 철회, 포기하여도 중지미수로는 인정될 수 없는 것이다 (대판 2005.2.25. 2004도8259). 14. 경찰채용 2차
㉡ 【 O 】 대판 1997.6.13. 97도957 14. 경찰채용 2차
㉢ 【 O 】 대판 2011.11.10. 2011도10539 14. 경찰채용 2차
㉣ 【 X 】 강도가 강간하려고 하였으나 잠자던 피해자의 어린 딸이 잠에서 깨어 우는 바람에 도주하였고, 또 피해자가 시장에 간 남편이 곧 돌아온다고 하면서 임신 중이라고 말하자 도주한 경우에는 지문의 경우 자의로 강간행위를 중지하였다고 볼 수 없다(대판 1993.4.13. 93도347). 14. 경찰채용 2차

정답 ②

03 중지미수범에 관한 다음 설명 중 옳지 않은 것은?

① 공범자 중 1인의 자의에 의한 중지에 의해 실제로 결과가 방지된 경우에 중지하지 않은 다른 공범자에 대해서는 장애미수의 규정이 적용된다.
② 중지미수가 성립하기 위해서는 행위자가 단독으로 결과발생을 방지해야 하며 방지노력과 결과의 미발생 사이에 인과관계도 인정되어야 한다.
③ 중지미수의 자의성 여부에 관한 판례의 태도에 따르면 행위자의 중지가 일반사회통념상 범죄를 완수함에 장애가 되는 사정에 의한 것이 아니라고 평가될 수 있으면 자의성이 인정될 수 있다.
④ 다른 공범의 범행을 중지하게 하지 아니한 이상 자기만의 범의를 철회, 포기하여도 중지미수로는 인정될 수 없다.

해설

① 【O】 중지미수의 효과는 자의로 중지한 자에게만 미친다. 따라서 공동정범의 경우 자의로 중지한 자는 중지미수이지만 다른 공범자는 장애미수가 된다. 11. 사시
② 【X】 중지미수가 성립하기 위한 결과방지행위는 원칙적으로 행위자 자신이 행위를 할 것을 요하지만, 제3자를 통한 방지도 가능하다. 다만 그 제3자는 행위자로 인하여 행위하여야 하고, 제3자에 의한 결과의 방지가 행위자 자신의 방지행위와 동일시될 정도로 진지한 노력이 있어야 한다. 16. 경찰간부
③ 【O】 대판 1999.4.13. 99도640 11. 사시
④ 【O】 甲은 乙과 합동하여 피해자를 텐트 안으로 끌고 간 후 乙, 甲의 순으로 성관계를 하기로 하고 甲은 텐트 밖으로 나와 주변에서 망을 보고 乙은 피해자의 옷을 모두 벗기고 피해자의 반항을 억압한 후 피해자를 1회 간음하여 강간하고, 이어 甲이 텐트 안으로 들어가 피해자를 강간하려 하였으나 피해자가 반항을 하며 강간을 하지 말아 달라고 사정을 하여 강간을 하지 않은 경우, 다른 공범의 범행을 중지하게 하지 아니한 이상 자기만의 범의를 철회, 포기하여도 중지미수로는 인정될 수 없는 것인바, 甲이 乙과의 공모하에 강간행위에 나아간 이상 비록 甲이 강간행위에 나아가지 않았다 하더라도 중지미수에 해당하지는 않는다고 할 것이다 (대판 2005.2.25. 2004도8259).

정답 ②

제4절 불능미수

● 지문의 내용에 대해 학설의 대립 등 다툼이 있는 경우 판례에 의함

01 불능미수에 대한 설명 중 가장 적절하지 않은 것은?

① 불능미수는 실행의 수단이나 대상의 착오로 처음부터 구성요건이 충족될 가능성이 없는 경우로, 결과적으로 구성요건의 충족은 불가능하지만 그 행위의 위험성이 있으면 불능미수로 처벌한다.
② 불능미수는 행위자가 실제로 존재하지 않는 사실을 존재한다고 오인하였다는 측면에서 존재하는 사실을 인식하지 못한 사실의 착오와 다르다.
③ '결과 발생의 불가능'은 실행의 수단 또는 대상의 원시적 불가능성으로 인하여 범죄가 기수에 이를 수 없는 것을 의미한다고 보아야 한다.
④ 불능범과 구별되는 불능미수의 성립요건인 '위험성'은 행위 당시에 행위자가 인식한 사정과 일반인이 인식할 수 있는 사정을 기초로 일반적 경험법칙에 따라 판단해야 한다.

해설
①②③【 O 】대판 2019.3.28. 2018도16002 전원합의체 20. 경찰승진
④【 X 】불능범과 구별되는 불능미수의 성립요건인 '위험성'은 피고인이 행위 당시에 인식한 사정을 놓고 일반인이 객관적으로 판단하여 결과 발생의 가능성이 있는지 여부를 따져야 한다(대판 2019.3.28. 2018도16002 전원합의체). 20. 경찰승진

정답 ④

02 다음 설명 중 가장 옳지 않은 것은?

① 피해자를 독살하려 하였으나 피해자가 토함으로써 그 목적을 이루지 못하였다고 하더라도, 사용한 독의 양이 치사량 미달이어서 결과발생이 불가능한 경우가 있을 수 있으므로 불능미수 해당 여부를 심리해야 한다.
② 행위자가 결과발생이 불가능하다는 것을 알면서 실행에 착수하였고, 결과는 발생하지 않았으나 위험성은 있다면, 불능미수에 해당한다.
③ 부작용으로 사망할 가능성을 배제할 수 없는 약초를 달인 물을 마시게 하여 살해하려 하였으나 미수에 그쳤다면, 불능범이 아닌 살인미수죄가 성립한다.
④ 소송비용 명목의 돈을 편취하기 위해 소송비용 상당액의 지급을 구하는 손해배상금 청구의 소를 제기하였다가 담당 판사로부터 소송비용액 확정절차를 통하여 하라는 권유를 받고 소를 취하하였다면, 불능범에 해당하여 처벌할 수 없다.

해설
①【 O 】대판 1984.2.14. 83도2967 19. 법원행시
②【 X 】미수범의 고의는 기수의 고의일 것을 요한다. 따라서 불능미수도 미수인 이상 기수의 고의가 필요하다. 그런데 결과발생이 불가능하다는 것을 알면서 실행에 착수한 경우에는 기수의 고의가 없으므로 불능미수도 성립할 여지가 없다. 19. 법원행시
③【 O 】대판 2007.7.26. 2007도3687 19. 법원행시
④【 O 】민사소송법상 소송비용의 청구는 **소송비용액 확정절차에 의하도록** 규정하고 있으므로, 위 절차에 의하지 아니하고 손해배상금 청구의 소 등으로 소송비용의 지급을 구하는 것은 **소의 이익이 없는 부적법한 소**로서 허용될 수 없다고 할 것이다. 따라서 소송비용을 편취할 의사로 소송비용의 지급을 구하는 손해배상청구의 소를 제기하였다고 하더라도 이는 객관적으로 소송비용의 청구방법에 관한 법률적 지식을 가진 일반인의 판단으로 보아 결과 발생의 가능성이 없어 위험성이 인정되지 않는다(대판 2005.12.8. 2005도8105). 19. 법원행시

정답 ②

03 다음 중 불능범에 해당하지 않는 것은?

① 임대인과 임대차계약을 체결한 임차인이 임차건물에 거주하기는 하였으나 그의 처만이 전입신고를 마친 후에 경매절차에서 배당을 받기 위하여 임대차계약서상의 임차인 명의를 처로 변경하여 경매법원에 배당요구를 한 경우
② 소송비용을 편취할 의사로 소송비용의 지급을 구하는 손해배상청구의 소를 제기한 경우
③ 甲이 다른 공범자들과 공모하여 마약을 매수하려 하였으나 매도인이 소금을 대신 교부함으로써 매수에 실패한 경우
④ 토지공유자 甲이 다른 공유자 乙이 사망하였음에도 불구하고 乙을 상대로 마치 乙로부터 매입한 것처럼 허위 내용의 소를 제기하여 승소확정판결을 받은 후 자신의 명의로 등기한 경우

해설

① 【 O 】 사기죄의 불능범으로서 불가벌
임대인과 임대차계약을 체결한 임차인이 임차건물에 거주하기는 하였으나 그의 처만이 전입신고를 마친 후에 경매절차에서 배당을 받기 위하여 임대차계약서상의 임차인 명의를 처로 변경하여 경매법원에 배당요구를 한 경우, 실제의 임차인이 전세계약서상의 임차인 명의를 처의 명의로 변경하지 아니하였다 하더라도 소액임대차보증금에 대한 우선변제권 행사로서 배당금을 수령할 권리가 있다할 것이어서, 경매법원이 실제의 임차인을 처로 오인하여 배당결정을 하였더라도 이로써 재물의 편취라는 결과의 발생은 불가능하다 할 것이고, 이러한 임차인의 행위를 객관적으로 결과발생의 가능성이 있는 행위라고 볼 수도 없으므로 형사소송법 제325조에 의하여 무죄를 선고하여야 한다(대판 2002.2.8. 2001도6669).

② 【 O 】 사기죄의 불능범으로서 불가벌
불능범의 판단 기준으로서 위험성 판단은 피고인이 행위 당시에 인식한 사정을 놓고 이것이 객관적으로 일반인의 판단으로 보아 결과 발생의 가능성이 있느냐를 따져야 하고, 한편 민사소송법상 소송비용의 청구는 소송비용액 확정절차에 의하도록 규정하고 있으므로, 위 절차에 의하지 아니하고 손해배상금 청구의 소 등으로 소송비용의 지급을 구하는 것은 소의 이익이 없는 부적법한 소로서 허용될 수 없다고 할 것이다. 따라서 소송비용을 편취할 의사로 소송비용의 지급을 구하는 손해배상청구의 소를 제기하였다고 하더라도 이는 객관적으로 소송비용의 청구방법에 관한 법률적 지식을 가진 일반인의 판단으로 보아 결과 발생의 가능성이 없어 위험성이 인정되지 않는다고 할 것이다(대판 2005.12.8. 2005도8105).

③ 【 X 】 사기죄의 불능범이 아니라 불능미수로서 가벌
불능범은 범죄행위의 성질상 결과발생 또는 법익침해의 가능성이 절대로 있수 없는 경우를 말하는 것인바, 기록에 비추어 살펴보면, 피고인이 다른 공범자들과 공모하여 향정신성의약품인 메스암페타민을 매수하려 하였으나 매도인이 소금을 대신 교부함으로써 미수에 그친 소위에 대하여 위 매매행위가 성사될 가능성이 있었다고 보아 이를 향정신성의약품의 매매미수범으로 처단한 제1심의 판단을 유지한 원심의 조치는 옳고 거기에 불능범 또는 향정신성의약품의 매매미수죄에 관한 법리오해의 위법이 있다고 할 수 없다(대판 1998.10.23. 98도2313).

④ 【 O 】 사기죄 불능범으로서 불가벌
소송사기에 있어서 피기망자인 법원의 재판은 피해자의 처분행위에 갈음하는 내용과 효력이 있는 것이어야 하고, 그렇지 아니하는 경우에는 착오에 의한 재물의 교부행위가 있다고 할 수 없어서 사기죄는 성립되지 아니한다고 할 것이므로, 피고인의 제소가 사망한 자를 상대로 한 것이라면 이와 같은 사망한 자에 대한 판결은 그 내용에 따른 효력이 생기지 아니하여 상속인에게 그 효력이 미치지 아니하고 따라서 사기죄를 구성한다고 할 수 없다(대판 2002.1.11. 2000도1881). 나아가 이 사건에서의 피고인의 행위가 소송사기죄의 불능미수에 해당한다고 볼 수도 없다.

정답 ③

04 불능미수가 성립하는 사례는 모두 몇 개인가?

㉠ 히로뽕 제조를 위해 그 원료들을 배합하였지만, 약품배합 미숙으로 인해 완제품을 제조하지 못한 경우
㉡ 요구르트에 농약을 섞어 마시게 했지만 그 농약이 치사량에 달하지 않아서 살해하지 못한 경우
㉢ 범행 당일 세관직원들이 범행장소 주변에 잠복근무를 하고 있는 것을 보고, 발각을 두려워 한 나머지 자신이 분담한 실행행위를 못한 경우
㉣ 자동적으로 수입승인이 내려지도록 규정된 품목을 수입제한품목이나 수입금지품목으로 잘못 알고 반제품인 양 가장하여 수입허가 신청을 한 경우
㉤ 소매치기가 피해자의 주머니에 손을 넣어 금품을 절취하려 하였으나, 그 주머니 속에 금품이 들어있지 않은 경우

① 1개　　② 2개　　③ 3개　　④ 4개

[해설]

㉠【O】결과발생의 위험성이 있다고 할 것이므로 이를 습관성의약품제조 미수범으로 처단한 조치는 옳다(대판 1985.3.26. 85도206). 17. 국가직
㉡【O】농약 1.6씨씨가 그 치사량에 약간 미달한다 하더라도 이를 마시는 경우 사망의 결과발생 가능성을 배제할 수는 없다고 할 것이다(대판 1984.2.28. 83도3331).
㉢【X】이는 피고인의 자의에 의한 범행의 중지가 아니어서 형법 제26조 소정의 중지범에 해당한다고 볼 수 없다. 따라서 장애미수에 불과하다(대판 1986.1.21. 85도2339).
㉣【X】수입자동승인품목을 가사 수입제한품목이나 수입금지품목으로 잘못알고 반제품인양 가장하여 수입허가신청을 하였더라도 그 수입물품이 수입자동승인품목인 이상 이를 사위 기타 부정한 행위로써 수입허가를 받은 경우에 해당한다고 볼 수 없다(대판 1983.7.12. 82도2114). 금지되지 않은 행위를 금지된 것으로 오인한 경우이므로 반전된 금지의 착오 즉 환각범에 해당한다.
㉤【O】절도라는 결과 발생의 위험성을 충분히 내포하고 있으므로 이는 절도미수에 해당한다(대판 1986.11.25. 86도2090).

[정답] ③

05 불능미수에 대한 설명으로 옳지 않은 것은?

㉠ 불능미수의 위험성 판단과 관련하여 행위자가 인식한 사정과 일반인이 인식할 수 있었던 사정이 일치하지 않는 경우에 어느 사정을 기초로 판단할 것인지가 명확하지 않다는 비판을 받고 있는 견해에 의하면, 명백히 사정거리 밖에 있는 자에 대해 사정거리 안에 있는 것으로 오인하고 총격한 경우에 위험성이 부정된다.
㉡ 히로뽕 제조를 위하여 에페트린에 빙초산을 혼합한 행위의 위험성 판단은 피고인이 행위 당시에 인식한 사정을 놓고 이것이 객관적으로 일반인의 판단으로 보아 결과발생의 가능성이 있느냐를 따져야 한다.
㉢ 형법은 실행의 주체, 수단 또는 대상의 착오로 인하여 결과의 발생이 불가능하더라도 위험성이 있는 경우에는 처벌이 가능하도록 규정하며, 처벌의 수준에 있어서는 형의 임의적 감면을 규정하고 있다.

① 1개　　② 2개　　③ 3개　　④ 없음

[해설]

㉠【O】구체적 위험설의 비판점이다. 구체적 위험설에 의하면 사정거리 밖에 있는 자에 대해 사정거리 안에 있는 것으로 오인하고 총격한 경우에 위험성이 없어 불능범이 된다. 17. 국가직
㉡【O】대판 1978.3.28. 77도4049 12. 국가직
㉢【X】형법 제27조는 실행의 수단 또는 대상의 착오로 인하여 결과의 발생이 불가능한 경우만을 규정하고 있다. 17. 국가직

[정답] ①

06 다음 불능미수, 불능범에 대한 설명 중 틀린 것은?

① 甲은 A를 살해하려고 총에 장전을 하였으나 이를 알고 있는 乙이 총알을 빼내었고 이후 甲이 총을 발사하였으나 총알이 없어 살해하는 데 실패하였다. 법률적 불능 사실적 불능설에 의하면 甲은 불능범이 된다.
② 맹인 甲은 병고로 신음하는 자기의 처 乙을 동정 끝에 살해할 것을 결의하고 목을 힘껏 졸랐으나 乙은 이미 죽어 있었다. 그때 일반인들도 乙의 사망을 알 수 없었다고 하면 구체적 위험설에 의하면 불능범이 된다.
③ 설탕에 살인력이 있는 줄 알고 설탕을 주어 사람을 살해하려고 한 경우 추상적 위험설에 의하면 불능범이 된다.
④ 자기의 물건을 타인의 물건으로 믿고서 절취행위를 한 경우 추상적 위험설에 의하면 절도미수가 된다.

해설

① 【O】 총알이 없는 총으로는 결과발생이 절대적으로 불능(법률적 불능)하므로 불능범이 된다.
② 【X】 구체적 위험설에는 행위자가 인식한 사정과 일반인이 인식할 수 있는 사정을 기초로 일반인의 입장에서 위험성을 판단하므로, 甲이 행위 당시 처 乙이 살아 있다고 인식한 행위는 위험성이 있으므로 불능미수(살인미수)가 된다.
③ 【O】 설탕으로 사람을 죽일 수 있다는 것을 일반인의 입장에서 판단하면 구성요건실현에 대한 위험성이 없으므로 불능범이 된다.
④ 【O】 행위자가 인식한 사실(타인의 물건)을 기초로 일반인의 입장에서 판단하면 결과발생의 위험성이 있으므로 불능미수(절도미수)가 된다.

정답 ②

07 불능범과 불능미수를 구별하는 기준으로서 '위험성'의 판단방법에 관한 설명 중 옳은 것을 모두 고른 것은?

㉠ 주관설에 대해서는 불능미수의 한계를 명확히 할 수 없고, 행위자의 의사 이외에 객관적 요소를 고려하지 않으므로 미수범의 성립범위를 과도하게 넓힐 우려가 있다는 비판이 제기되고 있다.
㉡ 구객관설은 결과발생의 불가능성을 절대적 불능과 상대적 불능으로 구별하여 전자의 경우에는 위험성을 부정하여 불능범이 되고 후자의 경우에는 위험성을 인정하여 불능미수가 된다는 견해이다.
㉢ 구체적 위험설에 대해서는 행위자가 인식한 사정과 일반인이 인식할 수 있었던 사정이 일치하지 않는 경우에 어느 사정을 기초로 판단할 것인가가 명확하지 않다는 비판이 제기되고 있다.
㉣ 추상적 위험설은 밀가루를 독약으로 알고 먹인 경우에 행위자가 인식한 대로라면 일반인의 입장에서도 위험성이 있다고 판단되는 때에는 불능미수에 해당한다고 한다.
㉤ 추상적 위험설에 대해서는 행위자가 경솔하게 잘못 안 경우에도 그 사실을 기초로 위험성을 판단해야 한다는 것은 부당하다는 비판이 제기되고 있다.
㉥ 구객관설은 시체를 살아있는 사람으로 오인하고 발포한 경우, 치사량미달의 독약을 음용하게 하여 사람을 살해하려고 한 경우에는 결과발생이 개념적으로 불가능한 절대적 불능으로 보아 위험성을 부정하여 벌할 수 없다고 한다.

① ㉠, ㉡, ㉢, ㉣
② ㉠, ㉡, ㉢, ㉣, ㉤
③ ㉠, ㉡, ㉢, ㉤
④ ㉠, ㉡, ㉣, ㉥
⑤ ㉡, ㉢, ㉣, ㉤, ㉥

해설 05. 사시

㉠㉡㉢㉣㉤는 옳은 지문이고, ㉥만 틀린 지문이다.
㉥ 구객관설에 의할 때 시체를 살아있는 사람으로 오인하고 발포한 경우 이는 절대적 불능으로서 불능범이나, 치사량 미달의 독약을 투약하여 사람을 살해하려고 한 경우는 상대적 불능으로서 불능미수가 된다.

정답 ②

08 불능미수에 관한 다음 설명 중 옳지 않은 것은?

① 사망한지 얼마 되지 않은 사람을 살아있는 사람으로 오인하고 살해할 의사로 총을 발사한 경우 구객관설에 따르면 불능범이다.
② 치사량에 해당한다고 생각하고 살해하려 하였으나 치사량 미달의 독약이었던 경우 구체적 위험설에 따르면 불능범이다.
③ 설탕으로도 사람을 죽일 수 있다고 생각하고 설탕을 먹인 경우 주관설에 따르면 불능미수이다.
④ 독약으로 오인하고 설탕을 먹여 살해하려고 한 경우 추상적 위험설에 따르면 불능미수이다.
⑤ 불능미수의 위험성판단에 관한 학설 중 객관설은 주관설보다 미수범의 인정범위가 좁다.

해설

① 【 O 】 구객관설은 결과발생이 개념적으로 언제나 불가능한 절대적 불능은 위험성이 없어 불가벌이나, 일반적으로 가능하지만 구체적·특수한 경우에만 불가능한 상대적 불능의 경우에는 위험성이 있어 불능미수가 된다는 견해이다. 따라서 지문의 경우처럼 시체에 대한 살인은 절대적 불능에 해당하여 불가벌적 불능범이 된다. 10. 사시

② 【 X 】 구체적 위험설은 행위당시에 '행위자가 인식한 사정 및 일반인이 인식할 수 있었던 사실'을 기초로 사후에 통찰력 있는 일반인이 일반적 경험법칙에 따라 객관적으로 판단하여 구체적 위험성이 인정되면 불능미수가 된다는 견해이다. 따라서 행위자가 인식한 사정인 '치사량에 해당하는 독약을 먹인다'는 사정을 기초로 판단하면 위험성이 인정되어 불능미수가 된다. 10. 사시

③ 【 O 】 주관설은 범죄실현의사를 표현하는 행위가 있으면 그것으로 법질서는 위험하게 되므로 불능미수로 처벌해야 한다는 견해로서, 이 견해는 위험성의 판단기초를 '행위자가 인식한 사정'에 놓고 '행위자'가 위험성을 판단한다. 따라서 이 견해에 의하면 실행행위의 정형성이 없는 미신범을 제외하고는 모두 가벌미수를 인정한다. 10. 사시

④ 【 O 】 추상적 위험설은 '행위자가 행위당시에 인식한 사실'을 기초로 하여, 행위자가 생각한 대로의 사정이 존재하였으면 '일반인'의 관점에서 결과발생의 위험성이 있는지를 판단하는 견해로서, 이러한 추상적 위험성이 인정되면 불능미수가 된다고 한다. 이에 의하면 독약으로 알고 설탕을 먹인 경우는 불능미수이지만, 설탕에 살인력이 있다고 믿고 먹인 경우는 불능범에 해당한다. 10. 사시

⑤ 【 O 】 불능미수의 위험성판단에 관한 학설 중 주관설은 불능범이라는 개념을 부정하므로 위험성의 유무를 떠나 모두 미수범으로 처벌한다(다만 미신범의 경우는 예외적으로 처벌되지 않음). 따라서 주관설이 객관설보다 미수범의 인정범위가 넓다.

정답 ②

09 甲은 2017. 4. 17. 22:30경 자신의 집에서 甲의 처 A, 피해자 B와 함께 술을 마시다가 다음 날 01:00경 A가 먼저 잠이 들고 02:00경 B도 안방으로 들어가자 B를 따라 들어간 뒤, 누워 있는 B의 옆에서 B의 가슴을 만지고 팬티 속으로 손을 넣어 음부를 만지다가, B의 입을 막고 바지와 팬티를 벗긴 후 1회 간음하였다. 당시 B는 주량을 다소 초과하여 술을 마시기는 하였으나 심신상실이나 항거불능 상태였다고는 볼 수 없고, 정상적인 판단이 가능하고 깨어있는 상태였으나 甲이 일련의 성행위를 하는 동안 제대로 저항하지 않았고, 甲은 B가 술과 잠에 취해 제대로 저항하지 못하는 상태에 있다고 생각하고 이를 적극적으로 이용하려고 한 것으로 판명되었다. 甲의 형사책임을 논증하는 설명으로 가장 적절하지 않은 것은? (다툼이 있는 경우 판례에 의함)

① 형법은 폭행 또는 협박의 방법이 아닌 심신상실 또는 항거불능의 상태를 이용하여 간음한 행위를 강간죄에 준하여 처벌하고 있으므로, 준강간의 고의는 피해자가 심신상실 또는 항거불능의 상태에 있다는 것과 그러한 상태를 이용하여 간음한다는 구성요건적 결과 발생의 가능성을 인식하고 그러한 위험을 용인하는 내심의 의사를 말한다.

② 형법 제27조에서 '결과 발생이 불가능'하다는 것은 범죄기수의 불가능뿐만 아니라 범죄실현의 불가능을 포함하는 개념이다. 행위가 종료된 사후적 시점에서 판단하게 되면 형법에 규정된 모든 형태의 미수범은 결과가 발생하지 않은 사태라고 볼 수 있으므로, 만약 '결과불발생', 즉 결과가 현실적으로 발생하지 않았다는 것과 '결과발생불가능', 즉 범죄실현이 불가능하다는 것을 구분하지 않는다면 장애미수범과 불능미수범은 구별되지 않는다.

③ 불능범과 구별되는 불능미수의 성립요건인 '위험성'은 피고인이 행위 당시에 특별히 인식한 사정과 일반인이 인식할 수 있었던 사정을 기초로 일반인이 객관적으로 판단하여 결과 발생의 가능성이 있는지 여부를 따져야 한다.

④ 甲은 B가 심신상실 또는 항거불능의 상태에 있다고 인식하고 그러한 상태를 이용하여 간음할 의사로 피해자를 간음하였으나 B가 실제로는 심신상실 또는 항거불능의 상태에 있지 않은 경우에는, 실행의 수단 또는 대상의 착오로 인하여 준강간죄에서 규정하고 있는 구성요건적 결과의 발생이 처음부터 불가능하였고 실제로 그러한 결과가 발생하였다고 할 수 없다. 따라서 甲은 준강간죄의 불능미수범의 죄책을 진다.

해설 22. 경찰간부

① 【O】 준강간의 고의는 피해자가 심신상실 또는 항거불능의 상태에 있다는 것과 그러한 상태를 이용하여 간음한다는 구성요건적 결과 발생의 가능성을 인식하고 그러한 위험을 용인하는 내심의 의사를 말한다(대판 2019.3.28. 2018도16002).

② 【O】 형법 제27조에서 '결과 발생이 불가능'하다는 것은 범죄기수의 불가능뿐만 아니라 범죄실현의 불가능을 포함하는 개념이다. 행위가 종료된 사후적 시점에서 판단하게 되면 형법에 규정된 모든 형태의 미수범은 결과가 발생하지 않은 사태라고 볼 수 있으므로, 만약 '결과불발생', 즉 결과가 현실적으로 발생하지 않았다는 것과 '결과발생 불가능', 즉 범죄실현이 불가능하다는 것을 구분하지 않는다면 장애미수범과 불능미수범은 구별되지 않는다(대판 2019.3.28. 2018도16002).

③ 【X】 불능범과 구별되는 불능미수의 성립요건인 '위험성'은 피고인이 행위 당시에 인식한 사정을 놓고 일반인이 객관적으로 판단하여 결과 발생의 가능성이 있는지 여부를 따져야 한다(대판 2019.3.28. 2018도16002).

④ 【O】 피고인이 피해자가 심신상실 또는 항거불능의 상태에 있다고 인식하고 그러한 상태를 이용하여 간음할 의사를 가지고 간음하였으나, 실행의 착수 당시부터 피해자가 실제로는 심신상실 또는 항거불능의 상태에 있지 않았다면, 실행의 수단 또는 대상의 착오로 준강간죄의 기수에 이를 가능성이 처음부터 없다고 볼 수 있다. 이 경우 피고인이 행위 당시에 인식한 사정을 놓고 일반인이 객관적으로 판단하여 보았을 때 정신적·신체적 사정으로 인하여 성적인 자기방어를 할 수 없는 사람의 성적 자기결정권을 침해하여 준강간의 결과가 발생할 위험성이 있었다면 불능미수가 성립한다(대판 2019.3.28. 2018도16002).

정답 ③

제5절 미수론 종합문제

◆ 지문의 내용에 대해 학설의 대립 등 다툼이 있는 경우 판례에 의함

01 예비·음모와 미수에 관한 설명 중 옳은 것을 모두 고른 것은?

> ㉠ 甲이 乙의 강도예비죄의 범행에 방조의 형태로 가담한 경우 甲을 강도예비죄의 방조범으로 처벌할 수 없다.
> ㉡ 「형법」상 음모죄의 성립을 위한 범죄실행의 합의가 있다고 하기 위하여는 단순히 범죄결심을 외부에 표시·전달하는 것만으로는 부족하고, 객관적으로 보아 특정한 범죄의 실행을 위한 준비행위라는 것이 명백히 인식되고, 그 합의에 실질적인 위험성이 인정되어야 한다.
> ㉢ 중지미수의 경우에는 법정형의 상한과 하한 모두를 2분의 1로 감경하는 반면, 장애미수의 경우에는 법익침해의 위험 발생정도에 따라 법정형에 대한 감경을 하지 않거나 법정형의 하한만 2분의 1로 감경할 수 있다.
> ㉣ 실행의 착수가 있기 전인 예비나 음모의 행위를 처벌하는 경우 중지미수범의 관념을 인정할 수 없으므로, 예비단계에서 범행을 중지하더라도 중지미수범의 규정이 적용될 수 없다.
> ㉤ 甲이 피해자가 심신상실 또는 항거불능의 상태에 있다고 인식하고 그러한 상태를 이용하여 간음할 의사로 피해자를 간음하였으나 실행의 착수 당시부터 피해자가 실제로는 심신상실 또는 항거불능의 상태에 있지 않은 경우 甲이 행위 당시에 인식한 사정을 놓고 일반인이 객관적으로 판단하여 보았을 때 준강간의 결과가 발생할 위험성이 있었다면 준강간죄의 불능미수가 성립한다.

① ㉠, ㉡, ㉢   ② ㉠, ㉡, ㉣   ③ ㉡, ㉢, ㉤
④ ㉠, ㉡, ㉣, ㉤   ⑤ ㉠, ㉢, ㉣, ㉤

해설

㉠【O】정범의 실행의 착수가 있는 경우에만 가능하고 정범이 실행의 착수에 이르지 아니한 예비의 단계에 그친 경우에는 이에 가공하는 행위가 예비의 공동정범이 되는 경우를 제외하고는 이를 종범으로 처벌할 수 없다(대판 1976.5.25, 75도1549). 24. 변호사

㉡【O】음모란 2인 이상의 자 사이에 성립한 범죄실행의 합의를 말하는 것으로, 범죄실행의 합의가 있다고 하기 위하여는 단순히 범죄결심을 외부에 표시·전달하는 것만으로는 부족하고, 객관적으로 보아 특정한 범죄의 실행을 위한 준비행위라는 것이 명백히 인식되고, 그 합의에 실질적인 위험성이 인정될 때에 비로소 음모죄가 성립한다(대판 1999.11.12, 99도3801). 24. 변호사

㉢【X】유기징역형에 대한 법률상 감경을 하면서 형법 제55조 제1항 제3호에서 정한 것과 같이 장기와 단기를 모두 2분의 1로 감경하는 것이 아닌 장기 또는 단기 중 어느 하나만을 2분의 1로 감경하는 방식이나 2분의 1보다 넓은 범위의 감경을 하는 방식 등은 죄형법정주의 원칙상 허용될 수 없다(대판 2021.1.21, 2018도5475). 24. 변호사

㉣【O】중지범은 범죄의 실행에 착수한 후 자의로 그 행위를 중지한 때를 말하는 것이고 실행의 착수가 있기 전인 예비·음모의 행위를 처벌하는 경우에 있어서 중지범의 관념은 이를 인정할 수 없다(대판 1999.4.9, 99도424). 24. 변호사

㉤【O】피고인이 피해자가 심신상실 또는 항거불능의 상태에 있다고 인식하고 그러한 상태를 이용하여 간음할 의사를 가지고 간음하였으나, 실행의 착수 당시부터 피해자가 실제로는 심신상실 또는 항거불능의 상태에 있지 않았다면, 실행의 수단 또는 대상의 착오로 준강간죄의 기수에 이를 가능성이 처음부터 없다고 볼 수 있다. 이 경우 피고인이 행위 당시에 인식한 사정을 놓고 일반인이 객관적으로 판단하여 보았을 때 정신적·신체적 사정으로 인하여 성적인 자기방어를 할 수 없는 사람의 성적 자기결정권을 침해하여 준강간의 결과가 발생할 위험성이 있었다면 불능미수가 성립한다(대판 2019.3.28, 2018도16002). 24. 변호사

정답 ④

02 다음 설명 중 옳지 않은 것을 모두 고른 것은?

㉠ 甲은 乙이 A를 살해할 것을 예상하고 이를 도와주기 위해 칼을 빌려주었지만, 乙이 실행의 착수에 나아가지 않은 경우 甲은 살인예비죄의 방조범이 성립한다.
㉡ 甲이 타인의 사망을 보험사고로 하는 생명보험계약을 체결함에 있어 제3자가 피보험자인 것처럼 가장하여 체결하는 과정에서 고의로 보험사고를 일으키려는 의도를 가지고 보험계약을 체결하는 경우 甲의 행위는 보험사기의 예비행위에 해당한다.
㉢ 甲이 A(23세)를 강제추행할 목적으로 범행 장소를 답사하는 등 예비행위를 한 경우 강제추행의 예비죄로 처벌된다.
㉣ 甲이 A를 살해하기 위하여 치사량에 필요한 독극물 100g을 모으던 중 양심의 가책을 느껴 자의로 중지한 경우 甲은 살인예비죄의 중지미수가 성립한다.

① ㉠, ㉡
② ㉠, ㉢, ㉣
③ ㉡, ㉢, ㉣
④ ㉠, ㉡, ㉢, ㉣

해설

㉠【 X 】정범의 실행의 착수가 있는 경우에만 가능하고 정범이 실행의 착수에 이르지 아니한 예비의 단계에 그친 경우에는 이에 가공하는 행위가 예비의 공동정범이 되는 경우를 제외하고는 이를 종범으로 처벌할 수 없다(대판 1976.5.25. 75도1549). 24. 경찰

㉡【 X 】타인의 사망을 보험사고로 하는 생명보험계약을 체결함에 있어 제3자가 피보험자인 것처럼 가장하여 체결하는 등으로 그 유효요건이 갖추어지지 못한 경우에도, 보험계약 체결 당시에 이미 보험사고가 발생하였음에도 이를 숨겼다거나 보험사고의 구체적 발생 가능성을 예견할 만한 사정을 인식하고 있었던 경우 또는 고의로 보험사고를 일으키려는 의도를 가지고 보험계약을 체결한 경우와 같이 보험사고의 우연성과 같은 보험의 본질을 해칠 정도라고 볼 수 있는 특별한 사정이 없는 한, 그와 같이 하자 있는 보험계약을 체결한 행위만으로는 미필적으로라도 보험금을 편취하려는 의사에 의한 기망행위의 실행에 착수한 것으로 볼 것은 아니다. 그러므로 그와 같이 기망행위의 실행의 착수로 인정할 수 없는 경우에 피보험자 본인임을 가장하는 등으로 보험계약을 체결한 행위는 단지 장차의 보험금 편취를 위한 예비행위에 지나지 않는다(대판 2013.11.14. 2013도7494). 24. 경찰

㉢【 X 】제297조(강간), 제297조의 2(유사강간), 제299조(준강간, 준강제추행)(준강간죄에 한정한다), 제301조(강간 등 상해·치상)(강간 등 상해죄에 한정한다) 및 제305조(미성년자에 대한 간음, 추행)의 죄를 범할 목적으로 예비 또는 음모한 사람은 3년 이하의 징역에 처한다(제305조의3).
강간죄, 유사강간죄, 준강간죄, 강간등상해죄, 미성년자의제강간·추행죄를 범할 목적으로 예비·음모한 경우 처벌한다.
→ 강제추행죄, 준강제추행죄, 준유사강간죄, 미성년자 등 간음·추행죄, 업무상 위력 등에 의한 간음죄, 강간등치사상죄, 강간등살인죄는 예비·음모를 처벌하지 않는다. 24. 경찰

㉣【 X 】중지범은 범죄의 실행에 착수한 후 자의로 그 행위를 중지한 때를 말하는 것이고 실행의 착수가 있기 전인 예비·음모의 행위를 처벌하는 경우에 있어서 중지범의 관념은 이를 인정할 수 없다(대판 1999.4.9. 99도424). 24. 경찰

정답 ④

03 미수에 관한 설명으로 가장 적절하지 않은 것은?

① 불능미수는 행위자에게 범죄의사가 있고 실행의 착수라고 볼 수 있는 행위가 있지만 실행의 수단이나 대상의 착오로 처음부터 구성요건이 충족될 가능성이 없는 경우이다. 다만 결과적으로 구성요건의 충족은 불가능하지만, 그 행위의 위험성이 있으면 불능미수로 처벌한다.
② 소매치기가 피해자의 주머니에 손을 넣어 금품을 절취하려 한 경우 비록 그 주머니속에 금품이 들어있지 않았다 하더라도 절도라는 결과 발생의 위험성을 충분히 내포하고 있으므로 이는 절도미수에 해당한다.
③ 공동정범자 중 1인이 자의로 자기가 다른 공범의 범행을 중지하게 하지 아니한 채 자기만의 범의를 철회·포기한 경우 중지미수에 해당하지 않는다.
④ 소송비용 명목의 돈을 편취하기 위해 소송비용의 지급을 구하는 손해배상금 청구의 소를 제기하였다가 담당 판사로부터 소송비용의 확정은 소송비용액 확정절차를 통하여 하라는 권유를 받고 위 소를 취하한 경우, 사기죄와 관련하여 결과 발생의 가능성은 부정되나 소의 제기를 통한 실행의 착수와 결과 발생의 위험성이 인정되므로 사기죄의 불능미수에 해당한다.

해설

① 【 O 】 대판 2019.5.16. 2019도97 25. 경찰
② 【 O 】 대판 1986.11.25. 86도2090 25. 경찰
③ 【 O 】 대판 2005.2.25. 2004도8259 25. 경찰
④ 【 X 】 [1] 민사소송법상 소송비용의 청구는 소송비용액 확정절차에 의하도록 규정하고 있으므로, 위 절차에 의하지 아니하고 손해배상금 청구의 소 등으로 소송비용의 지급을 구하는 것은 소의 이익이 없는 부적법한 소로서 허용될 수 없다고 할 것이다. 따라서 소송비용을 편취할 의사로 소송비용의 지급을 구하는 손해배상청구의 소를 제기하였다고 하더라도 이는 객관적으로 소송비용의 청구방법에 관한 법률적 지식을 가진 일반인의 판단으로 보아 결과 발생의 가능성이 없어 위험성이 인정되지 않는다고 할 것이다. [2] 이 부분 소송사기 범행은 실행수단의 착오로 인하여 결과발생이 불가능할 뿐만 아니라 위험성도 없다 할 것이어서 소송사기죄의 불능미수에 해당한다고 볼 수 없으므로 결국 범죄로 되지 아니하는 때에 해당한다(대판 2005.12.8. 2005도8105). 25. 경찰

정답 ④

Chapter 06 공범론

출제 방향

공범의 일반이론에서는 필요적 공범(대향범)에 관한 판례를 정리하고, 정범이론·공범이론에 대한 이해와 정리가 필요하다. 간접정범에서는 의사지배에 따른 정범성, 성립요건(피이용자의 특징)에 관한 구조를 파악하고 조문에 따른 판례분석을 통하여 암기하여야 한다. 공동정범에서는 공동정범의 성립요건, 동시범, 공모공동정범, 승계적 공동정범에 대하여 이해하고 판례를 숙지하여야 한다. 또한 공범인 교사범에서는 성립요건, 교사의 착오, 기도된 교사를 숙지하고, 종범에서는 성립요건, 종범의 착오를 숙지하여야 한다. 마지막으로 공범과 신분에서는 각 유형별로 구조를 파악하고 학설과 판례의 차이점을 이해하며 문제에 접근하여야 한다.

제1절 공범의 일반이론

● 지문의 내용에 대해 학설의 대립 등 다툼이 있는 경우 판례에 의함

01 공범에 관한 설명 중 옳지 않은 것은?

① 증뢰물전달죄는 증뢰자나 수뢰자가 아닌 제3자가 증뢰자로부터 수뢰할 사람에게 전달될 금품이라는 정을 알면서 그 금품을 받으면 성립하고, 그 금품을 그 후 전달하였는지의 여부는 증뢰물전달죄의 성립에 영향이 없다.
② 형법 제357조 제1항의 배임수재죄와 동조 제2항의 배임증재죄는 필요적 공범의 관계에 있기는 하나 반드시 수재자와 증재자가 같이 처벌받아야 하는 것은 아니고, 증재자에게는 정당한 업무에 속하는 청탁이라도 수재자에게는 부정한 청탁이 될 수도 있다.
③ 뇌물공여죄가 성립되기 위하여는 뇌물을 공여하는 행위와 상대방 측에서 금전적으로 가치가 있는 그 물품 등을 받아들이는 행위(부작위 포함)가 필요하고 나아가 상대방 측에서 뇌물수수죄가 성립되어야 한다.
④ 대향범은 대립적 범죄로서 2인 이상의 서로 대향된 행위의 존재를 필요로 하는 필요적 공범관계에 있는 범죄로 대향범 간에는 공범에 관한 형법총칙 규정이 적용되지 아니한다.

[해설]
① 【 O 】 대판 1997.9.5. 97도1572
② 【 O 】 대판 1991.1.15. 90도2257
③ 【 X 】 뇌물증여죄가 성립되기 위하여서는 뇌물을 공여하는 행위와 상대방측에서 금전적으로 가치가 있는 그 물품 등을 받아들이는 행위(부작위 포함)가 필요할 뿐이지 반드시 상대방 측에서 뇌물수수죄가 성립되어야만 한다는 것을 뜻하는 것은 아니다(대판 1978.12.22. 87도1699).
④ 【 O 】 대판 1985.3.12. 84도2747

정답 ③

02 필요적 공범에 관한 설명 중 옳지 않은 것은?

① 변호사가 변호사 아닌 자에게 고용되어 법률사무소를 개설·운영하는 행위에 관여한 행위가 형법 총칙상의 교사, 방조에 해당될 경우 변호사를 변호사법 위반죄의 공범으로 처벌할 수 없다.
② 매도, 매수와 같이 2인 이상의 서로 대향된 행위를 존재를 필요로 하는 관계에 있어서는 공범이나 방조범에 관한 형법총칙 규정의 적용이 있을 수 없고, 따라서 매도인에게 따로 처벌규정이 없는 이상 매도인의 매도행위는 그와 대향적 행위의 존재를 필요로 하는 상대방의 매수범행에 대하여 공범이나 방조범 관계가 성립되지 아니한다.
③ 약사법은 약국개설자 아닌 자가 의약품을 판매하거나 판매목적으로 취득하면 처벌하는데, 피고인이 약국개설자 아닌 자가 마약대용물로 남용되는 염산날부핀을 유통시킬 줄 알면서도 약국개설자가 아닌 자에게 판매하였다면 약사법 위반죄의 종범이 된다.
④ 형법은 음화를 판매한 자를 처벌하는데, 피고인이 청계천 상가에서 매도인으로부터 음란한 서적을 구입하다가 적발되었다 하더라도 음화판매죄의 종범에 해당하지 아니한다.

해설

① 【 O 】 변호사 아닌 자에게 고용되어 법률사무소의 개설·운영에 관여한 변호사의 행위가 일반적인 형법총칙상의 공모, 교사 또는 방조에 해당된다고 하더라도 변호사를 변호사 아닌 자의 공범으로서 처벌할 수는 없다(대판 2004.10.28. 2004도3994). 17. 경찰간부
②④ 【 O 】 대판 2001.12.28. 2001도5158 17. 경찰간부
③ 【 X 】 약사법위반죄의 방조범에 대한 공소사실 중 정범의 범죄사실이 전혀 특정되지 않아 방조범에 대한 공소사실 역시 특정되었다고 할 수 없고, 정범의 판매목적의 의약품 취득범행과 대향범관계에 있는 정범에 대한 의약품 판매행위에 대하여는 형법총칙상 공범이나 방조범 규정의 적용이 있을 수 없어 정범의 범행에 대한 방조범으로 처벌할 수 없다(대판 2001.12.28. 2001도5158). 17. 경찰간부

정답 ③

03 공범에 관한 설명 중 옳은 것을 모두 모은 것은 모두 몇 개인가?

㉠ 관세법은 관세가 면제되어 수입된 물품을 세관장의 승인 없이 양수한 자를 용도 외 사용죄로 처벌하는데, 피고인이 주한 외국대사관의 공용품으로 관세가 면제된 승용차를 임의로 매수인에게 양도한 경우, 용도외 사용죄의 종범에 해당하지 않는다.
㉡ 세무사법은 세무사와 세무사였던 자 또는 그 사무직원과 사무직원이었던 자가 그 직무상 지득한 비밀을 누설하는 행위를 처벌하고 있을 뿐 비밀을 누설받는 상대방을 처벌하는 규정이 없으므로 이에 공범에 관한 형법 총칙 규정을 적용할 수 없다.
㉢ 자가용화물자동차의 소유자에게 대가를 지급하고 운송을 의뢰하여 화물운송이라는 용역을 제공받은 상대방의 행위가, 자가용화물자동차 소유자와의 관계에서, 일반적인 형법 총칙상의 공모, 교사 또는 방조에 해당한다고 하더라도 자가용 화물자동차 소유자의 유상운송행위의 상대방을 자가용화물자동차 소유자의 유상운송행위의 공범으로 처벌할 수 없다.

① 없음 ② 1개 ③ 2개 ④ 3개

해설

㉠㉡㉢ 모두 옳다.
㉠【O】대판 1988.4.25, 87도2451
㉡【O】대판 2007.10.25, 2007도6712
㉢【O】대판 2005.11.25, 2004도8819

정답 ④

04 다음 중 공범에 관한 설명으로 옳지 않은 것은 모두 몇 개인가?

㉠ 변호사가 변호사 아닌 자에게 고용되어 법률사무소를 개설·운영하는 행위에 관여한 행위가 형법 총칙상의 교사, 방조에 해당될 경우 변호사를 변호사법 위반죄의 공범으로 처벌할 수 있다.
㉡ 변호사 사무실 직원인 피고인 甲이 법원공무원인 피고인 乙에게 부탁하여, 수사중인 사건의 체포영장 발부자 53명의 명단을 누설받은 경우 공무상 비밀누설교사죄에 해당한다.
㉢ 뇌물공여죄가 성립되기 위하여는 뇌물을 공여하는 행위와 상대방이 뇌물을 받아들이는 행위가 필요할 뿐이지 반드시 상대방 측에서 뇌물수수죄가 성립되어야만 하는 것은 아니다.
㉣ 각 가담자에 대해 동일한 법정형이 부과되는 범죄로는 도박죄, 아동혹사죄, 배임수·증재죄 등이 있다.

① 1개 ② 2개 ③ 3개 ④ 4개

해설

㉠【X】변호사 아닌 자에게 고용되어 법률사무소의 개설·운영에 관여한 변호사의 행위가 일반적인 형법 총칙상의 공모, 교사 또는 방조에 해당된다고 하더라도 변호사를 변호사 아닌 자의 공범으로서 처벌할 수는 없다(대판 2004.10.28, 2004도3994). 17. 경찰간부
㉡【X】변호사 사무실 직원인 피고인 갑이 법원공무원인 피고인 을에게 부탁하여, 수사 중인 사건의 체포영장 발부자 53명의 명단을 누설받은 경우, 피고인 을이 직무상 비밀을 누설한 행위와 피고인 갑이 이를 누설받은 행위는 대향범 관계에 있으므로 공범에 관한 형법총칙 규정이 적용될 수 없다(대판 2011.4.28, 2009도3642). 17. 경찰간부
㉢【O】대판 2006.2.24, 2005도4737 17. 경찰간부
㉣【X】도박죄(형법 제246조)와 아동혹사죄(형법 제274조)는 각 가담자에 대해 동일한 법정형이 부과되지만, 배임수·증재죄(형법 제357조)는 수재자와 증재자의 법정형이 상이하다. 17. 경찰간부

정답 ③

05 공범에 대한 설명으로 가장 적절하지 않은 것은?

① 금품 등을 공여한 자에게 따로 처벌규정이 없는 이상, 그 공여행위는 그와 대향적 행위의 존재를 필요로 하는 상대방의 범행에 대하여 공범관계가 성립되지 아니하고, 오로지 금품 등을 공여한 자의 행위에 대하여만 관여하여 그 공여행위를 교사하거나 방조한 행위도 상대방의 범행에 대하여 공범관계가 성립되지 아니한다.
② 정치자금을 기부하는 자의 범죄가 성립하지 않으면 정치자금을 기부받는 자가 「정치자금법」이 정하지 않은 방법으로 정치자금을 제공받는다는 의사를 가지고 받더라도 정치자금부정수수죄가 성립하지 아니한다.
③ 재물을 공여하는 사람이 부정한 청탁을 하였으나 그 청탁을 받아들임이 없이 그 청탁과 관계없이 금품을 받은 경우에는 배임수재죄는 성립하지 않는다.
④ 의사가 직접 환자를 진찰하지 않고 처방전을 작성하여 교부한 행위와 대향범 관계에 있는 '처방전을 교부받은 행위'에 대하여 공범에 관한 형법총칙 규정을 적용할 수 없다.

해설

① 【O】 대판 2014.1.16. 2013도6969 18. 경찰승진
② 【X】 구 정치자금법 제45조 제1항의 정치자금을 기부한 자와 기부받은 자는 이른바 대향범인 필요적 공범관계에 있다. 이러한 공범관계는 행위자들이 서로 대향적 행위를 하는 것을 전제로 하는데, 각자의 행위가 범죄구성요건에 해당하면 그에 따른 처벌을 받을 뿐이고 반드시 협력자 전부에게 범죄가 성립해야 하는 것은 아니다. 정치자금을 기부하는 자의 범죄가 성립하지 않더라도 정치자금을 기부받는 자가 정치자금법이 정하지 않은 방법으로 정치자금을 제공받는다는 의사를 가지고 받으면 정치자금부정수수죄가 성립한다(대판 2017.11.14. 2017도3449). 18. 경찰승진
③ 【O】 대판 1982.7.13. 82도874
④ 【O】 대판 2011.10.13. 2011도6287 18. 경찰승진

정답 ②

06 정범개념에 대한 입장과 그것에 대한 설명으로 연결이 옳은 것은?

① 확장적 정범개념 - 정범의 개념은 구성요건에 의거해야 한다.
② 확장적 정범개념 - 형법의 보호기능을 소홀히 할 위험이 있다.
③ 제한적 정범개념 - 공범의 처벌은 정범의 처벌범위를 축소하는 처벌축소사유가 된다.
④ 제한적 정범개념 - 간접정범의 정범성을 설명하는 데 어려움이 있다.

해설 07. 국가직

구분	확장적 정범개념(→ 확 주 조 단 축)	제한적 정범개념(→ 제 객 원 분 확)
개념	구성요건 결과발생에 조건을 설정한 자 모두 정범이 된다는 견해	**구성요건적 행위를** 스스로 행위한 자만이 정범이 된다는 견해
특징	• 결과의 발생에 기여한 모든 객관적·외부적 조건은 동등하게 정범의 원인이 되므로 객관적 기준에 의해서는 정범과 공범을 구별할 수 없기 때문에 정범과 공범의 구별에 있어서 **주관설**과 결합. • 인과관계에서 **조건**설을 기초로 함. • 공동정범, 간접정범, 교사범, 방조범 모두 정범으로 보는 **단일정범** 체계 • 형법 총칙상 공범규정은 확장적 정범개념에 의하면 공범도 정범처럼 처벌하여야 하는데 현행형법 공범(방조범)은 형을 감경시키므로 처벌 **축소사유**가 된다.	• 구성요건해당성의 실행이라는 객관적 기준의 유무에 따라 정범과 공범을 구별하므로 정범과 공범의 구별에 있어서 **객관설**과 결합 • 인과관계에서 원인만 제공한 자만이 정범이므로 **원인설**을 기초로 함. • 정범과 공범을 분리하는 **분리방식** • 형법 총칙상 공범규정은 구성요건적 행위만을 한 정범만을 처벌할 수 있는데 현행형법에 의하면 구성요건적 행위를 하지 않는 공범도 처벌하므로 **처벌확장사유**가 된다.
비판	정범의 개념을 지나치게 확대하므로 **형법의 보장적 기능을 침해**하고 **죄형법정주의**의 요청에 반할 위험이 있다.	간접정범과 공동정범을 정범으로 인정하는데 무리가 있다.

정답 ④

07 다음 설명 중 옳지 않은 것은?

① 확장적 정범개념에 의하면 공범규정은 형벌제한사유가 된다.
② 확장적 정범개념은 정범과 공범의 구별을 인정하지 않는다.
③ 확장적 정범개념은 인과관계에서의 등가설에 기반을 두고 있다.
④ 제한적 정범개념은 일원적 정범개념과 관계가 깊다.

해설
④ 제한적 정범개념이란 구성요건에 해당하는 행위를 스스로 한 자만이 정범이 된다. 공범은 구성요건행위를 스스로 하지 않으므로 불가벌이다. 이 견해에 의하면 정범과 공범의 분리하는 입법방식을 전제로 한다. 일원적 정범개념, 즉 단일정범개념은 확장적 정범개념이다. 99. 국가직 7급

정답 ④

08 다음 기술들을 제한적 정범개념이론과 확장적 정범개념이론 중 반드시 하나로 분류할 경우 다른 분류에 속하는 것은?

① 형법의 규정은 이 정범개념을 기초로 하고 있다고 볼 수 있다.
② 이 정범개념에 의하면 정범과 공범의 구별은 원칙적으로 필요로 하지 않고 단일 정범개념으로 충분하다.
③ 이 정범개념에 대해서는 간접정범을 정범으로 인정하지 않는다는 비판이 있다.
④ 이 정범개념은 범죄의 참가형태를 보다 분명하게 구별해 줌으로써 다른 정범개념보다 죄형법정주의의 요청에 더 잘 부합한다.

해설
② 확장적 정범개념이론에 대한 설명이다. ①③④ 나머지는 제한적 정범개념이론에 대한 설명이다. 03. 사시

정답 ②

09 다음은 정범개념에 관한 甲과 乙의 입장에 대한 설명이다. 甲과 乙의 입장에 부합하는 내용으로 ㉠~㉤의 조합 중에서 옳은 것은?

- 甲의 입장에 의할 경우 종범의 형을 정범의 형보다 감경하는 근거를 설명하는 데 이론적 어려움이 있다.
- 乙의 입장에 의할 경우 간접정범의 정범성을 인정할 수 없게 되는 이론적 어려움이 있다.

㉠ 정범의 개념은 구성요건에 의해서 결정되어야 한다는 것이 이론적 출발점이다.
㉡ 결과에 대한 모든 조건의 동가치성을 인정하는 조건설이 이론의 출발점이다.
㉢ 형법이 가지고 있는 보장적 기능을 침해하는 측면이 있다.
㉣ 공범의 처벌규정은 정범의 처벌범위를 확장하는 처벌확장사유가 된다.
㉤ 공범의 처벌규정은 정범의 처벌범위를 축소하는 처벌축소사유가 된다.

	甲	乙		甲	乙		甲	乙		甲	乙
①	㉠	㉡	②	㉡	㉢	③	㉢	㉣	④	㉣	㉤

해설 05. 사시
甲 : 확장적 정범개념(㉡㉢㉣), 乙 : 제한적 정범개념(㉠㉤)

정답 ③

10 범행을 공모하였으나 범행의 현장에서 망보는 행위로 그친 경우에 공동정범은 성립하지 않고 항상 방조범이 성립하는 것으로 보는 학설은 다음 중 어느 것인가?

① 공동의사주체설 ② 의사설 ③ 형식적 객관설 ④ 목적적 행위지배설

해설
③ 형식적 객관설은 구성요건에 해당하는 실행행위를 직접 행한 자가 정범이고, 그 이외의 행위를 통하여 조건을 제공한 자는 공범이 된다는 견해이다.

정답 ③

11 甲이 A를 살해하기 위하여 칼로 찌르는 동안 乙은 A를 뒤에서 붙잡고 있었다. 정범과 공범의 구별기준에 관한 형식적 객관설에 따르면 甲, 乙의 죄책은?

① 甲은 살인죄, 乙은 살인죄의 종범
② 甲은 살인죄, 乙은 살인죄의 공동정범
③ 甲은 살인죄, 乙은 살인죄의 교사범
④ 甲은 살인죄, 乙은 살인죄의 간접정범

해설
① 형식적 객관설은 구성요건에 해당하는 실행행위를 직접 행한 자가 정범이고, 그 이외의 행위를 통하여 조건을 제공한 자는 공범이 된다는 견해이다. 따라서 甲은 살인죄, 乙은 살인죄의 방조범이다. 97. 국가직 7급

정답 ①

12 정범과 공범의 구별에 관하여 학생 甲, 乙, 丙, 丁과 교수 A, B, C, D가 서로 대화하고 있다. 학생과 교수가 같은 학설에 관하여 대화하는 것으로 옳게 묶은 것은?

甲: 구성요건에 해당하는 행위를 스스로 행한 자만이 정범이 될 수 있습니다.
乙: 구성요건적 결과의 발생에 어떠한 형태로든 기여한 자는 모두 정범입니다.
丙: 간접정범은 의사지배의 여부에 의해 인정될 수 있습니다.
丁: 정범과 공범은 행위시에 누구의 이익을 위한 의사로써 행위하였는가에 따라 구별됩니다.

A: 그러면 형법의 교사범과 종범의 규정은 처벌축소사유에 해당한다.
B: 그러나 의무범에서는 의무위반이 정범표지가 되어야 한다는 견해도 주장된다.
C: 그러면 교사범과 종범 이외에 간접정범도 공범이 될 뿐이다.
D: 그러면 형법상 촉탁살인이나 촉탁낙태의 행위는 공범으로 해석되어야 한다.

① 甲-C, 丙-A ② 乙-B, 丁-D ③ 甲-D, 乙-A ④ 乙-A, 丙-B

해설 04. 사시
④ 乙과 A는 확장적 정범개념, 丙과 B는 행위지배설.
甲은 제한적 정범개념, 乙은 확장적 정범개념, 丙은 행위지배설, 丁은 주관설 중 이익설.
A는 확장적 정범개념, B는 행위지배설 중 기능적 행위지배설, C는 제한적 정범개념, D는 주관설 중 이익설.
정리하여 보면 甲-C, 乙-A, 丙-B, 丁-D

정답 ④

13 다음 기술 중 틀린 것은 어느 것인가?

① 공범종속성설에 의하면 피교사자의 실행의 착수가 있어야 교사범이 성립될 수 있다.
② 교사를 받은 자가 범죄의 실행을 승낙하고 실행의 착수에 이르지 아니한 때에는 교사자를 예비・음모에 준하여 처벌한다.
③ 공범종속성설에 따르면 교사의 미수는 인정하나, 미수범에 대한 교사는 인정하지 않는다.
④ 공범독립성설은 주관주의의 입장이다.

해설 02. 여경
③ 공범종속성설에 의하면 정범의 실행의 착수가 없는 교사의 미수는 있을 수 없으나, 정범이 미수에 그친 경우인 미수의 교사는 가능하다.

구 분	공범종속성설(판례)	공범독립성설
의 의	정범의 위법한 행위(실행의 착수)가 있어야 공범이 성립할 수 있다는 견해	공범은 정범의 실행행위에 무관하게 교사・방조의 의사전달만 있으면 성립한다는 견해
범죄이론	객관주의	주관주의
간접정범	• 간접정범의 개념 인정 • 정범이 성립하지 않거나 처벌되지 않는 경우에 공범도 처벌되지 않으므로 이용자를 처벌하기 위하여 간접정범의 개념을 인정한다.	• 간접정범의 개념 부정 • 교사・방조행위가 있는 이상 공범은 성립할 수 있으므로 이용자는 정범이 아니라 공범이다.
공범의 성격	공범의 불법은 정범의 불법에서 나온다.	공범의 불법은 자신의 고유한 불법
공범의 미수	• 정범의 행위가 가벌적 미수로 된 때에만 공범도 미수로 처벌한다. • 미수범의 공범은 인정하나 공범의 미수(교사미수)는 부정한다. • 교사의 미수를 예비・음모로 처벌하는 규정(제31조 제2・3항)은 특별규정	• 정범의 실행의 착수가 없어도 공범은 미수로 처벌한다. • 미수범의 공범과 공범의 미수 둘 다 인정한다. • 교사의 미수를 예비・음모로 처벌하는 규정(제31조 제2・3항)은 당연규정
공범과 신분 (제33조)	신분의 연대성을 규정한 본문이 원칙, 단서는 예외규정	신분의 개별성을 규정한 단서가 원칙규정, 본문은 예외규정
자살관여죄 (제252조 제2항)	특별규정	당연규정

정답 ③

14 다음 중 공범에 대한 올바른 설명인 것은?

① 주관주의는 공범독립성설을 취하고 있다.
② 우리 형법은 교사의 미수를 처벌하지 않는다.
③ 우리 법원은 공모공동정범을 인정하지 않고 있다
④ 자살관여죄는 공범종속성설의 유력한 근거이다.

해설 04. 여경
① 공범의 종속성에 관하여 주관주의는 공범독립성설을, 객관주의는 공범종속성설을 취한다.
② 우리 형법은 교사의 미수를 처벌한다. 효과 없는 교사와 실패한 교사가 그것이다(제31조 제2・3항).

정답 ①

15 종속성의 정도에 관하여 공범이 성립하기 위해서는 정범의 행위가 구성요건에 해당하고 위법·유책하여야 한다는 종속형식은?

① 최소한 종속형식   ② 제한적 종속형식   ③ 극단적 종속형식   ④ 초극단적 종속형식

해설 01. 여경
③ 극단적 종속형식은 정범의 행위가 구성요건에 해당하고 위법·유책할 때에만 공범이 성립한다는 종속형식이다.

구 분	내 용
최소한 종속형식	정범의 행위가 구성요건 해당하면 공범성립
제한적 종속형식	정범의 행위가 구성요건＋위법하면 공범성립
극단적 종속형식	정범의 행위가 구성요건＋위법성＋유책하면 공범성립
최극단적 종속형식	정범의 행위가 구성요건＋위법성＋유책＋처벌조건이면 공범성립

정답 ③

16 12세의 어린이에게 절도행위를 시켰을 경우에 이를 간접정범으로 보는 견해는?

① 공범독립성설   ② 최소한 종속형식   ③ 제한적 종속형식   ④ 극단적 종속형식

해설
④ 12세인 정범이 유책하지 않으므로 극단적 종속형식에 의하면 간접정범이 된다. 그러나 ①②③에 의하면 교사범이 된다.

정답 ④

17 다음 중 제한적 종속형식과 같은 결론을 가져오는 것은?

① 형사미성년자를 교사·방조한 때에는 간접정범이 된다.
② 예비에 대한 교사·방조도 가능하다.
③ 정범의 신분으로 인한 형의 가중과 감경은 공범에게도 영향이 있다.
④ 친족상도례에 해당하는 자를 교사한 자도 교사범으로 처벌받는다.

해설
① 【다름】 제한적 종속형식에 의하면 정범의 행위가 구성요건에 해당하고 위법하면 공범은 성립하며 반드시 유책할 것을 요하지 않으므로, 형사미성년자(책임조각)의 행위에 대해서는 교사·방조도 가능하다.
② 【다름】 예비는 정범의 실행의 착수가 없으므로 교사·방조자는 예비·음모의 죄책을 질 뿐 교사·방조은 성립하지 아니한다.
③ 【다름】 확장적 종속형식을 취한 결과이다.
④ 【같음】 제한적 종속형식에 의하면 정범의 행위가 구성요건에 해당하고 위법하면 공범은 성립하며 반드시 유책할 것을 요하지 않으므로, 친족상도례에 해당하는 자를 교사한 자는 당연히 교사범으로 처벌받는다.

정답 ④

18 공범의 종속성설과 관련된 설명 중 옳은 것을 모두 고른 것은?

㉠ 공범종속성설에 의하면 공범은 정범이 일정한 범죄성립요건을 구비한 때에 한하여 성립한다.
㉡ 제한적 종속형식에 의하면 甲이 13세인 乙에게 절도행위를 교사한 경우에는 甲에게 절도교사죄가 성립될 수 없다.
㉢ 공범종속성설은 형법 제31조 제2항·제3항(기도된 교사)을 특별규정으로 이해하고 있다.
㉣ 공범독립성설은 형법 제33조(공범과 신분) 단서를 원칙규정으로 보며, 같은 조 본문을 예외규정으로 파악한다.
㉤ 甲이 乙을 교사하여 乙의 아버지의 물건을 훔쳐오게 한 경우에 극단적 종속형식에 따르면 甲에게 절도교사죄가 성립되지 않는다.
㉥ 공범독립성설은 자살교사·방조를 처벌하는 형법 제252조 제2항을 당연규정으로 파악한다.

① ㉠, ㉡, ㉢, ㉣   ② ㉠, ㉡, ㉣, ㉥   ③ ㉠, ㉢, ㉣, ㉥   ④ ㉠, ㉢, ㉣, ㉤, ㉥

해설 08. 여경

③ ㉠㉢㉣㉥ 4개가 옳은 설명이다.
㉡ 제한적 종속형식에 의하면 정범이 구성요건+위법성을 갖추면 공범성립이 가능하므로, 甲이 13세인 乙에게 절도행위를 교사한 경우 절도교사죄가 성립한다.
㉤ 극단적 종속형식에 의하면 정범이 구성요건+위법성+책임을 갖추면 공범이 성립하므로 甲이 乙을 교사하여 乙의 아버지 물건을 훔쳐오게 한 경우 비록 乙에게 친족상도례가 적용되어 형이 면제되더라도 甲에게 절도교사죄가 성립한다.

정답 ③

19 공범의 종속성에 관한 설명 중 가장 적절하지 않은 것은?

① 공범종속성설에 의하면 공범은 정범의 실행행위에 종속해서만 성립할 수 있고, 정범이 적어도 실행의 착수에 이르러야 공범이 성립할 수 있다.
② 공범종속성설 중 극단적 종속형식에 의하면 정범의 행위가 구성요건에 해당하고 위법하며 유책할 뿐만 아니라 가벌성의 조건(처벌조건)까지 모두 갖추어야 공범이 성립할 수 있다.
③ 공범독립성설에 의하면 공범은 독립된 범죄로서 교사·방조 행위가 있으면 정범의 실행행위가 없더라도 공범이 성립할 수 있다.
④ 공범종속성설 중 제한적 종속형식에 의하면 정범의 실행행위가 구성요건에 해당하고 위법하면 공범이 성립할 수 있고 유책할 것을 요하지 않는다는 것으로, 책임무능력자의 위법행위를 교사·방조한 경우에도 공범이 성립할 수 있다.

해설

① 【O】 공범종속설이란 정범의 실행행위가 있어야 공범이 성립할 수 있다는 견해이다. 공범은 정범의 실행행위에 종속해서만 성립할 수 있고, 정범이 적어도 실행의 착수에 이르러야 공범이 성립할 수 있다. 23. 경찰
② 【X】 공범종속성설 중 초극단적 종속형식에 의하면 정범의 행위가 구성요건+위법성+책임+가벌성의 조건(처벌조건)까지 모두 갖추어야 공범이 성립할 수 있다. 23. 경찰
③ 【O】 공범독립성설이란 의사가 전달되면 정범의 행위가 없더라도 공범이 성립하는 견해이다. 공범은 독립된 범죄로서 교사·방조 행위가 있으면 정범의 실행행위가 없더라도 공범이 성립할 수 있다. 23. 경찰
④ 【O】 공범종속성설 중 제한적 종속형식에 의하면 정범의 실행행위가 구성요건+위법성이 갖추어지면 공범이 성립할 수 있다. 책임무능력자의 위법행위를 교사·방조한 경우에도 공범이 성립할 수 있다. 23. 경찰

정답 ②

20 다음 기술한 내용으로 옳은 것은?

㉠ 범인의 처를 교사하여 범인을 은닉시킨 경우 교사자는 공범독립성설에 의하면 범인은닉교사범이 성립하고, 공범종속성 중 최극단적 종속형식에 의하면 범인은닉죄의 간접정범이 성립한다.

㉡ 형사미성년자를 교사하여 절도를 행하게 한 경우 교사자는 공범종속설 중 극단적 종속형식에 의하면 절도교사죄가 성립하지 않고, 공범종속설 중 최극단적 종속형식에 의하더라도 절도교사죄는 성립하지 않는다.

㉢ 강도를 교사한 경우 피교사자가 예비의 단계에서 체포된 경우 교사자는 공범종속성설 중 최소종속형식에 의하면 강도예비죄가 성립하고, 공범종속성설 중 제한종속형식에 의하면 강도예비교사죄가 성립하지 않는다.

㉣ 타인의 주거에 침입하는 것을 교사한 경우 피교사자가 주거자의 승낙을 얻어 정당하게 주거에 들어간 경우 교사자는 공범독립성설에 의하면 주거침입교사죄가 성립하고, 공범종속성설 중 제한종속형식에 의하면 주거침입교사미수죄가 성립한다.

㉤ 행사의 목적 없이 타인을 교사하여 사문서를 위조시킨 경우 교사자는 공범종속성설 중 극단적 종속형식에 의하면 사문서위조교사죄가 성립하고, 공범종속성설 중 최극단적 종속형식에 의하면 사문서위조교사죄는 성립하지 않는다.

① ㉠, ㉡   ② ㉠, ㉡, ㉢   ③ ㉡, ㉢, ㉣   ④ ㉠, ㉣, ㉤

해설 06. 사시

㉠ 공범독립성설 → 범인은닉교사죄가 성립
   공범종속성설 중 최극단적 종속형식 → 범인은닉죄의 간접정범이 성립.
㉡ 공범종속성설 중 극단적 종속형식이나 최극단적 종속형식 → 절도죄의 간접정범이 성립 / 절도교사죄는 불성립.
㉢ 공범종속성설 중 최소종속형식이나 제한적 종속형식에 의하면 피교사자의 실행의 착수가 없으므로 교사자는 강도예비·음모의 죄책을 질 뿐 교사범이 성립하지 아니한다.
㉣ 공범독립성설에 의면 교사범이 성립하지만, 공범종속성설 중 제한종속형식에 의하면 교사범이 성립하지 않는다.
㉤ 극단적 종속형식이나 최극단적 종속형식이더라도 행사의 목적 없이 타인을 교사하여 위조시킨 경우이므로 교사자는 범죄가 되지 않는다.

정답 ①

※ (21~22) 다음 사실관계를 읽고 아래 각 문항에 대하여 답하시오.

> 甲은 X를 살해하기 위해서 乙을 찾아가 X의 살해를 교사하였으나, 乙은 이를 거절하였다. 그때 乙과 함께 있던 乙의 친구 A는 甲에게 살인청부업자인 B의 전화번호를 알려 주면서 한 번 찾아가 보라고 하였다. 이에 따라 甲은 B를 찾아가 직접 하든 다른 누구를 시키든 X를 살해하라고 교사하였고, B는 1억원의 사례금을 받고 이를 승낙하였다. B는 자신이 직접 실행에 착수하지 않고, C에게 5,000만원을 주면서 X의 살해를 교사하였다. C는 처음부터 X를 살해할 의사가 없음에도 불구하고, 이를 수락하는 것으로 B를 기망하여 5,000만원을 받은 후 사전에 예정되었던 대로 외국으로 이민을 가 버렸다.

21 위의 사안에서 甲의 죄책에 대한 설명 중 옳은 것은?

① 甲의 乙에 대한 행위는 효과 없는 교사(형법 제31조 제2항)에 해당하며, 형법상 처벌할 수 없다.
② 甲의 B에 대한 행위는 실패한 교사(형법 제31조 제3항)에 해당하며, 살인미수죄의 죄책을 진다.
③ 甲의 乙에 대한 행위는 공범종속성설에 의할 경우 살인미수죄로 처벌될 수 있다.
④ 甲의 B에 대한 행위는 공범독립성설에 의할 경우 살인미수죄로 처벌될 수 있다.

해설) 07. 사시

① 【 X 】 甲의 乙에 대한 행위는 실패한 교사에 해당하므로 형법 제31조 제3항이 적용되어 살인 예비·음모에 준하여 처벌한다.
② 【 X 】 甲의 B에 대한 행위는 효과 없는 교사에 해당하므로 형법 제31조 제2항이 적용되어 살인 예비·음모에 준하여 처벌한다.
③ 【 X 】 甲의 乙에 대한 행위는 공범종속성설에 의할 경우 乙의 실행의 착수가 없으므로 살인미수죄로 처벌할 수 없다.
④ 【 O 】 甲의 B에 대한 행위는 공범독립성설에 의할 경우 살인미수죄로 처벌될 수 있다. 왜냐하면 공범독립성설은 교사행위 자체를 실행행위로 보기 때문이다.

정답 ④

22 위의 사안에서 A, B, C의 죄책에 대한 설명 중 옳은 것은?

① A는 간접교사의 미수로서 살인예비죄로 처벌되며, B의 행위는 간접교사의 미수로서 불가벌이다.
② 만약 B가 甲의 교사에 따라 X를 살해하였다면, A는 살인죄의 방조범으로 처벌된다.
③ C의 행위는 살인예비죄와 사기죄의 상상적 경합이 된다.
④ B가 甲의 살인교사를 승낙한 행위와 C에게 살인을 교사한 행위는 각각 교사의 미수로서 실체적 경합이 된다.

해설) 07. 사시

① 【 X 】 A는 이미 범행을 결의한 자를 방조한 것에 불과하다. 그러나 방조범이 성립하려면 정범의 위법한 실행의 착수가 존재하여야 하는데 사례의 경우 甲, B는 실행의 착수가 없으므로 A는 불가벌이다. B의 행위는 실패한 교사로써 살인 예비·음모에 준하여 처벌한다.
② 【 O 】 B가 甲의 지시에 따라 X를 살해하였다면, A는 살인죄의 방조범으로 처벌된다. A는 甲이 X를 살해하려는 것을 알면서도 B를 소개시켜주었기 때문이다.
③ 【 X 】 C의 경우 살인고의는 없기 때문에 살인예비죄는 성립하지 않고 사기죄만 성립될 뿐이다.
④ 【 X 】 B가 甲의 살인교사를 승낙한 행위와 C에게 살인을 교사한 행위는 포괄하여 살인 예비·음모 일죄만을 구성한다.

정답 ②

23 공범의 처벌근거에 대한 설명으로 옳지 않은 것은?

① 책임가담설은 극단적 종속형식에 기초한 학설로 공범의 처벌근거를 정범의 유책한 범죄행위를 야기한다는 점에서 찾는다.
② 불법가담설은 공범이 정범으로 하여금 범행을 저지르게 하여 법적 평화를 침해하였다는 점에서 공범의 처벌근거를 찾는다.
③ 순수야기설은 정범의 구성요건적 법익침해를 야기하였다는 점에서 공범의 처벌근거를 구하고 있다.
④ 혼합야기설은 공범불법의 일부는 정범의 행위에서, 일부는 공범의 독자적인 법익침해에서 도출되는 것으로 본다.

해설 08. 국가직

③ 정범의 구성요건적 법익침해를 야기하였다는 점에서 공범의 처벌근거를 구하는 것은 종속적 야기설이다.

구 분		내 용
가담설	책임 가담설	• 정범으로 하여금 '유책'한 범죄를 저지르게 했다는 점에서 공범의 처벌근거 • 극단적 종속형식과 결부 ⇨ 책임의 연대성일 인정하여 개인책임의 원칙에 반한다. ⇨ 통설인 제한적 종속형식과 모순
	불법 가담설	• 공범이 정범으로 하여금 범행을 저지르게 하여 법적 평화를 침해하였다는 점에서 공범의 처벌근거 • 제한적 종속형식을 고려한 책임가담설의 변형 ⇨ 교사범의 가벌성은 설명용이, 그러나 정범으로 하여금 범행을 저지르게 한 자가 아닌 '방조범'의 가별성 근거 설명 곤란 ⇨ 공범의 처벌근거를 통일적으로 파악할 수 없다. ⇨ 미수의 교사(함정수사)의 불가벌성 설명 곤란
야기설	순수 야기설	• 정범의 구성요건적 법익침해를 야기(방향제시)하였다는 점에서 공범의 처벌근거 • 공범자체의 독자적 불법인정 - 정범의 실행행위가 없더라도 정범을 교사·방조한 자를 교사·방조범으로 처벌할 수 있다. • 공범독립성설과 결부 • 공범 고유의 행위반가치가 공범불법의 근거 ⇨ 결과반가치를 무시 ⇨ 공범의 종속성을 인정하는 형법의 태도와 모순(정범이 없어도 공범 성립 인정하여 가벌성의 확장초래)
	종속적 야기설	• 정범의 구성요건적 법익침해를 야기·촉진시켰다는 점에서 공범의 처벌근거. 단, 공범의 '불법'의 근거와 정도는 모두 정범의 불법에 종속 • 공범의 독자적 불법성 불인정 ⇨ 공범고유의 행위반가치 부정 ⇨ 실패한 교사, 미수의 교사, 불가벌적 필요적 공범(음화판매죄의 구매자), 자살관여죄 설명 곤란
	혼합적 야기설	공범은 법익침해라는 결과반가치를 직접 실현할 수 없기 때문에 정범의 결과반가치에 종속하고 행위반가치는 공범자신의 교사행위 내지 방조행위에서 독자적으로 찾을 수 있다. ⇨ 기도된 교사를 미수로 처벌하지 않고 예비·음모에 준하여 처벌하고 있는 형법의 태도는 종속적 야기설과 일치

정답 ③

24 정범과 공범에 관한 설명 중 옳지 않은 것은?

① 목적적 행위지배설에 의하면 정범의 일종인 공동정범은 범죄의사인 고의와 목적적 행위지배가 있어야 하므로 과실에 의한 공동정범은 부정된다.
② 판례는 "정범의 성립은 교사범의 구성요건의 일부를 형성하고 교사범이 성립함에는 정범의 범죄행위가 인정되는 것이 그 전제요건이 된다"라고 하여 공범종속성설의 입장을 취하고 있다.
③ 판례는 "제30조의 '공동하여 죄를 범한 때'의 '죄'라 함은 고의범과 과실범을 불문하며 공동의사는 반드시 고의를 공동으로 가질 의사임을 요하지 않는다"라고 하여 과실범의 공동정범을 인정하는 입장이다.
④ 공범의 처벌근거에 관한 학설 중 순수야기설은 정범의 실행행위가 없으면 정범을 교사한 자를 교사범으로 처벌할 수 없다고 본다.

해설 02. 사시
① 【 O 】 옳은 지문이다.
② 【 O 】 대판 1981.11.24. 81도2422
③ 【 O 】 대판 1962.3.29. 61도598
④ 【 X 】 정범의 구성요건적 법익침해를 야기(방향제시)하였다는 점에서 공범의 처벌근거가 있다. 공범자체의 독자적 불법인정 – 정범의 실행행위가 없더라도 정범을 교사·방조한 자를 교사·방조범으로 처벌할 수 있다.

정답 ④

25 정범 및 공범에 관한 설명으로 가장 적절하지 않은 것은?

① 공모공동정범에 있어서 공모자가 공모에 주도적으로 참여하여 다른 공모자의 실행에 영향을 미친 때에는 범행을 저지하기 위하여 적극적으로 노력하는 등 실행에 미친 영향력을 제거하지 아니하는 한 공모관계에서 이탈하였다고 할 수 없다.
② 피교사자가 교사자의 교사 행위 당시에는 일응 범행을 승낙하지 아니한 것으로 보여진다 하더라도 이후 그 교사 행위에 의하여 범행을 결의한 것으로 인정되는 이상 교사범의 성립에는 영향이 없다.
③ 甲이 책임무능력자를 이용하여 범행한 사례에 있어서 공범의 종속 정도와 관련하여 제한종속형식설을 취하는 경우, 공범의 우위성에 따라 甲에게는 교사범이 성립하므로 간접정범이 성립 할 여지가 없다.
④ 어느 행위로 인하여 과실범으로 처벌되는 자를 교사 또는 방조하여 범죄행위의 결과를 발생하게 한 자는 교사 또는 방조의 예에 의하여 처벌한다.

해설
① 【 O 】 공모공동정범에 있어서 공모자가 공모에 주도적으로 참여하여 다른 공모자의 실행에 영향을 미친 때에는 범행을 저지하기 위하여 적극적으로 노력하는 등 실행에 미친 영향력을 제거하지 아니하는 한 공모관계에서 이탈하였다고 할 수 없다(대판 2015.2.16. 2014도14843). 22. 경찰
② 【 O 】 피교사자가 교사자의 교사행위 당시에는 일응 범행을 승낙하지 아니한 것으로 보여진다 하더라도 이후 그 교사행위에 의하여 범행을 결의한 것으로 인정되는 이상 교사범의 성립에는 영향이 없다(대판 2013.9.12. 2012도2744). 22. 경찰
③ 【 X 】 甲이 책임무능력자를 이용하여 범행한 경우 의사를 지배하였다면 간접정범이 성립하고, 의사지배할 수 없다면 교사범이 성립한다. 22. 경찰
④ 【 O 】 어느 행위로 인하여 과실범으로 처벌되는 자를 교사 또는 방조하여 범죄행위의 결과를 발생하게 한 자는 교사 또는 방조의 예에 처벌한다(제34조 제1항). 22. 경찰

정답 ③

제2절 간접정범

◉ 지문의 내용에 대해 학설의 대립 등 다툼이 있는 경우 판례에 의함

01 간접정범에 대한 설명으로 옳지 않은 것은?

① 처벌되지 아니하는 타인의 행위를 적극적으로 유발하고 이를 이용하여 자신의 범죄를 실현한 자는 간접정범의 죄책을 지고, 그 과정에서 타인의 의사를 부당하게 억압하여야 하는 것은 아니다.
② 강제추행죄는 처벌되지 아니하는 타인을 도구로 삼아 피해자를 강제로 추행하는 간접정범의 형태로도 범할 수 있으나, 이때 피해자는 그 타인에 포함되지 않는다.
③ 공문서의 작성권한이 있는 공무원(A)의 직무를 보좌하는 공무원이 행사할 목적으로 그 직위를 이용하여 허위의 내용이 기재된 문서 초안을 그 정을 모르는 A에게 제출하여 결재하도록 한 경우에는 허위공문서작성죄의 간접정범이 성립한다.
④ 자기에게 유리한 판결을 얻기 위해 증거가 조작되어 있다는 점을 알지 못하는 제3자를 이용하여 그를 소송의 당사자가 되게 하고 법원을 기망하여 소송 상대방의 재물을 취득하였다면 간접정범 형태의 소송사기죄가 성립한다.

해설

① 【O】 처벌되지 아니하는 **타인의 행위를 적극적으로 유발하고 이를 이용하여** 자신의 범죄를 실현한 자는 형법 제34조 제1항이 정하는 간접정범의 죄책을 지게 되고, 그 과정에서 **타인의 의사를 부당하게 억압하여야만** 간접정범에 해당하는 것은 아니다. 19. 국가직

> **사실관계**
> 정유회사 경영자의 청탁으로 국회의원이 위 경영자와 지역구 지방자치단체장 사이에 정유공장의 지역구 유치와 관련한 간담회를 주선하고 위 경영자는 정유회사 소속 직원들로 하여금 위 국회의원이 사실상 지배·장악하고 있던 후원회에 후원금을 기부하게 한 경우, 국회의원에게는 정치자금법 제32조 제3호 위반죄가, 경영자에게는 정치자금법 위반죄의 간접정범이 성립한다(대판 2008.9.11. 2007도7204).

② 【X】 강제추행죄는 사람의 성적 자유 내지 성적 자기결정의 자유를 보호하기 위한 죄로서 정범 자신이 직접 범죄를 실행하여야 성립하는 **자수범**이라고 볼 수 없으므로, 처벌되지 아니하는 타인을 도구로 삼아 피해자를 강제로 추행하는 간접정범의 형태로도 범할 수 있다. 여기서 강제추행에 관한 간접정범의 의사를 실현하는 도구로서의 타인에는 **피해자도 포함될 수** 있으므로, 피해자를 도구로 삼아 피해자의 신체를 이용하여 추행행위를 한 경우에도 강제추행죄의 간접정범에 해당할 수 있다(대판 2018.2.8. 2016도17733). 19. 국가직

③ 【O】 허위공문서작성의 주체는 직무상 그 문서를 작성할 권한이 있는 공무원에 한하고 작성권자를 보조하는 직무에 종사하는 공무원은 허위공문서작성죄의 주체가 되지 못한다. 다만 공문서의 작성권한이 있는 **공무원의 직무를 보좌하는 사람이** 그 직위를 이용하여 행사할 목적으로 허위의 내용이 기재된 문서 초안을 그 정을 모르는 상사에게 제출하여 결재하도록 하는 등의 방법으로 작성권한이 있는 공무원으로 하여금 허위의 공문서를 작성하게 한 경우에는 허위공문서작성죄의 간접정범이 성립한다(대판 2011.5.13. 2011도1415). 19. 국가직

④ 【O】 자기에게 유리한 판결을 얻기 위하여 소송상의 주장이 사실과 다름이 객관적으로 명백하거나 증거가 조작되어 있다는 정을 인식하지 못하는 제3자를 이용하여 그로 하여금 소송의 당사자가 되게 하고 법원을 기망하여 소송 상대방의 재물 또는 재산상 이익을 취득하려 하였다면 간접정범의 형태에 의한 소송사기죄가 성립하게 된다(대판 2007.9.6. 2006도3591). 19. 국가직

정답 ②

02 간접정범에 대한 설명으로 가장 적절하지 않은 것은?

① 인신구속에 관한 직무를 행하는 자 또는 이를 보조하는 자가 피해자를 구속하기 위하여 진술조서 등을 허위로 작성한 후 이를 기록에 첨부하여 구속영장을 신청하고, 진술조서 등이 허위로 작성된 정을 모르는 검사와 영장전담판사를 기망하여 구속영장을 발부받은 후 그 영장에 의하여 피해자를 구금하였다면 직권남용감금죄가 성립한다.
② 공무원 아닌 자가 관공서에 허위 내용의 증명원을 제출하여 그 내용이 허위인 정을 모르는 담당공무원으로부터 그 증명원 내용과 같은 증명서를 발급받은 경우, 공문서위조죄의 간접정범이 성립한다.
③ 범죄는 '어느 행위로 인하여 처벌되지 아니하는 자'를 이용하여서도 이를 실행할 수 있으므로, 내란죄의 경우에도 '국헌문란의 목적'을 가진 자가 그러한 목적이 없는 자를 이용하여 이를 실행할 수 있다.
④ 신용카드를 제시받은 상점점원이 그 카드의 금액란을 정정기재하였다 하더라도 그것이 카드소지인이 위 점원에게 자신이 위 금액을 정정기재할 수 있는 권리가 있는 양 기망하여 이루어졌다면 이는 간접정범에 의한 유가증권변조죄가 성립한다.

[해설]

① 【 O 】 대판 2006.5.25. 2003도3945 18. 경찰채용 1차
② 【 X 】 공무원 아닌 자가 관공서에 허위 내용의 증명원을 제출하여 그 내용이 허위인 정을 모르는 담당공무원으로부터 그 증명원 내용과 같은 증명서를 발급받은 경우 공문서위조죄의 간접정범으로 의율할 수는 없다 할 것이다(대판 2001.3.9. 2000도938) 18. 경찰채용 1차
③ 【 O 】 대판 1997.4.17. 96도3376 18. 경찰채용 1차
④ 【 O 】 신용카드를 제시받은 상 점점원이 그 카드의 금액란을 정정기재하였다 하더라도 그것이 카드소지인이 위 점원에게 자신이 위 금액을 정정기재 할 수 있는 권리가 있는 양 기망하여 이루어졌다면 이는 간접정범에 의한 유가증권변조로 봄이 상당하다(대판 1984.11.27. 84도1862) 18. 경찰채용 1차

정답 ②

03 간접정범에 대한 설명으로 가장 적절하지 않은 것은?

① 정유회사 경영자인 甲의 청탁으로, A 지역구 국회의원 乙이 甲과 A 지역구 지방자치단체장 사이에 정유공장의 지역구 유치를 위한 간담회를 주선하고, 甲은 위와 같은 사실을 알지 못하는 자신의 회사 직원들로 하여금 乙이 사실상 지배·장악하고 있던 후원회에 후원금을 기부하게 한 경우, 乙은 정치자금법 위반죄가, 甲은 정치자금법 위반죄의 간접정범이 성립한다.
② 허위사실에 의한 명예훼손죄나 허위사실 유포에 의한 업무방해죄는 간접정범에 의하여 범하여질 수도 있다.
③ 甲이 채권의 존재에 관하여 乙과 다툼이 있는 상황에서 존재하지 않는 약정이자에 관한 내용을 부가하여 위조한 乙 명의 차용증을 바탕으로 乙에 대한 차용금채권을 丙에게 양도하고, 이러한 사정을 모르는 丙으로 하여금 乙을 상대로 양수금 청구소송을 제기하게 한 경우, 甲은 소송 당사자가 아니므로 甲의 위와 같은 행위는 사기죄에 해당하지 아니한다.
④ 경찰서 보안과장인 甲이 A의 음주운전을 눈감아주기 위하여 그에 대한 음주운전 적발보고서를 찢어버리고, 부하인 B로 하여금 일련번호가 동일한 가짜 음주운전 적발보고서에 乙에 대한 음주운전 사실을 기재케 하여 그 정을 모르는 담당경찰관으로 하여금 주취운전자 음주측정처리부에 乙에 대한 음주운전 사실을 기재하도록 한 경우, 甲은 허위공문서작성 및 동 행사죄의 간접정범에 해당한다.

[해설]
① 【 O 】 대판 2008.9.11. 2007도7204 18. 경찰승진
② 【 O 】 형법 제34조 제1항(대판 2002.6.28. 2000도3045, 대판 2013.3.14. 2010도410 참고). 18. 경찰승진
③ 【 X 】 자기에게 유리한 판결을 얻기 위하여 소송상의 주장이 사실과 다름이 객관적으로 명백하거나 증거가 조작되어 있다는 정을 인식하지 못하는 제3자를 이용하여 그로 하여금 소송의 당사자가 되게 하고 법원을 기망하여 소송 상대방의 재물 또는 재산상 이익을 취득하려 하였다면 간접정범의 형태에 의한 소송사기죄가 성립하게 된다(대판 2007.9.6. 2006도3591).
④ 【 O 】 대판 1996.10.11. 95도1706 18. 경찰승진

정답 ③

04 간접정범에 관한 설명 중 가장 적절하지 않은 것은?

① 국헌문란의 목적을 달성하기 위해 그러한 목적이 없는 내동령을 이용하여 비상계엄 전국 확대 조치를 한 것은 간접정범의 방법으로 내란죄를 실행한 것이다.
② 처벌되지 아니하는 타인의 행위를 적극적으로 유발하고 이를 이용하여 자신의 범죄를 실현한 자는 간접정범의 죄책을 지게 되고, 그 과정에서 타인의 의사를 부당하게 억압하여야만 간접정범에 해당하는 것은 아니다.
③ 자기의 지휘 감독을 받는 자를 교사하여 범죄를 실행하게 한 때에는 정범에 정한 형의 장기 또는 다액의 2분의 1까지 가중한다.
④ 간접정범의 실행의 착수 시기를 이용자의 이용행위 시로 보는 경우, 이용자의 이용 의사가 외부로 표현되기만 하면 실행의 착수가 인정되어 미수범의 처벌 범위가 축소될 수 있다.

[해설]
① 【 O 】 대판 1997.4.17. 96도3376 22. 경찰
② 【 O 】 처벌되지 아니하는 타인의 행위를 적극적으로 유발하고 이를 이용하여 자신의 범죄를 실현한 자는 간접정범의 죄책을 지게 되고, 그 과정에서 타인의 의사를 부당하게 억압하여야만 간접정범에 해당하는 것은 아니다(대판 2008.9.11. 2007도7204). 22. 경찰
③ 【 O 】 자기의 지휘, 감독을 받는 자를 교사 또는 방조하여 전항의 결과를 발생하게 한 자는 교사인 때에는 정범에 정한 형의 장기 또는 다액에 그 2분의 1까지 가중하고 방조인 때에는 정범의 형으로 처벌한다(제34조 제3항). 22. 경찰
④ 【 X 】 간접정범의 실행의 착수 시기를 이용자의 이용행위 시로 보는 경우, 이용자의 이용 의사가 외부로 표현되기만 하면 실행의 착수가 인정되어 미수범의 처벌 범위가 확대될 수 있다. 22. 경찰

[정답] ④

05 간접정범에 관한 설명으로 가장 적절하지 않은 것은?

① 강제추행죄는 정범 자신이 직접 범죄를 실행하여야 하는 자수범이라고 볼 수 없으므로 간접정범의 형태로도 범할 수 있다.
② 공무원 아닌 자가 관공서에 허위 내용의 증명원을 제출하여 그 내용이 허위인 정을 모르는 담당공무원으로부터 그 증명원 내용과 같은 증명서를 발급받은 경우, 공문서위조죄의 간접정범이 성립한다.
③ 인신구속에 관한 직무를 행하는 자가 피해자를 구속하기 위하여 진술조서 등을 허위로 작성한 후 이를 기록에 첨부하여 구속영장을 신청하고, 진술조서 등이 허위로 작성된 정을 모르는 검사와 영장전담판사를 기망하여 구속영장을 발부받은 후 그 영장에 의하여 피해자를 구금하였다면 「형법」 제124조 제1항의 직권남용감금죄가 성립한다.
④ 자기에게 유리한 판결을 얻기 위하여 소송상의 주장이 사실과 다름이 객관적으로 명백하거나 증거가 조작되어 있다는 정을 인식하지 못하는 제3자를 이용하여 그로 하여금 소송의 당사자가 되게 하고 법원을 기망하여 소송 상대방의 재물 또는 재산상 이익을 취득하였다면 간접정범의 형태에 의한 소송사기죄가 성립한다.

[해설]
① 【 O 】 강제추행죄는 사람의 성적 자유 내지 성적 자기결정의 자유를 보호하기 위한 죄로서 정범 자신이 직접 범죄를 실행하여야 성립하는 **자수범**이라고 볼 수 없으므로, 처벌되지 아니하는 타인을 도구로 삼아 피해자를 강제로 추행하는 간접정범의 형태로도 범할 수 있다. 여기서 강제추행에 관한 간접정범의 의사를 실현하는 도구로서의 타인에는 **피해자도 포함될 수** 있으므로, 피해자를 도구로 삼아 피해자의 신체를 이용하여 추행행위를 한 경우에도 강제추행죄의 간접정범에 해당할 수 있다(대판 2018.2.8. 2016도17733). 25. 경찰
② 【 X 】 어느 문서의 작성권한을 갖는 공무원이 그 문서의 기재 사항을 인식하고 그 문서를 작성할 의사로써 이에 서명·날인하였다면, 설령 그 서명날인이 타인의 기망으로 착오에 빠진 결과 그 문서의 기재사항이 진실에 반함을 알지 못한 데 기인한다고 하여도, 그 문서의 성립은 진정하며 여기에 하등 작성명의를 모용한 사실이 있다고 할 수는 없으므로, 공무원 아닌 자가 관공서에 허위 내용의 증명원을 제출하여 그 내용이 허위인 정을 모르는 담당공무원으로부터 그 증명원 내용과 같은 증명서를 발급받은 경우 공문서위조죄의 간접정범으로 의율할 수는 없다(대판 2001.3.9. 2000도938). 25. 경찰
③ 【 O 】 감금죄는 간접정범의 형태로도 행하여질 수 있는 것이므로, 인신구속에 관한 직무를 행하는 자 또는 이를 보조하는 자가 피해자를 구속하기 위하여 진술조서 등을 허위로 작성한 후 이를 기록에 첨부하여 구속영장을 신청하고, 진술조서 등이 허위로 작성된 정을 모르는 검사와 영장전담판사를 기망하여 구속영장을 발부받은 후 그 영장에 의하여 피해자를 구금하였다면 형법 제124조 제1항의 직권남용감금죄가 성립한다(대판 2006.5.25. 2003도3945). 25. 경찰
④ 【 O 】 자기에게 유리한 판결을 얻기 위하여 소송상의 주장이 사실과 다름이 객관적으로 명백하거나 증거가 조작되어 있다는 정을 인식하지 못하는 제3자를 이용하여 그로 하여금 소송의 당사자가 되게 하고 법원을 기망하여 소송 상대방의 재물 또는 재산상 이익을 취득하려 하였다면 간접정범의 형태에 의한 소송사기죄가 성립하게 된다(대판 2007.9.6. 2006도3591). 25. 경찰

[정답] ②

06 다음 설명 중 옳은 것은 모두 몇 개인가?

○ 甲이 자신과 A사 사이에 발생한 분쟁을 해결하고자 A사의 대표이사를 사기 혐의로 고소하였으나 검찰에 의하여 혐의 없다는 결정이 내려지자, 다시 이 문제를 야당 국회의원들을 통하여 해결하고자 B당 소속으로서 서울시 정무부시장이었던 乙에게 그 동안의 분쟁 경위와 검찰의 사건처리를 설명하고 국회차원에서 A사의 비리를 조사해 줄 것을 부탁하면서 관련자료를 넘겨주었다. 이에 乙은 같은 당 소속 丙 의원에게 이 자료를 넘겨주었다. 丙 의원은 乙을 통하여 넘겨받은 자료를 바탕으로 그 내용을 국회에서 공개적으로 주장하였고 이것이 각 일간신문에 게재되어 일반에게 배포되었다. 이러한 경우 甲에게 출판물에 의한 명예훼손죄의 책임이 있다고 보기는 어렵다.

○ 공문서의 작성권한이 있는 공무원의 직무를 보좌하는 자가 그 직위를 이용하여 행사할 목적으로 허위의 내용이 기재된 문서 초안을 그 정을 모르는 상사에게 제출하여 결재하도록 하는 등의 방법으로 작성권한이 있는 공무원으로 하여금 허위의 공문서를 작성하게 하는 경우 직무보조자는 신분이 없는 사람이지만 진정신분범인 허위공문서작성죄의 간접정범이 된다.

○ 공무원인 甲이 화물자동차운송회사의 대표인 乙의 교사를 받고 허위의 사실을 기재한 화물자동차운송사업변경허가신청 검토보고서를 작성하여 그 사정을 모르는 최종 결재자인 담당과장의 결재를 받은 경우 甲에게는 허위공문서작성죄의 간접정범이 성립하지만, 乙에게는 허위공문서작성죄의 간접정범의 교사범이 성립하지 않는다.

① 없음 ② 1개 ③ 2개 ④ 3개

해설

○ 【O】 출판물에 의한 명예훼손죄는 간접정범에 의하여 범하여질 수도 있으므로 타인을 비방할 목적으로 허위의 기사 재료를 그 정을 모르는 기자에게 제공하여 신문 등에 보도되게 한 경우에도 성립할 수 있으나 제보자가 기사의 취재·작성과 직접적인 연관이 없는 자에게 허위의 사실을 알렸을 뿐인 경우에는, 제보자가 피제보자에게 그 알리는 사실이 기사화 되도록 특별히 부탁하였다거나 피제보자가 이를 기사화 할 것이 고도로 예상되는 등의 특별한 사정이 없는 한, 피제보자가 언론에 공개하거나 기자들에게 취재됨으로써 그 사실이 신문에 게재되어 일반 공중에게 배포되더라도 제보자에게 출판·배포된 기사에 관하여 출판물에 의한 명예훼손죄의 책임을 물을 수는 없다(대판 2002.6.28. 2000도3045). 다만, 제307조 2항의 허위사실적시명예훼손죄는 인정될 수 있다.

○ 【O】 대판 1990.10.30. 90도1912

○ 【X】 공무원 甲이 허위의 사실을 기재한 자동차운송사업변경(증차)허가신청 검토조서를 작성한 다음 이를 자동차운송사업변경(증차)허가신청 검토보고에 첨부하여 결재를 상신하였고, 담당계장으로서 그와 같은 사정을 알고 있는 중간 결재자인 피고인과 담당과장으로서 그와 같은 사정을 알지 못하는 최종 결재자인 乙이 차례로 위 검토보고에 결재를 하여 자동차운송사업 변경허가가 이루어진 경우, 공문서인 위 검토보고의 작성자는 乙이라고 보아야 하므로, 위 검토보고의 내용 중 일부에 불과한 위 검토조서의 작성자인 甲은 물론 乙의 업무상 보조자이자 중간 결재자인 피고인은 허위공문서작성죄의 주체가 될 수 없고(피고인과 甲은 허위공문서작성죄의 공동정범이 아님), 허위의 정을 모르는 작성권자 乙로 하여금 허위의 공문서를 결재·작성하게 한 경우에 해당하여 그 간접정범에 해당한다(대판 2011.5.13. 2011도1415). 따라서 甲에게는 허위공문서작성죄의 간접정범이 성립하고, 이를 교사한 乙은 허위공문서작성죄의 간접정범의 교사범이 성립한다(대판 1992.1.17. 91도2837).

정답 ③

07 다음 중 판례의 태도로 옳은 것은 모두 몇 개인가?

㉠ 甲이 존재하지 않는 약정이자에 관한 내용을 부가하여 위조한 乙명의의 차용증을 바탕으로 乙에 대한 차용금채권을 丙에게 양도하고, 이러한 사정을 모르는 丙으로 하여금 乙을 상대로 양수금 청구소송을 제기하게 한 사안에서, 甲의 행위는 丙을 도구로 이용한 간접정범 형태의 소송사기죄를 구성한다.
㉡ 부동산소유권 이전등기 등에 관한 특별조치법 제13조 제1항 제3호에 정한 허위보증서작성죄의 주체는 작성명의인인 보증인에 한정되기 때문에, 보증인이 아닌 자는 허위보증서 작성의 고의 없는 보증인들을 이용하여 간접정범의 형태로 허위 보증서 작성의 범행을 범할 수 없다.
㉢ 선서무능력자로서 범죄 현장을 목격하지도 못한 사람으로 하여금 형사법정에서 범죄 현장을 목격한 양 허위의 증언을 하도록 하는 것은 증거위조죄를 구성하지 아니한다.
㉣ 간접정범을 통한 위조문서행사범행에 있어 도구로 이용된 자라고 하더라도 문서가 위조된 것임을 이미 알고 있는 공범자 등에게 행사하는 경우에는 위조문서행사죄가 성립한다.

① 1개 ② 2개 ③ 3개 ④ 4개

[해설]

㉠ 【 O 】 대판 2007.9.6. 2006도3591
㉡ 【 X 】 보증인이 아닌 자가 허위 보증서 작성의 고의 없는 보증인들을 이용하여 허위의 보증서를 작성하게 한 경우, 부동산소유권 이전등기 등에 관한 특별조치법 제13조 제1항 제3호에 정한 '허위보증서작성죄'의 간접정범이 성립한다(대판 2009.12.24. 2009도7815).
㉢ 【 O 】 대판 1998.2.10. 97도2961
㉣ 【 X 】 문서가 위조된 것임을 이미 알고 있는 공범자 등에게 행사하는 경우에는 위조문서행사죄가 성립할 수 없으나, 간접정범을 통한 위조문서행사범행에 있어 도구로 이용된 자라고 하더라도 문서가 위조된 것임을 알지 못하는 자에게 행사한 경우에는 위조문서행사죄가 성립한다(대판 2012.2.23. 2011도14441).

정답 ②

08 간접정범에 대한 설명 중 가장 옳지 않은 것은?

① 사법경찰관이 피해자를 구속하기 위하여 허위로 진술조서 등을 작성하여 기록에 첨부한 후 구속영장을 신청하여 그 정을 모르는 검사와 판사를 속여 구속영장을 발부받아 피해자를 구속하였다면 간접정범이 성립할 수 있다.
② 피고인이 정기문종총회 회의록을 임의로 작성하고는 종중원들을 찾아다니면서 종중원들에게 임야의 등기 및 매도권한을 피고인에게 일임하고 매도금액 3분의 1을 문중에 반납하고 나머지를 피고인에게 소송대행비용으로 준다는 회의록의 내용 등에 관하여 제대로 알려 주지 아니한 채, 단지 이 사건 임야에 관하여 문중명의로 소유권이전등기를 하는 데 필요하다는 정도로만 얘기하면서 회의록에 서명·날인을 받은 경우 사문서위조죄의 간접정범이 성립한다.
③ 자기에게 유리한 판결을 얻기 위하여 증거가 조작되어 있다는 정을 인식하지 못하는 타인을 이용하여 그로 하여금 민사소송의 당사자가 되게 하고 법원을 기망하여 소송 상대방의 재물을 취득하였더라도 사기죄의 간접정범의 죄책을 지지 않는다.
④ 무허가 식용유 제조의 범의가 없는 자에게 의뢰하여 허가없이 식용유를 제조케 한 경우에는 무허가 식용유 제조의 간접정범이 성립한다.

[해설]

① 【 O 】 대판 2006.5.25. 2003도3945
② 【 O 】 대판 2000.6.13. 2000도778
③ 【 X 】 자기에게 유리한 판결을 얻기 위하여 소송상의 주장이 사실과 다름이 객관적으로 명백하거나 증거가 조작되어 있다는 정을 인식하지 못하는 제3자를 이용하여 그로 하여금 소송의 당사자가 되게 하고 법원을 기망하여 소송 상대방의 재물 또는 재산상 이익을 취득하려 하였다면 간접정범의 형태에 의한 소송사기죄가 성립하게 된다(대판 2007.9.6. 2006도3591).
④ 【 O 】 대판 1983.5.25. 83도200

정답 ③

09 다음 기술 중 甲에게 ( )속의 범죄의 간접정범이 성립하는 것은 모두 몇 개인가?

㉠ 남편 甲이 사기죄로 기소된 처에 대한 재판에서 처에게 유리한 증언을 해주도록 증인 A에게 부탁하여 A가 위증을 한 경우 (위증죄)
㉡ 수표의 발행인이 아닌 甲이 허위신고의 고의 없는 발행인 A를 교사하여 허위신고하게 한 경우 (부정수표단속법상 허위신고죄)
㉢ 축산업협동조합이 점유하고 있는 A 소유의 창고 패널을 절취할 의사를 가진 甲이 위 조합으로부터 허락을 받지 않은 채 그 정을 모르는 A로 하여금 창고의 패널을 취거하게 하여 영득한 경우 (절도죄)
㉣ 甲이 A명의의 차용증을 가지고 있기는 하나 그 채권의 존재에 관하여 A와 다툼이 있는 상황에서 당초에 없던 약정이자에 관한 내용을 부가한 A명의의 차용증을 새로 위조한 후 이를 바탕으로 甲의 채권자인 B에게 차용원금 및 위조된 차용증에 기한 약정이자 2,500만 원을 양도하고, 이러한 사정을 모르는 B로 하여금 A를 상대로 양수금 청구소송을 제기하도록 하여 B가 소를 제기하였다가 취하한 경우 (사기미수죄)
㉤ 포괄적 권한을 수여받은 공무원 甲이 보관하고 있던 작성권자의 인장을 날인하여 허위공문서를 작성한 경우 (허위공문서작성죄)

① 1개　　② 2개　　③ 3개　　④ 4개

해설

㉠ 【 X 】 위증죄는 자수범이므로 甲에게 위증죄의 교사범이 성립할 수는 있으나 간접정범은 성립하지 않는다.
㉡ 【 X 】 발행인이 아닌 자는 부정수표단속법 제4조가 정한 허위신고죄의 주체가 될 수 없고, 발행인이 아닌 자는 허위신고의 고의 없는 발행인을 이용하여 간접정범의 형태로 허위신고죄를 범할 수도 없다 할 것인바, 타인으로부터 명의를 차용하여 수표를 발행하는 경우에 있어서도 수표가 제시됨으로써 당좌예금계좌에서 수표금액이 지출되거나 거래정지처분을 당하게 되는 자는 결국 수표의 지급인인 은행과 당좌예금계약을 체결한 자인 수표의 발행명의인이 되고, 수표가 제시된다고 하더라도 수표금액이 지출되거나 거래정지처분을 당하게 되는 자에 해당된다고 볼 수 없는 명의차용인은 부정수표단속법 제4조가 정한 허위신고죄의 주체가 될 수 없다. 따라서 수표의 명의차용인인 피고인이 허위신고의 고의 없는 주식회사의 대표이사를 이용하여 허위의 신고를 하였다고 하더라도 부정수표단속법 제4조 위반죄는 성립되지 않는다(대판 2007.3.15. 2006도7318).
㉢ 【 O 】 소유자를 도구로 이용한 절도죄의 간접정범이 성립될 수 있다(대판 2006.9.28. 2006도2963). 사안에서 甲에게 절도죄의 범의를 인정할 수 있으므로 소유자 A를 이용한 절도죄의 간접정범이 성립한다.
㉣ 【 O 】 자기에게 유리한 판결을 얻기 위하여 소송상의 주장이 사실과 다름이 객관적으로 명백하거나 증거가 조작되어 있다는 점을 인식하지 못하는 제3자를 이용하여 그로 하여금 소송의 당사자가 되게 하고 법원을 기망하여 소송 상대방의 재물 또는 재산상 이익을 취득하려 하였다면 간접정범의 형태에 의한 소송사기죄가 성립하게 된다. 따라서 甲이 乙 명의 차용증을 가지고 있기는 하나 그 채권의 존재에 관하여 乙과 다툼이 있는 상황에서 당초에 없던 월 2푼의 약정이자에 관한 내용 등을 부가한 乙 명의 차용증을 새로 위조하여, 이를 바탕으로 자신의 처에 대한 채권자인 丙에게 차용원금 및 위조된 차용증에 기한 약정이자 2,500만 원을 양도하고, 이러한 사정을 모르는 丙으로 하여금 乙을 상대로 양수금 청구소송을 제기하도록 한 경우, 적어도 위 약정이자 2,500만 원 중 법정지연손해금 상당의 돈을 제외한 나머지 돈에 관한 甲의 행위는 丙을 도구로 이용한 간접정범 형태의 소송사기죄를 구성한다(대판 2007.9.6. 2006도3591). 다만 소의 취하가 있었으므로 사기미수죄의 간접정범이 성립할 것이다.
㉤ 【 X 】 공문서 작성권자로부터 일정한 요건이 구비되었는지 여부를 심사하여 그 요건이 구비되었음이 확인될 경우에 한하여 작성권자의 직인을 사용하여 작성권자 명의의 공문서를 작성하라는 포괄적인 권한을 수여받은 업무보조자인 공무원이, 그 위임의 취지에 반하여 공문서 용지에 허위내용을 기재하고 그 위에 보관하고 있던 작성권자의 직인을 날인하였다면, 그 업무보조자인 공무원에게 공문서위조죄가 성립할 것이다(대판 1996.4.23. 96도424).

정답 ②

10 다음 중 甲에게 (　　) 범죄의 간접정범이 성립하는 경우로 볼 수 없는 것은?

① 甲이 아동·청소년인 피해자를 협박하여 스스로 아동·청소년의 성보호에 관한 법률 제2조 제4호의 어느 하나에 해당하는 행위 또는 그 밖의 성적 행위에 해당하는 아동·청소년 자신의 행위를 내용으로 하는 화상·영상 등을 생성하게 하고 이를 인터넷사이트 운영자의 서버에 저장시켜 甲의 휴대전화기에서 재생할 수 있도록 한 경우 (아동·청소년의 성 보호에 관한 법률위반죄)

② 사법경찰관 甲이 상해죄만으로는 구속되기 어려운 A에 대하여 허위의 진술조서를 작성하고, A의 혐의없음이 입증될 수 있는 유리한 사실의 확인 결과, 참고자료 및 공용서류인 B에 대한 참고인 진술조서 등을 구속영장 신청기록에 누락시키는 한편, A에게 혐의가 인정된다는 허위내용의 범죄인지 보고서를 작성한 다음, 구속영장을 신청하여 그 정을 모르는 담당 검사로 하여금 구속영장을 청구하게 하고, 수사서류 등이 허위 작성되거나 누락된 사실을 모르는 영장전담판사로부터 구속영장을 발부받아 A가 구속·수감되게 한 경우 (직권남용감금죄)

③ 전투비행단 체력단련장 관리 사장인 甲이 부대 복지위원회의 심의의결 없이, 공사업체인 B와 체결한 기존의 합의서에서 시설투자비를 증액한 허위의 내용이 기재된 이 사건 수정합의서를 기안하여 작성권자인 이 사건 전투비행단장의 결재를 받지 않고 이를 모르는 단장 명의 직인 담당자 C로부터 단장의 직인을 날인받아 이 사건 수정합의서를 완성한 행위 (허위공문서작성죄)

④ D 정당의 시당위원장인 甲은 비방의 목적으로 허위의 기사자료를 그 정을 모르는 평소에 안면이 있던 기자 E에게 제공하여 그 허위의 사실이 신문에 보도되게 한 경우 (출판물에 의한 명예훼손죄)

[해설]

① 【O】 피고인이 아동·청소년인 피해자를 협박하여 스스로 아동·청소년의 성보호에 관한 법률 제2조 제4호의 어느 하나에 해당하는 행위 또는 그 밖의 성적 행위에 해당하는 아동·청소년 자신의 행위를 내용으로 하는 화상·영상 등을 생성하게 하고 이를 인터넷 사이트 운영자의 서버에 저장시켜 피고인의 휴대전화기에서 재생할 수 있도록 한 경우, 간접정범의 형태로 같은 법 제11조 제1항에서 정한 아동·청소년이용음란물을 제작하는 행위에 해당한다(대판 2018.1.25. 2017도18443). 22. 경찰간부

② 【O】 감금죄는 간접정범의 형태로도 행하여질 수 있는 것이므로, 인신구속에 관한 직무를 행하는 자 또는 이를 보조하는 자가 피해자를 구속하기 위하여 진술조서 등을 허위로 작성한 후 이를 기록에 첨부하여 구속영장을 신청하고, 진술조서 등이 허위로 작성된 정을 모르는 검사와 영장전담판사를 기망하여 구속영장을 발부받은 후 그 영장에 의하여 피해자를 구금하였다면 형법 제124조 제1항의 직권남용감금죄가 성립한다(대판 2006.5.25. 2003도3945). 22. 경찰간부

③ 【X】 보조 직무에 종사하는 공무원이 허위공문서를 기안하여 허위임을 모르는 작성권자의 결재를 받아 공문서를 완성한 때에는 허위공문서작성죄의 간접정범이 될 것이지만, 이러한 결재를 거치지 않고 임의로 작성권자의 직인 등을 부정 사용함으로써 공문서를 완성한 때에는 공문서위조죄가 성립한다. 이는 공문서의 작성 권한 없는 사람이 허위공문서를 기안하여 작성권자의 결재를 받지 않고 공문서를 완성한 경우에도 마찬가지이다(대판 2017.5.17. 2016도13912). 22. 경찰간부

④ 【O】 출판물에 의한 명예훼손죄는 간접정범에 의하여 범하여질 수도 있으므로 타인을 비방할 목적으로 허위의 기사 재료를 그 정을 모르는 기자에게 제공하여 신문 등에 보도되게 한 경우에도 성립할 수 있다(대판 2002.6.28. 2000도3045). 22. 경찰간부

[정답] ③

제3절 공동정범

● 지문의 내용에 대해 학설의 대립 등 다툼이 있는 경우 판례에 의함

01 공동정범에 대한 설명 중 가장 적절하지 않은 것은?

① 포괄일죄의 범행 도중에 공동정범으로 범행에 가담한 자는 그 범행에 가담할 때에 이미 이루어진 종전의 범행을 알았다면 그 가담 이후의 범행뿐만 아니라 가담 이전의 범행에 대해서도 공동정범으로 책임을 진다.
② 공모공동정범에서 공모자 중 1인이 공모에 주도적으로 참여하여 다른 공모자의 실행에 영향을 미친 주도적 공모자인 경우에는 범행을 저지하기 위하여 적극적으로 노력하는 등 실행에 미친 영향력을 제거하여야 공모관계에서 이탈하였다고 볼 수 있다.
③ 공모공동정범에 있어서 주관적 요건인 공모가 이루어졌다면 실행행위에 관여하지 않았더라도 다른 공범자의 행위에 대하여 형사책임을 진다.
④ 공모자 중 어떤 사람이 다른 공모자가 실행행위에 이르기 전에 그 공모관계에서 이탈한 때에는 그 이후의 다른 공모자의 행위에 관하여 원칙적으로 공동정범으로서의 책임은 지지 않는다고 할 것이고 그 이탈의 표시는 반드시 명시적일 필요는 없다.

[해설]
① 【 X 】 포괄일죄의 범행 도중에 공동정범으로 범행에 가담한 자는 비록 그가 그 범행에 가담할 때에 이미 이루어진 종전의 범행을 알았다 하더라도 그 가담 이후의 범행에 대하여만 공동정범으로 책임을 진다(대판 1997.6.27. 97도163). 20. 경찰승진
② 【 O 】 대판 2008.4.10. 2008도1274 20. 경찰승진
③ 【 O 】 대판 1997.10.10. 97도1720 20. 경찰승진
④ 【 O 】 대판 1986.1.21. 85도2371 20. 경찰승진

정답 ①

02 공동정범에 관한 다음 설명 중 가장 옳은 것은?

① 甲은 乙로부터 캠코더 등을 밀수입해 오면 팔아주겠느냐는 제의를 받고 팔아주겠다고 승낙한 다음 乙이 물품을 밀수입해 오자 대금을 지불하고 이를 인도받아 타에 처분하였다면 밀수입 범행의 공동정범이 된다.
② 甲은 A회사의 영업비밀을 다른 벤처기업에 유출하거나 스스로의 이익을 위하여 이용할 목적으로 CD에 저장한 다음 반출하여 집으로 가져와 보관한 후에, 乙에게 그 사실을 말하여 乙이 甲과 접촉해 A회사의 영업비밀을 취득하려 하였다면 乙은 업무상배임죄의 공동정범이 될 수 있다.
③ 편면적 방조범이 인정되는 것과 같이 편면적 공동정범도 인정된다.
④ 건설회사의 유일한 지배자인 대표 甲이 장기간에 걸쳐 건설공사 현장소장 乙의 뇌물공여 행위를 보고 받고 이를 확인·결재 하는 등의 방법으로 관여한 경우, 비록 사전에 구체적인 대상 및 액수를 정하여 뇌물공여를 지시하지 아니하였다고 하더라도 그 핵심적 경과를 계획적으로 조종하거나 촉진하는 등으로 기능적 행위지배를 하였다고 보아 공모공동정범이 성립한다.

[해설]
① 【 X 】 그 승낙은 물품을 밀수입해 오면 이를 취득하거나 그 매각알선을 하겠다는 의사표시로 볼 수 있을 뿐 밀수입 범행을 공동으로 하겠다는 공모의 의사를 표시한 것으로는 볼 수 없다(대판 2000.4.7. 2000도576). ⇨ 관세법 위반죄의 방조범 17. 경찰간부
② 【 X 】 무단으로 반출한 때 업무상배임죄의 기수에 이르렀다고 할 것이고, 그 이후에 위 직원과 접촉하여 영업비밀을 취득하려고 한 자는 업무상배임죄의 공동정범이 될 수 없다(대판 2003.10.30. 2003도4382). 17. 경찰간부
③ 【 X 】 공동가공의 의사는 공동행위자 상호간에 있어야 하며 행위자 일방의 가공의사만으로는 공동정범관계가 성립할 수 없다(대판 1985.5.14. 84도2118). 편면적 방조범은 인정되지만(대판 1974.5.28. 74도509), 편면적 공동정범은 인정되지 아니한다. 16. 국가직 7급
④ 【 O 】 대판 2010.7.15. 2010도3544 17. 경찰간부

정답 ④

03 공범에 대한 설명으로 옳지 않은 것은?

① 공동정범은 공동가공의 의사와 그 공동의사에 의한 기능적 행위지배를 통한 범죄실행이라는 주관적·객관적 요건을 충족함으로써 성립하므로, 공모자 중 구성요건행위를 직접 분담하여 실행하지 아니한 사람도 위 요건을 충족하면 공모공동정범으로서의 죄책을 진다.
② 시간적 차이가 있는 독립된 폭행행위가 경합하여 사망의 결과가 일어나고, 그 사망의 원인된 행위가 판명되지 않는 경우 공동정범의 예에 의하여 처벌한다.
③ 순차적 또는 암묵적으로 상통할 뿐 전체의 모의과정이 없었다면 공모관계가 성립하지 않으므로 공동정범으로 처벌할 수 없다.
④ 합동범이 성립하기 위하여는 주관적 요건으로서의 공모와 객관적 요건으로서의 실행행위의 분담이 있어야 하고 그 실행행위에 있어서는 시간적으로나 장소적으로 협동관계에 있어야 한다.

해설

① 【 O 】 대판 2014.7.26. 2013도9866 18. 국가직
② 【 O 】 대판 2000.7.28. 2000도2466 18. 국가직
③ 【 X 】 2인 이상이 공모하여 범죄에 공동 가공하는 공범관계에 있어서 공모는 법률상 어떤 정형을 요구하는 것이 아니고 범죄를 실현하려는 의사의 결합만 있으면 되는 것으로서, 비록 전체의 모의과정이 없었다고 하더라도 수인 사이에 순차적으로 또는 암묵적으로 상통하여 그 의사의 결합이 이루어지면 공모관계가 성립한다 할 것이고, 이러한 공모가 이루어진 이상 실행행위에 관여하지 아니한 자라도 다른 공모자의 행위에 대하여 공동정범으로서의 형사책임을 진다(대판 1994.3.8. 93도3154). 18. 국가직
④ 【 O 】 대판 2012.6.28. 2012도2631 18. 국가직

정답 ③

04 공동정범에 관한 설명으로 가장 적절하지 않은 것은?

① 「형법」제30조에서 정한 '2인 이상이 공동하여 죄를 범한 때'의 '죄'에는 고의범뿐만 아니라 과실범도 포함되는 것이므로 과실범의 경우에도 공동정범이 성립할 수 있으나, 의사의 연락이나 주의의무 위반에 대한 공동의 인식이 없었다면 '공동하여' 죄를 범하였다고 볼 수 없으므로, 과실범의 공동정범이 성립한다고 볼 수 없다.
② 2인 이상이 범죄에 공동 가공하는 공범관계에서 공모는 법률상 어떤 정형을 요구하는 것이 아니고, 2인 이상이 공모하여 어느 범죄에 공동 가공하여 그 범죄를 실현하려는 의사의 결합만 있으면 되는 것으로서, 비록 전체의 모의과정이 없었다고 하더라도 수인 사이에 순차적으로 또는 암묵적으로 상통하여 그 의사의 결합이 이루어지면 공모관계가 성립한다.
③ 공모공동정범에 있어서 그 공모자중의 1인이 다른 공모자가 실행행위에 이르기 전에 그 공모관계에서 이탈한 때에는 그 이후의 다른 공모자의 행위에 관하여 공동정범으로서의 책임은 지지 않지만, 이때 그 이탈의 표시는 반드시 명시적이어야 한다.
④ 甲이 포괄일죄의 관계에 있는 범행의 일부를 실행한 후 공범관계에서 이탈하였으나 다른 공범자에 의하여 나머지 범행이 이루어진 경우, 甲은 다른 공범들의 범죄실행을 저지하지 않은 이상 관여하지 않은 부분에 대하여도 죄책을 부담한다.

해설

① 【 O 】 형법 제30조 소정의 '2인 이상이 공동하여 죄를 범한 때'의 '죄'에는 고의범뿐만 아니라 과실범도 포함되는 것이므로 과실범의 경우에도 공동정범이 성립할 수 있으나, 의사의 연락이나 주의의무위반에 대한 공동의 인식이 없었다면 '공동하여' 죄를 범하였다고 볼 수 없으므로, 과실범의 공동정범이 성립한다고 볼 수 없다(대판 2024.12.26. 2024도1856). 25. 경찰
② 【 O 】 대판 1994.3.8. 93도3154 25. 경찰
③ 【 X 】 공모공동정범에 있어서 그 공모자 중의 1인이 다른 공모자가 실행행위에 이르기 전에 그 공모관계에서 이탈한 때에는 그 공모자의 이후의 다른 공모자의 행위에 관하여 공동정범으로서의 책임은 지지 않는다고 할 것이고, 그 이탈의 표시는 반드시 명시적임을 요하지 않는다(대판 1986.1.21. 85도2371). 25. 경찰
④ 【 O 】 대판 2011.1.13. 2010도9927 25. 경찰

정답 ③

05 공동정범에 대한 다음 설명 중 가장 적절하지 않은 것은?

① 포괄일죄의 범행 도중에 공동정범으로 범행에 가담한 자는 비록 그가 그 범행에 가담할 때에 이미 이루어진 종전의 범행을 알았다 하더라도 그 가담 이후의 범행에 대하여만 공동정범으로 책임을 진다.
② 공모에 의한 범죄의 공동실행은 모든 공범자가 스스로 범죄의 구성요건을 실현하는 것을 전제로 하지 아니하고, 그 실현행위를 하는 공범자에게 그 행위결정을 강화하도록 협력하는 것으로도 가능하다.
③ 피해자 일행을 한 사람씩 나누어 강간하자는 피고인 일행의 제의에 아무런 대답도 하지 않고 따라 다니다가 자신의 강간 상대방으로 남겨진 甲에게 일체의 신체적 접촉도 시도하지 않은 채 다른 일행이 인근 숲 속에서 강간을 마칠 때까지 甲과 함께 이야기만 나누었더라도, 다른 일행이 甲외 피해자들을 강간하려는 것을 보고도 이를 제지하지 아니하고 용인하였다면, 공모공동정범으로서의 죄책을 면할 수 없다.
④ 공모자가 공모에 주도적으로 참여하여 다른 공모자의 실행에 영향을 미친 때에는 범행을 저지하기 위하여 적극적으로 노력하는 등 실행에 미친 영향력을 제거하지 아니하는 한 공모자가 구속되었다는 등 의 사유만으로 공모관계에서 이탈하였다고 할 수 없다.

[해설]
① 【 O 】 대판 2007.11.15. 2007도6336 16. 경찰채용 2차
② 【 O 】 대판 2012.4.26. 2010도2905 16. 경찰채용 2차
③ 【 X 】 피해자 일행을 한 사람씩 나누어 강간하자는 피고인 일행의 제의에 아무런 대답도 하지 않고 따라 다니다가 자신의 강간 상대방으로 남겨진 甲에게 일체의 신체적 접촉도 시도하지 않은 채 다른 일행이 인근 숲 속에서 강간을 마칠 때까지 甲과 함께 이야기만 나눈 경우, 피고인에게 다른 일행의 강간 범행에 공동으로 가공할 의사가 있었다고 볼 수 없다(대판 2003.3.28. 2002도7477). 16. 경찰채용 2차
④ 【 O 】 대판 2010.9.9. 2010도6924 16. 경찰채용 2차

정답 ③

06 공동정범에 관한 다음 설명 중 옳은 것은 모두 몇 개인가?

㉠ 甲은 乙과 공모하여 가출 청소년 丙(여, 16세)에게 낙태수술비를 벌도록 해 주겠다고 유인하였고, 乙로 하여금 丙의 성매매 홍보용 나체사진을 찍도록 하였으며, 丙이 중도에 약속을 어길 경우 민형사상 책임을 진다는 각서를 작성하도록 한 후, 甲이 별건으로 체포되어 구치소에 수감 중인 동안 丙이 乙의 관리 아래 성매매를 계속한 경우, 丙의 성매매 기간 동안 甲은 수감되어 있었으므로 甲은 공모관계에서 이탈하였다고 할 수 있다.

㉡ 가담자 상호간에 암묵적인 방법에 의한 의사의 연락은 그 연락 방법이 명시적이지 않기 때문에 공동정범에 있어서 공동가공의 의사로 볼 수 없다.

㉢ 업무상배임죄로 이익을 얻는 수익자 또는 그와 밀접한 관련이 있는 제3자를 배임의 실행행위자와 공동정범으로 인정하기 위해서는 실행행위자의 행위가 피해자 본인에 대한 배임행위에 해당한다는 것을 알면서 소극적으로 배임행위에 편승하여 이익을 취득한 것으로 족하며, 실행행위자의 배임행위를 교사하거나 또는 배임행위의 전체 과정에 관여하는 등으로 배임행위에 적극 가담할 것을 요하지 않는다.

㉣ 전국노점상연합회가 주관한 도로행진시위에 단순 가담자인 甲이 다른 시위 참가자들과 시위 중 경찰관 등에 대한 특수공무집행방해 행위로 체포된 경우 체포된 이후에 이루어진 다른 시위참가자들의 범행에 대해서는 공모공동정범의 죄책을 인정할 수 없다.

① 1개　　② 2개　　③ 3개　　④ 4개

해설

㉠ 【 X 】 甲은 乙과 공모하여 가출 청소년 丙(여, 16세)에게 낙태수술비를 벌도록 해 주겠다고 유인하였고, 乙로 하여금 丙의 성매매 홍보용 나체사진을 찍도록 하였으며, 丙이 중도에 약속을 어길 경우 민형사상 책임을 진다는 각서를 작성하도록 한 후, 甲이 별건으로 체포되어 구치소에 수감 중인 동안 丙이 乙의 관리 아래 성매매를 계속한 경우, 丙의 성매매 기간 동안 甲이 수감되어 있었다 하더라도 위 甲은 乙과 함께 미성년자유인죄, 구 청소년의 성보호에 관한 법률 위반죄의 책임을 진다(대판 2010.9.9. 2010도6924). 19. 경찰승진

㉡ 【 X 】 2인 이상이 공동으로 가공하여 범죄를 행하는 공동정범에서 공모나 모의는 반드시 직접, 명시적으로 이루어질 필요는 없고 순차적, 암묵적으로 상통하여 이루어질 수도 있다(대판 2015.1.29. 2013도6274). 16. 국가직 7급

㉢ 【 X 】 업무상배임죄로 이익을 얻는 수익자 또는 그와 밀접한 관련이 있는 제3자를 배임의 실행행위자와 **공동정범으로 인정하기 위해서는** 실행행위자의 행위가 피해자 본인에 대한 배임행위에 해당한다는 것을 알면서도 **소극적으로 배임행위에 편승하여 이익을 취득한 것만으로는 부족하고**, 실행행위자의 배임행위를 교사하거나 또는 배임행위의 전 과정에 관여하는 등으로 배임행위에 적극 가담할 것이 필요하다(대판 2011.2.24. 2010도13801). 19. 경찰승진

㉣ 【 O 】 대판 2009.6.23. 2009도2994 19. 경찰승진

정답 ①

07 공동정범에 관한 다음 설명 중 옳은 것은 모두 몇 개인가?

㉠ 피고인이 자기 자신을 무고하기로 제3자와 공모하고 이에 따라 무고행위에 가담하였더라도 자기 자신을 무고하는 행위는 무고죄의 구성요건에 해당하지 않아 범죄가 성립할 수 없는 행위를 실현하고자 한 것에 지나지 않으므로 무고죄의 공동정범으로 처벌할 수 없다.
㉡ 공동가공의사는 타인의 범행을 인식하면서도 이를 제지하지 아니하고 용인하는 것만으로는 부족하고, 공동의 의사로 특정한 범죄행위를 하기 위해 일체가 되어 서로 다른 사람의 행위를 이용하여 자기의 의사를 실행에 옮기는 것을 내용으로 하는 것이어야 한다.
㉢ 공범자가 공갈행위의 실행에 착수한 후 그 범행을 인식하면서 그와 공동의 범의를 가지고 그 후의 공갈행위를 계속하여 재물의 교부나 재산상 이익의 취득에 이른 때에는 공갈죄의 공동정범이 성립한다.
㉣ 세무사법은 세무사와 세무사였던 자 또는 그 사무직원과 사무직원이었던 자가 직무상 지득한 비밀을 누설하는 행위를 처벌하고 있을 뿐 비밀을 누설받는 상대방을 처벌하는 규정이 없으므로, 세무사의 사무직원으로부터 그가 직무상 지득한 비밀을 기재한 서면을 교부받은 행위는 세무사법상 직무상 비밀누설죄의 공동정범에 해당하지 않는다.

① 1개   ② 2개   ③ 3개   ④ 4개

해설

㉠ 【 O 】 자기무고의 공동정범 (소극) 형법 제156조에서 정한 무고죄는 타인으로 하여금 형사처분 또는 징계처분을 받게 할 목적으로 허위의 사실을 신고하는 것을 구성요건으로 하는 범죄이다. 자기 자신으로 하여금 형사처분 또는 징계처분을 받게 할 목적으로 허위의 사실을 신고하는 행위, 즉 자기 자신을 무고하는 행위는 **무고죄의 구성요건에 해당하지 않아** 무고죄가 성립하지 않는다. 따라서 자기 자신을 무고하기로 제3자와 공모하고 이에 따라 무고행위에 가담하였더라도 이는 자기 자신에게는 무고죄의 구성요건에 해당하지 않아 범죄가 성립할 수 없는 행위를 실현하고자 한 것에 지나지 않아 무고죄의 공동정범으로 처벌할 수 없다(대판 2017.4.26. 2013도12592) 17. 법원행시

> **비교판례**
> 자기무고의 교사범 (적극) 형법 제156조의 무고죄는 국가의 형사사법권 또는 징계권의 적정한 행사를 주된 보호법익으로 하는 죄이나, 스스로 본인을 무고하는 자기무고는 무고죄의 구성요건에 해당하지 아니하여 무고죄를 구성하지 않는다. 그러나 피무고자의 교사·방조 하에 제3자가 피무고자에 대한 허위의 사실을 신고한 경우에는 **제3자의 행위는 무고죄의 구성요건에 해당하여** 무고죄를 구성하므로, 제3자를 교사·방조한 피무고자도 교사·방조범으로서의 죄책을 부담한다(대판 2008.10.23. 2008도4852).

㉡ 【 O 】 형법 제30조의 공동정범은 2인 이상이 공동하여 죄를 범하는 것으로서, 공동정범이 성립하기 위하여는 주관적 요건으로서 공동가공의 의사와 객관적 요건으로서 공동의사에 기한 기능적 행위지배를 통한 범죄의 실행사실이 필요하고, 공동가공의 의사는 타인의 범행을 인식하면서도 이를 제지하지 아니하고 용인하는 것만으로는 부족하고 공동의 의사로 특정한 범죄행위를 하기 위하여 일체가 되어 서로 다른 사람의 행위를 이용하여 자기의 의사를 실행에 옮기는 것을 내용으로 하는 것이어야 한다(대판 2008.4.10. 2008도1274).

㉢ 【 O 】 공범자가 공갈행위의 실행에 착수한 후 그 범행을 인식하면서 그와 공동의 범의를 가지고 그 후의 공갈행위를 계속하여 재물의 교부나 재산상 이익의 취득에 이른 때에는 공갈죄의 공동정범이 성립한다. 신문사 사주 및 광고국장 사이에 광고료 갈취에 대한 사전모의는 없었으나 암묵적인 의사연락에 의한 공범관계가 존재하고, 동일 장소에서 동일 기회에 상호 다른 자의 범행을 인식하고 이를 이용한 경우에 해당하므로 신문사 사주 및 광고국장의 행위는 폭력행위 등 처벌에 관한 법률 제2조 제2항의 "2인 이상이 공동하여 공갈죄를 범한 때"에 해당한다(대판 1997.2.14. 96도1959).

㉣ 【 O 】 세무사의 사무직원으로부터 그가 직무상 보관하고 있던 임대사업자 등의 인적사항, 사업자소재지가 기재된 서면을 교부받은 경우, 세무사의 사무직원이 직무상 지득한 비밀을 누설한 행위와 그로부터 그 비밀을 누설받은 행위는 대향범 관계에 있으므로 이에 공범에 관한 형법총칙 규정을 적용할 수 없으므로 세무사법상 직무상 비밀누설죄의 공동정범에 해당하지 않는다(대판 2007.10.25. 2007도6712).

정답 ④

08 다음 각 사례에서 甲의 죄책이 바르게 연결된 것은 모두 몇 개인가?

> ㉠ 甲은 乙과 절취범행을 모의하고 乙이 피해자의 집에서 절취행위를 하는 동안 그 집안의 가까운 곳에 대기하고 있다가 절취품을 가지고 같이 나왔다. - 절도죄의 공동정범
> ㉡ 乙, 丙 등과 강도 모의를 하면서 삽으로 사람을 때리는 시늉을 하는 등 모의를 주도한 甲이, 다른 공모자들이 범행대상을 지목하고 피해자를 뒤쫓아 가자 단지 "어?"라고만 하고 더 이상 만류하지 아니하여 공모자들이 강도상해의 범행을 하였다. - 강도죄의 공동정범
> ㉢ 甲은 허위작성된 유가증권을, 행사할 의사가 분명한 乙에게 주면 乙이 그것을 유통하게 할 것이라는 사실을 인식하고 乙에게 교부하였는데, 乙이 이를 행사하였다. - 허위작성유가증권행사죄의 공동정범
> ㉣ 부하들이 흉기를 들고 싸움을 하고 있는 도중에 폭력단체의 두목급 수괴 甲이 사건 현장에서 "전부 죽이라"고 고함을 치자, 그 부하들이 피해자들을 난자하여 사망케 하였다. - 살인죄의 공동정범

① 1개 ② 2개 ③ 3개 ④ 4개

해설

㉠ 【 X 】 시간적, 장소적 협동관계에 있으므로 합동범인 특수절도죄가 성립한다.
㉡ 【 X 】 피고인에게 공동가공의 의사와 공동의사에 기한 기능적 행위지배를 통한 범죄의 실행사실이 인정되므로 강도상해죄의 공모관계에 있고, 다른 공모자가 강도상해죄의 실행에 착수하기까지 범행을 만류하는 등으로 그 공모관계에서 이탈하였다고 볼 수 없으므로 강도상해죄의 공동정범으로서의 죄책을 진다(대판 2008.4.10. 2008도1274).
㉢ 【 O 】 행사할 의사가 분명한 자에게 교부하여 그가 이를 행사한 때에는 허위작성유가증권행사죄의 공동정범이 성립된다(대판 1995.9.29. 95도803).
㉣ 【 O 】 대판 1987.10.13. 87도1240

정답 ②

09 공동정범에 관한 다음 설명 중 가장 적절하지 않은 것은?

① 공동정범의 본질에 관한 범죄공동설에 따르면, 공동의 가담자들 사이에 서로 고의의 내용이 다른 경우에는 각자의 개별적인 고의범의 동시범이 인정되게 된다.
② A가 위조된 부동산임대차계약서를 담보로 제공하고 피해자 B로부터 돈을 빌려 편취할 것을 계획하면서 B가 계약서상의 임대인에게 전화를 걸어 확인할 것에 대비하여 C에게 미리 전화를 해서 임대인 행세를 해달라고 부탁하였고, C는 이런 사정을 잘 알면서도 이를 승낙하여 실제로 B의 남편으로부터 전화를 받자 자신이 실제의 임대인인 것처럼 행세하여 전세금액 등을 확인해준 경우에 있어서 C의 행위는 A의 위조사문서행사죄의 공동정범으로 인정하기는 어렵다.
③ 상대방에게 오토바이를 훔쳐오면 그것을 자기가 사주겠다고 부추긴 경우에 부추긴 사람에게는 절도죄의 공동실행의 의사를 인정할 수가 없으므로 절도죄의 공동정범이 되지는 못한다.
④ 공모자들이 그 공모한 범행을 수행하거나 목적 달성을 위해 나아가는 도중에 부수적인 다른 범죄가 파생되리라고 예상하거나 충분히 예상할 수 있는데도 그러한 가능성을 외면한 채 이를 방지하기에 족한 합리적인 조치를 취하지 아니하고 공모한 범행에 나아갔다가 결국 그와 같이 예상되던 범행들이 발생하였다면, 당초의 공모자들 사이에 그 범행 전부에 대하여 암묵적인 공모는 물론 그에 대한 기능적 행위지배가 존재한다고 보아야 한다.

해설

① 【 O 】 범죄공동설에 의하면 공동정범의 주관적 요건인 공동가공의 의사는 특정 범죄에 대한 고의를 공동으로 할 것을 요하므로 공동의 가담자들 사이에 서로 고의의 내용이 다른 경우에는 공동정범이 성립하지 않고 각자의 개별적인 고의범의 동시범이 성립한다. 11. 경찰채용 2차

② 【 X 】 피고인의 행위는 위조사문서행사에 있어서 기능적 행위지배의 공동정범 요건을 갖추어 공동정범이 성립한다(대판 2010.1.28. 2009도10139). 11. 경찰채용 2차

③ 【 O 】 대판 1997.9.30. 97도1940 11. 경찰채용 2차

④ 【 O 】 대판 2007.4.26. 2007도428 11. 경찰채용 2차

정답 ②

10. 甲의 행위 중 공모공동정범의 성부에 관한 판례의 입장과 일치하지 않는 것은?

① 시위 단순참가자 甲이 다른 시위 참가자들과 시위 중 경찰관 등에 대한 특수공무집행방해 행위로 체포되었다면, 체포 후에 이루어진 다른 시위참가자들의 범행에 대하여도 공모공동정범의 죄책을 진다.

② 乙이 시세조종의 방법으로 주가조작을 하는 데 사용하도록, 甲은 자신 및 지인들의 증권계좌와 자금을 교부하였을 뿐만 아니라, 적극적으로 투자자들을 유치하여 관리함으로써 그들 명의의 증권계좌와 자금이 乙의 주가조작 범죄에 사용되도록 하였다면 그 주가조작 범죄의 공모공동정범의 죄책을 진다.

③ 건설조동조합의 조합원들이 조합의 상급단체 간부 甲의 지시에 따라 건조물침입, 업무방해, 손괴, 폭행 등 범죄행위를 하였다면 위 조합의 상급단체 간부인 甲도 이들 범행에 대한 공모공동정범이 성립한다.

④ 사립대학 이사장인 甲은 대학의 간부인 乙에게 지시하여 乙의 주도하에 편입학 부정행위 및 입학시험점수 날조 등의 방법으로 일부학생을 부정입학시킨 경우, 甲도 업무방해죄의 공모공동정범이 성립된다.

해설

① 【 X 】 시위 단순참가자 甲이 다른 시위 참가자들과 시위 중 경찰관 등에 대한 특수공무집행방해 행위로 체포되었다면, 체포 후에 이루어진 다른 시위참가자들의 범행에 대하여는 甲에게 각 범행에 대한 본질적 기여를 통한 기능적 행위지배가 존재한다고 보기 어려우므로 이 부분에 대하여는 공모공동정범의 죄책을 인정할 수 없다(대판 2009.6.23. 2009도2994). 10. 국가직

② 【 O 】 대판 2004.5.28. 2004도1465 10. 국가직

③ 【 O 】 대판 2007.4.26. 2007도235 10. 국가직

④ 【 O 】 대판 1994.3.8. 93도3154 10. 국가직

정답 ①

11 공동정범에 관한 다음 설명 중 가장 적절하지 않은 것은?

① 공범자의 범인도피행위 도중에 그 범행을 인식하면서 그와 공동의 범의를 가지고 기왕의 범인도피상태를 이용하여 스스로 범인도피행위를 계속한 경우에는 범인도피죄의 공동정범이 성립하고, 이는 공범자의 범행을 방조한 종범의 경우도 마찬가지이다.

② 처(妻)가 구속된 남편을 대행하여 그의 지시를 받아 회사를 운영하면서 「조세범 처벌법」상의 조세포탈행위를 하다가 협의이혼한 후 처(妻) 혼자 회사를 경영하였더라도 이혼 전 남편의 영향력이 제거되지 않아 조세포탈행위가 계속되었다면 남편은 협의이혼 후에도 여전히 공동정범으로서 책임을 진다.

③ 2인 이상이 어느 범죄에 공동 가공하여 그 범죄를 실현하려는 의사의 결합만 있으면 전체의 모의과정이 없어도 공모관계가 성립하고 수인 사이에 순차적으로 또는 암묵적으로 상통하여도 무방하나, 공범자들 간에 전체의 모의과정이 없는 경우 실행행위에 직접 관여한 자만 다른 공모자의 행위에 대하여 공동정범으로서 책임을 진다.

④ 공동정범이 성립하기 위하여는 반드시 공범자간에 사전에 모의가 있어야 하는 것은 아니며, 우연히 만난 자리에서 서로 협력하여 공동의 범의를 실현하려는 의사가 암묵적으로 상통하여 범행에 공동가공하더라도 공동정범은 성립된다.

해설

① 【 O 】 대판 2012.8.30. 2012도6027
② 【 O 】 대판 2008.7.24. 2007도4310 16. 사시
③ 【 X 】 2인 이상이 공모하여 범죄에 공동가공하여 범죄를 실현하려는 의사의 결합만 있으면 되는 것으로서, 비록 전체의 모의과정이 없더라도 수인 사이에 순차적으로 또는 암묵적으로 상통하여 의사의 결합이 이루어지면 공모관계가 성립하고(대판 2011.12.22. 2011도9721), 이러한 공모가 이루어진 이상 실행행위에 직접 관여하지 아니한 자라도 다른 공범자의 행위에 대하여 공동정범으로서의 형사책임을 진다(대판 2004.12.24. 2004도5494). 16. 사시
④ 【 O 】 대판 1984.12.26. 82도1373 18. 경찰채용 2차

정답 ③

12 공동정범에 대한 설명으로 가장 적절한 것은?

① 甲, 乙, 丙 세 사람이 한자리에 모여 절도 범행을 공모한 후, 공모한 바대로 甲과 乙 두 사람이 직접 A의 집에 들어가 안에 있는 물건을 훔쳐오고 丙은 A의 집에서 한참 떨어진 현장에서 트럭을 준비하고 대기하다 甲과 乙이 물건을 가져오자 트럭에 싣고 함께 도주한 사안에서, 丙이 甲과 乙의 행위를 자기 의사의 수단으로 하여 위의 범행을 저질렀다고 평가할 수 있는 정범성의 표지를 갖추고 있는 한 공동정범의 일반이론에 비추어 丙에게는 일반 절도죄의 공동정범이 성립한다.

② 甲이 한 달여에 걸쳐 연속적으로 마약류를 제조하고 있었는데, 뒤늦게 乙이 甲의 그 같은 제조행위를 알고 도중에 공동정범으로 범행에 가담하여 甲과 함께 마약류 제조행위를 계속하였다고 하는 사안에서 乙이 범행에 가담할 당시에 이미 이루어진 종전의 범행을 알고 있었던 이상, 乙은 가담 이전의 제조행위에 대해서까지 공동정범으로 책임을 져야 한다.

③ 공모공동정범에 있어서 공모자 중의 1인이 다른 공모자가 실행행위에 이르기 전에 그 공모관계에서 이탈한 때에는 그 이후의 다른 공모자의 행위에 관하여 공동정범으로서의 책임은 지지 않는다 할 것이고 그 이탈의 표시는 명시적이어야 한다.

④ 자동차 명의신탁관계에서 제3자가 명의수탁자로부터 승용차를 가져가 매도할 것을 허락받고 인감증명 등을 교부받아 위 승용차를 명의신탁자 몰래 가져갔다면, 위 제3자와 명의수탁자의 공모·가공에 의한 절도죄의 공모공동정범이 성립한다.

[해설]

① 【 X 】 <u>3인 이상의 범인이 합동절도의 범행을 공모한 후 **적어도 2인 이상의 범인이 범행 현장에서** 시간적, 장소적으로 협동관계를 이루어 절도의 실행행위를 분담하여 절도 범행을 한 경우에는 공동정범의 일반 이론에 비추어 그 공모에는 참여하였으나 **현장에서 절도의 실행행위를 직접 분담하지 아니한 다른 범인에 대하여도** 그가 현장에서 절도 범행을 실행한 위 2인 이상의 범인의 행위를 자기 의사의 수단으로 하여 합동절도의 범행을 하였다고 평가할 수 있는 정범성의 표지를 갖추고 있다고 보여지는 한 그 다른 범인에 대하여 합동절도의 공동정범의 성립을 부정할 이유가 없다</u>(대판 1998.5.21. 98도321 전원합의체) ⇨ 丙에게는 합동절도죄의 공동정범이 성립한다. 18. 경찰채용 2차

② 【 X 】 <u>포괄일죄의 일부에 공동정범으로 가담한 자는 비록 그가 그때에 이미 이루어진 종전의 범행을 알았다 하여도 그 **가담 이후의 범행에 대해서만** 공동정범으로서 책임을 진다</u>(대판 1982. 6. 8. 선고 82도884). ⇨ 사실관계 : 연속된 히로뽕 제조행위 도중에 **공동정범으로 범행에 가담한 자는 비록 그가 그 범행에 가담할 때에 이미 이루어진 종전의 범행을 알았다 하더라도 그 가담 이후의 범행에 대하여만 공동정범으로 책임을 지는 것이라고 할 것이니, 비록 다른 공범자의 제조행위 전체가 포괄하여 하나의 죄가 된다 할지라도 피고인에게 그 가담 이전의 제조행위에 대하여까지 유죄를 인정할 수는 없다. 18. 경찰채용 2차

③ 【 X 】 공모공동정범에 있어서 그 공모중의 1인이 다른 공모자가 실행행위에 이르기 전에 그 공모관계에서 이탈한 때에는 그 이후의 다른 공모자의 행위에 관하여 공동정범으로서의 책임은 지지 않는다고 할 것이고 <u>그 이탈의 표시는 반드시 **명시적임을** 요하지 않는다</u>(대판 1986.1.21. 85도2371). 18. 경찰채용 2차

④ 【 O 】 대판 2007.1.11. 2006도4498

정답 ④

13 다음 사례에서 甲과 乙의 형사책임에 관한 설명으로 옳은 것은?

> 전문수렵인인 甲과 乙은 함께 멧돼지 사냥을 하던 중 멀리서 움직이는 물체가 멧돼지라고 생각하고 함께 총을 발사하자고 서로 손짓을 한 후 동시에 사냥총 1발씩을 각각 발사하였으나, 그 물체는 멧돼지가 아니라 심마니 A였다. 甲과 乙이 쏜 총알 중 1발은 옆의 나무에 맞았고, 다른 1발은 A의 심장에 맞아 A가 사망하였다. 그런데 A를 사망에 이르게 한 그 총알은 누가 쏜 것인지 판명되지 않았다.

① 고의의 독립행위가 경합하여 사망의 결과가 발생한 경우 그 원인행위가 판명되지 아니한 때에는 공동정범의 예에 의하여야 하므로, 甲과 乙은 살인미수죄의 공동정범으로 처벌된다.

② 과실의 독립행위가 경합하여 사망의 결과가 발생하였으나 그 원인행위가 판명되지 아니한 경우 각 행위는 미수범으로 처벌되는데, 업무상과실치사죄에는 미수범처벌규정이 없으므로 甲과 乙에 대해서 무죄를 선고하여야 한다.

③ 고의행위이든 과실행위이든 행위를 공동으로 할 의사로 결과를 발생케 한 경우에는 공동정범이 성립하고 그 원인행위가 판명되지 아니한 경우 각 행위는 미수범으로 처벌되나, 업무상과실치사죄에는 미수범처벌규정이 없으므로 甲과 乙에 대해서 무죄를 선고하여야 한다.

④ 고의행위이든 과실행위이든 행위를 공동으로 할 의사로 결과를 발생케 한 경우에는 공동정범이 성립하고, 공동정범의 경우에는 독립행위의 경합이 문제되지 않으므로 甲과 乙은 업무상과실치사죄의 공동정범으로 처벌된다.

⑤ 과실범 상호 간에는 공동정범이 성립할 수 없고, 비록 원인행위가 판명되지 않더라도 A의 사망은 甲 또는 乙의 과실행위에 의한 것이 분명하므로 甲과 乙은 각각 업무상과실치사죄로 처벌된다.

해설 12. 사시

① 【 X 】 동시 또는 이시의 독립행위가 경합한 경우에 그 결과발생의 원인된 행위가 판명되지 아니한 때에는 각 행위를 미수범으로 처벌한다. 동시범의 경우에 공동정범의 예에 의하는 것은 상해의 결과를 발생케하는 범죄(제263조)만 의미하므로 살인죄는 위 동시범의 특례가 적용되지 않는다. 또한, 사안의 경우에는 살인의 고의를 인정할 수 없는 경우이므로 틀린 지문이다.

② 【 X 】 甲과 乙은 '함께 총을 발사하자고 서로 손짓을 하였다'고 하므로 이는 의사의 연락이 있는 것이므로 독립행위의 경합이라고 볼 수 있는 경우가 아니다.

③ 【 X 】 사안에서는 공동정범이 성립하므로 독립행위의 경합문제가 발생하지 않는다. 2인 이상이 상호의사의 연락이 없이 동시에 범죄구성요건에 해당하는 행위를 하였을 때에는 원칙적으로 각인에 대하여 그 죄를 논하여야 하나, 그 결과발생의 원인이 된 행위가 분명하지 아니한 때에는 각 행위자를 미수범으로 처벌하고(독립행위의 경합), 이 독립행위가 경합하여 특히 상해의 경우에는 공동정범의 예에 따라 처단(동시범)하는 것이므로, 상호의사의 연락이 있어 공동정범이 성립한다면, 독립행위경합 등의 문제는 아예 제기될 여지가 없다(대판 1997.11.28. 97도1740).

④ 【 O 】 사례는 과실범의 공동정범이 성립하는 경우이므로 甲과 乙은 업무상과실치사죄의 공동정범으로 처벌한다.

⑤ 【 X 】 과실범의 공동정범도 인정된다.

> **관련판례**
> 형법 제30조에 "공동하여 죄를 범한 때"의 '죄'라 함은 고의범이고 과실범이고를 불문한다고 할 것이고, 따라서 두 사람 이상이 어떠한 과실행위를 서로의 의사 연락하에 이룩하여 범죄되는 결과를 발생케 한 것이라면 여기에 과실범의 공동정범이 성립된다고 볼 것이다(대판 1979.8.21. 79도1249).

정답 ④

14 다수의 행위자가 범죄에 가담하는 형태와 방식에 대한 다음 설명 중 옳은 것은 모두 몇 개인가?

> ㉠ 강간의 범행을 함께 공모한 자 중 다른 한 명이 피해자를 강간하는 동안 피해자가 반항하지 못하도록 피해자 입을 틀어막고 얼굴을 때린 자는, 강간 실행행위를 직접 하지 않았더라도 공동정범의 죄책을 질 수 있다.
> ㉡ 필요적 공범의 내부참가자에게는 형법총칙상의 공범규정이 적용되지 않는다.
> ㉢ 과실행위의 공동이란 존재할 수 없으므로, 고의의 기본범죄 이후 과실로 중한 결과가 발생하는 결과적 가중범에 대해서는 공동정범이 성립할 수 없다.
> ㉣ 합동절도에서 상황에 따라서는 장소적으로 협동한 범인도 방조만 한 경우에는 종범으로 처벌될 수도 있다.

① 1개   ② 2개   ③ 3개   ④ 4개

[해설]

㉠ 【O】 구성요건적 행위 이외의 행위라 하더라도 전체범행의 수행에 필요불가결한 요건이 되는 기능을 분담하는 것이라면 공동정범에 있어서 공동실행행위가 인정된다. 따라서 강간범행을 공모한 후 피해자의 입을 틀어막고 얼굴을 때리는 사안의 경우 강간범행 계획을 실현하기 위한 역할을 분담한 것이라 평가할 수 있어 강간범행의 공동실행행위가 인정된다. 결국 위 행위를 한 자와 강간행위를 한 자는 모두 강간죄의 공동정범이 성립한다.
㉡ 【O】 옳은 설명이다.
㉢ 【X】 판례는 결과적 가중범의 공동정범을 인정한다.
㉣ 【O】 합동절도에서 장소적으로 협동한 범인도 정범성의 표지를 갖추고 있지 않고 그 행위가 방조의 정도에 그친다면 합동절도의 방조범이 된다.

정답 ③

15 합동범에 대한 설명으로 가장 적절하지 않은 것은?

① 합동범의 공동정범은 가능하다.
② 합동범에 대한 교사·방조는 불가능하다.
③ 합동범이 성립하기 위해서는 주관적 요건으로서의 공모와 객관적 요건으로서의 실행행위의 분담이 필요하고 그 공모는 법률상 어떠한 정형을 요구하는 것은 아니어서, 공범자 상호간에 직접 또는 간접으로 범죄의 공동가공의사가 암묵리에 서로 상통하여도 합동범의 공모에 포함된다.
④ 乙, 丙과 A회사의 사무실 금고에서 현금을 절취할 것을 공모한 甲이 乙과 丙에게 범행도구를 구입하여 제공해주었을 뿐만 아니라 乙과 丙이 사무실에서 현금을 절취하는 동안 범행장소에서 100m 떨어진 곳에서 기다렸다가 절취한 현금을 운반한 경우, 甲은 乙과 丙의 합동절도의 공동정범의 죄책을 진다.

[해설]

① 【O】 대판 1998.5.21. 98도321 전원합의체 18. 경찰승진
② 【X】 합동범도 정범이므로 이에 대한 교사, 방조가 가능하다. 18. 경찰승진
③ 【O】 성폭력 범죄의 처벌 및 피해자보호 등에 관한 법률 제6조 제1항의 2인 이상이 합동하여 형법 제297조의 죄를 범한 경우에 특수강간죄가 성립하기 위하여는 주관적 요건으로서의 공모와 객관적 요건으로서의 실행행위의 분담이 있어야 하는데, 그 공모는 법률상 어떠한 정형을 요구하는 것이 아니어서 공범자 상호간에 직접 또는 간접으로 범죄의 공동가공의사가 암묵리에 서로 상통하여도 되고, 사전에 반드시 어떠한 모의과정이 있어야 하는 것도 아니어서 범의 내용에 대하여 포괄적 또는 개별적인 의사연락이나 인식이 있었다면 공모관계가 성립하며, 그 실행행위는 시간적으로나 장소적으로 협동관계에 있다고 볼 수 있는 사정에 있으면 된다 (대판 1996.7.12. 95도2655). 18. 경찰승진
④ 【O】 대판 2011.5.13. 2011도2021 18. 경찰승진

정답 ②

16 합동범에 대한 설명으로 옳지 않은 것은?

① 합동강도의 공범자 중 1인이 강도의 기회에 피해자를 살해한 경우, 다른 공모자가 살인의 공모를 하지 아니하였다고 하여도 그 살인 행위나 치사의 결과를 예견할 수 없었던 경우가 아니면 강도치사죄의 죄책을 면할 수 없다.

② 피고인이 다른 피고인들과 택시강도를 하기로 모의한 일이 있다고 하여도 다른 피고인들이 피해자에 대한 폭행에 착수하기 전에 겁을 먹고 미리 현장에서 도주해 버린 것이라면, 피고인을 특수강도의 합동범으로 다스릴 수는 없다.

③ 합동절도에서도 공동정범과 교사범·종범의 구별기준은 일반원칙에 따라야 하고, 그 결과 범행 현장에 존재하지 아니한 범인도 공동정범이 될 수 있으며, 상황에 따라서는 장소적으로 협동한 범인도 방조만 한 경우에는 종범으로 처벌될 수도 있다.

④ 합동범이 성립하기 위한 주관적 요건으로서 공모는 법률상 어떠한 정형을 요구하는 것이 아니어서 공범자 상호 간에 직접 또는 간접으로 범죄의 공동 가공의 의사가 암묵리에 서로 상통하면 되지만, 적어도 그 모의 과정은 사전에 있어야 한다.

해설

① 【O】 강도의 공범자 중 1인이 강도의 기회에 피해자에게 폭행 또는 상해를 가하여 살해한 경우, 다른 공모자가 살인의 공모를 하지 아니하였다고 하여도 그 살인 행위나 치사의 결과를 예견할 수 없었던 경우가 아니면 강도치사죄의 죄책을 면할 수 없다(대판 1991.11.12. 91도2156). 23. 국가직

② 【O】 피고인이 다른 피고인들과 택시강도를 하기로 모의한 일이 있다고 하여도 다른 피고인들이 피해자에 대한 폭행에 착수하기 전에 겁을 먹고 미리 현장에서 도주해 버렸다면 다른 피고인들과의 사이에 강도의 실행행위를 분담한 협동 관계가 있었다고 보기는 어려우므로 피고인을 특수강도의 합동범으로 다스릴 수는 없다(대판 1985.3.26. 84도2956). 23. 국가직

③ 【O】 합동절도에서도 공동정범과 교사범·종범의 구별기준은 일반원칙에 따라야 하고, 그 결과 범행 현장에 존재하지 아니한 범인도 공동정범이 될 수 있으며, 반대로 상황에 따라서는 장소적으로 협동한 범인도 방조만 한 경우에는 종범으로 처벌될 수도 있다(대판 1998.5.21. 98도321). 23. 국가직

④ 【X】 합동범이 성립하기 위하여는 주관적 요건으로서의 공모와 객관적 요건으로서의 실행행위의 분담이 있어야 하나, 그 공모는 법률상 어떠한 정형을 요구하는 것이 아니어서 공범자 상호 간에 직접 또는 간접으로 범죄의 공동 가공의 의사가 암묵리에 서로 상통하면 되고, 사전에 반드시 어떠한 모의 과정이 있어야 하는 것도 아니어서 범의 내용에 대하여 포괄적 또는 개별적인 의사 연락이나 인식이 있었다면 공모관계가 성립하며, 그 실행행위는 시간적으로나 장소적으로 협동 관계에 있다고 볼 수 있는 사정이 있으면 되는 것이다(대판 2012.6.28. 2012도2631). 23. 국가직

정답 ④

17 형법 제19조 동시범에 대한 설명으로 옳지 않은 것은?

① 동시 또는 이시의 독립행위가 존재하여야 한다.
② 독립행위란 의사연락이 없는 행위이다.
③ 각 행위는 시간적·장소적으로 밀접하게 관련되어야 한다.
④ 행위객체는 동일해야 한다.
⑤ 결과발생의 원인된 행위가 판명되지 아니함을 요한다.

[해설]
형법 제19조의 동시범이란 2인 이상+의사연락 없이+동시 또는 이시+동일한 객체+결과(원인판명이 불분명) ⇨ 각자 미수로 처벌
③ 【 X 】 동시범이 성립하기 위해서 반드시 동시에 행해질 것과, 동일한 장소에서 행해질 것은 요하지 않는다.

[정답] ③

18 동시범에 관한 설명으로 옳은 것은 모두 몇 개인가?

㉠ 시간적 차이가 있는 독립행위가 경합한 경우, 그 결과 발생의 원인된 행위가 판명되지 아니한 때에 형법 제263조가 적용되는 경우를 제외하고는 형법 제19조가 적용된다.
㉡ 독립행위가 경합하여 상해의 결과를 발생하게 한 경우에 있어서 원인된 행위가 판명되지 아니한 때에는 각 행위자를 미수범으로 처벌한다.
㉢ 형법 제263조의 동시범은 강간치상죄에는 적용할 수 없다.
㉣ A가 甲으로부터 폭행을 당하고 얼마 후 함께 A를 폭행하자는 甲의 연락을 받고 달려 온 乙로부터 다시 폭행을 당하고 사망하였으나 사망의 원인행위가 판명되지 않았다면, 형법 제263조가 적용되어 甲과 乙은 폭행치사죄의 공동정범의 예에 의하여 처벌된다.

① 1개　　② 2개　　③ 3개　　④ 4개

[해설]
㉠ 【 O 】 동시 또는 이시의 독립행위가 경합한 경우에 그 결과발생의 원인된 행위가 판명되지 아니한 때에는 각 행위를 미수범으로 처벌한다(제19조).
독립행위가 경합하여 상해의 결과를 발생하게 한 경우에 있어서 원인된 행위가 판명되지 아니한 때에는 공동정범의 예에 의한다(제263조). 22. 경찰
㉡ 【 X 】 독립행위가 경합하여 상해의 결과를 발생하게 한 경우에 있어서 원인된 행위가 판명되지 아니한 때에는 공동정범의 예에 의한다(제263조) '공동정범의 예에 의하여 처벌한다'는 의미는 공동정범처럼 결과가 발생한 이상 각 행위자를 기수범으로 처벌한다. 22. 경찰
㉢ 【 O 】 형법 제263조의 동시범은 상해와 폭행죄에 관한 특별규정으로서 동 규정은 그 보호법익을 달리하는 강간치상죄에는 적용할 수 없다(대판 1984.4.24. 84도372). 22. 경찰
㉣ 【 X 】 공범 관계에 있어 공동 가공의 의사가 있었다면 이에는 동시범 등의 문제는 제기될 여지가 없다(대판 1985.12.10. 85도1892). 22. 경찰

[정답] ②

19 상해죄의 동시범의 특례(형법 제263조)에 대한 설명으로 가장 옳지 않은 것은?

① 형법 제263조의 동시범은 상해와 폭행죄에 관한 특별규정으로서 동 규정은 그 보호법익을 달리하는 강간치상죄에는 적용할 수 없다.

② 시간적 차이가 있는 독립된 상해행위나 폭행행위가 경합하여 사망의 결과가 일어나고 그 사망의 원인된 행위가 판명되지 않은 경우에도 공동정범의 예에 의하여 처벌한다.

③ 만일 흉기로 피해자의 얼굴을 찍은 것이 피고인들 중 어느 한 사람의 소행일 가능성이 없고 피고인들 및 제3자 상호간에 의사의 연락이 있었다고 볼 수 없다면, 피고인들에 대하여 흉기에 의한 상해행위 부분까지 그 죄책을 물을 수는 없다.

④ 상해죄의 동시범은 독립행위가 경합하여 특히 상해의 결과를 발생하게 하고 그 결과발생의 원인이 된 행위가 밝혀지지 아니한 경우 공동정범의 예에 따라 처단하는 것이므로, 행위자 일방의 공동가공의사가 있었다면 이를 상해죄의 동시범으로서 공동정범의 예에 따라 처단할 수 없다.

해설

① 【 O 】 대판 1984.4.24. 84도372

② 【 O 】 대판 2000.7.28. 2000도2466

③ 【 O 】 상해죄에 있어서의 동시범은 두 사람 이상이 가해행위를 하여 상해의 결과를 가져온 경우에 그 상해가 어느 사람의 가해행위로 말미암은 것인지 분명치 않다면 가해자 모두를 공동정범으로 보자는 것이므로 가해행위를 한 것 자체가 분명하지 않은 사람에 대하여 동시범으로 다스릴 수 없음은 더 말할 것도 없다(대판 1984.5.15. 84도488).

④ 【 X 】 행위자 일방의 공동가공의사만 있는 경우를 편면적 공동정범이라고 한다. 판례는 편면적 공동정범을 인정하지 않으므로 상해죄의 공동정범이 될 수 없지만 동시범이나 편면적 종범이 될 수 있는바 동시범으로 인정되는 경우 상해죄의 동시범 특례가 적용되어 공동정범의 예에 따라 처단할 수 있다.

◎ 상해죄의 공동정범이 성립하는 것과 상해죄의 동시범 특례가 적용되어 공동정범의 예에 따라 처단하는 것을 구별해야 한다.

정답 ④

제4절 교사범

● 지문의 내용에 대해 학설의 대립 등 다툼이 있는 경우 판례에 의함

01 교사범에 대한 설명 중 가장 적절한 것은?

① 고의에 의한 교사행위뿐만 아니라 과실에 의한 교사행위도 가능하다.
② 피교사자가 이미 범죄의 결의를 가지고 있는 경우에도 교사범이 성립할 수 있다.
③ 교사를 받은 자가 범죄의 실행을 승낙조차 하지 않은 이른바 실패한 교사의 경우 교사자와 피교사자를 음모 또는 예비에 준하여 처벌한다.
④ 교사범이 공범관계로부터 이탈하기 위해서는 피교사자가 범죄의 실행행위에 나아가기 전에 교사범에 의하여 형성된 피교사자의 범죄 실행의 결의를 해소하여야 한다.

[해설]
① 【X】 과실로 범죄의사가 없는 타인에게 범죄를 결의하게 할 수 없으므로 과실에 의한 교사범은 불가능하다. 20. 경찰승진
② 【X】 교사범이란 타인(정범)으로 하여금 범죄를 결의하게 하여 그 죄를 범하게 한 때에 성립하는 것이고 피교사자는 교사범의 교사에 의하여 범죄실행을 결의하여야 하는 것이므로, 피교사자가 이미 범죄의 결의를 가지고 있을 때에는 교사범이 성립할 여지가 없다(대판 1991.5.14. 91도542). 20. 경찰승진
③ 【X】 실패한 교사의 경우 교사자만 음모 또는 예비에 준하여 처벌한다. 20. 경찰승진
④ 【O】 대판 2012.11.15. 2012도7407 20. 경찰승진

정답 ④

02 교사범에 대한 다음 설명 중 가장 옳은 것은?

① 자신의 형사사건에 관한 증거은닉 행위는 피고인의 방어권을 인정하는 취지와 상충하여 처벌의 대상이 되지 아니하므로 자신의 형사사건에 관한 증거은닉을 위하여 타인에게 도움을 요청하는 행위는 언제나 증거은닉교사죄로 처벌되지 아니한다.
② 피교사자의 범행결의가 교사행위에 의하여 생긴 것으로 보기 어려운 경우에는 실패한 교사로서 교사자를 음모 또는 예비에 준하여 처벌할 수 있을 뿐이다.
③ 교사범의 교사가 정범이 죄를 범한 유일한 조건일 필요는 없으나, 정범에게 범죄의 습벽이 있어 그 습벽과 함께 교사행위가 원인이 되어 정범이 범죄를 실행한 경우에도 교사행위와 정범의 범죄실행 사이에 인과관계가 단절되어 교사범이 성립할 여지가 없다.
④ 변호사 사무실 직원인 피고인 甲이 법원공무원인 피고인 乙에게 부탁하여, 공무상 비밀에 해당하는 수사 중인 사건의 체포영장 발부자 명단을 누설받았다면, 피고인 甲의 행위는 공무상비밀누설교사죄에 해당한다.

해설

① 【 X 】 자신의 형사사건에 관한 증거은닉을 위하여 타인에게 도움을 요청하는 행위 역시 원칙적으로 처벌되지 아니하나, 다만 그것이 방어권의 남용이라고 볼 수 있을 때는 증거은닉교사죄로 처벌할 수 있다(대판 2016.7.29. 2016도5596). 18. 법원직
② 【 O 】 피교사자가 범행을 승낙하지 아니하거나 피교사자의 범행결의가 교사자의 교사행위로 인한 것으로 볼 수 없는 때에는 실패한 교사로서 (형법 제31조 제3항) 음모 또는 예비에 준하여 처벌한다. 18. 법원직
③ 【 X 】 교사행위에 의하여 정범이 실행을 결의하게 된 이상 비록 정범에게 범죄의 습벽이 있어 그 습벽과 함께 교사행위가 원인이 되어 정범이 범죄를 실행한 경우에도 교사범의 성립에 영향이 없다(대판 1991.5.14. 91도542). 18. 법원직
④ 【 X 】 피고인 乙이 직무상 비밀을 누설한 행위와 피고인 甲이 이를 누설받은 행위는 대향범 관계에 있으므로 공범에 관한 형법총칙 규정이 적용될 수 없다. 따라서 피고인의 甲의 행위는 공무상비밀누설교사죄에 해당하지 않는다(대판 2011.4.28. 2009도3642). 18. 법원직

정답 ②

03 다음의 설명 중 가장 적절하지 않은 것은?

① 乙이 甲의 교사행위 당시에는 범행을 승낙하지 않았으나 이후 그 교사행위에 의하여 범행을 결의한 것으로 인정되는 경우, 甲에게는 교사범이 성립한다.
② 甲이 乙에게 A를 살해할 것을 제의하였는데 乙이 그 제의를 거절한 경우 甲은 살인죄의 예비·음모에 준하여 처벌된다.
③ 간호보조원의 무면허 진료행위가 있은 후에 이를 의사가 환자의 계속적인 진료에 참고되는 진료부에 기재하는 행위는 불가벌적 사후행위가 아니라 무면허 의료행위의 방조에 해당한다.
④ 甲이 乙에게 A를 상해할 것을 교사하였는데 乙이 이를 넘어 살인을 실행한 경우, 甲에게 A의 사망이라는 결과에 대하여 과실 내지 예견가능성이 있는 때에는 살인죄의 교사범으로서의 죄책을 지울 수 있다.

해설

① 【 O 】 피교사자가 교사자의 교사행위 당시에는 일응 범행을 승낙하지 아니한 것으로 보여진다 하더라도 이후 그 교사행위에 의하여 범행을 결의한 것으로 인정되는 이상 교사범의 성립에 영향이 없다(대판 2013.3.12. 2012도2744). 22. 경찰승진
② 【 O 】 甲이 乙에게 A를 살해할 것을 제의하였는데 乙이 그 제의를 거절한 경우 실패한 교사에 해당되어 甲은 살인죄의 예비·음모에 준하여 처벌된다.
③ 【 O 】 진료부는 환자의 계속적인 진료에 참고로 공하여지는 진료상황부이므로 간호보조원의 무면허 진료행위가 있은 후에 이를 의사가 진료부에다 기재하는 행위는 정범의 실행행위종료 후의 단순한 사후행위에 불과하다고 볼 수 없고 무면허 의료행위의 방조에 해당한다(대판 1982.4.27. 82도122).
④ 【 X 】 교사자가 피교사자에 대하여 상해 또는 중상해를 교사하였는데 피교사자가 이를 넘어 살인을 실행한 경우에, 일반적으로 교사자는 상해죄 또는 중상해죄의 죄책을 지게 되는 것이지만 이 경우에 교사자에게 피해자의 사망이라는 결과에 대하여 과실 내지 예견가능성이 있는 때에는 상해치사죄의 죄책을 지울 수 있는 것이다(대판 2002.10.25. 2002도4089).

정답 ④

04 교사범에 대한 설명으로 가장 적절하지 않은 것은?

① 피교사자가 교사자의 교사행위 당시에는 일응 범행을 승낙하지 아니한 것으로 보여진다 하더라도 이후 그 교사행위에 의하여 범행을 결의한 것으로 인정되는 이상 교사범의 성립에는 영향이 없다.
② 甲이 A를 모해할 목적으로 乙에게 위증을 교사한 이상, 가사 정범인 乙에게 모해의 목적이 없었다고 하더라도, 「형법」 제33조 단서의 규정에 의하여 甲을 모해위증교사죄로 처단할 수 있다.
③ 자기의 형사사건에 관한 증거를 위조하기 위하여 甲이 타인인 乙을 교사하여 죄를 범하게 한 경우 증거위조교사죄가 성립한다.
④ 교사행위에 의하여 피교사자가 범죄 실행을 결의하였다 하더라도 피교사자에게 다른 원인이 있어 범죄를 실행한 경우에는 교사범이 성립하지 아니한다.

[해설]
① 【 O 】 대판 2013.9.12. 2012도2744 18. 경찰승진
② 【 O 】 대판 1994.12.23. 93도1002 18. 경찰승진
③ 【 O 】 대판 2011.2.10. 2010도15986 18. 경찰승진
④ 【 X 】 교사범이 성립하기 위해 교사범의 교사가 정범의 범행에 대한 유일한 조건일 필요는 없으므로, 교사행위에 의하여 피교사자가 범죄 실행을 결의하게 된 이상 피교사자에게 다른 원인이 있어 범죄를 실행한 경우에도 교사범의 성립에는 영향이 없다. 따라서 피해자의 불륜관계를 이용하여 공갈할 것을 교사하여 피교사자가 범행의 결의를 가지게 되었고, 공갈하여 피해자로부터 금원을 교부받음으로써 범행이 기수에 이르렀다면 교사행위와 피교사자의 범행 결의 및 실행행위 사이에 인과관계가 인정된다. 따라서 교사자가 전화로 범행을 만류하는 취지의 말을 한 것만으로는 피고인의 교사행위와 공소외인의 실행행위 사이에 인과관계가 단절되었다고 볼 수 없다(대판 2012.11.15. 2012도7407). 또한 교사행위에 의하여 정범이 실행을 결의하게 된 이상 비록 정범에게 범죄의 습벽이 있어 그 습벽과 함께 교사행위가 원인이 되어 정범이 범죄를 실행한 경우에도 교사범의 성립에 영향이 없다(대판 1991.5.14. 91도542). 18. 경찰승진

정답 ④

05 甲의 죄책에 관한 설명 중 옳지 않은 것은?

① 甲이 자기의 형사사건에 관하여 乙을 교사하여 위증죄를 범하게 한 경우, 위증죄의 교사범이 성립한다.
② 甲이 乙을 교사하여 甲 자신이 형사처분을 받을 목적으로 수사기관에 대하여 乙이 甲에 대한 허위의 사실을 신고하도록 한 경우, 무고죄의 교사범이 성립한다.
③ 甲이 乙을 교사하여 자기의 형사사건에 관한 증거를 변조하도록 하였더라도, 乙이 甲과 공범관계에 있는 형사사건에 관한 증거를 변조한 것에 해당하여 乙이 증거변조죄로 처벌되지 않는 경우, 증거변조죄의 간접정범은 물론 교사범도 성립하지 않는다.
④ 공범종속성의 원칙상 교사범의 선고형이 정범의 선고형보다 더 무거울 수는 없다.

[해설]
① 【 O 】 대판 2004.1.27. 2003도5114 17. 변호사
② 【 O 】 대판 2008.10.23. 2008도4852 17. 변호사
③ 【 O 】 대판 2011.7.14. 2009도13151 17. 변호사
④ 【 X 】 교사범은 정범과 동일한 형으로 처벌하고(제31조 제1항), 방조범은 정범의 형보다 감경한다(제32조 제2항). 여기서의 '형'은 모두 법정형을 의미하는 것이므로 선고형은 교사범이나 방조범이 정범보다 무거울 수 있고, 정범에게 책임조각사유나 형면제사유가 있을 때에는 교사범 또는 방조범만 처벌될 수도 있다. 14. 법원직

정답 ④

06 교사범에 관한 설명 중 옳지 않은 것은?

① 甲이 乙에게 피해자 A의 불륜관계를 이용하여 공갈할 것을 교사하였다. 이에 乙은 A를 미행하여 불륜 현장을 촬영한 후 甲에게 이를 알렸으나, 甲은 乙에게 그동안의 수고비를 줄 테니 촬영한 동영상을 넘기고 A를 공갈하는 것을 단념하라고 수차례 만류하였다. 그럼에도 乙은 甲의 제안을 거절하고 촬영한 동영상을 A의 핸드폰에 전송하고 전화 등으로 현금을 주지 않으면 동영상을 유포하겠다고 A에게 겁을 주어 A로부터 500만원을 교부받은 경우 甲은 공범관계에서 이탈한 것으로 볼 수 있으므로 공갈죄의 교사범이 성립하지 않는다.

② 甲이 이미 흉기휴대 특수강도를 결심하고 있는 乙을 설득하여 단순강도죄를 범하도록 한 경우 甲은 특수강도죄의 교사범으로 처벌되지 않음은 물론이고 단순강도죄의 교사범으로도 처벌되지 않는다.

③ 甲이 乙, 丙, 丁으로부터 절취해 온 장물을 상습적으로 매수하여 오던 중 乙, 丙에게 드라이버를 사주면서 "丁이 구속되어 있으니 너희들이 도망다니려면 돈도 필요할텐데 열심히 일하라"라고 말한 경우 甲은 乙, 丙이 범한 특수절도죄의 교사범으로 처벌된다.

④ 甲이 乙에게 乙의 처 A의 간통현장을 알려 줌으로써 처의 간통현장을 목격하고 흥분한 乙을 통하여 A를 폭행하려는 목적을 달성한 경우 甲은 폭행죄의 교사범으로 처벌되지 않는다.

해설

① 【 X 】 피고인은 공소외인으로 하여금 이 사건 공갈 범죄의 실행을 결의하게 하였고, 피고인의 교사에 의하여 범죄 실행을 결의하게 된 공소외인(정범)이 그 실행행위에 나아가기 전에 피고인으로부터 범행을 만류하는 전화를 받기는 하였으나 이를 명시적으로 거절함으로써 여전히 피고인의 교사 내용과 같은 범죄 실행의 결의를 그대로 유지하였으며, 그 결의에 따라 실제로 피해자를 공갈하였음을 알 수 있다. 이를 앞서 본 법리에 비추어 보면, 피고인의 교사행위와 공소외인의 공갈행위 사이에는 상당인과관계가 인정된다 할 것이고, 피고인의 만류행위가 있었지만 공소외인이 이를 명시적으로 거절하고 당초와 같은 범죄 실행의 결의를 그대로 유지한 것으로 보이는 이상, 피고인이 공범관계에서 이탈한 것으로 볼 수도 없다(대판 2012.11.15. 2012도7407).

② 【 O 】 교사범은 피교사자가 교사자에 의하여 범죄 실행을 결의하여 성립되는 것이므로 이미 피교사자가 범의의 결의를 가지고 있을 때에는 교사범이 성립할 여지가 없다. 중한 범죄를 결심한 자에게 경한 범죄를 실행하도록 한 경우에는 위험감소로서 객관적 귀속이 부정되어 교사범은 성립하지 않는다(통설). ✔ 방조는 성립할 수 있다.

③ 【 O 】 막연히 "범죄를 하라"거나 "절도를 하라"고 하는 등의 행위만으로는 교사행위가 되기에 부족하다 하겠으나, 타인으로 하여금 일정한 범죄를 실행할 결의를 생기게 하는 행위를 하면 교사행위가 되는 것으로서 교사의 수단방법에는 제한이 없으므로, 교사범이 성립하기 위해서 범행의 일시, 장소, 방법 등의 세부적인 사항까지를 특정하여 교사할 필요는 없는 것이고, 일정한 범죄의 실행을 결의할 정도에 이르게 하면 교사범이 성립된다. 사안에서 甲이 乙과 丙에게 말한 취지는 종전에 丁과 같이 하던 범위의 절도를 다시 계속하면 그 장물은 매수하여 주겠다는 것으로서 절도의 교사가 있었다고 보아야 한다(대판 1991.5.14. 91도542).

④ 【 O 】 甲이 乙에게 폭행을 결의하도록 만든 것으로 볼 수 없고 폭행을 유발할 수 있는 상황을 만든 것에 불과하므로 교사가 될 수 없다.

정답 ①

07 다음은 교사범에 관한 판례이다. 잘못 기술된 것은?

① 범인이 자신을 위하여 타인으로 하여금 허위의 자백을 하게 하여 범인도피죄를 범하게 하는 행위는 방어권의 남용으로 범인도피교사죄에 해당한다.
② 대리응시자들의 시험장의 입장은 시험 관리자의 승낙 또는 그 추정된 의사에 반한 불법침입이라 아니할 수 없고, 이와 같은 침입을 교사한 이상 주거침입교사죄가 성립된다.
③ 피고인이 지방행정서기를 교사하여 무허가건물을 허가 받은 건축물인 것처럼 가옥대장 등에 등재케 하였다면 허위공문서작성죄의 교사범이 성립한다.
④ 경찰관이 취객을 상대로 한 이른바 부축빼기 절도범을 단속하기 위하여, 공원 인도에 쓰러져 있는 취객 근처에서 감시하고 있다가, 마침 피고인이 나타나 취객을 부축하여 10m 정도를 끌고 가 지갑을 뒤지자 현장에서 체포하여 기소한 경우, 위법한 함정수사이다.

[해설]
① 【 O 】 대판 2000.3.24. 2000도20
② 【 O 】 대판 1967.12.19. 67도1281
③ 【 O 】 대판 1983.12.13. 83도1458)
　✔ 공무원 아닌 자는 허위공문서작성죄의 정범적격이 없으므로 간접정범이 될 수는 없지만 허위공문서작성죄의 교사범이나 종범이 될 수는 있다.
④ 【 X 】 기회제공형 함정수사는 판례가 위법수사로 보지 않는다(대판 2007.5.31. 2007도1903).

정답 ④

08 교사범에 관한 다음 설명 중 옳지 않은 것은 모두 몇 개인가?

㉠ 교사범이 성립하기 위해서는 교사자의 교사행위와 정범의 실행행위가 있어야 하는 것이므로 정범의 성립은 교사범의 구성요건의 일부를 형성하고 교사범이 성립함에는 정범의 범죄행위가 인정되는 것이 그 전제요건이 된다.
㉡ 교사를 받은 자가 범죄의 실행을 승낙하고 실행의 착수에 이르지 아니한 때 교사자의 경우 음모 또는 예비에 준하여 처벌한다.
㉢ 교사범은 정범과 동일한 형으로 처벌한다.
㉣ 피교사자가 범죄의 실행에 착수하였으나 미수에 그친 경우 교사자와 피교사자는 미수범의 형으로 처벌한다.
㉤ 간접교사도 판례상 긍정된다.

① 1개　　　　　② 2개　　　　　③ 3개　　　　　④ 없음

[해설]
㉠ 【 O 】 대판 2000.2.25. 99도1252　16. 법원행시
㉡ 【 O 】 형법 제31조 제2항　18. 국가직
㉢ 【 O 】 교사범은 정범과 동일한 형으로 처벌하고(제31조 제1항), 방조범은 정범의 형보다 감경한다(제32조 제2항).
　✔ 다만 여기서의 '형'은 모두 법정형을 의미하는 것이므로 선고형은 교사범이나 방조범이 정범보다 무거울 수 있고, 정범에게 책임조각사유나 형 면제사유가 있을 때에는 교사범 또는 방조범만 처벌될 수도 있다는 점을 주의해야 한다. 15. 사시
㉣ 【 O 】 피교사자가 범죄의 실행에 착수하였으나 미수에 그친 경우를 협의의 교사의 미수라고 하는데, 이 경우 미수범 처벌규정이 있다면 정범과 교사범 모두 미수의 책임을 진다. 15. 사시
㉤ 【 O 】 대판 1974.1.29. 73도3104　15. 법원직

정답 ④

09 교사범에 관한 다음 설명 중 틀린 것은 모두 몇 개인가?

㉠ 보증인지위에 있는 자의 부작위에 의한 교사는 가능하다.
㉡ 상대방이 책임무능력자인 줄 알고 교사하였으나 사실은 그 자가 책임능력자였던 경우 간접정범에 해당한다.
㉢ 절도를 결의하고 있는 자에게 특수절도를 교사한 경우 특수절도죄의 교사범에 해당한다.
㉣ 교사범이 성립하기 위해 교사범의 교사가 정범의 범행에 대한 유일한 조건일 필요는 없으므로, 교사행위에 의하여 피교사자가 범죄 실행을 결의하게 된 이상 피교사자에게 다른 원인이 있어 범죄를 실행한 경우에도 교사범이 성립한다.
㉤ 甲의 교사를 받은 乙이 피해자 A를 공갈하기 위해 사용할 자료를 수집한 후, 甲으로부터 만류 취지의 전화를 받았음에도 A를 공갈하여 재물을 교부받았다면, 甲의 교사행위와 乙의 행위 사이에 인과관계가 단절되어 甲을 공갈죄의 교사범으로 처벌할 수 없다.

① 1개 ② 2개 ③ 3개 ④ 4개

해설

㉠ 【 X 】 부작위에 의해서는 타인에게 범행의 결의를 갖게 할 수 없으므로 부작위에 의한 교사는 불가능하며 보증인지위에 있는 자의 부작위에 의한 교사도 불가능하다.
㉡ 【 X 】 상대방(피이용자)은 책임능력이 있었으므로 범행을 지배한 것은 피이용자 자기 자신이지 이용자가 아니므로 이용자의 의사지배를 인정할 수 없다. 따라서 이 경우는 이용자는 공범(교사범 또는 방조범)은 될지언정 간접정범은 될 수 없다.
㉢ 【 ○ 】 피교사자가 결의하고 있는 고의보다 더 큰 고의를 교사한 경우 교사한 범죄의 교사범이 성립한다.
㉣ 【 ○ 】 대판 2012.11.15. 2012도7407
㉤ 【 X 】 피고인 甲은 乙로 하여금 이 사건 공갈 범죄의 실행을 결의하게 하였고, 피고인 甲의 교사에 의하여 범죄 실행을 결의하게 된 乙이 그 실행행위에 나아가기 전에 피고인으로부터 범행을 만류하는 전화를 받기는 하였으나 이를 명시적으로 거절함으로써 여전히 피고인의 교사 내용과 같은 범죄 실행의 결의를 그대로 유지하였으며, 그 결의에 따라 실제로 피해자 A를 공갈하였음을 알 수 있다. 이를 앞서 본 법리에 비추어 보면, 피고인의 교사행위와 乙의 공갈행위 사이에는 상당인과관계가 인정된다 할 것이고, 피고인의 만류행위가 있었지만 乙이 이를 명시적으로 거절하고 당초와 같은 범죄 실행의 결의를 그대로 유지한 것으로 보이는 이상, 피고인이 공범관계에서 이탈한 것으로 볼 수도 없다(대판 2012.11.15. 2012도7407).

정답 ③

10 교사범에 대한 설명으로 옳은 것은 모두 몇 개인가?

㉠ 미수의 교사는 기수의 고의가 없으므로 교사자의 가벌성은 부인된다.
㉡ 교사자가 중상해를 교사하였는데 피교사자가 살인을 실행한 경우 교사자에게 사망의 예견가능성이 있었다면 살인죄의 교사범이 성립한다.
㉢ 교사자가 강도를 교사하였는데 피교사자가 강간을 실행한 경우 교사자는 불가벌이 된다.
㉣ 교사자가 강간을 교사하였는데 피교사자가 강도를 실행한 경우 교사자는 불가벌이 된다.

① 1개 ② 2개 ③ 3개 ④ 4개

해설

㉠ 【 O 】 미수의 교사란 교사자가 처음부터 피교사자의 실행행위가 미수에 그칠 것을 예견하면서 교사한 경우를 말하는바 교사범의 고의는 기수의 고의일 것을 요한다. 따라서 함정수사와 같은 미수의 교사는 교사의 고의가 없어 교사범이 성립하지 않고 불가벌이다(통설). 18. 국가직

㉡ 【 X 】 정범의 행위가 교사 내용을 초과한 경우 중 양적초과이다. 甲은 乙에게 "丙을 정신을 차릴 정도로 때려주어라"고 교사하였는데, 乙은 丙을 살해한 경우, 일반적으로 교사자는 상해죄에 대한 교사범이 되는 것이고, 다만 이 경우 교사자에게 피해자의 사망이라는 결과에 대하여 과실 내지 예견가능성이 있는 때에는 상해치사죄의 교사범으로서의 죄책을 지울 수 있다(대판 1997.6.24. 97도1075). 18. 국가직

㉢ 【 X 】 정범의 행위가 교사 내용을 초과한 경우 중 질적초과이다. 이 경우는 교사한 범죄의 예비·음모의 처벌규정이 있는 경우에 한하여 교사한 범죄의 예비·음모로 처벌된다. 사안의 경우 강도를 교사했으나 정범이 강간을 실행한 경우 교사자는 강도 예비·음모의 죄책을 진다. 18. 국가직

㉣ 【 X 】 정범의 행위가 교사 내용을 초과한 경우 중 질적초과이다. 이 경우는 교사한 범죄의 예비·음모의 처벌규정이 있는 경우에 한하여 교사한 범죄의 예비·음모로 처벌된다. 사안의 경우 강간을 교사했으나 정범이 강도를 실행한 경우 교사자는 강간 예비·음모의 죄책을 진다. 18. 국가직

정답 ①

11 다음 중 형법 제31조 제2항(이른바 '효과없는 교사')에 따라 甲과 乙이 예비·음모에 준하여 처벌되는 경우는?

① 甲이 乙에게 강도를 교사하였으나 乙이 이를 거부한 경우
② 甲이 乙에게 강도를 교사하고 乙이 이를 승낙하였으나 강도의 실행으로 나아가지 않은 경우
③ 甲이 乙에게 절도를 교사하였으나 乙이 이를 거부한 경우
④ 甲이 乙에게 절도를 교사하고 乙이 이를 승낙하였으나 절도의 실행으로 나아가지 않은 경우

해설 19. 국가직

형법 제31조(교사범) ① 타인을 교사하여 죄를 범하게 한 자는 죄를 실행한 자와 동일한 형으로 처벌한다.
② 교사를 받은 자가 범죄의 실행을 승낙하고 실행의 착수에 이르지 아니한 때에는 **교사자와 피교사자를** 음모 또는 예비에 준하여 처벌한다. (⇨ 효과없는 교사) ③ 교사를 받은 자가 범죄의 실행을 승낙하지 아니한 때에도 **교사자에** 대하여는 전항과 같다. ⇨ 실패한 교사

① 【 X 】 실패한 교사에 해당한다. 따라서 교사자인 甲만 강도의 예비·음모에 준하여 처벌된다.
② 【 O 】 효과없는 교사에 해당한다. 따라서 **교사자(甲)와 피교사자(乙) 모두** 강도의 예비·음모에 준하여 처벌된다.
③ 【 X 】 실패한 교사에 해당한다. 따라서 교사자인 甲만 절도의 예비·음모가 문제되지만, 절도죄는 예비·음모처벌규정이 없으므로 불가벌이다.
④ 【 X 】 효과없는 교사에 해당한다. 따라서 교사자(甲)와 피교사자(乙) 모두 절도의 예비·음모가 문제되지만, 절도죄는 예비·음모 처벌규정이 없으므로 불가벌이다.

정답 ②

12 교사의 착오에 관한 설명으로 가장 적절하지 않은 것은?

① 甲이 乙에게 丙을 살해할 것을 교사하고 乙이 이를 승낙한 후 실행의 착수에 이르지 아니한 경우, 甲은 살인의 예비·음모죄로 처벌된다.
② 甲은 乙에게 절도를 교사하였으나 乙이 살인을 실행한 경우, 甲은 무죄로 된다.
③ 甲이 乙에게 丙을 상해할 것을 교사하였으나 乙에 의해 상해를 입은 丙이 사망한 경우, 乙에게 피해자의 사망에 대한 예견가능성이 인정되는 한 甲도 상해치사죄의 죄책을 진다.
④ 甲이 乙에게 강도를 교사하였으나 乙이 절도죄만 범한 경우, 甲은 강도예비·음모죄와 절도죄의 교사범의 상상적 경합범이 되지만 형이 중한 강도예비·음모의 형으로 처벌된다.

[해설]

① 【 O 】 기도된 교사 중 효과 없는 교사에 해당하는 경우이다. 이 경우 제31조 제2항에 따라 교사자와 피교사자 모두 예비·음모에 준하여 처벌한다. 따라서 甲과 乙은 살인예비죄로 처벌된다.
② 【 O 】 교사의 착오 중 질적 초과에 해당하는 경우이다. 이 경우 교사자는 질적 초과부분에 대해서는 책임을 지지 않고, 다만 교사한 범죄의 예비·음모의 처벌규정이 있는 경우에 한하여 교사한 범죄의 예비·음모로 처벌되는데 절도죄의 예비·음모 처벌규정은 없으므로 무죄가 된다.
③ 【 X 】 피교사자가 결과적 가중범의 결과를 실현한 경우 교사자에게 결과에 대한 과실이 있는 때에 한하여 결과적 가중범의 교사가 성립한다. 이 경우에 과실의 유무는 '교사자'를 기준으로 판단하여야 하며, 피교사자에게 결과에 대한 고의 또는 과실이 있느냐는 전혀 문제가 되지 않는다.
④ 【 O 】 교사의 착오 중 교사내용에 미달한 경우이다. 교사자에게는 피교사자가 실행한 범죄에 대한 교사범이 성립하나, 실행한 범죄의 형보다 교사한 범죄의 예비·음모의 형이 중한 경우에는 교사자가 교사한 범죄의 예비와 피교사자가 실행한 범죄의 교사범의 상상적 경합이 성립한다. 따라서 강도를 교사하였으나 절도를 실행한 경우에는 절도죄의 교사범과 강도죄의 예비·음모의 상상적 경합이 되고, 중한 형인 강도죄의 예비·음모로 처벌된다.

정답 ③

13 甲은 乙에게 A를 상해하라고 교사하고 乙은 이를 승낙하였으나, 그 후 생각이 바뀌어 乙에게 단념하라고 했다. 그 말을 듣고 乙은 범행을 포기했으나 얼마 후 자신을 무시하는 A를 살해하기로 마음먹고, 건물 옥상에서 우연히 A가 B와 함께 걸어가는 것을 보고 누가 죽더라도 상관없다고 생각하면서 아래로 벽돌을 던졌다. A는 놀라 넘어져 경상을 입었고, B는 머리에 벽돌을 맞아 중상을 입고 병원에 후송되었는데 수술지연 등 의사의 과실이 공동원인이 되어 B는 사망하였다. 甲과 乙의 죄책에 대한 설명으로 옳은 것은?

① 甲은 乙에게 단념하라고 말했고 乙이 범행을 포기했다고 하더라도 乙이 A를 상해한 이상 甲은 A에 대한 상해교사의 죄책을 진다.
② 乙이 옥상에서 벽돌을 던져 A에게 경상을 입힌 점에 대해서는 살인미수의 죄책을 진다.
③ 乙이 옥상에서 던진 벽돌이 B의 머리에 맞은 것은 방법의 착오에 해당하며, 법정적 부합설에 따르면 B에 대한 살인의 고의가 인정되지 아니한다.
④ 수술지연 등 의사의 과실이 공동원인이 된 이상 乙의 행위와 B의 사망 사이에는 인과관계가 인정되지 않는다.

[해설] 19. 국가직

① 【 X 】 교사범이란 정범인 피교사자로 하여금 범죄를 결의하게 하여 그 죄를 범하게 한 때에 성립하는 것이고, 교사범을 처벌하는 이유는 이와 같이 교사범이 피교사자로 하여금 범죄 실행을 결의하게 하였다는 데에 있다. 따라서 교사범이 그 공범관계로부터 이탈하기 위해서는 피교사자가 범죄의 실행행위에 나아가기 전에 교사범에 의하여 형성된 피교사자의 범죄 실행의 결의를 해소하는 것이 필요하고, 이때 교사범이 피교사자에게 교사행위를 철회한다는 의사를 표시하고 이에 피교사자도 그 의사에 따르기로 하거나 또는 교사범이 명시적으로 교사행위를 철회함과 아울러 피교사자의 범죄 실행을 방지하기 위한 진지한 노력을 다하여 당초 피교사자가 범죄를 결의하게 된 사정을 제거하는 등 제반 사정에 비추어 객관적·실질적으로 보아 교사범에게 교사의 고의가 계속 존재한다고 보기 어렵고 당초의 교사행위에 의하여 형성된 피교사자의 범죄 실행의 결의가 더 이상 유지되지 않는 것으로 평가할 수 있다면, 설사 그 후 피교사자가 범죄를 저지르더라도 이는 당초의 교사행위에 의한 것이 아니라 <u>새로운 범죄 실행의 결의에 따른 것이므로 교사자는 형법 제31조 제2항에 의한 죄책을 부담함은 별론으로 하고 형법 제31조 제1항에 의한 교사범으로서의 죄책을 부담하지는 않는다</u>(대판 2012.11.15. 2012도7407).
② 【 O 】 누가 죽더라도 상관없다고 생각하였으므로 A, B 모두에 대하여 살인의 고의가 인정된다. 따라서 A에 대한 살인의 고의로 실행행위에 나아갔으나, A의 사망결과가 발생하지 않았으므로 A에 대한 살인미수가 성립한다(제250조 제1항, 제254조).
③ 【 X 】 누가 죽더라도 상관없다고 생각하였으므로 A, B 모두에 대하여 살인의 고의가 인정된다고 보아야 한다. 따라서 사안은 방법의 착오에 해당하지 않는다.
④ 【 X 】 피고인이 주먹으로 피해자의 복부를 1회 강타하여 장파열로 인한 복막염으로 사망케 하였다면, <u>비록 **의사의 수술지연** 등 과실이 피해자의 사망의 **공동원인**이 되었다 하더라도 피고인의 행위가 사망의 결과에 대한 유력한 원인이 된 이상 그 폭력행위와 치사의 결과간에는 인과관계가 있다</u> 할 것이어서 피고인은 피해자의 사망의 결과에 대해 폭행치사의 죄책을 면할 수 없다(대판 1984.6.26. 84도831).

정답 ②

제5절 방조범

⊙ 지문의 내용에 대해 학설의 대립 등 다툼이 있는 경우 판례에 의함

01 방조범에 대한 설명 중 옳은 것은?

① 정범이 실행에 착수하기 전에 방조한 경우에는 그 이후 정범이 실행에 착수하였더라도 방조범이 성립할 수 없다.
② 간호조무사의 무면허 진료행위가 있은 후에 이를 의사가 진료부에 기재하는 행위는 범죄종료 후의 사후행위에 불과하므로 무면허 의료행위의 방조에 해당하지 않는다.
③ 방조범에 있어서 정범의 고의는 정범에 의하여 실현되는 범죄의 구체적 내용을 인식할 것을 요하는 것은 아니고 미필적 인식 또는 예견으로 족하다.
④ 방조범은 정범이 누구인지를 확실히 알아야 한다.

[해설]
① 【 X 】 종범은 정범의 실행행위 중에 이를 방조하는 경우는 물론이고 실행의 착수 전에 장래의 실행행위를 예상하고 이를 용이하게 하는 행위를 하여 방조한 경우에도 정범이 그 실행행위에 나아갔다면 성립한다(대판 1997.4.17. 96도3377(全)). 17. 경찰간부
② 【 X 】 진료부는 환자의 계속적인 진료에 참고로 공하여지는 진료상황부이므로 간호보조원의 무면허 진료행위가 있은 후에 이를 의사가 진료부에다 기재하는 행위는 정범의 실행행위종료 후의 단순한 사후행위에 불과하다고 볼 수 없고 무면허 의료행위의 방조에 해당한다(대판 1982.4.27. 82도122). 17. 경찰간부
③ 【 O 】 대판 2005.4.29. 2003도6056 17. 경찰간부
④ 【 X 】 정법이 범행을 한다는 점을 알면서 그 실행행위를 용이하게 한 이상 그 행위가 간접적이거나 직접적이거나를 가리지 않으며 이 경우 정범이 누구에 의하여 실행되어지는가를 확지할 필요는 없다(대판 1977.9.28. 76도4133). 17. 경찰간부

정답 ③

02 다음 중 방조에 대한 설명으로 가장 옳지 않은 것은?

① 방조범에 있어서 정범의 고의는 정범에 의하여 실현되는 범죄의 구체적 내용을 인식할 것을 요하는 것은 아니고 미필적 인식 또는 예견으로 족하다.
② 자기의 지휘, 감독을 받는 자를 방조하여 범죄의 결과를 발생하게 한 자는 정범에 정한 형의 장기 또는 다액에 그 2분의 1까지 가중한 형으로 처벌한다.
③ 법률상 정범의 범행을 방지할 의무가 있는 자가 그 범행을 알면서도 방지하지 아니하여 범행을 용이하게 한 때에는 부작위에 의한 종범이 성립한다.
④ 간첩이라는 정을 알면서 숙식을 제공하거나 심부름으로 안부 편지를 전달하는 행위는 간첩방조죄에 해당하지 않는다.

[해설]
① 【 O 】 대판 2018.9.13. 2018도7658 22. 해경간부
② 【 X 】 자기의 지휘, 감독을 받는 자를 방조하여 범죄행위의 결과를 발생하게 한 자는 정범의 형으로 처벌한다(제34조 제2항). 22. 해경간부
③ 【 O 】 형법상 방조는 작위에 의하여 정범의 실행을 용이하게 하는 경우는 물론, 직무상의 의무가 있는 자가 정범의 범죄행위를 인식하면서도 그것을 방지하여야 할 제반 조치를 취하지 아니하는 부작위로 인하여 정범의 실행행위를 용이하게 하는 경우에도 성립된다(대판 1996.9.6. 95도2551). 22. 해경간부
④ 【 O 】 단순히 숙식을 제공한다거나 또는 무전기를 매몰하는 행위를 도와주었다거나 하는 사실만으로서는 간첩방조죄가 성립할 수 없다(대판 1986.2.25. 85도2533). 22. 해경간부

정답 ②

03 방조범에 대한 설명으로 옳지 않은 것은?

① 간호조무사의 무면허 진료행위가 있은 후에 이를 의사가 진료부에 기재한 행위는 무면허 의료행위의 방조에 해당한다.
② 자신들이 개설한 인터넷 사이트를 통해 회원들로 하여금 음란한 동영상을 게시하도록 하고 다른 회원들로 하여금 이를 다운받을 수 있도록 하는 방법으로 정보통신망을 통한 음란한 영상의 배포·전시를 방조한 행위가 단일하고 계속된 범의 아래 일정기간 계속하여 이루어졌고 피해법익도 동일한 경우, 방조행위는 포괄일죄의 관계에 있다.
③ 방조행위와 정범의 실행행위 사이에 인과관계가 필요하지 않다는 견해에 따르면, 공범종속성설에 따라 기도된 방조의 가벌성을 인정하기 때문에 방조범의 처벌범위가 부당하게 확대된다는 비판이 있다.
④ 방조행위와 정범의 실행행위 사이에 인과관계가 필요하다는 견해는 공범의 처벌근거가 타인의 불법을 야기·촉진시키는 데 있으므로 방조행위가 피방조자의 실행에 아무런 영향을 끼치지 못한 경우에는 처벌근거가 상실된다는 점을 논거로 한다.

[해설]
① 【O】 대판 1982.4.27. 82도122   17. 국가직 7급
② 【O】 대판 2010.11.25. 2010도1588   17. 국가직 7급
③ 【X】 인과관계불요설에 따를 때 공범종속성설에 따라 기도된 방조의 가벌성을 인정하는 것이 아니고 정범행위를 촉진했거나 정범에 의해 침해되는 법익의 위험을 증대시켰으므로 기도된 방조의 경우도 가벌성을 인정하자는 견해이다(실패한 방조의 경우 공범종속성설에 의하면 정범의 실행행위가 없어 인과관계불요설에 의할때도 가벌성이 인정될 수 없으나 효과없는 방조의 경우는 가벌성이 인정될 수 있다).   17. 국가직 7급
④ 【O】 인과관계필요설은 정범의 범죄에 방조범의 행위가 합법칙적 조건관계가 있을 정도로 영향을 미치거나 구성요건적 결과발생의 기회를 현실적으로 증대시키는등의 인과관계가 필요하다고 보는 견해로 방조행위가 피방조자의 실행에 아무런 영향을 끼치지 못한 경우라면 처벌근거가 상실된다고 보는 견해   17. 국가직 7급

정답 ③

04 종범에 대한 설명으로 가장 적절하지 않은 것은?

① 종범은 정범이 실행행위에 착수하여 범행을 하는 과정에서 이를 방조한 경우뿐 아니라, 정범의 실행의 착수 이전에 장래의 실행행위를 미필적으로나마 예상하고 이를 용이하게 하기 위하여 방조한 경우에도 그 후 정범이 실행행위에 나아갔다면 성립할 수 있다.
② 의사인 피고인이 입원치료를 받을 필요가 없는 환자들이 보험금 수령을 위하여 입원치료를 받으려고 하는 사실을 알면서도 입원을 허가하여 형식상으로 입원치료를 받도록 한 후 입원확인서를 발급하여 준 경우, 사기방조죄가 성립한다.
③ 뇌물수수자가 공동수수자 아닌 종범에게 뇌물 중 일부를 사례금 등의 명목으로 교부한 경우 뇌물수수자에게서 수뢰액 전부를 추징하여야 한다.
④ 과실범에 대한 교사범은 성립할 수 있으나 과실범에 대한 방조범은 성립할 수 없다.

[해설]
① 【 O 】 대판 1997.4.17. 96도3377 19. 경찰승진
② 【 O 】 대판 2006.1.12. 2004도6557 19. 경찰승진
③ 【 O 】 여러 사람이 공동으로 뇌물을 수수한 경우에 그 가액을 추징하려면 실제로 분배받은 금품만을 개별적으로 추징하여야 하고 수수금품을 개별적으로 알 수 없을 때에는 평등하게 추징하여야 하며 공동정범뿐 아니라 교사범 또는 종범도 뇌물의 공동수수자에 해당할 수 있으나 공동정범이 아닌 교사범 또는 종범의 경우에는 정범과의 관계, 범행 가담 경위 및 정도, 뇌물 분배에 관한 사전약정의 존재 여부, 뇌물공여자의 의사, 종범 또는 교사범이 취득한 금품이 전체 뇌물수수액에서 차지하는 비중 등을 고려하여 공동수수자에 해당하는지를 판단하여야 한다. 그리고 뇌물을 수수한 자가 공동수수자가 아닌 교사범 또는 종범에게 뇌물 중의 일부를 사례금 등의 명목으로 교부하였다면 이는 뇌물을 수수하는 데에 따르는 부수적 비용의 지출 또는 뇌물의 소비행위에 지나지 아니하므로, 뇌물수수자로부터 그 수뢰액 전부를 추징하여야 한다(대판 2011.11.24. 2011도9585). 17. 법원행시
④ 【 X 】 과실범에 대한 교사범과 방조범은 성립할 수 없다. 간접정범이 문제될 뿐이다. 19. 경찰승진

[정답] ④

05 다음 중 옳은 것은 모두 몇 개인가?

㉠ 방조자의 인식과 정범의 실행 간에 착오가 있고 양자의 구성요건을 달리한 경우에는 원칙적으로 방조자의 고의는 조각되는 것이나 그 구성요건이 중첩되는 부분이 있는 경우에는 그 중복되는 한도 내에서는 방조자의 죄책을 인정하여야 할 것이다.
㉡ 공동정범과 교사범·종범의 구별기준은 일반원칙에 따라야 하고, 그 결과 범행현장에 존재하지 아니한 범인도 공동정범이 될 수 있으며, 반대로 상황에 따라서는 장소적으로 협동한 범인도 방조만 한 경우에는 종범으로 처벌될 수도 있다.
㉢ 세관원에게 "잘 부탁한다"는 말을 하였다는 사실만으로서는 사위 기타 부정한 방법으로 관세를 포탈하는 범행의 방조행위에 해당된다든가 또는 그 범행의 실행에 착수하였다고 볼 수 없다.
㉣ 의사인 피고인이 입원치료를 받을 필요가 없는 환자들이 보험금 수령을 위하여 입원치료를 받으려고 하는 사실을 알면서도 입원을 허가하여 형식상으로 입원치료를 받도록 한 후 입원확인서를 발급하여 준 사안에서, 사기방조죄가 성립한다.
㉤ 인터넷 카페의 대표 甲이 기자회견을 열어 A회사에 대하여 불매운동을 하겠다고 하면서 공갈행위를 하였는데, 위 카페의 회원 乙이 그러한 사정을 알면서도 그 자리에서 지지의 의사로 공감을 표시하거나 甲의 부탁을 받고 사진을 찍어주는 행위는 공갈죄의 방조에 해당한다.

① 2개   ② 3개   ③ 4개   ④ 5개

[해설]
㉠ 【 O 】 대판 1985.2.26. 84도2984
㉡ 【 O 】 대판 1998.5.21. 98도321(全)
㉢ 【 O 】 대판 1971.8.31. 71도1204
㉣ 【 O 】 대판 2006.1.12. 2004도6557
㉤ 【 O 】 대판 2013.4.11. 2010도13774

[정답] ④

06 종범에 대한 설명으로 옳은 것은 모두 몇 개인가?

㉠ 甲이 허위자백을 하여 진범에 대한 범인도피죄의 기수에 이르고 나서야 비로소 甲의 범행을 인식한 A가 기왕의 범인도피상태를 이용하여 甲이 허위자백을 유지하도록 도운 경우 그 이후 甲이 진범을 밝혔다고 하더라도 A의 범인도피방조죄는 성립하지 아니한다.
㉡ 인터넷 이용자가 링크 부분을 클릭함으로써 저작권자에게서 이용 허락을 받지 아니한 저작물을 게시하거나 인터넷 이용자에게 그러한 저작물을 송신하는 등의 방법으로 저작권자의 복제권이나 공중송신권을 침해하는 웹페이지 등에 직접 연결되는 경우, 링크 행위만으로 위와 같은 저작재산권 침해행위의 방조행위에 해당한다고 볼 수 없다.
㉢ 형법 제98조 제1항 간첩방조죄의 경우 형법 제32조에 따라 종범감경을 할 수 없다.
㉣ 사기 범행에 이용되리라는 사정을 알고서도 자신의 명의로 은행 예금계좌를 개설하여 甲에게 이를 양도함으로써 甲이 乙을 속여 乙로 하여금 현금을 위 계좌로 송금하게 한 사기 범행을 방조한 피고인이 위 계좌로 송금된 돈 중 일부를 인출한 경우 사기방조죄와 별도로 장물취득죄가 성립한다.

① 1개 ② 2개 ③ 3개 ④ 4개

[해설]

㉠ 【 X 】 범인도피죄는 범인을 도피하게 함으로써 기수에 이르지만, 범인도피행위가 계속되는 동안에는 범죄행위도 계속되고 행위가 끝날 때 비로소 범죄행위가 종료된다. 따라서 공범자의 범인도피행위 도중에 그 범행을 인식하면서 그와 공동의 범의를 가지고 기왕의 범인도피상태를 이용하여 스스로 범인도피행위를 계속한 경우에는 범인도피죄의 공동정범이 성립하고, 이는 공범자의 범행을 방조한 종범의 경우도 마찬가지이다(대판 2012.8.30. 2012도6027). 17. 법원행시

㉡ 【 X 】 저작권 침해물 링크 사이트에서 침해 게시물에 연결되는 링크를 제공하는 경우 등과 같이, 링크 행위자가 정범이 공중송신권을 침해한다는 사실을 충분히 인식하면서 그러한 침해 게시물 등에 연결되는 링크를 인터넷 사이트에 영리적·계속적으로 게시하는 등으로 공중의 구성원이 개별적으로 선택한 시간과 장소에서 침해 게시물에 쉽게 접근할 수 있도록 하는 정도의 링크 행위를 한 경우에는 침해 게시물을 공중의 이용에 제공하는 정범의 범죄를 용이하게 하므로 공중송신권 침해의 방조범이 성립한다(대판 2021.9.9. 2017도19025).

㉢ 【 O 】 형법 제98조 제1항의 간첩방조죄는 정범인 간첩죄와 대등한 독립죄로서 간첩죄와 동일한 법정형으로 처단하게 되어 있어 형법 총칙 제32조 소정의 감경대상이 되는 종범과는 그 실질이 달라 종범감경을 할 수 없는 것이므로, 그 가중규정인 국가보안법 제4조 제1항 제2호의 반국가단체의 간첩방조죄에 대하여도 그 정범인 반국가단체의 간첩죄와 동일한 법정형으로 처단하여야 하고 종범감경을 할 수 없다(대판 1986.9.23. 86도1429). 17. 법원행시

㉣ 【 X 】 [1] 사기죄의 객체는 타인이 점유하는 '타인의' 재물 또는 재산상의 이익이므로, 피해자와의 관계에서 살펴보아 그것이 피해자 소유의 재물인지 아니면 피해자가 보유하는 재산상의 이익인지에 따라 '재물'이 객체인지 아니면 '재산상의 이익'이 객체인지 구별하여야 하는 것으로서, 이 사건과 같이 피해자가 본범의 기망행위에 속아 현금을 피고인 명의의 은행 예금계좌로 송금하였다면, 이는 재물에 해당하는 현금을 교부하는 방법이 예금계좌로 송금하는 형식으로 이루어진 것에 불과하여, 피해자의 은행에 대한 예금채권은 당초 발생하지 않는다.
[2] 장물취득죄에서 '취득'이라 함은 장물의 점유를 이전받음으로써 그 장물에 대하여 사실상 처분권을 획득하는 것을 의미하는데, 이 사건의 경우 본범의 사기행위는 피고인이 예금계좌를 개설하여 본범에게 양도한 방조행위가 가공되어 본범에게 편취금이 귀속되는 과정 없이 피고인이 피해자로부터 피고인의 예금계좌로 돈을 송금받아 취득함으로써 종료되는 것이고, 그 후 피고인이 자신의 예금계좌에서 위 돈을 인출하였다 하더라도 이는 예금명의자로서 은행에 예금반환을 청구한 결과일 뿐 본범으로부터 위 돈에 대한 점유를 이전받아 사실상 처분권을 획득한 것은 아니므로, 피고인의 위와 같은 인출행위를 장물취득죄로 벌할 수는 없다(대판 2010.12.9. 2010도6256).

정답 ①

07 방조에 관한 다음 설명 중 옳은 것은 모두 몇 개인가?

㉠ 甲이 친구 乙의 부탁을 받고 乙이 건네주는 금전을 밀수자금인줄 알면서 자신의 선박 기관실에 은닉한 행위는 관세법상 무면허수입예비죄의 방조범에 해당한다.

㉡ 간호조무사의 무면허 진료행위가 있은 후에 이를 의사인 甲이 진료부에 기재하는 행위는 범죄종료 후의 사후행위에 불과하므로 무면허 의료행위의 방조에 해당하지 않는다.

㉢ 교통사고를 낸 甲이 자기 대신 사고운전자로 허위자백한 자신의 처에게 사고발생 경위, 도주 경위 등에 관하여 상세한 정보를 제공함으로써 처로 하여금 심리적으로 안정할 수 있게 한 경우에는 범인도피죄의 방조범이 성립한다.

㉣ 방조범은 피방조자의 실행착수 전후는 물론 범죄실행 중이거나 범죄가 종료된 후에도 성립할 수 있으므로, A를 살해하려는 乙의 계획을 우연히 알게 된 甲이 A의 집으로 들어가는 乙을 보고 A의 집 앞에 차를 세우고 기다리고 있다가 A를 살해하고 나오는 乙을 태워 도망가게 한 경우 甲에게는 살인죄의 방조범이 성립한다.

㉤ 甲이 적법하게 운영되는 인터넷 게임사이트의 온라인 포커게임에서 통용되는 사이버머니를 구입하고자 하는 사람을 유인하여 돈을 받고 위 게임사이트에 접속하여 일부러 패하는 방법으로 사이버머니를 판매한 경우, 게임사이트 개설자는 무죄라 하더라도 甲에게는 도박개장방조죄가 성립한다.

① 1개　　② 2개　　③ 3개　　④ 4개

해설

㉠【X】예비행위의 방조행위는 방조범으로서 처단할 수 없는 것이고 그와 같은 법리는 특정범죄 가중처벌 등에 관한 법률 및 관세법에 규정된 무면허수입등 예비죄의 방조행위에 있어서도 마찬가지이다(대판 1979.11.27. 79도2201).

㉡【X】진료부는 환자의 계속적인 진료에 참고로 공하여지는 진료상황부이므로 간호보조원의 무면허 진료행위가 있은 후에 이를 의사가 진료부에다 기재하는 행위는 정범의 실행행위 종료 후의 단순한 사후행위에 불과하다고 볼 수 없고 무면허 의료행위의 방조에 해당한다(대판 1982.4.27. 82도122).

㉢【O】대판 2008.11.13. 2008도7647

㉣【X】정범의 행위가 일단 기수가 된 후라도 종료 전까지는 방조범이 성립할 수 있다. 그러나 종료이후에는 방조범이 성립할 수 없다. 살인죄는 구성요건적 결과의 발생과 동시에 범죄도 완성되는 이른바 즉시범이므로 乙이 A를 살해하는 즉시 범죄가 완성된다. 따라서 乙을 태워 도망가게 하더라도 甲에게는 살인죄의 방조범이 성립하지 않는다.

㉤【X】甲은 회원들에게 단순한 오락용 게임을 제공하려는 의도로 '물게임'이라는 인터넷 게임사이트를 개설하여 회원으로 가입한 사람들이 온라인을 통하여 위 사이트에서 제공하는 물맞고, 물로우바둑이, 물포커 등의 게임물을 이용하여 고스톱, 바둑이, 포커 등의 게임을 하였는 바, 乙이 위 게임을 이용하는 사람들 중 위 사이트의 온라인게임에서 통용되는 사이버머니를 구입하고자 하는 사람을 유인하여 돈을 받고 위 게임사이트에 접속하여 일부러 패하는 방법으로 사이버머니를 판매한 경우, 정범인 甲이 도박개장죄의 실행행위인 도박개장사실 즉, 위 게임사이트를 개설한 자가 위 게임을 그 회원들에게 단순 오락용 게임으로 제공하는 것을 넘어서 회원간에 사이버머니를 현금화하는 것을 허용한다거나 사실상 현금처럼 사용하게 하는 등의 방법으로 위 게임을 도박의 수단으로 제공하고 그에 따른 이익을 취득하였다는 사실을 인정할 증거가 없으므로 乙에게 종범인 도박개장방조죄도 성립하지 않는다(대판 2007.11.29. 2007도8050).

정답 ①

08 교사범과 방조범의 차이점을 설명한 것에 대하여 옳고 그름의 표시(○, ×)가 바르게 된 것은?

㉠ 편면적 교사범은 성립할 수 없으나, 편면적 방조범은 성립할 수 있다.
㉡ 부작위에 의한 교사범은 성립할 수 없으나, 부작위에 의한 방조범은 성립할 수 있다.
㉢ 과실범에 대한 교사범은 성립할 수 있으나, 과실범에 대한 방조범은 성립할 수 없다.
㉣ 효과 없는 교사는 교사자와 피교사자 모두가 예비·음모에 준하여 처벌되지만, 효과 없는 방조는 처벌되지 않는다.
㉤ 과실에 의한 교사범은 성립할 수 없으나, 과실에 의한 방조범은 성립할 수 있다.

① ㉠-○ ㉡-○ ㉢-× ㉣-○ ㉤-×
② ㉠-○ ㉡-× ㉢-× ㉣-○ ㉤-×
③ ㉠-× ㉡-○ ㉢-× ㉣-× ㉤-○
④ ㉠-○ ㉡-× ㉢-○ ㉣-○ ㉤-×

해설

㉠ 【 O 】 교사자의 교사행위와 피교사자의 범행결의 사이에는 인과관계가 있어야 하므로, 피교사자가 교사를 받고 있다는 것을 알지 못하는 편면적 교사는 인정되지 않는다. 그러나 방조범은 정범과의 의사연락을 요하지 않으므로 정범이 방조행위를 인식하지 못한 편면적 방조도 가능하다. 다만 편면적 방조가 인정되기 위해서는 정범의 범죄행위가 존재해야만 한다(대판 1974.5.28. 74도509).
㉡ 【 O 】 타당하다.
㉢ 【 X 】 교사 내지 방조범에 있어서 정범은 양자 모두 고의범이이어야 한다. 따라서 과실범에 대한 교사범·방조범은 있을 수 없다 (이 경우 제34조 제1항에 따라 간접정범 성립가능).
㉣ 【 O 】 타당하다.
㉤ 【 X 】 교사범과 방조범은 모두 이중의 고의가 필요한 고의범이므로 과실에 의한 교사범·방조범 모두 성립할 수 없다.

정답 ①

09 다음 설명 중 옳지 않은 것만을 모두 고른 것은?

㉠ 甲이 7세, 3세 남짓 된 어린 자식들에게 함께 죽자고 권유하여 물속에 따라 들어오게 하여 결국 익사하게 한 경우 甲에게는 위계에 의한 살인죄가 성립한다.
㉡ 변호사 사무실 직원 甲이 법원공무원에게 부탁하여 수사 중인 사건의 체포영장 발부자 명단을 누설 받은 경우 甲에게는 공무상비밀누설교사죄가 성립한다.
㉢ 방조범은 정범의 실행을 방조한다는 이른바 방조의 고의와 정범의 행위가 구성요건에 해당하는 행위인 점에 대한 정범의 고의가 있어야 한다.
㉣ 상호 의사의 연락하에 상해하여 사망의 결과가 발생하였는데 누구의 행위에 의한 것인지가 불분명한 경우 독립행위의 경합 문제가 발생한다.

① ㉠, ㉢   ② ㉡, ㉣   ③ ㉠, ㉡, ㉢   ④ ㉠, ㉡, ㉣

[해설] 18. 국가직

㉠ 【 X 】 살인죄의 간접정범이 성립한다(대판 1987.1.20. 86도2395).
㉡ 【 X 】 대향범 관계에 있으므로 공범에 관한 형법총칙 규정이 적용될 수 없다. 따라서 피고인의 甲의 행위는 공무상비밀누설교사죄에 해당하지 않는다(대판 2011.4.28. 2009도3642).
㉢ 【 O 】 형법상 방조행위는 정범이 범행을 한다는 정을 알면서 그 실행행위를 용이하게 하는 직접·간접의 행위를 말하므로, 방조범은 정범의 실행을 방조한다는 이른바 방조의 고의와 정범의 행위가 구성요건에 해당하는 행위인 점에 대한 정범의 고의가 있어야 하고, 정범의 고의는 정범에 의하여 실현되는 범죄의 구체적 내용을 인식할 것을 요하는 것은 아니고 미필적 인식 또는 예견으로 족하다(대판 2012.6.28. 2012도2628).
㉣ 【 X 】 상호의사의 연락이 있어 공동정범이 성립한다면, 독립행위경합 등의 문제는 아예 제기될 여지가 없다(대판 1997.11.28. 97도1740).

정답 ④

10 교사범 및 종범에 관한 다음 설명 중 가장 옳지 않은 것은?

① 甲이 乙을 모해할 목적으로 丙에게 위증을 교사하였다면, 정범인 丙이 모해의 목적 없이 위증하였더라도 甲은 모해위증교사죄의 죄책을 진다.
② 범인이 자신을 위하여 타인으로 하여금 허위의 자백을 하게 하여 범인도피죄를 범하게 하는 행위는 방어권의 남용으로 범인도피교사죄에 해당하고, 그 타인이 형법 제151조 제2항에 의하여 처벌을 받지 아니하는 친족 또는 동거 가족에 해당하는 경우에도 마찬가지이다.
③ 甲은 여당의 유력 정치가인 乙이 기업인들로부터 뇌물을 수수하기 전에 乙과 기업인들의 면담을 주선하였고, 그 후 乙이 기업인들로부터 뇌물을 받았다면 甲은 수뢰죄의 종범에 해당한다.
④ 1인 회사의 주주가 개인적 거래에 수반하여 법인 소유의 부동산을 담보로 제공한다는 사정을 거래상대방이 알면서 가등기의 설정을 요구하고 그 가등기를 경료받은 경우 거래상대방은 배임행위의 방조범에 해당한다.

[해설]

① 【 O 】 피고인이 갑을 모해할 목적으로 을에게 위증을 교사한 이상, 가사 정범인 을에게 모해의 목적이 없었다고 하더라도, 형법 제33조 단서의 규정에 의하여 피고인을 모해위증교사죄로 처단할 수 있다(대판 1994.12.23. 93도1002). 17. 경찰간부
② 【 O 】 대판 2006.12.7. 2005도3707 17. 경찰간부
③ 【 O 】 대판 1997.4.17. 96도3377 17. 경찰간부
④ 【 X 】 피고인은 이러한 사정을 알면서 이 사건 가등기의 설정을 요구하고 그 등기를 경료한 것에 불과하다면 거래상대방의 지위에 있는자에게 배임행위의 교사범 또는 공동정범의 책임뿐만 아니라 방조범의 책임도 물을 수 없다(대판 2005.10.28. 2005도4915).
17. 경찰간부

정답 ④

11 교사범 및 방조범에 관한 설명 중 가장 적절하지 않은 것은?

① 형법 제127조는 공무원 또는 공무원이었던 자가 법령에 의한 직무상 비밀을 누설하는 행위만을 처벌하고 있을 뿐 직무상 비밀을 누설받은 상대방을 처벌하는 규정이 없으므로, 직무상 비밀을 누설받은 자를 공무상 비밀누설죄의 교사범 또는 방조범으로 처벌할 수 없다.

② 자기의 지휘, 감독을 받는 자를 방조하여 범죄의 결과를 발생하게 한 자는 정범에 정한 형의 장기 또는 다액에 그 2분의 1까지 가중한 형으로 처벌한다.

③ 무면허운전으로 사고를 낸 자가 동생을 경찰서에 대신 출두시켜 허위의 자백을 하게 하여 범인도피죄를 범하게 한 경우 동생이 친족간의 특례규정(형법 제151조 제2항)에 의하여 처벌을 받지 않더라도 범인도피죄의 교사범이 성립한다.

④ 효과 없는 교사는 교사자와 피교사자 모두 예비·음모에 준하여 처벌되지만, 효과 없는 방조는 처벌되지 않는다.

해설

① 【 O 】 대판 2011.4.28. 2009도3642 17. 경찰승진

② 【 X 】 자기의 지휘, 감독을 받는 자를 교사 또는 방조하여 전항의 결과(어느 행위로 인하여 처벌되지 아니하는 자 또는 과실범으로 처벌되는 자를 교사 또는 방조하여 범죄행위의 결과)를 발생하게 한 자는 교사인 때에는 정범에 정한 형의 장기 또는 다액에 그 2분의 1까지 가중하고 방조인 때에는 정범의 형으로 처벌한다(형법 제34조 제2항). 17. 경찰승진

③ 【 O 】 대판 2006.12.7. 2005도3707 17. 경찰승진

④ 【 O 】 교사를 받은 자가 범죄의 실행을 승낙하고 실행의 착수에 이르지 아니한 경우를 효과 없는 교사라고 한다. 효과 없는 교사는 교사자와 피교사자를 음모 또는 예비에 준하여 처벌한다(형법 제31조 제2항). 반면 효과 없는 방조는 형법에 처벌규정이 없어 처벌되지 아니한다. 17. 경찰승진

정답 ②

12 교사 및 방조에 대한 다음 설명 중 옳지 않은 것은 몇 개인가?

㉠ 정범의 강도예비행위를 방조하였으나 정범이 실행의 착수에 이르지 못한 경우 방조자는 강도예비죄의 종범으로 처벌할 수 있다.

㉡ 피교사자가 교사자의 교사행위 당시에는 일응 범행을 승낙하지 아니한 것으로 보여진다 하더라도 이후 그 교사행위에 의하여 범행을 결의한 것으로 인정되는 이상 교사범의 성립에는 영향이 없다.

㉢ 자기의 지휘, 감독을 받는 자를 방조하여 범죄의 결과를 발생하게 한 자는 정범에 정한 형의 장기 또는 다액에 그 2분의 1까지 가중한 형으로 처벌한다.

㉣ 인터넷 카페의 대표 甲이 기자회견을 열어 A회사에 대하여 불매운동을 하겠다고 하면서 공갈행위를 하였는데, 위 카페의 회원 乙이 그러한 사정을 알면서도 그 자리에서 지지의 의사로 공감을 표시하거나 甲의 부탁을 받고 사진을 찍어주는 행위는 공갈죄의 방조에 해당한다.

① 1개   ② 2개   ③ 3개   ④ 4개

해설
㉠ 【 X 】 형법 제32조 제1항 소정 타인의 범죄란 정범이 범죄의 실현에 착수한 경우를 말하는 것이므로 종범이 처벌되기 위하여는 정범의 실행의 착수가 있는 경우에만 가능하고 형법 전체의 정신에 비추어 정범이 실행의 착수에 이르지 아니한 예비의 단계에 그친 경우에는 이에 가공하는 행위가 예비의 공동정범이 되는 경우를 제외하고는 **종범의 성립을 부정**하고 있다고 보는 것이 타당하다(대판 1976.5.25. 75도1549). 18. 경찰간부
㉡ 【 O 】 대판 2013.9.12. 2012도2744 18. 경찰간부
㉢ 【 X 】 자기의 지휘, 감독을 받는 자를 교사 또는 방조하여 전항의 결과(간접정범의 결과)를 발생하게 한 자는 **교사인 때에는** 정범에 정한 형의 장기 또는 다액에 그 2분의 1까지 가중하고 **방조인 때에는** 정범의 형으로 처벌한다(제34조 제2항). 18. 경찰간부
㉣ 【 O 】 대판 2013.4.11. 2010도13774 18. 경찰간부

정답 ②

13 교사범과 종범에 대한 설명으로 옳지 않은 것은?

① 교사자의 교사행위는 정범의 범죄를 결의하게 할 수 있는 것이면 그 수단에는 제한이 없으며, 명시적이고 직접적인 방법에 의할 것을 필요로 하지 않는다.
② 교사범이 성립함에는 정범의 범죄행위가 인정되는 것이 그 전제 요건이 되는데, 이는 공범의 종속성에 연유하는 것은 아니다.
③ 방조 행위가 정범의 실행에 대하여 간접적인 경우에도 그 실행행위를 용이하게 하였다면 종범이 될 수 있고, 간접적으로 정범을 방조하는 경우 방조자는 정범이 범행한다는 점을 알고 있어야 하지만 정범이 누구인지를 확실히 알 필요는 없다.
④ 종범에 대한 선고형이 정범보다 가볍지 않다고 하더라도 그것만으로는 위법이라고 할 수 없다.

해설
① 【 O 】 교사자의 교사행위는 정범에게 범죄의 결의를 가지게 하는 것을 말하는 것으로서, 그 범죄를 결의하게 할 수 있는 것이면 그 수단에는 아무런 제한이 없고, 반드시 명시적·직접적 방법에 의할 것을 요하지도 않는다(대판 2000.2.25. 99도1252). 22. 국가직 7급
② 【 X 】 정범의 성립은 교사범, 방조범의 구성요건의 일부를 형성하고 교사범, 방조범이 성립함에는 먼저 정범의 범죄행위가 인정되는 것이 그 전제 요건이 되는 것은 공범의 종속성에 연유하는 당연한 귀결이다(대판 2020.5.28. 2016도2518). 22. 국가직 7급
③ 【 O 】 정범이 범행을 한다는 점을 알면서 그 실행행위를 용이하게 한 이상 그 행위가 간접적이거나 직접적이거나를 가리지 않으며 이 경우 정범이 누구에 의하여 실행되어지는가를 확지할 필요는 없다(대판 1977.9.28. 76도4133). 22. 국가직 7급
④ 【 O 】 형법 제32조 제2항은 "종범의 형은 정범의 형보다 감경한다."라고 규정하고 있다. 여기서 감경한다는 것은 법정형을 정범보다 감경한다는 것이지 선고형을 감경한다는 것이 아니므로, 종범에 대한 선고형이 정범보다 가볍지 않다 하더라도 위법이라 할 수 없다(대판 2015.8.27. 2015도8408). 22. 국가직 7급

정답 ②

14 다음 사례에서 甲의 죄책에 관한 설명으로 가장 적절하지 않은 것은?

> 甲은 2022. 12. 21. 경부터 보이스피싱 사기범행에 사용된다는 사정을 알면서도 유령법인 설립, 그 법인 명의 계좌개설 후 그 접근매체를 채팅 애플리케이션을 통해 대화명 A에게 전달유통하는 행위를 계속하였다. 그 후 2023. 1. 15. 경 보이스피싱 조직원의 제안에 따라 이른바 '전달책' 역할을 승낙하고, 2023. 1. 28.부터 '전달책'에 해당하는 실행행위를 하였다.

① 형법상 방조행위는 정범이 범행을 한다는 정을 알면서 그 실행행위를 용이하게 하는 직·간접의 모든 행위를 가리킨다.
② 甲의 이러한 접근매체 전달·유통행위는 보이스피싱 사기범행에 사용된다는 정을 알면서도 정범이 실행에 착수하기 이전부터 장래의 실행행위를 예상하고서 이를 용이하게 하는 유형적·물질적 방조행위이다.
③ 甲이 '전달책' 역할까지 승낙한 행위 역시 정범의 범행 결의를 강화시키는 무형적·정신적 방조행위이다.
④ 甲이 '전달책'으로서의 행위를 한 때부터 비로소 피해자들에 대한 사기죄의 종범에 해당한다.

[해설] 23. 경찰

① 【 O 】 형법상 방조 행위는 정범이 범행을 한다는 정을 알면서 그 실행행위를 용이하게 하는 직간접의 모든 행위를 가리키는 것으로서 유형적·물질적인 방조뿐만 아니라 정범에게 범행의 결의를 강화하도록 하는 것과 같은 무형적·정신적 방조 행위도 포함되고, 정범의 실행행위 중은 물론 실행 착수 전에 장래의 실행행위를 예상하고 이를 용이하게 하는 행위도 이에 해당한다(대판 2022.4.14. 2022도649).

②③ 【 O 】 피고인의 이러한 접근매체 전달·유통행위는 보이스피싱 사기 범행에 사용된다는 정을 알면서도 정범이 실행에 착수하기 이전부터 장래의 실행행위를 예상하고서 이를 용이하게 하는 유형적·물질적 방조행위이고, 이러한 상태에서 '전달책' 역할까지 승낙한 행위 역시 정범의 범행 결의를 강화시키는 무형적·정신적 방조행위이므로, 피고인은 '전달책'으로서 실행행위를 한 시기에 관계없이 피해자들에 대한 사기죄의 종범에 해당한다(대판 2022.4.14. 2022도649).

④ 【 X 】 피고인은 '전달책'으로서 실행행위를 한 시기에 관계없이 피해자들에 대한 사기죄의 종범에 해당한다(대판 2022.4.14. 2022도649).

정답 ④

제6절 공범과 신분

○ 지문의 내용에 대해 학설의 대립 등 다툼이 있는 경우 판례에 의함

01 공범과 신분에 대한 설명 중 가장 적절하지 않은 것은?

① 형법 제33조 본문의 신분관계로 인하여 성립될 범죄에는 진정신분범뿐만 아니라 부진정신분범도 포함되며, 단서는 비신분자와 신분자의 과형의 개별화에 관한 규정으로 본다.
② 비신분자인 아내와 신분자인 아들이 공동하여 아버지를 살해한 경우 비신분자인 아내는 존속살해죄가 아닌 보통살인죄로 성립 처벌된다.
③ 공무원이 뇌물공여자로 하여금 공무원과 뇌물수수죄의 공동정범 관계에 있는 비공무원에게 뇌물을 공여하게 하여 비공무원이 뇌물을 받은 경우 비공무원은 공무원과 함께 뇌물수수죄의 공동정범이 성립하고 제3자뇌물수수죄는 성립하지 않는다.
④ 지방공무원의 신분을 가지지 아니하는 사람이 구 지방공무원법 에따라 처벌되는 지방공무원의 범행에 가공한다면 형법 제33조 본문에 의해서 공범으로 처벌받을 수 있다.

[해설]
① 【 O 】 판례에 의하면 형법 제33조 본문의 신분관계로 인하여 성립될 범죄에는 진정신분범뿐만 아니라 부진정신분범의 성립도 포함되며, 단서는 비신분자와 신분자의 과형의 개별화에 관한 규정으로 본다. 20. 경찰승진
② 【 X 】 비신분자인 아내는 존속살해죄의 공동정범이 성립하고, 단서조항을 적용하여 보통살인죄고 처벌한다(대판 1961.8.2. 4294형상284). 20. 경찰승진
③ 【 O 】 진정신분범에 대하여 가공한 비신분자에게 공동정범, 교사범, 방조범 성립이 가능하므로 옳은 지문이다. 20. 경찰승진
④ 【 O 】 대판 2012.6.14. 2010도14409 20. 경찰승진

정답 ②

02 공범과 신분에 대한 설명으로 옳지 않은 것은?

① 도박의 습벽이 있는 甲이 도박의 습벽이 없는 A의 도박행위를 방조한 경우 甲에게는 상습도박죄의 방조범이 성립한다.
② 비신분자인 甲이 신분자인 A의 업무상횡령 행위를 교사하여 A로 하여금 업무상횡령을 하게 한 경우 甲에게는 단순횡령죄의 교사범이 성립하지만 업무상횡령죄의 교사범의 형으로 처벌된다.
③ 의료인 甲이 의료인 아닌 A의 무면허의료행위에 공모하여 가공한 경우 甲은 「의료법」위반(무면허의료행위)죄의 공동정범이 성립한다.
④ 범인 甲이 도피하기 위하여 타인으로 하여금 허위의 자백을 하게 하는 등으로 범인도피죄를 범하게 하는 경우 그것이 방어권의 남용으로 볼 수 있을 때에는 범인도피교사죄에 해당할 수 있다.

[해설]
① 【 O 】 상습도박의 죄나 상습도박방조의 죄에 있어서의 상습성은 행위의 속성이 아니라 행위자의 속성으로서 도박을 반복해서 거듭하는 습벽을 말하는 것인 바, 도박의 습벽이 있는 자가 타인의 도박을 방조하면 상습도박방조의 죄에 해당하는 것이며, 도박의 습벽이 있는 자가 도박을 하고 또 도박방조를 하였을 경우 상습도박방조의 죄는 무거운 상습도박의 죄에 포괄시켜 1죄로서 처단하여야 한다(대판 1984.4.24. 84도195). 18. 국가직
② 【 X 】 총무계장이 면장과 공모하여 업무상횡령죄를 저질렀다 하여도 업무상 보관책임있는 신분관계가 없는 총무계장에 대하여는 형법 제33조 단서에 의하여 형법 제355조 제2항에 따라 처단하여야 한다(대판 1989.10.10. 87도1901). 18. 국가직
③ 【 O 】 의료인이 의료인이나 의료법인 아닌 자의 의료기관 개설행위에 공모하여 가공하면 의료법 제66조 제3호, 제30조 제2항 위반죄의 공동정범에 해당된다(대판 2001.11.30. 2001도2015). 18. 국가직
④ 【 O 】 범인이 자신을 위하여 타인으로 하여금 허위의 자백을 하게 하여 범인도피죄를 범하게 하는 행위는 방어권의 남용으로 범인도피교사죄에 해당한다(대판 2006.12.7. 2005도3707). 18. 국가직

정답 ②

03 공범과 신분에 대한 설명으로 가장 적절하지 않은 것은?

① 업무상 타인의 사무를 처리하는 자가 그러한 신분관계가 없는 자와 공모하여 업무상배임죄를 저질렀다면 그러한 신분관계가 없는 자에 대하여는 「형법」 제33조 단서에 의하여 단순배임죄가 성립한다.
② 「공직선거법」에서 규정하는 각 기부행위제한 위반죄의 주체 및 각 기부행위의 주체로 인정되지 아니하는 자가 주체자 등과 공모하여 기부행위를 한 경우, 주체자에 해당하는 법조 위반죄의 공동정범으로 처벌할 수 없다.
③ 의료인일지라도 의료인 아닌 자의 의료행위에 공모하여 가공하면 「의료법」상 무면허의료행위의 공동정범으로서의 책임을 진다.
④ 도박의 습벽이 있는 자가 도박의 습벽이 없는 타인의 도박을 방조하면 상습도박방조의 죄가 성립한다.

[해 설]

① 【 X 】 비신분자가 신분자와 공모하여 업무상 배임죄를 저질렀다 하여도, 이는 업무상 타인의 사무를 처리하는 신분관계로 인하여 형의 경중이 있는 경우이므로, 그러한 신분관계가 없는 자에 대하여서는 형법 제33조 단서에 의하여 형법 제355조 제2항에 따라 처단하여야 한다(대판 1986.10.28. 86도1517). 18. 경찰채용 1차
② 【 O 】 각 기부행위의 주체로 인정되지 아니하는 자가 기부행위의 주체자 등과 공모하여 기부행위를 하였다 하더라도 그 신분에 따라 각 해당법조로 처벌하여야지 기부행위 주체자에 해당하는 법조 위반의 공동정범으로 처벌할 수는 없다(대판 2008.3.13. 2007도9507). 18. 경찰채용 1차
③ 【 O 】 대판 1986.2.11. 85도448 18. 경찰채용 1차
④ 【 O 】 상습도박의 죄나 상습도박방조의 죄에 있어서의 상습성은 행위의 속성이 아니라 행위자의 속성으로서 도박을 반복해서 거듭하는 습벽을 말하는 것인 바, 도박의 습벽이 있는 자가 타인의 도박을 방조하면 상습도박방조의 죄에 해당하는 것이며, 도박의 습벽이 있는 자가 도박을 하고 또 도박방조를 하였을 경우 상습도박방조의 죄는 무거운 상습도박의 죄에 포괄시켜 1죄로서 처단하여야 한다(대판 1984.4.24. 84도195). 18. 경찰채용 1차

정답 ①

04 공범과 신분에 관한 설명으로 옳은 것을 모두 고른 것은?

㉠ 허위공문서작성죄 및 그 행사죄는 '공무원'만이 그 주체가 될 수 있는 신분범이라 할 것이므로, 신분상 공무원이 아님이 분명한 피고인들을 허위공문서작성죄 및 그 행사죄로 처벌하려면 그에 관한 특별규정이 있어야 한다.
㉡ 「형법」 제152조 제1항과 제2항은 위증을 한 범인이 형사사건의 피고인 등을 '모해할 목적'을 가지고 있었는가 아니면 그러한 목적이 없었는가 하는 범인의 특수한 상태의 차이에 따라 범인에게 과할 형의 경중을 구별하고 있으므로, 이는 바로 「형법」 제33조 단서의 "신분 때문에 형의 경중이 달라지는 경우"에 해당한다.
㉢ 업무상의 임무라는 신분 관계가 없는 자가 신분 관계가 있는 자와 공모하여 업무상배임죄를 범한 경우, 신분 관계가 없는 공범에 대하여는 「형법」 제33조 본문에 따라 업무상배임죄의 공동정범이 성립하고 업무상배임죄에서 정한 형으로 처단한다.
㉣ 치과의사가 환자의 대량유치를 위해 치과기공사들에게 내원 환자들에게 진료행위를 하도록 지시하여 그들이 각 단독으로 진료행위를 한 경우 치과의사는 무면허 의료행위의 교사범이 성립한다.
㉤ 변호사가 변호사 아닌 자에게 고용되어 법률사무소의 개설·운영에 관여하여 변호사법위반죄가 문제된 경우, 변호사의 행위가 「형법」 총칙상의 공모, 교사 또는 방조에 해당된다고 하더라도 변호사를 변호사 아닌 자의 공범으로 처벌할 수 없다.

① ㉠, ㉢, ㉤   ② ㉡, ㉣, ㉤   ③ ㉠, ㉡, ㉢, ㉣   ④ ㉠, ㉡, ㉣, ㉤

해설

- ㉠ 【 O 】 허위공문서작성죄 및 그 행사죄는 "공무원"만이 그 주체가 될 수 있는 신분범이라 할 것이므로, 신분상 공무원이 아님이 분명한 피고인들을 허위공문서작성죄 및 그 행사죄로 처벌하려면 그에 관한 특별규정이 있어야 할 것이고, 그들의 업무가 국가의 사무에 해당한다거나, 그들이 소속된 영상물등급위원회의 행정기관성이 인정된다는 사정만으로는 피고인들을 위 죄로 처벌할 수 없다(대판 2009.3.26. 2008도93). 24. 경찰
- ㉡ 【 O 】 형법 제152조 제1항과 제2항은 위증을 한 범인이 형사사건의 피고인 등을 '모해할 목적'을 가지고 있었는가 아니면 그러한 목적이 없었는가 하는 범인의 특수한 상태의 차이에 따라 범인에게 과할 형의 경중을 구별하고 있으므로, 이는 바로 형법 제33조 단서 소정의 신분관계로 인하여 형의 경중이 있는 경우에 해당한다(대판 1994.12.23. 93도1002). 24. 경찰
- ㉢ 【 X 】 업무상의 임무라는 신분관계가 없는 자가 신분관계 있는 자와 공모하여 업무상배임죄를 범한 경우, 신분관계가 없는 공범에 대하여는 형법 제33조 단서에 따라 단순배임죄에서 정한 형으로 처단하여야 한다(대판 2018.8.30. 2018도10047). 24. 경찰
- ㉣ 【 O 】 치과의사가 환자의 대량유치를 위해 치과공사들에게 내원 환자들에게 진료행위를 하도록 지시하여 동인들이 각 단독으로 발치, 주사, 투약 등의 진료행위를 하였다면 무면허 의료행위의 교사범에 해당한다(대판 1986.7.8. 86도749). 24. 경찰
- ㉤ 【 O 】 변호사가 변호사 아닌 자에게 고용되어 법률사무소의 개설·운영에 관여하는 행위는 위 범죄가 성립하는 데 당연히 예상될 뿐만 아니라 범죄의 성립에 없어서는 아니 되는 것인데도 이를 처벌하는 규정이 없는 이상, 그 입법 취지에 비추어 볼 때 변호사 아닌 자에게 고용되어 법률사무소의 개설·운영에 관여한 변호사의 행위가 일반적인 형법 총칙상의 공모, 교사 또는 방조에 해당된다고 하더라도 변호사를 변호사 아닌 자의 공범으로서 처벌할 수는 없다(대판 2004.10.28. 2004도3994). 24. 경찰

정답 ④

05 공범과 신분에 대한 설명 중 옳은 것만을 모두 고른 것은?

㉠ 비신분자가 신분 관계로 인하여 성립될 범죄에 가공한 경우 비신분자에게 공동가공의 의사와 이에 기초한 기능적 행위지배를 통한 범죄의 실행이라는 주관적·객관적 요건이 충족되면 신분자와 공동정범이 성립한다.

㉡ 甲이 친구 乙과 공모하여 자신의 아버지를 살해한 경우, 乙은 존속살해죄의 공동정범이 성립하나 보통살인죄에 정한 형으로 처단된다.

㉢ 도박의 습벽이 있는 甲이 도박을 하고 또한 도박의 습벽이 없는 A의 도박을 방조한 경우, 甲은 상습도박죄와 도박방조죄가 성립하고 양 죄는 실체적 경합관계에 있다.

㉣ 甲이 공무원인 자신의 남편 A에게 채무변제로 받는 돈이라고 속여 A로 하여금 뇌물을 받게 한 경우, 甲은 형법 제33조에 의해 수뢰죄의 간접정범으로 처벌된다.

① ㉠, ㉡   ② ㉡, ㉣   ③ ㉢, ㉣   ④ ㉠, ㉡, ㉣

해설

- ㉠ 【 O 】 신분 관계가 없는 사람이 신분 관계로 인하여 성립될 범죄에 가공한 경우에는 신분 관계가 있는 사람과 공범이 성립한다(형법 제33조 본문). 비신분자가 신분 관계로 인하여 성립될 범죄에 공동정범으로 가공한 경우 비신분자는 신분자와 공동정범이 성립한다. 23. 경찰간부
- ㉡ 【 O 】 판례에 따르면 乙이 甲과 공모하여 甲의 아버지를 살해한 경우 甲은 존속살해죄가 성립하고, 乙도 제33조 본문에 의하여 존속살해죄가 성립하지만, 제33조 단서에 의하여 보통살인죄의 정한 형으로 처벌된다. 23. 경찰간부
- ㉢ 【 X 】 상습도박의 죄나 상습도박방조의 죄에 있어서의 상습성은 행위의 속성이 아니라 행위자의 속성으로서 도박을 반복해서 거듭하는 습벽을 말하는 것인 바, 도박의 습벽이 있는 자가 타인의 도박을 방조하면 상습도박방조의 죄에 해당하는 것이며, 도박의 습벽이 있는 자가 도박을 하고 또 도박방조를 하였을 경우 상습도박방조의 죄는 무거운 상습도박의 죄에 포괄시켜 1죄로서 처단하여야 한다(대판 1984.4.24. 84도195). 23. 경찰간부
- ㉣ 【 X 】 형법 제33조 본문에 의하면 비신분자가 신분자에게 가담한 경우에는 그 신분 없는 사람에게도 제30조부터 제32조(공동정범, 교사범, 종범)까지의 규정을 적용한다. 따라서 비신분자가 진정신분범에 가담한 경우 비신분자는 공동정범, 교사범, 종범은 성립할 수 있으나 간접정범은 성립할 수 없다. 23. 경찰간부

정답 ①

06 다음은 공범과 신분에 관한 사례이다. 옳지 않은 것은?

> (가) 전업주부인 甲은 공무원인 남편 乙과 공모하여 A로부터 뇌물을 받았다.
> (나) 甲은 친구 乙과 공모하여 甲의 직계존속인 아버지 A를 살해하였다.
> (다) 공무원인 甲은 전업주부인 乙을 교사하여 A로부터 뇌물을 받았다.
> (라) 甲은 친구 乙로 하여금 甲의 직계존속인 아버지 A를 살해하도록 교사하였다.

① (가)사안에서 甲에게는 「형법」 제33조 본문이 적용되어 수뢰죄의 공동정범이 성립하고 수뢰죄의 법정형에 따라 처벌된다.
② (나)사안에서 乙은 「형법」 제33조 본문에 따라 존속살해죄가 성립하지만, 과형은 제33조 단서가 적용되어 보통살인죄의 형으로 처벌된다.
③ (다)사안에서 甲은 수뢰죄의 교사범이 성립하고 乙은 「형법」 제33조 본문이 적용되어 수뢰죄로 처벌된다.
④ (라)사안에서 甲과 乙에게는 「형법」 제33조 단서가 적용되어 각각 존속살해죄의 교사범과 보통살인죄가 성립한다.

해설

① 【 O 】 신분관계가 없는 사람이 신분관계로 인하여 성립될 범죄에 가공한 경우에는 신분관계가 있는 사람과 공범이 성립한다(형법 제33조 본문 참조). 이 경우 신분관계가 없는 사람에게 공동가공의 의사와 이에 기초한 기능적 행위지배를 통한 범죄의 실행이라는 주관적·객관적 요건이 충족되면 공동정범으로 처벌한다. 공동가공의 의사는 공동의 의사로 특정한 범죄행위를 하기 위하여 일체가 되어 서로 다른 사람의 행위를 이용하여 자기의 의사를 실행에 옮기는 것을 내용으로 한다. 따라서 공무원이 아닌 사람(이하 '비공무원'이라 한다)이 공무원과 공동가공의 의사와 이를 기초로 한 기능적 행위지배를 통하여 공무원의 직무에 관하여 뇌물을 수수하는 범죄를 실행하였다면 공무원이 직접 뇌물을 받은 것과 동일하게 평가할 수 있으므로 공무원과 비공무원에게 형법 제129조 제1항에서 정한 뇌물수수죄의 공동정범이 성립한다(대판 2019.8.29. 2018도13792). 전업주부인 甲(비신분자)이 공무원인 남편 乙(진정신분자)과 공모하여 A로부터 뇌물을 받은 경우 갑에게 수뢰죄의 공동정범이 성립하고 처벌된다. 25. 경찰간부
② 【 O 】 처와 자가 공동하여 남편을 살해한 경우 처와 자는 존속살해죄의 공동정범이 되고, 다만 처는 단서규정을 적용하여 보통살인죄로 처벌한다(대판 1961.8.2. 4294형상284). 25. 경찰간부
③ 【 X 】 전업주부인 甲은 공무원이 아니므로 뇌물을 받더라도 수뢰죄의 구성요건해당성이 없다. 공범종속성설에 따라 공무원인 甲은 수뢰교사죄의 죄책을 지지 않는다. 甲은 수뢰죄의 간접정범 될 수 있다. 25. 경찰간부
④ 【 O 】 '타인을 교사하여 죄를 범하게 한 자는 죄를 실행한 자와 동일한 형으로 처벌한다'고 규정한 형법 제31조 제1항은 협의의 공범의 일종인 교사범이 그 성립과 처벌에 있어서 정범에 종속한다는 일반적인 원칙을 선언한 것에 불과하고, 신분 관계로 인하여 형의 경중이 있는 경우에 신분이 있는 자가 신분이 없는 자를 교사하여 죄를 범하게 한 때에는 형법 제33조 단서가 형법 제31조 제1항에 우선하여 적용됨으로써 신분이 있는 교사범이 신분이 없는 정범보다 중하게 처벌된다(대판 1994.12.23. 93도1002). 25. 경찰간부

정답 ③

07 공범과 신분에 관한 설명 중 가장 적절한 것은?

① 공무원이 아닌 자는 공정증서원본등불실기재의 경우를 제외하고는 허위공문서작성죄의 간접정범으로 처벌할 수 없으므로, 공무원이 아닌 자가 공무원과 공동하여 허위공문서작성죄를 범한 때에도 허위공문서작성죄의 공동정범으로 처벌할 수 없다.
② 공범과 신분에 관하여 신분 관계로 인하여 범죄가 성립하는 경우를 부진정신분범, 신분 관계로 형이 가중되거나 감경되는 경우를 진정신분범이라 한다.
③ 신분관계로 인하여 형의 경중이 있는 경우에 신분이 있는 자가 신분이 없는 자를 교사하여 죄를 범하게 한 때에는 형법 제33조 단서가 형법 제31조 제1항에 우선하여 적용된다.
④ 업무상 타인의 사무를 처리하는 자가 그러한 신분관계가 없는 자와 공모하여 업무상 배임죄를 저질렀다면 그러한 신분관계가 없는 자에 대하여는 형법 제33조 단서에 의하여 업무상 배임죄의 정한 형으로 처벌한다.

해설

① 【 X 】 공문서의 작성권한이 있는 공무원의 직무를 보좌하는 자가 그 직위를 이용하여 행사할 목적으로 허위의 내용이 기재된 문서 초안을 그 정을 모르는 상사에게 제출하여 결재하도록 하는 등의 방법으로 작성권한이 있는 공무원으로 하여금 허위의 공문서를 작성하게 한 경우에는 간접정범이 성립되고 이와 공모한 자 역시 그 간접정범의 공범으로서의 죄책을 면할 수 없는 것이고, 여기서 말하는 공범은 반드시 공무원의 신분이 있는 자로 한정되는 것은 아니라고 할 것이다(대판 1992.1.17. 91도2837). 17. 경찰승진
② 【 X 】 공범과 신분에 관하여 신분 관계로 인하여 범죄가 성립하는 경우를 진정신분범, 신분 관계로 형이 가중되거나 감경되는 경우를 부진정신분범이라 한다. 22. 경찰승진
③ 【 O 】 대판 1994.12.23. 93도1002 17. 경찰승진
④ 【 X 】 신분관계가 없는 자가 신분관계가 있는 자와 공모하여 업무상배임죄를 저질렀다면 그러한 신분관계가 없는 자에 대하여는 형법 제33조 단서에 의하여 단순배임죄에 정한 형으로 처단하여야 할 것이다(대판 1999.4.27. 99도883). 17. 경찰승진

정답 ③

08 공범과 신분에 대한 설명으로 가장 적절하지 않은 것은?

① 「형법」 제33조의 신분관계라 함은 남녀의 성별, 내·외국인의 구별, 친족관계, 공무원인 자격과 같은 관계뿐만 아니라 널리 일정한 범죄행위에 관련된 범인의 인적관계인 특수한 지위 또는 상태를 말한다.
② 비신분자가 신분자와 공모하여 업무상 횡령죄를 범한 경우 비신분자에게 업무상 횡령죄가 성립하고 처벌에 있어서도 업무상 횡령죄에 정한 형으로 처벌해야 한다.
③ 의료인일지라도 의료인 아닌 자의 의료행위에 공모하여 가공하면 의료법위반(무면허의료)죄의 공동정범으로서의 책임을 진다.
④ 공무원 아닌 자는 형법 제228조의 경우를 제외하고는 허위공문서작성죄의 간접정범으로 처벌할 수 없으나, 공무원 아닌 자가 공무원과 공동하여 허위공문서작성죄를 범한 때에는 공무원 아닌 자도 허위공문서작성죄의 공동정범이 된다.

해설

① 【 O 】 형법 제33조 소정의 이른바 신분관계라 함은 남녀의 성별, 내·외국인의 구별, 친족관계, 공무원 자격과 같은 관계뿐만 아니라 널리 일정한 범죄행위에 관련된 범인의 인적관계인 특수한 지위 또는 상태를 지칭하는 것이다. (따라서) 형법 제152조 제1항과 제2항은 위증을 한 범인이 형사사건의 피고인 등을 '모해할 목적'을 가지고 있었는가 아니면 그러한 목적이 없었는가 하는 범인의 특수한 상태의 차이에 따라 범인에게 과할 형의 경중을 구별하고 있으므로, 이는 바로 형법 제33조 단서 소정의 "신분관계로 인하여 형의 경중이 있는 경우"에 해당한다고 봄이 상당하다(대판 1994.12.23. 93도1002). 18. 경찰채용 3차
② 【 X 】 비신분자가 부진정신분범에 가담한 경우, 판례에 의하면 **제33조 본문**에 의하여 부진정신분범이 성립하되, **제33조 단서**에 의하여 중한 죄로 벌하지 않는다. 따라서 비신분자에게는 업무상 횡령죄가 성립하지만(제33조 본문), 단순 횡령죄로 처벌된다(제33조 단서). 18. 경찰채용 3차
『업무상횡령죄는 타인의 재물을 업무상 보관하는 자를 주체로 하는 신분범이므로, 그와 같은 신분관계가 없는 자가 신분관계가 있는 자와 공모하여 업무상횡령죄를 저질렀다면 신분관계가 없는 자에 대하여는 형법 제33조 단서에 의하여 단순횡령죄에 정한 형으로 처단하여야 할 것이다.』(대판 2015.2.26. 2014도15182)
③ 【 O 】 대판 1986.2.11. 85도448 18. 경찰채용 3차
④ 【 O 】 공무원이 아닌 자는 형법 제228조의 경우를 제외하고는 허위공문서작성죄의 간접정범으로 처벌할 수 없으나, 공무원이 아닌 자가 공무원과 공동하여 허위공문서작성죄를 범한 때에는 공무원이 아닌 자도 **형법 제33조**, 제30조에 의하여 허위공문서작성죄의 공동정범이 된다(대판 2006.5.11. 2006도1663). 18. 경찰채용 3차

정답 ②

Chapter 07 죄수론

출제 방향

본 장에서 매년 문제가 출제되고 있으므로 법조경합, 포괄일죄, 상상적 경합, 실체적 경합에 관한 판례를 정리하고 암기하여야 한다.

◆ 지문의 내용에 대해 학설의 대립 등 다툼이 있는 경우 판례에 의함

01 (가)와 (나) 사례에 관한 죄수의 기초이론에 따른 설명 중 가장 적절하지 않은 것은?

> (가) 공무원 甲은 직무와 관련하여 乙로부터 매월 1일 100만 원씩 10회에 걸쳐 뇌물을 수수하였다.
> (나) 甲이 A를 살해하기 위하여 A의 음료수에 치사량의 독약을 한 번 넣고 가버린 후 그 음료수를 나누어 마신 A와 그의 비서가 사망하였다.

① 자연적 행위표준설에 따르면 (가)는 수죄, (나)는 일죄가 된다.
② 법익표준설에 따르면 (나)는 전속적 법익인 생명을 침해한 것으로 법익 주체마다 1개의 죄가 성립한다.
③ (가)에서 구성요건표준설로는 甲의 10회에 걸친 뇌물수수행위가 일죄인지, 수죄인지 명확하게 결정할 수 없다는 비판이 있다.
④ 의사표준설에 따르면 (가)의 경우 甲이 10회의 뇌물수수과정에서 단일한 범의를 가졌는지를 불문하고 일죄가 된다.

[해설]

① 【 O 】 자연적 행위표준설이란 행위 수에 따라 범죄의 수를 결정한다. 행위가 1개이면 일죄가 되고, 행위가 수개이면 수죄가 된다. 상상적 경합은 일죄로 평가되고, 접속범과 연속범은 수죄로 평가된다. (가)의 경우는 행위가 10개이므로 수죄가 되고, (나)의 경우는 행위가 1개이므로 일죄가 된다. 22. 경찰
② 【 O 】 법익표준설이란 침해되는 보호법익의 수에 따라 범죄의 수를 결정한다. 1개의 행위로 수 개의 법익을 침해하면 수죄가 되고, 수 개의 행위이나 1개의 법익을 침해하면 일죄가 된다. 상상적 경합은 실질적 수죄이지만 처벌상 일죄이고, 연속범은 일죄로 평가된다. (나)의 경우는 전속적 법익인 생명을 침해한 것으로 법익주체마다 1개의 죄가 성립한다. A에 대한 살인죄와 그 비서에 대한 살인죄가 모두 성립한다. 22. 경찰
③ 【 O 】 구성요건표준설이란 구성요건 해당사실의 수에 따라 범죄의 수를 결정한다. 1개의 구성요건을 충족하면 일죄가 되고, 수 개의 구성요건을 충족하면 수죄가 된다. 상상적 경합은 실질적으로 수죄이지만 과형상 일죄이다. (가)의 경우 구성요건을 일회 충족한 것인지 아니면 수회 충족한 것인지 구분하기 어렵다는 비판을 받는다. 22. 경찰
④ 【 X 】 의사표준설이란 행위자의 범죄의사의 수에 따라 범죄의 수를 결정한다. 범죄의사가 1개이면 일죄가 되고, 범죄의사가 수개이면 수죄가 된다. 상상적 경합과 연속범은 의사의 단일성이 인정되면 일죄로 평가된다. (가)의 경우는 甲이 단일한 범의를 가졌다면 일죄이지만, 별개의 범의를 가졌다면 수죄가 된다. 22. 경찰

정답 ④

02 죄수에 대한 설명으로 가장 적절하지 않은 것은?

① 저작권자가 같더라도 각각의 저작물에 대한 저작재산권 침해행위는 원칙적으로 각 별개의 죄를 구성하지만 단일하고도 계속된 범의 아래 동일한 저작물에 대한 침해행위가 일정기간 반복하여 행하여진 경우에는 포괄하여 하나의 범죄가 성립한다고 볼 수 있다.
② 강도범인이 체포를 면탈할 목적으로 경찰관에게 폭행을 가한 때에는 강도죄와 공무집행방해죄는 실체적 경합관계에 있다.
③ 피해자에 대한 폭행행위가 동일한 피해자에 대한 업무방해죄의 수단이 된 경우 그러한 폭행행위는 이른바 '불가벌적 수반행위'에 해당하여 업무방해죄에 대하여 흡수관계에 있다고 볼 수는 없다.
④ 경찰공무원이 지명수배 중인 범인을 발견하고도 직무상 의무에 따른 적절한 조치를 취하지 아니하고 오히려 범인을 도피하게 하는 행위를 한 경우 범인도피죄와 직무유기죄는 상상적 경합관계에 있다.

[해설]
① 【 O 】 대판 2012.5.10. 2011도12131 18. 경찰채용 3차
② 【 O 】 ㉠ **절도범인이** 체포를 면탈할 목적으로 경찰관에게 폭행 협박을 가한 때에는 준강도죄와 공무집행방해죄를 구성하고 양죄는 상상적 경합관계에 있으나, ㉡ **강도범인이** 체포를 면탈할 목적으로 경찰관에게 폭행을 가한 때에는 강도죄와 공무집행방해죄는 실체적 경합관계에 있다(대판 1992.7.28. 92도917). 18. 경찰채용 3차
③ 【 O 】 대판 2012.10.11. 2012도1895 18. 경찰채용 3차
④ 【 X 】 이와 같은 경우에는 작위범인 범인도피죄만이 성립하고 부작위범인 직무유기죄는 따로 성립하지 아니한다(대판 2017.3.15. 2015도1456). 18. 경찰채용 3차

정답 ④

03 죄수에 관한 설명으로 옳지 않은 것은?

① 폭행으로 부녀를 강간한 경우에는 강간죄만 성립하고 이와 별도로 폭행죄는 성립하지 않으며, 양자는 법조경합의 관계에 있다.
② 법조경합의 한 형태인 특별관계란 어느 구성요건이 다른 구성요건의 모든 요소를 포함하는 외에 다른 요소를 구비하여야 성립하는 경우로서 특별관계에 있어서는 특별법의 구성요건을 충족하는 행위는 일반법의 구성요건을 충족한다.
③ 법조경합은 1개의 행위가 외관상 수 개의 죄의 구성요건에 해당하는 것처럼 보이나 실질적으로 1죄만을 구성하는 경우인데 반해 상상적 경합은 1개의 행위가 실질적으로 수 개의 구성요건을 충족하는 경우로서, 실질적으로 1죄인가 또는 수죄인가는 구성요건적 평가와 보호법익의 측면에서 고찰하여 판단하여야 한다.
④ 장물죄는 타인(본범)이 불법하게 영득한 재물의 처분에 관여하는 범죄이므로 자기의 범죄에 의하여 영득한 물건에 대하여는 성립하지 아니하고 이는 불가벌적 사후행위에 해당한다. 여기에서 자기의 범죄라 함은 피교사자의 범죄를 포함한다.

[해설]
① 【 O 】 대판 2002.5.16. 2002도51(全)
② 【 O 】 어느 구성요건이 다른 구성요건의 모든 요소를 포함하고 그 이외의 다른 요소까지 구비해야 성립하는 경우를 특별관계라고 한다.
③ 【 O 】 대판 2011.11.24. 2010도8568
④ 【 X 】 장물죄는 타인(본범)이 불법하게 영득한 재물의 처분에 관여하는 범죄이므로 자기의 범죄에 의하여 영득한 물건에 대하여는 성립하지 아니하고 이는 불가벌적 사후행위에 해당하나 여기에서 자기의 범죄라 함은 **정범자(공동정범과 합동범을 포함한다)에 한정되는 것**이므로 평소 본범과 공동하여 수차 상습으로 절도 등 범행을 자행함으로써 실질적인 범죄집단을 이루고 있었다 하더라도, 당해 범죄행위의 정범자(공동정범이나 합동범)로 되지 아니한 이상 이를 자기의 범죄라고 할 수 없고 따라서 그 장물의 취득을 불가벌적 사후행위라고 할 수 없다(대판 1986.9.9. 86도1273).

정답 ④

04 불가벌적 사후행위에 관한 기술로서 가장 적절하지 않은 것은?

① 부정한 이익을 얻거나 기업에 손해를 가할 목적으로 그 기업에 유용한 영업비밀이 담겨 있는 타인의 재물을 절취한 후 그 영업비밀을 사용하는 경우, 영업비밀의 부정사용행위는 새로운 법익의 침해로 보아야 하므로 위와 같은 부정사용행위는 절도범행의 불가벌적 사후행위가 되지 않는다.

② 주식회사의 대표이사가 타인을 기망하여 회사가 발행하는 신주를 인수하게 한 다음, 그로부터 납입 받은 신주인수대금을 보관하던 중 횡령한 행위는 사기죄와는 전혀 다른 새로운 보호법익을 침해하는 행위로서 별죄를 구성한다.

③ 피해자 갑 종중으로부터 토지를 명의신탁받아 보관 중이던 피고인 을이 개인 채무 변제에 사용할 돈을 차용하기 위해 위 토지에 근저당권을 설정하였는데, 그 후 피고인 을, 병이 공모하여 위 토지를 정에게 매도한 사안에서, 피고인들의 토지 매도행위는 별도의 횡령죄를 구성한다.

④ 1인 회사의 주주가 자신의 개인채무를 담보하기 위하여 회사 소유의 부동산에 대하여 근저당권설정등기를 마쳐 주어 배임죄가 성립한 이후에 그 부동산에 대하여 새로운 담보권을 설정해 주는 행위는 비록 선순위 근저당권의 담보가치를 공제한 나머지 담보가치 상당의 재산상 이익을 침해하는 행위라고 하더라도 별도의 배임죄를 구성하지 않는다.

[해설]
① 【O】 대판 2008.9.11. 2008도5364
② 【O】 대판 2006.10.27. 2004도6503
③ 【O】 대판 2013.2.21. 2010도10500(全).
④ 【X】 1인 회사의 주주가 자신의 개인채무를 담보하기 위하여 회사 소유의 부동산에 대하여 근저당권설정등기를 마쳐 주어 배임죄가 성립한 이후에 그 부동산에 대하여 새로운 담보권을 설정해 주는 행위는 선순위 근저당권의 담보가치를 공제한 나머지 담보가치 상당의 재산상 이익을 침해하는 행위로서 별도의 배임죄가 성립한다(대판 2005.10.28. 2005도4915).

정답 ④

05 불가벌적 사후행위에 대한 설명으로 옳지 않은 것은?

① 종친회 회장이 위조한 종친회 규약 등을 공탁관에게 제출하는 방법으로 종친회를 피공탁자로 하여 공탁된 수용보상금을 출급받아 편취한 후, 이를 보관하던 중 종친회의 요구에 대하여 정당한 이유 없이 반환을 거부한 횡령행위는 사기범행의 불가벌적 사후행위에 해당한다.

② 채무자가 자신의 부동산에 甲 명의로 허위의 금전채권에 기한 담보가등기를 설정하여 강제집행면탈죄가 성립된 후, 그 부동산을 乙에게 양도하여 乙 명의로 이루어진 가등기양도 및 본등기를 경료한 행위는 강제집행면탈범행의 불가벌적 사후행위에 해당한다.

③ 부정한 이익을 얻거나 기업에 손해를 가할 목적으로 그 기업에 유용한 영업비밀이 담겨 있는 타인의 재물을 절취한 후, 그 영업비밀을 부정사용한 행위는 절도범행의 불가벌적 사후행위에 해당하지 아니한다.

④ 자동차를 절취한 후, 훔친 자동차의 번호판을 떼어 내 다른 자동차에 임의로 부착하여 운행한 행위는 자동차절도범행의 불가벌적 사후행위에 해당하지 아니한다.

[해설]
① 【O】 대판 2015.9.10. 2015도8592 17. 국가직 7급
② 【X】 채무자가 자신의 부동산에 甲명의로 허위의 금전채권에 기한 담보가등기를 설정하고 이를 乙에게 양도하여 乙명의의 본등기를 경료하게 한 행위 ⇨ 甲명의 담보가등기 설정행위로 강제집행면탈죄가 성립한다고 하여 그 후 乙명의로 이루어진 가등기 양도 및 본등기 경료행위가 불가벌적 사후행위가 되는 것은 아니다(대판 2008.5.8. 2008도198). 17. 국가직 7급
③ 【O】 대판 2008.9.11. 2008도5364 17. 국가직 7급
④ 【O】 대판 2007.9.6. 2007도4739 17. 국가직 7급

정답 ②

06 불가벌적 사후행위에 해당하는 것은 모두 몇 개인가?

㉠ 필로폰을 받아 장소를 옮겨 투약한 다음, 남은 필로폰을 숨겨 소지하는 행위
㉡ 흡연할 목적으로 대마를 매입한 후, 흡연할 기회를 포착하기 위하여 2일 이상 하의 주머니에 넣고 다님으로써 매입한 대마를 소지한 행위
㉢ 갑 주식회사 대표이사인 피고인이 자신의 채권자 을에게 차용금에 대한 담보로 갑 회사 명의 정기예금에 질권을 설정하여 주었고, 그 후 을이 피고인의 동의하에 정기예금 계좌에 입금되어 있던 갑 회사 자금을 전액 인출하였다면, 위와 같은 예금인출동의행위는 이미 배임행위로써 이루어진 질권설정행위의 불가벌적 사후행위에 해당한다고 할 수 없으므로, 배임죄와 별도로 횡령죄까지 성립한다.
㉣ 절취한 전당표를 제3자에게 교부하면서 자기 누님의 것이니 찾아 달라고 거짓말을 하여 이를 믿은 제3자가 전당포에 이르러 그 종업원에게 전당표를 제시하여 기망케 하고 전당물을 교부받은 행위

① 1개 ② 2개 ③ 3개 ④ 4개

해설

㉠ 【 X 】 피고인이 수수한 메스암페타민을 장소를 이동하여 투약하고서 잔량을 은닉하는 방법으로 소지한 행위는 독립한 별개의 행위를 구성한다고 보아야 할 것이다(대판 1999. 8. 20. 99도1744).
㉡ 【 X 】 흡연할 목적으로 대마를 매입한 후 흡연할 기회를 포착하기 위하여 이틀 이상 하의주머니에 넣고 다님으로써 소지한 행위는 매매행위의 불가분의 필연적 결과라고 평가될 수 없다(대판 1990. 7. 27. 90도543).
㉢ 【 O 】 피고인의 예금인출동의행위는 이미 배임행위로써 이루어진 질권설정행위의 사후조처에 불과하여 새로운 법익의 침해를 수반하지 않는 이른바 불가벌적 사후행위에 해당하고, 별도의 횡령죄를 구성하지 않는다(2012. 11. 29. 2012도10980). 17. 법원행시
㉣ 【 X 】 이는 다시 새로운 법익을 침해하는 행위로서 사기죄를 구성하는 것이다(대판 1980. 10. 14. 80도2155).

정답 ①

07 다음 중 甲의 행위가 불가벌적 사후행위에 해당하는 것으로 가장 옳은 것은?

① 甲은 A의 은행예금통장을 강취한 후에 그것과 함께 자신이 작성한 A명의의 예금지급청구서를 은행에 제시해서 예금을 환급받았다.
② 甲은 자신의 부동산에 A명의의 근저당권을 설정해줄 의사가 없으면서도 A를 속여 근저당권설정을 약정해서 금원을 편취한 후에 그 부동산에 관해서 B명의로 근저당권설정등기를 마쳤다.
③ 甲은 망인 A의 공동상속인인 B와 함께 상속받은 임야를 B를 위해 보관하던 중에 B로부터 '임야를 처분해서 상속지분대로 분배를 하거나 상속지분 비율대로 소유권이전등기를 경료해 달라'는 요구를 받고도 그 임야를 영득할 의사로 그 반환을 거부하고 그 임야에 관해서 C 앞으로 채권최고액 8,000만원의 근저당권설정등기를 경료해 주었다.
④ 사람을 살해한 자가 그 사체를 다른 장소로 옮겨 유기하였을 때에는 별도로 사체유기죄가 성립하고, 이와 같은 사체유기는 불가벌적 사후행위에 해당한다.

해설

① 【 X 】 은행예금통장에 대한 강도죄와 예금의 환급 명목으로 금원을 편취하는 것은 별도의 사기죄를 구성한다(대판 1990.7.10. 90도1176).

② 【 X 】 이러한 배임행위는 금원을 편취한 사기죄와는 전혀 다른 새로운 보호법익을 침해하는 행위로서 사기 범행의 불가벌적 사후행위가 되는 것이 아니라 별죄를 구성한다(대판 2008.3.27. 2007도9328).

③ 【 O 】 공동상속인 중 1인이 상속재산인 임야를 보관 중 다른 상속인들로부터 매도후 분배 또는 소유권이전등기를 요구받고도 그 반환을 거부한 경우 이때 이미 횡령죄가 성립하고, 그 후 그 임야에 관하여 다시 제3자 앞으로 근저당권설정등기를 경료해 준 행위는 불가벌적 사후행위로서 별도의 횡령죄를 구성하지 않는다(대판 2010.2.25. 2010도93).

④ 【 X 】 사람을 살해한 자가 그 사체를 다른 장소로 옮겨 유기하였을 때에는 별도로 사체유기죄가 성립하고, 이와 같은 사체유기를 불가벌적 사후행위로 볼 수는 없다(대판 1997.7.25. 97도1142).

정답 ③

08 다음 중 불가벌적 사후행위에 해당하지 않는 것은?

① 절도범인으로부터 장물보관의뢰를 받은 자가 그 정을 알면서 이를 인도받아 보관하고 있다가 임의처분한 행위

② 약속어음을 할인하여 줄 의사가 없으면서 있는 것처럼 기망하여 약속어음을 교부받은 후 이를 피해자에 대한 채권의 변제에 충당한 행위

③ 甲이 乙과 공동으로 불하받은 부동산을 丙에게 자의로 매도하여 乙에 대한 배임행위로 처벌받은 후 丙에 대한 소유권이전등기의무를 지닌 채 다시 丙에 대한 재매도행위

④ 타인의 부동산을 보관 중인 자가 그 부동산에 근저당권설정등기를 마침으로써 횡령행위가 기수에 이른 후 해당 부동산을 매각한 경우

해설

① 【 O 】 장물보관의뢰를 받은 자가 그 정을 알면서 이를 인도받아 보관하고 있다가 임의처분하였다 하여도 이는 불가벌적 사후행위에 불과하여 별도로 횡령죄가 성립하지 않는다(대판 1976.11.23. 76도3067).

② 【 O 】 사기죄가 성립하고 그 후 이를 피해자에 대한 피고인의 채권의 변제에 충당하였다 하더라도 불가벌적 사후행위가 됨에 그칠 뿐, 별도로 횡령죄를 구성하지 않는다(대판 1983.4.26. 82도3079).

③ 【 O 】 "甲"이 "乙"과 공동으로 불하받은 부동산을 "丙"에게 자의로 매도하여 "乙"에 대한 배임행위로 처벌받은 후 "丙"에 대한 소유권이전등기 의무를 지닌 채 다시 "丙"에 대한 재매도 행위는 이미 배임행위로서 이루어진 "甲"의 "丙"에 대한 매도행위의 불가벌적 사후행위이다(대판 1970.11.24. 70도1998).

④ 【 X 】 타인의 부동산을 보관 중인 자가 그 부동산에 근저당권설정등기를 경료함으로써 일단 횡령행위가 기수에 이르렀다 하더라도 그 후 해당 부동산을 매각함으로써 기존의 근저당권과 관계없이 법익침해의 결과를 발생시켰다면, 이는 그 근저당권으로 인해 당연히 예상될 수 있는 범위를 넘어 새로운 법익침해의 위험을 추가시키거나 법익침해의 결과를 발생시킨 것이므로 불가벌적 사후행위로 볼 수 없고 별도로 횡령죄를 구성한다(대판 2013.2.21. 2010도10500).

정답 ④

09 다음 설명 중 가장 옳은 것은?

① 1개의 기망행위에 의하여 다수의 피해자로부터 각각 재산상 이익을 편취한 경우에는 포괄일죄가 성립한다.
② 상습성이 있는 자가 같은 종류의 죄를 반복하여 저질렀다 하더라도 상습범을 별도의 범죄유형으로 처벌하는 규정이 없는 한 각 죄는 원칙적으로 별개의 범죄로서 경합범으로 처단한다.
③ 甲의 乙에 대한 폭행행위가 乙에 대한 업무방해죄의 수단이 된 경우에는 그러한 폭행행위가 불가벌적 수반행위에 해당하여 업무방해죄에 대하여 흡수관계에 있다.
④ 공직선거후보자를 추천하기 위한 정당의 당내 경선과 관련하여 경선운동 또는 교통을 방해하거나 위계·사술 그 밖의 부정한 방법으로 당내 경선의 자유를 방해하는 행위를 처벌하는 공직선거법 제237조 제5항 제2호의 선거의 자유방해죄와 형법 제314조 제1항의 업무방해죄의 관계는, 위 선거의 자유방해죄가 성립할 경우 업무방해죄가 이에 흡수되는 법조경합관계이다.

[해설]
① 【X】 상상적 경합의 관계에 있는 것으로 보아야 한다(대판 2015.4.23. 14도16980). 17. 경찰간부
② 【O】 상습성이 있는 자가 같은 종류의 죄를 반복하여 저질렀다 하더라도 상습범을 별도의 범죄유형으로 처벌하는 규정이 없는 한 각 죄는 원칙적으로 별개의 범죄로서 경합범으로 처단할 것이다(대판 2012.5.10. 2011도12131). 17. 경찰간부
③ 【X】 폭행행위가 동일한 피해자에 대한 업무방해죄의 수단이 되었다고 하더라도 그러한 폭행행위가 이른바 '불가벌적 수반행위'에 해당하여 업무방해죄에 대하여 흡수관계에 있다고 볼 수는 없다(대판 2012.10.11. 2012도1895). 17. 경찰간부
④ 【X】 공직선거법 제237조 제5항 제2호의 선거의 자유방해죄와 형법 제314조 제1항의 업무방해죄는 그 보호법익과 구성요건을 서로 달리하는 것이므로, 위 양죄의 관계를 위 선거의 자유방해죄가 성립할 경우 업무방해죄가 이에 흡수되는 법조경합 관계라고 볼 수는 없다(대판 2006.6.15. 2006도1667).

정답 ②

10 법조경합에 관한 설명 중 가장 옳지 않은 것은?

① 법조경합의 한 형태인 특별관계란 어느 구성요건이 다른 구성요건의 모든 요소를 포함하는 이외에 다른 요소를 구비하여야 성립하는 경우로서 특별관계에 있어서는 특별법의 구성요건을 충족하는 행위는 일반법의 구성요건을 충족하지만 반대로 일반법의 구성요건을 충족하는 행위는 특별법의 구성요건을 충족하지 못한다.
② 유세품에 대하여 수입면허 없이 수입함으로써 관세를 포탈한 경우 무면허수입죄와 관세포탈죄는 상상적 경합관계에 있다.
③ 형법 제307조의 명예훼손죄와 공직선거 및 선거부정방지법상의 후보자비방죄는 법조경합의 관계가 아니라 상상적 경합의 관계에 있다.
④ 甲이 주거에 침입하여 강간 범행을 하는 과정에서 한 폭행행위가 단순한 폭행이 아니라 보복의 목적을 가지고 한 것이었다면, 특정범죄 가중처벌 등에 관한 법률 위반(보복범죄등)죄가 성폭력범죄의 처벌 등에 관한 특례법 위반(주거침입강간등)죄에 흡수되는 법조경합의 관계에 있다고 볼 수 없다.

해설
① 【 O 】 대판 2003.4.8. 2002도6033
② 【 X 】 유세품에 관한 무면허 수입행위는 외관상 관세포탈죄와 무면허수입죄에 해당하는 것처럼 보이나 실질적으로는 무면허 수입죄는 관세포탈죄에 흡수되어 오로지 관세포탈죄만을 구성하고 따로 무면허수입죄를 구성하지 않는다고 봄이 타당하다(대판 1984.6.26. 84도782).
③ 【 O 】 대판 1998.3.24. 97도2956
④ 【 O 】 주거에 침입하여 강간하려다 미수에 그침과 동시에 자기의 형사사건의 수사 또는 재판과 관련하여 수사단서를 제공하고 진술한 것에 대한 보복 목적으로 그를 폭행한 경우, 특정범죄 가중처벌 등에 관한 법률 위반(보복범죄 등)죄 및 성폭력범죄의 처벌 등에 관한 특례법 위반(주거침입강간 등)죄가 각 성립하고 두 죄는 상상적 경합관계에 있다(대판 2012.3.15. 2012도544).

정답 ②

11 법조경합에 관한 다음 설명 중 가장 틀린 것은?

① 법조경합의 한 형태인 특별관계란 어느 구성요건이 다른 구성요건의 모든 요소를 포함하는 이외에 다른 요소를 갖추어야 성립하는 경우이므로 자동차등록번호판을 부정사용하는 행위를 처벌하는 자동차관리법 위반죄와 행사할 목적으로 공무소의 기호인 자동차등록번호판을 부정사용하는 행위를 처벌하는 형법 제238조 제1항의 공기호부정사용죄는 특별관계에 있다.
② 폭행 또는 협박으로 부녀를 강간한 경우에는 강간죄만 성립하고, 그것과 별도로 강간의 수단으로 사용된 폭행·협박이 형법상의 폭행죄나 협박죄 또는 폭력행위 등 처벌에 관한 법률 위반죄를 구성한다고는 볼 수 없으며, 강간죄와 이들 각 죄는 법조경합의 관계이다.
③ 타인의 위탁에 의하여 사무를 처리하는 자가 그 사무처리상 임무에 위배하여 본인을 기망하고 착오에 빠진 본인으로부터 재물을 교부받은 경우에는 배임죄와 사기죄는 법조경합 관계가 아니라 상상적 경합관계에 있다.
④ 국회의원 선거에서 정당의 공천을 받게 하여 줄 의사나 능력이 없음에도 이를 해 줄 수 있는 것처럼 기망하여 공천과 관련하여 금품을 받은 경우, 공직선거법상 공천 관련금품수수죄와 사기죄가 모두 성립하고 양자는 법조경합관계가 아니라 상상적 경합의 관계에 있다.

해설
① 【 X 】 그 보호법익을 달리 하고 있을 뿐 아니라 그 주관적 구성요건으로서 형법상의 위 공기호부정사용죄는 고의아 더불어 '행사할 목적'이 있음을 요하는 반면 위 자동차관리법은 '행사할 목적'을 그 주관적 구성요건으로 하지 아니하고 있는 점에 비추어 보면, 자동차관리법 제78조, 제71조가 형법 제238조 제1항 소정의 공기호부정사용죄의 특별법 관계에 있다고는 보여지지 아니한다(대판 1997.6.27. 97도1085). 12. 법원행시
② 【 O 】 대판 2002.5.16. 2002도51(全) 12. 법원행시
③ 【 O 】 대판 2002.7.18. 2002도669(全) 12. 법원행시
④ 【 O 】 대판 2009.4.23. 2009도834 12. 법원행시

정답 ①

12 다음 사례 중 포괄일죄에 해당하는 경우를 모두 고른 것은?

㉠ 甲이 컴퓨터로 음란 동영상을 제공하는 행위를 하였다가 동영상이 저장되어 있던 서버 컴퓨터 2대를 압수당한 이후 다시 장비를 갖추어 영업을 재개한 경우
㉡ 하나의 사건에 관하여 한 번 선서한 증인 甲이 같은 기일에 여러 가지 사실에 관하여 기억에 반하는 허위의 진술을 한 경우
㉢ 甲이 1개의 기망행위에 의하여 다수의 피해자로부터 각각 재산상 이익을 편취한 경우
㉣ 은행장 甲이 乙로부터 정식이사가 될 수 있도록 도와달라는 부탁을 받고 1년 동안 12회에 걸쳐 그 사례금 명목으로 합계 1억 2,000만 원을 교부받은 경우

① ㉠, ㉡　　② ㉠, ㉢　　③ ㉡, ㉣　　④ ㉢, ㉣

해설

㉠ 【X】 피고인에게 범의의 갱신이 있어 제1범죄행위는 약식명령이 확정된 제2범죄행위와 실체적 경합관계에 있다고 보아야 할 것이다(대판 2005.9.30. 2005도4051). 20. 경찰승진
㉡ 【O】 하나의 사건에 관하여 한 번 선서한 증인이 같은 기일에 여러 가지 사실에 관하여 기억에 반하는 허위의 공술을 한 경우 이는 하나의 범죄의사에 의하여 계속하여 허위의 공술을 한 것으로서 포괄하여 1개의 위증죄를 구성하는 것이고 각 진술마다 수 개의 위증죄를 구성하는 것이 아니다(대판 1992.11.27. 92도498). 20. 경찰승진
㉢ 【X】 1개의 기망행위에 의하여 다수의 피해자로부터 각각 재산상 이익을 편취한 경우에는 피해자별로 수 개의 사기죄가 성립하고, 그 사이에는 상상적 경합의 관계에 있는 것으로 보아야 한다(대판 2015.4.23. 2014도16980). 20. 경찰승진
㉣ 【O】 금융기관 임직원이 그 직무에 관하여 여러 차례 금품을 수수한 경우에 그것이 단일하고도 계속된 범의 아래 일정기간 반복하여 이루어진 것이고 그 피해법익도 동일한 경우에는 각 범행을 통틀어 포괄일죄로 볼 것이다(대판 2000.6.27. 2000도1155). 20. 경찰승진

정답 ③

13 포괄일죄에 관한 설명으로 가장 적절하지 않은 것은?

① 연속범은 개별적인 행위가 범죄의 요소인 구성요건에 해당하고 위법·유책해야 하며, 동일한 법익의 침해가 있어야 성립되므로 피해법익의 동일성에 따라 보호법익을 같이하는 횡령, 배임 등의 행위와 사기의 행위는 포괄일죄를 구성한다.
② 집합범은 다수의 동종의 행위가 동일한 의사에 의하여 반복될 것이 당해 구성요건에서 당연히 예상되는 범죄를 말하며, 집합범의 종류로는 영업범과 상습범이 있다.
③ 접속범은 동일한 법익에 대하여 수 개의 구성요건적 행위가 불가분하게 접속하여 행하여지는 범행형태로 같은 기회에 하나의 행위로 여러 개의 영업비밀을 취득하였다면 이는 일죄로 평가된다.
④ 결합범은 개별적으로 독립된 범죄의 구성요건에 해당하는 수 개의 행위가 결합하여 일죄를 구성하는 경우로 결합범 자체는 1개의 범죄완성을 위한 수 개 행위의 결합이고, 수 개 행위의 불법내용을 함께 평가하는 것이므로 포괄일죄가 된다.

해설

① 【 X 】 포괄일죄라 함은 각기 따로 존재하는 수 개의 행위가 한 개의 구성요건을 한번 충족하는 경우를 말하므로 구성요건을 달리하고 있는 횡령, 배임 등의 행위와 사기의 행위는 포괄일죄를 구성할 수 없다(대판 1988.2.9. 87도58). 24. 경찰간부
② 【 O 】 통설의 입장으로 옳은 설명이다. 24. 경찰간부
③ 【 O 】 같은 기회에 하나의 행위로 여러 개의 영업비밀을 취득한 행위는 부정경쟁방지법 제18조 제2항 위반죄의 일죄로 평가되어야 한다(대판 2009.4.9. 2006도9022). 24. 경찰간부
④ 【 O 】 통설의 입장으로 옳은 설명이다. 24. 경찰간부

정답 ①

14 다음 중 일죄가 성립하는 경우는?

① 변호사 아닌 피고인이 당사자와 내용을 달리하는 법률사건에 관한 법률사무를 다수 수임하여 이를 처리하는 대가로 수수료를 수취하여 변호사법위반죄를 범한 경우
② 피고인이 부동산 공유자인 피해자 3명을 상대로 부동산을 매수할 것처럼 행세하며 근저당권을 먼저 설정하여 주면 이를 담보로 매매대금을 마련하여 지급하겠다고 기망하여, 이에 속은 위 피해자들이 공유하는 부동산의 각 공유지분에 관하여 근저당권을 설정하게 함으로써 재산상 이익을 편취한 경우
③ 작가협회 회원인 피고인이 타인의 명의를 도용하여 작가협회 교육원장을 비방하는 내용의 호소문을 작성한 후 이를 작가협회 회원들에게 우편으로 송달한 경우
④ 은행장인 피고인이 甲으로부터 정식 이사가 될 수 있도록 도와달라는 부탁을 받고 1년 동안 12회에 걸쳐 그 사례금 명목으로 합계 1억 2,000만원을 교부받은 경우

해설

① 【 X 】 변호사가 아닌 사람이 각기 다른 법률사건에 관한 법률사무를 취급하여 저지르는 변호사법 제109조 제1항 위반의 범행은 특별한 사정이 없는 한 실체적 경합범이 되는 것이지 포괄일죄가 되는 것이 아니다(대판 2015.1.15. 2011도14198). 16. 법원행시
② 【 X 】 각 피해자의 피해법익은 독립적인 것이므로 피해자별로 독립한 사기죄가 성립하고, 피고인 등이 같은 일시, 장소에서 피해자들로부터 각 재산상 이익을 편취한 행위는 사회관념상 1개의 행위로 평가할 수 있으므로 각 사기죄 사이에는 상상적 경합의 관계에 있다(대판 2015.4.23. 2014도16980). 16. 법원행시
③ 【 X 】 방송작가협회 회원이 타인의 명의를 도용하여 협회 교육원장을 비방하는 내용의 호소문을 작성한 후 이를 협회 회원들에게 우편으로 송달한 경우, 사문서위조죄와 명예훼손죄가 성립하고 이는 실체적 경합관계에 있다(대판 2009.4.23. 2008도8527). 16. 법원행시
④ 【 O 】 이는 금융기관의 임직원이 그 직무에 관하여 금품을 수수한 것으로서 포괄하여 특경법 제5조 제4항 제1호에 해당한다고 판단한 조치는 정당하다(대판 2000.6.27. 2000도1155). 16. 법원행시

정답 ④

15 포괄일죄에 대한 설명으로 옳은 것은?

① 국가정보원 직원이 동일한 사안에 관한 일련의 직무집행 과정에서 단일하고 계속된 범의로 일정 기간 계속하여 저지른 직권남용행위에 대하여는 설령 그 상대방이 수인이라고 하더라도 직권남용권리행사방해죄의 포괄일죄가 성립할 수 있다.
② 행정 소송사건의 같은 심급이라도 변론기일을 달리하여 수차 증인으로 나가 수 개의 허위진술을 하였다면, 최초에 한 선서의 효력을 유지시킨 후 증언하였다고 하더라도 수 개의 위증죄가 성립한다.
③ 같은 날 무면허운전 행위를 여러 차례 반복하였다면 그 범의의 단일성 내지 계속성이 인정되지 않거나 범행 방법 등이 동일하지 않은 경우라도 각 무면허운전 행위를 통틀어 포괄일죄로 처단하여야 한다.
④ 포괄일죄로 되는 개개의 범죄행위가 법 개정의 전후에 걸쳐서 행하여진 경우에는 신·구법의 법정형의 경중을 비교하여 행위자에게 유리한 법을 적용하여 포괄일죄로 처단하여야 한다.

[해설]
① 【O】 직권남용권리행사방해죄는 국가기능의 공정한 행사라는 국가적 법익을 보호하는 데 주된 목적이 있으므로, 공무원이 동일한 사안에 관한 일련의 직무집행 과정에서 단일하고 계속된 범의로 일정 기간 계속하여 저지른 직권남용행위에 대하여는 설령 그 상대방이 여러 명이더라도 포괄일죄가 성립할 수 있다(대판 2021.9.9. 2021도2030). 24. 국가직
② 【X】 행정소송 사건의 같은 심급에서 변론기일을 달리하여 수차 증인으로 나가 수 개의 허위진술을 하더라도 최초 한 선서의 효력을 유지시킨 후 증언한 이상 1개의 위증죄를 구성함에 그친다(대판 2007.3.15. 2006도9463). 24. 국가직
③ 【X】 무면허운전으로 인한 도로교통법 위반죄에 관해서는 어느 날에 운전을 시작하여 다음 날까지 동일한 기회에 일련의 과정에서 계속 운전을 한 경우 등 특별한 경우를 제외하고는 사회통념상 운전한 날을 기준으로 운전한 날마다 1개의 운전행위가 있다고 보는 것이 상당하므로 운전한 날마다 무면허운전으로 인한 도로교통법 위반의 1죄가 성립한다고 보아야 한다.
한편 같은 날 무면허운전 행위를 여러 차례 반복한 경우라도 그 범의의 단일성 내지 계속성이 인정되지 않거나 범행 방법 등이 동일하지 않은 경우 각 무면허운전 범행은 실체적 경합 관계에 있다고 볼 수 있으나, 그와 같은 특별한 사정이 없다면 각 무면허운전 행위는 동일 죄명에 해당하는 수 개의 동종 행위가 동일한 의사에 의하여 반복되거나 접속·연속하여 행하여진 것으로 봄이 상당하고 그로 인한 피해법익도 동일한 이상, 각 무면허운전 행위를 통틀어 포괄일죄로 처단하여야 한다(대판 2022.10.27. 2022도8806). 24. 국가직
④ 【X】 포괄일죄로 되는 개개의 범죄행위가 법 개정의 전후에 걸쳐서 행하여진 경우 신·구법의 법정형에 대한 경중을 비교하여 볼 필요도 없이 범죄실행 종료 시의 법이라고 할 수 있는 신법을 적용하여 포괄일죄로 차단하여야 한다(대판 2009.4.9. 2009도321).

[정답] ①

16 포괄일죄에 대한 설명으로 옳지 않은 것은?

① 포괄일죄로 되는 개개의 범죄행위가 '다른 종류의 죄'의 확정판결의 전후에 걸쳐서 행하여진 경우에는 그 죄는 2죄로 분리되지 않고 확정판결 후인 최종의 범죄행위시에 완성되는 것이다.
② 포괄일죄의 범행 도중에 공동정범으로 범행에 가담한 자는 비록 그가 그 범행에 가담할 때에 이미 이루어진 종전의 범행을 알았다 하더라도 그 가담 이후의 범행에 대하여만 공동정범으로 책임을 진다.
③ 포괄일죄로 된 개개의 범죄행위가 법 개정의 전후에 걸쳐서 행하여진 경우에는 신·구법의 법정형에 대한 경중을 비교하여 경한 법을 적용해야 한다.
④ 포괄일죄에 관한 기존 처벌법규에 대하여 그 표현이나 형량과 관련한 개정을 하는 경우가 아니라 애초에 죄가 되지 아니하던 행위를 구성요건의 신설로 포괄일죄의 처벌대상으로 삼는 경우에는 신설된 포괄일죄 처벌법규가 시행되기 이전의 행위에 대하여는 신설된 법규를 적용하여 처벌할 수 없다.

해설
① 【 O 】 포괄일죄로 되는 개개의 범죄행위가 다른 종류의 죄의 확정판결의 전후에 걸쳐서 행하여진 경우에는 그 죄는 2죄로 분리되지 않고 확정판결 후인 최종의 범죄행위시에 완성되는 것이다(대판 2003.8.22. 2002도5341). 18. 국가직
② 【 O 】 대판 1997.6.27. 97도163 18. 국가직
③ 【 X 】 포괄일죄로 되는 개개의 범죄행위가 법 개정의 전후에 걸쳐서 행하여진 경우에는 신·구법의 법정형에 대한 경중을 비교하여 볼 필요도 없이 범죄 실행 종료시의 법이라고 할 수 있는 신법을 적용하여 포괄일죄로 처단하여야 한다(대판 1998.2.24. 97도183). 18. 국가직
④ 【 O 】 이는 신설된 처벌법규가 상습범을 처벌하는 구성요건인 경우에도 마찬가지라고 할 것이므로, 구성요건이 신설된 상습강제추행죄가 시행되기 이전의 범행은 상습강제추행죄로는 처벌할 수 없고 행위시법에 기초하여 강제추행죄로 처벌할 수 있을 뿐이며, 이 경우 그 소추요건도 상습강제추행죄에 관한 것이 아니라 강제추행죄에 관한 것이 구비되어야 한다(대판 2016.1.28. 2015도15669). 18. 국가직

정답 ③

17 포괄일죄에 관한 다음 설명 중 가장 옳지 않은 것은?

① 하나의 소송 사건에서 동일한 선서하에 수차례에 걸쳐 허위의 감정보고서를 제출하는 경우에 각 감정보고서 제출행위시마다 각각 허위감정죄가 성립하므로 포괄일죄가 아닌 경합범으로 처벌하여야 한다.
② 음주상태로 자동차를 운전하다가 제1차 사고를 내고 그대로 진행하여 제2차 사고를 낸 경우, 제1차 사고시의 음주운전죄와 제2차 사고시의 음주운전죄는 포괄일죄에 해당한다.
③ 사기죄에 있어서 동일한 피해자에 대하여 수회에 걸쳐 기망행위를 하여 금원을 편취한 경우, 그 범의가 단일하고 범행 방법이 동일하다면 사기죄의 포괄일죄만이 성립한다.
④ 뇌물을 여러 차례에 걸쳐 수수함으로써 그 행위가 여러 개이더라도 그것이 단일하고 계속적 범의에 의하여 이루어지고 동일법익을 침해한 때에는 포괄일죄로 처벌함이 상당하다.

해설
① 【 X 】 하나의 소송사건에서 동일한 선서 하에 이루어진 법원의 감정명령에 따라 감정인이 동일한 감정명령사항에 대하여 수차례에 걸쳐 허위의 감정보고서를 제출하는 경우에는 각 감정보고서 제출행위시마다 각기 허위감정죄가 성립한다 할 것이나, 이는 단일한 범의 하에 계속하여 허위의 감정을 한 것으로서 포괄하여 1개의 허위감정죄를 구성한다(대판 2000.11.28. 2000도1089). 18. 법원직
② 【 O 】 음주상태로 자동차를 운전하다가 제1차 사고를 내고 그대로 진행하여 제2차 사고를 낸 후 음주측정을 받아 도로교통법 위반(음주운전)죄로 약식명령을 받아 확정되었는데, 그 후 제1차 사고 당시의 음주운전으로 기소된 경우 위 공소사실은 약식명령이 확정된 도로교통법 위반(음주운전)죄와 포괄일죄 관계에 있음(대판 2007.7.26. 2007도4404). 18. 법원직
③ 【 O 】 대판 2015.10.29. 2015도10948 18. 법원직
④ 【 O 】 대판 1999.1.29. 98도3584 18. 법원직

정답 ①

18 포괄일죄가 성립하는 경우로 가장 적절한 것은?

① 甲이 계속적으로 무면허로 운전할 의사를 가지고 여러 날에 걸쳐 무면허운전행위를 반복한 경우(어느 날에 운전을 시작하여 다음날까지 동일한 기회에 일련의 과정에서 계속 운전을 한 경우와 같은 특별한 경우 등은 제외함)
② 작가협회 회원인 甲이 A의 명의를 도용하여 작가협회 교육원장을 비방하는 내용의 호소문을 작성한 후, 이를 작가협회 회원들에게 우편으로 송달한 경우
③ 금융기관 임직원인 甲이 그 직무에 관하여 乙로부터 정식 이사가 될 수 있도록 도와달라는 부탁을 받고 1년 동안 12회에 걸쳐 그 사례금 명목으로 합계 1억 2,000만원을 교부받은 경우
④ 甲이 히로뽕 완제품을 제조하고, 그때 함께 만든 액체 히로뽕 반제품을 땅에 묻어 두었다가 약 1년 9개월 후, 이전에 제조를 요구했던 사람이 아닌 다른 사람들의 요구에 따라 그들과 함께 위 반제품을 완제품으로 제조한 경우

해설

① 【 X 】 운전한 날마다 1개의 운전행위가 있다고 보는 것이 상당하므로 운전한 날마다 무면허운전으로 인한 도로교통법위반의 1죄가 성립한다고 보아야 할 것이고, 비록 계속적으로 무면허운전을 할 의사를 가지고 여러 날에 걸쳐 무면허운전행위를 반복하였다 하더라도 이를 포괄하여 일죄로 볼 수는 없다(대판 2002.7.23. 2001도628). 18. 경찰승진
② 【 X 】 작가협회 회원이 타인의 명의를 도용하여 협회 교육원장을 비방하는 내용의 호소문을 작성한 후 이를 협회 회원들에게 우편으로 송달한 경우, 사문서위조죄와 명예훼손죄가 각 성립하고, 이는 실체적 경합관계이다(대판 2009.4.23. 2008도8527). 18. 경찰승진
③ 【 O 】 대판 2000.6.27. 2000도1155 18. 경찰승진
④ 【 X 】 이는 포괄일죄를 이룬다고 할 수 없으므로 형법 제37조 전단의 경합범으로 의율처단하여야 한다(대판 1991.2.26. 90도2900). 18. 경찰승진

정답 ③

19 다음 사례 중 포괄일죄의 관계에 있는 경우가 아닌 것은?

① 피해법익이 단일하고 범죄의 태양이 동일할 뿐만 아니라, 그 수 개의 배임행위가 단일한 범의에 기한 일련의 행위라고 볼 수 있는 경우
② 상표권자 및 표장이 동일한 수 개의 등록상표에 대하여 상표법 제93조 소정의 상표권침해 행위가 계속하여 행하여진 경우
③ 범죄단체를 구성하거나 이에 가입한 자가 더 나아가 구성원으로 활동하는 경우
④ 단일하고도 계속된 범의 아래 동일한 저작물에 대한 침해행위가 일정기간 반복하여 행하여진 경우

해설

① 【 O 】 대판 1997.9.26. 97도1469 17. 경찰간부
② 【 X 】 수 개의 등록상표에 대하여 상표법 제93조에서 정한 상표권침해 행위가 계속하여 행하여진 경우에는 각 등록상표 1개마다 포괄하여 1개의 범죄가 성립하므로, 특별한 사정이 없는 한 상표권자 및 표장이 동일하다는 이유로 등록상표를 달리하는 수 개의 상표권침해 행위를 포괄하여 하나의 죄가 성립하는 것으로 볼 수 없다(대판 2011.7.14. 2009도10759). 17. 경찰간부
③ 【 O 】 대판 2015.9.10. 2015도7081 17. 경찰간부
④ 【 O 】 대판 2012.5.10. 2011도12131 17. 경찰간부

정답 ②

20 포괄일죄에 관한 다음 기술 중 옳은 것은 모두 몇 개인가?

㉠ 포괄일죄는 수 개의 행위가 포괄적으로 1개의 구성요건에 해당하여 일죄를 구성하는 경우로, 본래 일죄라는 점에서 과형상 일죄와 구별된다.
㉡ 동일한 기회에 동일한 범죄의 태양으로 수회에 걸친 예금인출행위로 수인의 피해자에 대해 업무상횡령행위를 행한 경우 업무상횡령죄의 포괄일죄가 성립한다.
㉢ 타인의 사무를 처리하는 자가 여러 사람으로부터 각각 같은 종류의 부정한 청탁과 함께 금품을 받은 행위는, 비록 금품 제공자가 다르다고 하더라도 단일하고도 계속된 범의 아래 일정기간 반복하여 이루어진 것이고 피해법익도 동일하므로 배임수재죄의 포괄일죄에 해당한다.
㉣ 상습절도의 범행을 한 자가 절도 습벽의 발현으로 자동차등불법사용 범행을 함께 저질렀다 하더라도 자동차등불법사용죄와 상습절도죄는 그 보호법익이 다르므로 포괄일죄가 아닌 별개의 범죄를 구성한다.

① 1개 ② 2개 ③ 3개 ④ 4개

[해설]
㉠ 【 O 】 옳은 지문이다.
㉡ 【 X 】 피해자가 수인인 경우에는 그 피해법익이 단일하다고 할 수 없으므로 포괄일죄의 성립을 인정하기 어렵다(대판 2011.2.24. 2010도13801).
㉢ 【 X 】 여러 사람으로부터 각각 부정한 청탁을 받고 그들로부터 각각 금품을 수수한 경우에는 비록 그 청탁이 동종의 것이라고 하더라도 단일하고 계속된 범의 아래 이루어진 범행으로 보기 어려워 그 전체를 포괄일죄로 볼 수 없다(대판 2008.12.11. 2008도6987).
㉣ 【 X 】 상습절도 등의 범행을 한 자가 추가로 자동차등불법사용의 범행을 한 경우에 그것이 절도 습벽의 발현이라고 보이는 이상 자동차등불법사용의 범행은 상습절도 등의 죄에 흡수되어 1죄만이 성립하고 이와 별개로 자동차등불법사용죄는 성립하지 않는다(대판 2002.4.26. 2002도429).

[정답] ①

21 죄수론에 관한 설명으로 옳지 않은 것을 모두 고른 것은?

> ㉠ 피해자에 대한 폭행행위가 동일한 피해자에 대한 업무방해죄의 수단이 되었다고 하더라도 그러한 폭행행위가 이른바 '불가벌적수반행위'에 해당하여 업무방해죄에 대하여 흡수관계에 있다고 볼 수는 없다.
> ㉡ 「형법」 제37조 후단, 제39조 제1항의 문언과 입법취지 등에 비추어 보면, 아직 판결을 받지 않은 죄가 이미 판결이 확정된 죄와 동시에 판결할 수 없었던 경우라 하더라도 「형법」 제39조 제1항에 따라 동시에 판결할 경우와 형평을 고려하여 형을 선고하거나 그 형을 감경 또는 면제할 수 있다고 해석함이 타당하다.
> ㉢ 피해신고를 받고 출동한 두 명의 경찰관에게 욕설을 하면서 순차로 폭행을 하여 경찰관의 정당한 직무집행을 방해한 경우 포괄하여 하나의 공무집행방해죄가 성립한다.
> ㉣ 상습사기죄에 있어서의 사기행위의 습벽은 행위자의 사기습벽의 발현으로 인정되는 한, 동종의 수법에 의한 사기범행의 습벽만을 의미하는 것이 아니라 이종의 수법에 의한 사기범행을 포괄하는 사기의 습벽도 포함한다.

① ㉠, ㉡   ② ㉡, ㉢   ③ ㉢, ㉣   ④ ㉡, ㉢, ㉣

해설

㉠ 【 O 】 업무방해죄와 폭행죄는 구성요건과 보호법익을 달리하고 있고, 업무방해죄의 성립에 일반적·전형적으로 사람에 대한 폭행행위를 수반하는 것은 아니며, 폭행행위가 업무방해죄에 비하여 별도로 고려되지 않을 만큼 경미한 것이라고 할 수도 없으므로, 설령 피해자에 대한 폭행행위가 동일한 피해자에 대한 업무방해죄의 수단이 되었다고 하더라도 그러한 폭행행위가 이른바 '불가벌적 수반행위'에 해당하여 업무방해죄에 대하여 흡수관계에 있다고 볼 수는 없다(대판 2012.10.11. 2012도1895). 24. 경찰승진

㉡ 【 X 】 아직 판결을 받지 아니한 죄가 이미 판결이 확정된 죄와 동시에 판결할 수 없었던 경우에는 형법 제39조 제1항에 따라 동시에 판결할 경우와 형평을 고려하여 형을 선고하거나 그 형을 감경 또는 면제할 수 없다(대판 2021.10.14. 2021도8719). 24. 경찰승진

㉢ 【 X 】 동일한 공무를 집행하는 여럿의 공무원에 대하여 폭행·협박 행위를 한 경우에는 공무를 집행하는 공무원의 수에 따라 여럿의 공무집행방해죄가 성립하고, 위와 같은 폭행·협박 행위가 동일한 장소에서 동일한 기회에 이루어진 것으로서 사회관념상 1개의 행위로 평가되는 경우에는 여럿의 공무집행방해죄는 상상적 경합의 관계에 있다(대법원 2009.6.25. 2009도3505). 24. 경찰승진

㉣ 【 O 】 상습사기죄에 있어서의 상습성이라 함은 반복하여 사기행위를 하는 습벽으로서 행위자의 속성을 말하고, 여기서 말하는 사기행위의 습벽은 행위자의 사기습벽의 발현으로 인정되는 한 동종의 수법에 의한 사기범행의 습벽만을 의미하는 것이 아니라 이종의 수법에 의한 사기범행을 포괄하는 사기의 습벽도 포함한다(대법원 1999.11.26. 99도3929). 24. 경찰승진

정답 ②

22 죄수에 관한 설명으로 가장 적절한 것은?

① 甲이 피해자의 주거에 침입하여 강간하려다 미수에 그침과 동시에 자기의 형사사건의 수사 또는 재판과 관련하여 수사 단서를 제공하고 진술한 것에 대한 보복 목적으로 그를 폭행한 경우, 특정범죄 가중처벌 등에 관한 법률위반(보복범죄 등)죄 및 성폭력범죄의 처벌 등에 관한 특례법위반(주거침입강간등)죄가 각 성립하고 두 죄가 상상적 경합관계에 있다.

② 절도 범인으로부터 장물보관을 의뢰받은 甲이 그 정을 알면서 이를 인도받아 보관하고 있다가 A로부터 금원을 차용하면서 보관 중이던 장물을 담보로 제공한 경우, 장물보관죄와 횡령죄가 각 성립하고 두 죄는 실체적 경합관계에 있다.

③ 甲이 보이스피싱 사기 범죄단체에 가입한 후 사기범죄의 피해자들로부터 돈을 편취하는 등 그 구성원으로서 활동한 경우, 범죄단체 가입행위 또는 범죄단체 구성원으로서 활동하는 행위와 사기행위는 법조경합 중 흡수관계에 있으므로 목적된 범죄인 사기죄만 성립한다.

④ 甲이 2010. 11. 15. X 회사 사무실에서 부부인 피해자 A와 B에게 '토지를 매수하여 분필한 후 이를 분양해서 원금 및 수익금을 지급하겠다.'면서 기망한 후 공동재산인 건물을 매도하여 돈을 마련한 피해자들로부터 A의 예금계좌에서 1억 원, B의 예금계좌에서 4억 원을 송금받아 편취한 경우, 각 피해자의 피해법익의 동일성에 대하여 예금계좌에 예치된 금전에 관한 권리 등 민사상 권리 귀속관계 등을 고려하여 판단할 때 이를 포괄일죄로 볼 수 없다.

해설

① 【 O 】 강간 범행 과정에서 한 폭행 행위는 단순한 폭행이 아니라 보복의 목적을 가지고 한 것으로서 특정범죄 가중처벌 등에 관한 법률 제5조의9 제2항의 구성요건에 해당하는데, 그것이 성폭력범죄의 처벌 등에 관한 특례법 위반(주거침입강간 등)죄의 구성요건에 완전히 포섭되지 않는 점, 특정범죄 가중처벌 등에 관한 법률 위반(보복범죄등)죄가 범죄 신고자 등의 보호 외에 국가의 형사사법 기능을 보호법익으로 하는 죄인 데 반하여 강간죄는 개인의 성적 자기 결정권을 보호법익으로 하는 죄로서 양 죄는 그 보호법익을 달리하는 점 등에 비추어 볼 때, 특정범죄 가중처벌 등에 관한 법률 위반(보복범죄등)죄가 성폭력범죄의 처벌 등에 관한 특례법 위반(주거침입강간등)죄에 흡수되는 법조경합의 관계에 있다고 볼 수 없고, 양죄는 상상적 경합관계에 있다고 판단하였는바, 원심의 위와 같은 판단은 정당한 것으로 수긍할 수 있다(대법원 2012.3.15. 2012도544). 24. 경찰

② 【 X 】 절도 범인으로부터 장물보관 의뢰를 받은 자가 그 정을 알면서 이를 인도받아 보관하고 있다가 임의 처분하였다 하여도 장물보관죄가 성립하는 때에는 이미 그 소유자의 소물추구권을 침해하였으므로 그 후의 횡령행위는 불가벌적 사후행위에 불과하여 별도로 횡령죄가 성립하지 않는다(대판 2004.4.9. 2003도8219). 24. 경찰

③ 【 X 】 피고인이 보이스피싱 사기 범죄단체 가입행위 또는 범죄단체 구성원으로서 활동하는 행위와 사기행위는 각각 별개의 범죄구성요건을 충족하는 독립된 행위라고 보아야 하고 서로 보호법익도 달라 법조경합 관계로 목적된 범죄인 사기죄만 성립하는 것은 아니다(대판 2017.10.26. 2017도8600).

④ 【 X 】 피고인이 부부인 피해자 갑과 을에게 '토지를 매수하여 분필한 후 이를 분양해서 원금 및 수익금을 지급하겠다.'면서 기망한 후, 이에 속아 피고인에게 투자하기 위해 공동재산인 건물을 매도하여 돈을 마련한 피해자들로부터 피해자 갑 명의 예금계좌에서 1억 원, 피해자 을 명의 예금계좌에서 4억 7,500만 원, 합계 5억 7,500만 원을 송금받아 이를 편취하였다는 이유로 특정경제범죄 가중처벌 등에 관한 법률 위반(사기)죄로 기소된 사안에서, 피해자들에 대한 사기죄의 피해법익이 동일하다고 평가될 수 있어 이들에 대한 사기죄가 포괄일죄를 구성한다(대법원 2023.12.21. 2023도13514). 24. 경찰

정답 ①

23 죄수론에 대한 설명 중 옳지 않은 것을 모두 고른 것은?

㉠ 공무원 甲이 A를 기망하여 그로부터 뇌물을 수수한 경우 수뢰죄와 사기죄는 구성요건을 달리하는 별개의 범죄로서, 서로 보호법익을 달리하고 있으므로 양죄는 실체적 경합범의 관계에 있다.

㉡ 甲이 공무원이 취급하는 사건에 관하여 청탁 또는 알선을 할 의사와 능력이 없음에도 청탁 또는 알선을 한다고 A를 기망하여 금품을 교부받은 경우 사기죄와 변호사법 위반죄는 상상적 경합범의 관계에 있다.

㉢ 甲이 A로부터 수수한 메스암페타민을 장소를 이동하여 투약하고서 잔량을 은닉하는 방법으로 소지한 행위는 그 소지의 경위나 태양에 비추어 볼 때 당초의 수수행위에 수반되는 필연적 결과로 볼 수 있으므로 향정신성의약품수수죄만 성립하고 별도로 그 소지죄는 성립하지 않는다.

㉣ 甲이 음주의 영향으로 정상적인 운전이 곤란한 상태에서 자동차를 운전하여 사람을 상해에 이르게 함과 동시에 다른 사람의 재물을 손괴한 경우 특정범죄가중처벌 등에 관한 법률 위반(위험운전치사상)죄 외에 업무상과실 재물손괴로 인한 도로교통법 위반죄가 성립하고, 양죄는 실체적 경합관계에 있다.

㉤ 甲이 음주상태로 자동차를 운전하다가 제1차 사고를 내고 그대로 진행하여 제2차 사고를 낸 경우 제1차 사고 당시의 음주운전으로 인한 도로교통법 위반(음주운전)죄와 제2차 사고 당시의 음주운전으로 인한 도로교통법 위반(음주운전)죄는 포괄일죄의 관계에 있다.

① ㉠, ㉡, ㉣ ② ㉠, ㉢, ㉣ ③ ㉠, ㉢, ㉤ ④ ㉡, ㉢, ㉣, ㉤

해설

㉠ 【 X 】 뇌물을 수수함에 있어서 공여자를 기망한 점이 있다 하여도 뇌물수수죄, 뇌물공여죄의 성립에는 영향이 없고, 이 경우 뇌물을 수수한 공무원에 대하여는 한 개의 행위가 뇌물죄와 사기죄의 각 구성요건에 해당하므로 상상적 경합으로 처단하여야 한다(대판 2015.10.39. 2015도12838) 23. 경찰승진

㉡ 【 O 】 이 취급하는 사건에 관하여 청탁 또는 알선을 할 의사와 능력이 없음에도 청탁 또는 알선을 한다고 기망하고 이에 속은 피해자로부터 이른바 청탁자금 명목으로 금품을 받았다면 이러한 피고인의 행위는 형법 제347조 제1항의 사기죄와 변호사법 제111조 위반죄에 각 해당하고 위 두 죄는 상상적 경합의 관계에 있다(대판 2007.5.10. 2007도2372) 23. 경찰승진

㉢ 【 X 】 수수한 메스암페타민을 장소를 이동하여 투약하고서 잔량을 은닉하는 방법으로 소지한 행위는 그 소지의 경위나 태양에 비추어 볼 때 당초의 수수행위에 수반되는 필연적 결과로 볼 수는 없고, 사회통념상 수수행위와는 독립한 별개의 행위를 구성한다(대판 1999.8.20. 99도1744) 23. 경찰승진

㉣ 【 X 】 음주 또는 약물의 영향으로 정상적인 운전이 곤란한 상태에서 자동차를 운전하여 사람을 상해에 이르게 함과 동시에 다른 사람의 재물을 손괴한 때에는 특정범죄가중처벌 등에 관한 법률 위반(위험운전치사상)죄 외에 업무상과실 재물손괴로 인한 도로교통법 위반죄가 성립하고, 위 두 죄는 1개의 운전행위로 인한 것으로서 상상적 경합관계에 있다(대판 2010.1.14. 2009도10845) 23. 경찰승진

㉤ 【 O 】 대판 2007.7.26. 2007도4404 23. 경찰승진

정답 ②

24 죄수에 관한 설명 중 옳은 것(○)과 옳지 않은 것(×)을 올바르게 조합한 것은?

㉠ 수인의 피해자에 대하여 1개의 기망행위를 통해 각각 재물을 편취한 경우에는 범의가 단일하고 범행방법이 동일하더라도 피해자별로 독립한 사기죄가 성립하고 각 사기죄는 상상적 경합관계에 있다.
㉡ 절도범인으로부터 장물보관 의뢰를 받은 자가 그 정을 알면서 이를 인도받아 보관하고 있다가 임의처분한 경우, 이러한 횡령행위는 장물죄의 불가벌적 사후행위에 불과하여 별도의 횡령죄가 성립하지 않는다.
㉢ 회사 명의의 합의서를 임의로 작성·교부한 행위에 의해 회사에 재산상 손해를 가하였다면, 사문서위조죄 및 그 행사죄와 업무상 배임죄는 실체적 경합관계에 있다.
㉣ 2인 이상의 작성명의인이 연명으로 서명·날인한 문서를 하나의 행위로 위조한 때에는 작성명의인의 수에 해당하는 문서위조죄의 상상적 경합범에 해당한다.
㉤ 유죄의 확정판결을 받은 사람이 그 후 별개의 후행범죄를 저질렀는데 유죄의 확정판결에 대하여 재심이 개시된 경우, 후행범죄와 재심판결이 확정된 선행범죄 사이에는 「형법」 제37조 후단에서 정한 경합범이 성립한다.

① ㉠ (○) ㉡ (×) ㉢ (×) ㉣ (○) ㉤ (○)
② ㉠ (○) ㉡ (○) ㉢ (○) ㉣ (×) ㉤ (×)
③ ㉠ (○) ㉡ (○) ㉢ (×) ㉣ (○) ㉤ (×)
④ ㉠ (×) ㉡ (○) ㉢ (○) ㉣ (○) ㉤ (○)
⑤ ㉠ (×) ㉡ (×) ㉢ (×) ㉣ (×) ㉤ (○)

정답 ③

25 죄수에 관한 설명으로 옳은 것은 모두 몇 개인가?

㉠ 강도범인이 체포를 면탈할 목적으로 경찰관에게 폭행을 가한 때에는 강도죄와 공무집행방해죄는 상상적 경합관계에 있다.
㉡ 피고인들이 피해자들의 재물을 강취한 후 그들을 살해할 목적으로 현주건조물에 방화하여 사망에 이르게 한 경우, 피고인들의 행위는 강도살인죄와 현주건조물방화치사죄에 모두 해당하고 그 두 죄는 실체적 경합관계에 있다.
㉢ 「폭력행위 등 처벌에 관한 법률」 제4조 제1항은 그 법에 규정된 범죄행위를 목적으로 하는 단체를 구성하거나 이에 가입하는 행위(범죄단체구성·가입죄) 또는 구성원으로 활동 하는 행위(범죄단체 활동죄)를 처벌하도록 정하고 있는데, 범죄단체를 구성하거나 이에 가입한 자가 더 나아가 구성원으로 활동하는 경우, 각 행위는 실체적 경합관계에 있다.
㉣ 범죄단체 등에 소속된 조직원이 저지른 폭력행위 등 처벌에 관한 법률 위반(단체 등의 공동강요)죄 등의 개별적 범행과 동법 위반(단체 등의 활동)죄는 범행의 목적이나 행위 등 측면에서 일부 중첩되는 부분이 있고, 이에 특별한 사정이 없는 한 법률상 1개의 행위로 평가되어 실체적 경합이 아닌 상상적 경합관계에 있다고 보아야 한다.

① 0개 ② 1개 ③ 2개 ④ 3개

해설

㉠ 【X】 절도범인이 체포를 면탈할 목적으로 경찰관에게 폭행 협박을 가한 때에는 준강도죄와 공무집행방해죄를 구성하고 양죄는 상상적 경합관계에 있으나, 강도범인이 체포를 면탈할 목적으로 경찰관에게 폭행을 가한 때에는 강도죄와 공무집행방해죄는 실체적 경합관계에 있고 상상적 경합관계에 있는 것이 아니다(대판 1992.7.28. 92도917). 23. 경찰

㉡ 【X】 피고인들이 피해자들의 재물을 강취한 후 그들을 살해할 목적으로 현주건조물에 방화하여 사망에 이르게 한 경우, 피고인들의 행위는 강도살인죄와 현주건조물방화치사죄에 모두 해당하고 그 두 죄는 상상적 경합범관계에 있다(대판 1998.12.8. 98도3416). 23. 경찰

㉢ 【X】 범죄단체의 구성이나 가입은 범죄행위의 실행 여부와 관계없이 범죄단체 구성원으로서의 활동을 예정하는 것이고, 범죄단체 구성원으로서의 활동은 범죄단체의 구성이나 가입을 당연히 전제로 하는 것이므로 범죄단체를 구성하거나 이에 가입한 자가 더 나아가 구성원으로 활동하는 경우 이는 포괄일죄 관계에 있다(대판 2015.9.10. 2015도7081). 23. 경찰

㉣ 【X】 범죄단체 등에 소속된 조직원이 저지른 폭력행위 등 처벌에 관한 법률(이하 '폭력행위처벌법'이라 한다) 위반(단체 등의 공동강요)죄 등의 개별적 범행과 폭력행위처벌법 위반(단체 등의 활동)죄는 범행의 목적이나 행위 등 측면에서 일부 중첩되는 부분이 있더라도, 일반적으로 구성요건을 달리하는 별개의 범죄로서 범행의 상대방, 범행 수단 내지 방법, 결과 등이 다를 뿐만 아니라 그 보호법익이 일치한다고 볼 수 없다. 또한 폭력행위처벌법 위반(단체 등의 구성·활동)죄와 위 개별적 범행은 특별한 사정이 없는 한 법률상 1개의 행위로 평가되는 경우로 보기 어려워 상상적 경합이 아닌 실체적 경합관계에 있다고 보아야 한다(대판 2022.9.7. 2022도6993). 23. 경찰

정답 ①

26 죄수에 대한 설명으로 가장 적절한 것은?

① 공무원인 의사가 공무소의 명의로 허위진단서를 작성한 경우, 허위진단서작성죄와 허위공문서작성죄의 상상적 경합에 해당한다.
② 금융회사 등의 임직원의 직무에 속하는 사항에 관하여 알선할 의사와 능력이 없음에도 알선을 한다고 기망하고 이에 속은 피해자로부터 알선을 한다는 명목으로 금품 등을 수수한 경우, 사기죄와 특정경제범죄 가중처벌 등에 관한 법률 위반죄에 각 해당하고 두 죄는 실체적 경합의 관계에 있다.
③ 공무원이 직무관련자에게 제3자와 계약을 체결하도록 요구하여 계약 체결을 하게 한 행위가 제3자뇌물수수죄의 구성요건과 직권남용권리행사방해죄의 구성요건에 모두 해당하는 경우, 제3자뇌물수수죄와 직권남용권리행사방해죄가 각각 성립하고 양 죄는 상상적 경합관계에 있다.
④ 유사수신행위의 규제에 관한 법률 제3조에서 금지하고 있는 유사수신행위가 별도로 사기죄의 구성요건도 충족하는 경우 유사수신행위의 규제에 관한 법률 위반죄와 사기죄가 각각 성립하고 양 죄는 상상적 경합관계에 있다.

해설

① 【 X 】 공무원인 의사가 공무소의 명의로 허위진단서를 작성한 경우에는 허위공문서작성죄만이 성립하고 허위진단서작성죄는 별도로 성립하지 않는다(대판 2004.4.9. 2003도7762). 22. 경찰간부
② 【 X 】 피고인이 금융회사 등의 임직원의 직무에 속하는 사항에 관하여 알선할 의사와 능력이 없음에도 알선을 한다고 기망하고 이에 속은 피해자로부터 알선을 한다는 명목으로 금품 등을 수수하였다면, 이러한 피고인의 행위는 형법 제347조 제1항의 사기죄와 특정경제범죄 가중처벌 등에 관한 법률 제7조(알선수재) 위반죄에 각 해당하고 위 두 죄는 상상적 경합의 관계에 있다(대판 2012.6.28. 2012도3927). 22. 경찰간부
③ 【 O 】 대판 2017.3.15. 2016도19659 22. 경찰간부
④ 【 X 】 유사수신행위의 규제에 관한 법률 제3조에서 금지하고 있는 유사수신행위 그 자체에는 기망행위가 포함되어 있지 않고, 이러한 위 법률 위반죄와 특정경제범죄 가중처벌 등에 관한 법률 위반(사기)죄는 그 구성요건을 달리하는 별개의 범죄로서 양 죄는 실체적 경합관계로 봄이 상당하다(대판 2008.2.29. 2007도10414). 22. 경찰간부

정답 ③

27 죄수에 대한 설명이다. 아래 ㉠부터 ㉣까지의 설명 중 옳고 그름의 표시(○, ×)가 바르게 된 것은?

㉠ 보이스피싱 범죄의 범인 甲이 A를 기망하여 A의 돈을 사기이용계좌로 이체받아 인출한 경우 – 사기죄는 성립하나 이체받은 돈의 인출행위는 불가벌적 사후행위로 횡령죄 불성립

㉡ 절도범인으로부터 장물보관의뢰를 받은 甲이 이후에 해당 장물을 임의 처분한 경우 – 장물보관죄는 성립하나 장물의 임의 처분행위는 불가벌적 사후행위로 횡령죄 불성립

㉢ 컴퓨터로 음란 동영상을 제공한 제1범죄행위로 서버 컴퓨터가 압수된 이후 다시 장비를 갖추어 동종의 제2범죄행위를 한 경우 – 제1행위(음란 동영상 제공)에 대한 범죄는 성립하나 제2행위(음란 동영상 제공)는 불가벌적 사후행위로 범죄 불성립

㉣ 열차승차권을 절취한 甲이 그 승차권을 자기의 것인 양 속여 창구직원으로부터 환불받은 경우 – 절도죄는 성립하나 기망하여 환불받은 행위는 불가벌적 사후행위로 사기죄 불성립

① ㉠ (○) ㉡ (○) ㉢ (×) ㉣ (○)
② ㉠ (×) ㉡ (○) ㉢ (×) ㉣ (×)
③ ㉠ (○) ㉡ (○) ㉢ (×) ㉣ (×)
④ ㉠ (×) ㉡ (×) ㉢ (○) ㉣ (○)

해설

㉠ 【 O 】 전기통신금융사기(이른바 보이스피싱 범죄)의 범인이 피해자를 기망하여 피해자의 돈을 사기이용계좌로 송금·이체받았다면 이로써 편취행위는 기수에 이른다. 따라서 범인이 피해자의 돈을 보유하게 되었더라도 이로 인하여 피해자와 사이에 어떠한 위탁 또는 신임관계가 존재한다고 할 수 없는 이상 피해자의 돈을 보관하는 지위에 있다고 볼 수 없으며, 나아가 그 후에 범인이 사기이용계좌에서 현금을 인출하였더라도 이는 이미 성립한 사기범행의 실행행위에 지나지 아니하여 새로운 법익을 침해한다고 보기도 어려우므로, 위와 같은 인출행위는 사기의 피해자에 대하여 따로 횡령죄를 구성하지 아니한다. 그리고 이러한 법리는 사기범행에 이용되리라는 사정을 알고서도 자신 명의 계좌의 접근매체를 양도함으로써 사기범행을 방조한 종범이 사기이용계좌로 송금된 피해자의 돈을 임의로 인출한 경우에도 마찬가지로 적용된다(대판 2017.5.31. 2017도3045). 22. 경찰승진

㉡ 【 O 】 [1] 절도 범인으로부터 장물보관 의뢰를 받은 자가 그 정을 알면서 이를 인도받아 보관하고 있다가 임의 처분하였다 하여도 장물보관죄가 성립하는 때에는 이미 그 소유자의 소유물 추구권을 침해하였으므로 그 후의 횡령행위는 불가벌적 사후행위에 불과하여 별도로 횡령죄가 성립하지 않는다.
[2] 피고인이 업무상 과실로 장물을 보관하고 있다가 처분한 행위는 업무상과실장물보관죄의 가벌적 평가에 포함되고 별도로 횡령죄를 구성하지 않는다고 한 원심의 판단을 수긍한 사례(대판 2004.4.9. 2003도8219). 22. 경찰승진

㉢ 【 X 】 컴퓨터로 음란 동영상을 제공한 제1범죄 행위로 서버 컴퓨터가 압수된 이후 다시 장비를 갖추어 동종의 제2범죄 행위를 하고 제2범죄 행위로 인하여 약식명령을 받아 확정된 사안에서, 피고인에게 범의의 갱신이 있어 제1범죄 행위는 약식명령이 확정된 제2범죄 행위와 실체적 경합 관계에 있다(대판 2005.9.30. 2005도4051). 22. 경찰승진

㉣ 【 O 】 열차승차권은 그 자체에 권리가 화체되어 있는 무기명증권이므로 이를 곧 사용하여 승차하거나 권면가액으로 양도할 수 있고 매입금액의 환불을 받을 수 있는 것으로서 열차승차권을 절취한 자가 환불을 받음에 있어 비록 기망행위가 수반한다 하더라도 절도죄 외에 따로히 사기죄가 성립하지 아니한다(대법원 1975.8.29. 75도1996). 22. 경찰승진

정답 ①

28 죄수에 관한 설명으로 가장 적절한 것은?

① 예금주인 현금카드 소유자를 협박하여 그 카드를 갈취한 다음 피해자의 승낙에 의하여 현금카드를 사용할 권한을 부여받아 이를 이용하여 현금자동지급기에서 현금을 인출한 행위는 공갈죄와는 별도로 절도죄를 구성한다.

② 음주로 인한 특정범죄 가중처벌 등에 관한 법률 위반(위험운전치사상)죄는 중한 형태의 도로교통법 위반(음주운전)죄를 기본범죄로 하는 결과적 가중범으로 그 행위유형과 보호법익을 이미 모두 포함하고 있으므로, 특정범죄 가중처벌 등에 관한 법률위반(위험운전치사상)죄가 성립하면 도로교통법 위반(음주운전)죄는 이에 흡수되어 따로 성립하지 아니한다.

③ 공무원이 직무관련자에게 제3자와 계약을 체결하도록 요구하여 계약 체결을 하게 한 행위가 제3자뇌물수수죄의 구성요건과 직권남용권리행사방해죄의 구성요건에 모두 해당하는 경우에는 제3자뇌물수수죄와 직권남용권리행사방해죄가 각각 성립하고 두 죄는 상상적 경합관계에 있다.

④ 업무방해죄와 폭행죄의 관계에 있어 피해자에 대한 폭행 행위가 동일한 피해자에 대한 업무방해죄의 수단이 된 경우, 그러한 폭행 행위는 이른바 불가벌적 수반 행위에 해당하여 업무방해죄에 대하여 흡수관계에 있다.

해설

① 【X】 예금주인 현금카드 소유자를 협박하여 그 카드를 갈취한 다음 피해자의 승낙에 의하여 현금카드를 사용할 권한을 부여받아 현금자동지급기에서 현금을 인출한 행위는 모두 피해자의 예금을 갈취하고자 하는 피고인의 단일하고 계속된 범의 아래에서 이루어진 일련의 행위로서 포괄하여 하나의 공갈죄를 구성하므로, 현금지급기에서 피해자의 예금을 취득한 행위를 현금카드 갈취행위와 분리하여 따로 절도죄로 처단할 수는 없다(대판 1996.9.20. 95도1728). 22. 경찰

② 【X】 음주로 인한 특정범죄가중처벌 등에 관한 법률 위반(위험운전치사상)죄와 도로교통법 위반(음주운전)죄는 입법 취지와 보호법익 및 적용영역을 달리하는 별개의 범죄이므로, 양 죄가 모두 성립하는 경우 두 죄는 실체적 경합관계에 있다(대판 2008.11.13. 2008도7143). 22. 경찰

③ 【O】 공무원이 직무관련자에게 제3자와 계약을 체결하도록 요구하여 계약 체결을 하게 한 행위가 제3자뇌물수수죄의 구성요건과 직권남용권리행사방해죄의 구성요건에 모두 해당하는 경우에는, 제3자뇌물수수죄와 직권남용권리행사방해죄가 각각 성립하고 두 죄는 형법 제40조의 상상적 경합관계에 있다(대판 2017.3.15. 2016도19659). 22. 경찰

④ 【X】 업무방해죄와 폭행죄는 구성요건과 보호법익을 달리하고 있고, 업무방해죄의 성립에 일반적·전형적으로 사람에 대한 폭행행위를 수반하는 것은 아니며, 폭행행위가 업무방해죄에 비하여 별도로 고려되지 않을 만큼 경미한 것이라고 할 수도 없으므로, 설령 피해자에 대한 폭행행위가 동일한 피해자에 대한 업무방해죄의 수단이 되었다고 하더라도 그러한 폭행행위가 이른바 '불가벌적 수반행위'에 해당하여 업무방해죄에 대하여 흡수관계에 있다고 볼 수는 없다(대판 2012.10.11. 2012도1895). 22. 경찰

정답 ③

29 죄수에 관한 설명으로 가장 적절하지 않은 것은? (다툼이 있는 경우 판례에 의함)

① 단일하고도 계속된 범의 아래 일정 기간 반복하여 뇌물수수 행위와 부정한 행위가 행하여졌고 그 뇌물수수 행위와 부정한 행위 사이에 인과관계가 인정되며 피해법익도 동일하다면, 최후의 부정한 행위 이후에 저질러진 뇌물수수 행위도 최후의 부정한 행위 이전의 뇌물수수 행위 및 부정한 행위와 함께 수뢰후부정처사죄의 포괄일죄가 성립한다.

② 甲이 乙에게 접근하거나 전화를 건 행위가 스토킹범죄를 구성하는 스토킹행위에 해당하고, 구 「스토킹범죄의 처벌 등에 관한 법률(2023. 7. 11. 법률 제19518호로 개정되기 전의 것)」 제9조 제1항 제2호, 제3호의 잠정조치를 위반한 행위에도 해당하는 경우, 甲의 행위는 사회관념상 1개의 행위로 성립하는 수 개의 죄에 해당하므로 상상적 경합관계에 있다.

③ 수 개의 등록상표에 대하여 상표권 침해행위가 계속하여 이루어진 경우에는 등록상표마다 포괄하여 1개의 범죄가 성립하지만 하나의 유사상표 사용행위로 수 개의 등록상표를 동시에 침해하였다면 각각의 상표법위반죄는 상상적 경합의 관계에 있다.

④ '수출입거래를 가장한 신용장 개설 방법에 의한 사기죄'와 '분식회계에 의한 재무제표 및 감사보고서 등을 이용한 사기죄'는 범행 방법이 동일하지 않더라도 그 피해자가 동일하므로 포괄일죄가 성립한다.

해설

① 【O】 대판 2021.2.4. 2020도12103 25. 경찰
② 【O】 피고인이 피해자에게 접근하거나 전화를 건 행위가 스토킹범죄를 구성하는 스토킹행위에 해당하고 구 스토킹범죄의 처벌 등에 관한 법률 제9조 제1항 제2호, 제3호의 잠정조치를 위반한 행위에도 해당하는 경우, '스토킹범죄로 인한 구 스토킹처벌법 위반죄'와 '잠정조치 불이행으로 인한 구 스토킹처벌법 위반죄'는 사회 관념상 1개의 행위로 성립하는 수 개의 죄에 해당하므로 형법 제40조의 상상적 경합관계에 있다(대판 2024.9.27. 2024도7832). 25. 경찰
③ 【O】 대판 2020.11.12. 2019도11688 25. 경찰
④ 【X】 석유를 수입하는 것처럼 가장하여 신용장 개설은행들로 하여금 신용장을 개설하게 하고 신용장 대금 상당액의 지급을 보증하게 함으로써 동액 상당의 재산상 이익을 취득한 행위는 피해자들인 신용장 개설은행별로 각각 포괄하여 1죄가 성립하고, 분식회계에 의한 재무제표 및 감사보고서 등으로 은행으로 하여금 신용장을 개설하게 하여 신용장 대금 상당액의 지급을 보증하게 함으로써 동액 상당의 재산상 이익을 취득한 행위도 포괄하여 1죄가 성립한다고 할 것이나, 위와 같이 '가장거래에 의한 사기죄'와 '분식회계에 의한 사기죄'는 범행 방법이 동일하지 않아 그 피해자가 동일하더라도 포괄일죄가 성립한다고 할 수 없다(대판 2010.5.27. 2007도10056). 25. 경찰

정답 ④

30 죄수에 관한 다음 설명 중 가장 옳지 않은 것은?

① 강도가 재물강취의 뜻을 재물의 부재로 이루지 못한 채 미수에 그쳤으나 그 자리에서 항거불능의 상태에 빠진 피해자를 간음할 것을 결의하고 실행에 착수했으나 역시 미수에 그쳤더라도 반항을 억압하기 위한 폭행으로 피해자에게 상해를 입힌 경우에는 강도강간미수죄와 강간치상죄가 성립되고 이들은 상상적 경합관계에 있다.
② 상습절도 등의 범행을 한 자가 추가로 자동차등불법사용의 범행을 한 경우에 그것이 절도 습벽의 발현이라고 보이는 이상, 상습절도 등의 죄만 성립하고 이와 별개로 자동차등불법사용죄는 성립하지 않는다.
③ 강도가 한 개의 강도범행을 하는 기회에 수명의 피해자에게 각 폭행을 가하여 각 상해를 입힌 경우에는 각 피해자별로 수 개의 강도상해죄가 성립하며 이들은 실체적 경합범의 관계에 있다.
④ 무면허운전으로 인한 도로교통법 위반죄는 운전한 날마다 무면허운전으로 인한 도로교통법 위반의 1죄가 성립한다고 할 것이지만, 같은 날 무면허운전 행위를 여러 차례 반복한 경우라도 그 범의의 단일성 내지 계속성이 인정되지 않거나 범행 방법 등이 동일하지 않은 경우 각 무면허운전 범행은 실체적 경합관계에 있다고 볼 수 있다.
⑤ 감금 행위가 강간미수죄의 수단이 되었다 하여 감금 행위는 강간미수죄에 흡수되어 범죄를 구성하지 않는다고 할 수는 없다.

해설

① 【X】 강도가 재물강취의 뜻을 재물의 부재로 이루지 못한 채 미수에 그쳤으나 그 자리에서 항거불능의 상태에 빠진 피해자를 간음할 것을 결의하고 실행에 착수했으나 역시 미수에 그쳤더라도 반항을 억압하기 위한 폭행으로 피해자에게 상해를 입힌 경우에는 강도강간미수죄와 강도치상죄가 성립되고 이는 상상적 경합관계가 성립된다(대판 1988.6.28. 88도820). 23. 법원행시
② 【O】 대판 2002.4.26. 2002도429 23. 법원행시
③ 【O】 대판 1987.5.26. 27도527 23. 법원행시
④ 【O】 대판 2022.10.27. 2022도8806 23. 법원행시
⑤ 【O】 대판 1983.4.26. 83도323 23. 법원행시

정답 ①

31 죄수에 대한 설명으로 가장 적절한 것은?

① 甲이 치료받은 다음 날 오전 병원 앞에서 허위사실이 기재된 현수막을 설치하고 허위사실을 기재한 유인물을 불특정 다수에게 배포한 경우, 판례는 허위사실 유포에 의한 업무방해죄와 허위사실적시에 의한 명예훼손죄를 실체적 경합관계로 본다.
② 피해자에 대한 폭행행위가 동일한 피해자에 대한 업무방해죄의 수단이 되는 경우, 업무방해죄가 성립하기 위해서는 일반적으로 사람에 대한 폭행행위를 수반하므로 폭행행위는 업무방해죄의 불가벌적 수반행위에 해당한다.
③ 피고인이 당초부터 피해자를 기망하여 약속어음을 교부받은 경우에는 그 교부받은 즉시 사기죄가 성립하고 그 후 이를 피해자에 대한 피고인의 채권의 변제에 충당하였다 하더라도 불가벌적 사후행위가 됨에 그칠 뿐, 별도로 횡령죄를 구성하지 않는다.
④ 업무상 과실로 장물을 보관하다가 임의로 처분한 행위는 별도의 횡령죄를 구성한다.

해설

① 【X】 허위사실을 유포한 1개의 행위가 형법 제314조 제1항의 허위사실 유포에 의한 업무방해죄 뿐 아니라 형법 제307조 제2항의 허위사실적시에 의한 명예훼손죄에도 해당하는 경우 그 2개의 죄는 상상적 경합관계에 있다(대판 2007.2.23. 2005도10233). 18. 경찰승진
② 【X】 피해자에 대한 폭행행위가 동일한 피해자에 대한 업무방해죄의 수단이 되었다고 하더라도 그러한 폭행행위가 이른바 '불가벌적 수반행위'에 해당하여 업무방해죄에 대하여 흡수관계에 있다고 볼 수는 없다(대판 2012.10.11. 2012도1895). 18. 경찰승진
③ 【O】 대판 1983.4.26. 82도3079 18. 경찰승진
④ 【X】 피고인이 업무상 과실로 장물을 보관하고 있다가 처분한 행위는 업무상과실장물보관죄의 가벌적 평가에 포함되고 별도로 횡령죄를 구성하지 않는다(대판 2004.4.9. 2003도8219). 18. 경찰승진

정답 ③

32 죄수에 대한 설명으로 옳지 않은 것은?

① 같은 기회에 하나의 행위로 여러 개의 영업비밀을 취득한 경우 「(구) 부정경쟁방지 및 영업비밀보호에 관한 법률」 제18조 제2항 위반죄의 일죄로 평가되어야 한다.
② 피해자를 위협하여 항거불능케 한 후 1회 간음하고 2백미터 쯤 오다가 다시 1회 간음한 경우 강간죄의 단순일죄가 성립한다.
③ 절도범이 체포 면탈의 목적으로 경찰관에게 폭행을 가한 경우 준강도죄와 공무집행방해죄의 상상적 경합이 성립한다.
④ 적국에 전달할 목적으로 국가기밀을 탐지·수집한 후 이를 적국에 누설한 경우 간첩죄와 국가기밀누설죄 양죄를 포괄하여 일죄를 범한 것으로 볼 수 없다.

해설
① 【 O 】 대판 2009.4.9. 2006도9022 11. 경찰간부
② 【 O 】 대판 1970.9.29. 70도1516 16. 국가직
③ 【 O 】 대판 1992.7.28. 92도917 16. 국가직
④ 【 X 】 형법 제98조 제1항의 간첩죄를 범한 자가 그 탐지수집한 기밀을 누설한 경우나 구 국가보안법 제3조 제1호의 국가기밀을 탐지 수집한 자가 그 기밀을 누설한 경우에는 양죄를 포괄하여 1죄를 범한 것으로 보아야 하고, 간첩죄와 군사기밀누설죄 또는 국가기밀탐지수집죄와 국가기밀누설등 두가지 죄를 범한 것으로 인정할 수 없다(대판 1982.4.27. 82도285). 11. 경찰간부

정답 ④

33 죄수에 대한 설명 중 가장 옳지 않은 것은?

① 1개의 행위에 관하여 사기죄와 업무상배임죄의 각 구성요건이 모두 구비된 경우 양죄는 상상적 경합관계에 있다.
② 강도범이 체포를 면탈할 목적으로 경찰관에게 폭행을 가한 경우 강도죄와 공무집행방해죄는 실체적 경합관계에 있다.
③ 수수한 메스암페타민을 장소를 이동하여 투약하고서 잔량을 은닉하는 방법으로 소지한 경우 구 향정신성의약품관리법의 향정신성의약품수수죄 외에 별도로 그 소지죄가 성립한다.
④ 물품을 수입하는 무역업자가 그 물품을 같은 해에 3차례에 걸쳐 수입하면서 그때마다 과세가격 또는 관세율을 허위로 신고하여 관세를 포탈하였다면 포괄하여 1개의 관세포탈죄를 구성한다.

해설
① 【 O 】 대판 2002.7.18. 2002도669 전원합의체 18. 경찰간부
② 【 O 】 대판 1992.7.28. 92도917 18. 경찰간부
③ 【 O 】 대판 1999.8.20. 99도1744 18. 경찰간부
④ 【 X 】 수입물품의 수입신고를 하면서 과세가격 또는 관세율 등을 허위로 신고하여 수입하는 경우에는 그 수입신고시마다 당해 수입물품에 대한 정당한 관세의 확보라는 법익이 침해되어 별도로 구성요건이 충족되는 것이므로 **각각의 허위 수입신고시마다 1개의 죄가 성립한다**(대판 2000.11.10. 99도782). 18. 경찰간부

정답 ④

34 죄수에 관한 다음 설명 중 가장 적절하지 않은 것은?

① 동일죄명에 해당하는 수 개의 행위 혹은 연속된 행위를 단일하고 계속된 범의 하에 일정기간 계속하여 행하고 그 피해법익도 동일한 경우에는 이들 각 행위를 통틀어 포괄일죄로 처단하여야 할 것이나, 범의의 단일성과 계속성이 인정되지 아니하거나 범행방법이 동일하지 않은 경우에는 각 범행은 실체적 경합범에 해당한다.

② 상습성을 갖춘 자가 여러 개의 죄를 반복하여 저지른 경우에는 각 죄를 별죄로 보아 경합범으로 처단할 것이 아니라 그 모두를 포괄하여 상습범이라고 하는 하나의 죄로 처단하는 것이 상습범의 본질 또는 상습범 가중처벌규정의 입법취지에 부합한다.

③ 저작권법은 상습으로 제136조 제1항의 죄를 저지른 경우를 가중처벌한다는 규정을 따로 두고 있지 않으므로, 수회에 걸쳐 제136조 제1항의 죄를 범한 것이 상습성의 발현에 따른 것이라고 하더라도, 이는 원칙적으로 경합범으로 보아야 하는 것이지 하나의 죄로 처단되는 상습범으로 볼 것은 아니다.

④ 사기죄에서 수인의 피해자에 대하여 각 피해자별로 기망행위를 하여 각각 재물을 편취한 경우에 그 범의가 단일하고 범행방법이 동일하다고 하더라도 포괄일죄가 성립하는 것이 아니라 피해자별로 1개씩의 죄가 성립하는 것으로 보아야 한다. 이는 피해자들이 하나의 동업체를 구성하는 등으로 피해 법익이 동일하다고 볼 수 있는 사정이 있는 경우에도 마찬가지이다.

[해설]
① 【O】 옳은 설명이다.
② 【O】 대판 2004.9.16. 2001도3206(全)
③ 【O】 대판 2012.5.10. 2011도12131
④ 【X】 사기죄에서 수인의 피해자에 대하여 각 피해자별로 기망행위를 하여 각각 재물을 편취한 경우에 그 범의가 단일하고 범행방법이 동일하다고 하더라도 포괄일죄가 성립하는 것이 아니라 피해자별로 1개씩의 죄가 성립하는 것으로 보아야 한다. 다만 피해자들이 하나의 동업체를 구성하는 등으로 피해 법익이 동일하다고 볼 수 있는 사정이 있는 경우에는 피해자가 복수이더라도 이들에 대한 사기죄를 포괄하여 일죄로 볼 수도 있다(대판 2011.4.14. 2011도769).

정답 ④

35 죄수에 관한 설명 중 가장 옳지 않은 것은?

① 차의 운전자가 음주의 영향으로 정상적인 운전이 곤란한 상태에서의 운전 중 교통사고로 사람에게 상해를 입게 하여 특정범죄 가중처벌 등에 관한 법률 위반(위험운전치사상)죄와 도로교통법위반(음주운전)죄가 성립한 경우, 양 죄는 실체적 경합관계에 있다.

② 혈중알콜농도 0.05% 이상의 음주상태로 동일한 차량을 일정기간 계속하여 운전하다가 1회 음주측정을 받았다면 이러한 음주운전행위는 동일 죄명에 해당하는 연속된 행위로서 단일하고 계속된 범의하에 일정기간 계속하여 행하고 그 피해법익도 동일한 경우이므로 포괄일죄에 해당한다.

③ 절취한 금융기관발행의 자기앞수표를 물품대금으로 현금 대신 교부하고 거스름돈을 환불받은 행위는 절도의 불가벌적 사후행위로서 별도로 사기죄를 성립하지 않는다.

④ 편취한 약속어음을 그와 같은 사실을 모르는 제3자에게 편취사실을 숨기고 할인 받은 경우, 그 약속어음을 취득한 제3자가 선의이고 약속어음의 발행인이나 배서인이 어음금을 지급할 의사와 능력이 있었다면 제3자에 대한 별도의 사기죄는 성립하지 않는다.

[해설]
① 【O】 양 죄는 입법취지와 보호법익 및 적용영역을 달리하는 별개의 범죄이므로 양 죄가 모두 성립하는 경우 두 죄는 실체적 경합관계에 있다(대판 2008.11.13. 2008도7143).
② 【O】 대판 2007.7.26. 2007도4404
③ 【O】 대판 1993.11.23. 93도213
④ 【X】 편취한 약속어음을 그와 같은 사실을 모르는 제3자에게 편취사실을 숨기고 할인받는 행위는 당초의 어음 편취와는 별개의 새로운 법익을 침해하는 행위로서 기망행위와 할인금의 교부행위 사이에 상당인과관계가 있어 새로운 사기죄를 구성한다 할 것이고, 설령 그 약속어음을 취득한 제3자가 선의이고 약속어음의 발행인이나 배서인이 어음금을 지급할 의사와 능력이 있었다 하더라도 이러한 사정은 사기죄의 성립에 영향이 없다(대판 2005.9.30. 2005도5236).

정답 ④

36 다음 중 올바른 것은 몇 개인가?

㉠ 강도가 시간적으로 접착된 상황에서 가족을 이루는 수인에게 폭행·협박을 가하여 집안에 있는 가족 공동점유의 재물을 탈취한 경우 폭행·협박을 당한 가족 구성원 수만큼 수 개의 강도죄가 성립한다.
㉡ 피해자를 위협하여 항거 불능케 한 후 1회 간음하고 200m쯤 오다가 다시 1회 간음한 경우는 실체적 경합이다.
㉢ 소비자보호원에서 발표한 내용을 확장하고 발표하지 않는 내용을 삽입하여 방송한 것은 출판물에 의한 명예훼손죄와 업무방해죄의 실체적 경합이다.
㉣ 진료거부는 의료법위반과 응급조치불이행의 상상적 경합이다.
㉤ 부설주차장을 허가없이 변경한 것은 주차장법위반과 건축법위반의 상상적 경합이다.

① 2개   ② 3개   ③ 4개   ④ 5개

[해설]
㉠ 【X】 강도가 시간적으로 접착된 상황에서 가족을 이루는 수인에게 폭행·협박을 가하여 집안에 있는 재물을 탈취한 경우 그 재물은 가족의 공동점유 아래 있는 것으로서, 이를 탈취하는 행위는 그 소유자가 누구인지에 불구하고 단일한 강도죄의 죄책을 진다(대판 1996.7.30. 96도1285).
㉡ 【X】 피해자를 위협하여 항거 불능케 한 후 1회 간음하고 200m쯤 오다가 다시 1회 간음한 경우 단순일죄로 처단한 것은 정당하다(대판 1970.9.29. 70도1516).
㉢ 【X】 한국소비자보호원을 비방할 목적으로 18회에 걸쳐서 출판물에 의하여 공연히 허위의 사실을 적시·유포함으로써 한국소비자보호원의 명예를 훼손하고 업무를 방해하였다는 각 죄는 1개의 행위가 2개의 죄에 해당하는 형법 제40조 소정의 상상적 경합의 관계에 있다(대판 1993.4.13. 92도3035).
㉣ 【O】 대판 1993.9.14. 93도1790
㉤ 【O】 대판 1990.7.27. 89도1829

정답 ②

37 죄수 및 경합에 관한 설명 중 옳은 것은?

① 허위공문서작성죄와 동행사죄가 수뢰후부정처사죄와 각각 상상적 경합관계에 있을지라도 허위공문서작성죄와 동행사죄 상호 간은 실체적 경합범관계에 있으므로 따로이 경합가중을 해야 한다.
② 감금행위가 단순히 강도상해 범행의 수단이 되는 데 그치지 아니하고 강도상해의 범행이 끝난 뒤에도 계속된 경우에는 1개의 행위가 감금죄와 강도상해죄에 해당하는 경우라고 볼 수 있다.
③ 건물관리인이 건물주로부터 월세임대차계약 체결업무를 위임받고도 임차인들을 속여 전세임대차계약을 체결하고 그 보증금을 편취한 경우, 사기죄와 업무상배임죄의 상상적 경합관계에 해당한다.
④ 신용협동조합의 전무가 그 조합의 담당직원을 기망하여 예금인출금 또는 대출금 명목으로 금원을 교부받은 경우, 사기죄와 업무상배임죄의 상상적 경합관계에 해당한다.

[해설]
① 【 X 】 허위공문서작성죄와 동행사죄가 수뢰후 부정처사죄와 각각 상상적 경합관계에 있을 때에는 허위공문서작성죄와 동행사죄 상호간은 실체적 경합범관계에 있다고 할지라도 상상적 경합범관계에 있는 수뢰후 부정처사죄와 대비하여 가장 중한 죄에 정한 형으로 처단하면 족한 것이고 **따로이 경합가중을 할 필요가 없다**(대판 1983.7.26. 83도1378). ⇨ 이른바 연결효과에 의한 상상적 경합 19. 경찰채용 1차
② 【 X 】 <u>감금죄와 강도상해죄는 제37조의 경합범 관계에 있다</u>(대판 2003.1.10. 2002도4380). 19. 경찰채용 1차
③ 【 X 】 업무상배임죄와 사기죄가 성립하고 두 죄는 **실체적 경합범의 관계**에 있다(대판 2010.11.11. 2010도10690). ⇨ 본인(건물주)에 대한 업무상배임죄가 성립하는 외에 제3자(임차인)에 대한 사기죄가 따로 성립한다는 취지 19. 경찰채용 1차
④ 【 O 】 1개의 행위에 **사기죄와 업무상배임죄**의 각 구성요건이 모두 구비된 때에는 양 죄를 법조경합 관계로 볼 것이 아니라 상상적 경합 관계에 있다고 봄이 상당하다(대판 2002.7.18. 2002도669 전원합의체). 19. 경찰채용 1차

정답 ④

38 죄수에 대한 설명으로 옳은 것을 모두 고른 것은?

㉠ 피고인이 강취한 현금카드를 사용하여 현금자동지급기에서 현금을 인출한 행위는 강도죄와는 별도로 절도죄가 성립한다.
㉡ 열차승차권을 절취한 자가 역직원에게 자기의 소유인 양 속여 현금과 교환한 경우에 절도죄 외에 사기죄가 성립한다.
㉢ 전기통신금융사기(이른바 보이스피싱 범죄)의 범인이 피해자를 기망하여 피해자의 자금을 사기이용계좌로 송금·이체받은 후 사기이용계좌에서 현금을 인출한 행위는 사기의 피해자에 대하여 별도의 횡령죄를 구성한다.
㉣ 乙 종중으로부터 토지를 명의신탁받아 보관 중이던 甲이 개인 채무 변제에 사용할 목적으로 위 토지에 근저당권을 설정한 후에 다시 위 토지를 丙에게 매도한 경우, 甲의 토지 매도행위는 별도의 횡령죄를 구성한다.

① ㉠, ㉡   ② ㉡, ㉢   ③ ㉠, ㉣   ④ ㉢, ㉣

[해설]
- ㉠ 【 O 】 2007.5.10. 2007도1375 18. 경찰채용 1차
- ㉡ 【 X 】 열차승차권은 그 자체에 권리가 화체되어 있는 무기명증권이므로 이를 곧 사용하여 승차하거나 권면가액으로 양도할 수 있고 매입금액의 환불을 받을 수 있는 것으로서 열차승차권을 절취한 자가 환불을 받음에 있어 비록 기망행위가 수반한다 하더라도 절도죄 외에 따로히 사기죄가 성립하지 아니한다(대판 1975.8.29. 75도1996). 18. 경찰채용 1차
- ㉢ 【 X 】 전기통신금융사기(보이스피싱)의 범인이 사기이용계좌에서 현금을 인출하였더라도 이는 이미 성립한 사기범행의 실행행위에 지나지 아니하여 새로운 법익을 침해한다고 보기도 어려우므로, 위와 같은 인출행위는 사기의 피해자에 대하여 따로 횡령죄를 구성하지 아니한다(대판 2017.5.31. 2017도3045). 18. 경찰채용 1차
- ㉣ 【 O 】 피고인들이 토지를 매도한 행위는 선행 근저당권설정행위 이후에 이루어진 것이어서 불가벌적 사후행위에 해당한다는 취지의 피고인들 주장을 배척하고 위 토지 매도행위가 별도의 횡령죄를 구성한다(대판 2013.2.21. 2010도10500). 18. 경찰채용 1차

정답 ③

39 죄수관계에 관한 설명 중 적절한 것을 모두 고른 것은?

㉠ 채권자들에 의한 복수의 강제집행이 예상되는 경우 재산을 은닉 또는 허위양도함으로써 채권자들을 해하였다면 채권자별로 각각 강제집행면탈죄가 성립하고, 상호 상상적 경합범의 관계에 있다.
㉡ 타인의 사무를 처리하는 자가 여러 사람으로부터 각각 같은 종류의 부정한 청탁을 받고 그들로부터 각각 금품을 수수한 경우, 이는 단일하고 계속된 범의 아래 이루어진 것이고 그 피해법익도 동일하므로 포괄일죄로 보아야 한다.
㉢ 甲이 A주식회사로부터 렌탈(임대차)하여 컴퓨터 본체, 모니터 등을 받아 보관하였고, B주식회사로부터 리스(임대차)하여 컴퓨터 본체, 모니터, 그래픽카드, 마우스 등을 보관하다가, 같은 날 성명불상의 업체에 한꺼번에 처분하여 횡령한 경우, 피해자들에 대한 각 횡령죄는 상상적 경합관계에 있다.
㉣ 경찰서 생활질서계에 근무하는 피고인 甲이 피고인 乙로부터 뇌물을 수수하면서, 피고인 乙의 자녀 명의 은행 계좌에 관한 현금카드를 받은 뒤 피고인 乙이 위 계좌에 돈을 입금하면 피고인 甲이 현금카드로 돈을 인출하는 방법으로 범죄수익의 취득에 관한 사실을 가장한 경우, '범죄수익은닉의 규제 및 처벌 등에 관한 법률' 위반죄와 '특정범죄 가중처벌 등에 관한 법률' 위반(뇌물)죄가 성립하고 두 죄가 상상적 경합범 관계에 있다.

① ㉠, ㉡   ② ㉠, ㉢   ③ ㉠, ㉣   ④ ㉡, ㉣

[해설]
- ㉠ 【 O 】 대판 2011.12.8. 2010도4129 17. 경찰승진
- ㉡ 【 X 】 여러 사람으로부터 각각 부정한 청탁을 받고 그들로부터 각각 금품을 수수한 경우에는 비록 그 청탁이 동종의 것이라고 하더라도 단일하고 계속된 범의 아래 이루어진 범행으로 보기 어려워 그 전체를 포괄일죄로 볼 수 없다(대판 2008.12.11. 2008도6987). 17. 경찰승진
- ㉢ 【 O 】 대판 2013.10.31. 2013도10020 17. 경찰승진
- ㉣ 【 X 】 피고인 갑에게 범죄수익규제법 위반죄와 특정범죄 가중처벌 등에 관한 법률 위반(뇌물)죄가 성립하고 두 죄가 실체적 경합범 관계에 있다(대판 2012.9.27. 2012도6079). 17. 경찰승진

정답 ②

40 다음 설명 중 가장 적절하지 않은 것은?

① 강도가 한 개의 강도범행을 하는 기회에 다수의 피해자에게 별개의 폭행을 가하여 각 상해를 입힌 경우, 피해자별로 수 개의 강도상해죄가 성립하며 이들은 실체적 경합관계에 있다.
② 특정범죄 가중처벌 등에 관한 법률 제5조의4 제6항에 규정된 상습절도 등 죄를 범한 범인이 그 범행의 수단으로 주거침입을 한 경우에 주거침입죄는 그 목적여하에 불구하고 그 목적하는 죄와 별도로 성립하기 때문에 상습절도등죄와 주거침입죄는 실체적 경합관계에 있다.
③ 수수한 메스암페타민을 장소를 이동하여 투약하고서 잔량을 은닉하는 방법으로 소지한 행위는 사회통념상 수수행위와는 독립한 별개의 행위를 구성한다고 보아야 한다.
④ 국회의원 선거에서 정당의 공천을 받게 하여 줄 의사나 능력이 없음에도 이를 해줄 수 있는 것처럼 기망하여 공천과 관련하여 금품을 받은 경우, 공직선거법상 공천 관련 금품수수죄와 사기죄가 모두 성립하고 양자는 상상적 경합의 관계에 있다.

해설
① 【O】 대판 1987.5.26. 87도527 ◎ 상상적 경합관계가 아님을 주의해야 한다. 16. 경찰간부
② 【X】 특정범죄가중처벌등에관한법률 제5조의 4 제1항에 규정된 상습절도등 죄를 범한 범인이 그 범행의 수단으로 주거침입을 한 경우에 주거침입행위는 상습절도등 죄에 흡수되어 위 법조에 규정된 상습절도등죄의 1죄만이 성립하고 별개로 주거침입죄를 구성하지 않는다(대판 1984.12.26. 84도1573 전원합의체 판결).
③ 【O】 대판 1999.8.20. 99도1744
④ 【O】 대판 2013.9.26. 2013도7876

정답 ②

41 죄수에 관한 다음 설명 중 가장 옳지 않은 것은?

① 절도범이 甲의 집에 침입하여 그 집의 방안에서 그 소유의 재물을 절취하고 그 무렵 그 집에 세들어 사는 乙의 방에 침입하여 재물을 절취하려다 미수에 그쳤다면 위 두 범죄는 그 범행장소와 물품의 관리자를 달리하고 있어서 별개의 범죄를 구성한다.
② 채권자들에 의한 복수의 강제집행이 예상되는 경우 재산을 은닉 또는 허위양도함으로써 채권자들을 해하였다면 채권자별로 각각 강제집행면탈죄가 성립하고, 상호 상상적 경합범의 관계에 있다.
③ 피해자를 1회 강간하여 상처를 입게 한 후 약 1시간 후에 장소를 옮겨 같은 피해자를 다시 1회 강간한 행위는 그 범행시간과 장소를 달리하고 있을 뿐만 아니라 각 별개의 범의에서 이루어진 행위로서 형법 제37조 전단의 실체적 경합범에 해당한다.
④ 물품을 수입하는 무역업자가 그 물품을 같은 해에 3차례에 걸쳐 수입하면서 그때마다 과세가격 또는 관세율을 허위로 신고하여 관세를 포탈하였다면 포괄하여 1개의 관세포탈죄를 구성한다.

해설
① 【O】 대판 1989.8.8. 89도664
② 【O】 대판 2011.12.8. 2010도4129
③ 【O】 대판 1987.5.12. 87도694
④ 【X】 수입물품의 수입신고를 하면서 과세가격 또는 관세율 등을 허위로 신고하여 수입하는 경우에는 그 수입신고시마다 당해 수입물품에 대한 정당한 관세의 확보라는 법익이 침해되어 별도로 구성요건이 충족되는 것이므로 각각의 허위 수입신고시마다 1개의 죄가 성립한다(대판 2000.11.10. 99도782). 지문의 경우 3개의 관세포탈죄가 성립하고, 이들은 실체적 경합범의 관계에 있다.
16. 국가직 7급

정답 ④

42 죄수에 대한 설명으로 가장 적절하지 않은 것은?

① 甲은 미성년자인 A를 약취한 후 강간을 목적으로 A에게 상해를 가하고 나아가 A에 대한 강간 및 살인미수를 범한 경우, 상해의 결과가 A에 대한 강간 및 살인미수행위 과정에서 발생한 것이라 하더라도 甲에게는 A에 대한 상해 등으로 인한 특정범죄 가중처벌 등에 관한 법률 위반죄 및 A에 대한 강간 및 살인미수행위로 인한 성폭력범죄의 처벌 등에 관한 특례법 위반죄가 각 성립하고 두 죄는 실체적 경합 관계에 있다.
② 경찰관이 압수물을 범죄 혐의의 입증에 사용하도록 하는 등의 적절한 조치를 취하지 않은 채 부하직원에게 지시하여 피압수자에게 돌려준 경우, 작위범인 증거인멸죄만이 성립하고 부작위범인 직무유기죄는 따로 성립하지 아니한다.
③ 범죄 피해 신고를 받고 출동한 두 명의 경찰관에게 욕설을 하면서 순차로 폭행을 하여 신고처리 및 수사업무에 관한 정당한 직무집행을 방해한 경우, 두 경찰관에 대한 공무집행방해죄는 상상적 경합관계에 있다.
④ 편취한 약속어음을 그와 같은 사실을 모르는 제3자에게 편취사실을 숨기고 할인 받은 경우, 그 약속어음을 취득한 제3자가 선의이고 약속어음의 발행인이나 배서인이 어음금을 지급할 의사와 능력이 있었다면 제3자에 대한 별도의 사기죄는 성립하지 않는다.

해설
① 【 O 】 대판 2014.2.27. 2013도12301 16. 경찰간부
② 【 O 】 대판 2006.10.19. 2005도3909 전합 19. 경찰승진
③ 【 O 】 사회관념상 1개의 행위로 평가되는 경우에는 여럿의 공무집행방해죄는 상상적 경합의 관계에 있다(대판 2009.6.25. 2009도3505). 19. 경찰승진
④ 【 X 】 편취한 약속어음을 그와 같은 사실을 모르는 제3자에게 편취사실을 숨기고 할인받는 경우 ⇨ 설령 그 약속어음을 취득한 제3자가 선의이고 약속어음의 발행인이나 배서인이 어음금을 지급할 의사와 능력이 있었다 하더라도 당초의 어음 편취와는 별개의 새로운 법익을 침해하는 행위로서 새로운 사기죄를 구성(대판 2005.9.30. 2005도5236). 19. 경찰승진

정답 ④

43 죄수에 대한 설명으로 옳지 않은 것은?

① 수수한 메스암페타민을 장소를 이동하여 투약하고서 잔량을 은닉하는 방법으로 소지한 경우 구 향정신성의약품관리법의 향정신성의약품수수죄 외에 별도로 그 소지죄가 성립한다.
② 甲이 백화점에서 A의 신용카드를 제시하고 매출표에 서명하여 교부함으로써 물품을 구입하였다면, 甲에게는 여신전문금융업법위반(신용카드부정사용)죄와 사기죄의 실체적 경합이 성립하고 별도로 사문서위조 및 동행사의 죄는 성립하지 않는다.
③ 甲은 A의 인장을 위조하고 이를 이용하여 A명의의 사문서를 위조한 경우, 인장위조죄와 사문서위조죄는 상상적 경합의 관계에 있다.
④ 금융회사 등의 임직원의 직무에 속하는 사항에 관하여 알선할 의사와 능력이 없음에도 알선을 한다고 기망하고 이에 속은 상대방으로부터 알선을 한다는 명목으로 금품 등을 수수한 경우, 사기죄와 특정경제범죄 가중처벌 등에 관한 법률 제7조 위반죄가 모두 성립하고 위 두 죄는 상상적 경합의 관계에 있다.

해설
① 【 O 】 대판 1999.8.20. 99도1744 16. 국가직 7급
② 【 O 】 이러한 경우 신용카드부정사용죄와 사기죄는 실체적 경합관계에 있고(대판 1996.7.12. 96도1181), 사문서위조 및 동행사죄는 신용카드부정사용죄에 흡수된다(대판 1992.6.9. 92도77).
③ 【 X 】 행사의 목적으로 타인의 인장을 위조하고 그 위조한 인장을 사용하여 권리의무 또는 사실증명에 관한 타인의 사문서를 위조한 경우에는 인장위조죄는 사문서위조죄에 흡수되고 따로 인장위조죄가 성립하는 것은 아니다(대판 1978.9.26. 78도1787). 법조경합 중 흡수관계로서 일죄이다.
④ 【 O 】 대판 2012.6.28. 2012도3927

정답 ③

44 다음 중 상상적 경합 관계가 아닌 것은?

① 뇌물을 수수하면서 공여자를 기망한 경우 뇌물수수죄와 사기죄
② 수 개의 접근매체를 한 번에 양도한 경우 각 전자금융거래법위반죄
③ 공무원이 취급하는 사건에 관하여 청탁 또는 알선을 할 의사와 능력이 없음에도 청탁 또는 알선을 한다고 기망하여 돈을 받은 경우 사기죄와 변호사법위반죄
④ 허위 또는 과장된 사실을 알리는 등 소비자를 유인하는 방법으로 기망하여 돈을 편취한 경우 사기죄와 방문판매업법위반죄

[해설]

① 【O】 뇌물을 수수함에 있어서 공여자를 기망한 점이 있다 하여도 뇌물수수죄, 뇌물공여죄의 성립에는 영향이 없고, 이 경우 뇌물을 수수한 공무원에 대하여는 한 개의 행위가 뇌물죄와 사기죄의 각 구성요건에 해당하므로 형법 제40조에 의하여 상상적 경합으로 처단하여야 한다(대판 2015.10.29. 2015도12838). 22. 법원직
② 【O】 수 개의 접근매체를 한꺼번에 양도한 행위는 하나의 행위로 수 개의 전자금융거래법 위반죄를 범한 경우에 해당하여 각 죄는 상상적 경합관계에 있다(대판 2010.3.25. 2009도1530). 22. 법원직
③ 【O】 공무원이 취급하는 사건에 관하여 청탁 또는 알선을 할 의사와 능력이 없음에도 청탁 또는 알선을 한다고 기망하고 이에 속은 피해자로부터 이른바 청탁자금 명목으로 금품을 받았다면 이러한 피고인의 행위는 사기죄와 변호사법 제111조 위반죄에 각 해당하고 위 두 죄는 상상적 경합의 관계에 있다(대판 2007.5.10. 2007도2372). 22. 법원직
④ 【X】 방문판매법 제54조 제1항 제3호 및 제32조 제1항 제2호를 위반한 행위는 그 자체가 사기행위에 해당한다거나 사기행위를 반드시 포함한다고 할 수 없고, 위 방문판매법 위반죄는 사기죄와 그 구성요건을 달리하는 별개의 범죄로서 서로 보호법익이 다르므로, 두 죄는 법조경합 관계가 아니라 실체적 경합 관계로 봄이 상당하다(대판 2013.6.27. 2013도2510). 22. 법원직

정답 ④

45 다음 중 상상적 경합관계에 해당하는 경우는?

① A에게 수표금액을 지급할 의사나 능력이 없는 상태에서 부도가 예상되는 당좌수표를 발행하여 주고 A로부터 금원을 차용하였으며, 그 당좌수표가 지급기일에 부도처리된 경우, 사기죄와 부정수표단속법위반죄
② 강도범행의 실행에 착수하였으나 강취할 만한 재물이 없어 미수에 그치자, 그 자리에서 항거불능의 상태에 빠진 피해자를 간음할 것을 결의하고 실행에 착수하였으나 역시 미수에 그쳤지만 반항을 억압하기 위한 폭행으로 피해자에게 상해를 입힌 경우, 강도강간미수죄와 강도치상죄
③ 초병이 일단 그 수소를 이탈한 후 다시 부대에 복귀하기 전에 별도로 군무를 기피할 목적을 일으켜 그 직무를 이탈한 경우, 초병의 수소이탈죄와 군무이탈죄
④ 위조통화를 행사하여 재물을 불법영득한 경우, 위조통화행사죄와 사기죄

[해설]

① 【X】 사기의 수단으로 발행한 수표가 지급거절된 경우 부정수표단속법위반죄와 사기죄는 그 행위의 태양과 보호법익을 달리하므로 실체적 경합범의 관계에 있다(대판 2004.6.25. 2004도1751).
② 【O】 대판 1988.6.28. 88도820
③ 【X】 초병이 일단 그 수소를 이탈하면 그 이탈행위와 동시에 수소이탈죄는 완성되고, 그 후 다시 부대에 복귀하기 전이라도 별도로 군무를 기피할 목적을 일으켜 그 직무를 이탈하였다면 초병의 수소이탈죄와 군무이탈죄가 각각 독립하여 성립하고, 그 두 죄는 서로 실체적 경합범의 관계에 있다(대판 1981.10.13. 81도2397).
④ 【X】 통화위조죄에 관한 규정은 공공의 거래상의 신용 및 안전을 보호하는 공공적인 법익을 보호함을 목적으로 하고 있고, 사기죄는 개인의 재산법익에 대한 죄이어서 양죄는 그 보호법익을 달리하고 있으므로 위조통화를 행사하여 재물을 불법영득한 때에는 위조통화행사죄와 사기죄의 양죄의 경합범이 성립한다(대판 1979.7.10. 79도840). ● 상상적 경합관계가 아님을 주의해야 한다.

정답 ②

46 죄수관계에 관한 다음 설명 중 옳지 않은 것은 몇 개인가?

> ㉠ 타인 명의의 등기서류를 위조하여 등기관에게 제출함으로써 자신의 명의로 소유권이전등기를 마친 경우, 사문서위조죄, 위조사문서행사죄, 사기죄가 모두 성립하고, 그 중 위조사문서행사죄와 사기죄는 상상적 경합 관계에 있다.
> ㉡ 위조통화를 행사하여 재물을 불법영득한 때에는 위조통화행사죄와 사기죄의 실체적 경합이다.
> ㉢ 자동차를 절취한 후 자동차등록번호판을 떼어내는 행위는 절도범행의 불가벌적 사후행위가 되는 것은 아니다.
> ㉣ 시험을 관리하는 공무원이 타인으로부터 돈을 받고 직무상 지득한 시험 문제를 타인에게 알려준 경우 공무상비밀누설죄와 수뢰후부정처사죄는 상상적 경합의 관계에 있다.

① 0개 ② 1개 ③ 2개 ④ 3개

[해설]
㉠ 【 X 】 피고인이 타인명의의 등기서류를 위조하여 등기공무원에게 제출함으로써 피고인 명의로 위 피해자 소유의 부동산에 대한 소유권이전등기를 마쳤다고 하여도 위 피해자의 처분행위가 없을 뿐 아니라 등기공무원에게는 위 부동산의 처분권한이 있다고 볼 수 없어 결국 사기죄가 성립하지 않는다. 위조사문서행사죄와 사기죄의 관계는 상상적 경합관계에 있다고 볼 수 없다(대판 1981.7.28. 81도529) 17. 법원행시
㉡ 【 O 】 대판 1979.7.10. 79도840 17. 경찰간부
㉢ 【 O 】 대판 2007.9.6. 2007도4739 17. 경찰간부
㉣ 【 O 】 대판 1970.6.30. 70도652 17. 경찰간부

정답 ②

47 죄수에 관한 설명 중 가장 적절하지 않은 것은?

① 횡령을 교사한 후 그 횡령한 물건을 취득한 때에는 횡령교사죄와 장물취득죄의 경합범이 성립된다.
② 직계존속인 피해자를 폭행하고 상해를 가한 것이 존속에 대한 동일한 폭력 습벽의 발현에 의한 것으로 인정되는 경우 중한 상습존속상해죄에 나머지 행위들을 포괄시켜 하나의 죄만이 성립한다.
③ 미성년자의제강간죄 또는 미성년자의제강제추행죄는 행위시마다 1개의 범죄가 성립한다.
④ 위조된 수 개의 문서를 일괄하여 행사하는 경우는 상상적 경합범이지만, 2인 이상의 연명으로 된 문서를 위조한 경우에는 단순일죄이다.

[해설]
① 【 O 】 대판 1969.6.24. 69도692
② 【 O 】 대판 2003.2.28. 2002도7335
③ 【 O 】 대판 1982.12.14. 82도2442
④ 【 X 】 문서에 2인 이상의 작성명의인이 있을 때에는 각 명의자 마다 1개의 문서가 성립되므로 2인 이상의 연명으로 된 문서를 위조한 때에는 작성명의인의 수대로 수 개의 문서위조죄가 성립하고 또 그 연명문서를 위조하는 행위는 자연적 관찰이나 사회통념상 하나의 행위라 할 것이어서 위 수 개의 문서위조죄는 형법 제40조가 규정하는 상상적 경합범에 해당한다(대판 1987.7.21. 87도564).

정답 ④

48 죄수 및 경합에 관한 설명 중 옳은 것은?

① 수사업무에 종사하는 甲이 乙 등 18명의 도박범행사실을 적발하였음에도 이를 형사입건하는 등 범죄수사에 필요한 조치를 다하지 않고 乙 등으로부터 묵인해 달라는 부탁을 받고 그 도박사실을 발견하지 못한 것처럼 근무일지를 허위로 작성하고, 파출소장에게 허위로 이를 보고한 경우 허위공문서작성죄, 허위작성공문서행사죄, 직무유기죄가 성립한다.
② 강간치상범이 자신의 범행으로 인하여 실신상태에 있는 피해자를 그대로 방치하고 도주한 경우에는 강간치상죄와 유기죄의 실체적 경합이다.
③ 甲이 A녀가 자동차에서 내릴 수 없는 상태에 있음을 이용하여 강간하려고 결의하고 자동차의 주행속도를 높여 A녀가 자동차에서 탈출하지 못하게 한 뒤 범행장소까지 A녀를 강제로 데려가 강간하려다 미수에 그친 경우 감금죄와 강간미수죄의 실체적 경합이다.
④ 음주 또는 약물의 영향으로 정상적인 운전이 곤란한 상태에서 자동차를 운전하여 사람을 상해에 이르게 함과 동시에 다른 사람의 재물을 손괴한 때에는 특정범죄가중처벌 등에 관한 법률 위반(위험운전치사상)죄 외에 업무상 과실 재물손괴로 인한 도로교통법 위반죄가 성립하고, 위 두 죄는 1개의 운전행위로 인한 것으로서 상상적 경합관계에 있다.

해설

① 【 X 】 은폐할 목적으로 허위공문서를 작성, 행사한 경우에는 직무위배의 위법상태는 허위공문서작성 당시부터 그 속에 포함되는 것으로 작위범인 허위공문서작성, 동행사죄만이 성립하고 부작위범인 직무유기죄는 따로 성립하지 아니한다(대판 1999.12.24. 99도2240). 13. 사시
② 【 X 】 포괄적으로 단일의 강간치상죄만을 구성한다(대판 1980.6.24. 80도726). 13. 사시
③ 【 X 】 이 사건 감금과 강간미수죄는 일개의 행위에 의하여 실현된 경우로서 형법 제40조의 상상적 경합이라고 해석함이 상당할 것이다(대판 1983.4.26. 83도323). 13. 사시
④ 【 O 】 대판 2010.1.14. 2009도10845

정답 ④

49 다음 설명 중 가장 옳은 것은?

① 피고인이 여관에서 종업원을 칼로 찔러 상해를 가하고 객실로 끌고 들어가는 등 폭행·협박을 하고 있던 중, 마침 다른 방에서 나오던 여관의 주인도 같은 방에 밀어 넣은 후, 주인으로부터 금품을 강취하고, 1층 안내실에서 종업원 소유의 현금을 꺼내 갔다면, 여관 종업원과 주인에 대한 각 강도행위가 각별로 강도죄를 구성하고 위 2죄는 실체적 경합범 관계에 있다.
② 형법 제331조 제2항의 흉기를 휴대하거나 2인 이상이 합동하여 타인의 재물을 절취하는 특수절도의 범인이 그 범행수단으로 주거침입을 한 경우에 그 주거침입행위는 절도죄에 흡수되지 아니하고 별개로 주거침입죄를 구성하나 주거침입죄와 절도죄는 상상적 경합의 관계에 있게 된다.
③ 사기의 수단으로 발행한 수표가 지급거절된 경우 부정수표단속법위반죄와 사기죄는 그 행위의 태양과 보호법익을 달리하므로 실체적 경합범의 관계에 있다.
④ 회사의 사무를 처리하는 자가 회사로 하여금 자신의 채무에 관하여 연대보증채무를 부담하게 한 다음 회사의 자금을 보관하는 자의 지위에서 이를 임의로 인출하여 위 회사가 부담하게 된 연대보증채무의 변제에 사용한 경우 배임죄가 성립하고 횡령죄는 불가벌적 사후행위가 된다.

해설

① 【 X 】 피고인이 여관에서 종업원을 칼로 찔러 상해를 가하고 객실로 끌고 들어가는 등 폭행·협박을 하고 있던 중, 마침 다른 방에서 나오던 여관의 주인도 같은 방에 밀어 넣은 후, 주인으로부터 금품을 강취하고, 1층 안내실에서 종업원 소유의 현금을 꺼내 갔다면, 여관 종업원과 주인에 대한 각 강도행위가 각별로 강도죄를 구성하되 피고인이 피해자인 종업원과 주인을 폭행·협박한 행위는 법률상 1개의 행위로 평가되는 것이 상당하므로 위 2죄는 상상적 경합범관계에 있다고 할 것이다(대판 1991.6.25. 91도643). 12. 법원행시

② 【 X 】 형법 제331조 제2항의 특수절도에 있어서 주거침입은 그 구성요건이 아니므로, 절도범인이 그 범행수단으로 주거침입을 한 경우에 그 주거침입행위는 절도죄에 흡수되지 아니하고 별개로 주거침입죄를 구성하여 절도죄와는 실체적 경합의 관계에 있다(대판 2009.12.24. 2009도9667). 12. 법원행시

③ 【 O 】 대판 2004.6.25. 2004도1751 12. 법원행시

④ 【 X 】 회사에 대한 관계에서 타인의 사무를 처리하는 자가 임무에 위배하여 회사로 하여금 자신의 채무에 관하여 연대보증채무를 부담하게 한 다음, 회사의 금전을 보관하는 자의 지위에서 회사의 이익이 아닌 자신의 채무를 변제하려는 의사로 회사의 자금을 자기의 소유인 경우와 같이 임의로 인출한 후 개인채무의 변제에 사용한 행위는, 연대보증채무 부담으로 인한 배임죄와 다른 새로운 보호법익을 침해하는 것으로서 배임 범행의 불가벌적 사후행위가 되는 것이 아니라 별개인 횡령죄를 구성한다고 보아야 하며, 횡령행위로 인출한 자금이 선행 임무위배행위로 인하여 회사가 부담하게 된 연대보증채무의 변제에 사용되었다 하더라도 달리 볼 것은 아니다(대판 2011.4.14. 2011도277)

정답 ③

50 상상적 경합에 관한 다음 설명 중 옳지 않은 것은?

① 피고인 등이 피해자들을 유인하여 사기도박을 하여 도금을 편취한 행위는 사회관념상 1개의 행위로 평가함이 상당하므로, 피해자들에 대한 각 사기죄는 상상적 경합의 관계에 있다.
② 피고인이 승용차를 운전하던 중 음주단속을 피하기 위하여 위험한 물건인 승용차로 단속 경찰관을 들이받아 위 경찰관의 공무집행을 방해하고 위 경찰관에게 상해를 입게 하였다면 피고인의 행위는 폭력행위등처벌에관한법률위반(집단·흉기 등 상해)죄와 특수공무집행방해치상죄를 구성하고 두 죄는 상상적 경합관계에 해당한다.
③ 신용협동조합의 전무인 피고인이 조합의 담당직원을 기망하여 예금 인출금 또는 대출금 명목으로 금원을 교부 받은 행위는 사기죄와 업무상배임죄를 구성하며 양 죄는 상상적 경합관계로 봄이 상당하다.
④ 금융회사 등의 임직원의 직무에 속하는 사항에 관하여 알선할 의사와 능력이 없음에도 알선을 한다고 기망하고 금품 등을 수수한 경우, 사기죄와 특정경제범죄 가중처벌 등에 관한 법률 제7조 위반죄를 구성하며 양죄는 상상적 경합관계로 봄이 상당하다.

해설

① 【 O 】 대판 2011.1.13. 2010도9330
② 【 X 】 기본범죄를 통하여 고의로 중한 결과를 발생하게 한 경우에 가중처벌하는 부진정결과적가중범에서 고의로 중한 결과를 발생하게 한 행위가 별도의 구성요건에 해당하고 그 고의범에 대하여 결과적가중범에 정한 형보다 더 무겁게 처벌하는 규정이 있는 경우에는 그 고의범과 결과적가중범이 상상적 경합관계에 있다고 보아야 할 것이지만, 고의범에 대하여 더 무겁게 처벌하는 규정이 없는 경우에는 결과적가중범이 고의범에 대하여 특별관계에 있으므로 결과적가중범만 성립하고 이와 법조경합의 관계에 있는 고의범에 대하여는 별도로 죄를 구성하지 않는다(대판 2008.11.27. 2008도7311). 따라서 형량이 동일한 경우에는 더 무거운 경우가 아니므로 특별관계에 있는 부진정 결과적 가중범인 특수공무집행방해치상죄만 성립한다.
  ◎ 참고로 폭력행위 등 처벌에 관한 법률 제3조 집단·흉기 등 상해죄의 형량은 3년 이상의 징역이며, 특수공무집행방해치상죄의 형량도 3년 이상의 징역이다.

> 비교판례
> 일반적인 경우 공무집행중인 공무원에게 공무집행을 방해하기 위하여 상해를 입힌 경우는 공무집행방해죄와 상해죄의 상상적 경합관계가 성립하는 것과 구별해야 한다.

③ 【 O 】 대판 2002.7.18. 2002도669(全)
④ 【 O 】 대판 2012.6.28. 2012도3927

정답 ②

51 죄수관계에 관한 다음 설명 중 옳지 않은 것은 몇 개인가?

㉠ 기망의 방법으로 자기가 점유하는 타인의 재물을 영득한 경우에는 사기죄와 횡령죄의 상상적 경합이다.
㉡ 절취한 물건을 자기 것인 양 제3자에게 담보로 제공하고 돈을 빌린 행위는 불가벌적 사후행위에 해당한다.
㉢ 음주로 인한 특정범죄 가중처벌 등에 관한 법률 위반(위험운전치사상)죄가 성립하는 때에는 차의 운전자가 형법 제268조의 죄를 범한 것을 내용으로 하는 교통사고처리 특례법 위반죄는 상상적 경합의 관계에 있다.
㉣ 동일한 교통사고로 차량을 손괴하고 그 차량승객에게 상해를 입힌 경우 상상적 경합범이다.

① 1개 ② 2개 ③ 3개 ④ 4개

[해설]
㉠ 【 X 】 자기가 점유하는 타인의 재물을 횡령하기 위하여 기망수단을 쓴 경우에는 피기망자에 의한 재산처분행위가 없으므로 일반적으로 횡령죄만 성립되고 사기죄는 성립되지 아니한다(대판 1980.12.9. 80도1177).
㉡ 【 X 】 절도범인이 그 절취한 장물을 자기 것인양 제3자를 기망하여 금원을 편취한 경우에는 장물에 관하여 소비 또는 손괴하는 경우와는 달리 제3자에 대한 관계에 있어서는 새로운 법익의 침해가 있다고 할 것이므로 절도죄 외에 사기죄의 성립을 인정할 것이다 (대판 1980.11.25. 80도2310).
㉢ 【 X 】 음주로 인한 특정범죄가중처벌 등에 관한 법률 위반(위험운전치사상)죄는 주취상태의 자동차 운전으로 인한 교통사고가 빈발하고 그로 인한 피해자의 생명·신체에 대한 피해가 중대할 뿐만 아니라, 사고발생 전 상태로의 회복이 불가능하거나 쉽지 않은 점 등의 사정을 고려하여, 형법 제268조에서 규정하고 있는 업무상과실치사상죄의 특례를 규정하여 가중처벌함으로써 피해자의 생명·신체의 안전이라는 개인적 법익을 보호하기 위한 것이다. 따라서 그 죄가 성립하는 때에는 형법 제268조의 죄를 범한 것을 내용으로 하는 교통사고처리특례법 위반죄는 흡수되어 별죄를 구성하지 아니한다(대판 2008.12.11. 2008도9182).
㉣ 【 O 】 대판 1993.5.11. 93도49

정답 ③

52 경합범에 대한 설명으로 가장 적절한 것은?

① 사후적 경합범은 동일인이 범한 수죄 중에서 일부의 죄에 관하여 벌금이상의 형에 처한 확정판결이 있는 경우에, 판결이 확정된 범죄와 그 판결이 확정되기 전에 범한 죄 사이의 경합관계를 말한다.
② 「형법」 제37조 후단의 경합범에 있어서 '판결이 확정된 죄'라 함은 수 개의 독립된 죄 중의 어느 죄에 대하여 확정판결이 있었던 사실 그 자체를 의미하고 일반사면으로 형의 선고의 효력이 상실되었는지 여부는 묻지 않는다.
③ 동시적 경합범은 원칙적으로 수죄 전부가 병합 심리될 것을 요하지 않는다.
④ 동시적 경합범에서 각 죄에 정한 형이 징역과 금고인 때에는 금고의 형기만큼 징역형으로 처벌할 수 없다.

[해설]
① 【 X 】 확정판결은 금고이상의 형에 처하는 판결에 한하고, 벌금형을 선고한 판결 및 약식명령이 확정된 경우는 포함되지 않는다 (제37조 후단). 18. 경찰승진
② 【 O 】 대판 1996.3.8. 95도2114 18. 경찰승진
③ 【 X 】 제37조 전단의 동시적 경합범은 수 개의 죄가 동시에 판결될 수 있는 상태, 즉 병합 심리될 것을 요한다. 18. 경찰승진
④ 【 X 】 동시적 경합범의 처벌에 있어서 징역과 금고는 동종의 형으로 간주하여 징역형으로 처벌한다(제38조 2항). 18. 경찰승진

정답 ②

53 경합범에 관한 다음 설명 중 가장 옳지 않은 것은?

① 경합범으로 기소되었어도 그 중 유죄로 인정된 A죄에 대해서는 상고가 제기되지 않아 확정되고 무죄로 선고된 B죄에 대하여만 상고가 제기되어 파기환송된 경우 환송 후 원심은 B죄를 유죄로 인정하여도 A, B죄를 경합범으로 하여 1개의 형으로 선고할 것이 아니라 B죄에 대하여만 별개의 형을 선고하여야 한다.

② 금고 이상의 형에 처한 판결이 확정된 죄와 그 판결확정 전에 범한 죄는 경합범 관계에 있으므로 판결확정 전에 범한 죄에 대하여는 판결이 확정된 죄를 동시에 판결할 경우와 형평을 고려하여 그 죄에 대한 형을 선고하여야 한다.

③ 징역형만 규정된 A죄와 징역형과 벌금형을 병과할 수 있도록 규정된 B죄가 상상적 경합관계에 있고, A죄에 정해진 징역형의 상한이 B죄에서 정해진 징역형의 상한보다 높다면 A죄에서 정한 징역형으로 처벌하여야 하고 벌금형을 병과할 수는 없다.

④ 상습범과 같은 포괄일죄의 중간에 별종의 범죄에 대한 확정판결이 있어도 그 포괄일죄와 판결이 확정된 죄는 형법 제37조 후단에서 정한 경합범 관계에 있다고 할 수 없다.

해설

① 【 O 】 병역법위반의 죄(A죄)와 하천법위반(B죄)의 죄에 관하여 전자(A죄)에 대해서는 이를 유죄로 인정하여 이에 대하여 징역 5월을 선고하고, 후자(B죄)에 대해서는 무죄를 선고하였던 바, 피고인은 위 판결에 대한 상고를 포기하고, 검사는 무죄로 선고된 후자의 죄에(B죄) 대해서만 상고한 것을 본원은 후자의 죄(B죄)에 대해서만 원판결을 파기하고 이를 원심인 부산지방법원에 환송하였으므로 피고인에 대한 병역법위반의 죄(A죄)는 이미 유죄로 인정되어 징역 5월의 형이 확정되었고, 파기환송된 것은 하천법위반의 죄(B죄) 뿐이므로 환송후의 원심에는 파기환송된 하천법위반사건(B죄)만이 계속된 것이므로 환송후의 원심은 마땅히 하천법위반의 죄(B죄)에 대해서만 심리할 수 있는 것이며, 이로써 경합범중의 일부가 재판이 확정되었으므로 재판이 확정되지 않은 부분만에 대해서 심리한 후 유죄가 인정되면 이에 대하여 별개의 형을 선고하여야 할 것임에도 불구하고 환송후의 원심은 이미 확정된 부분까지도 다시 심리하여 확정되지 않은 죄와 경합범으로 하여 형을 선고한 환송후의 원심판결은 심리의 범위에 관한 법리를 오해한 위법이 있다(대판 1974.10.8. 74도1301) 18. 법원직

② 【 O 】 제37조, 제39조 제1항 18. 법원직

③ 【 X 】 형법 제40조가 규정하는 1개의 행위가 수 개의 죄에 해당하는 경우에 '가장 중한 죄에 정한 형으로 처벌한다'라고 함은, 수 개의 죄명 중 가장 중한 형을 규정한 법조에 의하여 처단한다는 취지와 함께 다른 법조의 최하한의 형보다 가볍게 처단할 수 없다는 취지 즉, 각 법조의 상한과 하한을 모두 중한 형의 범위 내에서 처단한다는 것을 포함하는 것으로 새겨야 한다.
원심이 상상적 경합관계에 있는 업무상배임죄(A죄)와 '영업비밀 국외누설로 인한 부정경쟁방지 및 영업비밀보호에 관한 법률 위반죄'(B죄)에 대하여, 형이 더 무거운 업무상배임죄(A죄)에 정한 형으로 처벌하기로 하면서도, '영업비밀 국외누설로 인한 부정경쟁방지 및 영업비밀보호에 관한 법률 위반죄'(B죄)에 대하여 징역형과 벌금형을 병과할 수 있도록 규정한 구 부정경쟁방지 및 영업비밀보호에 관한 법률(2007.12.21. 법률 제8767호로 개정되기 전의 것) 제18조 제4항에 의하여 벌금형을 병과한 조치는 정당하다(대판 2008.12.24. 2008도9169). 18. 법원직

④ 【 O 】 포괄일죄의 중간에 다른 범죄의 확정판결이 있는 경우(=사후적 경합범 부정) 포괄일죄는 그 중간에 다른 종류의 범죄에 대한 확정판결이 끼어 있어도 그 때문에 포괄일죄가 둘로 나뉘는 것은 아니고, 또 이 경우에는 그 확정판결 후의 범죄로 다루어야 한다(대판 2001.3.13. 2000도4880). 즉 사후적 경합범에 해당하지 않는다는 것이다. 18. 법원직

정답 ③

54 경합범에 관한 다음 설명 중 가장 옳지 않은 것은?

① 아직 판결을 받지 아니한 수 개의 죄가 판결 확정을 전후하여 저질러진 경우 판결 확정 전에 범한 죄를 이미 판결이 확정된 죄와 동시에 판결할 수 없었던 경우라고 하여 마치 확정된 판결이 존재하지 않는 것처럼 그 수 개의 죄 사이에 형법 제37조 전단의 경합범 관계가 인정되어 형법 제38조가 적용된다고 볼 수도 없으므로, 판결 확정을 전후한 각각의 범죄에 대하여 별도로 형을 정하여 선고할 수밖에 없다.

② 절도범인 甲이 체포를 면탈할 목적으로 체포하려는 A, B, C에게 동일한 기회에 폭행을 가하여 그 중 A에게만 상해를 가한 경우, 甲에게는 하나의 강도상해죄만 성립한다.

③ 무기징역에 처하는 판결이 확정된 죄와 형법 제37조의 후단 경합범의 관계에 있는 죄에 대하여 공소가 제기된 경우, 법원은 두 죄를 동시에 판결할 경우와 형평을 고려하여 후단 경합범에 대한 처단형의 범위 내에서 후단 경합범에 대한 선고형을 정할 수 있고, 형법 제38조 제1항 제1호가 형법 제37조의 전단 경합범 중 가장 중한 죄에 정한 처단형이 무기징역인 때에는 흡수주의를 취하였다고 하여 뒤에 공소제기된 후단 경합범에 대한 형을 필요적으로 면제하여야 하는 것은 아니다.

④ 아직 판결을 받지 아니한 죄가 이미 판결이 확정된 죄와 동시에 판결할 수 없었던 경우에는 형법 제37조 후단의 경합범 관계가 성립할 수 없고, 다만 형법 제39조 제1항에 따라 동시에 판결할 경우와 형평을 고려하여 형을 선고하거나 그 형을 감경 또는 면제할 수 있다고 해석함이 상당하다.

해설

① 【 O 】 대판 2014.3.27. 2014도469 ⓐ·ⓑ죄는 피고인이 ⓒ죄로 유죄판결이 확정되기 전에 범한 것이지만, 피고인에게는 ⓐ·ⓑ죄 이전에 ⓓ죄로 확정판결을 받은 전과가 있고, ⓒ죄가 ⓓ죄에 대한 판결 확정 전에 범한 것인 경우, ⓒ죄와 ⓐ·ⓑ죄는 처음부터 동시에 판결할 수 없었음을 알 수 있고 따라서 ⓒ죄와 ⓐ·ⓑ죄는 사이에 형법 제37조 후단의 경합범 관계가 성립할 수 없어 경합범 중 판결을 받지 아니한 죄에 대하여 형을 선고할 때는 그 죄와 판결이 확정된 죄를 동시에 판결할 경우와 형평을 고려하도록 한 형법 제39조 제1항은 적용될 여지가 없다. 그렇다고 하여 마치 ⓒ죄의 확정판결이 존재하지 않는 것처럼 그 판결확정 전에 범한 ⓐ·ⓑ죄와 판결확정 후에 범한 ⓔ·ⓕ죄 사이에 형법 제37조 전단의 경합범 관계가 인정되어 형법 제38조가 적용된다고 볼 수도 없으므로 ⓐ·ⓑ죄와 ⓔ·ⓕ죄에 대하여 별도로 형을 정하여 선고할 수밖에 없다는 취지의 판례이다. 16. 법원행시

② 【 O 】 절도범이 체포를 면탈할 목적으로 체포하려는 여러 명의 피해자에게 같은 기회에 폭행을 가하여 그 중 1인에게만 상해를 가하였다면 이러한 행위는 포괄하여 하나의 강도상해죄만 성립한다(대판 2001.8.21. 2001도3447).
> B와 C에 대해서는 준강도죄, A에 대해서는 강도상해죄의 경합범이 성립되는 것이 아님을 주의해야 한다. 16. 경찰간부

③ 【 O 】 대판 2008.9.11. 2006도8370 16. 법원행시

④ 【 X 】 아직 판결을 받지 아니한 죄가 이미 판결이 확정된 죄와 동시에 판결할 수 없었던 경우에는 형법 제39조 제1항에 따라 동시에 판결할 경우와 형평을 고려하여 형을 선고하거나 그 형을 감경 또는 면제할 수 없다(대판 2014.5.16. 2013도12003). 피고인이 ⓐ죄로 2009.2.26. 유죄판결이 확정(제1확정판결)되었고 ⓑ죄로 2012.11.15. 유죄판결이 확정(제2확정판결)되었으며 ⓑ죄가 제1확정판결의 확정일 이전에 있었던 경우라면, ⓑ죄는 제1확정판결의 확정일 후에 범한 ⓒ죄와 동시에 판결을 선고할 수 없었는데도 제1심이 형법 제39조 제1항에 의하여 ⓑ죄와의 형평을 고려하여 ⓒ죄의 형을 정한 것은 위법하다는 취지의 판례이다. 16. 법원행시

정답 ④

55 경합범에 관한 설명 중 옳은 것을 모두 고른 것은?

㉠ 포괄일죄의 중간에 다른 종류의 범죄에 대하여 금고 이상의 형에 처한 확정판결이 끼어 있는 경우 그 포괄일죄는 확정판결 후의 범죄로 다루어야 하므로 사후적 경합범이 되지 않는다.
㉡ 피고인이 A, B, C죄를 순차적으로 범하고 이 중 A죄에 대하여 벌금형에 처한 판결이 확정된 후, 그 판결확정 전에 범한 B죄와 판결확정 후에 범한 C죄가 기소된 경우 법원은 B죄와 C죄를 동시적 경합범으로 처벌할 수 없다.
㉢ 「형법」 제37조 후단 경합범의 선고형은 그 죄에 선고될 형과 판결이 확정된 죄의 선고형의 총합이 두 죄에 대하여 「형법」 제38조를 적용하여 산출한 처단형의 범위에서 정하여야 한다.
㉣ 금고 이상의 형에 처한 확정판결 전에 범한 A죄와 그 확정판결 후에 범한 B죄에 대하여는 별개의 주문으로 형을 선고해야 한다.

① ㉠, ㉡   ② ㉠, ㉣   ③ ㉡, ㉢   ④ ㉠, ㉢, ㉣   ⑤ ㉡, ㉢, ㉣

해설

㉠ 【 O 】 대판 2001.3.13. 2000도4880 15. 변호사
㉡ 【 X 】 현행형법에 의하면 사후적 경합범에 있어서 확정된 판결은 '금고 이상의 형에 처하는 것'이어야 한다. 따라서 벌금형을 선고한 판결이 확정된 경우나 약식명령이 확정된 범죄와 그 확정 전에 범한 죄는 사후적 경합범이 될 수 없다. 이 경우 확정판결 전후의 범죄는 동시적 경합범이 된다(대판 2004.6.25. 2003도7124 참조). 예컨대 甲이 A죄와 B죄를 경합범으로 범한 후 A죄에 대해서 벌금형이 확정된 다음 다시 C죄를 범한 경우, A죄와 B죄는 사후적 경합범이 될 수 없다. A죄에 대한 벌금형이 확정된 전후에 범한 B죄와 C죄는 결국 동시적 경합범으로 취급하여 1개의 가중된 형이 선고될 수 있다. 15. 변호사
㉢ 【 X 】 형법 제37조 후단 경합범에 대하여 심판하는 법원은 판결이 확정된 죄와 후단 경합범의 죄를 동시에 판결할 경우와 형평을 고려하여 후단 경합범의 처단형의 범위 내에서 후단 경합범의 선고형을 정할 수 있는 것이고, 그 죄와 판결이 확정된 죄에 대한 선고형의 총합이 두 죄에 대하여 형법 제38조를 적용하여 산출한 처단형의 범위 내에 속하도록 후단 경합범에 대한 형을 정하여야 하는 제한을 받는 것은 아니며, 후단 경합범에 대한 형을 감경 또는 면제할 것인지는 원칙적으로 그 죄에 대하여 심판하는 법원이 재량에 따라 판단할 수 있는 것이다(대판 2008.9.11. 2006도8376). 15. 변호사
㉣ 【 O 】 금고 이상의 형에 처한 확정판결 전에 범한 A죄와 그 확정판결 후에 범한 B죄는 경합범이 될 수 없으므로, 법원은 A죄와 B죄에 대해 각 별개의 주문으로 판결을 선고해야 한다(대판 2010.11.25. 2010도10985). 15. 변호사

정답 ②

56 형법 제37조 후단의 사후적 경합범에 관한 설명 중 옳지 않은 것은?

① 2004. 1. 20. 법률 제7077호로 공포·시행된 「형법」 개정법률에서는 「형법」 제37조 후단의 '판결이 확정된 죄'를 '금고 이상의 형에 처한 판결이 확정된 죄'로 개정하면서 특별한 경과규정을 두지 않았다. 그러나 피고인에게 불리하게 되는 등의 특별한 사정이 없는 한 위 개정법률 시행 당시 법원에 계속 중인 사건 중 위 개정법률 시행 전에 벌금형에 처한 판결이 확정된 경우에도 개정법률이 적용되는 것으로 보아야 한다.

② 경합범 중 판결을 받지 아니한 죄가 있는 때에는 그 죄와 판결이 확정된 죄를 동시에 판결할 경우와 형평을 고려하여 그 죄에 대하여 형을 선고한다. 이 경우 그 형을 감경 또는 면제할 수 있다.

③ '판결이 확정된 죄'라 함은 수 개의 독립된 죄 중의 어느 죄에 대하여 확정판결이 있었던 사실 그 자체를 의미하나, 일반사면으로 형의 선고의 효력이 상실된 경우에는 '판결이 확정된 죄'에 해당하지 않는다.

④ 피고인이 경합범 관계에 있는 A, B, C, D의 죄를 순차적으로 범하였는데 B와 C 범죄의 중간 시점에 금고이상의 형에 처한 판결이 확정된 경우, 판결 주문은 "피고인을 판시 제1죄(A, B)에 대하여 징역 1년에, 판시 제2죄(C, D)에 대하여 징역 2년에 각 처한다."라는 형식으로 기재된다.

[해설]

① 【 O 】 대판 2004.6.25. 2003도7124 17. 변호사
② 【 O 】 형법 제39조 제1항 17. 변호사
③ 【 X 】 일반사면령에 의하여 제1심 판시의 확정된 도로교통법위반의 죄가 사면됨으로써 사면법 제5조 제1항 제1호에 따라 형의 선고의 효력이 상실되었다고 하더라도 확정판결을 받은 죄의 존재가 이에 의하여 소멸되지 않는 이상 형법 제37조 후단의 판결이 확정된 죄에 해당한다고 보아야 할 것이다(대판 1996.3.8. 95도2114). 17. 변호사
④ 【 O 】 대판 2010.11.25. 2010도10985 17. 변호사

정답 ③

57 경합범에 관한 다음 설명 중 가장 옳지 않은 것은?

① 경합범이란 판결이 확정되지 아니한 수 개의 죄 또는 금고 이상의 형에 처한 판결이 확정된 죄와 그 판결 확정 전에 범한 죄를 말한다.
② 아직 판결을 받지 않은 수 개의 죄가 판결 확정을 전후하여 저질러진 경우 판결 확정 전에 범한 죄를 이미 판결이 확정된 죄와 동시에 판결할 수 없었던 경우라고 하여 마치 확정된 판결이 존재하지 않는 것처럼 그 수 개의 죄 사이에 형법 제37조 전단의 경합범 관계가 성립하여 형법 제38조가 적용된다고 볼 수도 없으므로, 판결 확정을 전후한 각각의 범죄에 대하여 별도로 형을 정하여 선고할 수밖에 없다.
③ 형법 제37조 후단 경합범에 대하여 형법 제39조 제1항에 의하여 형을 감경할 때에도 법률상 감경에 관한 형법 제55조 제1항이 적용되어 유기징역을 감경할 때에는 그 형기의 2분의 1 미만으로는 감경할 수 없다.
④ 유죄의 확정판결을 받은 사람이 그 후 별개의 후행범죄를 저질렀는데 유죄의 확정판결에 대하여 재심이 개시된 경우, 후행범죄가 재심대상판결에 대한 재심판결 확정 전에 범하여졌다 하더라도 아직 판결을 받지 아니한 후행범죄와 재심판결이 확정된 선행범죄 사이에는 형법 제37조 후단에서 정한 경합범 관계가 성립하지 않는다.
⑤ 형법 제37조의 후단 경합범에 대하여 심판하는 법원은 판결이 확정된 죄와 후단 경합범의 죄를 동시에 판결할 경우와 형평을 고려하여 후단 경합범의 처단형의 범위 내에서 후단 경합범의 선고형을 정할 수 있으나, 다만 그 죄와 판결이 확정된 죄에 대한 선고형의 총합이 두 죄에 대하여 형법 제38조를 적용하여 산출한 처단형의 범위 내에 속하도록 후단 경합범에 대한 형을 정하여야 하는 제한을 받는다.

해설

① 【O】 판결이 확정되지 아니한 수 개의 죄 또는 금고 이상의 형에 처한 판결이 확정된 죄와 그 판결 확정 전에 범한 죄를 경합범으로 한다(제37조). 22. 법원행시
② 【O】 아직 판결을 받지 아니한 죄가 이미 판결이 확정된 죄와 동시에 판결할 수 없었던 경우에는 후단 경합범 관계가 성립할 수 없고, 형법 제39조 제1항에 따라 동시에 판결할 경우와 형평을 고려하여 그 형을 감경 또는 면제할 수 없다. 따라서 아직 판결을 받지 아니한 수 개의 죄가 판결 확정을 전후해 저질러진 경우에는 판결 확정 전에 범한 죄를 이미 판결이 확정된 죄와 동시에 판결할 수 없었던 경우라고 해서 마치 확정된 판결이 존재하지 않는 것처럼 그 수 개의 죄 사이에 형법 제37조 전단의 경합범 관계가 인정되어 형법 제38조가 적용된다고 볼 수도 없으므로, 판결 확정을 전후한 각각의 범죄에 대해 별도로 형을 정해 선고할 수밖에 없다(대판 2019.6.20. 2018도20698). 22. 법원행시
③ 【O】 형법 제37조 후단 경합범에 대하여 형법 제39조 제1항에 의하여 형을 감경할 때에도 법률상 감경에 관한 형법 제55조 제1항이 적용되어 유기징역을 감경할 때에는 그 형기의 2분의 1 미만으로는 감경할 수 없다(대판 2019.4.18. 2017도14609). 22. 법원행시
④ 【O】 유죄의 확정판결을 받은 사람이 그 후 별개의 후행범죄를 저질렀는데 유죄의 확정판결에 대하여 재심이 개시된 경우, 후행범죄가 재심대상판결에 대한 재심판결 확정 전에 범하여졌다 하더라도 아직 판결을 받지 아니한 후행범죄와 재심판결이 확정된 선행범죄 사이에는 형법 제37조 후단에서 정한 경합범 관계(이하 '후단 경합범'이라 한다)가 성립하지 않는다(대판 2019.6.20. 2018도20698). 22. 법원행시
⑤ 【X】 형법 제37조의 후단 경합범에 대하여 심판하는 법원은 판결이 확정된 죄와 후단 경합범의 죄를 동시에 판결할 경우와 형평을 고려하여 후단 경합범의 처단형의 범위 내에서 후단 경합범의 선고형을 정할 수 있는 것이고, 그 죄와 판결이 확정된 죄에 대한 선고형의 총합이 두 죄에 대하여 형법 제38조를 적용하여 산출한 처단형의 범위 내에 속하도록 후단 경합범에 대한 형을 정하여야 하는 제한을 받는 것은 아니며, 후단 경합범에 대한 형을 감경 또는 면제할 것인지는 원칙적으로 그 죄에 대하여 심판하는 법원이 재량에 따라 판단할 수 있다(대판 2008.9.11. 2006도8376). 22. 법원행시

정답 ⑤

58 형법 제37조 후단 경합범에 관한 설명 중 옳지 않은 것은?

① 후단 경합범이란 금고 이상의 형에 처한 판결이 확정된 죄와 그 판결 확정 전에 범한 죄를 가리키는데, 여기서 말하는 판결에는 집행유예 판결도 포함된다.

② 확정판결이 있는 죄에 대하여 일반사면이 있는 경우는 형의 선고효력이 상실되지만 그 죄에 대한 확정판결이 있었던 사실 자체는 인정되므로 그 확정판결 이전에 범한 죄와의 관계에서 후단 경합범이 성립한다.

③ 포괄일죄로 되는 개개의 범죄행위가 다른 종류의 죄의 확정판결 전후에 걸쳐서 행하여진 경우에는 그 죄는 2죄로 분리되지 않고 확정판결 후인 최종의 범죄행위시에 완성되므로 후단 경합범에 해당하지 않는다.

④ 판결을 받지 아니한 수 개의 죄가 판결 확정을 전후하여 저질러진 경우 판결 확정 전에 범한 죄를 이미 판결이 확정된 죄와 동시에 판결할 수 없었던 경우라면, 판결 확정을 전후한 각각의 범죄는 「형법」 제37조 후단 경합범이 아니라 전단 경합범에 해당하여 하나의 형을 선고하여야 한다.

⑤ 후단 경합범에 대하여 「형법」 제39조 제1항에 의하여 형을 감경할 때에도 법률상 감경에 관한 「형법」 제55조 제1항이 적용되어 유기징역을 감경할 때에는 그 형기의 2분의 1 미만으로는 감경할 수 없다.

[해설]

① 【O】 형법 제37조 후단의 경합범에 있어서 판결에 확정된 죄라 함은 수 개의 독립한 죄중의 어느 죄에 대하여 확정판결이 있었던 사실 자체를 의미하고 그 확정판결이 있는 죄의 형의 집행을 종료한 여부, 형의 집행유예가 실효된 여부는 묻지 않는다고 해석할 것이므로 형법 제65조에 의하여 집행유예를 선고한 확정판결에 의한 형의 선고가 그 효력을 잃었다 하더라도 확정판결을 받은 존재가 이에 의하여 소멸되지 않는 이상 위 법 제37조 후단의 판결이 확정된 죄에 해당한다고 보아야 할 것이다(대판 1984.8.21. 84모1297). 22. 변호사

② 【O】 형법 제37조 후단의 경합범에 있어서 '판결이 확정된 죄'라 함은 수 개의 독립된 죄 중의 어느 죄에 대하여 확정판결이 있었던 사실 자체를 의미하고 일반사면으로 형의 선고의 효력이 상실된 여부는 묻지 않으므로 1995. 12. 2. 대통령령 제14818호로 일반사면령에 의하여 제1심 판시의 확정된 도로교통법위반의 죄가 사면됨으로써 사면법 제5조 제1항 제1호에 따라 형의 선고의 효력이 상실되었다고 하더라도 확정판결을 받은 죄의 존재가 이에 의하여 소멸되지 않는 이상 형법 제37조 후단의 판결이 확정된 죄에 해당한다(대판 1996.3.8. 95도2114). 22. 변호사

③ 【O】 포괄일죄로 되는 개개의 범죄행위가 다른 종류의 죄의 확정판결의 전후에 걸쳐서 행하여진 경우에는 그 죄는 2죄로 분리되지 않고 확정판결 후인 최종의 범죄행위시에 완성되는 것이다(대판 2003.8.22. 2002도5341). 22. 변호사

④ 【X】 아직 판결을 받지 아니한 수 개의 죄가 판결 확정을 전후하여 저질러진 경우 판결 확정 전에 범한 죄를 이미 판결이 확정된 죄와 동시에 판결할 수 없었던 경우라고 하여 마치 확정된 판결이 존재하지 않는 것처럼 그 수 개의 죄 사이에 형법 제37조 전단의 경합범 관계가 인정되어 형법 제38조가 적용된다고 볼 수도 없으므로, 판결 확정을 전후한 각각의 범죄에 대하여 별도로 형을 정하여 선고할 수밖에 없다(대판 2014.3.27. 2014도469). 22. 변호사

⑤ 【O】 형법 제37조 후단 경합범에 대하여 형법 제39조 제1항에 의하여 형을 감경할 때에도 법률상 감경에 관한 형법 제55조 제1항이 적용되어 유기징역을 감경할 때에는 그 형기의 2분의 1 미만으로는 감경할 수 없다(대판 2019.4.18. 2017도14609). 22. 변호사

정답 ④

최정훈 형법총론
단원별 기출문제집

PART 03

형벌론

Chapter 1   형벌론

Chapter 01 형벌론

출제방향
형벌론에서는 몰수와 추징, 자수와 자복, 누범 여부, 선고유예·집행유예·가석방에 관한 조문과 판례를 숙지하여야 한다.

제1절 형벌의 종류

✅ 지문의 내용에 대해 학설의 대립 등 다툼이 있는 경우 판례에 의함

01 형벌에 관한 설명 중 가장 적절하지 않은 것은?

① 징역 또는 금고는 무기 또는 유기로 하고 유기는 1개월 이상 30년 이하로 한다. 단, 유기징역 또는 유기금고에 대하여 형을 가중하는 때에는 50년까지로 한다.
② 법정형으로서 사형을 규정하고 있는 범죄로는 현주건조물방화치사죄, 해상강도치사죄 등이 있다.
③ 형의 경중은 사형 → 징역 → 금고 → 자격상실 → 자격정지 → 벌금 → 구류 → 과료 → 몰수의 순서에 의한다.
④ 「소년법」 제59조는 판결 당시 18세 미만인 소년에 대하여 사형 또는 무기형으로 처할 경우에는 15년의 유기징역으로 한다고 규정하고 있다.
⑤ 소년법 제60조 제2항 소정의 '소년'인지의 여부는 원칙적으로 심판시, 즉 사실심 판결 선고시를 기준으로 하여 판단하여야 한다.

해설
① 【O】 형법 제42조
②③ 【O】 형법 제41조 ✅ 순서를 정확히 암기해야 하며 특히 벌금이 구류보다 중한 형임을 주의해야 한다.
④ 【X】 소년법 제59조는 '죄를 범할 당시' 18세 미만인 소년에 대하여 사형 또는 무기형으로 처할 경우에는 15년의 유기징역으로 한다고 규정하고 있다. ✅ 소년법의 적용을 받으려면 심판시에 19세 미만이어야 한다는 것과 구별해야 한다.
⑤ 【O】 대판 2000.8.18. 2000도2704

정답 ④

02 형법상 자격정지에 관한 다음 설명 중 옳은 것은 모두 몇 개인가?

> ㉠ 금고형 이상의 형의 선고로 인하여 정지 또는 상실되는 자격에는 피선거권이 포함되지만 선거권은 포함되지 않는다.
> ㉡ 처벌법규가 법정형으로 자격정지를 규정하고 있지 않은 경우에 자격정지를 병과할 수 없다.
> ㉢ 자격정지를 병과한 경우에 병과된 자격정지기간은 자격정지와 병과된 형의 집행일부터 기산한다.
> ㉣ 현행 형법상 유기징역 또는 유기금고에 병과되는 자격정지의 상한은 15년이다.
> ㉤ 자격정지를 선고받은 자가 피해자의 손해를 보상하고, 자격정지 이상의 형을 받음이 없이 정지기간의 3분의 1을 경과한 때에는 본인 또는 검사의 신청에 의하여 자격의 회복을 선고할 수 있다.

① 1개   ② 2개   ③ 3개   ④ 4개   ⑤ 5개

해설

㉠ 【 X 】 형법 제43조 제2항은 "유기징역 또는 유기금고의 판결을 받은 자는 그 형의 집행이 종료하거나 면제될 때까지 전항 제1호 내지 제3호에 기재된 자격이 정지된다."라고 규정하고 있다. 따라서 금고형 이상의 형의 선고로 인하여 정지되는 자격에는 제42조 제1호의 공무원이 되는 자격, 동조 제2호의 공법상의 선거권과 피선거권, 동조 제3호의 법률의 요건을 정한 공법상의 업무에 관한 자격 등이 있다.
㉡ 【 O 】 죄형법정주의 원칙상 당연하다.
㉢ 【 X 】 형법 제44조에 의하면 유기징역 또는 유기금고에 자격정지를 병과한 때에는 징역 또는 금고의 집행을 종료하거나 면제된 날로부터 정지기간을 기산한다.
㉣ 【 O 】 형법 제44조 제1항에 의하면 자격의 전부 또는 일부에 대한 정지는 1년 이상 15년 이하로 되어 있기 때문이다.
㉤ 【 X 】 형법 제82조(복권)는 "자격정지의 선고를 받은 자가 피해자의 손해를 보상하고 자격정지 이상의 형을 받음이 없이 정지기간의 2분의 1을 경과한 때에는 본인 또는 검사의 신청에 의하여 자격의 회복을 선고할 수 있다."고 규정하고 있다.

정답 ②

03 벌금형에 대한 설명으로 옳지 않은 것은?

① 법정형에 징역형과 벌금형이 선택형으로 규정되어 있는 범죄에서 벌금형을 선택하여 처벌하는 경우에 노역장 유치기간은 법정형에서 정한 징역형의 상한을 초과하여 정할 수 없다.
② 벌금을 선고할 때에는 납입하지 아니하는 경우의 유치기간을 정하여 동시에 선고하여야 한다.
③ 벌금을 납입하지 아니하는 자에 대한 노역장 유치기간은 벌금액수가 아무리 많더라도 3년을 초과할 수 없다.
④ 선고하는 벌금이 5억 원 이상 50억 원 미만인 경우에는 500일 이상의 유치기간을 정하여야 한다.

해설

① 【 X 】 벌금형에 대한 노역장유치기간의 산정에는 형법 제69조 제2항에 따른 제한이 있을 뿐 그 밖의 다른 제한이 없으므로, 징역형과 벌금형 가운데서 벌금형을 선택하여 선고하면서 그에 대한 노역장유치기간을 환산한 결과 선택형의 하나로 되어 있는 징역형의 장기보다 유치기간이 더 길 수 있게 되었다 하더라도 이를 위법이라고 할 수는 없다(대판 2000.11.24. 2000도3945). 18. 국가직
② 【 O 】 형법 제70조 제1항 18. 국가직
③ 【 O 】 형법 제69조 제2항 18. 국가직
④ 【 O 】 형법 제70조 제2항 18. 국가직

정답 ①

04 형벌의 종류와 내용에 대한 설명으로 옳지 않은 것은?

① 헌법재판소의 다수견해에 의하면 생명권 역시 대한민국헌법 제37조 제2항에 의한 일반적 법률유보의 대상이므로, 사형제도는 예외적인 경우에만 적용되는 한 기본권의 본질적 내용침해금지를 규정한 대한민국헌법 제37조 제2항 단서에 위반되지 아니한다.
② 유기징역이나 유기금고를 선고하는 때에 판결선고 전의 구금일수가 있는 경우 그 전부를 형기에 산입하여야 한다.
③ 벌금형과 과료는 판결확정일로부터 30일 이내에 납부하여야 하며, 그 납입을 하지 아니할 때에는 노역장에 유치하도록 되어 있다.
④ 벌금을 선고할 때에는 납입하지 아니하는 경우의 유치기간을 정하여 동시에 선고하여야 하고, 동시에 그 금액을 완납할 때까지 노역장에 유치할 것을 명할 수도 있다.
⑤ 유기징역 또는 유기금고에 자격정지를 병과한 경우에는 형을 선고한 날로부터 그 자격정지기간을 기산한다.

해설

① 【O】 헌재 2010.2.25. 2008헌가23
② 【O】 형법 제57조 제1항은 '판결선고 전의 구금일수는 그 전부 또는 일부를 유기징역, 유기금고, 벌금이나 과료에 관한 유치 또는 구류에 산입한다.'라고 규정하고 있다. 그러나 동 규정상의 '또는 일부' 부분이 헌법재판소의 위헌결정에 의하여 효력을 상실하였으므로 미결구금일수가 있는 경우에는 반드시 그 전부를 산입하여야 하고, 법원의 재량으로 그 일부만 산입할 수 없다.
③④ 【O】 형법 제70조, 형법 제69조 단서
⑤ 【X】 유기징역 또는 유기금고에 자격정지를 병과한 때에는 징역 또는 금고의 집행을 종료하거나 면제된 날로부터 정지기간을 기산한다(형법 제44조 제2항).

정답 ⑤

05 몰수에 관한 다음 설명 중 가장 옳지 않은 것은?

① 주형을 선고유예 하는 경우에 몰수의 선고유예도 가능하다.
② 행위자에게 유죄의 재판을 아니할 때에도 몰수의 요건이 있는 때에는 몰수만을 선고할 수 있다.
③ 주형의 선고를 유예하는 경우에 몰수의 요건이 있는 때에는 몰수만을 선고할 수도 있다.
④ 주형의 선고를 유예하지 않으면서 몰수와 추징에 대하여만 선고를 유예할 수도 있다.

해설

① 【O】 ④ 【X】 형법 제59조에 의하더라도 몰수는 선고유예의 대상으로 규정되어 있지 아니하고 다만 몰수 또는 이에 갈음하는 추징은 부가형적 성질을 띠고 있어 그 주형에 대하여 선고를 유예하는 경우에는 그 부가할 몰수 추징에 대하여도 선고를 유예할 수 있으나, 그 주형에 대하여 선고를 유예하지 아니하면서 이에 부가할 몰수·추징에 대하여서만 선고를 유예할 수는 없다(대판 1988.6.21. 88도551). 18. 법원직
② 【O】 제49조 18. 법원직
③ 【O】 대판 1973.12.11. 73도1133 전합 18. 법원직

정답 ④

06 다음 중 형법상 임의적 몰수의 대상인 것은?

① 공무원이 받은 뇌물
② 아편에 관한 죄의 아편흡식기
③ 유가증권위조죄에 있어서의 위조된 유가증권
④ 배임수재에 의하여 취득한 재물

해설

③ 형법 제48조에 의한 몰수 및 추징은 임의적인 것이므로 그 추징의 요건에 해당되는 물건이라도 이를 추징할 것인지의 여부는 법원의 재량에 맡겨져 있지만(임의적 몰수), 공무원이 받은 뇌물(형법 제134조), 아편에 관한 죄의 아편흡식기(형법 제206조), 배임수재에 의하여 취득한 재물(형법 제357조 제3항)은 필요적 몰수의 대상이다.

정답 ③

07 다음 중 몰수 또는 추징할 수 없는 것으로 가장 옳은 것은?

① 피고인이 음란물유포 인터넷사이트를 운영하면서 「정보통신망 이용촉진 및 정보보호 등에 관한법률」 위반(음란물유포)죄와 도박개장방조죄에 의하여 비트코인(Bitcoin)을 취득한 사안에서 비트코인
② 甲 주식회사 대표이사인 피고인이 금융기관에 청탁하여 乙 주식회사가 대출을 받을 수 있도록 알선행위를 하고 그 대가로 용역대금 명목의 수수료를 甲 회사 계좌를 통해 송금받아 「특정경제범죄 가중처벌 등에 관한 법률」 위반(알선수재)죄가 인정된 사안에서 甲 회사 계좌를 통해 받은 수수료
③ 압수한 밀수품이 멸실, 파손 또는 부패의 염려가 있어 「형사소송법」 제132조에 따라 이를 매각하고 취득한 대가
④ 피고인이 신고 없이 외국환을 해외 계좌로 송금한 사실로 체포될 당시 미처 송금하지 못하고 소지하고 있던 각 자기앞수표 또는 현금

해설

① 【 X 】 피고인이 음란물유포 인터넷사이트를 운영하면서 정보통신망 이용촉진 및 정보보호 등에 관한 법률 위반(음란물유포)죄와 도박개장방조죄에 의하여 비트코인(Bitcoin)을 취득한 사안에서, 피고인의 정보통신망 이용촉진 및 정보보호 등에 관한 법률 위반(음란물유포)죄와 도박개장방조죄는 범죄수익은닉의 규제 및 처벌 등에 관한 법률에 정한 중대범죄에 해당하며, 비트코인은 재산적 가치가 있는 무형의 재산이라고 보아야 하고, 몰수의 대상인 비트코인이 특정되어 있다는 이유로, 피고인이 취득한 비트코인을 몰수할 수 있다고 본 원심판단이 정당하다(대판 2018.5.30. 2018도3619). 23. 해경승진

② 【 X 】 甲 주식회사 대표이사인 피고인이 금융기관에 청탁하여 乙 주식회사가 대출을 받을 수 있도록 알선행위를 하고 그 대가로 용역대금 명목의 수수료를 甲 회사 계좌를 통해 송금받아 특정경제범죄 가중처벌 등에 관한 법률 위반(알선수재)죄가 인정된 사안에서, 피고인이 甲 회사의 대표이사로서 같은 법 제7조에 해당하는 행위를 하고 당해 행위로 인한 대가로 수수료를 받았다면, 수수료에 대한 권리가 甲 회사에 귀속된다 하더라도 행위자인 피고인으로부터 수수료로 받은 금품을 몰수 또는 그 가액을 추징할 수 있으므로, 피고인이 개인적으로 실제 사용한 금품이 없더라도 마찬가지라고 본 원심판단을 정당하다(대판 2015.1.15. 2012도7571). 23. 해경승진

③ 【 X 】 관세법 제198조 제2항에 따라 몰수하여야 할 압수물이 멸실, 파손 또는 부패의 염려가 있거나 보관하기에 불편하여 이를 형사소송법 제132조의 규정에 따라 매각하여 그 대가를 보관하는 경우에는, 몰수와의 관계에서는 그 대가보관금을 몰수 대상인 압수물과 동일시할 수 있다(대판 1996.11.12. 96도2477). 23. 해경승진

④ 【 O 】 [1] 형법 제48조 제1항 제1호는 몰수할 수 있는 물건으로서 '범죄행위에 제공하였거나 제공하려고 한 물건'을 규정하고 있는데, 여기서 범죄행위에 제공하려고 한 물건이란 범죄행위에 사용하려고 준비하였으나 실제 사용하지 못한 물건을 의미하는바, 형법상의 몰수가 공소사실에 대하여 형사재판을 받는 피고인에 대한 유죄판결에서 다른 형에 부가하여 선고되는 형인 점에 비추어, 어떠한 물건을 '범죄행위에 제공하려고 한 물건'으로서 몰수하기 위하여는 그 물건이 유죄로 인정되는 당해 범죄행위에 제공하려고 한 물건임이 인정되어야 한다.
[2] 체포될 당시에 미처 송금하지 못하고 소지하고 있던 자기앞수표나 현금은 장차 실행하려고 한 외국환거래법 위반의 범행에 제공하려는 물건일 뿐, 그 이전에 범해진 외국환거래법 위반의 '범죄행위에 제공하려고 한 물건'으로는 볼 수 없으므로 몰수할 수 없다(대판 2008.2.14. 2007도10034). 23. 해경승진

정답 ④

08 몰수와 추징에 대한 설명으로 옳지 않은 것은?

① 공범자의 소유물도 몰수할 수 있지만, 적어도 그 공범자가 소추되어야만 가능하다.
② 몰수는 반드시 압수되어 있는 물건에 대하여만 하는 것이 아니므로 몰수대상 물건이 압수되어 있는가 하는 점 및 적법한 절차에 의하여 압수되었는가 하는 점은 몰수의 요건이 아니다.
③ 몰수를 선고하기 위해서는 몰수의 요건이 공소가 제기된 공소사실과 관련되어 있어야 하고, 공소가 제기되지 않은 별개의 범죄사실을 법원이 인정하여 그에 관하여 몰수나 추징을 선고하는 것은 허용되지 않는다.
④ 몰수하기 불가능한 때에 추징하여야 할 가액은 범인이 그 물건을 보유하고 있다가 몰수의 선고를 받았더라면 잃게 될 이득 상당액을 초과하여서는 아니 된다.

[해설]

① **[X]** 형법 제48조 제1항의 "범인" 속에는 "공범자"도 포함되므로 범인 자신의 소유물은 물론 공범자의 소유물도 그 공범자의 소추 여부를 불문하고 몰수할 수 있다고 할 것이다(대판 1984.5.29. 83도2680). 23. 국가직
② **[O]** 범죄행위에 제공하려고 한 물건은 범인 이외의 자의 소유에 속하지 아니하거나 범죄 후 범인 이외의 자가 정을 알면서 취득한 경우 이를 몰수할 수 있고, 한편 법원이나 수사기관은 필요한 때에는 증거물 또는 몰수할 것으로 사료하는 물건을 압수할 수 있으나, 몰수는 반드시 압수되어 있는 물건에 대하여서만 하는 것이 아니므로, 몰수대상물건이 압수되어 있는가 하는 점 및 적법한 절차에 의하여 압수되었는가 하는 점은 몰수의 요건이 아니다(대판 2003.5.30. 2003도705). 23. 국가직
③ **[O]** 형법 제134조의 몰수나 추징을 선고하기 위하여는 몰수나 추징의 요건이 공소가 제기된 범죄사실과 관련되어 있어야 하므로, 법원으로서는 범죄사실에서 인정되지 아니한 사실에 관하여는 몰수나 추징을 선고할 수 없다(대판 2009.8.20. 2009도4391). 23. 국가직
④ **[O]** 몰수의 취지가 범죄에 의한 이득의 박탈을 목적으로 하는 것이고 추징도 이러한 몰수의 취지를 관철하기 위한 것이라는 점을 고려하면 몰수하기 불능한 때에 추징하여야 할 가액은 범인이 그 물건을 보유하고 있다가 몰수의 선고를 받았더라면 잃게 될 이득 상당액을 의미하므로, 추징하여야 할 가액이 몰수의 선고를 받았더라면 잃게 될 이득 상당액을 초과하여서는 아니 된다(대판 2017.9.21. 2017도8611). 23. 국가직

정답 ①

09 몰수와 추징에 대한 설명이다. 아래 설명 중 옳고 그름의 표시(○, ×)가 바르게 된 것은?

㉠ 공무원이 뇌물을 받으면서 그 취득을 위하여 상대방에게 뇌물의 가액에 상당하는 금원의 일부를 비용의 명목으로 출연하거나 그 밖에 경제적 이익을 제공한 경우, 공무원이 받은 뇌물은 그 뇌물의 가액에서 위와 같은 지출액을 공제한 나머지 가액에 상당한 이익에 한정되고 이를 몰수·추징해야 하는 것이지 받은 뇌물 자체를 몰수·추징해야 하는 것은 아니다.
㉡ 추징의 가액산정은 재판 선고 시의 가격을 기준으로 하므로, 경우에 따라 추징하여야 할 가액이 몰수의 선고를 받았더라면 잃게 될 이득 상당액을 초과하는 것도 가능하다.
㉢ 금품의 무상대여를 통하여 위법한 재산상 이익을 취득한 경우, 범인이 받은 부정한 이익은 그로 인한 금융이익 상당액이라 할 것이므로 추징의 대상이 되는 것은 무상으로 대여받은 금품 그 자체가 아니라 위 금융이익 상당액이라 보아야 한다.
㉣ 대형할인매장에서 상당한 부피의 상품을 수회 절취하여 승용차로 운반한 경우 그 승용차는 실행행위의 종료 이후 사용한 물건이므로 형법 제48조 제1항 제1호의 "범죄행위에 제공한 물건"으로 볼 수 없어 몰수의 대상이 되지 않는다.

⑩ 마약류관리에 관한 법률 제67조에 의한 몰수나 추징은 범죄행위로 인한 이득의 박탈을 목적으로 하는 것이 아니라 징벌적 성질의 처분이므로, 그 범행으로 인하여 이득을 취득한 바 없다 하더라도 법원은 그 가액의 추징을 명하여야 하고, 그 추징의 범위에 관하여는 죄를 범한 자가 여러 사람일 때에는 각자에 대하여 그가 취급한 범위 내에서 의약품 가액 전액의 추징을 명하여야 한다.

① ㉠ (○) ㉡ (×) ㉢ (○) ㉣ (×) ㉤ (○)
② ㉠ (×) ㉡ (○) ㉢ (○) ㉣ (○) ㉤ (×)
③ ㉠ (○) ㉡ (×) ㉢ (×) ㉣ (○) ㉤ (×)
④ ㉠ (×) ㉡ (×) ㉢ (○) ㉣ (×) ㉤ (○)

【해설】

㉠ 【 X 】 공무원이 뇌물을 받음에 있어서 그 취득을 위하여 상대방에게 뇌물의 가액에 상당하는 금원의 일부를 비용의 명목으로 출연하거나 그 밖에 경제적 이익을 제공하였다 하더라도, 이는 뇌물을 받는 데 지출한 부수적 비용에 불과하다고 보아야 할 것이지, 이로 인하여 공무원이 받은 뇌물이 그 뇌물의 가액에서 위와 같은 지출액을 공제한 나머지 가액에 상당한 이익에 한정되는 것이라고 볼 수는 없으므로, 그 공무원으로부터 뇌물죄로 얻은 이익을 몰수·추징함에 있어서는 그 받은 뇌물 자체를 몰수하여야 하고, 그 뇌물의 가액에서 위와 같은 지출을 공제한 나머지 가액에 상당한 이익만을 몰수·추징할 것은 아니다(대판 1999.10.8. 99도1638). 22. 경찰간부

㉡ 【 X 】 몰수의 취지가 범죄에 의한 이득의 박탈을 목적으로 하는 것이고 추징도 이러한 몰수의 취지를 관철하기 위한 것이라는 점을 고려하면 몰수하기 불능한 때에 추징하여야 할 가액은 범인이 그 물건을 보유하고 있다가 몰수의 선고를 받았더라면 잃게 될 이득 상당액을 의미하므로, 추징하여야 할 가액이 몰수의 선고를 받았더라면 잃게 될 이득 상당액을 초과하여서는 아니 된다(대판 2017.9.21. 2017도8611). 22. 경찰간부

㉢ 【 O 】 금품의 무상차용을 통하여 위법한 재산상 이익을 취득한 경우 범인이 받은 부정한 이익은 그로 인한 금융이익 상당액이므로 추징의 대상이 되는 것은 무상으로 대여받은 금품 그 자체가 아니라 위 금융이익 상당액이다. 여기에서 추징의 대상이 되는 금융이익 상당액은 객관적으로 산정되어야 할 것인데, 범인이 금융기관으로부터 대출받는 등 통상적인 방법으로 자금을 차용하였을 경우 부담하게 될 대출이율을 기준으로 하거나, 그 대출이율을 알 수 없는 경우에는 금품을 제공받은 범인의 지위에 따라 민법 또는 상법에서 규정하고 있는 법정이율을 기준으로 하여, 변제기나 지연손해금에 관한 약정이 가장되어 무효라고 볼 만한 사정이 없는 한, 금품수수일로부터 약정된 변제기까지 금품을 무이자로 차용으로 얻은 금융이익의 수액을 산정한 뒤 이를 추징하여야 한다(대판 2008.9.25. 2008도2590). 22. 경찰간부

㉣ 【 X 】 대형할인매장에서 수회 상품을 절취하여 자신의 승용차에 싣고 간 경우, 위 승용차는 형법 제48조 제1항 제1호에 정한 범죄행위에 제공한 물건으로 보아 몰수할 수 있다. 대형할인매장에서 수회 상품을 절취하여 자신의 승용차에 싣고 간 경우, 위 승용차는 형법 제48조 제1항 제1호에 정한 범죄행위에 제공한 물건으로 보아 몰수할 수 있다(대판 2006.9.14. 2006도4075). 22. 경찰간부

㉤ 【 O 】 마약류관리에 관한 법률 제67조에 의한 몰수나 추징은 범죄행위로 인한 이득의 박탈을 목적으로 하는 것이 아니라 징벌적 성질의 처분이므로, 그 범행으로 인하여 이득을 취득한 바 없다 하더라도 법원은 그 가액의 추징을 명하여야 하고, 그 추징의 범위에 관하여는 죄를 범한 자가 여러 사람일 때에는 각자에 대하여 그가 취급한 범위 내에서 의약품 가액 전액의 추징을 명하여야 한다(대판 2010.8.26. 2010도7251). 22. 경찰간부

【정답】 ④

10 형법 제48조 몰수·추징에 대한 설명으로 옳지 않은 것은?

① 몰수 또는 이에 갈음하는 추징은 부가형적 성질을 가지므로 그 주형에 대하여 선고를 유예하지 아니하면서 이에 부가할 몰수·추징에 대하여서만 선고를 유예할 수는 없다.
② 범죄실행행위의 착수 전의 행위 또는 실행행위의 종료 후에 사용한 물건이더라도 그것이 범죄행위의 수행에 실질적으로 기여하였다고 인정되는 한, 몰수의 대상인 범죄행위에 제공한 물건에 포함된다.
③ 추징 가액의 산정은 특별한 사정이 없는 한 재판선고 시의 가격을 기준으로 하여야 한다.
④ 피고인이 범죄행위에 이용한 웹사이트는 범죄행위에 제공된 무형의 재산에 해당하여 몰수할 수는 없지만, 범죄행위에 이용한 웹사이트 매각을 통하여 취득한 대가는 범죄행위로 인하여 생겼거나 이로 인하여 취득한 물건의 가액에 해당하므로 추징의 대상이 된다.

해설

① 【O】 형법 제59조에 의하더라도 몰수는 선고유예의 대상으로 규정되어 있지 아니하고 다만 몰수 또는 이에 갈음하는 추징은 부가형적 성질을 띄고 있어 그 주형에 대하여 선고를 유예하는 경우에는 그 부가할 몰수 추징에 대하여도 선고를 유예할 수 있으나, 그 주형에 대하여 선고를 유예하지 아니하면서 이에 부가할 몰수·추징에 대하여서만 선고를 유예할 수는 없다(대판 1988.6.21. 88도551). 23. 국가직 7급

② 【O】 형법 제48조 제1항 제1호의 "범죄행위에 제공한 물건"은, 가령 살인행위에 사용한 칼 등 범죄의 실행행위 자체에 사용한 물건에만 한정되는 것이 아니며, 실행행위의 착수 전의 행위 또는 실행행위의 종료 후의 행위에 사용한 물건이더라도 그것이 범죄행위의 수행에 실질적으로 기여하였다고 인정되는 한 위 법조 소정의 제공한 물건에 포함된다(대판 2006.9.14. 2006도4075). 23. 국가직 7급

③ 【O】 몰수는 범죄에 의한 이득을 박탈하는 데 그 취지가 있고, 추징도 이러한 몰수의 취지를 관철하기 위한 것인 점 등에 비추어 볼 때, 몰수할 수 없는 때에 추징하여야 할 가액은 범인이 그 물건을 보유하고 있다가 몰수의 선고를 받았더라면 잃었을 이득상당액을 의미하므로, 다른 특별한 사정이 없는 한 그 가액산정은 재판선고시의 가격을 기준으로 하여야 한다(대판 2008.10.9. 2008도6944). 23. 국가직 7급

④ 【X】 [1] 형법 제48조 제1항은 '범죄행위로 인하여 생(生)하였거나 이로 인하여 취득한 물건'으로서 범인 이외의 자의 소유에 속하지 아니하거나 범죄 후 범인 이외의 자가 정을 알면서 취득한 물건의 전부 또는 일부를 몰수할 수 있다고 규정하면서(제2호), 제2항에서는 제1항에 기재한 물건을 몰수하기 불능한 때에는 그 가액을 추징하도록 규정하고 있다. 이와 같이 형법 제48조는 몰수의 대상을 '물건'으로 한정하고 있다. 이는 범죄행위에 의하여 생긴 재산 및 범죄행위의 보수로 얻은 재산을 범죄수익으로 몰수할 수 있도록 한 범죄수익은닉의 규제 및 처벌 등에 관한 법률이나 범죄행위로 취득한 재산상 이익의 가액을 추징할 수 있도록 한 형법 제357조 등의 규정과는 구별된다. 민법 제98조는 물건에 관하여 '유체물 및 전기 기타 관리할 수 있는 자연력'을 의미한다고 정의하는데, 형법이 민법이 정의한 '물건'과 다른 내용으로 '물건'의 개념을 정의하고 있다고 볼 만한 사정도 존재하지 아니한다.
[2] 피고인이 갑, 을과 공모하여 정보통신망을 통하여 음란한 화상 또는 영상을 배포하고, 도박 사이트를 홍보하였다는 공소사실로 기소되었는데, 원심이 공소사실을 유죄로 인정하면서 피고인이 범죄행위에 이용한 웹사이트 매각을 통해 취득한 대가를 형법 제48조에 따라 추징한 사안에서, 위 웹사이트는 범죄행위에 제공된 무형의 재산에 해당할 뿐 형법 제48조 제1항 제2호에서 정한 '범죄행위로 인하여 생(생)하였거나 이로 인하여 취득한 물건'에 해당하지 않으므로, 피고인이 위 웹사이트 매각을 통해 취득한 대가는 형법 제48조 제1항 제2호, 제2항이 규정한 추징의 대상에 해당하지 않는다(대판 2021.10.14. 2021도7168). 23. 국가직 7급

정답 ④

11 몰수 및 추징에 관한 다음 설명 중 가장 옳은 것은?

① 형법 제49조 단서는 "행위자에게 유죄의 재판을 아니할 때에도 몰수의 요건이 있는 때에는 몰수만을 선고할 수 있다."라고 규정하고 있으므로, 공소가 제기되지 않은 별개의 범죄사실을 법원이 인정하여 그에 관하여 몰수나 추징을 선고할 수 있다.

② 부패재산의 몰수 및 회복에 관한 특례법 제6조 제1항, 제3조 제1항, 제2조 제3호에서 정한 몰수·추징의 원인이 되는 범죄사실은 공소제기된 범죄사실에 한정되고, '범죄피해재산'은 그 공소제기된 범죄사실 피해자로부터 취득한 재산 또는 그 재산의 보유·처분에 의하여 얻은 재산에 한정되며, 그 피해자의 피해 회복이 심히 곤란하다고 인정되는 경우에만 몰수·추징이 허용된다.

③ 피고인이 개설한 웹사이트에 음란 사이트 링크 배너와 도박사이트 홍보 배너를 게시하는 등의 방식으로 운영하다가 성명불상자에게 이 사건 웹사이트를 50,000,000원에 매각하고 현금으로 위 돈을 지급받은 경우, 이 사건 웹사이트는 각 범죄행위에 제공된 무형의 재산에 해당할 뿐만 아니라 형법 제48조 제1항 제2호에서 정한 '범죄행위로 인하여 생하였거나 이로 인하여 취득한 물건'에 해당한다.

④ 특별법에서 해당 법률의 입법 목적과 취지 등을 고려하여 몰수·추징의 성격이나 그 범위 등에 관하여 형법과 달리 정한 경우에는 특별법 우선의 원칙상 특별법 규정이 적용되는 한도에서 형법 제48조의 적용이 배제되므로, 특별법에 따른 몰수·추징 요건이 구비되지 않고 형법 제48조의 요건만 충족되는 경우에는 이에 따른 몰수·추징이 가능하지 않다.

⑤ 동영상과 같은 전자기록은 일정한 저장매체에 전자방식이나 자기방식에 의하여 저장된 기록에 불과하므로 형법 제48조 제1항 제2호가 정하는 '범죄행위로 인하여 생긴 물건'에 해당하지 않는다.

해설

① 【 X 】 형법 제134조의 몰수나 추징을 선고하기 위하여는 몰수나 추징의 요건이 공소가 제기된 범죄사실과 관련되어 있어야 하므로, 법원으로서는 범죄사실에서 인정되지 아니한 사실에 관하여는 몰수나 추징을 선고할 수 없다(대판 2009.8.20. 2009도4391). 23. 법원행시

② 【 O 】 부패재산의 몰수 및 회복에 관한 특례법 제6조 제1항, 제3조 제1항, 제2조 제3호에서 정한 몰수·추징의 원인이 되는 범죄사실은 공소제기된 범죄사실에 한정되고, '범죄피해재산'은 그 공소제기된 범죄사실 피해자로부터 취득한 재산 또는 그 재산의 보유·처분에 의하여 얻은 재산에 한정되며, 그 피해자의 피해회복이 심히 곤란하다고 인정되는 경우에만 몰수·추징이 허용된다(대판 2022.11.17. 2022도8662). 23. 법원행시

③ 【 X 】 [1] 형법 제48조 제1항은 '범죄행위로 인하여 생(生)하였거나 이로 인하여 취득한 물건'으로서 범인 이외의 자의 소유에 속하지 아니하거나 범죄 후 범인 이외의 자가 정을 알면서 취득한 물건의 전부 또는 일부를 몰수할 수 있다고 규정하면서(제2호), 제2항에서는 제1항에 기재한 물건을 몰수하기 불능한 때에는 그 가액을 추징하도록 규정하고 있다. 이와 같이 형법 제48조는 몰수의 대상을 '물건'으로 한정하고 있다. 이는 범죄행위에 의하여 생긴 재산 및 범죄행위의 보수로 얻은 재산을 범죄수익으로 몰수할 수 있도록 한 범죄수익은닉의 규제 및 처벌 등에 관한 법률이나 범죄행위로 취득한 재산상 이익의 가액을 추징할 수 있도록 한 형법 제357조 등의 규정과는 구별된다. 민법 제98조는 물건에 관하여 '유체물 및 전기 기타 관리할 수 있는 자연력'을 의미한다고 정의하는데, 형법이 민법이 정의한 '물건'과 다른 내용으로 '물건'의 개념을 정의하고 있다고 볼 만한 사정도 존재하지 아니한다. [2] 피고인이 갑, 을과 공모하여 정보통신망을 통하여 음란한 화상 또는 영상을 배포하고, 도박 사이트를 홍보하였다는 공소사실로 기소되었는데, 원심이 공소사실을 유죄로 인정하면서 피고인이 범죄행위에 이용한 웹사이트 매각을 통해 취득한 대가를 형법 제48조에 따라 추징한 사안에서, 위 웹사이트는 범죄행위에 제공된 무형의 재산에 해당할 뿐 형법 제48조 제1항 제2호에서 정한 '범죄행위로 인하여 생(生)하였거나 이로 인하여 취득한 물건'에 해당하지 않으므로, 피고인이 위 웹사이트 매각을 통해 취득한 대가는 형법 제48조 제1항 제2호, 제2항이 규정한 추징의 대상에 해당하지 않는다(대판 2021.10.14. 2021도7168). 23. 법원행시

④ 【 X 】 특별법에서 해당 법률의 입법 목적과 취지 등을 고려하여 몰수·추징의 성격이나 그 범위 등에 관하여 형법과 달리 정한 경우에는 특별법 우선의 원칙상 특별법 규정이 적용되는 한도에서 형법 제48조의 적용이 배제된다. 그러나 특별법에 따른 몰수·추징 요건이 구비되지 않고 형법 제48조의 요건이 충족되는 경우에는 이에 따른 몰수·추징이 가능하다(대법원 2018.7.26. 2018도8194). 23. 법원행시

⑤ 【 X 】 전자기록은 일정한 저장매체에 전자방식이나 자기방식에 의하여 저장된 기록으로서 저장매체를 매개로 존재하는 물건이므로 형법 제48조 제1항 각호의 사유가 있는 때에는 이를 몰수할 수 있다(대판 2017.10.23. 2017도5905). 23. 법원행시

정답 ②

12 몰수와 추징에 관한 설명으로 옳은 것은?

甲은 모텔 등에서 투숙객을 대상으로 휴대전화로 동영상을 불법 촬영한 후, 음란물 유포 인터넷 사이트를 운영하는 乙에게 전달하였고, 이에 대해 乙은 甲의 은행계좌로 범행의 보수를 송금하였다. 乙은 인터넷 사이트 이용자에게 비트코인(Bitcoin)을 대가로 지급받는 방식으로 불법 촬영된 동영상을 서비스하였다. 이후 乙은 위 인터넷 사이트를 丙에게 매각하였다.

① 甲의 휴대전화에 저장된 불법 촬영 동영상은 저장매체에 전자방식이나 자기방식에 의하여 저장된 정보로서 '물건'이라고 할 수 없으므로 몰수할 수 없다.
② 甲이 계좌송금을 통해 취득한 범행의 보수는 「형법」 제48조 제1항 제2호, 제2항이 규정한 추징의 대상에 해당한다.
③ 乙이 음란물 유포 인터넷 사이트를 운영하면서 음란물유포죄에 의하여 취득한 비트코인(Bitcoin)은 「형법」뿐만 아니라 「범죄수익은닉의 규제 및 처벌 등에 관한 법률」에 의해서도 몰수할 수 없다.
④ 乙이 음란물 유포 인터넷 사이트 매각을 통해 취득한 대가는 「형법」 제48조 제1항 제2호, 제2항에서 규정한 추징의 대상에 해당하지 않는다.

해설 25. 경찰간부

① 【X】 전자기록은 일정한 저장매체에 전자방식이나 자기 방식에 의하여 저장된 기록으로서 저장매체를 매개로 존재하는 물건이므로 형법 제48조 제1항 각호의 사유가 있는 때에는 이를 몰수할 수 있다(대법원 2017.10.23. 2017도5905).

② 【X】 피고인은 자신이 운영하는 인터넷 사이트 등을 이용하여 국민체육진흥법 제26조에서 금지하고 있는 유사행위를 영위하는 도박사이트를 홍보하면서 회원가입 시 자신의 추천인 코드를 입력하게 하고, 이러한 방법으로 모집된 회원들이 베팅을 한 금액 중 일부를 위 도박사이트 운영자로부터 피고인 명의 은행 계좌로 송금 받아 국민체육진흥법 위반으로 기소되었는데, 원심이 위 송금 받은 금액은 범행의 보수로 받은 금품으로서 형법 제48조 제1항 제2호의 범죄행위로 인하여 취득한 물건에 해당하나, 피고인 계좌의 다른 돈과 섞여 몰수할 수 없다는 이유로 공소사실을 유죄로 판단하고 피고인으로부터 해당 금액을 추징한 제1심판결을 그대로 유지한 사안에서, 피고인이 취득한 범행의 보수는 형법 제48조 제1항 제2호, 제2항이 규정한 추징의 대상에 해당하지 않는다(대판 2023.1.12. 2020도2154).

③ 【X】 피고인이 음란물유포 인터넷사이트를 운영하면서 정보통신망 이용촉진 및 정보보호 등에 관한 법률 위반(음란물유포)죄와 도박개장방조죄에 의하여 비트코인(Bitcoin)을 취득한 사안에서, 피고인의 정보통신망 이용촉진 및 정보보호 등에 관한 법률 위반(음란물유포)죄와 도박개장방조죄는 범죄수익은닉의 규제 및 처벌 등에 관한 법률에 정한 중대범죄에 해당하며, 비트코인은 재산적 가치가 있는 무형의 재산이라고 보아야 하고, 몰수의 대상인 비트코인이 특정되어 있다는 이유로, 피고인이 취득한 비트코인을 몰수할 수 있다고 본 원심판단이 정당하다(대판 2018.5.30. 2018도3619).
  주의 물건이 아닌 비트코인은 형법에 의해서는 몰수할 수 없지만 범인수익은닉규제법에 의해서는 몰수할 수 있다.

④ 【O】 피고인이 갑, 을과 공모하여 정보통신망을 통하여 음란한 화상 또는 영상을 배포하고, 도박 사이트를 홍보하였다는 공소사실로 기소되었는데, 원심이 공소사실을 유죄로 인정하면서 피고인이 범죄행위에 이용한 웹사이트 매각을 통해 취득한 대가를 형법 제48조에 따라 추징한 사안에서, 위 웹사이트는 범죄행위에 제공된 무형의 재산에 해당할 뿐 형법 제48조 제1항 제2호에서 정한 '범죄행위로 인하여 생(生)하였거나 이로 인하여 취득한 물건'에 해당하지 않으므로, 피고인이 위 웹사이트 매각을 통해 취득한 대가는 형법 제48조 제1항 제2호, 제2항이 규정한 추징의 대상에 해당하지 않는다(대판 2021.10.14. 2021도7168).

정답 ④

13 몰수와 추징에 관한 설명 중 옳지 않은 것은?

① 공소사실이 인정되지 않는 경우에 이와 관련되지 않은 범죄사실을 법원이 인정하여 몰수·추징을 선고하는 것은 불고불리의 원칙에 위반된다.
② 수뢰자가 자기앞수표를 뇌물로 받아 이를 소비한 후 자기앞수표 상당액을 증뢰자에게 반환하였다 하더라도 뇌물 그 자체를 반환한 것은 아니므로 이를 몰수할 수 없고 수뢰자로부터 그 가액을 추징하여야 한다.
③ 범죄행위의 수행에 실질적으로 기여한 것으로 인정된다고 하더라도, 실행행위의 착수 전 또는 실행행위 종료 후의 행위에 사용되었을 뿐 범죄의 실행행위 자체에 사용되지 않은 물건은 몰수·추징의 대상인 '범죄행위에 제공한 물건'에 포함될 수 없다.
④ 몰수·추징이 공소사실과 관련이 있다 하더라도 그 공소사실에 관하여 이미 공소시효가 완성된 경우에는 몰수·추징을 할 수 없다.
⑤ 甲이 공무원 직무에 속한 사항의 알선에 관하여 1억 원을 받았으나 그중 3,000만 원을 받은 취지에 따라 청탁과 관련하여 관계 공무원에게 뇌물로 공여한 경우라면, 甲으로부터는 이를 제외한 나머지 7,000만 원만 몰수·추징할 수 있다.

[해설]

①④ 【O】 형법 제49조 단서는 행위자에게 유죄의 재판을 하지 아니할 때에도 몰수의 요건이 있는 때에는 몰수만을 선고할 수 있다고 규정하고 있으므로 몰수뿐만 아니라 몰수에 갈음하는 추징도 위 규정에 근거하여 선고할 수 있다고 할 것이나 우리 법제상 공소의 제기 없이 별도로 몰수나 추징만을 선고할 수 있는 제도가 마련되어 있지 아니하므로 위 규정에 근거하여 몰수나 추징을 선고하기 위하여서는 몰수나 추징의 요건이 공소가 제기된 공소사실과 관련되어 있어야 하고, 공소사실이 인정되지 않는 경우에 이와 별개의 공소가 제기되지 아니한 범죄사실을 법원이 인정하여 그에 관하여 몰수나 추징을 선고하는 것은 불고불리의 원칙에 위반되어 불가능하며, 몰수나 추징이 공소사실과 관련이 있다 하더라도 그 공소사실에 관하여 이미 공소시효가 완성되어 유죄의 선고를 할 수 없는 경우에는 몰수나 추징도 할 수 없다(대판 1992.7.28. 92도700). 24. 변호사
② 【O】 수뢰자가 자기앞수표를 뇌물로 받아 이를 소비한 후 자기앞수표 상당액을 증뢰자에게 반환하였다 하더라도 뇌물 그 자체를 반환한 것은 아니므로 이를 몰수할 수 없고 수뢰자로부터 그 가액을 추징하여야 한다(대판 1999.1.29. 98도3584). 24. 변호사
③ 【X】 "범죄행위에 제공한 물건"은, 가령 살인 행위에 사용한 칼 등 범죄의 실행행위 자체에 사용한 물건에만 한정되는 것이 아니며, 실행행위의 착수 전의 행위 또는 실행행위의 종료 후의 행위에 사용한 물건이더라도 그것이 범죄행위의 수행에 실질적으로 기여하였다고 인정되는 한 위 법조 소정의 제공한 물건에 포함된다(대판 2006.9.14. 2006도4075). 24. 변호사
⑤ 【O】 공무원의 직무에 속한 사항의 알선에 관하여 금품을 받고 그 금품 중의 일부를 받은 취지에 따라 청탁과 관련하여 관계 공무원에게 뇌물로 공여하거나 다른 알선행위자에게 정탁의 명목으로 교부한 경우에는 그 부분의 이익은 실질적으로 범인에게 귀속된 것이 아니어서 이를 제외한 나머지 금품만을 몰수하거나 그 가액을 추징하여야 한다(대판 2002.6.14. 2002도1283). 24. 변호사

[정답] ③

14 몰수·추징에 대한 설명으로 옳지 않은 것은?

① 금품의 무상대여를 통하여 위법한 재산상 이익을 취득한 경우 범인이 받은 부정한 이익은 그로 인한 금융이익 상당액이므로 추징의 대상이 되는 것은 무상으로 대여받은 금품 그 자체가 아니라 위 금융이익 상당액이다.
② 범죄행위로 인하여 물건을 취득하면서 그 대가를 지급하였다고 하더라도 범죄행위로 취득한 것은 물건 자체이고 이는 몰수되어야 할 것이지만, 이미 처분되어 없다면 그 가액 상당을 추징하여야 한다.
③ 뇌물에 공할 금품이 특정되지 않았던 것은 몰수할 수 없고 그 가액을 추징할 수도 없다.
④ A주식회사 대표이사인 甲이 금융기관에 청탁하여 B주식회사가 대출을 받을 수 있도록 알선행위를 하고 그 대가로 용역대금 명목의 수수료를 A주식회사 계좌를 통해 송금받아 회사재산으로 귀속시켰다면 甲이 이 수수료 중에서 개인적으로 사용한 금품에 한해 甲으로부터 몰수 또는 그 가액을 추징할 수 있다.

해설
① 【O】 대판 2008.9.25. 2008도2590 17. 경찰간부
② 【O】 대판 2005.7.15. 2003도4293 17. 경찰간부
③ 【O】 대판 1996.5.8. 96도221 17. 경찰간부
④ 【X】 갑 주식회사 대표이사인 피고인이 금융기관에 청탁하여 을 주식회사가 대출을 받을 수 있도록 알선행위를 하고 그 대가로 용역대금 명목의 수수료를 갑 회사 계좌를 통해 송금받아 특정경제범죄 가중처벌 등에 관한 법률 위반(알선수재)죄가 인정된 사안에서, 피고인이 갑 회사의 대표이사로서 같은 법 제7조에 해당하는 행위를 하고 당해 행위로 인한 대가로 수수료를 받았다면, 수수료에 대한 권리가 갑 회사에 귀속된다 하더라도 행위자인 피고인으로부터 수수료로 받은 금품을 몰수 또는 그 가액을 추징할 수 있으므로, 피고인이 개인적으로 실제 사용한 금품이 없더라도 마찬가지라고 본 원심판단을 정당하다고 한 사례(대판 2015.1.15. 2012도7571). 17. 경찰간부

정답 ④

15 몰수에 관한 다음 설명 중 옳지 않은 것은?

① 어떠한 물건을 '범죄행위에 제공하려고 한 물건'으로서 몰수하기 위하여는 그 물건이 유죄로 인정되는 당해 범죄행위에 제공하려고 한 물건임이 인정되어야 한다.
② 수사단계에서 소유권을 포기한 압수물에 대하여 형사재판에서 몰수형이 선고되지 않은 경우에도 피압수자는 국가에 대하여 민사소송으로 그 반환을 청구할 수 없다.
③ 피고인 이외의 제3자의 소유에 속하는 물건에 대하여 몰수를 선고한 판결의 효력은 원칙적으로 몰수의 원인이 된 사실에 관하여 유죄의 판결을 받은 피고인에 대한 관계에서 그 물건을 소지하지 못하게 하는 데 그치고 그 사건에서 재판을 받지 아니한 제3자의 소유권에 어떤 영향을 미치는 것은 아니다.
④ 예금통장이 몰수되었다고 하여 예금반환채권까지 몰수된 것으로 볼 수 없다.

해설
① 【O】 대판 2008.2.14. 2007도10034
② 【X】 수사단계에서 소유권을 포기한 압수물에 대하여 형사재판에서 몰수형이 선고되지 않은 경우, 피압수자는 국가에 대하여 민사소송으로 그 반환을 청구할 수 있다(대판 2000.12.22. 2000다27725).
③ 【O】 대판 2006.11.23. 2006도5586
④ 【O】 대판 1997.11.14. 97다34235

정답 ②

16 몰수·추징에 관한 다음 설명 중 가장 옳지 않은 것은?

① 형법 제48조 제1항의 '범인' 속에는 공범자도 포함되므로 범인 자신의 소유물은 물론 공범자의 소유물도 그 공범자의 소추 여부를 불문하고 몰수할 수 있다.
② 몰수는 반드시 압수되어 있는 물건에 대하여서만 하는 것이 아니므로 몰수대상 물건이 압수되어 있는가 하는 점 및 적법한 절차에 의하여 압수되었는가 하는 점은 몰수의 요건이 아니다.
③ 형법 제48조 제1항 제1호에 의한 몰수는 임의적인 것이므로 그 몰수의 요건에 해당하는 물건이라도 이를 몰수할 것인지의 여부는 형벌 일반에 적용되는 비례의 원칙에 의한 제한을 받는 외에는 법원의 재량에 맡겨져 있다.
④ 몰수하기 불능한 때에 추징하여야 할 가액은 범인이 그 물건을 보유하고 있다가 몰수의 선고를 받았더라면 잃었을 이득상당액을 의미하는 것이므로 외국에서 밀수한 마약을 몰수하기 불능한 때에는 취득가액에 의하여 추징금을 산정하여야 한다.
⑤ 관세법이 규정하고 있는 추징은 징벌적 성격을 띠고 있어 여러 사람이 공모하여 밀수출행위를 한 경우에는 범칙자의 1인이 그 물품을 소유하거나 점유하였다면 그 물품의 범칙 당시의 국내도매가격 상당의 가액전액을 그 물품의 소유 또는 점유 사실의 유무를 불문하고 범칙자 전원으로부터 각각 추징할 수 있다.

[해설]

① 【O】 대판 2013.5.24. 2012도15805 16. 법원행시
② 【O】 대판 2014.9.4. 2014도3263 16. 법원행시
③ 【O】 대판 2013.5.24. 2012도15805 16. 법원행시
④ 【X】 몰수할 수 없는 때 추징하여야 할 가액은 범인이 그 물건을 보유하고 있다가 몰수의 선고를 받았더라면 잃었을 이득상당액을 의미한다고 보아야 하므로 그 가액산정은 재판선고시의 가격을 기준으로 하여야 한다(대판 2007.3.15. 2006도9314). 피고인이 취득한 가액이 아니라 재판선고시의 시가(市價)에 의하여 추징금을 산정하여야 한다는 취지의 판례이다. 16. 법원행시
⑤ 【O】 대판 2008.1.17. 2006도455 16. 법원행시

정답 ④

17 몰수와 추징에 관한 다음 설명 중 옳지 않은 것은?

① 형법 제134조는 뇌물에 공할 금품을 필요적으로 몰수하고 이를 몰수하기 불가능한 때에는 그 가액을 추징하도록 규정하고 있는바, 몰수는 특정된 물건에 대한 것이고 추징은 본래 몰수할 수 있었음을 전제로 하는 것임에 비추어 뇌물에 공할 금품이 특정되지 않았던 것은 몰수할 수 없고 그 가액을 추징할 수도 없다.

② 마약류관리에 관한 법률 제67조에 의한 몰수나 추징은 범죄행위로 인한 이득의 박탈을 목적으로 하는 것이 아니라 징벌적 성질의 처분이므로, 그 범행으로 인하여 이득을 취득한 바 없다 하더라도 법원은 그 가액의 추징을 명하여야 한다.

③ 몰수의 취지가 범죄에 의한 이득의 박탈을 그 목적으로 하는 것이고 추징도 이러한 몰수의 취지를 관철하기 위한 것이라는 점을 고려하면 몰수하기 불능한 때에 추징하여야 할 가액은 범인이 그 물건을 보유하고 있다가 몰수의 선고를 받았더라면 잃었을 이득상당액을 의미한다고 보아야 할 것이므로 그 가액산정은 재판선고시의 가격을 기준으로 하여야 할 것이다.

④ 형법 제134조의 몰수나 추징을 선고하기 위해서 몰수나 추징의 요건이 공소가 제기된 범죄사실과 반드시 관련되어 있어야 할 필요는 없으므로, 범죄사실에서 인정되지 아니한 사실에 관하여도 몰수나 추징만을 선고할 수 있다.

해설

① 【 O 】 대판 1996.5.8. 96도221
② 【 O 】 대판 2001.12.28. 2001도5158
③ 【 O 】 대판 2008.10.9. 2008도6944
④ 【 X 】 형법 제134조의 몰수나 추징을 선고하기 위하여는 몰수나 추징의 요건이 공소가 제기된 범죄사실과 관련되어 있어야 하므로, 법원으로서는 범죄사실에서 인정되지 아니한 사실에 관하여는 몰수나 추징을 선고할 수 없다(대판 2009.8.20. 2009도4391).

정답 ④

18 몰수와 추징에 대한 설명으로 가장 적절하지 않은 것은?

① 행위자에게 유죄의 재판을 아니할 때에도 몰수의 요건이 있는 때에는 몰수만을 선고할 수 있다.

② 「마약류 관리에 관한 법률」 제67조의 몰수나 추징을 선고하기 위하여는 몰수나 추징의 요건이 공소가 제기된 범죄사실과 관련되어 있어야 하므로, 법원으로서는 범죄사실에서 인정되지 아니한 사실에 관하여는 몰수나 추징을 선고할 수 없다.

③ 「형법」 제134조에 의한 필요적 몰수의 경우 뇌물에 공할 금품이 특정되지 않았던 것은 몰수할 수 없고 그 가액을 추징할 수도 없다.

④ 「형법」 제357조에 의한 필요적 몰수의 경우 배임수재자가 배임증재자로부터 받은 재물을 그대로 가지고 있다가 증재자에게 반환하였더라도 수재자로부터 이를 몰수하거나 그 가액을 추징하여야 한다.

해설

① 【 O 】 형법 제49조 단서 18. 경찰채용 3차
② 【 O 】 대판 2016.12.15. 2016도16170 18. 경찰채용 3차
③ 【 O 】 대판 1996.5.8. 96도221 18. 경찰채용 3차
④ 【 X 】 형법은 제357조 제1항에서 배임수재죄를, 제2항에서 배임증재죄를 규정하고, 이어 제3항에서 "범인이 취득한 제1항의 재물은 몰수한다. 그 재물을 몰수하기 불능하거나 재산상의 이익을 취득한 때에는 그 가액을 추징한다."라고 규정하고 있다. 배임수재죄와 배임증재죄는 이른바 대향범으로서 위 제3항에서 필요적 몰수 또는 추징을 규정한 것은 범행에 제공된 재물과 재산상 이익을 박탈하여 부정한 이익을 보유하지 못하게 하기 위한 것이므로, **제3항에서 몰수의 대상으로 규정한 '범인이 취득한 제1항의 재물'은 배임수재죄의 범인이 취득한 목적물이자 배임증재죄의 범인이 공여한 목적물을 가리키는 것이지 배임수재죄의 목적물만을 한정하여 가리키는 것이 아니다.** 그러므로 수재자가 증재자로부터 받은 재물을 **그대로 가지고 있다가 증재자에게 반환하였다면** 증재자로부터 이를 몰수하거나 그 가액을 추징하여야 한다(대판 2017.4.7. 2016도18104). 18. 경찰채용 3차

정답 ④

19 다음 중 몰수의 대상에 관한 설명으로 잘못된 것은?

① 대형할인매장에서 수회 상품을 절취하여 자신의 승용차에 싣고 간 경우, 위 승용차는 범죄행위에 제공한 물건으로 보아 몰수할 수 있다.
② 알선의뢰인이 알선수재자에게 공무원이나 금융기관 임직원의 직무에 속한 사항에 관한 알선의 대가를 형식적으로 체결한 고용계약에 터잡아 급여의 형식으로 지급한 경우에, 명목상 급여액에서 원천징수된 근로소득세 등을 제외하고 알선수재자가 실제 지급받은 금액을 몰수·추징하여야 한다.
③ 사행성 게임기는 기판과 본체가 서로 물리적으로 결합되어야만 비로소 그 기능을 발휘할 수 있는 기계로서, 당국으로부터 적법하게 등급심사를 받은 것이라고 하더라도 본체를 포함한 그 전부가 범죄행위에 제공된 물건으로서 몰수의 대상이 된다.
④ 피고인은 공무원인 甲에게 부정한 청탁을 하면서 1억원을 교부하였는데, 甲은 피고인의 범행을 폭로하는데 증거로 활용하겠다는 의사로 피고인으로부터 위 금원을 수수받았다. 위 1억원이 압수된 경우 압수된 1억원은 필요적 공범인 甲의 소유이므로 몰수할 수 없다.

해설

① 【 O 】 대판 2006.9.14. 2006도4075
② 【 O 】 대판 2012.6.14. 2012도534
③ 【 O 】 대판 2006.12.8. 2006도6400
④ 【 X 】 형법 제48조 제1항의 '범인'에는 공범자도 포함되므로 피고인의 소유물은 물론 공범자의 소유물도 그 공범자의 소추 여부를 불문하고 몰수할 수 있는 것이고, 공범자에는 공동정범, 교사범, 방조범에 해당하는 자는 물론 필요적 공범관계에 있는 자도 포함된다. 그리고 형법 제49조 단서에 의하면 행위자에게 유죄의 재판을 아니할 때에도 몰수의 요건이 있는 때에는 몰수를 선고할 수 있는 점 등에 비추어 볼 때, 형법 제48조 제1항의 '범인'에 해당하는 공범자는 반드시 유죄의 죄책을 지는 자에 국한된다고 볼 수 없고 공범에 해당하는 행위를 한 자이면 족하다고 할 것이어서, 이러한 자의 소유물도 형법 제48조 제1항의 '범인 이외의 자의 소유에 속하지 아니하는 물건'으로서 이를 피고인으로부터 몰수할 수 있다(대판 2006.11.23. 2006도5586).

정답 ④

20 다음 중 몰수·추징에 대한 설명으로 옳지 못한 것은?

① 몰수하기 불능한 때에 추징하여야 할 가액은 범인이 그 물건을 보유하고 있다가 몰수의 선고를 받았더라면 잃었을 이득상당액을 의미한다고 보아야 할 것이므로 그 가액산정은 판결선고시의 가격을 기준으로 하여야 한다.

② 공무원의 직무에 속한 사항의 알선에 관하여 금품을 받고 그 금품 중의 일부를 받은 취지에 따라 청탁과 관련하여 관계 공무원에게 뇌물로 공여하거나 다른 알선행위자에게 청탁의 명목으로 교부한 경우에는 그 부분의 이익은 실질적으로 범인에게 귀속된 것이 아니어서 이를 제외한 나머지 금품만을 몰수하거나 그 가액을 추징하여야 한다.

③ 징역형의 집행유예와 추징의 선고를 받은 자에 대하여 징역형에 대하여 특별사면이 있는 경우 추징에 대하여도 형 선고의 효력이 상실된다.

④ 어떠한 물건을 '범죄행위에 제공하려고 한 물건'으로서 몰수하기 위하여는 그 물건이 유죄로 인정되는 당해 범죄행위에 제공하려고 한 물건임이 인정되어야 하므로 장차 실행하려고 한 범행에 제공하려고 한 물건은 몰수할 수 없다.

해설
① 【 O 】 대판 1991.5.28. 91도352
② 【 O 】 대판 1999.5.11. 99도963
③ 【 X 】 추징은 부가형이지만 징역형의 선고의 효력을 상실케 하는 동시에 복권하는 특별사면이 있더라도 추징에 대하여 형 선고의 효력이 상실된다고 볼 수 없다(대결 1996.5.14. 96모14).
④ 【 O 】 대판 2008.2.14. 2007도10034

정답 ③

21 몰수·추징에 대한 설명으로 가장 적절하지 않은 것은?

① 「변호사법」 위반의 범행으로 금품을 취득한 경우 그 범행과정에서 지출한 비용은 그 금품을 취득하기 위하여 지출한 부수적 비용이고, 몰수하여야 할 것은 「변호사법」 위반의 범행으로 취득한 금품 그 자체이므로, 취득한 금품이 이미 처분되어 추징할 금원을 산정할 때 그 금품의 가액에서 그 지출 비용을 공제하여야 한다.

② 금품의 무상대여를 통하여 위법한 재산상 이익을 취득한 경우 범인이 받은 부정한 이익은 그로 인한 금융이익 상당액이므로 추징의 대상이 되는 것은 무상으로 대여받은 금품 그 자체가 아니라 그 금융이익 상당액이다.

③ 히로뽕을 수수하여 그 중 일부를 직접 투약한 경우에는 수수한 히로뽕의 가액만을 추징할 수 있고 직접 투약한 부분에 대한 가액을 별도로 추징할 수 없다.

④ 몰수의 대상이 되는 물건은 반드시 압수되어 있는 물건에 대하여서만 하는 것이 아니므로, 몰수대상물건이 압수되어 있는가 하는 점 및 적법한 절차에 의하여 압수되었는가 하는 점은 몰수의 요건이 아니다.

해설

① 【 X 】 변호사법 위반의 범행으로 금품을 취득한 경우 그 범행과정에서 지출한 비용은 그 금품을 취득하기 위하여 지출한 **부수적 비용**에 불과하고, 몰수하여야 할 것은 변호사법 위반의 범행으로 취득한 금품 그 자체이므로, 취득한 금품이 이미 처분되어 추징할 금원을 산정할 때 그 금품의 가액에서 위 지출 비용을 공제할 수는 없다(대판 2008.10.9. 2008도6944). 19. 경찰승진
② 【 O 】 대판 2001.5.29. 2001도1570 19. 경찰승진
③ 【 O 】 히로뽕을 수수하여 그 중 일부를 직접 투약한 경우에는 수수한 히로뽕의 가액만을 추징할 수 있고 직접 투약한 부분에 대한 가액을 별도로 추징할 수 없다(대판 2000.9.8. 2000도546). 19. 경찰승진
④ 【 O 】 몰수는 반드시 압수되어 있는 물건에 대하여만 하는 것이 아니므로 몰수대상물건이 압수되어 있는가 하는 점 및 적법한 절차에 의하여 압수되었는가 하는 점은 몰수의 요건이 아니다(대판 2014.9.4. 2014도3263). 19. 경찰승진

정답 ①

22 다음 설명 중 가장 옳지 않은 것은?

① 피고인 이외의 제3자의 소유에 속하는 물건의 경우, 몰수를 선고한 판결의 효력은 원칙적으로 몰수의 원인이 된 사실에 관하여 유죄의 판결을 받은 피고인에 대한 관계에서 그 물건을 소지하지 못하게 하는 데 그치지 않고, 그 사건에서 재판을 받지 아니한 제3자의 소유권에도 영향을 미친다.
② 형법 제37조 후단 경합범에 대하여 형법 제39조 제1항에 의하여 형을 감경할 때에도 법률상 감경에 관한 형법 제55조 제1항이 적용되어 유기징역을 감경할 때에는 그 형기의 2분의 1 미만으로는 감경할 수 없다.
③ 형사소송법 제459조가 "재판은 이 법률에 특별한 규정이 없으면 확정한 후에 집행한다."라고 규정한 취지나 집행유예 제도의 본질 등에 비추어 보면 집행유예를 함에 있어 그 집행유예 기간의 시기(始期)는 집행유예를 선고한 판결 확정일로 하여야 한다.
④ 형법 제51조의 사항과 개전의 정상이 현저한지에 관한 사항은 형의 양정에 관한 법원의 재량사항에 속하므로, 상고심으로서는 형사소송법 제383조 제4호에 의하여 사형·무기 또는 10년 이상의 징역·금고가 선고된 사건에서 형의 양정의 당부에 관한 상고이유를 심판하는 경우가 아닌 이상, 선고유예에 관하여 형법 제51조의 사항과 개전의 정상이 현저한지에 대한 원심판단의 당부를 심판할 수 없다.

해설

① 【 X 】 피고인 이외의 제3자의 소유에 속하는 물건의 경우, 몰수를 선고한 판결의 효력은 원칙적으로 몰수의 원인이 된 사실에 관하여 유죄의 판결을 받은 피고인에 대한 관계에서 그 물건을 소지하지 못하게 하는 데 그치고, 그 사건에서 재판을 받지 아니한 제3자의 소유권에 어떤 영향을 미치는 것은 아니다(대결 2017.9.29. 2017모236). 21. 법원직
② 【 O 】 대판 2019.4.18. 2017도14609 전합 21. 법원직
③ 【 O 】 대판 2019.2.28. 2018도13382 21. 법원직
④ 【 O 】 대판 2016.12.27. 2015도14375 21. 법원직

정답 ①

제2절 형의 양정

● 지문의 내용에 대해 학설의 대립 등 다툼이 있는 경우 판례에 의함

01 형벌에 관한 설명 중 옳지 않은 것은?

① 「형법」 제55조 제1항 제6호에서 벌금을 감경할 때의 다액의 2분의 1이라는 문구는 그 상한과 함께 하한도 2분의 1로 내려가는 것으로 해석하여야 한다.
② 무죄의 판결을 선고하는 경우, 피고인이 무죄판결공시 취지의 선고에 동의하지 아니하거나 피고인의 동의를 받을 수 없는 경우를 제외하고 무죄판결공시의 취지를 선고하여야 한다.
③ 500만 원의 벌금형을 선고할 경우, 금고 이상의 형을 선고한 판결이 확정된 때부터 그 집행을 종료한 후 3년까지의 기간에 범한 죄가 아니고 「형법」 제51조의 사항을 참작하여 그 범죄의 정상에 참작할 만한 사유가 있더라도 그 형의 집행을 유예할 수 없다.
④ 1천만 원의 벌금형을 선고할 경우, 「형법」 제51조의 사항을 참작하여 개전의 정상이 현저하고 자격정지 이상의 형을 받은 전과가 없다면, 그 선고를 유예할 수 있다.

해설
① 【 O 】 대판 1978.4.25, 78도246 19. 경찰채용 1차
② 【 O 】 제58조 19. 경찰채용 1차
③ 【 X 】 제62조(집행유예의 요건) ① 3년 이하의 징역이나 금고 또는 500만원 이하의 벌금의 형을 선고할 경우에 제51조의 사항을 참작하여 그 정상에 참작할 만한 사유가 있는 때에는 1년 이상 5년 이하의 기간 형의 집행을 유예할 수 있다. 19. 경찰채용 1차
④ 【 O 】 제59조(선고유예의 요건) ① 1년 이하의 징역이나 금고, 자격정지 또는 벌금의 형을 선고할 경우에 제51조의 사항을 참작하여 개전의 정상이 현저한 때에는 그 선고를 유예할 수 있다. 19. 경찰채용 1차

정답 ③

02 다음 중 필요적 감경 또는 면제 사유에 해당하지 않은 것은?

① 위증죄를 범한 자가 그 공술한 사건의 재판이 확정되기 전에 자백한 때
② 형법상 추행목적약취유인죄를 범한 자가 그 약취유인된 사람을 안전한 장소로 풀어준 때
③ 현주건조물방화예비죄를 범한 자가 그 목적한 죄의 실행에 이르기 전에 자수한 때
④ 장물취득죄를 범한 자가 본범과 동거친족인 때

해설 18. 법원직
①③④ 【 O 】 모두 형을 감경 또는 면제한다(① 제153조, ③ 제175조, ④ 제365조 제2항).
② 【 X 】 형을 감경할 수 있다(제295조의2).

정답 ②

03 다음 형법상 형의 감경·면제사유 중 임의적 감면사유는 모두 몇 개인가?

> ㉠ 장애미수(제25조 제2항) ㉡ 청각 및 언어장애인(제11조)
> ㉢ 과잉자구행위(제23조 제2항) ㉣ 중지미수(제26조)
> ㉤ 심신미약자(제10조 제2항)

① 1개 ② 2개 ③ 3개 ④ 4개

해설 12. 경찰채용 3차

- **임의적 감면사유** : 제23조 제2항의 과잉자구행위
- **임의적 감경사유** : 심신미약자, 장애미수
- **필요적 감경사유** : 청각 및 언어장애인(농아자)
- **필요적 감면사유** : 중지미수

정답 ①

04 형의 임의적 감면사유에 해당하지 않는 것은?

① 경합범 중 판결을 받지 아니한 죄에 대하여 형을 선고하는 경우
② 타인을 무고한 사람이 그 무고한 사건의 재판이 확정되기 전에 수사기관에 자수한 경우
③ 타인을 협박한 사람이 피해자에게 자복한 경우
④ 범죄 실행의 수단 또는 대상의 착오로 인하여 결과의 발생이 불가능하더라도 위험성이 있는 경우

해설 14. 사시

① 【 O 】 경합범 중 판결을 받지 아니한 죄가 있는 때에는 그 죄와 판결이 확정된 죄를 동시에 판결할 경우와 형평을 고려하여 그 죄에 대하여 형을 선고한다. 이 경우 그 형을 감경 또는 면제할 수 있다(제39조 제1항).
② 【 X 】 무고죄를 범한 자가 그 공술한 사건의 재판 또는 징계처분이 확정되기 전에 자백 또는 자수한 때에는 그 형을 감경 또는 면제한다(제157조). ⊙ 총칙상의 자수는 임의적 감면사유이지만 각칙상의 자수는 필요적 감면사유이다.
③ 【 O 】 협박죄는 반의사 불벌죄에 해당하는데 형법 제52조 제2항은 "피해자의 의사에 반하여 처벌할 수 없는 죄에 있어서 피해자에게 자복한 때에는 그 형을 감경 또는 면제할 수 있다"고 규정하고 있으므로 협박한 자가 피해자에게 자복한 경우 임의적 감면사유에 해당한다.
④ 【 O 】 불능미수에 해당하므로 임의적 감면사유이다.

정답 ②

05 형의 감경 또는 면제사유에 관한 다음 설명 중 옳지 않은 것은?

① 청각 및 언어장애인의 행위에 대하여는 형을 필요적으로 감경한다.
② 내란죄를 범할 목적으로 예비 또는 음모하였다가 내란죄의 실행에 이르기 전에 자수한 때에는 내란예비죄 또는 내란음모죄의 형을 필요적으로 감경 또는 면제한다.
③ 위증죄를 범한 사람이 그 허위 진술을 한 사건의 재판 또는 징계처분이 확정되기 전에 자백 또는 자수한 때에는 그 형을 필요적으로 감경 또는 면제한다.
④ 무기징역에 처한 판결이 확정된 죄와 형법 제37조의 후단 경합범 관계에 있는 죄에 대하여 공소가 제기된 경우, 뒤에 공소제기된 후단 경합범에 대한 형을 필요적으로 면제한다.

해설

① 【 O 】 형법 제11조 ● 필요적 감경사유이므로 청각 및 언어장애인이 시비를 변별하고 이에 따라 행위할 능력이 있어도 반드시 형을 감경하여야 한다.
② 【 O 】 내란죄를 범할 목적으로 예비 또는 음모한 자는 3년 이상의 유기징역이나 유기금고에 처한다. 단, 그 목적한 죄의 실행에 이르기 전에 자수한 때에는 그 형을 감경 또는 면제한다(형법 제90조 제1항).
③ 【 O 】 형법 제153조
④ 【 X 】 무기징역에 처하는 판결이 확정된 죄와 형법 제37조의 후단 경합범의 관계에 있는 죄에 대하여 공소가 제기된 경우, 법원은 두 죄를 동시에 판결할 경우와 형평을 고려하여 후단 경합범에 대한 처단형의 범위 내에서 후단 경합범에 대한 선고형을 정할 수 있고, 형법 제38조 제1항 제1호가 형법 제37조의 전단 경합범 중 가장 중한 죄에 정한 처단형이 무기징역인 때에는 흡수주의를 취하였다고 하여 뒤에 공소제기된 후단 경합범에 대한 형을 필요적으로 면제하여야 하는 것은 아니다(대판 2008.9.11. 2006도8376).

정답 ④

06 형의 필요적 감면사유에 해당하는 것은 모두 몇 개인가?

㉠ 장기적출을 목적으로 매매된 사람을 안전한 장소로 풀어준 경우
㉡ 타인으로 하여금 징계처분을 받게 할 목적으로 공무소에 허위의 사실을 신고한 자가 그 신고한 사건의 징계처분이 확정되기 전에 자백 또는 자수한 경우
㉢ 별거 중인 법률상 배우자가 절취해온 물건임을 알면서도 '불쌍하다'는 이유로 이를 보관해 준 경우
㉣ 피고인이 위조한 예금통장 등을 보여주면서 외국회사에서 투자금을 받았다고 거짓말하고 자금대여를 요청하였으나, 그 입금 여부를 확인하기 위해 은행에 가던 중 범행이 발각될 것이 두려워 중지한 경우
㉤ 자신의 아버지의 물건을 훔친 절도범이 친구라는 사실을 알고 의리상 장물을 운반해 준 경우
㉥ 내란목적살인의 죄를 범할 목적으로 예비하였으나 그 목적한 죄의 실행에 이르기 전에 자수한 경우

① 2개　　② 3개　　③ 4개　　④ 5개

해설 16. 사시

㉠ 【 X 】 인신매매죄에도 해방감경규정이 적용되는데(제295조의2), 해방감경은 임의적 감경사유에 불과하다.
㉡ 【 O 】 위증죄와 무고죄의 경우 자수·자백특례규정(제153조, 제157조)이 있는바 공술(신고)한 사건의 재판 또는 징계처분이 확정되기 전에 자백 또는 자수한 때에는 필요적 감면사유에 해당한다.
㉢ 【 O 】 본범과 장물범(장물보관죄 성립)사이에 제328조 제1항의 친족관계가 있으므로 필요적 감면사유에 해당한다.
㉣ 【 X 】 지문의 경우 중지미수가 아니라 장애미수에 해당하므로 필요적 감면사유가 아니라 임의적 감경사유에 해당한다.
㉤ 【 X 】 본범의 피해자와 장물범 사이에 제328조 제1항의 친족관계가 있으므로 필요적 감면사유가 아니라 필요적 면제사유에 해당한다.
㉥ 【 O 】 제87조(내란) 또는 제88조(내란목적의 살인)의 죄를 범할 목적으로 예비 또는 음모한 자가 그 목적한 죄의 실행에 이르기 전에 자수한 경우 필요적 감면사유에 해당한다(제90조 제1항).

정답 ②

07 甲에게 필요적 감경사유만 있는 것은?

① 甲은 A를 살해하려고 그의 목 부위와 왼쪽 가슴 부위를 칼로 수회 찔렀으나 A의 가슴 부위에서 많은 피가 흘러나오는 것을 보자 겁을 먹고 그만두는 바람에 미수에 그쳤다.
② 甲은 A에게 자동차 운전면허가 없다는 사실을 알면서도 A의 부탁에 따라 승용차를 제공하였고 A는 이를 운전하였다.
③ 甲은 A가 사실은 자신의 금시계를 훔친 사실이 없음에도 A의 서랍 안에 자신의 금시계를 몰래 집어넣은 다음, 경찰서에 A를 절도죄로 고소하여 A가 절도죄로 기소되었는데, A에 대한 재판절차에서 증인으로 증언하면서 A가 자신의 금시계를 절취한 것은 아니라고 사실대로 증언하였다.
④ 甲은 친구인 A로부터 A의 아버지인 B가 C회사 창고에서 절취한 물건을 운반하는 데 도와달라는 부탁을 받고 A와 함께 가서 그 물건을 B가 지정한 장소까지 운반하였다.

해설

① 【 X 】 장애미수로서 임의적 감경사유이다(대판 1999.4.13. 99도640).
② 【 O 】 도로교통법 위반(무면허운전) 범행의 방조행위에 해당하므로(대판 2000.8.18. 2000도1914) 형법 제32조에 의한 필요적 감경에 해당한다.
③ 【 X 】 무고죄의 자수·자백의 특례는 필요적 감면사유이다(제157조).
④ 【 X 】 A는 본범인 B와 형법 제328조 제1항의 신분관계가 있기 때문에 그 형이 필요적으로 감면된다(제365조 제2항). 그러나 신분관계가 없는 甲에게는 친족상도례가 적용되지 않는다.

정답 ②

08 甲에게 임의적 감면사유가 존재하는 것은 모두 몇 개인가?

㉠ 甲이 피해자 외 2인에게 깨진 병과 벽돌 등으로 집단 구타당하는 상황에서 이에 대항하기 위하여 곡괭이 자루를 마구 휘두른 결과, 피해자가 머리 뒷부분을 맞고 사망한 경우
㉡ 甲이 피해자를 강간할 마음을 먹고 폭행한 후 강간하려 하였으나 피해자가 다음에 만나 친해지면 응해주겠다는 취지의 간곡한 부탁으로 인해 그 이상 강간의 실행에 나아가지 아니한 경우
㉢ 통화위조죄를 범할 목적으로 예비 또는 음모한 甲이 그 목적한 죄의 실행에 이르기 전에 자수한 경우

① 1개　　② 2개　　③ 3개　　④ 없음

해설

① 임의적 감면사유가 존재하는 것은 ㉠ 1개이다.
㉠ 【 O 】 과잉방위에 해당되어 임의적 감면사유이다(대판 1985.9.10. 85도1370).
㉡ 【 X 】 중지미수에 해당되어 필요적 감면사유이다(대판 1993.10.12. 93도1851).
㉢ 【 X 】 통화위조죄를 범할 목적으로 예비 또는 음모한 자가 실행에 이르기 전에 자수한 경우 형을 감경 또는 면제한다(제213조).

정답 ①

09 다음 〈보기〉 중 형을 임의적 감면할 수 있는 경우는 모두 몇 개인가?

〈보기〉
㉠ 자구행위가 그 정도를 초과하였지만 정황에 참작할 사유가 있는 경우
㉡ 범죄에 의하여 외국에서 형의 전부 또는 일부의 집행을 받은 경우
㉢ 피해자의 의사에 반하여 처벌할 수 없는 죄에 있어서 피해자에게 자복한 경우
㉣ 심신장애로 인하여 사물변별능력 또는 의사결정능력이 미약한 경우
㉤ 미성년자약취죄를 범한 사람이 약취된 미성년자를 안전한 장소로 풀어준 경우
㉥ 실행 수단의 착오로 인하여 결과의 발생이 불가능하지만 위험성이 인정되는 경우

① 1개　　② 2개　　③ 3개　　④ 4개

해설 22. 해경간부

㉠ 【 O 】 임의적 감경 또는 면제사유이다(제23조 제2항).
㉡ 【 X 】 필요적 전부 또는 일부 산입사유이다(제7조).
㉢ 【 O 】 임의적 감경 또는 면제사유이다(제52조 제2항).
㉣ 【 X 】 임의적 감경사유이다(제10조 제2항).
㉤ 【 X 】 임의적 감경사유이다(제287조, 제295조의 2).
㉥ 【 O 】 임의적 감경 또는 면제사유이다(제27조).

정답 ③

10 자수에 대한 다음 설명 중 가장 적절하지 않은 것은?

① 수사기관에 뇌물수수의 범죄사실을 자발적으로 신고하였으나 그 수뢰액을 실제보다 적게 신고함으로써 적용법조와 법정형이 달라지게 된 경우 자수가 성립하지 않는다.
② 범죄사실과 범인이 누구인가가 발각된 후라 하더라도 범인이 자발적으로 자기의 범죄사실을 수사기관에 신고한 경우에는 이를 자수로 보아야 한다.
③ 형법상 피해자의 의사에 반하여 처벌할 수 없는 죄에 있어서 피해자에게 자복한 경우에는 필요적 감면사유이다.
④ 피고인이 수사기관에 자진 출석하여 처음 조사를 받으면서는 돈을 차용하였을 뿐이라며 범죄사실을 부인하다가 제2회 조사를 받으면서 비로소 업무와 관련하여 돈을 수수하였다고 자백한 행위를 자수라고 할 수 없다.

해설

① 【 O 】 대판 2004.6.24. 2004도2003 16. 경찰채용 2차
② 【 O 】 대판 1997.3.20. 96도1167 16. 경찰채용 2차
③ 【 X 】 피해자의 의사에 반하여 처벌할 수 없는 죄에 있어서 피해자에게 자복한 때에는 그 형을 감경 또는 면제할 수 있다(형법 제52조 제2항). 자복(自服)은 필요적 감면사유가 아니라 임의적 감면사유이다. 16. 경찰채용 2차
④ 【 O 】 대판 2011.12.22. 2011도12041 16. 경찰채용 2차

정답 ③

11 다음 중 자수에 해당하는 것은 모두 몇 개인가?

> ㉠ A가 수사기관에 자진 출석하여 처음 조사를 받으면서는 돈을 차용하였을 뿐이라며 범죄사실을 부인하다가 제2회 조사를 받으면서 업무와 관련하여 돈을 수수하였다고 자백한 경우
>
> ㉡ B가 강도치상 범행 후 범행 현장을 이탈하여 도주하다가 마음을 바꾸어 공중전화로 경찰에게 자신의 위치를 알려주었고, 당시 범죄신고를 받고 출동한 경찰은 범행 현장으로부터 상당히 떨어진 곳에 위치한 공중전화 앞에서 B를 발견하고 B에게 범행 여부를 묻자 B는 그 범행사실을 순순히 시인하였으며 B가 피의자신문과정에서 위 강도치상 범행을 자백한 경우
>
> ㉢ C가 경찰관에게 전화통화로 자수의사를 표시하고 함께 만날 시간을 정하였으나 자신이 어디에 있는지는 밝히지 아니하였는데 자신의 소재를 파악하고 찾아온 경찰관이 약속시간보다 일찍 경찰서를 가자는 요청에 순순히 응하여 검거되었고 뒤이어 피의자신문과정에서도 범행을 자백한 경우
>
> ㉣ D가 수사기관에서 조사를 받는 과정에서 뇌물수수의 범죄사실은 수사대상이 아니었고 수사관이 이에 대하여 전혀 인식하지 못하여 이를 추궁하지도 않는 상황에서 D가 뇌물수수 사실을 자발적으로 진술하여 수사기관의 소추를 구한 경우
>
> ㉤ E가 검찰의 소환에 따라 자진 출석하여 검사에게 직무관련성을 포함한 금품 수수 사실에 관하여 자백하였으나, 그 후에 검찰이나 법정에서 범죄사실을 일부 부인한 경우
>
> ㉥ F가 대마초를 은박지에 포장하여 운동화 1켤레의 각 안창 밑에 넣은 다음 이를 신은 채 세관 문형 검색장치를 통과하려고 할 때 금속탐지음이 울리자, 세관 소속 공무원이 휴대용 금속탐지기로 F의 몸을 검색하였는데, 그대로 계속 금속탐지음이 나므로 위 세관 소속 공무원이 F에게 무엇이냐고 묻자 F가 담배라고 대답하였다가, 이에 대마초인 것을 직감한 위 세관 소속 공무원이 다시 대마초냐고 되묻자 F가 그 때서야 대마초를 은닉 소지한 사실을 시인한 경우

① 1개   ② 2개   ③ 3개   ④ 4개   ⑤ 5개

해설

㉠ 【 X 】 피고인이 수사기관에 자진 출석하여 처음 조사를 받으면서는 돈을 차용하였을 뿐이라며 범죄사실을 부인하다가 제2회 조사를 받으면서 비로소 업무와 관련하여 돈을 수수하였다고 자백한 행위를 자수라고 할 수 없다(대판 2011.12.22. 2011도12041). 16. 법원행시

㉡㉢㉣ 【 O 】 구체적인 판례는 찾기 어렵지만 각 사례에서 B, C, D는 자발적으로 자신의 범죄사실을 수사기관에 신고하여 그 소추를 구한 것으로 볼 수 있어 자수에 해당한다. 16. 법원행시

㉤ 【 O 】 피고인이 검찰의 소환에 따라 자진 출석하여 검사에게 범죄사실에 관하여 자백함으로써 형법상 자수의 효력이 발생하였다면, 그 후에 검찰이나 법정에서 범죄사실을 일부 부인하였다고 하더라도 일단 발생한 자수의 효력이 소멸하는 것은 아니다(대판 2002.8.23. 2002도46). 16. 법원행시

㉥ 【 X 】 피고인이 세관 검색시 금속탐지기에 의해 대마 휴대 사실이 발각될 상황에서 세관 검색원의 추궁에 의하여 대마 수입범행을 시인한 경우, 자발성이 결여되어 자수에 해당하지 않는다(대판 1999.4.13. 98도4560). 16. 법원행시

정답 ④

12 형법상 형의 가중, 감경 또는 면제에 관한 다음 설명 중 옳지 않은 것은 모두 몇 개인가?

> ㉠ 형을 가중·감경할 사유가 경합하는 경우에는 '각칙 조문에 따른 가중, 누범 가중, 제34조 제2항에 따른 가중, 법률상 감경, 경합범 가중, 정상참작감경'의 순서에 따른다.
> ㉡ 직계혈족, 배우자, 동거친족, 동거가족 또는 그 배우자 간의 제323조(권리행사방해)의 죄는 그 형을 감경 또는 면제한다.
> ㉢ 형법 제52조 제1항 소정의 자수란 범인이 자발적으로 자신의 범죄사실을 수사기관에 신고하여 그 소추를 구하는 의사표시를 함으로써 성립하는 것이므로, 일단 자수가 성립한 이상 자수의 효력은 확정적으로 발생하고 그 후에 범인이 번복하여 수사기관이나 법정에서 범행을 부인한다고 하더라도 일단 발생한 자수의 효력이 소멸하는 것은 아니다.
> ㉣ 무기징역 또는 무기금고를 감경할 때에는 10년 이상 50년 이하의 징역 또는 금고로 한다.
> ㉤ 형법 제152조(위증, 모해위증)의 죄를 범한 자가 그 공술한 사건의 재판 또는 징계처분이 확정되기 전에 자백 또는 자수한 때에는 그 형을 감경 또는 면제하고, 제324조의2(인질강요) 또는 제324조의3(인질상해·치상)의 죄를 범한 자 및 그 죄의 미수범이 인질을 안전한 장소로 풀어준 때에는 그 형을 감경할 수 있다.

① 없음 ② 1개 ③ 2개 ④ 3개 ⑤ 4개

해설

㉠ 【X】 형을 가중·감경할 사유가 경합하는 경우에는 형법 제56조의 적용 순서에 따른다.
각칙 본조에 의한 가중 → 특수한 교사·방조에 대한 가중 → 누범 가중 → 법률상 감경 → 경합범 가중 → 정상참작감경
㉡ 【X】 직계혈족, 배우자, 동거친족, 동거가족 또는 그 배우자 간의 제323조(권리행사방해)의 죄는 그 형을 면제한다(제328조).
㉢ 【O】 대법원 2011.12.22. 2011도12041
㉣ 【O】 **제55조(법률상의 감경)** ① 법률상의 감경은 다음과 같다.
1. 사형을 감경할 때에는 무기 또는 20년 이상 50년 이하의 징역 또는 금고로 한다.
2. 무기징역 또는 무기금고를 감경할 때에는 10년 이상 50년 이하의 징역 또는 금고로 한다.
3. 유기징역 또는 유기금고를 감경할 때에는 그 형기의 2분의 1로 한다.
4. 자격상실을 감경할 때에는 7년 이상의 자격정지로 한다.
5. 자격정지를 감경할 때에는 그 형기의 2분의 1로 한다.
6. 벌금을 감경할 때에는 그 다액의 2분의 1로 한다.
7. 구류를 감경할 때에는 그 장기의 2분의 1로 한다.
8. 과료를 감경할 때에는 그 다액의 2분의 1로 한다.
② 법률상 감경할 사유가 수 개있는 때에는 거듭 감경할 수 있다.
㉤ 【O】 **제153조(자백, 자수)** 전조의 죄를 범한 자가 그 공술한 사건의 재판 또는 징계처분이 확정되기 전에 자백 또는 자수한 때에는 그 형을 감경 또는 면제한다.
제324조의6(형의 감경) 제324조의2 또는 제324조의3의 죄를 범한 자 및 그 죄의 미수범이 인질을 안전한 장소로 풀어준 때에는 그 형을 감경할 수 있다.

정답 ③

13 형의 선택 및 가중·감경에 관한 다음 〈사례〉에서 〈보기〉의 설명 중 괄호 안에 들어갈 내용으로 옳은 것은? (다툼이 있는 경우 판례에 의함)

〈사례〉
甲은 2000. 3. 2. 특정경제범죄가중처벌등에관한법률위반(사기)죄로 징역 10년을 선고받아 그 형의 집행 중 2008. 8. 15. 광복절에 특별사면으로 출소하였다. 그러나 甲은 2011. 7. 15. 특수강도의 범행 중에 강간죄를 범하여 「성폭력범죄의 처벌 등에 관한 특례법」 제3조 제2항 위반으로 기소되었다. 법원은 제1심 판결을 선고할 예정이고, 위 법률조항의 법정형은 사형, 무기 또는 10년 이상의 징역이다.

〈보기〉
㉠ 유기징역을 선택하면, 작량감경을 할 경우에 처단형의 단기는 (A)의 징역이다.
㉡ 사형을 선택하면, 작량감경을 할 경우에 처단형은 무기 또는 (B)의 징역이다.
㉢ 유기징역을 선택하면, 작량감경을 할 경우에 처단형의 장기는 (C)의 징역이다.
㉣ 무기징역을 선택하면, 작량감경을 할 경우에 처단형의 장기는 (D)의 징역이다.
㉤ 무기징역을 선택하면, 작량감경을 할 경우에 처단형의 단기는 (E)의 징역이다.

① A-10년 이상
② B-15년 이상 30년 이하
③ C-25년 이하
④ D-30년 이하
⑤ E-15년 이상

[해설] 15. 사시
甲은 특별사면으로 출소한 후 3년 이내에 성폭력특별법 위반죄를 범하였는바 형의 선고를 받은 자가 특별사면을 받아 형의 집행을 면제받고 또 후에 복권이 되었다 하더라도 형의 선고의 효력이 상실되는 것은 아니라는 판례(대판 1986.11.11. 86도2004)에 의하면 누범가중을 하여야 하는 사안이다.
A 【 X 】, C 【 O 】 유기징역(10년 이상 30년 이하)을 선택할 경우 처단형의 범위
사안의 법정형 중 유기형을 선택하는 경우 우선 누범가중을 하면(장기만 2배까지 가중)10년 이상 60년 이하가 되는데, 유기징역을 가중할 경우 50년을 초과할 수 없으므로, 처단형의 범위는 10년 이상 50년 이하가 된다. 2. 여기에 작량감경을 할 경우(판례에 의하면 법률상의 감경례에 준하여 감경), 법률상 감경규정은 '유기징역을 감경할 때에는 그 형기의 2분의 1로 한다.'고 규정하고 있으므로 결국 처단형의 범위는 5년 이상 25년 이하가 된다.
B 【 X 】 사형을 선택하는 경우 처단형의 범위
누범에 해당한다고 하여 그 형을 가중할 수는 없다. 사형을 선택한 후 작량감경을 할 경우 법률상 감경규정에 따라 '무기 또는 20년 이상 50년 이하의 징역 또는 금고'가 된다.
D, E 【 X 】 무기징역을 선택하는 경우 처단형의 범위
누범에 해당한다고 하여 그 형을 가중할 수는 없다. 무기징역을 선택하여 작량감경할 경우 법률상 감경규정에 따라 10년 이상 50년 이하의 징역 또는 금고가 된다(동조 제1항 제2호).

[정답] ③

14 형법상 양형의 조건으로 가장 적절하지 않은 것은?

① 피해자에 대한 관계
② 범행 전의 정황
③ 범인의 연령, 성행, 지능과 환경
④ 범행의 동기, 수단과 결과

[해설]
② 【 X 】 범행 후의 정황(제51조).

[정답] ②

15 다음 설명 중 가장 옳은 것은?

① 우리 형법은 집행유예기간의 시기에 관하여 명문의 규정을 두고 있지 않으므로, 법원이 집행유예기간의 시기로서 판결 확정일 이후의 시점을 선택할 수 있다.
② 집행유예의 선고를 받은 후에 그 선고가 실효 또는 취소됨이 없이 유예기간이 경과한 때에는 형의 선고의 법률적 효과가 없어지므로 선고유예를 할 수 있다.
③ 선고하는 벌금이 1억원 이상 5억원 미만인 경우에는 300일 이상, 5억원 이상 50억원 미만인 경우에는 500일 이상, 50억원 이상인 경우에는 1,000일 이상의 유치기간을 정하여야 한다.
④ 주형을 선고유예하면서 몰수나 추징도 함께 선고유예를 할 수 있고, 주형의 선고를 유예하지 아니하면서 몰수나 추징의 선고만을 유예할 수도 있다.
⑤ 형법은 '벌금을 감경할 때에는 그 다액의 2분의 1로 한다'라고 규정하고 있으므로, 그 의미가 명확한 '다액'을 '금액'으로 해석하여 벌금의 하한까지 감경할 수는 없다.

해설

① 【X】 법원이 판결 확정일 이후의 시점을 임의로 선택할 수는 없다(대판 2002.2.26. 2000도4637). 19. 법원행시
② 【X】 형의 집행유예를 선고받은 사람이 형법 제65조에 의하여 그 선고가 실효 또는 취소됨이 없이 정해진 유예기간을 무사히 경과하여 형의 선고가 효력을 잃게 되었더라도, 이는 형의 선고의 법적 효과가 없어질 뿐이고 형의 선고가 있었다는 기왕의 사실 자체까지 없어지는 것은 아니므로, 선고유예 결격사유인 "자격정지 이상의 형을 받은 전과가 있는 자"에 해당한다고 보아야 한다(대판 2012.6.28. 2011도10570). 19. 법원행시
③ 【O】 형법 제70조 제2항 19. 법원행시
④ 【X】 주형에 대하여 선고를 유예하지 아니하면서 이에 부가할 몰수·추징에 대하여서만 선고를 유예할 수는 없다(대판 1988.6.21. 88도551). 19. 법원행시
⑤ 【X】 형법 제55조 제1항 제6호의 벌금을 감경할 때의 「다액」의 2분의 1이라는 문구는 「금액」의 2분의 1이라고 해석하여 그 상한과 함께 하한도 2분의 1로 내려가는 것으로 해석하여야 한다(대판 1978.4.25. 78도246 전원합의체). 19. 법원행시

정답 ③

16 다음 설명 중 옳지 않은 것만을 모두 고르면?

㉠ 「형법」상 몰수의 대상은 범죄의 실행행위 자체에 사용한 물건에만 한정되고, 실행행위 착수 전 또는 실행행위 종료 후의 행위에 사용한 물건은 이에 해당하지 않는다.
㉡ 하나의 죄에 대하여 징역형과 벌금형을 병과하는 경우 특별한 규정이 없더라도 징역형만을 작량감경하고 벌금형에는 작량감경을 하지 않을 수 있다.
㉢ 선고유예는 선고할 형이 1년 이하의 징역이나 금고, 자격정지 또는 벌금의 형인 경우에 한하고 구류형에 대하여는 선고를 유예할 수 없다.
㉣ 판결선고 전의 구금일수는 전부 또는 그 일부를 유기징역, 유기금고, 벌금이나 과료에 관한 유치 또는 구류에 산입한다.

① ㉠, ㉡ ② ㉡, ㉢ ③ ㉠, ㉡, ㉣ ④ ㉠, ㉢, ㉣

해설

㉠ 【 X 】 형법 제48조 제1항 제1호의 "범죄행위에 제공한 물건"은, 가령 살인행위에 사용한 칼 등 범죄의 **실행행위 자체에 사용한 물건에만** 한정되는 것이 아니며, 실행행위의 착수 전의 행위 또는 실행행위의 종료 후의 행위에 사용한 물건이더라도 그것이 범죄행위의 수행에 실질적으로 기여하였다고 인정되는 한 위 법조 소정의 제공한 물건에 포함된다(대판 2006.9.14. 2006도4075). 19. 국가직

㉡ 【 X 】 **하나의 죄에** 대하여 징역형과 벌금형을 병과하여야 할 경우에 특별한 규정이 없는 한 징역형에만 작량감경을 하고 벌금형에는 작량감경을 하지 않는 것은 위법하다(대판 2011.5.26. 2011도3161). 19. 법원행시

㉢ 【 O 】 형의 선고를 유예할 수 있는 경우는 선고할 형이 1년 이하의 징역이나 금고, 자격정지 또는 벌금의 형인 경우에 한하고 **구류형**에 대하여는 선고를 유예할 수 없다(대판 1993.6.22. 93오1). 19. 법원행시

㉣ 【 X 】 형법 제57조(**판결선고전 구금일수의 통산**) ① 판결선고전의 구금일수는 **그 전부를** 유기징역, 유기금고, 벌금이나 과료에 관한 유치 또는 구류에 산입한다. 19. 법원행시

정답 ③

제3절 누범

● 지문의 내용에 대해 학설의 대립 등 다툼이 있는 경우 판례에 의함

01 누범에 대한 설명으로 옳은 것은?

① 누범이 성립하기 위해서는 누범에 해당하는 전과사실과 새로이 범한 범죄 사이에 일정한 상관관계가 있을 것이 요구된다.
② 다시 금고 이상에 해당하는 죄를 범하였는지 여부는 그 범죄의 실행행위를 하였는지 여부를 기준으로 결정하여야 하므로 3년의 기간 내에 실행의 착수가 있으면 족하고, 그 기간 내에 기수에까지 이르러야 되는 것은 아니다.
③ 포괄일죄의 일부 범행이 누범기간 내에 이루어지고 나머지 범행이 누범기간 경과 후에 이루어진 경우 누범기간 내에 이루어진 범행만이 누범에 해당한다.
④ 법정형에 유기징역형과 벌금형이 선택적으로 되어 있는 경우 벌금형을 선택하여도 누범가중을 할 수 있다.

[해설]
① 【X】 형법 제35조가 누범에 해당하는 전과사실과 새로이 범한 범죄 사이에 일정한 상관관계가 있다고 인정되는 경우에 한하여 적용되는 것으로 제한하여 해석하여야 할 아무런 이유나 근거가 없다(대판 2008.12.24. 2006도1427). 16. 국가직 7급
② 【O】 대판 2006.4.7. 2005도9858(全) 16. 국가직 7급
③ 【X】 포괄일죄의 일부 범행이 누범기간 내에 이루어진 이상 나머지 범행이 누범기간 경과 후에 이루어졌더라도 그 범행 전부가 누범에 해당한다(대판 2012.3.29. 2011도14135). 16. 국가직 7급
④ 【X】 형법 제35조 제1항에 규정된 '금고 이상에 해당하는 죄'라 함은 유기금고형이나 유기징역형으로 처단할 경우에 해당하는 죄를 의미하는 것으로서 법정형 중 벌금형을 선택한 경우에는 누범가중을 할 수 없다(대판 1982.9.14. 82도1702). 16. 국가직 7급

정답 ②

02 누범에 대한 다음의 설명 중 옳지 않은 것은?

① 누범에 해당하더라도 그 법정형에서 무기징역을 선택하였다면 무기징역형으로만 처벌하고 따로 누범가중을 할 수 없다.
② 포괄일죄의 일부 범행이 누범기간 내에 이루어진 이상 나머지 범행이 누범기간 경과 이후에 이루어졌더라도 그 범행 전부가 누범에 해당한다고 보아야 한다.
③ 누범이 경합범인 경우에는 각 죄에 대하여 먼저 누범 가중을 한 후에 경합범 가중을 하여야 한다.
④ 형법 제35조는 누범에 대하여 형의 장기 및 단기 모두 2배까지 가중하도록 규정하고 있다.

[해설]
① 【O】 대판 1992.10.13. 92도1428(全) 15. 경찰간부
② 【O】 대판 2012.3.29. 2011도14135 15. 경찰간부
③ 【O】 형을 가중, 감경할 사유가 경합된 때에는 '각칙 본조에 의한 가중 → 제34조 제2항의 가중 → 누범가중 → 법률상 감경 → 경합범 가중 → 작량감경'순으로 하기 때문이다(형법 제56조 참조). 15. 경찰간부
④ 【X】 누범의 형은 그 죄에 정한 형의 '장기'의 2배까지 가중한다(제35조 제2항). 따라서 '단기'는 가중하지 않는다(대판 1969.8.19. 69도1129). 15. 경찰간부

정답 ④

03 다음 설명 중 가장 옳지 않은 것은?

① 금고 이상의 형을 받아 그 집행을 종료하거나 면제를 받은 후 3년 내에 금고 이상에 해당하는 죄를 범한 자는 누범으로 처벌한다.
② 금고 이상의 형을 받고 그 형의 집행유예 기간 중에 금고 이상에 해당하는 죄를 범하였다면 누범으로 처벌할 수 있다.
③ 포괄일죄의 일부 범행이 누범기간 내에 이루어진 이상 나머지 범행이 누범기간 경과 후에 이루어졌더라도 그 범행 전부가 누범에 해당한다고 보아야 한다.
④ 구성요건상 상습범에 해당하는 경우라도 누범가중을 할 수 있다.

해설

① 【O】 제35조 제1항 18. 법원직
② 【X】 금고이상의 형을 받고 그 형의 집행유예기간 중에 금고 이상에 해당하는 죄를 범하였다 하더라도 이는 누범가중의 요건을 충족시킨 것이라 할 수 없다(대판 1983.8.23. 83도1600). 18. 법원직
③ 【O】 포괄일죄의 일부 범행이 누범기간 내에 이루어진 이상 나머지 범행이 누범기간 경과 후에 이루어졌더라도 그 범행 전부가 누범에 해당한다(대판 2012.3.29. 2011도14135). 18. 법원직
④ 【O】 상습범과 누범은 서로 다른 개념으로서 누범에 해당한다고 하여 반드시 상습범이 되는 것이 아니며, 반대로 상습범에 해당한다고 하여 반드시 누범이 되는 것도 아니다. 누범에 대하여 상습범과 동일한 법정형을 정하였다고 하여 이를 두고 평등원칙에 반하는 위헌적인 규정이라고 할 수는 없다.
[2] 폭력행위 등 처벌에 관한 법률 제3조 제4항(상습범)에 해당하여 처벌하는 경우에도 형법 제35조의 누범가중 규정의 적용은 면할 수 없으므로, 형법 제35조(누범가중)를 적용한다고 하더라도 그것이 동일한 행위에 대한 이중처벌로서 헌법상의 인간의 존엄과 가치, 행복추구권을 침해하는 것이라고는 볼 수 없다(대판 2007.8.23. 2007도4913). 대법원 2007.8.23. 2007도4913, 대법원 1982.5.25. 82도600 누범과 상습범의 개념은 다른 것이므로 누범가중과 상습범 가중을 동시에 할 수 있다는 의미 18. 법원직

정답 ②

04 다음 설명 중 옳지 않은 것은 모두 몇 개인가?

㉠ 누범이 경합범인 경우에는 먼저 경합범 가중을 한 후에 누범 가중을 해야 한다.
㉡ 집행유예의 선고를 받은 후 그 선고의 실효 또는 취소됨이 없이 유예기간을 경과한 경우 그 전과사실은 누범가중의 사유가 되지 않는다.
㉢ 형면제 판결을 선고받은 전과 및 일반사면된 전과는 누범전과가 될 수 없으나, 특별사면된 전과 및 복권된 전과는 예외 없이 누범전과에 해당한다.
㉣ 잔형기 경과 전인 가석방기간 중에 범한 죄에 대하여는 형 집행 종료 후에 죄를 범한 경우에 해당한다고 볼 수 없으므로 누범가중을 할 수 없다.
㉤ 형법상 누범의 형은 그 죄에 정한 형의 장기의 2배까지 가중하므로, 징역 50년은 초과할 수 있으나 단기는 가중하지 않는다.

① 0개　　② 1개　　③ 2개　　④ 3개　　⑤ 4개

해설

㉠ 【X】 형의 가중·감경의 순서는 각칙 본조에 의한 가중 → 특수교사방조(제34조 제2항의 가중) → 누범가중 → 법률상 감경 → 경합범 가중 → 작량감경의 순으로 한다(제56조). 19. 법원행시

㉡ 【O】 집행유예가 실효 또는 취소됨이 없이 유예기간을 경과한 때에는, 형의 선고가 이미 그 효력을 잃게 되어 '금고 이상의 형을 선고'한 경우에 해당한다고 보기 어려울 뿐 아니라, 집행의 가능성이 더 이상 존재하지 아니하여 집행종료나 집행면제의 개념도 상정하기 어려우므로(대판 2007.2.8. 2006도6196), 누범가중의 사유가 되지 않는다. 19. 법원행시

㉢ 【X】 일반사면을 받은 경우에는 형선고의 효력이 상실되므로 누범전과가 될 수 없다. 반면에 특별사면을 받은 경우에는 형집행을 면제함에 그치는 것이 원칙이므로(사면법 제5조 제1항), 누범전과가 된다. 나아가 복권된 경우에도 상실·정지된 자격을 회복시키는 데 그치므로 누범전과에 해당한다. 19. 법원행시

㉣ 【O】 대판 1976.9.14. 76도2071 19. 법원행시

㉤ 【X】 누범의 형은 그 죄에 정한 형의 '장기'의 2배까지 가중한다(제35조 제2항). 따라서 '단기'는 가중하지 않는다(대판 1969.8.19. 69도1129). 형을 가중하는 경우에도 50년을 초과할 수는 없다(제42조 단서). 19. 법원행시

정답 ④

05 다음 보기 중 누범에 대한 설명 중 옳지 않은 것을 모두 고른 것은?

> ㉠ 잔형기 경과 전인 가석방 기간 중에 범한 죄에 대하여는 형 집행 종료 후에 죄를 범한 경우에 해당한다고 볼 수 없으므로 누범가중을 할 수 없다.
> ㉡ 포괄일죄의 일부 범행이 누범기간 내에 이루어진 이상 나머지 범행이 누범기간 경과 후 이루어졌더라도 그 범행 전부가 누범에 해당한다고 보아야 한다.
> ㉢ 형법 제35조는 누범에 대하여 형의 장기 및 단기 모두 2배까지 가중하도록 규정하고 있다.
> ㉣ 누범이 성립하기 위해서는 누범에 해당하는 전과사실과 새로이 범한 범죄 사이에 일정한 상관관계가 있을 것을 요구된다.
> ㉤ 법정형에 유기징역과 벌금형이 선택적으로 되어 있는 경우 벌금형을 선택하여도 누범가중을 할 수 있다.

① ㉠, ㉢, ㉣, ㉤ ② ㉡, ㉣, ㉤ ③ ㉠, ㉢, ㉤ ④ ㉢, ㉣, ㉤

해설

㉠ 【O】 대판 1976.9.14. 76도2071 22. 해경승진

㉡ 【O】 포괄일죄의 일부 범행이 누범기간 내에 이루어진 이상 나머지 범행이 누범기간 경과 후 이루어졌더라도 그 범행 전부가 누범에 해당한다(대판 2012.3.29. 2011도14135). 22. 해경승진

㉢ 【X】 누범의 형은 그 죄에 정한 형의 '장기'의 2배까지 가중한다(제35조 제2항). 따라서 '단기'는 가중하지 않는다(대판 1969.8.19. 69도1129). 형을 가중하는 경우에도 50년을 초과할 수는 없다. 22. 해경승진

㉣ 【X】 형법 제35조가 누범에 해당하는 전과사실과 새로이 범한 범죄 사이에 일정한 상관관계가 있다고 인정되는 경우에 한하여 적용되는 것으로 제한하여 해석하여야 할 아무런 이유나 근거가 없다(대판 2008.12.24. 2006도1427). 22. 해경승진

㉤ 【X】 형법 제35조 제1항에 규정된 '금고 이상에 해당하는 죄'라 함은 유기 금고형이나 유기징역형으로 처단할 경우에 해당하는 죄를 의미하는 것으로서 법정형 중 벌금형을 선택한 경우에는 누범가중을 할 수 없다(대판 1982.9.14. 82도1702). 22. 해경승진

정답 ④

제4절 집행유예·선고유예·가석방

◉ 지문의 내용에 대해 학설의 대립 등 다툼이 있는 경우 판례에 의함

01 형의 유예제도에 관한 설명 중 가장 옳지 않은 것은?

① 형의 선고를 유예하는 경우 보호관찰이나 사회봉사를 명할 수 있다.
② 500만원의 벌금형을 선고할 경우에도 그 형의 집행을 유예할 수 있다.
③ 형의 집행을 유예하는 경우 보호관찰과 사회봉사를 명령할 수 있다.
④ 2,000만원의 벌금형을 선고할 경우에도 그 형의 선고를 유예할 수 있다.

해설
① 【 X 】 선고유예시에는 보호관찰만 가능하다(제59조의 2). 반면에 집행유예시에는 보호관찰 이외에 사회봉사명령과 수강명령이 가능하다(제62조의2). 18. 경찰간부
② 【 O 】 제62조(집행유예의 요건) ① 3년 이하의 징역이나 금고 또는 **500만원 이하의 벌금**의 형을 선고할 경우에 제51조의 사항을 참작하여 그 정상에 참작할 만한 사유가 있는 때에는 1년 이상 5년 이하의 기간 형의 집행을 유예할 수 있다.
　◉ 2018.1.7. 개정형법에서 벌금형(500만원 이하)에도 집행유예가 가능하도록 그 범위가 확장되었다. 18. 경찰간부
③ 【 O 】 제62조의 2(보호관찰, 사회봉사·수강명령) ① 형의 집행을 유예하는 경우에는 보호관찰을 받을 것을 명하거나 사회봉사 또는 수강을 명할 수 있다. 18. 경찰간부
④ 【 O 】 제59조(선고유예의 요건) ① **1년 이하의 징역**이나 금고, **자격정지** 또는 **벌금**의 형을 선고할 경우에 제51조의 사항을 참작하여 개전의 정상이 현저한 때에는 그 선고를 유예할 수 있다. 단, 자격정지 이상의 형을 받은 전과가 있는 자에 대하여는 예외로 한다. 18. 경찰간부

정답 ①

02 집행유예와 선고유예에 관한 설명 중 가장 적절하지 않은 것은?

① 집행유예 시 받은 사회봉사명령 또는 수강명령은 집행유예기간 내에 이를 집행한다.
② 형의 집행을 유예하면서 피고인에게 유죄로 인정된 범죄행위를 뉘우치거나 그 범죄행위를 공개하는 취지의 말이나 글을 발표하도록 하는 내용의 사회봉사명령은 위법하다.
③ 주형과 부가형이 있는 경우 주형을 선고유예하면서 부가형도 선고유예 할 수 있지만, 주형을 선고유예하지 않으면서 부가형만을 선고유예할 수는 없다.
④ 형법 제37조 후단 경합범 중 판결을 받지 아니한 죄에 대하여 형을 선고하는 경우에, 형법 제37조 후단에 규정된 '금고 이상의 형에 처한 판결이 확정된 죄'의 형은 형법 제59조 제1항 단서에서 정한 선고유예의 예외사유인 '자격정지 이상의 형을 받은 전과'에 포함되지 않는다.

해설
① 【 O 】 형법 제62조의2 17. 경찰승진
② 【 O 】 대판 2008.4.11. 2007도8373 17. 경찰승진
③ 【 O 】 대판 1979.4.10. 78도3098 17. 경찰승진
④ 【 X 】 형법 제39조 제1항에 의하여 형법 제37조 후단 경합범 중 판결을 받지 아니한 죄에 대하여 형을 선고하는 경우에 있어서 형법 제37조 후단에 규정된 금고 이상의 형에 처한 판결이 확정된 죄의 형도 형법 제59조 제1항 단서에서 정한 '자격정지 이상의 형을 받은 전과'에 포함된다고 봄이 상당하다(대판 2010.7.8. 2010도931). 17. 경찰승진

정답 ④

03 선고유예제도에 대한 설명으로 옳은 것을 모두 고른 것은?

㉠ 선고유예는 집행유예와 마찬가지로 법원이 유예기간을 정하여야 한다.
㉡ 주형에 대하여 선고를 유예하는 경우에는 그 부가할 몰수·추징에 대하여도 선고를 유예할 수 있으나, 그 주형에 대하여 선고를 유예하지 아니하면서 이에 부가할 몰수·추징에 대하여서만 선고를 유예할 수는 없다.
㉢ 피고인이 범죄사실을 자백하지 않고 부인한 경우에는 선고유예의 요건 중 '개전의 정상이 현저한 때'에 해당하지 않으므로 언제나 선고유예를 할 수 없다.
㉣ 선고유예의 실효사유인 '형의 선고유예를 받은 자가 자격정지 이상의 형에 처한 전과가 발견된 때'란 형의 선고유예의 판결이 확정된 후에 전과가 발견된 경우를 말한다.

① ㉠, ㉡   ② ㉡, ㉣   ③ ㉠, ㉢   ④ ㉢, ㉣

[해설]

㉠ 【 X 】 형법 제60조 선고유예는 집행유예와 달리 유예기간을 정할 필요가 없고 2년을 경과한 때에는 면소된 것으로 간주한다. 18. 경찰채용 1차
㉡ 【 O 】 대판 1988.6.21. 88도551 18. 경찰채용 1차
㉢ 【 X 】 선고유예의 요건 중 '개전의 정상이 현저한 때'라고 함은, 반성의 정도를 포함하여 널리 형법 제51조가 규정하는 양형의 조건을 종합적으로 참작하여 볼 때 형을 선고하지 않더라도 피고인이 다시 범행을 저지르지 않으리라는 사정이 현저하게 기대되는 경우를 가리킨다고 해석할 것이고, 이와 달리 여기서의 '개전의 정상이 현저한 때'가 반드시 피고인이 죄를 깊이 뉘우치는 경우만을 뜻하는 것으로 제한하여 해석하거나, 피고인이 범죄사실을 자백하지 않고 부인할 경우에는 언제나 선고유예를 할 수 없다고 해석할 것은 아니다(대판 2003.2.20. 2001도6138 전합). 18. 경찰채용 1차
㉣ 【 O 】 대판 2008.2.14. 2007모845 18. 경찰채용 1차

정답 ②

04 집행유예 선고유예에 대한 설명 중 가장 적절하지 않은 것은?

① 집행유예의 선고를 받은 자가 유예기간 중 고의로 범한 죄로 금고 이상의 실형을 선고받아 그 판결이 확정된 때에는 집행유예의 선고는 효력을 잃는다.
② 집행유예 기간의 시기(始期)에 관하여 명문의 규정을 두고 있지는 않으므로 법원은 그 시기를 집행유예를 선고한 판결 확정일 이후의 시점으로 임의로 선택할 수 있다.
③ 형의 선고를 유예하는 경우에 재범방지를 위하여 지도 및 원호가 필요한 때에는 1년의 보호관찰을 받을 것을 명할 수 있다.
④ 형의 선고유예를 받은 날로부터 2년을 경과한 때에는 면소된 것으로 간주한다.

[해설]

① 【 O 】 형법 제63조 20. 경찰승진
② 【 X 】 우리 형법이 집행유예기간의 시기(시기)에 관하여 명문의 규정을 두고 있지는 않지만 형사소송법 제459조가 "재판은 이 법률에 특별한 규정이 없으면 확정한 후에 집행한다."고 규정한 취지나 집행유예 제도의 본질 등에 비추어 보면 집행유예를 함에 있어 그 집행유예기간의 시기는 집행유예를 선고한 판결 확정일로 하여야 하고 법원이 판결 확정일 이후의 시점을 임의로 선택할 수는 없다(대판 2002.2.26. 2000도4637). 20. 경찰승진
③ 【 O 】 형법 제59조의2 20. 경찰승진
④ 【 O 】 형법 제60조 20. 경찰승진

정답 ②

05 집행유예 및 선고유예에 관한 설명으로 가장 적절한 것은?

① 3년 이하의 징역이나 금고의 형을 선고할 경우에 「형법」 제51조의 사항을 참작하여 그 정상에 참작할 만한 사유가 있는 때에는 1년 이상 5년 이하의 기간 형의 집행을 유예할 수 있지만, 500만 원 이하의 벌금형을 선고할 경우에는 집행유예를 선고할 수 없다.

② 「형법」 제37조 후단의 경합범 관계에 있는 두 개의 범죄에 대하여 하나의 판결로 두 개의 자유형을 선고하는 경우에 「형법」 제62조 제1항에 정한 집행유예의 요건에 해당하더라도 그 두 개의 징역형 중 하나의 징역형에 대하여는 실형을 선고하면서 다른 징역형에 대하여 집행유예를 선고하는 것은 허용되지 아니한다.

③ 1천만 원의 벌금형을 선고할 경우에 「형법」 제51조의 사항을 고려하여 뉘우치는 정상이 뚜렷하고 자격정지 이상의 형을 받은 전과가 없다면 그 형의 선고를 유예할 수 있다.

④ 법원이 집행유예 또는 선고유예를 하는 경우에 보호관찰을 받을 것을 명하거나, 사회봉사 또는 수강을 명할 수 있다.

해설

① 【 X 】 3년 이하의 징역이나 금고 또는 500만 원 이하의 벌금의 형을 선고할 경우에 제51조의 사항을 참작하여 그 정상에 참작할 만한 사유가 있는 때에는 1년 이상 5년 이하의 기간 형의 집행을 유예할 수 있다. 다만, 금고 이상의 형을 선고한 판결이 확정된 때부터 그 집행을 종료하거나 면제된 후 3년까지의 기간에 범한 죄에 대하여 형을 선고하는 경우에는 그러지 아니하다(제62조 제1항). 24. 경찰승진

② 【 X 】 형법 제37조 후단의 경합범 관계에 있는 죄에 대하여 형법 제39조 제1항에 의하여 따로 형을 선고하여야 하기 때문에 하나의 판결로 두 개의 자유형을 선고하는 경우 그 두 개의 자유형은 각각 별개의 형이므로 형법 제62조 제1항에 정한 집행유예의 요건에 해당하면 그 각 자유형에 대하여 각각 집행유예를 선고할 수 있는 것이고, 또 그 두 개의 자유형 중 하나의 자유형에 대하여 실형을 선고하면서 다른 자유형에 대하여 집행유예를 선고하는 것도 우리 형법상 이러한 조치를 금하는 명문의 규정이 없는 이상 허용된다(대판 2002.2.26. 2000도4637). 24. 경찰승진

③ 【 O 】 1년 이하의 징역이나 금고, 자격정지 또는 벌금의 형을 선고할 경우에 제51조의 사항을 고려하여 뉘우치는 정상이 뚜렷할 때에는 그 형의 선고를 유예할 수 있다. 다만, 자격정지 이상의 형을 받은 전과가 있는 사람에 대해서는 예외로 한다(제59조 제1항). 1천만원의 벌금형에 선고유예는 가능하지만, 집행유예는 불가능하다. 24. 경찰승진

④ 【 X 】 형의 선고를 유예하는 경우에 재범방지를 위하여 지도 및 원호가 필요한 때에는 보호관찰을 받을 것을 명할 수 있다(제59조의 2 제1항). 사회봉사 또는 수강을 명할 수 있는 것은 집행유예시만 가능하다. 24. 경찰승진

정답 ③

06 집행유예에 대한 설명으로 옳지 않은 것만을 모두 고른 것은?

㉠ 집행유예를 선고할 경우 법원이 명하는 사회봉사명령으로서 일정한 금전출연은 명할 수 있으나 준법경영을 주제로 하는 강연 또는 기고를 명하는 것은 허용되지 않는다.

㉡ 집행유예의 선고를 받은 자가 유예기간 중 고의로 범한 죄로 금고 이상의 실형을 선고받아 그 판결이 확정된 때에는 집행유예의 선고는 효력을 잃는다.

㉢ 3년 이하의 징역이나 금고의 형을 선고할 경우 집행유예를 선고할 수 있지만, 벌금형을 선고할 경우 집행유예를 선고할 수 없다.

㉣ 집행유예기간이 경과함으로써 형의 선고가 효력을 잃은 후에 집행유예 취소 사유가 발견된 때에는 집행유예를 취소할 수 없다.

① ㉠, ㉢　　② ㉠, ㉣　　③ ㉡, ㉣　　④ ㉠, ㉡, ㉢

해설

㉠ 【 X 】 재벌그룹 회장의 횡령행위 등에 대하여 집행유예를 선고하면서 사회봉사명령으로서 일정액의 금전출연을 주된 내용으로 하는 사회공헌계획의 성실한 이행을 명하는 것은 시간 단위로 부과될 수 있는 일 또는 근로활동이 아닌 것을 명하는 것이어서 허용될 수 없고, 준법경영을 주제로 하는 강연과 기고를 명하는 것은 헌법상 양심의 자유 등에 대한 심각하고 중대한 침해가능성, 사회봉사명령의 의미나 내용에 대한 다툼의 여지 등의 문제가 있어 허용될 수 없다(대판 2008.4.11. 2007도8373). 18. 국가직
㉡ 【 O 】 형법 제63조 18. 국가직
㉢ 【 X 】 형법 제62조 제1항 18. 국가직
㉣ 【 O 】 집행유예의 선고를 받은 후 그 선고의 실효 또는 취소됨이 없이 유예기간을 경과한 때에는 형법 제65조가 정하는 바에 따라 형의 선고는 효력을 잃는 것이고, 그와 같이 유예기간이 경과함으로써 형의 선고가 효력을 잃은 후에는 형법 제62조 단행의 사유가 발각되었다고 하더라도 그와 같은 이유로 집행유예를 취소할 수 없고 그대로 유예기간 경과의 효과가 발생한다(대판 1999.1.12. 98모151). 18. 국가직

정답 ①

07 집행유예·선고유예에 관한 설명 중 옳은 것은 모두 몇 개인가?

㉠ 형법 제37조 후단의 경합범 관계에 있는 죄에 대하여 하나의 판결로 두 개의 자유형을 선고하는 경우에 하나의 자유형에 대하여는 실형을, 다른 하나의 자유형에 대하여는 집행유예를 선고하는 것은 허용되지 않는다.
㉡ 집행유예의 선고를 받은 후에 그 선고가 실효 또는 취소됨이 없이 유예기간이 경과하더라도 형의 선고가 있었다는 사실 자체가 없어지는 것은 아니다.
㉢ 형의 선고를 유예하는 판결을 할 경우에는 유예되는 선고형에 대한 판단이 있어야 한다.
㉣ 하나의 자유형 중 일부에 대해서는 실형을, 나머지에 대해서는 집행유예를 선고하는 것은 허용되지 않는다.

① 1개 ② 2개 ③ 3개 ④ 4개

해설

㉠ 【 X 】 형법 제37조 후단의 경합범 관계에 있는 죄에 대하여 형법 제39조 제1항에 의하여 따로 형을 선고하여야 하기 때문에 하나의 판결로 두 개의 자유형을 선고하는 경우 그 두 개의 자유형은 각각 별개의 형이므로 형법 제62조 제1항에 정한 집행유예의 요건에 해당하면 그 각 자유형에 대하여 각각 집행유예를 선고할 수 있는 것이고, 또 그 두 개의 자유형 중 하나의 자유형에 대하여 실형을 선고하면서 다른 자유형에 대하여 집행유예를 선고하는 것도 우리 형법상 이러한 조치를 금하는 명문의 규정이 없는 이상 허용되는 것으로 보아야 한다(대판 2002.2.26. 2000도4637). 14. 변호사
㉡ 【 O 】 대판 2003.12.26. 2003도3768 14. 변호사
㉢ 【 O 】 선고유예 판결에서도 그 판결이유에서는 선고할 형의 종류와 양 즉 선고형을 정해 놓아야 하고 그 선고를 유예하는 형이 벌금형일 경우에는 그 벌금액 뿐만 아니라 환형유치처분까지 해 두어야 한다(대판 1988.1.19. 86도2654). 19. 경찰승진
㉣ 【 O 】 대판 2007.2.22. 2006도8555 19. 경찰승진

정답 ③

08 다음 설명 중 옳은 것은 모두 몇 개인가?

㉠ 절도죄로 집행유예 판결을 선고받은 A가 그 집행유예기간이 경과한 후 저지른 업무방해죄에 대하여 법원은 선고를 유예하는 판결을 선고할 수 있다.
㉡ 병역법위반으로 집행유예를 선고받은 B가 그 집행유예기간 중에 다시 병역법위반죄를 저질러 공소가 제기되어 재판 중 집행유예기간이 도과되었다면 법원은 B에 대하여 다시 집행유예를 선고할 수 있다.
㉢ 상해죄로 집행유예를 선고받은 C가 그 집행유예기간 중에 범한 업무상과실치사죄에 대하여 법원에서 집행유예기간 중에 금고형의 실형을 선고받아 확정되었다면 C가 상해죄로 선고받은 집행유예 선고는 그 효력을 잃는다.
㉣ 상해죄를 범한 D에 대하여 법원은 징역 1년 6월을 선고하면서 위 1년 6월의 형 중 일부인 징역 6월만 실형을 선고하고 나머지 징역 1년에 대하여는 집행유예를 선고할 수 없다.
㉤ 강간죄로 징역 3년을 선고받고 교도소에서 출소한 다음날 또다시 강제추행죄를 범한 D에 대하여 법원은 집행유예를 선고할 수 없다.

① 1개 ② 2개 ③ 3개 ④ 4개 ⑤ 5개

해설

㉠ 【X】 형의 집행유예를 선고받은 자는 형법 제65조에 의하여 그 선고가 실효 또는 취소됨이 없이 정해진 유예기간을 무사히 경과하여 형의 선고가 효력을 잃게 되었다고 하더라도 형의 선고의 법률적 효과가 없어진다는 것일 뿐, 형의 선고가 있었다는 기왕의 사실 자체까지 없어지는 것은 아니므로, 형법 제59조 제1항 단행에서 정한 선고유예 결격사유인 "자격정지 이상의 형을 받은 전과가 있는 자"에 해당한다고 보아야 한다(대판 2012.6.28. 2011도10570). 17. 법원행시

㉡ 【O】 집행유예기간 중에 범한 죄에 대하여 형을 선고할 때에, 집행유예의 결격사유를 정하는 현행 형법 제62조 제1항 단서 소정의 요건에 해당하는 경우란, 이미 집행유예가 실효 또는 취소된 경우와 그 선고 시점에 미처 유예기간이 경과하지 아니하여 형 선고의 효력이 실효되지 아니한 채로 남아 있는 경우로 국한되고, 집행유예가 실효 또는 취소됨이 없이 유예기간을 경과한 때에는 위 단서 소정의 요건에 해당하지 않으므로, 집행유예기간 중에 범한 범죄라고 할지라도 집행유예가 실효 또는 취소됨이 없이 그 유예기간이 경과한 경우에는 이에 대해 다시 집행유예의 선고가 가능하다(대판 2007.2.8. 2006도6196). 17. 법원행시

㉢ 【X】 형법 제63조에 따르면 집행유예의 실효는 고의로 범한 죄로 금고 이상의 형을 선고받아야하고 과실범의 경우는 실효의 대상이 되지 않는다. 지문의 업무상과실치사죄는 과실범이므로 실효대상이 되지 않는다. 17. 법원행시

㉣ 【O】 집행유예의 요건에 관한 형법 제62조 제1항이 '형'의 집행을 유예할 수 있다고만 규정하고 있다고 하더라도, 이는 같은 조 제2항이 그 형의 '일부'에 대하여 집행을 유예할 수 있는 때를 형을 '병과'할 경우로 한정하고 있는 점에 비추어 보면, 조문의 체계적 해석상 하나의 형의 전부에 대한 집행유예에 관한 규정이라 할 것이고, 또한 하나의 자유형에 대한 일부집행유예에 관하여는 그 인정을 위해서는 별도의 근거 규정이 필요하므로 하나의 자유형 중 일부에 대해서는 실형을, 나머지에 대해서는 집행유예를 선고하는 것은 허용되지 않는다(대판 2007.2.22. 2006도8555). 17. 법원행시

㉤ 【O】 집행유예의 요건 중 '죄를 범한 시기'와 관련해 "금고 이상의 형을 선고한 판결이 확정된 때부터 그 집행을 종료하거나 면제된 후 3년까지의 기간에 범한 죄에 대하여 형을 선고하는 경우에는 그러하지 아니하다"(형법 제62조 제1항 참조)라고 규정되어 있는바 출소한 날은 집행을 종료한 날이 되므로 다음 날은 3년이 기간이 지나지 않은바 집행유예를 선고할 수 없다. 17. 법원행시

정답 ③

09 형의 집행유예에 대한 설명으로 옳지 않은 것은?

① 집행유예기간 중에 범한 죄에 대하여 공소가 제기된 후 그 재판 도중에 집행유예기간이 경과한 경우에는 그 집행유예기간 중에 범한 죄에 대하여 다시 집행유예를 선고할 수 있다.
② 집행유예를 선고받은 사람이 그 선고가 실효 또는 취소됨이 없이 집행유예기간을 경과하여 형의 선고가 효력을 상실한 경우에는 선고유예 결격사유인 '자격정지 이상의 형을 받은 전과가 있는 자'에 해당한다.
③ 보호관찰을 명한 집행유예를 받은 자가 준수사항을 위반하고 그 정도가 무거운 때에는 집행유예의 선고를 취소할 수 있다.
④ 집행유예 선고의 판결확정 전에 이미 수사단계에서 검사가 집행유예 결격사유가 되는 전과의 존재를 당연히 알 수 있는 객관적 상황이 존재하였음에도 부주의로 알지 못한 경우에는 집행유예의 선고를 취소할 수 있다.

해설

① 【 O 】 대판 2007.2.8. 2006도6196 17. 국가직 7급
② 【 O 】 대판 2012.6.28. 2011도10570 17. 국가직 7급
③ 【 O 】 보호관찰이나 사회봉사 또는 수강을 명한 집행유예를 받은 자가 준수사항이나 명령을 위반하고 그 정도가 무거운 때에는 집행유예의 선고를 취소할 수 있다(제64조 제2항).
　주의 ....취소하여야 한다. (×)
④ 【 X 】 형법 제64조 제1항에 의하면 집행유예의 선고를 받은 후 형법 제62조 단행의 사유가 발각된 때에는 집행유예의 선고를 취소한다고 규정되어 있는바, 여기에서 집행유예를 선고받은 후 형법 제62조 단행의 사유 즉 금고 이상의 형을 선고받아 집행을 종료한 후 또는 집행이 면제된 후로부터 5년을 경과하지 아니한 자인 것이 발각된 때라 함은 집행유예 선고의 판결이 확정된 후에 비로소 위와 같은 사유가 발각된 경우를 말하고 그 판결확정 전에 결격사유가 발각된 경우에는 이를 취소할 수 없으며(대법원 1976.4.14.자 76모12 결정 등 참조), 이때 판결확정 전에 발각되었다고 함은 검사가 명확하게 그 결격사유를 안 경우만을 말하는 것이 아니라 당연히 그 결격사유를 알 수 있는 객관적 상황이 존재함에도 부주의로 알지 못한 경우도 포함된다고 할 것이다(대판 2001.6.27. 2001모135). 17. 국가직 7급

정답 ④

10 다음 설명 중 가장 옳지 않은 것은?

① 형의 선고유예를 받은 날로부터 2년을 경과한 때에는 면소된 것으로 간주한다.
② 형의 선고를 유예하는 경우 보호관찰을 받을 것을 명할 수 있는데, 그 경우 보호관찰의 기간은 2년 이하의 범위에서 법원이 재량에 따라 정할 수 있다.
③ 형법 제59조 제1항은 "1년 이하의 징역이나 금고, 자격정지 또는 벌금의 형을 선고할 경우에 제51조의 사항을 고려하여 뉘우치는 정상이 뚜렷할 때에는 그 형의 선고를 유예할 수 있다. 다만, 자격정지 이상의 형을 받은 전과가 있는 사람에 대해서는 예외로 한다."라고 규정하고 있는데, 형법 제39조 제1항에 따라 형법 제37조 후단 경합범 중 판결을 받지 아니한 죄에 대하여 형을 선고하는 경우 형법 제37조 후단에 규정된 '금고 이상의 형에 처한 판결이 확정된 죄'의 형도 형법 제59조 제1항 단서에서 규정한 '자격정지 이상의 형을 받은 전과'에 포함된다.
④ 형의 집행유예를 선고받은 사람이 형법 제65조에 의하여 그 선고가 실효 또는 취소됨이 없이 정해진 유예기간을 무사히 경과하여 형의 선고가 효력을 잃게 되었더라도, 이는 형의 선고의 법적 효과가 없어질 뿐이고 형의 선고가 있었다는 기왕의 사실 자체까지 없어지는 것은 아니므로, 그는 형법 제59조 제1항 단서에서 정한 선고유예 결격사유인 '자격정지 이상의 형을 받은 전과가 있는 사람'에 해당한다고 보아야 한다.
⑤ 형의 선고유예를 받은 자가 유예기간 중 자격정지 이상의 형에 처한 판결이 확정되거나 자격정지 이상의 형에 처한 전과가 발견된 때에는 유예한 형을 선고한다.

해설

① 【 O 】 형의 선고유예를 받은 날로부터 2년을 경과한 때에는 면소된 것으로 간주한다(제60조).
② 【 X 】 **제59조의2(보호관찰)** ① 형의 선고를 유예하는 경우에 재범방지를 위하여 지도 및 원호가 필요한 때에는 보호관찰을 받을 것을 명할 수 있다.
② 제1항의 규정에 의한 보호관찰의 기간은 1년으로 한다.
③ 【 O 】 선고유예가 주로 범정이 경미한 초범자에 대하여 형을 부과하지 않고 자발적인 개선과 갱생을 촉진시키고자 하는 제도인 점, 형법은 선고유예의 예외사유를 '자격정지 이상의 형을 받은 전과'라고만 규정하고 있을 뿐 그 전과를 범행 이전의 것으로 제한하거나 형법 제37조 후단 경합범 규정상의 금고 이상의 형에 처한 판결에 의한 전과를 제외하고 있지 아니한 점, 형법 제39조 제1항은 경합범 중 판결을 받지 아니한 죄가 있는 때에는 그 죄와 판결이 확정된 죄를 동시에 판결할 경우와 형평을 고려하여 그 죄에 대하여 형을 선고하여야 하는데 이미 판결이 확정된 죄에 대하여 금고 이상의 형이 선고되었다면 나머지 죄가 위 판결이 확정된 죄와 동시에 판결되었다고 하더라도 선고유예가 선고되었을 수 없을 것인데 나중에 별도로 판결이 선고된다는 이유만으로 선고유예가 가능하다고 하는 것은 불합리한 점 등을 종합하여 보면, 형법 제39조 제1항에 의하여 형법 제37조 후단 경합범 중 판결을 받지 아니한 죄에 대하여 형을 선고하는 경우에 있어서 형법 제37조 후단에 규정된 금고 이상의 형에 처한 판결이 확정된 죄의 형도 형법 제59조 제1항 단서에서 정한 '자격정지 이상의 형을 받은 전과'에 포함된다고 봄이 상당하다(대판 2010.7.8. 2010도931).
④ 【 O 】 형의 집행유예를 선고받은 사람이 형법 제65조에 의하여 그 선고가 실효 또는 취소됨이 없이 정해진 유예기간을 무사히 경과하여 형의 선고가 효력을 잃게 되었더라도, 이는 형의 선고의 법적 효과가 없어질 뿐이고 형의 선고가 있었다는 기왕의 사실 자체까지 없어지는 것은 아니므로, 그는 형법 제59조 제1항 단서에서 정한 선고유예 결격사유인 "자격정지 이상의 형을 받은 전과가 있는 자"에 해당한다고 보아야 한다(대판 2008.10.9. 2007도8269).
⑤ 【 O 】 형의 선고유예를 받은 자가 유예기간 중 자격정지 이상의 형에 처한 판결이 확정되거나 자격정지 이상의 형에 처한 전과가 발견된 때에는 유예한 형을 선고한다(제61조 제1항).

정답 ②

11 선고유예·집행유예·가석방에 관한 설명으로 가장 적절한 것은?

① 가석방된 자는 가석방 기간 중 보호관찰을 받지만 가석방을 허가한 행정관청이 필요 없다고 인정한 때에는 그러하지 아니하다.
② 가석방 기간 중 고의로 지은 죄로 자격상실 이상의 형을 선고받아 그 판결이 확정된 경우에 가석방 처분은 효력을 잃는다.
③ 형의 선고유예를 받은 자가 유예기간 중 벌금 이상의 형에 처한 판결이 확정되거나 자격정지 이상의 형에 처한 전과가 발견된 때에는 유예한 형을 선고한다.
④ 집행유예의 선고를 받은 자가 유예기간 중 고의로 범한 죄로 자격정지 이상의 실형을 선고받아 그 판결이 확정된 때에는 집행유예의 선고는 효력을 잃는다.

해설

① 【 O 】 제73조의2(가석방의 기간 및 보호관찰) ① 가석방의 기간은 무기형에 있어서는 10년으로 하고, 유기형에 있어서는 남은 형기로 하되, 그 기간은 10년을 초과할 수 없다.
② 가석방된 자는 가석방기간중 보호관찰을 받는다. 다만, 가석방을 허가한 행정관청이 필요가 없다고 인정한 때에는 그러하지 아니하다.
② 【 X 】 가석방 기간 중 고의로 지은 죄로 금고 이상의 형을 선고받아 그 판결이 확정된 경우에 가석방 처분은 효력을 잃는다(형법 제74조).
③ 【 X 】 형의 선고유예를 받은 자가 유예기간 중 자격정지 이상의 형에 처한 판결이 확정되거나 자격정지 이상의 형에 처한 전과가 발견된 때에는 유예한 형을 선고한다(형법 제61조 제1항).
④ 【 X 】 집행유예의 선고를 받은 자가 유예기간 중 고의로 범한 죄로 금고 이상의 실형을 선고받아 그 판결이 확정된 때에는 집행유예의 선고는 효력을 잃는다(형법 제63조).

정답 ①

12 가석방에 관한 설명 중 옳지 않은 것은?

① 가석방은 법원에 의하여 확정된 형기를 소멸시키는 것이 아니라 형의 집행을 포기하는 행정처분이다.
② 가석방의 기간은 무기형에 있어서는 10년으로 하고 유기형에 있어서는 남은 형기로 하되 그 기간은 10년을 초과할 수 없다.
③ 가석방 중 금고이상의 형의 선고를 받아 그 판결이 확정된 때에는 가석방처분은 효력을 잃지만, 과실범으로 형의 선고를 받은 경우에는 그러하지 아니하다.
④ 사형이 무기징역으로 특별감형된 경우, 처음부터 무기징역을 받은 경우와 동일하게 사형집행대기기간을 가석방요건 중의 하나인 형의 집행기간에 산입할 수 있다.

해설

① 【 O 】 가석방은 법무부장관의 행정처분에 의해 시행된다. 09. 국가직 7급
② 【 O 】 형법 제73조의2 09. 국가직 7급
③ 【 O 】 형법 제74조 09. 국가직 7급
④ 【 X 】 사형집행을 위한 구금은 미결구금도 아니고 형의 집행기간도 아니며 특별감형은 형을 변경하는 효과만 있을 뿐이고 이로 인하여 형의 선고에 의한 기성의 효과는 변경되지 아니하므로 사형이 무기징역으로 특별감형된 경우 사형의 판결확정일에 소급하여 무기징역형이 확정된 것으로 보아 무기징역형의 형기 기산일을 사형의 판결 확정일로 인정할 수도 없고 사형집행대기 기간이 미결구금이나 형의 집행기간으로 변경된다고 볼 여지도 없으며, 또한 특별감형은 수형 중의 행장의 하나인 사형집행대기기간까지를 참작하여 되었다고 볼 것이므로 사형집행대기기간을 처음부터 무기징역을 받은 경우와 동일하게 가석방요건 중의 하나인 형의 집행기간에 다시 산입할 수는 없다(대결 1991.3.4. 90모59). 09. 국가직 7급

정답 ④

최정훈

주요 약력

고려대학교 대학원(석사)
現) 박문각경찰/박문각공무원 형법·형사소송법 전임교수
　　경찰공제회 형법·형사소송법 전임
前) 해커스 공무원 형법 전임강사
　　에듀윌 형법 전임강사
　　백석대학교 경찰행정학과 강사

주요 저서

2025 박문각 공무원 최정훈 형사소송법 기본 이론서
2025 박문각 공무원 최정훈 형법총론 기본 이론서
2025 박문각 공무원 최정훈 형법각론 기본 이론서
최신판 박문각 공무원 최정훈 형법총론 단원별 기출문제집
최신판 박문각 공무원 최정훈 형법각론 단원별 기출문제집
최신판 박문각 공무원 최정훈 형사소송법 단원별 기출문제집
최신판 박문각 경찰 최정훈 형사소송법(수사와 증거) 기출문제집
박문각 공무원 최정훈 퍼펙트 형법총론 핵심노트
박문각 공무원 최정훈 퍼펙트 형법각론 핵심노트

최정훈 형법총론
단원별 기출문제집

초판 인쇄 | 2025. 11. 14.　**초판 발행** | 2025. 11. 20.　**편저자** | 최정훈
발행인 | 박 용　**발행처** | (주)박문각출판　**등록** | 2015년 4월 29일 제2019-000137호
주소 | 06654 서울시 서초구 효령로 283 서경 B/D 4층　**팩스** | (02)584-2927
전화 | 교재 문의 (02)6466-7202

저자와의
협의하에
인지생략

이 책의 무단 전재 또는 복제 행위를 금합니다.

정가 30,000원
ISBN 979-11-7519-390-1

최정훈 형법총론
단원별 기출문제집